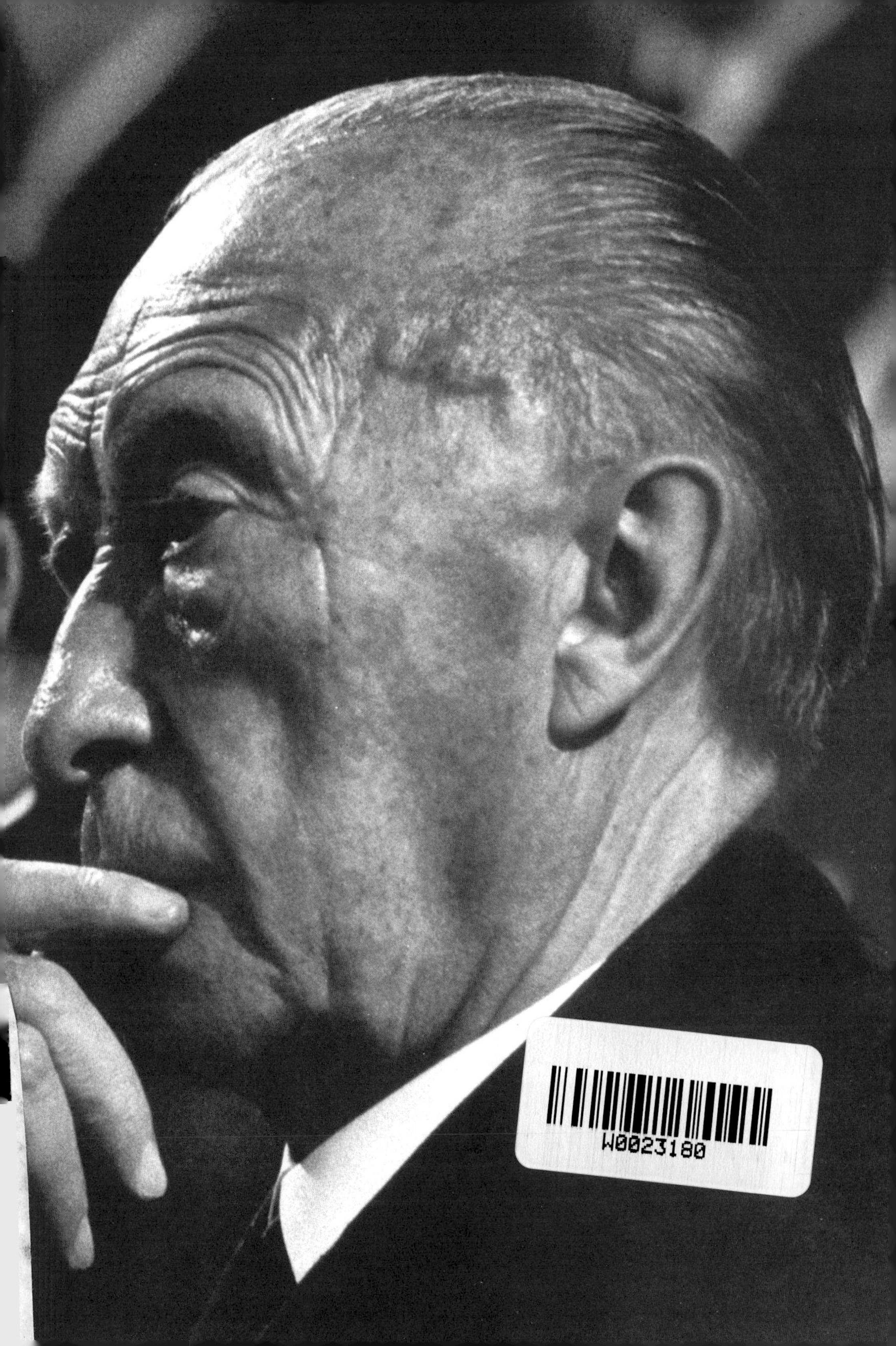
W0023180

FRANZ JOSEF STRAUSS

FRANZ JOSEF STRAUSS

Erkenntnisse
Standpunkte · Ausblicke

Herausgegeben von
Karl Carstens, Alfons Goppel,
Henry Kissinger, Golo Mann

Bruckmann München

Vorsatz: Franz Josef Strauß und Konrad Adenauer.

Nachsatz: Franz Josef Strauß als Redner während einer Bundestagsdebatte 1981.

Herstellung: F. Bruckmann KG, München
Graphische Kunstanstalten
Printed in Germany
ISBN 3 7654 2000 X

Inhalt

9 Vorwort

11 *Ronald Reagan*
Zum Geleit

15 *Franz Josef Strauß*
Die Zukunft gehört der Freiheit, dem Recht und dem Frieden

ZUR PERSON

42 *Maria Strauß*
Herkunft und Familie

52 *Leonore von Tucher*
Gemeinsame Schulzeit

54 *Kurt Vogel*
Mein Schüler Strauß

58 *Hermann Bengtson*
Vor fünfzig Jahren

62 *Gert Kohlmann*
Die Begegnung mit Leutnant Strauß in Rußland

67 *Franz Heubl*
Franz Josef Strauß und die CSU

80 *Richard Stücklen*
Franz Josef Strauß und die parlamentarische Demokratie

96 *Alex Möller*
Franz Josef Strauß – der Bundesfinanzminister der Großen Koalition

99 *Werner Dollinger*
Franz Josef Strauß als Wirtschaftspolitiker

102 *Hans Katzer*
Rückblick auf gemeinsame Politik

115 *Léopold Sédar Senghor*
Franz Josef Strauß – der Kelte

WURZELN CHRISTLICH-SOZIALER POLITIK

120 *Friedrich Wetter*
Die christliche Sicht des Politischen

133 *Johannes Hanselmann*
Christentum und Politik im Spannungsfeld der Lutherischen Zwei-Reiche-Lehre

BAYERN – GESCHICHTE UND GEGENWART

149 *Alfons Goppel*
Bayerns Rolle und Aufgabe im föderativen System

165 *Karl Hillermeier*
Die Wahrung der Rechtsordnung in Bayern

187 *Max Spindler*
Der Gegenstand der bayerischen Geschichte

197 *Dieter Blumenwitz*
Bayerns Beiträge zur Deutschlandpolitik

208 *Peter von Siemens*
Die Wandlung Bayerns zu einem modernen Industriestaat bei Erhaltung der Umwelt

222 *Heinz Nixdorf*
Bayern – bevorzugter Industriestandort mit gepflegter Umwelt

230 *August Everding*
Kunst und Subvention

POLITIK FÜR DEUTSCHLAND

248 *Richard von Weizsäcker*
Amt, Person und Autorität in der Politik

253 *Karl Carstens*
Die Demokratie des Grundgesetzes und die heutige Demokratie-Diskussion

278 *Golo Mann*
»Liberal« und »konservativ« in der modernen deutschen Geschichte

306 *Michael Stürmer*
Mitten in Europa: Versuchung und Verdammnis der Deutschen

323 *Friedrich Zimmermann*
Der Aufbau einer demokratischen Staats- und Verfassungsordnung im freien Teil Deutschlands

338 *Peter Lerche*
Kommende föderalistische Probleme

351 *Hermann Josef Abs*
Deutschlands wirtschaftlicher und finanzieller Aufbau

370 *Karl Schiller*
Die Grenzen der Wirtschaftspolitik aus der Sicht des Wirtschaftspolitikers

383 *Karl Steinbuch*
Das Informationszeitalter – neue Medien

398 *Lothar Späth*
Die politische Stabilität des deutschen Südens

408 *Helmut Kohl*
Chancen und Perspektiven der Bundesrepublik Deutschland Mitte der achtziger Jahre

FRIEDEN IN FREIHEIT – EUROPAS AUFTRAG FÜR DIE WELT

426 *Henry Kissinger*
Die Vereinigten Staaten und Europa

444 *Alessandro Pertini*
Europa, Bollwerk der Freiheit

456 *Margaret Thatcher*
Warum die Demokratie Bestand haben wird

466 *Lord Peter Carrington*
Die NATO – Gemeinsame Verteidigung gemeinsamer Werte

475 *Andreas Kraus*
Europa heute – Das Dritte Deutschland 1815–1870: Eine historische Parallele?

491 *Otto von Habsburg*
Wir in Europa

504 *Leo Tindemans*
Die einzige Hoffnung für die Europäische Union – Die Christlichen Demokraten in der EVP

516 *Alois Mock*
IDU: Die Freiheits-»Internationale« entsteigt ihren Kinderschuhen

526 *Reimar Lüst*
Weltraumforschung und -technik in europäischer Zusammenarbeit und in Partnerschaft mit den USA

535 *Shimon Peres*
Franz Josef Strauß und der Nahe Osten

538 *Mohammed Hosni Mubarak*
Bemühungen um die deutsch-ägyptischen Beziehungen

540 *José Napoleón Duarte*
Die Verteidigung der Demokratie – Eine Herausforderung unserer Zeit

552 *Yasuhiro Nakasone*
Die Überzeugung eines Politikers

BEGEGNUNGEN – ENTGEGNUNGEN – WIDMUNGEN

559 *Mathilde Berghofer-Weichner*
Franz Josef Strauß – sein Einsatz für die Familie

562 *Jacques Chirac*
Hommage an Franz Josef Strauß

565 *Kurt Georg Kiesinger*
Glückwunsch aus Schwaben

572 *Bruno Kreisky*
Begegnungen mit Franz Josef Strauß

575 *Silvius Magnago*
Begegnung im Alpenraum

577 *Schorsch Meier*
Was ich Franz Josef Strauß zum 70. Geburtstag zu sagen habe

581 *Walter Scheel*
Gemeinsamkeiten und Gegensätze

584 *Helmut Schmidt*
Franz Josef Strauß zum 70. Geburtstag

ANHANG

589 Biographie Franz Josef Strauß

592 Buchveröffentlichungen von Franz Josef Strauß

592 Fotonachweis

593 Autorenbiographien

601 Register

Vorwort

»Mit seinem Geburtstag muß jeder selbst fertig werden. Freunde erleichtern diese innere Mühe.«
Dies sagte Franz Josef Strauß, als er 65 wurde. Inzwischen sind die äußeren und inneren Mühen nicht kleiner geworden. Doch die Kraft, ihrer Herr zu werden, ist gewachsen.
Nun erreicht er die 70 – ein Anlaß zu diesem Buch, das Bewunderer, Freunde und Weggefährten gestaltet haben. Zu ihnen zählen auch politische Gegner.
Klarheit und Kraft prägen Sprache und Werk des Politikers und Staatsmannes Franz Josef Strauß. Polarisierender Eindeutigkeit geht er nicht aus dem Weg. Wer will, versteht ihn. Wer ihn mißversteht, will es auch.
Die Herausgeber danken allen Mitarbeitern an dieser sprachlichen Spiegelung der Gegenwart. Ihre Optik wechselt mit jedem Beitrag. Vielfalt der Erkenntnisse, Standpunkte und Ausblicke sind das Ergebnis. Im Brennpunkt aber steht das »politische Urgestein« Franz Josef Strauß.
Mit der gemeinsamen Gabe wollen ihm Freunde in Bayern, in der Bundesrepublik Deutschland, in Europa und in aller Welt die innere Mühe des runden Geburtstages erleichtern: Glück auf für ein neues Jahrzehnt erfolgreichen Wirkens im Dienste der Freiheit, des Rechts und des Friedens!

Die Herausgeber

Zum Geleit

Der 70. Geburtstag von Franz Josef Strauß ist ein geeigneter Anlaß, die bewundernswerten Fähigkeiten und Erfolge dieses außergewöhnlichen Mannes zu überdenken. Seine durch Höhen und Tiefen geprägte politische Laufbahn kann der deutschen Jugend als beispielhaft gelten.
Seit langem bewundere ich Franz Josef Strauß' Einsatz und Tatkraft. Ich schätze seinen Rat, seine Freundschaft zu den Vereinigten Staaten von Amerika und sein offenes Eintreten für ein starkes Europa innerhalb unseres Verteidigungsbündnisses.
Franz Josef Strauß ist in einem Deutschland aufgewachsen, dessen schwache Demokratie von innen und außen bedroht war. Als sie zerstört wurde, waren damit vorübergehend auch alle Chancen für den Frieden in Europa und der Welt zunichte gemacht. Eine ganze Generation wurde im Krieg dezimiert. In diesen dunkelsten Tagen Deutschlands hielt Franz Josef Strauß seine demokratischen Prinzipien aufrecht. Gleich nach Kriegsende widmete er sich einem der größten und letztlich erfolgreichsten politischen Experimente dieses Jahrhunderts: der demokratischen Gesellschaft. Er fing auf lokaler Ebene an, arbeitete zunächst mit amerikanischen Beratern und später innerhalb des pulsierenden neuen politischen Systems der Bundesrepublik Deutschland. Mit Hilfe von Männern seines Schlages blühte die Demokratie rasch auf, konnte die deutsche Bevölkerung innerhalb kürzester Zeit ihrem Land aus den Trümmern der Niederlage zu wirtschaftlichem Wohlstand verhelfen.
Franz Josef Strauß ist ein wahrer Freund der Vereinigten Staaten. Er begreift das Atlantische Bündnis als Fundament für den Frieden in Europa und in der Welt. Während seiner gesamten

politischen Laufbahn hat er seinen Wählern die Bündnispolitik der NATO erläutert und sich mit Nachdruck dafür eingesetzt, die Allianz zu stärken. Die Unterstützung von Ministerpräsident Strauß im Zusammenhang mit der lebhaften öffentlichen Diskussion um den NATO-Doppelbeschluß, mit dem die Allianz der ungeheuren Aufrüstung sowjetischer Mittelstreckenraketen in Europa entgegentrat, wird in Amerika unvergessen bleiben, ebenso seine fortgesetzte Unterstützung für unsere strategische Verteidigungsinitiative, ein Forschungsprogramm, bei dem es darum geht, die Abschreckung und die strategische Stabilität zu stärken und damit die Welt sicherer zu machen.

Als Bayerischer Ministerpräsident ebenso wie während seiner Amtsperiode als Verteidigungsminister hat sich Franz Josef Strauß immer besonders um die Betreuung amerikanischer Truppen in Deutschland bemüht. Die amerikanischen Soldaten und ihre Familien werden diese Initiativen, die dazu beitrugen, daß sie sich während ihres Aufenthaltes in der Bundesrepublik wohlfühlen konnten, immer in Erinnerung behalten.

Diese herzliche und freundschaftliche Haltung hat in erheblichem Maße zur vertieften Zusammenarbeit zwischen den amerikanischen Streitkräften und ihren deutschen Partnern beigetragen. Auf Grund dieser persönlichen Initiative wird die freundschaftliche Verbundenheit zwischen unseren beiden Völkern weiter ausgebaut.

Die Bemühungen von Franz Josef Strauß, die engen Beziehungen zwischen der Bundesrepublik Deutschland und den Vereinigten Staaten von Amerika zu festigen, werden auch durch seine konstruktiven und positiven Äußerungen über unser Land deutlich. Gerade dadurch zeichnet sich ein wahrer Freund aus. Seine Ausführungen zum deutsch-amerikanischen Verhältnis und anderen Aspekten internationaler Politik sind stets freimütig und nützlich. Den Weitblick und das große Geschichtsver-

ständnis des Bayerischen Ministerpräsidenten habe ich schätzen gelernt.
Was hält Franz Josef Strauß in so guter Form nach vierzig Jahren Dienst an der Öffentlichkeit? Ich meine, es sind seine engen Familienbande, seine tiefe religiöse Überzeugung, seine Heimatliebe und seine großen physischen und psychischen Energiereserven. Auf dieses Fundament hat Ministerpräsident Strauß seine erfolgreiche politische Laufbahn gebaut. Hier liegt die Quelle der Kraft und Inspiration für seinen lebenslangen Einsatz für Land und Bevölkerung.
Ich fühle mich von Franz Josef Strauß inspiriert und bin sicher, daß alle Amerikaner, die ihn kennen und schätzen gelernt haben, diese meine Gefühle teilen. Wir freuen uns auf viele weitere Jahre enger Zusammenarbeit mit einem der treuesten Freunde Amerikas.

Ronald Reagan

Franz Josef Strauß

Die Zukunft gehört der Freiheit, dem Recht und dem Frieden

In diesen Tagen vor 40 Jahren endete Hitlers sogenanntes »tausendjähriges Reich« nach zwölf Jahren des zynischen Abfalls der deutschen Politik vom christlichen Sittengesetz, nach sechs Jahren des mörderischsten Krieges der Menschheitsgeschichte. Die meisten Deutschen erlebten damals bedingungslose Kapitulation und den Zusammenbruch der deutschen Staatsordnung als »Stunde Null«. Dieser Ausdruck bezeichnete zunächst das schreckensvolle Ende und die furchtbare Bilanz des Krieges: Vier Millionen deutsche Soldaten waren gefallen und fast ebenso viele Zivilpersonen umgekommen. Die Städte lagen in Schutt und Asche, Deutschland war ein Trümmerhaufen.
Die Stunde Null bedeutete aber auch das Ende des Massensterbens, der Bombennächte, der Standgerichte, für manche das Ende einer wahnwitzigen Illusion von einem Europa unter großdeutscher Führung, für 700 000 Überlebende in den Konzentrationslagern der Nationalsozialisten das Ende ihrer Leiden, für die Deutschen die schreckliche Frage, ob das Ende ihrer Geschichte überhaupt gekommen sei.
Zu Ende gingen im Frühjahr 1945 jedoch nicht nur Krieg und nationalsozialistische Herrschaft, zu Ende ging damals auch die führende Rolle Europas in der Welt. In zwei Bürgerkriegen hatten sich die Völker des alten Kontinents erschöpft, damit selbst entmachtet und ihre weltpolitische Rolle an die USA und die neue Großmacht im Osten, die Sowjetunion, abgetreten.
Vergessen wir es nicht: Die Stunde Null bezeichnet auch den Beginn einer bis heute andauernden Waffenruhe in Europa. Während in der Welt seit 1945 bis heute über 140 Kriege ausgetragen wurden, blieb Europa von militärischen Auseinandersetzungen verschont. Es wäre zu hoch gegriffen, wollte man dies »Frieden« nennen – im

Alltag allerdings wird er von den meisten Europäern als Frieden erlebt.
Wir *trauern* um die 55 Millionen Opfer dieses größten aller Kriege, um die Soldaten aller kämpfenden Völker, um die Opfer des Rassenwahns der Nationalsozialisten und um die Opfer des Bombenkrieges, wir trauern um alle Menschen, die bei Flucht und Vertreibung ihr Leben verloren haben, wir trauern über das riesige Ausmaß der Zerstörungen und über den Verlust blühender Provinzen im Osten, um Ostpreußen, Pommern und Schlesien.
Wir empfinden, auch wenn der Preis sehr hoch war, *Genugtuung* darüber, daß die nationalsozialistische Gewaltherrschaft mit dem Krieg zu Ende ging. Nur die Spitzen der Wehrmacht hätten ohne diesen Preis rechtzeitig Hitler stürzen und den Krieg verhindern oder früher beenden können. Zwar hatte der Kongreß der USA in einer Direktive an den Oberbefehlshaber der US-Besatzungstruppen in Deutschland (JCS 1067) festgestellt, daß ihre Soldaten nicht gekommen seien, um Deutschland zu befreien, sondern um es zu erobern. Dies konnte auch gar nicht anders sein, war doch Deutschland unter Hitler der Schuldige am Ausbruch, oder besser: an der Entfesselung des Krieges und in den Augen unserer damaligen Kriegsgegner der Inbegriff des Bösen.
Es hing aber mit der demokratischen Grundstruktur der westlichen Besatzungsmächte zusammen, daß sie den Deutschen in ihren Zonen nach einer gewissen Übergangszeit den Weg in eine demokratische Zukunft öffnen mußten und öffneten. Auch das war die Gnade der Stunde Null.
So müssen wir uns des Frühjahrs 1945 auch in der *bitteren Erkenntnis* erinnern, daß unsere Landsleute in der DDR 1945 eine Diktatur gegen die andere eingetauscht haben und seit nunmehr 52 Jahren unter totalitärer Herrschaft leben.
Wir erinnern uns des Frühjahrs 1945 in der *Hoffnung* darauf, daß der nunmehr 40jährige Friede weiterhin gesichert und unsere Freiheit bewahrt bleibe, denn, wie Ernst Reuter, der ehemalige Regierende Bürgermeister von Berlin, sagte: »Ohne Freiheit kann der Frieden nicht bestehen.« Der Kampf um die Freiheit aller Europäer ist auch ein Kampf für den Frieden.
Tieferblickende Historiker und Politiker erkannten schon unmittel-

bar nach dem Zweiten Weltkrieg, daß die erste Hälfte des 20. Jahrhunderts als eine zusammenhängende Epoche in der europäischen Geschichte zu betrachten sei. In zwei gewaltigen Kriegen hatte sich Europa, einst Mittelpunkt und Machtzentrum der Welt, bis zur Erschöpfung verblutet. Was am 1. August 1914 begann und am 8. Mai 1945 endete, ist nichts anderes als der furchtbare Prozeß europäischer Selbstzerstörung.

Der britische Außenminister Sir Edward Grey deutete die Zeichen richtig, als er zu Beginn des Ersten Weltkrieges sagte: »In Europa gehen jetzt die Lichter aus, und wir werden sie zu unseren Lebzeiten nicht mehr leuchten sehen.«

Wir neigen dazu, die Zeit vor dem Ersten Weltkrieg zu verklären, sie in so hellem Licht zu sehen, in dem sie nie gestanden hat. Jedoch ist es wahr: Es herrschten damals im großen und ganzen Freizügigkeit und freier Handel, die Weltwirtschaft blühte, der Reichtum wuchs in allen europäischen Ländern durch Wissenschaft, Technik und Kolonien rasch an, über alle nationalen Grenzen wurden die wissenschaftlichen Erkenntnisse ausgetauscht, die Nationen befruchteten sich im Wettstreit ihrer besten Geister gegenseitig, und für die rasch wachsende Zahl von Menschen wurde das Leben ständig lebenswerter: Dank der gewaltigen Fortschritte der Medizin stieg die Lebenserwartung an, die soziale Absicherung verbesserte sich, bekanntlich wurde hierin das Deutsche Reich zur Zeit Bismarcks in der Welt zum Vorbild.

Die Gesetze, unter denen die europäische Geschichte zu stehen schien, hießen Wettstreit, Vielfalt, Fortschritt und Freiheit. Die rationale Verfügung über die vorgegebene Umwelt, der zweckgebundene, planvolle Umgang mit der Natur versprachen nicht abzusehende Erfolge: Die naturwissenschaftlich orientierte Medizin errang eine Kette von Siegen gegen bisher rätselhafte Krankheiten und den als Geschick jahrtausendelang hingenommenen frühen Tod. Telegraphie und Telephonie revolutionierten das Nachrichtensystem ungeheuer: Plötzlich war die Teilhabe an Ereignissen an jedem Punkt der Erde mit Lichtgeschwindigkeit möglich. Auto und Flugzeug machten den Globus auch da zugänglich, wohin die Eisenbahn – sie wird heuer 150 Jahre alt – nicht gelangen konnte.

Wie weit wären wir heute, wenn der Aufbruch ins technisch-naturwissenschaftliche Zeitalter von allen europäischen Völkern als Beginn eines friedlichen Wettstreits betrachtet und dessen Regeln eingehalten worden wären? Wir wissen es nicht. Eines aber wissen wir: Die unendlichen Leiden und Opfer der beiden europäischen Bürgerkriege, der Verfolgung und Vertreibung wären uns erspart geblieben.

Statt dessen wurde Europa zum Kontinent der sich ständig verschärfenden Rivalitäten unter den Nationalstaaten, vor allem unter den fünf Großmächten, der »Pentarchie« England, Frankreich, Rußland wie Österreich-Ungarn und Deutschland; dazu kam Italien.

Von ihrem Beginn in der Französischen Revolution an hat die moderne europäische Nationalstaatsidee als Ordnungsprinzip Europas weit stärker Ein- und Ausgrenzungstendenzen entwickelt als jedes andere staatliche Organisationsprinzip vorher. Sobald sich die Nation als politisches Subjekt zu verstehen begann, das sich selbst eine Verfassung geben konnte und mußte, war die Frage zu beantworten, was Sinn und Zweck eines Staates sei, welche Rechte die Bürger hatten und wie das Verhältnis zu den Nachbarn zu gestalten sei.

So begannen schon im 19. Jahrhundert unmerklich die Grenzen zwischen den Völkern Europas höher zu werden. Die gemeineuropäische Romantik tat ein übriges, die geschichtliche Selbstbesinnung zu fördern, das nationale Erbe zu sammeln und zu würdigen und gemeinsame Sprache, Geschichte, Gesittung und Literatur als ein- und abgrenzende Bindungskräfte der Völker zu verstehen. Die Romantik, die so kosmopolitisch begonnen hatte, entwickelte sich über zwei Generationen zur »nationalen Romantik«, und von dort war es kein allzu großer Schritt mehr, das Vaterland zum Mythos zu erheben und pseudoreligiös zu verehren.

Es ist heute müßig, darüber zu grübeln, inwieweit die visionären und irrationalen, spätromantischen und expressionistischen Gegenströmungen zum rational-funktionalen Optimismus der sogenannten Gründerjahre mitursächlich sind für den verhängnisvollen Weg, den die Verlierer des Ersten Weltkrieges gegangen sind: Deutschland und Österreich in die nationalsozialistische, Rußland in die kommunistische Diktatur. Denn diese irrationalen Unterströmungen hat es überall in Europa, ja selbst im jungen Amerika gegeben. Ohne sie und ihr tönendes Pathos sind freilich weder Mussolini

noch Hitler zu denken. Aber nur in Mitteleuropa hat sich bis zum äußersten bewahrheitet, was einst Grillparzer als Kritik am Neuhumanismus angemerkt hatte: »Von der Humanität über die Nationalität zur Bestialität.«
So steigerte sich der Nationalismus zum Imperialismus, zum Bestreben, auf möglichst vielen und möglichst großen Teilen der Erdoberfläche die eigene Nationalflagge zu hissen, wie es Cecil Rhodes für sein Land ausgedrückt hat: »Unsere Aufgabe als auserwähltes Volk ist es, soviel Land auf der Erde britisch rot zu färben wie irgend möglich!«
Die letzte Steigerung des Nationalgefühls war damit erreicht. Ob es galt, die Segnungen der »civilisation française« möglichst allen Völkern der Erde zu bescheren, ob im Panslawismus oder Pangermanismus die jeweiligen »Brudervölker« vereint werden sollten, stets sprachen und handelten viele europäische Intellektuelle und Politiker so, als ob gerade *ihr* Land und *ihr* Volk von Gott oder dem Schicksal dazu ausersehen gewesen wäre, die Erde zu vervollkommnen.
So wurden im Deutschland nach der Reichsgründung gerade in intellektuellen Kreisen, aber nicht nur dort, Vorstellungen laut, als ob Deutschland nach seinem Sieg über Frankreich zu Höherem berufen wäre, am deutschen Wesen die Welt genesen könnte, Deutschland eine Aufgabe als Missionar und Lehrer der anderen Völker zu erfüllen hätte. Ein schlecht verdauter und falsch gedeuteter Sieg kann so sich gefährlicher auswirken als eine richtig verstandene Niederlage, aus der man Lehren zieht.
Hand in Hand mit dieser übersteigerten Selbsteinschätzung ging notwendigerweise die Minderschätzung fremder oder gar »fremdrassiger« Völker. Man vergröberte die Darwinistische Evolutionstheorie und geriet auf solche Weise schon in der zweiten Hälfte des 19. Jahrhunderts immer stärker und nicht nur in Deutschland ins rassistische Fahrwasser, bis zum Schluß die Übersteigerung kam und in Deutschland nicht mehr Nation und Staat im Mittelpunkt des Denkens standen, sondern Rasse und Raum. Diese fanatische Übersteigerung des Nationalgefühls bis zur Vergötzung der Nation und der Rasse war ebenso verhängnisvoll, wie heute die totale Aufgabe unserer nationalen Identität sich als zerstörerisch erweisen würde.

Es läßt sich um die Wende zum 20. Jahrhundert in ganz Europa beobachten, wie sich kollektive Empfindungen verstärken, Gemeinschaftserlebnisse und -erfahrungen die individuellen verdrängen. Immer stärker tritt das ungesunde »Wir« an die Stelle des individuellen »Ich«.
Auf diese nach Gleichklang in geschlossenen Gemeinschaften strebende gesellschaftliche Entwicklung mußte die politische Führung in wachsendem Maße Rücksicht nehmen. Pathos begann das Argument zu verdrängen. Die Politik entdeckte die Kraft der Propaganda, entwickelte neue Techniken der Menschenführung und verstärkte damit die Abhängigkeit der Bürger von den jeweils eingesetzten Mitteln.
Es gehört zu diesem gefährlichen Prozeß der Entindividualisierung, wenn in den meisten europäischen Ländern gegen Ende des 19. Jahrhunderts der »Dienst am Vaterland« – eine hohe Aufgabe – zur beherrschenden Lebensaufgabe eines jeden Bürgers, vor allem des jungen, absolut erklärt wurde.
Getragen von der unbedingten Treue ihrer Völker zum jeweiligen Vaterland, gewann in den Köpfen der damals verantwortlichen Politiker das ausschließlich machtstaatliche Denken immer mehr die Oberhand.

Der Weg in den Ersten Weltkrieg

Für das Deutsche Reich kam noch hinzu, daß es sieben Nachbarn hatte, davon drei Großmächte, und damit deutsche Innen- und Außenpolitik viel stärker miteinander verflochten waren als in den Randstaaten Europas. Jede hegemoniale Bestrebung von deutscher Seite mußte rasch auf den gebündelten Widerstand der vier europäischen Großmächte stoßen. Bismarck hatte mit seiner ausgeklügelten Bündnispolitik den »cauchemar des coalitions« – den Alptraum der Einkreisung – gerade noch bannen können, seinen unzulänglichen Nachfolgern sollte dies nicht mehr gelingen: Sie meisterten die Krise, die nach dem Attentat von Sarajevo entstanden war, diplomatisch nicht mehr. Und weil sich auch unter ihren österreichisch-ungarischen, französischen, englischen und russischen Kollegen kein überragender politischer Kopf befand, nahm das Unheil seinen Lauf. Bei dem verhältnismäßig geringen Grad an Rationalität, mit dem in der Julikrise des Jahres 1914 politisch gehandelt wurde, ist es kein Wunder, daß die Kriegsschuldfrage von 1914 bis heute ungeklärt ist.

Die Zäsur von 1918

Im Prozeß des europäischen Niedergangs zwischen 1914 und 1945 bildete das Kriegsende 1918 eine Zäsur: Nachdem sich die USA und Großbritannien wieder ihren eigenen politischen Geschäften – prosperity mehr die einen und Empire mehr die anderen – zugewandt hatten, trat sofort die kontinentale Siegermacht Frankreich in die Lücke und spielte ihre Hegemonie voll aus. Jäh verkleinerte sich der Weltkonflikt zu einer deutsch-französischen Nachkriegsauseinandersetzung. Nichts bestimmte die europäische Außenpolitik der zwanziger Jahre so sehr wie das Verhältnis dieser beiden Nachbarstaaten zueinander, denen der üble Ruf anhing, »Erbfeinde« zu sein, der im jeweiligen Inland von gewissen Kreisen noch besonders geschürt wurde.

Versailles und die Folgen

Wie war Deutschlands Lage nach 1918? Weite Kreise wollten die militärische Niederlage nicht wahrhaben. Wider besseres Wissen bestätigten hohe Militärs mit der sogenannten »Dolchstoß-Legende« das Märchen von dem im Felde unbesiegten deutschen Soldaten, dem die Heimat verräterisch in den Rücken gefallen sei. Weithin herrschte das Gefühl vor, von den Siegern gedemütigt und betrogen worden zu sein. Der berüchtigte Artikel 231 des Versailler Vertrages schob Deutschland per Diktat die alleinige Schuld am Kriege zu, das Selbstbestimmungsrecht wurde den Österreichern, Sudetendeutschen, Oberschlesiern, Saarländern und Südtirolern verweigert, hohe Reparationen lasteten schwer auf der deutschen Wirtschaft. Im Gefolge dessen belastete eine galoppierende Inflation mit schließlich einer Billion Papiermark gegen eine Rentenmark die wirtschaftlich-soziale Struktur der Deutschen, beutete die Sparer aus und belohnte die Schieber. Die Verarmung des Mittel-

standes und die steigende Arbeitslosigkeit schufen ein gefährliches Potential von Hitlerwählern. All dies führte dazu, daß viele Deutsche die demokratische Staatsform ebenfalls als Danaergeschenk der Sieger von 1918 verstanden und so die Weimarer Republik zu einer Demokratie ohne Demokraten wurde.
Die Politiker der ersten deutschen Republik hießen bald »Erfüllungspolitiker«, ja, im Jargon der Nazis, »Systemverbrecher«, die Demokratie fand im Deutschland der zwanziger Jahre keinen Boden, in dem sie hätte fest wurzeln können.

Agonie der Weimarer Republik – Hitlers Erfolge

Mit der Weltwirtschaftskrise seit 1929/30 geriet die Weimarer Republik in die Agonie. Dennoch muß um der Wahrheit willen gesagt werden, daß es Hitler niemals gelang, in freien Wahlen mehr als 37 Prozent der deutschen Wähler hinter sich zu bringen, ja selbst bei den Reichstagswahlen am 5. März 1933, als er schon über einen Monat Reichskanzler war und viele politische Gegner ausgeschaltet hatte, errang er lediglich 44 Prozent! Über die Hälfte der Deutschen wollte auch 1933 nichts mit Hitler und seiner sogenannten »Nationalsozialistischen Weltanschauung« zu schaffen haben.
Dennoch: Der 30. Januar 1933, der von den Nationalsozialisten so genannte »Tag der Machtergreifung«, wurde von vielen Deutschen als Anbruch einer neuen Zeit empfunden. Hitlers Revisionspolitik wurde weitgehend, auch in England und teilweise sogar in Frankreich, begrüßt als eine Art Wiedergutmachung, wobei ein schlechtes Gewissen sich gerührt haben mag. Die Höflichkeit gebietet heute, lobende Urteile über Hitler aus prominenten ausländischen Mündern nicht in Erinnerung zu rufen. Auch das war nicht geeignet, den Instinkt oder die Erkenntnis der Gefahr »Hitler« zu fördern. Wie leicht hätte der deutsche Diktator 1936 bei der Besetzung des Rheinlandes scheitern können, wenn die französische Armee nach den Bestimmungen des Versailler Vertrages vorgegangen wäre und die schwachen deutschen Truppen überwältigt hätte! So aber blieben die Warner im Unrecht, die Hitleranbeter triumphierten. Die Inaktivität der ehemaligen Kriegsgegner verlockte Hitler zu immer weiteren Ausgriffen: ins Memelland, nach Österreich und schließ-

lich 1938 ins Sudetenland. Die verhängnisvolle Rolle der westlichen Beschwichtigungspolitik ist oft dargestellt worden: Je mehr die englischen und französischen Staatsmänner, Chamberlain und Daladier seien hier genannt, Hitler durch Nachgeben zu beruhigen und zu beschwichtigen suchten, um so mehr reizten sie ihn zu immer weiteren Ausgriffen.

Der Hitler-Stalin-Pakt

So glaubte er im März 1939 die in seinem berüchtigten Buch »Mein Kampf« niedergelegte Ideologie eines großdeutschen Imperiums in Osteuropa, die sogenannte »Lebensraumideologie«, verwirklichen zu können, indem er darauf setzte, daß die Westmächte wie bisher zunächst protestieren, dann aber nachgeben würden. Doch darin hatte er sich getäuscht. Mit dem Einmarsch in Prag ein Jahr nach dem »Anschluß« Österreichs zeigte er aller Welt offen, daß er nicht gesonnen sei, sich mit der Revision des Versailler Vertrages zufriedenzugeben und das Selbstbestimmungsrecht der Deutschen durchzusetzen, es ging ihm um Hegemonie, um Lebensraum, um Herrenrassetum. Die weiteren Stationen in den Krieg sind bekannt, wenn auch die wichtigste, nämlich der Hitler-Stalin-Pakt vom 23. August 1939, aus begreiflichen Gründen in den Ländern des kommunistischen Machtbereichs totgeschwiegen wird. Damals verabredeten die beiden Diktatoren den Angriff auf Polen und teilten Osteuropa unter sich auf, und Stalin gab Hitler grünes Licht zum Überfall auf Polen.

Auch nach dem 1. September 1939 hoffte Hitler sicher noch, daß sich England und Frankreich aus dem deutsch-polnischen Krieg heraushalten würden. Aber auch darin täuschte er sich. Ihren vertraglichen Verpflichtungen Polen gegenüber getreu, erklärten die beiden Westmächte am 3. September 1939 dem Deutschen Reich den Krieg.

Selbst nach der Niederwerfung Polens, der Eroberung Dänemarks und Norwegens und dem deutschen Sieg über Frankreich und trotz vieler Luftangriffe blieb Englands Widerstandswille im Herbst 1940 ungebrochen.

Im November 1940 kam der sowjetische Außenminister Molotow

nach Berlin, und Hitler unterbreitete ihm den Plan eines »Viermächtepaktes« zwischen Deutschland, Japan, Italien und der Sowjetunion. Er versuchte, die Interessen der Sowjetunion nach Süden, zum Indischen Ozean und Persien zu lenken. Molotow aber forderte die Ausdehnung der russischen Einflußsphären in Osteuropa. Niemand weiß, welchen Fortgang der Krieg genommen hätte, wäre Hitler auf die russischen Forderungen ganz oder teilweise eingegangen, Finnland und Bulgarien der russischen Einflußsphäre zu überlassen, die deutsche Garantie für Rumänien aufzuheben und mit russischen Stützpunkten an den türkischen Meerengen einverstanden zu sein – das Ganze als Preis für den Eintritt der Sowjetunion in den Dreierpakt Deutschland, Japan, Italien.

Die Leiden der unterdrückten Völker

Im Osten noch mehr als im Westen wandte die deutsche Herrschaft der besetzten Gebiete äußerste Härte an, was selbstverständlich auch die Gegner brutalisierte. In Polen, in der Sowjetunion und auf dem Balkan bewahrheitete sich Grillparzers Wort von der Humanität, die über die Nationalität zur Bestialität führe, auf grausige Weise. Die Irrlehre vom germanischen Über- und slawischen oder jüdischen Untermenschen wurde für Millionen tödliche Wirklichkeit. Es bleibt wohl für immer unbegreiflich, wie es möglich war, daß

1. Dezember 1966: Franz Josef Strauß wird vor dem Deutschen Bundestag als Finanzminister der Großen Koalition vereidigt. Der CSU-Vorsitzende bringt in dieses Amt Kabinettserfahrungen als Bundesminister für Besondere Aufgaben (1953–1955), für Atomfragen (1955/1956) und der Verteidigung (1956–1962) mit.

Händedruck mit Ludwig Erhard, an dessen Seite Strauß als Mitglied des Frankfurter Wirtschaftsrates der Sozialen Marktwirtschaft zum Sieg über sozialistische Staatswirtschaft verholfen hatte; neben Erhard Kurt Georg Kiesinger und Rainer Barzel.

Folgende Abbildung:
Menschliches Verstehen und politischer Gleichklang – Strauß als Gast des amerikanischen Präsidenten Ronald Reagan im Weißen Haus.

CINZANO

Angehörige des Volkes, dem Bach und Mozart, Goethe und Schiller, Leibniz und Kant entstammten, diese grauenhaften Verbrechen begingen. Im Namen des deutschen Volkes wurden Millionen unschuldiger Menschen, Juden, Zigeuner, Geisteskranke, Russen, Polen, Widerstandskämpfer, umgebracht. All dies bewegte den im Zusammenhang mit dem 20. Juli hingerichteten Generalmajor Stieff zu dem bis heute erschütternden Bekenntnis: »Ich schäme mich, ein Deutscher zu sein.«

Im Namen des deutschen Volkes wurde aber auch jeder Deutsche umgebracht, der es wagte, sich gegen das Regime auch nur andeutungsweise zu stellen. Das Opfer der Geschwister Scholl und ihrer Freunde, das Opfer der Männer des 20. Juli 1944 und der weniger bekannten deutschen Widerstandskämpfer, der Militäropposition, so furchtbar es auch war, bewies doch der Welt die Existenz eines anderen Deutschland. Der Historiker Andreas Hillgruber schreibt dazu: »Jedoch hing es von dem Opfergang des deutschen Widerstandes und von der Erkenntnis seiner Bedeutung bei den Deutschen ab, ob ein geläuterter, die unlösliche Bindung ethischer Werte einschließender Nationalgedanke in Deutschland noch eine Zukunft hatte.«

In Bayern mahnt das Konzentrationslager Flossenbürg in der Oberpfalz, neben Dachau, mit 30000 ermordeten Opfern an diese höllische Zeit. Dort wurden mit unzähligen Juden auch der Bruder des heutigen Staatspräsidenten Pertini, Admiral Canaris, General Oster, Pastor Bonhoeffer und Reichskriegsgerichtsrat von Dohnanyi grausam umgebracht.

Wir verneigen uns vor den ungezählten Menschen, die ihrer Volkszugehörigkeit, ihres Glaubens und ihres Eintretens für Recht und

Strauß als Pilot im Cockpit – Fliegen nicht nur als ausgeprägte persönliche Vorliebe, sondern auch als Ausdruck der Bereitschaft und Fähigkeit zu technischem Verständnis, das in der Gesamtschau einer zukunftsorientierten Politik nicht fehlen darf.

Seit mehr als drei Jahrzehnten – Strauß in Wahlkämpfen und auf Plakaten, Zeichen auch eines ständigen Ringens um Vertrauen, das existentiell zu einer lebendigen Demokratie gehört.

Menschlichkeit wegen getötet wurden oder in deutschen Konzentrationslagern Unsägliches erdulden mußten.
Im Winter 1942/43 erreichte der Krieg die Peripetie: Immer näher rückten die Fronten an die deutschen Grenzen heran, ja die deutschen Städte wurden selbst zur Front. 1942 begannen die großen Bomberströme, die Menschen in den deutschen Großstädten zuerst, gegen Kriegsende aber auch in mittleren und kleineren, sahen ihr Hab und Gut vernichtet, über eine halbe Million starben. Die Namen Hamburg, Berlin, Würzburg und als letzte schauerliche Steigerung Dresden mögen für die vielen anderen deutschen Städte stehen, die im Bombenhagel untergingen. Ein militärisch sinnloses Töten und Zerstören, wie wir heute wissen, denn die Alliierten verstärkten den Durchhaltewillen der Deutschen zunächst damit ebenso wie mit der in Casablanca Anfang 1943 aufgestellten Forderung nach bedingungsloser Kapitulation des Deutschen Reiches und halfen Hitler und Goebbels, ihre perversen Durchhalteparolen den Deutschen als letzte Chance vorzuschwindeln. Die Spitze des Zynismus bedeutet Hitlers Äußerung, die er kurz vor Kriegsende dem Oberbefehlshaber einer Heeresgruppe gegenüber tat: »Wenn das deutsche Volk diesen Krieg verliert, hat es sich meiner als nicht würdig erwiesen. Die Zukunft gehört dann dem jüngeren Ostvolk.«

Leid und Zerstörung

Nun erst zeigte der Krieg unverhüllt sein Gesicht. Mit jedem Kilometer, den die Gegner an Boden gewannen, verhärtete sich der Kampf. Das Maß der Leiden und der Zerstörungen stieg ins Grenzenlose und erreichte seinen Gipfel, als die Rote Armee um die Jahreswende 1944/45 die Reichsgrenzen überschritt. Die Menschen in den deutschen Ostgebieten, die nicht rechtzeitig hatten fliehen können oder dürfen, unschuldige Greise, Frauen und Kinder zumeist, mußten nun für alles büßen, was an Grausamkeiten und Unmenschlichkeiten in deutschem Namen in den Ländern Osteuropas geschehen war. Den Weg der Roten Armee nach Berlin begleiten die unzähligen Opfer der von Ilja Ehrenburg aufgeputschten Soldaten: geschändete, gefolterte, gemordete Frauen und Mädchen, erschlagene Greise, von Tieffliegern und Panzern niedergemähte und plattgewalzte Flüchtlingstrecks, versenkte Schiffe mit Tausenden von Flüchtlingen. Über zwei Millionen Deutsche verloren dabei ihr Leben in diesen dunkelsten Wochen, die das weite Land zwischen Weichsel und Oder erlebt hat. Auch die Luftwaffen der Amerikaner und Engländer beteiligten sich an dieser blutigen Ernte, als der Krieg schon längst für die Alliierten gewonnen war.

Viele, die den Massakern der berauschten Sieger entkommen waren, sahen sich – im anderen Teil Deutschlands – noch Monate nach Kriegsende plötzlich verhaftet, wurden ins Innere der Sowjetunion zur Zwangsarbeit deportiert. Ungezählte starben schon auf dem Transport, wenige nur kehrten nach Jahren unermeßlichen Leides zurück.

Wie es die Beschlüsse der Alliierten von Jalta (Februar 1945) und Potsdam (Juni bis August 1945) vorsahen, wurden die Deutschen, die noch in Ostpreußen, Pommern, Posen, Schlesien, Sudetenland und in Südosteuropa verblieben waren, gnadenlos von Haus und Hof gejagt und vertrieben. Stalin erklärte währenddessen in Potsdam (am 21. Juli 1945), »daß die deutsche Bevölkerung in den Ostgebieten mit den zurückweichenden deutschen Armeen nach Westen gezogen sei ... Auf dem Papier handle es sich zwar um deutsches Gebiet, aber de facto sei es polnisch geworden, da es dort keine Deutschen mehr gebe.« Ein Militärberater Präsident Trumans erklärte dazu trocken, wahrscheinlich seien sie von den Russen längst umgebracht worden.

Die ungleichen Verbündeten

Nunmehr zeigte es sich, daß die ungleichen Verbündeten, die Demokratien des Westens und die kommunistische Diktatur, nur so lange gemeinsam handeln konnten, wie sie den gemeinsamen Gegner niederzuringen hatten. Schon während der letzten Kriegsmonate bereitete Stalin seine Herrschaft über die Länder und Völker Ost-, Südost- und Ostmitteleuropas vor. Um der Freiheit Polens willen hatten die Westmächte 1939 Hitler den Krieg erklärt. Nun ließ sich die polnische Ostgrenze gegen die sowjetischen Ansprüche nicht halten. Bis zuletzt hatten sich die Westmächte treu an alle Abmachungen mit der Sowjetunion gehalten, und nun mußten sie erleben, wie schlecht ihre Vertragstreue gelohnt wurde. Schon vier Tage nach der bedingungslosen Kapitulation Deutschlands, am 12. Mai 1945, telegraphierte der damalige britische Premierminister Sir Winston Churchill an den amerikanischen Präsidenten Truman: »Ein eiserner Vorhang ist vor der sowjetrussischen Front niedergegangen. Was dahinter vorgeht, wissen wir nicht.« Stalin dachte nicht daran, die Zusage in der »Declaration on liberated areas in Europe« einzuhalten, alsbald Regierungen nach demokratischen Grundsätzen einzurichten.

Praktisch widerstandslos überließen die Westalliierten Osteuropa dem sowjetischen Imperialismus, ja, die Amerikaner räumten im Juli 1945 noch das von ihnen eroberte Thüringen, große Teile Sachsens und Mecklenburgs. Seitdem reicht die Macht des Kreml bis vor die Stadtgrenzen Fuldas und Göttingens, gemäß dem typischen, einfachen und brutalen Wort Stalins: »Jeder setzt sein eigenes System durch, soweit seine Armee reicht. Anders kann es nicht sein.« Die Teilung Deutschlands, Europas und der Welt hatte schon begonnen.

Dies ist die deutsche Bilanz des sogenannten »Dritten Reiches«: mehr als sieben Millionen Tote, über zwölf Millionen Flüchtlinge und Vertriebene, das Land gespalten und weithin zerstört, das Ende der staatlichen Existenz Deutschlands. Damals schrieb ein Deutscher auf die Mauerreste seines zerstörten Hauses: »Dazu brauchte Hitler zwölf Jahre Zeit!«

Die europäische Bilanz, darunter die systematische Ermordung von sechs Millionen Juden und die Verwüstung Osteuropas, übertraf diese Zahlen noch erheblich. Von den auf 55 Millionen geschätzten Opfern des Zweiten Weltkrieges sind die Hälfte Zivilisten, Opfer einer Kriegsführung, die an zerstörerischer Wucht alles übertraf, was die Welt bis dahin gesehen hatte.

Objekt der Weltpolitik

Nun schien sich zu vollenden, was 1918 noch einmal vermieden worden war: Der alte, einst so glanzvolle Kontinent Europa hatte Macht, Ansehen und weltpolitische Bedeutung verloren, war zum Objekt der Weltpolitik geworden. Als seine Erben traten die Vereinigten Staaten von Amerika und die Sowjetunion machtvoll auf –

ein endgültiges Urteil der Geschichte, wie manche damals meinten. Bezeichnend hierfür ist wohl, daß das Atomzeitalter im Pazifik anbrach, mit jenen beiden vernichtenden Schlägen auf Hiroshima und Nagasaki im August 1945, die den raschen Zusammenbruch Japans zur Folge hatten.
So furchtbar, so gewaltig auch dieser letzte Schlag des Krieges gewesen sein mag, so hat doch die Erinnerung der ungeheuren Zerstörungsgewalt der Atombombe bis heute wesentlich dazu beigetragen, daß in Europa der Friede bewahrt blieb.
Zudem gab das Monopol über diese Waffe den Vereinigten Staaten von Amerika einen entscheidenden Trumpf in die Hand, die sowjetischen Herrschaftsansprüche in Europa und überall in der Welt einzudämmen. Diese Macht bedeutete zugleich Verpflichtung: Nunmehr konnten sich die USA nicht mehr, wie 1918, ihrer weltpolitischen Aufgabe entziehen und sich in einem vergleichsweise idyllischen Isolationismus abkapseln. Die »Weltmacht wider Willen«, wie Amerika damals genannt wurde, hat bis heute trotz mancher Schwankungen und Rückschläge ihre Verpflichtung zur Weltpolitik erfüllt.

Europa sucht seine Rolle

Seitdem im Sommer 1950, fünf Jahre nach dem Ende des schrecklichsten Krieges der Menschheit, Ost und West in Korea kriegerisch aufeinanderprallten, ist dem Kommunismus keine mit seinen Erfolgen von 1945 vergleichbare Machtausdehnung mehr gelungen, trotz Nordkorea, trotz Vietnam, trotz Afghanistan. Das freie Europa andererseits aber hat bis heute noch nicht eine weltpolitische Rolle gefunden, die seiner großen Geschichte, seiner geistigen und wirtschaftlichen Bedeutung angemessen wäre.

Seit 40 Jahren herrscht Frieden

Seit 1945 wurde Großartiges geleistet: Europa ist wieder aufgebaut und strahlt vielerorts in hellerem Glanz als je zuvor, das geschundene und geächtete Deutschland ist wieder ein geachteter Partner in allen Teilen der Erde, die beiden ehemaligen »Erbfeinde« Deutsch-

land und Frankreich haben sich längst versöhnt, sind Freunde geworden in engster politischer, wirtschaftlicher und kultureller Zusammenarbeit, die Europäische Gemeinschaft lebt, wenn auch zuweilen mühsam, und es ist sicher: Eines Tages wird dieses alte Europa auch politisch geeint sein, mit einer Stimme sprechen und im Orchester der Weltmächte nicht mehr die zweite Geige spielen.
In der Zeitung »Die Welt« vom 13. März 1985 ist der Leserbrief des Ehrenpräsidenten des Verbandes der Jagdflieger des freien Frankreich, Marcel Boisot, abgedruckt, aus dem ich die folgenden Sätze zitieren möchte: »Es ist höchste Zeit, daß Europa 1945 nicht als eine Niederlage Deutschlands, sondern als seine eigene Niederlage ansieht und daß es unter seinen Völkern die Schuld am größten Verbrechen, das es jemals gegen seine eigene Zivilisation beging, gleichmäßig verteilt. Es ist Zeit, daß es seine Einheit als eine harmonische Vermischung aller seiner Kulturen versteht. Es ist Zeit, daß eine Seite seiner tragischen und blutigen Geschichte endgültig umgedreht wird.«
Seit 40 Jahren herrscht in Europa Friede, seit fast 36 Jahren leben wir im freiesten Staat, der je auf deutschem Boden errichtet wurde. Vor 30 Jahren, am 5. Mai 1955, erlangte die Bundesrepublik Deutschland ihre Souveränität. Während wir jedoch in dem Teil Deutschlands, in dem wir unseren freiheitlichen Rechtsstaat Bundesrepublik Deutschland aufgebaut haben, nach dem Ende des Zweiten Weltkriegs und nach dem Untergang des NS-Regimes in relativ kurzer Zeit wieder in die moralische und politische Ordnung der westlichen Demokratien und in die Gemeinschaft der freien Völker des Westens hineingewachsen sind, ist den Menschen in der DDR nicht weniger als denen in Polen, in Ungarn oder der Tschechoslowakei auch heute, vier Jahrzehnte nach Kriegsende, versagt, ihre Zukunft in freier Selbstbestimmung entscheiden und gestalten zu können.
Die Einbindung der Bundesrepublik Deutschland in die politische, in die Wert- und Verteidigungsgemeinschaft des freien Westens ist geschichtlich gesehen nichts anderes als die Rückkehr der Deutschen im freien Teil des Vaterlandes zu den Ordnungen, zu der menschlichen und politischen Kultur, von der sie für einen kurzen verhängnisvollen Zeitraum ein Sonderweg fortgeführt hat. Die NS-

Zeit hat unser Volk – so Schreckliches auch in seinem Namen geschehen ist – nicht von seiner Geschichte, seinen Werten und Traditionen getrennt. Sie hat die Deutschen nicht aus ihrer gewachsenen geistigen und kulturellen europäischen Bindung und Verflechtung gelöst.
Deshalb bedeutete die Adenauersche Entscheidung für die Westbindung der Bundesrepublik Deutschland für die Menschen bei uns die Rückkehr in die Völker- und Wertegemeinschaft und zu der politischen Kultur, zu der die Deutschen gehören und so viel beigetragen haben, seitdem es eine deutsche Geschichte gibt. Die Entscheidung für die Westbindung der Bundesrepublik Deutschland war und ist daher mehr als nur eine politische und ökonomische, sie ist auch eine unwiderrufliche Entscheidung zu einer Wertordnung.
Deshalb kann es für uns weder eine rechtsstaatliche Alternative zur politischen Kultur des Westens – und das heißt für uns konkret in der Bundesrepublik Deutschland: zur gewaltenteilenden parlamentarischen Demokratie, zum freiheitlichen Rechtsstaat, zur Sozialen Marktwirtschaft und zur föderativen Ordnung – geben, noch können wir einen außen- und sicherheitspolitischen neutralistischen Sonderweg zwischen Freiheit und Kollektivismus, zwischen Atlantischem Bündnis und Warschauer Pakt einschlagen.
Die innen- und außenpolitischen Entscheidungen für den Westen gehören untrennbar zusammen – so lange jedenfalls, wie nicht nur die machtpolitische, sondern auch die ideologische und damit die geistig-werthafte Teilung der Welt, Europas und Deutschlands andauert. Selbstverständlich ist die Wiedervereinigung Deutschlands in Frieden und Freiheit zunächst einmal das Anliegen der Deutschen selbst, aber sie ist weit mehr als dies. Die offene deutsche Frage ist auch mehr als nur ein Problem der Völkerrechtslehrer und der Staatsrechtsexperten. Sie ist eine moralische und eine geschichtliche Herausforderung, die sich an den ganzen Westen richtet. Sie ist nicht zuletzt eine Frage europäischer Solidarität.

Frage der Glaubwürdigkeit

Hier handelt es sich nicht um die sattsam bekannten »querelles allemandes« früherer Jahrhunderte, hier steht die Glaubwürdigkeit westlicher Politik schlechthin auf dem Spiel, denn es geht um nichts weniger als um Freiheit und Selbstbestimmung aller Europäer, die mit friedlichen Mitteln zu verfolgen sind. Normal können die Verhältnisse in Deutschland und in ganz Europa erst dann wieder sein, wenn alle europäischen Völker im Besitz des Selbstbestimmungsrechts sind und alle Staaten ihren Bürgern die klassischen Rechte und Freiheiten gewähren, die mit Demokratie und Rechtsstaatlichkeit unauflöslich verbunden sind.

Die Wiedervereinigung Deutschlands ist daher für uns nicht zu trennen von der Forderung nach Freiheit und Selbstbestimmungsrecht für alle Deutschen, für alle Europäer, sie wäre sonst nicht ausreichend moralisch begründet. Die Einheit der Nation darf deshalb auch nicht auf Kosten der Freiheit der ganzen Nation erreicht werden. Die Freiheit hat immer Vorrang vor der Einheit.

Für Freiheit und das Selbstbestimmungsrecht der Europäer sind die Alliierten gegen Hitler in den Krieg gezogen, ohne Polen militärisch retten zu können. Diese Ideale können und dürfen nicht selektiv verwirklicht werden, sollten sie nicht unglaubwürdig werden. Wer deshalb unter den früheren Kriegsgegnern Deutschlands die Identität des deutschen Strebens nach Einheit mit dem Ringen um die Freiheit und die Selbstbestimmung der Europäer verneint, versündigt sich an den eigenen Idealen und würdigt den Kampf gegen Hitler zu einem imperialistischen Machtkampf herab, während er in Wirklichkeit ein Kampf um Wertordnungen war.

Europäische Ordnung

Die bloße Wiederherstellung des deutschen Nationalstaates kann nicht das vorrangige oder gar einzige Ziel unserer Deutschlandpolitik sein. Die Zukunft auch der deutschen Nation liegt allein in einer europäischen Ordnung der Freiheit, des Rechts und des Friedens, in der die Frage nach staatlichen Grenzen zweitrangig geworden ist. Dies heißt jedoch nicht, daß wir angesichts dieses Zieles, das nur in einem langen geschichtlichen Prozeß zu erreichen sein wird, rechtliche und politische Grundlagen zur Diskussion stellen dürfen, die aufgrund der internationalen Rechtslage und unseres Verfassungsrechts überhaupt nicht zur Disposition stehen können. Hierzu gehört der juristische Fortbestand des Deutschen Reiches in den Grenzen von 1937. Hierzu gehört die noch immer bestehende Viermächteverantwortung für ganz Deutschland, also die Offenheit der deutschen Frage.

Politische Vorgaben

Die Entscheidung des Bundesverfassungsgerichts vom 31. Juli 1973 zum Grundlagenvertrag hat eindeutig klargestellt, daß uns das Grundgesetz rechtliche und politische Vorgaben gemacht hat, die niemand in Frage stellen kann. Auch die Ostverträge haben nichts an der völkerrechtlichen Lage Deutschlands und an der Viermächteverantwortung für ganz Deutschland geändert. Vor allem sind die Ostverträge keine Grenzanerkennungsverträge völkerrechtlicher Art für immer. Über die Grenzen Deutschlands kann erst in einem Friedensvertrag mit einem wiedervereinigten Deutschland endgültig beschlossen werden.
Auch die frühere Bundesregierung, die diese Verträge abgeschlossen hat, hat immer versichert, daß es sich hierbei um Verträge handle, die allein einen Modus vivendi bestätigen, die Gewaltverzichtsabkommen seien. Es ist deshalb nicht hilfreich und dient auch nicht der von uns allen ersehnten und erstrebten Aussöhnung mit dem polnischen Volk, wenn etwa den Ostverträgen eine sogenannte »Bindungswirkung« gegen die Verhandlungsfreiheit einer demokratischen Regierung Gesamtdeutschlands auch für die Zukunft zugesprochen wird, die sie niemals haben können. Rechtspositionen sind keine leeren Formeln! Es geht hierbei nicht nur um juristische Probleme, es geht um Grundfragen der politischen Moral, die keinen vordergründigen opportunistischen Erwägungen und vor allem keinen Entspannungsillusionen geopfert werden dürfen.
Wir wissen, welches Unrecht gerade dem polnischen Volk angetan worden ist, und wir bewundern seinen Freiheitswillen, der auch nach mehr als vier Jahrzehnten nationalsozialistischer und kommunistischer Unterdrückung nicht gebrochen ist. Aber das Unrecht, das durch den teuflischen Hitler-Stalin-Pakt in die Welt gesetzt worden ist, kann niemals durch neues Unrecht gesühnt werden. Es kann nur überwunden werden in einer europäischen Friedensord-

nung, in der sich die Deutschen und die Polen in Freiheit und in guter Nachbarschaft die Hand der Versöhnung reichen.

Dank an die Heimatvertriebenen

Dankbar dürfen wir anerkennen, daß die ersten Schritte auf diesem Weg der Versöhnung von den Heimatvertriebenen selbst gemacht worden sind. Die deutschen Heimatvertriebenen und Flüchtlinge hatten den schwersten Teil des gemeinsamen Schicksals der deutschen Nation zu tragen, sie hatten auch am härtesten unter der Schuld zu leiden, die ein verbrecherisches Regime bis zum bitteren Ende auf den deutschen Namen geladen hat. Deshalb haben sie ein Recht auf die Solidarität aller Deutschen. Ihre Trauer um den Verlust der Heimat, ihr Beharren auf dem Recht dürfen daher von niemandem und niemals als Revanchismus oder unbelehrbarer Nationalismus beschimpft werden, wie dies die Propagandisten des Ostblocks immer wieder versuchen.
In Frieden und guter Nachbarschaft wollen die Deutschen mit ihren Nachbarn leben. Die Zeiten, in denen politische Probleme zwischen Staaten durch kriegerische Auseinandersetzungen gelöst werden, in denen Grenzen durch Gewaltanwendung verschoben werden, sind in Europa aufgrund der waffentechnischen Entwicklung nach menschlichem Ermessen und geschichtlichen Lehren ein für allemal vorbei. Auch die ideologische Auseinandersetzung zwischen der Ordnung der Freiheit und dem Kollektivismus wird heute in Europa weder auf den Barrikaden der Revolution noch auf dem Schlachtfeld mehr ausgetragen.
Die Auseinandersetzung zwischen der Ordnung der Freiheit und dem kommunistischen Zwangssystem findet heute auf andere Weise und auf anderen Gebieten statt. Die rasend schnelle Entwicklung naturwissenschaftlicher Forschung und technischer Anwendung setzt neue Maßstäbe. Wir können noch nicht absehen, zu welchen politischen Veränderungen im sowjetischen Imperium eine solche nicht mehr aufhaltbare Entwicklung führen wird. Ich bin jedoch überzeugt: Wir dürfen darin auch für die Lösung der offenen deutschen Frage auf lange Sicht eine hoffnungsvolle Zukunftsperspektive sehen.

Architektur des Friedens

Die dauerhafte europäische Friedensarchitektur, die Zukunft der Freiheit, des Rechts und des Friedens in Europa wird zunehmend davon abhängen, ob es uns gelingt, dank unseres technisch-zivilisatorischen Vorsprungs und unserer innovatorischen Fähigkeiten zur allmählichen Entkrustung des kommunistischen Machtsystems und seiner ideologisch-gesellschaftlichen Struktur beizutragen. Gelingt uns dies, dann löst sich auch das Problem der Abrüstung und der deutschen Teilung von selbst, weil der West-Ost-Gegensatz in dem Maße machtpolitisch an Bedeutung verliert, als der Osten sich freiheitlichen Denk-, Handlungs-, Wirtschafts- und Gesellschaftsstrukturen annähert, ja annähern muß, will er nicht hoffnungslos und auf Dauer zurückfallen. Nicht nur die Zeit europäischer Bürger- und Bruderkriege ist vorbei, auch totalitäre Zwangssysteme haben in Europa geschichtlich gesehen keine Zukunft!
40 Jahre nach Ende des Zweiten Weltkrieges können wir zuversichtlich in eine Zukunft blicken, die der Freiheit, dem Recht und dem Frieden gehört. Vier Jahrzehnte nach dem Zusammenbruch der nationalsozialistischen Gewaltherrschaft über Europa eröffnet sich uns diese Perspektive. Für die unterdrückten Völker und die geschundenen Menschen mag dies vielleicht in dieser Deutlichkeit noch nicht zu erkennen sein, aber für Hoffnungen, die sich nicht auf Illusionen, sondern auf realistische Voraussetzungen gründen, ist es niemals zu spät!

Ein langer Weg

Vor uns, vor allen Europäern, liegt ein langer geschichtlicher Weg bis zur Verwirklichung dieses Zieles. Als Deutsche haben wir dabei die besondere Aufgabe, die innerdeutschen Beziehungen weiterzuentwickeln und auszubauen, und zwar ohne Illusionen und ohne Verzicht auf tragende Grundsätze und Rechtspositionen, die nicht zur Diskussion und zur Disposition stehen können. Schritt für Schritt müssen wir dabei vorgehen und alle Möglichkeiten ausschöpfen, damit konkrete Verbesserungen für die Menschen erzielt werden können, damit das innerdeutsche Verbindungsgeflecht aufrechterhalten und verstärkt wird, damit das Bewußtsein von der

Einheit der Nation als Voraussetzung zur Überwindung der Teilung lebendig bleibt.
Wir müssen uns gerade als Deutsche jedoch auch darüber klar sein, daß wir unsere nationalen Interessen gegenüber unseren europäischen Freunden und Verbündeten nur dann überzeugend auch als deren eigene Sache vertreten können, wenn unsere Politik der Freiheit aller Europäer gilt, wenn sie eindeutig und berechenbar bleibt, wenn an unserer Grundentscheidung für die politische und die moralische Ordnung der westlichen Demokratien kein Zweifel geübt werden kann, wenn irrationale, antidemokratische und antirechtsstaatliche Bewegungen in Deutschland niemals wieder eine Chance haben!
Niemand darf einen Zweifel darüber haben, daß die überwältigende Mehrheit des deutschen Volkes die geschichtliche und moralische Aufgabe unserer Nation in Europa erkannt hat und für eine Politik einsteht, deren Inhalt und Ziel ist: der Einsatz für Freiheit, Recht und Frieden für alle Völker Europas! Diese Ziele sind keine bloß abstrakten Ideale, keine wirklichkeitsfremden Träumereien, sie sind als politische Notwendigkeiten und reale Hoffnungen die Früchte der gemeinsamen Geschichte aller Europäer. In diesem großen Zusammenhang steht seit jeher die Geschichte der Deutschen. Sie ist unlösbar in ihn verwoben, sie ist untrennbar Teil der europäischen Identität. Der Bruch im deutschen Geschichtsbewußtsein, der bereits seit Beginn der Naziherrschaft und dann verstärkt seit dem Ende des Zweiten Weltkrieges die Deutschen im Unfrieden mit ihrer eigenen Geschichte leben läßt, droht das Selbstverständnis und das Selbstbewußtsein auch ganz Europas zu lähmen. Kein Volk kann auf Dauer mit einer kriminalisierten Geschichte leben.

Die Zukunft mitgestalten

Gemeinsam kann mit den anderen europäischen Völkern nur die Nation die Zukunft unseres Kontinents mitgestalten, die selbst innerlich stark und ihrer selbst gewiß ist. Deshalb darf unsere Scham über die Verbrechen, die eine Unrechtsherrschaft in deutschem Namen verübt hat, deshalb darf unser Blick zurück auf unsere Trauer,

auf unser Versagen, unsere Schuld, unsere Leiden nicht zu einem alles hemmenden Zweifel und einer moralischen Selbstlähmung führen.
Es wäre ein verhängnisvoller Irrtum anzunehmen, man könne das Böse in der Weltgeschichte ein für allemal im Nationalsozialismus dingfest machen, man könne es bei einem doch letztlich rückwärtsgewandten mehr oder weniger ideologiebehafteten »Antifaschismus« belassen. Wer sich Antifaschist nennen will, muß auch antitotalitär sein. Wir würden das Vermächtnis der geschlagenen, der gefallenen, der verbrannten, der vergasten, der gefolterten Millionen Menschen schmählich verraten, wenn wir uns nicht mehr mit aller Kraft unbeirrt und entschlossen dafür einsetzen, daß die Menschen überall in Frieden, ohne Angst, in Würde und in freier Selbstbestimmung ihr Leben führen können.

Hoffnung für die Welt

Das ist die Hoffnung, die heute das freie Europa der Welt geben kann und zu der die Deutschen mitzuwirken verpflichtet sind. Das ist die Mission Europas in einer noch immer von millionenfacher Not, totalitären Ideologien, von Unterdrückung und Verfolgung gezeichneten Welt. Das ist die Zukunft, für die wir arbeiten, seitdem uns vor vier Jahrzehnten die Chance und Gnade eines geschichtlichen und moralischen Neubeginns gegeben wurde.

Maria Strauß

Herkunft und Familie

»Jetzt kommt mir der Bub in die Politik hinein.« Mit einem tiefen Seufzer sagte dies unser Vater im Winter 1948/49. Die Pläne, die der Metzgermeister Franz Josef Strauß mit seinem einzigen Sohn gehabt hatte, sahen ganz anders aus. Auch Herkunft und Zeitumstände zeichneten andere Wege vor, als sie mein Bruder schließlich einschlug.

Unser Vater Franz Josef Strauß wurde am 6. 9. 1875 in dem mittelfränkischen Dorf Kemmathen im Landkreis Feuchtwangen geboren. Da der Bauernhof der Familie dem Herkommen gemäß vom ältesten Sohn übernommen wurde, erlernte Franz Josef Strauß das Metzgerhandwerk, legte die Meisterprüfung ab und übernahm in München eine sogenannte Altmetzgerei, wo nur frischgeschlachtetes Fleisch und hausgemachte Leberwurst verkauft wurden. Das Haus Schellingstraße 49, in dem das Geschäft lag und in dem später auch die Familie Strauß bis 1931 wohnte, wurde im Zweiten Weltkrieg völlig zerstört. Es ist heute mit dem Haus Nr. 47 zusammengebaut und beherbergt ein Mädchenwohnheim. Dreimal wurde unsere Familie »ausgebombt«, wie es damals hieß: im März 1943 Schellingstraße 44, im April 1944 Reitmorstraße 14, im Juli 1944 Schraudolphstraße 6. Erst fünf Monate nach Kriegsende kamen wir wieder zu einer eigenen Wohnung im Haus Isabellastraße 5, in die wir mit geliehenen Möbeln und Haushaltsgeräten einzogen.

Unsere Mutter Walburga, geb. Schießl, kam am 6. 2. 1877 als Tochter eines Bauern in Unterwendling im niederbayerischen Landkreis Kelheim zur Welt. Nach ihrer Schulzeit übernahm sie einen Dienstplatz in München, wo sie den Metzgermeister Franz Josef Strauß kennenlernte. Die beiden heirateten im November 1906 in der Münchner Ludwigskirche. Die Hochzeit war für den 13. November 1906 geplant. Die Standesämter blieben aber an diesem Tag geschlossen, weil Kaiser Wilhelm II. zur Grundsteinlegung des Deutschen Museums nach München kam. So wurde die Trauung auf den 15. November verlegt.

Am 9. 9. 1907 wurde ich geboren. Lange Zeit blieb ich das einzige Kind. Erst Anfang 1914 erhielt ich ein Schwesterchen, das aber leider nach drei Wochen starb.

Daß sich im September 1915 erneut Familienzuwachs ankündigte, ahnte ich nicht. In damaliger Zeit glaubte man noch beinahe bis zur Pubertät an den Klapperstorch. Darum wunderte ich mich sehr, daß mir am 6. September 1915, als ich spät vom Nachmittagsunterricht heimkam, statt der Mutter unser Dienstmädchen Theres das Abendessen auf den Tisch stellte und erklärte: »Die Mama ist krank. Du darfst nicht zu ihr ins Schlafzimmer gehen.«

Nachdem ich meine Hausaufgaben gemacht hatte, wurde ich gleich ins Bett geschickt, konnte aber lange nicht einschlafen. Auf einmal hörte ich das Schreien eines Babys und merkte, daß diese Laute nicht aus der Nachbarwohnung, sondern aus dem Schlafzimmer meiner Eltern kamen. Erst am nächsten Morgen durfte ich meine Mutter besuchen und mcin ruhig schlafendes Brüderchen anschauen.

Wenige Tage später wurde das Kind in der Sakristei der Ludwigskirche nach unserem Vater auf den Namen Franz Josef getauft. Hernach gab es zu Hause ein kleines Festessen, das aber kriegsbedingt bescheiden war.

Obwohl die Lebensmittelzuteilung sogar für Kinder sehr schlecht war, gedieh das Baby prächtig und sah bald viel besser aus als ich. Einmal fragte jemand, ob ich ein angeheiratetes Stiefkind sei, was unsere Mutter sehr kränkte. Unser unterschiedliches Aussehen kam daher, daß mein Bruder ganz das Abbild der Mutter und ich das des Vaters war. Als er mich als Landrat von Schongau bei Bekannten als seine Schwester vorstellte, wollte man ihm das nicht glauben.

Unsere Eltern kümmerten sich immer sehr um uns, aber sie ließen uns trotzdem viel Freiheit und verschonten uns vor überflüssigen Erziehungsversuchen. Sie waren einfache, fleißige und fromme Leute. Herrgottswinkel, Weihwasserkesserl, Tischgebet und der regelmäßige Besuch des Sonntagsgottesdienstes waren selbstverständlich. Bei jeder Fronleichnamsprozession ging unser Vater in

den Reihen der Marianischen Männerkongregation vom Bürgersaal mit. Alle Jahre einmal wallfahrteten wir mit unserer Pfarrei St. Ludwig zu Fuß von Pasing nach Maria Eich. Da unsere Eltern beide tagsüber im Geschäft arbeiteten, mußte ich oft meinen jüngeren Bruder beaufsichtigen. Bei schönem Wetter spielten wir vor unserem Laden oder in den in unserer Nähe befindlichen Grünanlagen der beiden Pinakotheken. Wenn wir in der Wohnung bleiben mußten, erzählte ich selbsterfundene Geschichten, die meist von bösen Buben und braven Mädchen handelten. Gerne spielten wir »Mensch ärgere dich nicht«. Später gingen wir auf Schach über, aber Franz Josef setzte mich schon bald matt. Natürlich gab es auch manchmal Krach. Dafür hatten wir eine Regel festgelegt: Alle gegenseitigen Vorwürfe durften nur in Versform und gereimt ausgesprochen werden.
1921 sollte Franz, wie wir ihn damals nannten, in die Schule kommen. Aber da als Stichtag für die Aufnahme der 31. August galt, war mein Bruder sechs Tage zu jung. Obwohl mein Vater mit seinem Antrag bis zum damaligen Stadtschulrat ging, erreichte er nichts.
Von 1922 an besuchte Franz Josef die Amalienschule. In der 4. Klasse kam sein Lehrer zu unserem Vater und bat ihn, den Buben in eine höhere Schule zu schicken, da er sich in der Volksschule nur noch langweile. Unser Vater, der in seinem einzigen Sohn den Nachfolger für das Geschäft sah, stimmte gern zu. Eine gute Schulbildung konnte einem künftigen Geschäftsmann und Handwerksmeister nicht schaden. So ging Franz Josef ab Herbst 1926 in die Gisela-Oberrealschule am Elisabethplatz. Aber das sollte nur eine Zwischenstation sein.
Franz Josef war Ministrant in der Ludwigskirche. Von dort wurde er

4. Juni 1957: In der Klosterkirche von Rott am Inn heiratet Bundesverteidigungsminister Strauß die 27jährige Diplomvolkswirtin und diplomierte Dolmetscherin Marianne Zwicknagl. Prominentester Hochzeitsgast ist Bundeskanzler Konrad Adenauer.

Folgende Abbildung:
Die Familie, aus der die Kraft für eine unvergleichliche politische Lebensleistung erwuchs und erwächst – Franz Josef Strauß mit seiner Frau Marianne und den Kindern Franz Georg, Monika und Max.

an das Max-Joseph-Stift vermittelt, das in einem Gebäude gegenüber der Universität untergebracht war. Die katholischen Zöglinge dieses Internats für Töchter aus gehobenen Gesellschaftsschichten mußten jeden Tag in der Hauskapelle die heilige Messe hören. Professor Dr. Johannes Zellinger, der diese Messen zelebrierte, erkannte sehr bald, daß sein Ministrant eine besondere Begabung für Latein hatte. Daher suchte er unseren Vater auf und erklärte ihm, daß der Bub in ein humanistisches Gymnasium gehen müsse. Unser Vater war entsetzt. Er konnte seinen Sohn doch nicht jedes Jahr etwas anderes anfangen lassen! Unsere Schulbildung war für die Eltern auch ein schweres finanzielles Opfer. Noch konnte niemand ahnen, daß Franz Josef später Schulgelderlaß bekommen würde und sich in höheren Klassen als begehrter Nachhilfelehrer sogar selbst etwas würde verdienen können. Außerdem mußte der Wechsel auf ein humanistisches Gymnasium Vaters Hoffnung, in seinem Sohn den Nachfolger für das Geschäft zu finden, zunichte machen. Aber Professor Zellinger ließ nicht locker. Er werde Franz Josef Privatstunden geben, so daß dieser bei seiner Begabung das Latein der ersten Gymnasialklasse in ein paar Wochen nachlernen könne und kein Jahr verlieren werde. Unser Vater könne es nie verantworten, wenn er seinem Sohn das humanistische Studium verweigere. So stimmte der Vater schweren Herzens zu.
Franz Josef kam also im nächsten Schuljahr in die 2. Klasse des Maxgymnasiums. Daß sich Professor Zellinger in ihm nicht getäuscht hatte, zeigte sich an den großartigen schulischen Erfolgen, die er bis zu seinem glänzenden Abitur erzielte.
Nachdem er mit knapp elf Jahren sein erstes Fahrrad bekommen hatte, stieg er später auf das Rennrad um. Der Erfolg blieb auch nicht aus: Er wurde Süddeutscher Jugendmeister auf der Straße und gewann das schwere Straßenrennen »Quer durchs bayerische Hochland« über 210 Kilometer in damals beachtlichen 5 Stunden und 56 Minuten.
Mit der Politik kam Franz Josef früher in Berührung, als ihm lieb

Glückwunsch am 6. November 1978: Landtagspräsident Dr. Franz Heubl gratuliert im Maximilianeum, dem Sitz des Bayerischen Landtags, Franz Josef Strauß zu dessen Wahl zum Bayerischen Ministerpräsidenten.

war. Schräg gegenüber dem Metzgerladen unserer Eltern hatte die »Deutsche Arbeiterpartei«, aus der Hitler später die NSDAP machte, ihr Hauptquartier. Eines Tages drückten ein paar »Völkische«, wie man sie damals nannte, Kindern Flugblätter zum Verteilen in die Hand. Auch Franz Josef, der damals noch keine sechs Jahre alt war, und noch nicht lesen konnte, erwischte einen Stapel. Durch eine Frau, die einen solchen Zettel erhalten hatte, erfuhr unser Vater davon. Sofort mußte ich meinen Bruder suchen und nach Hause bringen. Unser Vater empfing ihn mit einer kräftigen Ohrfeige.
Er gehörte der Bayerischen Volkspartei an und war auf Grund seiner politischen Überzeugung und religiösen Haltung ein Gegner der Nationalsozialisten. »Schau ihn dir an«, sagte er über Hitler, »so einer will Deutschland retten.«
Später lehnte mein Bruder aus eigener Überzeugung den Nationalsozialismus ab, und er machte daraus kein Hehl. Als nach der Machtergreifung in jedem Schulzimmer Bilder von Hindenburg und Hitler aufgehängt und von den Schülern selbst bezahlt werden sollten, gehörte Franz Josef zu denen, die sich weigerten. Auf Drängen seines Klaßleiters, der Schwierigkeiten vermeiden wollte, war er schließlich bereit, »ein Anerkennungsmarkl für den Hindenburg« beizusteuern.
Nach Abitur und Arbeitsdienst erwarb er 1935 den Führerschein. Auf meine verwunderte Frage, was er mit einem Führerschein ohne Auto wolle, erklärte er mir, Hitler bereite den Krieg vor, und er möchte »für den Deppen« nicht zu Fuß durch Europa marschieren.
Da er seine Überzeugung nie verheimlichte und keiner NS-Organisation angehörte, wurde ihm trotz seines Traumabiturs sogar die Zulassung an der Universität München verweigert. Erst Professor Zellinger erreichte, daß er sich immatrikulieren durfte.
Obwohl er in die Studienstiftung Maximilianeum aufgenommen worden war, verzichtete er darauf, im Maximilianeum zu wohnen. Viel lieber blieb er zu Hause. Daran änderte sich auch später nichts. Bis zu seiner Verheiratung wohnte Franz Josef bei uns, wenn er in München zu tun hatte. Er war schon Verteidigungsminister, da hat ihm unsere Mutter noch mit Weihwasser ein Kreuz auf die Stirn gezeichnet, wenn er sich verabschiedete.
Auch wir Geschwister hatten immer eine besonders enge Bindung

und halfen uns gegenseitig, wo es möglich war. Als er einmal während des Rußlandfeldzuges zu einem kurzen Urlaub daheim war, sagte er zu mir: »Keiner meiner Kameraden, die verlobt oder verheiratet sind, bekommen so viele Feldpostpäckchen wie ich von dir.« Mit einem großen Blumenstrauß dankte er mir dafür.
Leider erlebte unser Vater den politischen Aufstieg seines Sohnes nicht mehr. Er starb mit nicht ganz 74 Jahren völlig unerwartet innerhalb einer Stunde am Pfingstmontag 1949 im Haus Isabellastraße 5. Mein Bruder mußte telefonisch von einer Sitzung des Zweizonenwirtschaftsrates zurückgerufen werden. Der Pater, der unseren Vater beerdigte, wurde später der Religionslehrer der Kinder meines Bruders am Dantegymnasium.
Unsere Mutter wurde, wenn auch körperlich etwas angeschlagen, in voller geistiger Rüstigkeit 85 Jahre alt. Sie hat die letzten Jahre ihres Lebens in unserem schönen Harlaching noch sehr genossen und starb nach kurzer Krankheit im Juni 1962 in der Medizinischen Universitätsklinik. Die letzten Worte, die sie noch sprechen konnte, waren: »Ich warte auf den Franz.« Mein Bruder war gerade als Verteidigungsminister dienstlich in den USA. Bezeichnend war die Äußerung des damaligen Chefarztes der Klinik, als er mich fragte: »Was sollen wir nun tun? Holen wir ihn zurück, dann wird die Presse schreiben, daß er wegen seiner Privatinteressen die Dienstpflichten vernachlässigt. Holen wir ihn nicht zurück und die Mutter lebt nicht mehr, wenn er kommt, wird es heißen, er ist so vom Ehrgeiz besessen, daß er die Mutter einsam sterben läßt.« Glücklicherweise fügte es sich so, daß er seine dienstlichen Aufgaben in den USA noch erledigen konnte und es die Mutter trotzdem in den letzten Stunden ihres Lebens noch erkannte, daß er bei ihr war.
Unsere beiden Eltern sind im alten Teil des Nordfriedhofs in einem gemeinsamen Grab beerdigt: Franz Josef und Walburga Strauß.

Leonore von Tucher

Gemeinsame Schulzeit

Der Schuljahrsbeginn Ostern 1927 brachte der Klasse 2a des Maximiliansgymnasium in München – sprich Maxpennal – zwei neue Schüler, die nicht ganz in das übliche Schema paßten. Da kam ein Bub, von dem gemunkelt wurde, er habe die 1. Klasse gar nicht besucht. Ein Geistlicher habe den aufgeweckten Ministranten Strauß entdeckt und so weit gefördert, daß er gleich in die altersgerechte 2. Klasse eintreten konnte. Der andere Schüler war »die Tucher«, einziges Mädchen unter etwa dreißig Buben. Im Rückblick findet sich keine Erinnerung, daß den Neuen nicht sehr schnell die volle Integration möglich gewesen wäre. Einmal in diese Gemeinschaft aufgenommen, bedeutete und bedeutet das auch heute noch eine besondere, fast ein wenig bergende Beziehung. Dies gilt wechselseitig für alle, und manch einer aus der Klasse kann dankbar bezeugen, daß auch »der Strauß«, wo immer möglich, stets ein besonders hilfsbereiter Kamerad war. So gute Kameradschaft bedeutet nicht, daß sich in der Klasse keine Gruppierungen gebildet hätten. Aber das Gemeinsame überwog das Trennende. Die Kriterien des Zusammenfindens waren verschiedenartige, aber keinesfalls die sozialer oder wirtschaftlicher Herkunft, wie den früheren Schulsystemen oft zu Unrecht vorgeworfen wird. Wäre es sonst möglich gewesen, daß der mit den diesbezüglich bescheidensten Voraussetzungen bald zu den angesehensten in der Klasse gehörte, obwohl er fast immer der Beste war. Ein Zeichen für die Beliebtheit, der sich Strauß erfreute, war die Zuerkennung eines Spitznamens.

Daß er so ein erfolgreicher Schüler war, läßt einen gegenüber den heutigen vielfältigen schulischen Förderungsmöglichkeiten ein wenig skeptisch werden. Er mußte wohl viel von dem Geld, das er für die Schule brauchte – Lernmittelfreiheit gab es ja noch nicht – selbst verdienen. Er tat dies, indem er Nachhilfestunden gab, auch Klassenkameraden. Das erleichterte ihm sicherlich, den reinen Lernstoff griffbereiter zu haben als mancher andere. Er erhielt aber durch den Zugang zu den verschiedenen Familien auch verschiedenartigste Anregungen und erwarb Lebenserfahrungen, die es ihm ermöglichten, früh einen relativ weiten Horizont zu bekommen und eine gute Allgemeinbildung. Deshalb war er auch in den Fächern, die nicht durch Fleiß und Lernen gefördert werden können, zum Beispiel im »Deutschen Aufsatz«, zumeist der Beste.

Neben den Pflichten der Schule und den Belastungen des Geldverdienens blieb immer noch Zeit für den intensiv und erfolgreich betriebenen Radsport. Die langen Strecken – Lindau und zurück an einem Tag – und die kurzen Zeiten beeindruckten uns sehr, vielleicht mehr als die guten schulischen Leistungen, die wir gewohnt waren und die uns eigentlich nicht störten, weil sie keinesfalls das Produkt von Strebertum waren. In den letzten Schuljahren entstand dann doch so etwas wie ein Graben in der Klasse durch den Ausbruch des Dritten Reiches. Ein bißchen Verachtung, ein bißchen Mitleid war unsere Einstellung gegenüber den wenigen, die sich unter elterlichem Einfluß oder aus eigenem Entschluß zur »neuen Lehre« bekannten. Bei den Lehrern hatten wir nur ganz wenige in Verdacht, in dieser Richtung gefährlich zu sein.

Bei den politisch Interessierten ergab die Situation zwangsläufig genaueres Nachdenken über die eigene Position. Strauß hat über sie nie Zweifel gelassen. Auch an einem denkwürdigen Abend des Jahres 1935 hat er sie wieder einmal deutlich, und damit sich selbst gefährdend, bekannt. Ein Abschiedsabend nach dem Abitur versammelte fast alle noch einmal, als ein Nachzügler ein Flugblatt mitbrachte: Die Einführung der Allgemeinen Wehrpflicht durch Hitler. Dieser Verstoß gegen alle internationalen Abmachungen war nach Ton und Inhalt seiner Ankündigung in unseren Augen Größenwahn. Entsetztes Schweigen. Dann leise die verzweifelte Stimme von Strauß: Das ist der Krieg. Es wurde ein langer, politisch hochbrisanter Abend. Die Hoffnungslosigkeit der Lage, in die Deutschland und seine Menschen zunehmend gerieten, kennzeichnete das Ende unserer gemeinsamen Jahre. Aber die Kameradschaft hielt, und keiner hatte für lebensgefährliche Äußerungen an diesem Abend zu büßen.

Am Tag danach unterzog sich Strauß der Aufnahmeprüfung in die Stiftung Maximilianeum und bestand sie mit überragendem Erfolg.

Viele Teilnehmer jenes Abends haben die fast nahtlose Kette von Arbeitsdienst, Wehrdienst und Krieg nicht überlebt. Strauß überlebte, weil er eines Tages von der Ostfront versetzt wurde. Auf der Fahrt zu seinem neuen Standort hatte er einige Stunden Aufenthalt in Berlin, wo ich damals lebte. Er traf bei mir ein befreundetes Schriftstellerehepaar und wir teilten erfrorene Kartoffeln und fettlose gelbe Rüben. Nach seiner Weiterfahrt meinten meine Freunde: Daß es noch solche Menschen gibt, läßt einen wieder mit etwas mehr Hoffnung auf die Zeit nach dem Ende von Krieg und Nationalsozialismus blicken.

Kurt Vogel

Mein Schüler Strauß

Außer dem Jahr 1915, auf das sich die vorliegende Jubiläumsschrift gründet, muß noch eines anderen, des Jahres 1935 gedacht werden. Sind es doch heuer gerade fünfzig Jahre, seitdem Franz Josef Strauß aus dem Zwang der Schule nach einem vorzüglich bestandenen Abitur in die akademische Freiheit entlassen wurde. Die ersten Gehversuche als Schüler einer höheren Schule hat er unternommen, als er am 1. Mai 1926 von der Schule in der Amalienstraße in die der elterlichen Wohnung Schellingstraße Nr. 49 nahegelegene Gisela-Realschule eintrat. Im Zeugnis am Ende des ersten Schuljahres, des einzigen, das er an dieser Anstalt verbrachte, werden seine sehr guten und guten Leistungen hervorgehoben, nur im Singen waren sie schwächer. Immerhin hat er sich von anfangs fünf auf vier bei Jahresabschluß hinaufgesungen. Nach der ersten Klasse trat er dann ins Maximilians-Gymnasium über.
Dazu sagt er selbst in einem Grußwort in der Festschrift zum 75jährigen Bestehen des Gisela-Gymnasiums München: »Der Gisela verdanke ich wahrscheinlich mein inniges Verhältnis zur lateinischen Sprache, weil diese dort nicht im Stundenplan stand.« Er selbst hatte also den Wunsch, die lateinische Sprache genauer kennenzulernen, von der er als Ministrant schon einen Vorgeschmack bekommen

hatte. Es mag wohl auch dem Vater nahegelegt worden sein, daß der Bub auf ein humanistisches Gymnasium gehöre.
Nun war er also in der zweiten Klasse und mußte zuerst den Lehrstoff der ersten, vor allem im Lateinischen, in einer Probezeit nachholen, deren erfolgreicher Abschluß ihm dann auch im Frühjahr 1928 bestätigt wurde.
Franz, so heißt er jetzt in den Zeugnissen gegenüber Franz Josef in der Gisela-Realschule, wurde als »Neuer« von den Mitschülern gleich angenommen, und es entstand eine feste und bleibende Freundschaft, die sich bis heute erhalten hat. Da er rasch und leicht sein Wissen erweiterte, wurde er den anderen weit überlegen und war als deren Primus unumstritten, der aber immer, wo es nötig wurde, kameradschaftlich half. Ein Mitschüler erinnert sich, daß es vor allem am Montag vor der ersten Stunde zur Gewohnheit geworden war, daß Franz den lateinischen oder griechischen Text, der vorbereitet hätte werden sollen, den anderen noch rasch übersetzte.
Eine Begebenheit sollte noch festgehalten werden, die zeigt, daß Kameradschaft auch etwas mit Erziehung des Freundes zu tun hat, sie stammt aus der Zeit der Prima. Da hätten wieder gerne einige auf billigem Wege ihre Übersetzung bezogen. Franz sagte NEIN und stellte von nun an die Hilfe ein mit den Worten: »Jetzt tut's endlich selber was! Von einem gewissen Alter an wird Faulheit zum Blödsein.«
Auch Gymnasiasten kommen in die Flegeljahre, etwa in der 4. bis 6. Klasse (heute 8. bis 10. Klasse), und es war seit jeher so, daß *pueri puerilia tractant;* es wäre ja unnatürlich, wenn es hier anders gewesen wäre. Hierüber ist aktenmäßig wenig der Nachwelt überliefert, nur ein Verweis wegen Unfugs in der Stenographiestunde und eine Stunde Arrest nach einem Museumsbesuch. Nähere Aufklärung darüber könnte nur der Missetäter selbst geben, wenn er sich noch daran erinnerte.
Da ist aber noch etwas passiert, es muß in der 5. (heute 9.) oder 6. (heute 10.) Klasse gewesen sein. Ein seltener Glücksfall hatte zur Aufbesserung der Lateinnoten für die, die es dringend nötig hatten, beigetragen. Im Lehrerpult, dessen Deckel sich öffnen ließ, lagen die vervielfältigten Blätter der für den nächsten Tag vorgesehenen Schulaufgabe. Der es entdeckt hatte, dachte nicht an einen verab-

scheuungswürdigen Raub; es erschien ihm nur gewissermaßen als erlaubter Mundraub, der ihn – dem nach lateinischen Kenntnissen Hungernden – nur noch in der höchsten Not retten konnte. Es sollten aber auch die anderen davon Nutzen haben und so wandte er sich an Strauß, mit dem dann das Gros der Klasse auf die Wiese an der Germaniastraße zog. Dort wurde der Text studiert und die Übersetzung auswendiggelernt, nicht ohne daß genaue Anweisungen erteilt wurden, wo die schlechteren Schüler Fehler einzusetzen hätten, dies aber so, daß es für sie wenigstens noch zu einem Dreier langen würde. Das aus Kameradschaft riskierte Unternehmen lief mit vielen Einsern und Zweiern planmäßig ab.
Irgendwelche Schwierigkeiten in dieser Klasse, die der Schreiber dieser Zeilen während vier Jahren unterrichten durfte, hat es nicht gegeben. Zu der ersprießlichen Zusammenarbeit in der Klasse hat das Vorbild des Primus beigetragen, der sich an häuslichem Fleiß und reger Anteilnahme am Unterricht nicht übertreffen ließ. Interessiert war er an allem, besonders an den physikalischen Experimenten. Im Abschlußzeugnis wird seine Mitarbeit besonders erwähnt sowie die Tatsache, daß er sich das volle Vertrauen und Lob aller seiner Lehrer erworben hat. Das erfreuliche Maß der erworbenen Kenntnisse zeigt sich im Zeugnis in der stolzen Reihe der neunmaligen Eins. Nur zum Schluß kommt dann die Zwei im Turnen, obwohl im Text der gewandte Turner, Läufer und Radfahrer gelobt wird! Schon aus optischen Gründen wäre hier auch eine Eins freundlicher gewesen, besonders wenn man an die späteren sportlichen Leistungen denkt.
Während seiner Schulzeit hat Franz Josef all das bewußt miterlebt, was sich in Deutschland nach dem Ersten Weltkrieg abspielte, zuerst die schwere und freudlose Zeit der Inflation, in der von der Regierung verzweifelte Versuche unternommen wurden, die bitteren Bedingungen des Versailler Friedensvertrages zu mildern. »Der Bruch des Versprechens der Alliierten bei den 14 Punkten Wilsons trieb besonders die zutiefst enttäuschte junge Generation, die durchaus zum Aufbau eines demokratischen Deutschlands bereit war, auf die Seite der Nationalisten.« (Hermann Weyl)
Der erste Versuch der Machtergreifung Hitlers 1923 schlug fehl, der zweite, durch die Reichstagswahl legal unternommen, gelang. In

der Schule wurde das Neue gelassen aufgenommen, zudem waren die wahren diabolischen Absichten Hitlers noch kaum zu erkennen. An den Themen zu den Schul- und Hausaufgaben hat sich gegenüber früher nichts geändert; an Schulfeiern hat 1933 nur eine anläßlich der Reichstagseröffnung stattgefunden. Als im Jahre 1934 der Staatsjugendtag eingeführt wurde, blieb für die dem Jungvolk (HJ) angehörigen Schüler der Samstag frei; ihre Führung lag in zuverlässigen Händen, so daß kein Schaden entstand. Bemerkenswert aus dieser Zeit ist, daß im Schuljahr 1934/35 vierzehn Schüler am hebräischen Unterricht teilnahmen, während es in den Jahren vorher und nachher immer nur zwei bis vier gewesen sind.

Noch eine Begebenheit aus dieser Zeit sei erwähnt. In der Klasse war eine Schülerin nicht voll »arischer« Abstammung. Als da einige Mitschüler sie dies merken ließen oder sie bespötteln wollten, griff Franz sofort ein und drohte: »Wer Hanni nicht in Ruhe läßt und sich gegen sie stellt, hat es mit mir zu tun!« Diese mannhafte Einstellung hat sie ihm nicht vergessen.

Seit dem Abitur vor fünfzig Jahren hat sich viel an der Schule geändert. In den früheren Schul- und Hausordnungen war zu viel verboten worden, die Schule ist freier und humaner geworden und für weitere Kreise erreichbarer als einst, wo nur ein Konsumverzicht der Familie den Besuch des Gymnasiums möglich machte. Der technische Fortschritt verlangte unter anderem das neue Fach Chemie, auch wurde der biologische Unterricht vermehrt, was alles auf Kosten anderer Fächer, der alten Sprachen und Mathematik, ging. Der Klaßleiter, der alle Grundfächer außer der modernen Sprache, Mathematik und Physik in seiner Hand hatte, ist bei der Neuordnung der Oberstufe leider weggefallen.

Ganz traurig ist es, daß das Fach Himmelskunde und Astronomie, das dem Schüler unser Weltbild erklärte und so viel zur Ausbildung der Raumanschauung beigetragen hat, vollständig weggefallen ist. Sollte man nichts mehr erfahren von Kopernikus, Kepler oder Newton?

Die Hauptgefahr ging und geht noch von den Neuerern aus, die die Frage stellen, ob das humanistische Gymnasium überhaupt noch sinnvoll sei in unserer technisch-naturwissenschaftlich orientierten Zeit. Daß auch das humanistische Gymnasium hervorragende Naturwissenschaftler hervorbringen kann, zeigen gerade zwei ehemalige Schüler des Max-Gymnasiums: die Nobelpreisträger Max Planck und Werner Heisenberg. Dieser hat es nie versäumt, darauf hinzuweisen, daß die Atomistik bei den Griechen entstanden ist. Und was sind wir ihnen nicht noch alles schuldig. Das Epos, die Tragödie, die Geschichtsschreibung, die Philosophie und Logik, die Musiktheorie, die Axiomatik der theoretischen Geometrie in den »Elementen« Euklids. So sollte die griechische Sprache, die immerhin jetzt noch an einigen Gymnasien ihre Heimat behalten hat, auch weitergepflegt werden, und diese werden dann immer Männer hervorbringen wie unseren heutigen Jubilar, der in Ehrfurcht vor den rühmlichen Perioden unserer Geschichte der Gegenwart sich kritisch stellt und für eine hoffnungsvolle Zukunft wirkt.

Hermann Bengtson

Vor fünfzig Jahren

Als ich im Wintersemester 1932/33 in München studierte, kam der 30. Januar 1933, der als ein *Dies ater* in die Geschichte eingegangen ist. Es war ein Tag wie alle Tage, es war kalt und es gab Glatteis, und am Mittag las man an den Anschlagbrettern der Zeitungen, der Reichspräsident von Hindenburg habe Adolf Hitler zum Reichskanzler ernannt. Die Meinungen waren geteilt. Die einen sagten, nun habe Hitler Gelegenheit, zu zeigen, was er könne, die anderen, seine Regierung werde wohl in kurzer Zeit vorüber sein. Als wir am Abend, aus einer Übung kommend, die Universität verließen, zog ein Fackelzug mit Marschmusik durch die Schellingstraße zur Ludwigstraße. Es waren braune Kolonnen von SA-Leuten. Das Ganze unterschied sich nicht von den Aufmärschen der Nationalsozialisten, an die man sich in München längst gewöhnt hatte. Es schneite leicht, von einer Begeisterung der Zuschauer war nichts zu spüren, nur vereinzelt sah man Männer, die zum Hitlergruß die Hand erhoben.

Im Sommersemester 1933 hatte sich an der Münchner Universität einiges verändert. In den Studienbetrieb war Unruhe gekommen, es gab Versammlungen der Studentenschaft, man sah die ersten braunen Uniformen in der Universität, die Fachschaften erwachten aus dem Winterschlaf, sie veranstalteten Vorträge, für die sie die Professoren zu gewinnen versuchten. Doch die älteren Gelehrten hielten sich auf Distanz, nur wenige machten Konzessionen, in den Vorlesungen änderte sich praktisch nichts.

Ich hatte unter anderem eine Vorlesung des Nationalökonomen Adolf Weber belegt. Was er vortrug, hatte mit der neuen Weltanschauung nicht das geringste zu tun, aber in der Besprechungsstunde reichte man ihm aus dem Auditorium Zettel mit Fragen aufs Katheder. Weber, ein vornehmer alter Herr, las die Fragen vor und gab aus dem Stegreif seine Antworten. Als er nach der NS-Wirtschaftspolitik gefragt wurde, sagte er laut und deutlich: »An dieser Wirtschaftspolitik finde ich weder etwas zu ändern noch etwas zu verbessern.« Ich war überrascht, denn die neue Doktrin paßte ganz und gar nicht zu seiner Vorlesung – doch was er dachte, durfte er nicht sagen.

Die Alte Geschichte wurde in München durch Walter Otto vertreten, er war damals schon ein guter Fünfziger. Nach dem Hitlerputsch von 1923 hatte er sich deutlich gegen Hitler ausgesprochen, seine Meinung hat er nie geändert. Im Lehrkörper der Universität brachten die Jahre nach 1933 große Veränderungen, auch in der Altertumswissenschaft. Der Gräzist und Epigraphiker Albert Rehm wurde emeritiert (er ist nach 1945 noch einmal Rektor geworden), der Latinist Johannes Stroux folgte einem Ruf nach Berlin, Rudolf Pfeiffer, der Nachfolger von Eduard Schwartz auf dem gräzistischen Lehrstuhl, wurde von seinem Lehramt (wegen seiner Frau) suspendiert, er ging nach Oxford und ist erst wieder 1951 nach München zurückgekehrt. An die Stelle dieser Professoren traten jüngere Kräfte. Sie waren aber nicht imstande, die Lücken voll auszufüllen.

Franz Strauß, der jetzige Ministerpräsident, widmete sich dem Studium der Klassischen Philologie, der Geschichte und der Germanistik mit dem Ziel des Höheren Lehramts. Strauß fand bald Zugang zu dem Althistoriker Walter Otto, der sein eigentlicher Lehrer geworden ist. Der Professor aus Breslau und der Student aus München haben viele Gespräche miteinander geführt, vor allem über politi-

sche Dinge und nicht nur über Alte Geschichte. Otto war ein prominentes Mitglied der Mittelpartei in Bayern gewesen (so nannte man hier die Deutschnationalen). In der politischen Grundhaltung trafen die beiden zusammen. Strauß war Maximilianeer gewesen, er zeichnete sich durch hervorragende Leistungen in der Wissenschaft aus, im Staatsexamen erreichte er ein Prädikat, das noch nie, soweit man dies in den Akten zurückverfolgen konnte, in Bayern von einem Kandidaten erzielt worden war. Strauß war einige Jahre jünger als ich. Dies erklärt die Tatsache, daß wir in den Seminaren Ottos nicht zusammengetroffen sind. Walter Otto hätte es gern gesehen, wenn Strauß eine Dissertation über die Universalgeschichte des Pompejus Trogus in Augusteischer Zeit geschrieben hätte. Doch ist die Arbeit wegen der Zeitumstände nicht zu Ende geführt worden. Sie wäre auch heute noch nützlich.
Was an Strauß besonders auffiel, war sein selbständiges Urteil, die NS-Propaganda war von ihm wirkungslos abgeprallt. So äußerte er sich ganz positiv über das antike Judentum, ähnlich wie seinerzeit Theodor Mommsen. Überhaupt nahm Strauß kein Blatt vor den Mund, er ging den Dingen auf den Grund. Ich habe in der NS-Zeit nur noch einen einzigen Historiker gefunden, der mir frei heraus erklärte, ohne die Leistungen der Juden wäre das deutsche Geistesleben des 19. Jahrhunderts überhaupt nicht zu verstehen. Dieser Mann war Hans Haimar Jacobs, Professor der Neueren Geschichte in Jena. Der schwerblütige Mecklenburger ist im Krieg in Frankreich umgekommen.
Zu irgendwelchen Zugeständnissen war Otto nicht bereit. Als ihn die Fachschaft aufforderte, einen Vortrag über die Rassen im Altertum zu halten, hielt Otto eine streng wissenschaftliche Vorlesung, in der er sich von der NS-Doktrin meilenweit entfernte. Der Vortrag war ein Zeugnis für sein wissenschaftliches Ethos, er hinterließ einen tiefen Eindruck. Zu einem weiteren Vortrag hat man ihn nicht mehr aufgefordert.
Otto ist am 1. November 1941 einem Herzschlag erlegen, er ist nur 63 Jahre alt geworden. Um Deutschland hatte er sich große Sorgen gemacht. Bereits im Herbst 1940 hatte er mir den Krieg mit Rußland vorausgesagt.
In seiner Vertretung las ich nach meiner Verwundung in Rußland

seit dem Januar 1942 als Privatdozent in München über Römische Geschichte vor einer stattlichen Hörerzahl. Es waren vor allem Studentinnen, dazu einige Verwundete und Ausländer, unter ihnen Luxemburger, die in München nicht gern gesehen wurden. Man hat sie später an kleinere Universitäten abgeschoben, einige von ihnen traf ich in Jena wieder.

Ich muß nun noch von einer Begegnung mit Franz Strauß erzählen, die sich im Februar 1943 in München ereignet hat. In Stalingrad war die 6. Armee untergegangen. In München hatte man die Geschwister Scholl und ihre Freunde verhaftet und hingerichtet. Die Studentenschaft veranstaltete eine Versammlung im Auditorium Maximum der Universität. Der Hörsaal war überfüllt, die Lautsprecher dröhnten, im Saal gab es laute Beifallskundgebungen für die Redner. Die Versammlung protestierte gegen die »Verräter« und »Drükkeberger«. Ich stand auf der Empore im Lichthof der Universität und konnte in die offene rückwärtige Tür des Auditoriums hineinsehen. Da kam Franz Strauß in der Uniform eines Leutnants der Flakartillerie. Als er mich erblickte, grüßte er und sagte trocken, indem er auf die tobende Protestversammlung zeigte: »Die müssen alle weg.« Ich sah ihn an und sagte: »Aber Herr Strauß, dann geht der Krieg verloren.« Darauf Strauß: »Der Krieg ist schon verloren.« Er legte die Hand an die Mütze und verschwand mit einem »Grüß Gott«. Mir ist die Begegnung lange nachgegangen.

Otto vertraute seinen Schülern ganz und gar. So hat er Franz Strauß beauftragt, die Ordnung des wissenschaftlichen Nachlasses von Michael Schnebel in Garmisch in die Hand zu nehmen. Dies aber war nicht ganz ungefährlich, denn Schnebel, ein älterer Mann, war Jude und hatte sich in auswegloser Lage das Leben genommen. Dies muß etwa im Jahre 1938 gewesen sein. Schnebels Werk über die Landwirtschaft im hellenistischen Ägypten, das Otto angeregt hatte, ist unvollendet geblieben.

An den Universitäten waren die Jahre von 1933 bis 1938 eine Übergangszeit. Es gab immer noch viele Professoren, die an den Idealen der freien Wissenschaft festhielten, ohne Rücksicht auf die politischen Veränderungen. Es war jedoch eine jüngere Generation im Kommen, von der sich ein Teil in den Dienst der NS-Ideologie gestellt hat. Aber diese Richtung war in der Wissenschaft nicht maßgebend. Hat doch eine Untersuchung der Aufsätze in der Historischen Zeitschrift in der Zeit von 1933 bis 1945, die Hans Rothfels in Tübingen veranlaßt hat, das Ergebnis erbracht, daß die weitaus überwiegende Zahl der Arbeiten ganz im alten Geist geschrieben worden ist. Unter ihnen befinden sich sogar einige Aufsätze, die der NS-Doktrin zuwiderlaufen, während die im Sinn der neuen Lehre konzipierten Arbeiten an Zahl sehr gering sind. Von einer Kapitulation der Wissenschaft vor der NS-Ideologie kann hier nicht die Rede sein. Das gleiche gilt auch weithin für die Altertumswissenschaft. Auch hier sind die nach der neuen Lehre ausgerichteten Arbeiten wenig zahlreich und zum großen Teil bedeutungslos. Da eine kritische Auseinandersetzung mit ihnen nicht zustande kam, weil sie nicht gewünscht wurde, blieb ihr Eindruck in der Klassischen Philologie und Alten Geschichte nicht sehr tief. In der Forschung zählten diese Arbeiten nicht mit, sie galten als Verbeugungen vor dem herrschenden System, dem die Altertumswissenschaft im wesentlichen gleichgültig gewesen ist.

Gert Kohlmann

Begegnung mit Leutnant Strauß in Rußland

Erinnerungen an Erlebnisse aus schwerster Zeit verblassen auch über die Jahre nicht. In großer Not, in Gefahr und in Ausnahmesituationen des Krieges wird der Mensch gelegentlich vor Entscheidungen gestellt, die den Kern seiner Persönlichkeit berühren. In ungeklärten Lagen, bei sich widersprechenden oder überholten Befehlen muß entschieden und gehandelt werden, manchmal auch über die Deckung hinaus, die sonst Befehl und Gehorsam bieten. Handeln ist zu verantworten. Die Grenzen des Verantwortungsbereiches setzt jedoch letztlich die Persönlichkeit selbst aus ihrer sittlichen Bindung heraus. Von Erlebnissen unter solchen Bedingungen soll hier berichtet werden.

Rußland 1942. Die linke Flanke der 6. Armee bei Stalingrad wird von der 3. rumänischen Armee geschützt. Hinter dieser hat die Heeresgruppe B im großen Donbogen am 9. 11. ein Panzerkorps, bestehend aus der rumänischen 1. Pz. Div. und der deutschen 22. Pz. Div., bereitgestellt. In dieser Division leistete damals Leutnant Strauß Dienst als Ordonnanzoffizier im Stab der IV. Abteilung des Artillerie-Regiments, einer Heeresflak-Abteilung. Wir schätzten »Franzl Strauß« als klugen Kopf, stets gut informiert, zuverlässig und aufrecht, immer bereit zu helfen, gemütlich in kameradschaftlicher Runde.

Anfang November erhielten wir einen neuen Abteilungskommandeur. Er galt als hervorragender Artillerist, allerdings ohne jede Erfahrung in den Einsatzgrundsätzen unserer Waffe, der 8,8 Flak. Da war es gut, an seiner Seite jetzt als neuen Adjutanten den bewährten und durchsetzungskräftigen Leutnant Strauß zu wissen.

Am 19. November begann die große russische Offensive gegen Stalingrad. Überlegene Panzerkräfte durchbrachen die rumänischen Verteidigungsstellungen am Don und standen bereits am Abend tief im Rücken der rumänischen 3. Armee. Die Verbindung zur 1. rumänischen Pz. Div. unseres Korps ging verloren. So lag die Last der wechselvollen Kämpfe in der entscheidenden Phase der Verhinderung eines Durchbruchs mit der Gefahr der Einschließung der 6. Armee vornehmlich bei unserer 22. Pz. Div., mit 38 Panzern jedoch eigentlich nur eine gepanzerte Kampfgruppe.

Zwei Begebenheiten aus jenen Tagen schwerster Gefechte in unklaren Lagen bei wechselnden oder sich widersprechenden Befehlen sind mir in besonderer Erinnerung. Es kommt ihnen keine schlachtentscheidende Bedeutung zu. Aber in beiden Fällen trugen Einsicht in die Lage, Verantwortungsbewußtsein gegenüber der Truppe, der Mut zum Entschluß und der Wille zum Handeln unseres Adjutanten maßgeblich dazu bei, daß Krisensituationen gemeistert wurden.

Unsere Division mußte am 22. November in Ausführung einer »Führerweisung«, obwohl bereits vom Russen umgangen, wieder in Richtung Don angreifen, um Verbindung zu dort noch haltenden Rumänen, den Resten der tapferen Gruppe Lascar, zu suchen. Viel zu schwach für diesen Auftrag, war die Division bald gezwungen,

sich einzuigeln. Am Morgen des 23. konnte sie mehrere Tausend rumänische Soldaten in ihre »Wagenburg« aufnehmen. Gegen Mittag standen wir mit neuen russischen Kräften im Gefecht. Dabei sicherte ein Flakkampftrupp mit zwei 8,8 – und zwei 2 cm – Geschützen außerhalb des Igels eine Furt am Nordausgang des Dorfes Donschinka. Die gut getarnten Geschütze konnten den russischen Angriff durch Feuereröffnung auf nahe Entfernung abwehren. In wenigen Minuten waren sechs Feindpanzer abgeschossen, der Angriff damit zusammengebrochen.
Bei Einbruch der Dunkelheit wurde unser Flakkampftrupp in die Rundumstellung der Division zurückbefohlen. Bei meiner Meldung auf dem Abteilungsgefechtstand erhielt ich von dem Kommandeur den Befehl, wieder bei Donschinka in Stellung zu gehen. Die Hinweise waren vergeblich, daß die Stellung dort ohne Infanterieschutz nicht zu halten sei und schon gar nicht während der Nacht bezogen werden könne, nachdem die abgekämpften Rumänen in Panik den Ort aufgegeben hatten. Der Kommandeur beharrte auf seinem Befehl, trotz des großen Risikos für Menschen und die in unserer Lage für die Panzerabwehr so wertvollen Geschütze.
Leutnant Strauß war Zeuge unserer Auseinandersetzung. Beim Weggehen raunte er mir zu: »Ich gehe zur Division.« Wir verließen wieder unsere »Wagenburg« und fuhren in Richtung Donschinka, als uns ein Kradmelder mit dem Befehl zur Rückkehr einholte. Strauß hatte die Aufhebung des unsinnigen Befehls durchgesetzt. Nutzlose Opfer wurden durch seinen mutigen Widerspruch und sein entschlossenes Eingreifen erspart.
Am 24. 11. focht die 22. Panzerdivision nun fünf Tage ohne Unterstützung. Munition und Betriebsstoff waren so knapp geworden, daß Gegenangriffe kaum mehr geführt werden konnten. Der Feind griff von drei Seiten mit Infanterie und Panzern die in der »Wagenburg« – Panzer und Geschütze außen, Versorgungsteile innen – zusammengedrängte Division an. Zwar gelang es, einen Einbruch abzuwehren, aber es war klar, daß die Division weder in der Lage war, den Führerbefehl »Angriff nach Norden« auszuführen, noch sich in ihrem Igel weiterhin zu behaupten. Die Frage lautete vielmehr, ob sie sich aus eigener Kraft noch nach Süden an den Tschir zurückkämpfen könne. Am Nachmittag befahl die Heeresgruppe, nach Sü-

den durchzubrechen, bei Tschernischewskaja den äußeren feindlichen Ring zu durchstoßen und sich dort in die Verteidigung am Tschir einzugliedern.
Die Division hatte bis zum Abend allen Angriffen des nun auf Einbruchsentfernung herankommenden Gegners erfolgreich widerstanden. Ein letzter, schon bei Dunkelheit geführter Gegenstoß warf den Feind so weit zurück, daß wir uns von ihm unbemerkt lösen konnten. Im Morgengrauen stand die Spitze der Division bei Russakoff am Ostufer des Tschir. Ein Handstreich auf den Tschirübergang bei Tschernischewskaja mißlang. Unsere bereits in den Ort eingedrungenen Panzer wurden zurückgeworfen, die Tschirbrücke fiel wieder in die Hand der Russen. Zusammen mit den etwa 6000 aufgenommenen Rumänen stand die Division jetzt eng aufgeschlossen zwischen den russischen Linien am Tschir und den feindbesetzten Höhen nördlich davon. Gegen Mittag gelang nach schweren Kämpfen die Einnahme von Tschernischewskaja. Mit der Tschirbrücke in eigener Hand war damit die Verbindung zu den eigenen Kräften wieder hergestellt.
Unsere Abteilung sicherte den Übergang der Division aus Stellungen ostwärts des Tschir bei Russakoff. Als notwendiger infanteristischer Schutz sollte uns ein Panzergrenadier-Bataillon zugeführt werden. Bei Einbruch der Dunkelheit waren die zugesagten Grenadiere noch immer nicht eingetroffen. Eigene Truppen waren nicht mehr zu sehen. Russische Spähtrupps fühlten gegen unsere Batteriestellung vor. Sollten unsere Geschütze nicht verlorengehen, mußte der Stellungswechsel auf das westliche Tschirufer bald erfolgen. Von meinem Batteriechef erhielt ich daher den Auftrag, zum Abteilungsgefechtstand zu gehen und dort auf die durch das Ausbleiben der Grenadiere veränderte Lage hinzuweisen und den Befehl zum Stellungswechsel zu erwirken. Ich traf dort den Kommandeur und seinen Adjutant, Leutnant Strauß, an. Offensichtlich hatte es zwischen beiden um die Frage des Stellungswechsels schon eine Auseinandersetzung gegeben. Leutnant Strauß wies gleichfalls auf die Unmöglichkeit hin, die Stellung über Nacht ohne Infanterieschutz zu halten. Nach seiner Meinung seien auch alle Verbände der Division bereits über den Tschir zurückgenommen, es bestehe Gefahr, daß die Abteilung den Anschluß an die Division verliere.

Der Kommandeur bestand auf Verbleib in der derzeitigen Stellung. Draußen sagte mir Strauß, die Batterie solle den Stellungswechsel vorbereiten, er würde versuchen, inzwischen die Sache zu klären. Wir erhielten dann auch noch zeitgerecht den Befehl zum Stellungswechsel. An der Tschirbrücke hatten unsere Pioniere die Vorbereitungen zur Sprengung abgeschlossen. Sie waren überrascht, daß wir noch kamen, alle Verbände hätten die Brücke bereits überquert, sie hätten jetzt Befehl zur Sprengung. In Tschernischewskaja erfuhren wir dann von Leutnant Strauß, der dort vom Divisionsgefechtstand kam, daß man angenommen hatte, das Artillerieregiment würde uns den Rückzugsbefehl erteilen. Dort hatte man wohl geglaubt, ein »Luftwaffenflakführer« sei verantwortlich. Auf jeden Fall hatte man uns schlicht vergessen.
Auch diese Episode gehört zu den kleinen Begebenheiten im Kriege. Wie in der vorangegangenen standen aber Menschenleben auf dem Spiel, deren Opfer verantwortet werden mußten.
Es war in beiden Fällen abzuwägen, ob am Auftrag festgehalten werden mußte oder die Ereignisse einen anderen Entschluß verlangten. Die mechanische Ausführung eines einmal erteilten Befehls genügte hier nicht.
Mich hat damals beeindruckt, wie Leutnant Strauß umsichtig auf Veränderungen der Lage reagierte, energisch eine Entscheidung herbeiführte und sich dabei stets bemühte, im Ringen mit seinem Vorgesetzten loyal zu bleiben.
In einer Zeit, in der sich bessere eigene Einsicht allzuleicht dem Gehorsam auch gegenüber unsinnigen Befehlen beugte, wirkte das mutige Handeln ohne Rücksicht auf persönliche Risiken unseres Adjutanten nach Wissen, Gewissen und Verantwortung vorbildlich.

Franz Heubl

Franz Josef Strauß und die CSU

Es ist schwer, die Bedeutung von Franz Josef Strauß als Staatsmann, vielfachen Amtsträger und Politiker auf sein Verhältnis zur CSU einzugrenzen, ihn sozusagen losgelöst von seinen Leistungen für die deutsche, europäische, ja Weltpolitik zu sehen.
Andererseits bleiben die Beziehungen von Franz Josef Strauß zu seiner Partei eine, wahrscheinlich *die* entscheidende Grundlage seines gesamten politischen Wirkens. Er hat die CSU in ihrem Charakter und ihrer Sinngebung nachdrücklich mitgeprägt und mit ihr die deutsche Politik nachhaltig beeinflußt. Sie ist ihm ihrerseits in vierzig Jahren nicht nur politisch, sondern auch menschlich ein Stück Heimat geworden.
Wenn Franz Josef Strauß in diesem Jahr die Schwelle des 70. Lebensjahres überschreitet, war er fast ein Vierteljahrhundert unangefochtener und stets mit überwältigender Mehrheit gewählter Vorsitzender der CSU. Er war in dieser Funktion in all den Jahren auch Partner der außerbayerischen Schwesterpartei CDU, ihr verbunden, trotz mancher Irritationen, mit ihr bereit zu gemeinsamem Handeln für Deutschland und Europa, für Demokratie, Rechtsstaat, Freiheit und Sicherheit und gegen jede Art von freiheitsfeindlichen sozialistischen Utopien.
Ob als Sonder-, Atom-, Verteidigungs- und Finanzminister, als Kanzlerkandidat oder Ministerpräsident, ob in weltweiter Beziehung zu fast allen Staatsmännern und zu vielen bedeutenden Persönlichkeiten rund um den Erdball, Franz Josef Strauß konnte und wollte auch nie die Verwurzelung seiner Person, seines Charakters, seines gesamten politischen Wirkens in der heimatlichen CSU verleugnen. Ja sie gab ihm gerade bei schweren Auseinandersetzungen und Kämpfen Rückhalt, Kraft, Sicherheit und förderte so die leidenschaftlichen Impulse seines politischen Wirkens.
Vierzig Jahre Politik lassen sich nicht in wenigen Worten zusammenfassen. Man sollte deshalb besser von seinem politischen Wir-

kungsbereich ausgehen: einmal von seinen Verdiensten um Bayern und andererseits von seinen Leistungen für Deutschland und Europa. Dann treten die Linien seines Wirkens deutlich hervor.

- Franz Josef Strauß hat mitgeholfen, die konfessionelle Spaltung des christlichen Lagers zu überwinden.
- Er machte aus einer Honoratiorenpartei eine Volkspartei.
- Er hat den Vertriebenen in Bayern eine Heimat gegeben.
- Bayern wurde unter ihm zu einem Wachstumsland mit moderner Technologie.

Franz Josef Strauß hat das Nachkriegsbayern von Anfang an mitgeformt. Schon als die CSU gegründet wurde, trug er als Landrat von Schongau ein Stück politischer Verantwortung. Er übte dieses Amt als junger Mann aus, geprägt von den bitteren Erfahrungen der Kriegsgeneration und zugleich eingebettet in bayerische Tradition, mit Eigenwilligkeit und Originalität und im engsten Kontakt mit den ihm anvertrauten Menschen. Dies brachte ihm zwar Ärger mit der amerikanischen Besatzungsmacht, aber auch das wachsende Vertrauen der Bevölkerung, die ihn schließlich mit dem Traumergebnis von über 60 Prozent in seinem Amt bestätigte.

Es war nicht der Drang nach höheren Ämtern, der ihn an der Jahreswende 1948/49 nach München zog. Vielmehr bot sich ihm in der Zentrale der CSU die Möglichkeit, als junger Mann und Motor inmitten älterer erfahrener Politiker aus der Zeit der Weimarer Republik landesweit Politik mitzugestalten. Die sehr unterschiedlichen Persönlichkeiten Josef Müller auf der einen, und Fritz Schäffer sowie Alois Hundhammer auf der anderen Seite, demonstrierten die Spannweite der damaligen CSU. Sie hätte entweder auf den partikularistischen Spuren der einstigen bayerischen Volkspartei verkümmern müssen oder sie mußte den neuen Weg von Josef Müller und Franz Josef Strauß einschlagen, der sie schließlich zu einer der wichtigsten Gestaltungskräfte der Bundesrepublik Deutschland machte. Dieser Weg wurde von Franz Josef Strauß mit sicherem Instinkt als richtig erkannt. Er war von dem Willen und der Idee besessen, seinem Vaterland über Bayern hinaus zu helfen, Deutschland wieder Ansehen und Zukunft zu erschließen. So führte er die CSU zu politischen Entscheidungen, die in enger Zusammenarbeit mit Konrad Adenauer und Ludwig Erhard nicht nur den Zusam-

menbruch überwanden, sondern die Grundlagen für eine sinnvolle demokratische, wirtschaftlich vernünftige, sozial überzeugende und moralisch bestimmte deutsche Politik legten, der die Bundesrepublik Deutschland ihren Aufstieg zum geachteten Mitglied der Europäischen Gemeinschaft und der westlichen Allianz verdankt.
Für Franz Josef Strauß begann mit seiner Wahl zum ersten Generalsekretär der CSU und zu ihrem stellvertretenden Vorsitzenden das eigentliche Wechselspiel zwischen ihm und der bayerischen CSU. Sie verdankt ihm jene Entwicklung, die sie weit über die engen provinziellen und konfessionellen Aspekte der einstigen Bayernpartei hinaustrug, zu einer CSU, die zwar tief in Bayern verwurzelt ist, ja allmählich sogar eine Art von Identität mit Bayern erreichte, aber darüber hinaus verantwortungsvoll als Volkspartei und als Motor der europäischen Einigung wirkt.
Als Mitglied des geschäftsführenden Landesvorstandes und vor allem als Generalsekretär der CSU schuf Franz Josef Strauß neben den ideellen auch die praktischen, finanziellen und personellen Grundlagen für eine effektiv arbeitende Parteizentrale. Wie kein anderer hat er es verstanden, Menschen zu gewinnen, zu engagieren und zu motivieren und so die Grundlage für einen mühsamen, aber schließlich glänzenden Aufstieg der CSU zur führenden Partei Bayerns zu legen.
Das ideale Gespann – Josef Müller als erster Landesvorsitzender und Franz Josef Strauß als erster Generalsekretär – gab der Partei jene Richtung, die schließlich entscheidend für ihren Weg zur Volkspartei wurde, zwar aus bayerischen Wurzeln, aber mit deutschem und europäischem Auftrag. Dazu gehörte auch die großartige Idee, die sich schon immer auch im Namen der CSU wie der Schwesterpartei CDU mit dem Begriff »Union« verband, einer Union von Bürgern katholischer und evangelischer Konfession, ja darüber hinaus all jener, die sich an christlichen Werten orientieren. Schon unter seinen Vorgängern als Landesvorsitzende der CSU – Josef Müller bis 1949, Hans Ehard bis 1955 und Hanns Seidel bis 1961 –, die alle drei auch als Ministerpräsidenten zu geschichtlichen Figuren in der Nachkriegshistorie Bayerns geworden waren, war die Idee einer solchen überkonfessionellen Volkspartei unter dem sinngebenden Einfluß des Generalsekretärs Strauß zum Mittelpunkt al-

ler programmatischen Entscheidungen bayerischer Politik geworden. Franz Josef Strauß fügte dann dem christlich-sozialen Element noch das liberale und nationale hinzu, ohne die die großen Erfolge der letzten Jahrzehnte nicht möglich gewesen wären.
Zu den großen Leistungen von Franz Josef Strauß gehört auch die Eingliederung der Heimatvertriebenen und Flüchtlinge. Dies sagt sich im Rückblick leicht und war doch in der damaligen Situation so schwer. Bayern hatte im Krieg furchtbar gelitten – zerbombte Städte, Wohnungsnot, Hunger –, nun mußte es auch noch ein Millionenheer an Heimatvertriebenen aufnehmen. Diese Menschen aus den Ostgebieten waren Deutsche und hatten auf der Flucht oft Entsetzliches erlebt. Ihnen bei all der ohnehin herrschenden Not zu helfen, war ein Gebot der Menschlichkeit, aber auch der politischen Vernunft. Franz Josef Strauß erkannte als einer der ersten das reiche Potential, das in den Heimatvertriebenen steckte, die Entwicklung hat ihm recht gegeben. Namen wie Neugablonz und Waldkraiburg sind zum Symbol dafür geworden, was Wille und Fleiß der Heimatvertriebenen zu leisten vermochten.
Franz Josef Strauß hat ihnen, nicht nur im menschlichen Sinne, sondern auch politisch, eine neue Heimat gegeben. Er wollte die Spannungen auffangen, die sich zwischen der Bayernpartei und dem BHE abzeichneten. Beide Strömungen sollten in der CSU zusammenfinden. Gerade die Heimatvertriebenen sahen in einer an sozialer Verantwortung und christlichen Werten orientierten Politik, in einem gemeinsamen Europa der freien Völker und im engen Bündnis mit den Vereinigten Staaten die Voraussetzung für eine friedliche und glückliche Zukunft.
Wie schwer es zuweilen ist, in Bonn die Interessen Bayerns durchzusetzen und Bundespolitik mitzugestalten, habe ich als langjähriger Vertreter Bayerns in Bonn selbst erfahren. Franz Josef Strauß hat mit Weitsicht, Hartnäckigkeit, diplomatischem und taktischem Geschick und einem außergewöhnlichen Steh- und Durchsetzungsvermögen diese Aufgaben bewältigt. Bayern und die CSU verdanken Franz Josef Strauß mehr als die Öffentlichkeit weiß, zumal sich viele Erfolge seines Wirkens in aller Stille abspielten und oft erst sichtbar wurden, als ihr Ursprung gar nicht mehr feststellbar war.
Dieses verdienstvolle Wirken um Bayern gipfelte in der Wahl zum

Ministerpräsidenten des Freistaats. Viele Pessimisten und falsche Propheten raunten damals, das Amt des Ministerpräsidenten sei ihm, der doch immer auch die Weltpolitik im Auge gehabt habe, zu eng. Sie haben ihn gründlich mißverstanden. Sein Gang nach Bayern war nichts anderes als ein Gang »ad fontes«, zurück zu den Ursprungsquellen seiner politischen Tätigkeit. Seit den Anfängen der CSU hatte er für den Föderalismus gekämpft, nun kehrte er ins Zentrum des Föderalismus zurück.

Bayern blieb unter seiner Schirmherrschaft nicht nur ein Hort und Verteidiger des Föderalismus, es entwickelte sich auch zu einem Wachstumsland par excellence. Nach dem Krieg war Bayern ein nur punktuell industrialisiertes Land mit einer im wesentlichen agrarischen und kleingewerblichen Wirtschaftsstruktur. Unter Hanns Seidel und Alfons Goppel holte es in wenigen Jahrzehnten seine »industrielle Gründerzeit« nach. Franz Josef Strauß ergänzte diesen Prozeß, indem er moderne Wachstumsindustrien und Hochtechnologie ins Land brachte. Er bietet die Gewähr für ein ideologie- und emotionsfreies Verhältnis zur Technik und ihrer wirtschaftlichen Nutzung. Technik ist für ihn kein Religionsersatz, aber auch kein Moloch. Sie muß vielmehr der Humanisierung der Arbeitswelt, der Erfüllung menschlicher Bedürfnisse sowie – nicht zuletzt – der Konkurrenzfähigkeit auf dem Weltmarkt dienen, und zwar in einer Balance von technologischer Notwendigkeit und ökologischer Vernunft.

Als Franz Josef Strauß 1961 den Vorsitz der CSU übernahm, war die Partei landesweit so gefestigt, daß zum ersten Mal ein Bundespolitiker an die Parteispitze gewählt wurde. Damit wurden auch die Leistungen gewürdigt, die die Landesgruppe der CSU erbracht hatte. Andererseits war diese Wahl auch ein Signal dafür, daß die CSU ihre Blicke verstärkt auf Zusammenhänge und Probleme lenken würde, die die Grenzen Bayerns überschritten. Franz Josef Strauß sagte dazu einmal: »Es ist unmöglich, die entscheidenden Wandlungstendenzen einer Gesellschaft zu erfassen, wenn man die gesellschaftlichen Prozesse nur als ›innere Angelegenheit‹ versteht.«

Er hat die Entwicklung Bayerns, so sehr sie ihm am Herzen lag, nie als von anderen Prozessen isoliert gesehen. Im Gegenteil, sein politisches Engagement im größeren Rahmen kam stets auch Bayern zugute. Vier essentielle Fragen der Nachkriegspolitik hat Franz Josef Strauß nachhaltig beeinflußt:

- Seine Stimme gab den Ausschlag für die Einführung der Sozialen Marktwirtschaft in der Bundesrepublik.
- Er hat einen entscheidenden Beitrag zur Eingliederung der Bundesrepublik Deutschland in das westliche Verteidigungsbündnis geleistet.
- Er war stets ein unerschrockener Anwalt der Einheit Deutschlands.
- Der Gedanke eines vereinten Europas auf föderalistischer Basis wurde durch ihn nachhaltig gefördert.

Die Entwicklung der Bundesrepublik wäre ohne die richtige Weichenstellung in der Wirtschaftspolitik sicherlich anders verlaufen. Die sogenannte Rhöndorfer Konferenz, auf der die Stimme von Franz Josef Strauß den Ausschlag für die Bildung der Kleinen Koalition gab, war ein Markstein der Nachkriegspolitik. Nicht nur, weil sie der CSU Einfluß und Gestaltungsmöglichkeiten für die ersten zwei Nachkriegsjahrzehnte sicherte, hier fiel auch die Entscheidung für die Wirtschaftspolitik Ludwig Erhards. In der Sozialen Marktwirtschaft verband sich die freie Initiative einer Wettbewerbsgesellschaft mit der Idee der sozialen Verantwortung, der Solidarität in der Gemeinschaft. Es gab damals kritische Stimmen in der CSU, denen die Soziale Marktwirtschaft als zu liberal erschien. Der damalige bayerische Wirtschaftsminister Hanns Seidel und Franz Josef Strauß lehnten jedoch dirigistische Maßnahmen ab. Sie setzten auf die freie Entfaltung der wirtschaftlichen Kräfte. Die Soziale Marktwirtschaft entstand aus der konkreten Aufbausituation nach dem Zweiten Weltkrieg. Aber sie war mit der Verbindung von Wettbewerbsgesellschaft und sozialer Sicherung von Anfang an et-

Ein Wahlkampfmotto als Dauerauftrag deutscher Politik, wie Strauß ihn sieht – Rückblende in den Bundestagswahlkampf des Jahres 1983.

Strauß mit Richard Stücklen, dem politischen Weggefährten seit der ersten Bundestagswahl von 1949, und mit dem langjährigen stellvertretenden Landesvorsitzenden der CSU, Franz Heubl.

Deutschland
bringen
CSU
CSU

was Programmatisches. Diese Synthese gelang. Ohne die Soziale Marktwirtschaft, die damals gegen den erbitterten Widerstand der SPD durchgesetzt wurde, wäre die Bundesrepublik Deutschland nicht aus einem Trümmerfeld zu einer der führenden Wirtschaftsmächte in der Welt geworden. Wie hoch Franz Josef Strauß ihren Wert einschätzt, hat er mit folgenden Worten ausgedrückt: »Die Soziale Marktwirtschaft ist neben der Parlamentarischen Demokratie, dem freiheitlichen Rechtsstaat und der föderativen Ordnung eines der vier tragenden Elemente unserer freiheitlichen Staats- und Gesellschaftsordnung. Als solches Element ist sie unverzichtbar.«

Franz Josef Strauß hat es verstanden – und hier liegt vielleicht seine größte politische Leistung –, trotz der großen Aufgaben im Bund nie sein politisches Wirken für seine bayerische Heimat zu vernachlässigen. Ihm und seinem Einsatz verdankt die CSU in erster Linie ihre großen Wahlsiege, die zugleich auch ihren Einfluß auf die Bonner Politik, insbesondere gegenüber der Schwesterpartei, der CDU, stärkten. Die Landesgruppe der CSU im Deutschen Bundestag, jahrelang von Franz Josef Strauß geführt, wurde so auch zu einem Instrument bayerischer Politik. Dies führte zuweilen zu Spannungen mit den Koalitionspartnern und, wie im Beschluß von Kreuth, zu einer Zerreißprobe mit der Schwesterpartei. Aber für ihn war Politik immer Orientierung an Zielen und Werten. Er wollte nicht den Kompromiß um jeden Preis, sondern zunächst einmal die Umsetzung dessen, was er als richtig und notwendig erkannt hatte. Dafür war er bereit, den Pfad der Harmonie und der Eintracht zu verlassen, ohne aber den Weg zu einer Einigung zu verbauen.

Als Franz Josef Strauß 1956 zum Bundesminister der Verteidigung ernannt wurde, übernahm er eines der schwierigsten Ämter, die

Die Ministerpräsidenten von Baden-Württemberg und Bayern, Lothar Späth und Franz Josef Strauß, stehen für gute Nachbarschaft und politische Stabilität im deutschen Süden.

Finanzpolitiker unter sich – der Bayerische Ministerpräsident, einst Finanzminister der Großen Koalition in Bonn, zeichnet Alex Möller, nach Strauß Bundesfinanzminister, mit dem Bayerischen Verdienstorden aus.

unser Staat zu vergeben hat – ein Amt, auf dem ein hohes Maß von Verantwortung lastet, das ständig im Blickfeld der Öffentlichkeit und der Presse steht, das als undankbar und anfällig für Pannen und Krisen gilt.

Zwar waren durch Theodor Blank die Weichen für den Aufbau der Bundeswehr gestellt, die Hauptarbeit mußte aber noch getan werden. Um zu ermessen, was Franz Josef Strauß damals geleistet hat, muß man sich noch einmal die Grundstimmung jener Zeit vergegenwärtigen. Zehn Jahre nach Kriegsende sahen viele Menschen nicht ein, warum gerade die Bundesrepublik Deutschland, nach allem was geschehen war, einen eigenen Verteidigungsbeitrag leisten müsse. In einer der härtesten Auseinandersetzungen der deutschen Parlamentsgeschichte, gegen den zähen und zuweilen geradezu unverständlichen Widerstand der SPD, wurde der Aufbau der Bundeswehr durchgesetzt.

Dabei mußte Franz Josef Strauß nicht nur Widerstände im eigenen Land überwinden. Auch im Ausland war das Mißtrauen noch stark, begegnete man dem neuen Bündnispartner Bundesrepublik Deutschland mit Ressentiments. In diesem historischen Umfeld, zum Teil gegen den Strom des Zeitgeists, hat Franz Josef Strauß mit einem ungeheuren persönlichen Einsatz die Bundeswehr aufgebaut, die Vorstellungen der Bundestagsmehrheit und der Alliierten in Einklang gebracht. Als er 1962 dieses Amt abgab, war der Rahmen für Freiheit, Frieden und Sicherheit geschaffen: 400000 Mann standen wie geplant unter Waffen, die Notwendigkeit der allgemeinen Wehrpflicht wurde von breiten Schichten der Bevölkerung anerkannt, die Bundeswehr hatte in der westlichen Allianz den Ruf eines verläßlichen Bündnispartners erworben.

Es ist eine Fügung der Geschichte, daß gerade Bayern, dem ja immer wieder eigenstaatliche Ambitionen nachgesagt werden, sich in der Gestalt von Franz Josef Strauß zum Anwalt der Einheit Deutschlands gemacht hat. Die Bindung der Einheit an die Freiheit zieht sich wie ein Leitmotiv durch sein politisches Handeln. Damit verbunden war aber immer schon die Erkenntnis, daß sich beide nur in einer Lösung verwirklichen lassen, die die Grenzen des Nationalstaats überschreitet. Franz Josef Strauß hat dies einmal in zwei Kernsätzen visionär und programmatisch zum Ausdruck gebracht:

»Die Wiedervereinigung Deutschlands wird sich nur im Rahmen eines vereinten Europas unter Auflösung nationalstaatlicher Grenzen bewerkstelligen lassen.«
»Indem wir der westeuropäischen Kräftekonsolidierung Priorität geben, betreiben wir eine realistische Wiedervereinigungspolitik.«
An dieser Maxime und der aus ihr hervorgehenden engen Verbindung von Deutschland- und Europapolitik hat er immer festgehalten. Die CSU machte nie ein Hehl daraus, daß sie die Gewaltherrschaft in der DDR immer anklagen und sich stets für Freiheit und Selbstbestimmung einsetzen werde. Daran hielt Franz Josef Strauß auch in der Euphorie der Brandtschen Ostpolitik fest. Als aber die Ostverträge von der Mehrheit des Bundestages gebilligt wurden, war es für ihn selbstverständlich, die Haltung des »pacta sunt servanda« einzunehmen. Wenn die Bayerische Staatsregierung auf seine Initiative den Gang zum Bundesverfassungsgericht antrat, dann war dies nur konsequent. Die Bundesrepublik und das ganze deutsche Volk wurden so auf eindringliche Weise an den Verfassungsauftrag erinnert, die Einheit der Deutschen in Freiheit als oberstes Ziel deutscher Politik anzuerkennen. Franz Josef Strauß wurde für seine Haltung in der Deutschlandfrage oft angegriffen und verleumdet. Er rückte dadurch kein Jota von seinem Standpunkt ab. Die Notwendigkeit, Rechtspositionen zu bewahren, hat ihn nicht daran gehindert, sich für menschliche Erleichterungen einzusetzen. Das Gegenteil ist der Fall: Viele Menschen verdanken ihm die Ausreise aus der DDR.
Für Franz Josef Strauß war die Teilung Deutschlands stets auch die Teilung Europas, denn in seinen Augen endet Europa nicht an der Elbe oder an der Berliner Mauer. Gerade die Deutschen seien dem Europagedanken besonders verpflichtet: »Wir Deutschen sollten mehr als unsere westlichen Verbündeten erkennen und betonen, daß es sich nicht nur um die Wiedervereinigung Deutschlands, sondern um die Wiedervereinigung Europas handelt. Polen, die Tschechoslowakei, Ungarn, Rumänien, Bulgarien gehören genauso zu Europa wie Holland, Belgien und die Schweiz.«
Diese Einigung wird ein langer und mühevoller Prozeß sein. Als Realist weiß Franz Josef Strauß, daß der erste Schritt dazu die Einigung Westeuropas sein muß. Europa wird nur dann von den Groß-

mächten toleriert und respektiert werden, wenn es mit einer Stimme spricht, und zwar nicht nur wirtschaftlich, sondern auch politisch. Dieser Übergang von der Wirtschaftsunion zur politischen Union geschieht nicht automatisch. Es bedarf dazu eines unbeirrbaren Willens zu gemeinsamen geistigen Grundlagen und zur Einigung. Franz Josef Strauß und der CSU schwebt ein freies Europa auf christlicher Grundlage vor, ein Europa der Rechtsstaatlichkeit, der Solidarität, der Pluralität und der Subsidiarität.
Man kann die Symbiose von Franz Josef Strauß und der CSU auch im Dreiklang seiner großen rhetorischen Auftritte sehen. Da sind erstens seine Reden im Deutschen Bundestag und seit 1978 im Bayerischen Landtag, die vielfach schon zu historischen Glanzpunkten der parlamentarischen Demokratie geworden sind – Reden, in denen trotz ihrer oft weltpolitischen Thematik immer auch bayerisches Geschichtsverständnis und bayerische Lebensart durchklangen. Da sind zweitens seine vielen Reden in Wahlkämpfen und auf Parteitagen der CSU, meist wegweisende Aufrufe und Mahnungen, die motivieren und überzeugen wollen, die aber auch Tausenden von Delegierten Argumentationshilfe sind, ihnen für ihre Alltagsarbeit Antrieb und Kraft geben, jenes enge Band des Vertrauens zwischen Parteispitze und Gefolge schlingen, in dem das eigentliche Geheimnis des Erfolges der CSU liegt. Und schließlich gehört es drittens zu den besonderen Symbolen der Volkspartei CSU und ihres Vorsitzenden Franz Josef Strauß, wenn Jahr für Jahr am Aschermittwoch – früher in Vilshofen, nun seit Jahren in Passau – bis zu zehntausend Menschen zusammenströmen, um die Rede des leidenschaftlich engagierten Volkstribuns Franz Josef Strauß zu hören. Dort ersteht dann Politik als ein Stück erlebte Wirklichkeit, aus seiner Erfahrung als Bayer, als Deutscher, als Europäer, als Christ.
Parteivorsitzender zu sein, ist ein schweres Amt. Man muß stets präsent sein, kann keiner Auseinandersetzung ausweichen, wird ständig von der Presse kritisiert und ist häufig Anfeindungen ausgeliefert. Franz Josef Strauß hat dies wie kein anderer am eigenen Leib erfahren. Oft fragt man sich: Wie kann ein Mensch all dies über eine so lange Zeitspanne hinweg ertragen? Die Antwort darauf hat etwas mit der geistigen Orientierung des Menschen Franz Josef Strauß zu tun, mit einem tiefen Pflichtgefühl, mit der Erkenntnis,

daß wir nicht zum Vergnügen auf dieser Welt sind, vielleicht mit einem Stück Sendungsbewußtsein.

Das Bild von Franz Josef Strauß und seiner Beziehung zur CSU wäre unvollständig, wenn man nicht auch auf seine schwierigen Seiten hinweisen würde. Auch Franz Josef Strauß ist ein Mensch, also mit Vorzügen und Schwächen behaftet. Er macht es seiner Partei nicht immer leicht, wenn er mit ihr hart ins Gericht geht, wenn er sich an Menschen und Dingen stößt, die seiner Haltung und seinen Vorstellungen widersprechen. Dies gilt naturgemäß auch für sein Verhältnis zur Schwesterpartei CDU und zur Politik in Bonn. Aber selbst dieser Teil seiner kritischen Partnerschaft zur CDU wird zuletzt doch immer wieder zu einer fruchtbaren Wechselwirkung. Was Strauß an Kraft, analytischer Brillanz, Leidenschaft, Fähigkeiten und Kenntnissen in den Dienst der CSU gestellt hat, gab ihm die Partei, gaben ihm die bayerischen Wähler auch immer wieder zurück.

Ob als Bundesminister, ob als Ministerpräsident, ob als Wahlkämpfer oder als Volkstribun im klassischen Sinn, immer war für Franz Josef Strauß die von ihm mitgeschaffene und mitgeprägte CSU der Mittelpunkt, aus dem heraus es ihm möglich wurde zu erreichen, was er für Bayern, für Deutschland, für Europa, für die freie Welt geleistet hat. Sie verdanken sich beide viel: die CSU ihrem Vorsitzenden und Franz Josef Strauß seiner Partei. Franz Josef Strauß war und ist noch immer für zwei Generationen Symbol und Kristallisationspunkt christlich-sozialer Politik und in all den Jahren so etwas wie das »Kraftwerk der CSU«. Seine Partei weiß, was sie ihm verdankt. Daher wünschen wir uns an seinem 70. Geburtstag, daß er uns noch lange erhalten bleibt, gesund, politisch aktiv, in jenem Wechselspiel von analytischen und kreativen Fähigkeiten, das ihn immer ausgezeichnet hat.

Richard Stücklen

Franz Josef Strauß und die parlamentarische Demokratie

In seiner bemerkenswerten Rede beim heutigen »Politischen Aschermittwoch« in Passau bezeichnete Franz Josef Strauß die parlamentarische Demokratie als eines der Architekturelemente des modernen Staates. Als weitere Bestandteile nannte er den Rechtsstaat, die föderative Ordnung und die Soziale Marktwirtschaft. Mit dem Ernst dessen, dem Geschichte kein lästiger Ballast, sondern Quell der Erkenntnis ist, warnte er die zerstörerischen Kräfte im Land vor ihrem Treiben. Strauß möchte erhalten wissen, was seit bald vierzig Jahren das freie Deutschland so erfolgreich sein läßt und was von ihm so entscheidend mitbestimmt wurde.

In einem modernen Industriestaat mit den ihm eigenen komplizierten Strukturen kann Demokratie nur eine parlamentarische sein, das heißt eine Demokratie, in der das Volk als Träger der Staatsgewalt sein Herrschaftsrecht im wesentlichen nur mittelbar ausübt, nämlich über eine von ihm gewählte Vertretung, über ein Parlament also. Unmittelbare Demokratie als System ist reine Illusion. Neben Staaten mit parlamentarischer Demokratie gibt es nur solche mit autoritärem oder totalitärem Regierungssystem. Dennoch ziehen immer wieder Verblendete unter Schlagworten wie »Basisdemokratie« und ähnlichem Wortgeklingel gegen den Parlamentarismus und das ihm wesenseigene freie Mandat zu Felde. Sie engagieren sich in den Auseinandersetzungen um bestimmte staatliche Vorhaben, die durch Angstpropaganda unpopulär gemacht worden sind, und fordern unmittelbare Entscheidung durch das Volk mit der Begründung, daß der parlamentarischen Mehrheit für das von ihnen abgelehnte Vorhaben keine Mehrheit des Volkes entspreche. Hier soll die Tür hin zum Volksentscheid aufgestoßen werden, eine Einrichtung, die – vordergründig betrachtet – durchaus keinen unsympathischen Charakter hat, zumal man auf manche parlamentarisch-demokratische Verfassung – insbesondere die der Schweiz, aber auch die Bayerns – verweisen kann, die diesem Element der unmittelbaren Demokratie unter bestimmten Voraussetzungen Raum gibt, ohne das parlamentarische Prinzip grundsätzlich zu gefährden. Unsere »Basisdemokraten« aber wollen beim Volksentscheid nach Schweizer oder bayerischem Muster keineswegs stehenbleiben; sie betreiben, wie Strauß zutreffend sagte, »Radikal- und Fundamentalopposition« gegen unsere staatliche Ordnung, so daß sie im Volksentscheid nicht etwa ein Korrektiv zum Parlament sehen, sondern nur einen ersten Schritt zur Zerstörung des parlamentarischen Systems insgesamt.

Auch hat jedes Land seine eigene Erfahrung mit der Demokratie. Deutschland ist nicht die Schweiz, die Bundesrepublik nicht Bayern. Nicht nur geschichtliche Traditionen, auch Größenverhältnisse bestimmen ganz wesentlich mit darüber, ob und inwieweit man sich im Rahmen des eigenen parlamentarischen Systems eine Komponente unmittelbarer Demokratie leisten kann. Die Väter des Grundgesetzes hielten es nach den Erfahrungen mit der Verfassung von Weimar für notwendig, sich für eine strikt repräsentative, antiplebiszitäre Verfassung zu entscheiden. Sie wollten unter keinen Umständen eine Neuauflage Weimarer Zustände. Die starken plebiszitären Elemente der damaligen Verfassung, nämlich Direktwahl des Staatsoberhauptes, Volksbegehren, Volksentscheid und unschweres Herbeiführen von Neuwahlen, hatten wesentlich zu der von Feindseligkeit und Haß vergifteten Atmosphäre beigetragen, in der die politischen Auseinandersetzungen stattfanden, und die das Ansehen der Demokratie so lange demontierte, bis deren Beseitigung zugunsten der Diktatur schließlich in weiten Teilen des Volkes als ein Segen empfunden wurde.

Ein Mann wie Strauß sieht die Gefahren, die entstünden, wenn man die dem Parlament vorbehaltenen politischen Entscheidungen über Plebiszite zu Angelegenheiten der Straße machte. Und er kennt als einer der wirklich maßgeblichen Politiker der Bundesrepublik Deutschland seine Verantwortung. Man sollte seine Warnungen daher selbst dann ernst nehmen, wenn sie ihm einmal temperamentvoller geraten, als dies in manchen außerbayerischen Gebieten Deutschlands üblich ist. Hier ist eine Persönlichkeit am Werk, die alles andere als blindwütig ist. Hinter ihr steht die Fähigkeit, ge-

schichtliche Zusammenhänge zu erfassen und zu deuten, die Gabe der messerscharfen Analyse und die Kunst, kommende Entwicklungen zutreffender vorauszusehen als die meisten, die Strauß so gerne von oben herab kritisieren. Sein Temperament ist Ausdruck seiner Einsicht, seines Engagements und seiner Sorge. Die Ernsthaftigkeit seiner Warnungen, den Boden der parlamentarischen Demokratie zu verlassen, wird nicht zuletzt durch die Tatsache unterstrichen, daß er auch von seinen Gegnern ernst genommen wird. Nur deshalb ist er mehr als andere Politiker seiner Richtung Zielscheibe ihrer abwertenden und hetzerischen Bemühungen. Es versteht sich fast von selbst, daß zu seinen entschiedensten Gegnern gerade auch jene zählen, die unsere Demokratie als eine nur »formale« denunzieren, als ein System, das in Wahrheit »repressiv« und »inhuman« sei und daher abgelöst werden müsse. Eine schwächere Natur als er hätte bei den kübelweise über ihn ausgegossenen Unterstellungen, üblen Nachreden und Verleumdungen längst kapituliert. Er aber ist eher stärker geworden in der richtigen Erkenntnis, daß der Weg, den er geht, um so richtiger sei, je massiver er von den Feinden unseres Staates angegriffen werde. Franz Josef Strauß wurde auf diese Weise zu einem der zuverlässigsten Garanten und damit zu einer der Symbolfiguren unserer politischen Ordnung.
Eine unverzichtbare Voraussetzung für das Funktionieren der parlamentarischen Demokratie ist die Existenz politischer Parteien. Erst sie geben dem politischen Leben Konturen, die es dem Wahlbürger ermöglichen, Unterscheidungen zu treffen. Erst sie machen das Parlament zum politischen Forum der Nation, auf dem, sichtbar und durchschaubar für alle, die politischen Strömungen des Landes und die sie tragenden Kräfte ebenso erkennbar werden wie die anstehenden Probleme und die hierzu entwickelten Lösungsvorschläge. »Es gibt keinen Ersatz für diese politischen Parteien«, sagte Strauß in Passau. Ohne sie gäbe es keine geordneten parlamentarischen Mehrheitsentscheidungen und keinen demokratischen Staat. Daß Strauß diese Lanze brach, war wichtig in einer Zeit, in der so viel von einer angeblich vorhandenen Staats- und Parteienverdrossenheit die Rede ist. Zwar ist nicht zu leugnen, daß es mit dem Ansehen der überkommenen Parteien augenblicklich nicht zum allerbesten steht. Gewisse Indizien liefert hier das Aufkommen neuer

Gruppierungen wie der »Grünen« und Alternativen sowie von Bürgerinitiativen aller Art. Dennoch, die übergroße Mehrheit der Bürger bejaht unsere politische Ordnung und hält sie für gut. Diese positive Bewertung erstreckt sich auch auf die unsere Ordnung tragenden politischen Parteien. Dies zeigen nicht zuletzt die bei uns üblichen hohen Wahlbeteiligungen, die kaum ein anderes freies Land aufzuweisen hat, sowie die trotz vorübergehender Erfolge der »Grünen« nach wie vor geringen Chancen für Splitterparteien und parteipolitisch organisierten Extremismus.
Natürlich muß jede demokratische Partei, die Erfolg haben möchte, an sich arbeiten. Sie darf sich zwar nicht in opportunistischer Weise an einen vermeintlichen Zeitgeist anpassen, muß aber stets bereit sein, aus Erfahrungen, die sich aus der Geschichte und aus ihrer eigenen Tätigkeit ergeben, zu lernen. Eine der wichtigsten Erfahrungen der Geschichte der deutschen Demokratie lautet: Eine Partei, die Mehrheitspartei sein will, muß Volkspartei sein; Volkspartei aber kann nur eine Partei sein, die weder Konfessionalismus noch Klassenkampf kennt, eine Partei, die das Volk in allen seinen Teilen zum Gegenstand ihrer Sorge macht. Die CSU ist eine solche Partei. Sie ist in jahrzehntelanger mühevoller und beharrlicher Arbeit dazu geworden. Einen entscheidenden Anteil an diesem Erfolg hat Franz Josef Strauß. Er hat bereits in den Uranfängen der CSU um dieses moderne volksparteiliche Konzept gerungen und damit als junger, noch unbekannter Mann mutig Stellung bezogen – auch gegen Träger großer Namen aus unseren Reihen. Ich erinnere mich noch gut, als ich Strauß zum ersten Mal begegnete. Es war auf der zweiten Sitzung des Landesausschusses am 30. und 31. März 1946 in Bamberg. Zwei Grundpositionen prallten dort in aller Härte aufeinander: hier die konservativ-konfessionalistische von Fritz Schäffer und Alois Hundhammer, die an die Tradition der alten Bayerischen Volkspartei anknüpfen wollten, und dort die mehr liberale, überkonfessionelle der Gruppe um Josef Müller und Michael Horlacher, denen eine neuartige, alte Gräben überbrückende Partei auf breiterer Grundlage vorschwebte. Der Richtungskampf artete zeitweise in ein von persönlicher Verunglimpfung und Intrigen geprägtes Gezänk aus. Für uns junge Delegierte, die wir aus dem Kriegsgeschehen kamen, war diese Art der Auseinandersetzung unerträglich. Als

die Versammlung auseinanderzubrechen drohte, erhob sich einer der Jungen – es war Strauß – und wandte sich mit kräftiger Stimme und klarer Sprache gegen die schädliche Streiterei. Er appellierte mit überzeugenden Argumenten an die Versammelten, zu einer sachlichen Auseinandersetzung zurückzukehren, und – der große Beifall zeigte es – hatte damit Erfolg. Die Fortsetzung der Versammlung war sichergestellt. Von dieser Stunde an war Strauß nicht nur für mich, sondern für alle, die ernsthaft bestrebt waren, eine moderne, zukunftsträchtige Partei aufzubauen, ein Begriff und für viele bereits auch eine Hoffnung.

Die Hoffnung sollte nicht enttäuscht werden. Strauß, der zunächst im Frankfurter Wirtschaftsrat und ab 1949 im Deutschen Bundestag erfolgreiche Politik für Bayern, für Deutschland und für Europa mitgestaltet hatte, wurde 1961 als Nachfolger des unvergessenen Hanns Seidel zum Vorsitzenden der CSU gewählt. Er wurde neben Konrad Adenauer der erfolgreichste Parteiführer der deutschen Nachkriegsgeschichte. Die CSU errang unter seiner Führung von Mal zu Mal höhere Wahlsiege, bis sie in dem bis dahin für unmöglich gehaltenen Bereich von über 60 Prozent der Wählerstimmen ankam. Unter Führung von Strauß wurde die CSU – das zeigen ihre Mitgliederzahl, die Zahl ihrer Wähler und Anhänger, ihre Verankerung in allen Volksschichten und Altersgruppen sowie ihre Mehrheitsfähigkeit sowohl auf dem flachen Land wie auch in der Großstadt – eine wahrhafte Volkspartei. Mehr noch: Sie ist die Volkspartei par excellence. Es gibt im ganzen demokratischen Europa – wenn man von den besonderen Bedingungen der SVP in Südtirol einmal absieht – keine Partei, die mit dem Land und den Menschen, denen sie zugeordnet ist, einen derartig hohen Identifikationsgrad erreicht hat, als dies der CSU mit dem Land Bayern und seinem Volk gelungen ist.

Bei aller Spannweite, die einer solchen Volkspartei eigen ist, ist die CSU aber immer eine sachpolitisch geschlossene und damit überzeugend handlungsfähige Partei geblieben; Flügelkämpfe sind ihr ebenso unbekannt wie das Ausfransen an den Rändern. Es wäre jedoch völlig absurd, in der CSU mit Rücksicht auf die bedeutende politische Persönlichkeit ihres Vorsitzenden eine »Ein-Mann-Demokratie« sehen zu wollen, in der die Meinungsvielfalt unterdrückt wird. Soviel Geschlossenheit, wie sie eine große Partei wie die CSU bietet, läßt sich nicht erzwingen, sie muß durch überzeugende Politik herbeigeführt werden. Sie ist gegeben, weil in der CSU bei aller Unterschiedlichkeit der auch in ihren Reihen vertretenen Standpunkte ein breiter Grundkonsens herrscht, der alle gleichermaßen verbindet und, wenn es darauf ankommt, zusammenstehen läßt. Er besteht in dem gemeinsamen Bekenntnis zum christlichen Menschenbild, das der menschlichen Person einen unveräußerlichen Eigenwert zumißt, diese aber trotzdem gemeinschaftsbezogen und gemeinschaftsverpflichtet sieht. Es ist daher einerseits ein Bekenntnis zu menschlicher Freiheit und Selbstentfaltung, und zwar auch und gerade im wirtschaftlichen Bereich, andererseits aber auch ein Bekenntnis zu den Werten, ohne die sich das Individuum gar nicht sinnvoll entfalten könnte: nämlich zu Familie, Heimat, Nation und Vaterland.

Ein Wertgefüge dieser Art entspricht – im Gegensatz zu den ideologisch bedingten Irrtümern des Sozialismus und des Liberalismus – ganz einfach der menschlichen Natur. Es wirkt daher im hohen Maße integrierend und macht gegen die oberflächlichen Modeströmungen des sogenannten Zeitgeistes, der anderswo die Gemüter verwirrt und Desintegration hervorruft, weitgehend immun. Von dieser Grundlage aus mußte Strauß nie, um beim Wähler Erfolg zu haben, Politik nach dem Motto »Wie hätten Sie's denn gern?« betreiben, nie nach der Demoskopie schielen, um festzustellen, was denn gerade ankomme. Vielmehr konnte er es sich immer leisten zu sagen, worauf es ankommt, konnte Politik gestalten, indem er Führung anbot, für seine Führung warb und dann auch Führung gewährte. Daß er dies mutig und konsequent auch insoweit tat, als die von ihm vertretenen Positionen unpopulär waren, erhöhte seine und seiner Partei Attraktivität immer mehr. Franz Josef Strauß hat mit dieser Politik ein Beispiel von unschätzbarem Wert gegeben. Er hat sich mit ihr nicht nur um seine eigene Partei unvergängliche Verdienste erworben, sondern um die Parteien generell und damit um eine der wichtigsten Säulen der parlamentarischen Demokratie. Demokratie, auch parlamentarische Demokratie, heißt, daß die Mehrheit bestimmt, und entspricht damit einem menschlichen Urbedürfnis. Mehrheit muß jedoch nicht immer Recht haben. Sie kann sich täuschen und sie kann, was schlimmer ist, bewußt falsch handeln. Bewußt falsches Handeln ist, im Gegensatz zum Handeln auf Grund eines Irrtums, vermeidbar – vermeidbar dann, wenn man ihm Schranken setzt, die auch durch Mehrheiten nicht überwindbar sind: Schranken setzt durch das Recht. Nur wenn die Staatsgewalt selbst rechtlich beschränkt ist, der Staat also Rechtsstaat ist, besteht die Gewähr, daß Demokratie nicht zum Mehrheitsterror entartet. Nicht das demokratische Prinzip, der Rechtsstaat ist es, der dem Einzelmenschen Freiheit und damit freie Entfaltung seiner Persönlichkeit gewährleistet, der ihn auch in der Minderheitenposition schützt vor Machtmißbrauch, vor Willkür und Gewalt. Nur der Rechtsstaat ist es, der die Politik des Staates ganz allgemein davor bewahrt, in Unrecht und Unmoral abzugleiten. Seine Elemente sind: unveräußerliche und durch keine Mehrheit zu beseitigende Grund- und Freiheitsrechte für jeden Bürger, gleich ob er der Mehrheits- oder Minderheitsrichtung angehört; staatliche Eingriffe in die Freiheits- und Eigentumsrechte der Bürger ausschließlich durch ordnungsgemäß zustande gekommene Gesetze oder auf Grund solcher Gesetze; Unabhängigkeit des Gesetzgebers von Regierung und Verwaltung; Unabhängigkeit der richterlichen Gewalt von Regierung, Verwaltung und Gesetzgeber; Nachprüfbarkeit aller staatlichen Akte einschließlich solcher der Gesetzgebung durch den Richter und noch manches mehr. Der Rechtsstaat ist daher für eine humane Staatsordnung nicht weniger bedeutsam als die Demokratie. Er ist die unverzichtbare Ergänzung der Demokratie, die hierdurch erst zu einer freiheitlichen wird. Der Rechtsstaat ist damit zweifelsfrei, um mit Strauß zu sprechen, ebenfalls Architekturelement unseres Staates, und zwar ein mit der Demokratie gleichrangiges.

Es ist bezeichnend, daß in den Überlegungen ausgerechnet jener Kräfte in unserem Land, die vorgeben, das Volk durch eine demokratischere Demokratie beglücken zu wollen, der Rechtsstaat nicht die ihm zukommende Rolle spielt. Der Grund hierfür liegt auf der Hand: Diese Art von Demokraten wollen Mehrheitsherrschaft auch dort, wo die rechtsstaatliche Demokratie im Interesse der Freiheit Mehrheitsherrschaft gerade nicht will, nämlich im gesellschaftlichen Bereich. Wir alle können uns an die Forderung der deutschen Linken erinnern, daß der Demokratisierung des Staates die Demokratisierung der Gesellschaft folgen müsse. Dies zielte in erster Linie auf die Wirtschaft, der über Gemeineigentum, Investitionslenkung und extreme Formen der Mitbestimmung – alles Elemente, die man als demokratisch hinstellte – ihre freiheitliche Struktur genommen werden sollte. An die Stelle einer grundsätzlich freien sollte eine grundsätzlich unfreie, eine sozialistische Wirtschaft treten. Anhand dieser Zielsetzung wird klar, warum es auf seiten der deutschen Linken zu der befremdenden Gleichsetzung von Demokratie und Sozialismus kommen konnte. Damit wird auch der geistige Hintergrund offenbar, der einen der prominentesten Vertreter linker Politik in den siebziger Jahren sagen ließ, man müsse aus den »verknorpelten Begriffen Soziale Marktwirtschaft und Rechtsstaat herauskommen«. Es war damals die Zeit, in der die CDU/CSU Grund hatte, die geistige Auseinandersetzung in Deutschland unter dem hart und verletzend klingenden, angesichts der Staat und Gesellschaft drohenden Gefahren aber zutreffenden Motto »Freiheit oder Sozialismus« zu führen. Strauß stand in diesem Kampf um unsere Wertordnung in vorderster Linie. Ich erinnere in diesem Zusammenhang nur an die Bundestagsdebatte vom 13. März 1975, in der er dem SPD-Vorsitzenden Brandt in einer leidenschaftlichen Rede entgegenhielt, daß die Gleichsetzung von Sozialismus und Demokratie »das Gegenteil von Toleranz und Liberalität« sei und daß eine Demokratisierung der Gesellschaft, wie Brandt sie wolle, zum Ende der Demokratie im Staat führe, da diese abgelöst würde »durch Funktionärsherrschaft und kollektive Organisationsformen«.

Franz Josef Strauß kämpfte für den Rechtsstaat, für die grundgesetzliche Ordnung in der ihm eigenen Überzeugungstreue und Folgerichtigkeit auch dann, wenn ihm Schlaumeier, die vorgaben, seine Freunde zu sein, einzureden versuchten, daß die richtige politische Taktik ein anderes Verhalten gebiete. Paradebeispiel ist sein Kampf um den innerdeutschen Grundlagenvertrag. Diesen Kampf führte im Deutschen Bundestag zwar die Union insgesamt; nach der Ratifizierung des Vertrages jedoch stand Strauß mit seiner CSU allein. Obwohl gegen den Vertrag schwerwiegende verfassungsrechtliche Bedenken bestanden, da sein mehrdeutiger Wortlaut als Anerkennung der Teilung Deutschlands und damit als grundgesetzwidrig aufgefaßt werden konnte, schreckte die Unionsfraktion davor zurück, ein Normenkontrollverfahren vor dem Bundesverfassungsgericht in Karlsruhe zu beantragen. Wesentlicher Grund hierfür mag gewesen sein, daß sich die Ostpolitik der Regierung Brandt/Scheel damals auf dem Höhepunkt ihres unerklärlichen, weil unbegründeten Ansehens befand. Offenbar fürchtete man, beim Wähler noch unpopulärer zu werden als bei der Bundestagswahl 1972, bei der die SPD erstmals die Union stimmenmäßig überrunden konnte. Merkwürdige Redensarten machten damals die Runde: Politische Fragen müßten politisch entschieden werden, nicht durch Gerichte; es sei nicht Aufgabe der Gerichte, die Politik zu behindern. Natürlich müssen politische Fragen politisch entschieden werden, sie müssen aber auch mit dem Grundgesetz im Einklang stehen. Die verächtlichen Worte der Gegenseite, die Recht als »Formelkram« diffamierte, hatten offensichtlich die Gemüter benebelt. Als ob Recht und Politik Begriffe aus zwei verschiedenen Welten wären, die nichts miteinander zu tun hätten, ja nichts miteinander zu tun haben dürften! Vergessen schien zu sein, daß die deutsche Verfassungsgerichtsbarkeit eine Konsequenz aus den Lehren der nationalsozialistischen Vergangenheit ist und gerade deshalb geschaffen wurde, um einer Politik Schranken zu setzen, die sich an Recht und Gerechtigkeit vergeht.

Strauß war damals unbeirrbar der Auffassung, daß gegen den Grundlagenvertrag Klage erhoben werden müsse, und wenn schon nicht durch die Unionsfraktion im Deutschen Bundestag, dann eben durch den Freistaat Bayern. Hier sei erwähnt, daß die seinerzeit unter meiner Führung stehende CSU-Landesgruppe die Klage auch erhoben hätte, wenn sie nach dem Bundesverfassungsgerichtsgesetz klageberechtigt gewesen wäre. Nur weil sie das nicht war, mußte die CSU auf den Freistaat Bayern ausweichen. Der Landesgruppe war es daher selbstverständliche Pflicht, Strauß bei seinen Bemühungen, den Freistaat Bayern von der Richtigkeit der Klageerhebung zu überzeugen, die notwendige Unterstützung zu gewähren. Gegenüber allen, die Strauß und die CSU damals anfeindeten, Zweifel zu säen versuchten oder ihn und seine Partei durch Katastrophengerede über eine angebliche Gefährdung der Entspannungspolitik zu irritieren trachteten, kalkulierte er damals ebenso kühl wie kühn, daß das Gericht den Vertrag entweder für verfas-

sungswidrig erklären oder aber der anerkennungsverdächtigen Regierung ins Stammbuch schreiben müsse, daß sie an ihre politischen Beschwichtigungserklärungen, wonach der Vertrag keine Legalisierung der Teilung darstelle, rechtlich gebunden sei. Und Strauß hatte Erfolg damit. Das Gericht hob den Vertrag zwar nicht auf, schrieb jedoch eine auch für die Regierung verbindliche verfassungskonforme Interpretation des Vertrages fest. Die Überraschung der Öffentlichkeit war damals übergroß, denn was regierende deutsche Politiker schon lange nicht mehr gewagt hatten, wagten plötzlich deutsche Richter. Sie, nicht jene, deren Aufgabe es zuallererst gewesen wäre, unser nationales Grundverständnis zu formulieren und damit geistige Führung zu bieten, sprachen mit einem Male wieder wie selbstverständlich das Wort »Wiedervereinigung« aus und legten dar, was deutsche Politik ihr schuldig ist.
Dieses Urteil brachte der Union ein hohes Maß an deutschlandpolitischem Kredit zurück, den sie in der wenig entschlossenen Auseinandersetzung um die sogenannte neue Ostpolitik – insbesondere durch ihre fatale Stimmenthaltung bei der Abstimmung über die Verträge von Moskau und Warschau – verloren hatte. Doch nicht nur dies. Der Gedanke der deutschen Einheit – einer Einheit durch Selbstbestimmung in Freiheit – bekam neuen Auftrieb.
Als drittes Architekturelement unseres Staates nannte Strauß die föderative Ordnung. Sie gehört zwingend zwar weder zur parlamentarischen Demokratie noch zum Rechtsstaat, ergänzt diese beiden Prinzipien jedoch in idealer Weise. Die Kompetenzverteilung zwischen Bund und Ländern bewirkt, da die Länder ja ihrerseits parlamentarisch regiert werden, daß die Bürger den Parlamentarismus aus größerer Nähe und damit unmittelbarer erleben können, als wenn sie allein auf das politische Zentrum des Bundes angewiesen wären. Dies popularisiert unsere Form der Demokratie und fördert, da sie politische Auseinandersetzung in einen überschaubaren Bereich zieht, Bürgerbewußtsein und Staatsverbundenheit. Außerdem ergänzt die Kompetenzverteilung zwischen Bund und Ländern das rechtsstaatliche Prinzip der vertikalen Gewaltenteilung in Legislative, Exekutive und Judikative auch noch durch eine horizontale Komponente. Wer früher im Fall gewisser Unterschiedlichkeiten in den Schulsystemen der Länder sogleich den Föderalismus ver-

wünschte und den Einheitsstaat begehrte, ist spätestens seit der ab 1969 einsetzenden Entwicklung auf dem Bildungssektor geheilt. Strauß erinnerte in Passau daran, welch »entsetzliche Eseleien ... in der Schul- und Bildungspolitik in der Bundesrepublik Deutschland in einer Reihe von Ländern gemacht worden« seien. Man erinnere sich an die berüchtigten hessischen Rahmenrichtlinien für den Deutschunterricht oder an die politischen Lernziele, die manche Kultusminister aufgestellt hatten und die Schulkinder zur Verherrlichung »revolutionärer Gewalt« ebenso anstifteten wie zur Emanzipation vom Elternhaus. Kaum auszudenken, zu welchen Konsequenzen es geführt hätte, wenn diese von der deutschen Linken als Errungenschaften gefeierten Dinge über ein bundeseinheitliches Schulwesen zum Schaden unserer Jugend auch in den übrigen Ländern hätten um sich greifen können.
Doch die föderative Ordnung ergänzt nicht nur parlamentarische Demokratie und Rechtsstaat, sie wurzelt auch tief in unserer Geschichte; sie entspricht der deutschen Mentalität, unserer Neigung, in bestimmten Bereichen unseres Lebens nur Bayern, Schwaben, Sachsen oder Hanseaten sein zu wollen und diese Bereiche säuberlich von denen getrennt zu halten, wo wir alle genauso gerne ausschließlich Deutsche sind. Entgegen der früher landläufigen Meinung, daß die föderative Struktur Deutschlands seine innere Einheit behindert habe, bin ich der Auffassung, daß das genaue Gegenteil richtig ist. Die Unterschiede zwischen den deutschen Stämmen in Mentalität, in staatlicher, gesellschaftlicher und religiöser Tradition sowie in kultureller Hinsicht konnten in der Toleranz und Distanz, die der Föderalismus gewährt, wesentlich leichter miteinander in Harmonie gebracht werden, als wenn diese Unterschiede zum Gegenstand der gleichmacherischen Bemühungen eines Einheitsstaates gemacht worden wären. Erzwungene Gleichmacherei schafft Unzufriedenheit bis hin zur Feindschaft. Frankreich mit seinen Korsen und Bretonen, Großbritannien mit seinem Nordirlandproblem und Spanien mit seinen Basken zeigen, daß das, was solange als die Stärke zentralistischer Staaten galt, in Wahrheit ihre Schwäche ist, und der solange für eine Schwäche gehaltene deutsche Föderalismus in Wahrheit unsere Stärke.
Der Föderalismus kann heute als ein modernes Element unserer

politischen Ordnung gesehen werden. Er sichert die Einheit und Harmonie des Ganzen, indem er, wie Strauß einmal sagte, wesentlich dazu beiträgt, »daß allen in unserem Lande Freiheit, Mitverantwortung und Mitentscheidung gewährleistet werden«. Und er garantiert, um ein weiteres Mal mit Strauß zu sprechen, »daß die Mannigfaltigkeit der schöpferischen Kräfte und Fähigkeiten unseres Landes in Kultur und Wirtschaft besser zur Entfaltung kommen als in einem zentralistisch verwalteten Einheitsstaat«.

Bleibt als viertes Architekturelement unseres Staates die Soziale Marktwirtschaft. Sie war es, die den Deutschen in der Bundesrepublik den von aller Welt neidvoll bewunderten Wiederaufstieg brachte, die sie herausführte aus dem unvorstellbaren Elend der Nachkriegszeit auf die lichten Höhen eines respektablen Wohlstands. Auf der Grundlage der errungenen wirtschaftlichen Erfolge konnte dann das dicht geflochtene soziale Netz entstehen, dessen wir uns heute rühmen dürfen. Die Soziale Marktwirtschaft – dies kann längst nicht mehr bestritten werden – stellt die erfolgreichste Wirtschaftsordnung der deutschen Geschichte dar und hat gleichzeitig eines der leistungsfähigsten und gerechtesten Sozialsysteme der Welt geschaffen. Sie hat damit in entscheidendem Maße zur Stabilität der politischen Verhältnisse der Bundesrepublik beigetragen. Ohne sie hätte die junge Demokratie nicht so schnell Wurzeln in unserem Volk geschlagen, wären die Deutschen nicht so rasch in einer völlig neuartigen Weise integriert worden. Ein besonders wichtiges Element tritt hinzu: Die Soziale Marktwirtschaft eröffnet mehr als jedes andere Wirtschaftssystem breitesten Kreisen die Möglichkeit, persönliches Eigentum zu schaffen. Dies ist für die Widerstandskraft unserer freiheitlichen Staatsordnung von ganz entscheidender Bedeutung. Denn nur wenn das Recht auf freie Entfaltung der Persönlichkeit außer seiner verfassungsrechtlichen auch eine faktische Absicherung erfährt, ist es ernsthaft und krisenfest gesichert. Eine der wirkungsvollsten Möglichkeiten, die Freiheit faktisch zu sichern, also Vorsorge dafür zu treffen, daß der Mensch nicht zum Objekt staatlichen oder gesellschaftlichen Drucks wird, ist das persönliche Eigentum und die freie Verfügbarkeit darüber. Eigentum macht frei. Die einer breiten Eigentumsstreuung so förderliche Soziale Marktwirtschaft stellt daher das unserer freiheitli-

chen Staatsordnung angemessenste Wirtschaftssystem dar. Würde man sie beseitigen, erführe unsere Freiheit eine schwerwiegende Wertminderung.
Heute wundern wir uns, daß Ludwig Erhard Mühe hatte, die Soziale Marktwirtschaft als das für uns verbindliche Wirtschaftssystem durchzusetzen. Er hatte viel Widerstand zu überwinden, viele Anfeindungen zu bestehen, bis er mit seinem Konzept, das er unbeirrt verfolgte, am Ziel war. Nicht nur bei der SPD, auch in Unionskreisen spukte damals sozialistisches Gedankengut. Franz Josef Strauß stellte sich schon zu Zeiten des Frankfurter Wirtschaftsrats an Erhards Seite. Er focht für die Durchsetzung der Sozialen Marktwirtschaft, und er verteidigte sie später, als in den siebziger Jahren die Planwirtschaftler einen neuen Anlauf nahmen, das, was sie fälschlicherweise Kapitalismus nannten, zu stürzen. In einem seiner damaligen Debattenbeiträge im Deutschen Bundestag führte er aus: »Ich habe immer ... die Auffassung vertreten, daß der Kapitalismus der Vergangenheit angehört und der Sozialismus keine Zukunft hat. Ich vertrete leidenschaftlich die Auffassung, daß der Weg der Sozialen Marktwirtschaft der dritte Weg ist, der das eine überwunden und das andere verhindert hat. Man soll doch nicht so tun..., als ob Soziale Marktwirtschaft Unternehmerwirtschaft sei. Soziale Marktwirtschaft ist ein wirtschaftliches Ordnungssystem, dessen Nutznießer alle Bevölkerungsschichten sind, vornehmlich die Arbeitnehmer. Nirgendwo in der Welt und niemals in der Geschichte haben sozialistische Wirtschaftsformen dem Arbeitnehmer das gleiche Maß an Freiheit, an Recht und an Wohlstand gebracht wie die Soziale Marktwirtschaft.«
Man kann Strauß aufgrund seines 40jährigen politischen Wirkens mit Fug und Recht als einen der profiliertesten und auch erfolgreichsten Streiter für unsere innere Ordnung begreifen. Besonders bei seiner Einstellung zum Rechtsstaat und zur Sozialen Marktwirtschaft erweist sich die gleichermaßen christlich und humanistisch geprägte Achtung vor der menschlichen Person – vor jeder menschlichen Person – als die entscheidende Triebkraft seines politischen Handelns. Doch Strauß ist nicht nur Christ und Humanist, sondern auch Realist, was kein Widerspruch ist, sondern unerläßliche Ergänzung, vor allem für den in der Verantwortung stehenden Politi-

ker. Und so weiß er, daß es nicht damit getan ist, unsere Ordnung nach innen zu befestigen, sondern daß sie auch nach außen abgesichert sein muß. Ihm ist klar wie wenigen, daß für ein Land in geographisch so exponierter Lage wie die Bundesrepublik Deutschland die Außenpolitik unentrinnbares Schicksal ist, daß die ganze Innen-, Sozial- und Gesellschaftspolitik nichts nützt, wenn – wie Friedrich Naumann einmal sagte – »die Kosaken kommen«. Unsere Ordnung im Innern bedarf natürlich, um zu halten, überzeugter Demokraten, freiheitlich und rechtlich gesonnener Bürger, tüchtiger Arbeiter und sozial verpflichteter Mitmenschen. Doch das ist nicht genug. Unsere Ordnung braucht auch Bürger, die bereit sind, sie gegen Angriffe von außen zu verteidigen; und sie braucht darüber hinaus Verbündete, da ihre Existenz unter den heute gegebenen weltpolitischen Umständen nie und nimmer von den Deutschen allein gewährleistet werden kann. So hat sich Strauß bereits in einer sehr frühen Phase unserer durch das Grundgesetz neu organisierten Staatlichkeit massiv für Adenauers Westpolitik engagiert. Er wurde rasch einer ihrer wortgewaltigsten und überzeugendsten Verkünder. Er sah die von der Sozialdemokratie zum »Kinderschreck« erklärte Bedrohung durch den expansiven Sowjetkommunismus. Auch war ihm klar, daß das freie Deutschland nicht zum Spielball zwischen zwei Machtblöcken werden durfte. Hieraus ergaben sich für ihn als selbstverständliche Konsequenzen, daß die Bundesrepublik so rasch wie möglich die Verantwortung in ihren eigenen Angelegenheiten, also Souveränität, erhalten müsse, daß sie als gleichberechtigter Partner eingegliedert werden müsse in das westliche Bündnis freier Nationen und daß sie in diesem Rahmen einen eigenen Beitrag auch zur militärischen Sicherung des Bündnisgebiets zu leisten habe. Ablösung des Besatzungsstatus, Ablehnung von Neutralismus und Neutralisierung, europäische Integration, Mitgliedschaft in der NATO und Schaffung eines deutschen Verteidigungsbeitrages waren die Elemente der von ihm als notwendig erkannten Politik. In einem Debattenbeitrag vom 10. Juli 1952 – es ging damals um die Frage, ob die Bundesrepublik Deutschland im Rahmen einer Europäischen Verteidigungsgemeinschaft einen eigenen Beitrag leisten solle – hat Strauß dies eindrucksvoll dargelegt.

Dieser 33 Jahre alte Beitrag, der jedem zur Lektüre empfohlen werden kann, ist heute genauso aktuell wie damals. Auch heute gibt es Kräfte in Deutschland, die sich um die Möglichkeit, die eigenen Dinge selbst zu bestimmen, herumdrücken und in den Neutralismus abtauchen wollen, die pseudonational gegen unsere westlichen Partner, insbesondere die Vereinigten Staaten, wettern, die die sowjetische Bedrohung rundweg leugnen und einseitige westliche Abrüstung verlangen und die die Soldaten unserer Bundeswehr als Landsknechte und Killer diskreditieren. Außer der offensichtlichen Aktualität überraschen an dieser Rede selbst den, der – wie ich – damals dabeigewesen ist, zwei weitere Punkte: Der eine ist das aus ihr sprechende Selbstbewußtsein des Angehörigen eines erst sieben Jahre vorher in einem mörderischen Krieg besiegten Volkes, der andere der wie selbstverständlich zum Ausdruck gebrachte Patriotismus – ein Patriotismus, zu dem Strauß sich ungeniert bekannte, als die meisten anderen noch kleinmütig schwiegen.
Die Niederlage von 1945 mit all ihren schrecklichen Folgen hatte vielen Deutschen das Rückgrat gebrochen. Das Gefühl, zu den Ausgestoßenen zu gehören, verstärkte sich noch durch die sogenannte Umerziehung. Traditionelle deutsche Werte wurden als angeblich für den Nationalsozialismus ursächlich schlecht gemacht, als da waren Ehre, Treue, Pflichtgefühl, Fleiß, Disziplin und anderes mehr. Unter diesen Umständen mußte die Selbstverständlichkeit, mit der Strauß damals von den deutschen Interessen sprach und genau wegen dieser Interessen deutsche Eigenverantwortung und gleichberechtigte Mitwirkungsmöglichkeit forderte, wie ein Gruß aus einer besseren Welt wirken. Strauß hat damit für die seelische Wiedergesundung unseres Volkes, aber auch für die Wiederbegründung des deutschen Ansehens in der Welt sicher mehr geleistet als jeder beflissene Nachbeter der unerforschlichen Ratschlüsse der Besatzungsbehörden. Das von ihm damals gegebene Beispiel ist auch für heute noch lehrhaft.
Mit seiner patriotischen Einstellung schon zu Besatzungszeiten hat Strauß den Nachkriegsgenerationen ebenfalls ein wichtiges Beispiel gegeben, und zwar in zweifacher Hinsicht. Sein Patriotismus war nicht auf Bayern beschränkt, sondern auf Deutschland – das ganze Deutschland – bezogen, und er war kein blutarmer »Verfas-

sungspatriotismus«, wie er für viele unserer vom grünen Tisch aus predigenden Politologen und Soziologen allein noch in Frage kommt, sondern ein auf das Land und das Volk der Deutschen gerichteter, ein Patriotismus zum anfassen. Strauß stand damit in der Tradition seines geistigen Ziehvaters, des inzwischen zur Legende gewordenen Josef Müller, den »Ochsensepp« zu nennen alles andere war als ein Schimpfwort. Josef Müller war es, der von Anfang an Front machte gegen jegliche bayerische Aufkündigung der deutschen Solidarität. Ich erinnere in diesem Zusammenhang an seine am 16. Juni 1946 in Berlin gehaltene Rede, in der er versicherte, daß für die CSU unser Vaterland für alle Zukunft den Namen Deutschland trage, und die Gründung dieser Partei gleichbedeutend sei mit der Ablehnung des Separatismus.

Josef Müllers Spuren folgend, hat Strauß immer wieder zum Ausdruck gebracht, daß das Festhalten an den Architekturelementen unseres Staates zwar essentiell ist, aber keinesfalls ein Selbstzweck bleiben darf. Denn Demokratie, Rechtsstaat, Föderalismus und Soziale Martkwirtschaft betreffen bei all ihrem Wert an sich nur die Form unseres politischen Lebens, sagen jedoch nichts über das von uns trotz gesellschaftlicher Pluralität gemeinsam zu verfolgende inhaltliche Ziel der Politik aus. Doch es gibt ein solches, sogar rechtlich verbindliches Ziel. Die Präambel unseres Grundgesetzes und der Präsidenteneid, den auch der Kanzler und seine Minister schwören, geben den notwendigen Aufschluß. Ziel ist die Einheit und Freiheit Deutschlands; in diesem Sinne ist von unserem Volk Schaden zu wenden und sein Nutzen zu mehren. Je stärker wir uns das bewußt machen und uns diesem Ziel verpflichten, desto sicherer bleibt uns auch die bewährte Form. Eine nahezu ideale Staatsverfassung wie die des Grundgesetzes kann Makulatur bleiben, wenn man sie nur als die formale Ordnung unseres politischen Lebens begreift, als die Sammlung von Regularien für den politischen Entscheidungsprozeß. Die sicherste Verankerung erfährt unser Grundgesetz erst dadurch, daß man es – und das nicht zuletzt – auch als das entscheidende politische Mittel zur Sicherung des Fortbestands und der Weiterentwicklung unseres Volkes begreift. Die Verfassung so zu verstehen, verbindet Verstandesprinzipien mit den Bedürfnissen unserer Gefühlswelt, verbindet die Idee der rechts-

staatlichen Demokratie mit der Liebe zum eigenen Volk und zum eigenen Vaterland. Erst diese Verbindung bewirkt es, daß die in unserem Hausverstand verankerte Ordnung auch festen Besitz von unseren Herzen ergreift. Erst sie kann uns den Widerstandsgeist und die Kraft verleihen, die erforderlich sind, die heute gegebenen Bedrohungen von innen und außen erfolgreich abzuwehren und unsere Zukunft in einer für unser Land und unser Volk ersprießlichen Weise zu gestalten.
Franz Josef Strauß hat allzeit zuverlässig nach diesen Maximen gehandelt, und damit nicht nur die Geschichte der Bundesrepublik Deutschland, sondern auch ihren Charakter entscheidend mitgeprägt. Ob in der Regierung oder in der Opposition, ob als Vorsitzender der CSU-Landesgruppe im Deutschen Bundestag oder als Bundesminister, ob als Bonner Speerspitze seiner Partei oder als Bayerischer Ministerpräsident, er hat sich in all diesen Funktionen und Positionen und natürlich auch in der des Parteivorsitzenden als ein großer Demokrat und als ebensolcher Patriot erwiesen. Sein historischer Rang als eine der bedeutendsten politischen Gestalten der zweiten Hälfte des 20. Jahrhunderts steht bereits heute fest. Dies sage ich ihm gern zu seinem 70. Geburtstag und verbinde damit die Hoffnung, daß er seiner CSU, seiner bayerischen Heimat, seinem deutschen Vaterland und Europa noch viele Jahre in Gesundheit und Schaffenskraft erhalten bleibt.

Alex Möller

Franz Josef Strauß – der Bundesfinanzminister der Großen Koalition

Am 29. November 1966 fand zwischen Willy Brandt und Kurt Georg Kiesinger ab 21.30 Uhr in der Berliner Vertretung in Bonn ein Vier-Augen-Gespräch in Personalfragen statt. Die beiden Verhandlungskommissionen der Unionsparteien und der SPD hatten ihnen den Auftrag gegeben, einen Vorschlag über die Zusammensetzung des

Kabinetts der Großen Koalition auszuarbeiten und vorzulegen. Um Mitternacht stand das Ergebnis fest. Es erfolgte eine getrennte Berichterstattung. Von 0.30 bis 3.30 Uhr tagten dann die beiden Kommissionen wieder gemeinsam, um Einigkeit über die Kabinettsliste und andere wichtige Personalien zu erzielen.

Auf jeder Seite war zunächst eine Person umstritten, von den Unionsparteien Franz Josef Strauß, der das Finanzministerium übernehmen sollte. Schließlich ist für die einmütige Billigung des Vorschlags maßgebend gewesen, daß sich Kiesinger und Brandt auf eine geschlossene personelle Lösung verständigt hatten. Ich selbst war für die Übernahme des Bundesfinanzministeriums durch Franz Josef Strauß, da es mir politisch richtig erschien, daß die bisherige Regierungspartei und der mandatsmäßig stärkste Partner dieses Ministerium übernahm, das die schwierige Aufgabe zu lösen hatte, die desolate Finanzlage des Bundes wieder in Ordnung zu bringen (siehe Regierungserklärung des Bundeskanzlers Kurt Georg Kiesinger vom 1. Dezember 1966). Dazu gehörte ein Mann, der den guten Willen vorweisen und dem man zutrauen konnte, sich in seiner Fraktion mit unvermeidbaren und sicher unpopulären Maßnahmen durchzusetzen. Auf den sozialdemokratischen Koalitionspartner ist bei dieser finanzwirtschaftlich und politisch schwierigen Operation Verlaß gewesen.

Die Prognose war zutreffend und wurde noch fundierter, als sich herausstellte, daß der für die Wirtschaftspolitik verantwortliche Sozialdemokrat Karl Schiller in den wichtigen Sachfragen an der Seite von Franz Josef Strauß stand (Ausnahme am Schluß der Großen Koalition: Differenzen in der Aufwertungsfrage). Dieses Gespann hat hervorragende Arbeit geleistet und ist als »Plüsch und Plum« gewürdigt worden.

Bei der Haushaltskonsolidierung sowie bei den finanz- und steuerpolitischen Fragenkomplexen verfügte der Finanzminister immer über die Unterstützung der Sozialdemokratischen Bundestagsfraktion und ihres Sprechers, zumal wir im frühestmöglichen Stadium über Pläne und Absichten des Ministers unterrichtet wurden. Wir haben von unserer Seite alles getan, die Bemühungen um eine solide und konstruktive Finanzpolitik zu unterstützen. Schon am 50. Tag dieser Bundesregierung konnte vor dem Deutschen Bundes-

tag der Ausgleich des Etats ohne Steuererhöhungen, aber durch Abschaffung von Steuervergünstigungen und durch Ausgabekürzungen zur Schließung der Deckungslücke verkündet werden. Folgende weitere Maßnahmen unter der Federführung von Franz Josef Strauß seien noch angeführt: erstmalig Ergänzungszuweisungen an die Länder in Höhe von 260 Millionen DM – Überlassung des Aufkommens aus der Erhöhung der Mineralölsteuer in Höhe von 660 Millionen DM an die Länder zum Ausbau der Verkehrswege – Verabschiedung des Mehrwertsteuergesetzes (Wettbewerbsneutralität und Harmonisierung der Steuersysteme in der EWG) – mittelfristige Finanzplanung für 1968 bis 1971 – Verminderung der übernommenen Deckungslücke von insgesamt rund 64 Milliarden DM durch Ausgabekürzungen von 30 Milliarden DM und Einnahmeerhöhungen von 13,6 Milliarden DM – gerechtere Lastenverteilung durch Einführung der Ergänzungsabgabe. Hinzu kommt, daß vom Kabinett beschlossen wurde, daß trotz der großen Haushaltsschwierigkeiten keine Gefährdung des sozialen Status erfolgen würde. Es kam daher nicht zu einem Abbau der Kriegsopferrenten und zu keiner Verteuerung der Sozialversicherungsrenten. Beides war einmal im Gespräch gewesen.
In meiner Beurteilung ist das bedeutsamste Werk der Großen Koalition die von Bundesfinanzminister Strauß vorgelegte Finanzreform. Der Deutsche Bundestag hat am 23. April 1969 mit großer Mehrheit, der Bundesrat am 9. Mai 1969 einstimmig das Finanzreformgesetz (21. Gesetz zur Änderung des Grundgesetzes) und im Zusammenhang damit ein weiteres Gesetz (22. Gesetz zur Änderung des Grundgesetzes) – Erweiterung der Gesetzgebungszuständigkeit des Bundes – angenommen. Die neuen Verfassungsbestimmungen trafen zum Teil unmittelbar konkrete Regelungen, zum Teil schufen sie die verfassungsrechtlichen Voraussetzungen zum Erlaß entsprechender Ausführungsgesetze. Folgende Ausführungsgesetze zur Finanzreform hat der Deutsche Bundestag 1969 verabschiedet: 1. Gesetze über die Gemeinschaftsaufgaben, 2. Gemeindefinanzreformgesetz, 3. Gesetz über die Steuerverteilung und den Finanzausgleich unter den Ländern. Der Bundesrat gab die erforderliche Zustimmung. Alle wesentlichen Ausführungsgesetze zur Finanzreform traten am 1. Januar 1970 in Kraft.

Die Finanzreform zählt zu den Reformen, die die Sozialdemokraten zur Bedingung für einen Eintritt in die Bundesregierung der Großen Koalition gemacht hatten. Dieses wesentliche Ziel konnte wegen der notwendigen Zweidrittelmehrheit für die erforderlichen Verfassungsänderungen nur durch die Zusammenarbeit der beiden großen Parteien, die sich hier bewährt hat, verwirklicht werden. Daß manches inzwischen durch Erfahrungen in der Praxis und nicht voraussehbare Entwicklungen überholt und änderungsbedürftig erscheint, schmälert nicht die 1969 zustandegekommene Finanzreform, die eine Zeitlang durch Schwierigkeiten, die im Vermittlungsausschuß aufkamen, blockiert worden war.
Diesen kurzen, unvollkommenen Rückblick aus Anlaß des 70. Geburtstages eines Mannes, dem ich 1955 zum ersten Mal begegnet bin, schreibe ich nicht, um an die Episode der Großen Koalition zu erinnern, sondern um einmal auf den Bundesfinanzminister mit Namen Strauß und das, was er in dieser Eigenschaft in Bewegung gebracht hat, hinzuweisen. Seine finanzpolitischen Memoiren aus der damaligen Zeit sind in dem Buch »Finanzpolitik – Theorie und Wirklichkeit« nachzulesen. Es ist eigenartig, daß dieser wichtige Abschnitt aus dem politisch-parlamentarischen Leben einer Persönlichkeit, über die man so vieles und so unterschiedliches schreibt, nicht als Quelle interessanter Studien benutzt wird. Ich jedenfalls denke gern an diese fruchtbaren Jahre der Zusammenarbeit zurück.

Werner Dollinger

Franz Josef Strauß als Wirtschaftspolitiker

Politisch Interessierten und Informierten etwas über den Politiker, den langjährigen CSU-Landesvorsitzenden und Bayerischen Ministerpräsidenten Franz Josef Strauß berichten zu wollen, hieße »Eulen nach Athen tragen«.
Aber was viele nicht wissen – manch Ältere haben es vergessen und

Jüngere nicht gehört – Franz Josef Strauß gehört zu den Vätern unserer Wirtschafts- und Gesellschaftsordnung. Dieser Werdegang war nicht vorgezeichnet, als er im Jahre 1948, damals geschäftsführendes Vorstandsmitglied der CSU, jüngstes Mitglied des Frankfurter Wirtschaftsrates wurde. Gerne stelle ich fest, daß er unter anderem auch Mitglied des Verkehrsausschusses in jenem Gremium war!

Die Arbeit im Frankfurter Wirtschaftsrat war für den Aufbau einer freien und sozial verpflichteten Marktwirtschaft entscheidend. Den Dank und die Anerkennung an die Unionsabgeordneten, die diesen Weg mit ermöglichten, hat bereits Ludwig Erhard in jener Zeit ausgesprochen. Ludwig Erhard wurde Nachfolger von Dr. Johannes Semmler als Direktor der Verwaltung für Wirtschaft, und dies durch den Einsatz und die Einwirkung von Dr. Josef Müller und Franz Josef Strauß.

Erhards Programm und seine Argumente überzeugten auch den jungen Landrat aus Schongau. Für den Historiker war dies der Anfang zum Wirtschaftspolitiker.

Es ist gut sich zu erinnern: Der Beginn einer deutschen Wirtschaftspolitik nach der Staats- und Kriegswirtschaft hatte die große Aufgabe, die Zwangswirtschaft allmählich abzubauen und zu beseitigen, eine Währungsreform durchzuführen und den Marshallplan – jenes Hilfsprogramm der USA – sinnvoll zu nutzen. Ohne die Weitsicht und ohne die festen Überzeugungen und nachhaltigen Unterstützungen der damals tonangebenden Unionsabgeordneten, unter ihnen Franz Josef Strauß, wäre dies nicht möglich gewesen.

Die Härte der Auseinandersetzungen um die richtige Wirtschaftsordnung und über den richtigen Kurs der Wirtschaftspolitik wird vielleicht am deutlichsten daran, daß SPD und Gewerkschaften in jener Zeit offen mit dem Generalstreik drohten für den Fall, daß die Soziale Marktwirtschaft durchgesetzt werden würde. Sozialisierung und Planwirtschaft schienen auch manchen innerhalb der Union der bessere und geeignetere Weg zu sein.

Franz Josef Strauß hat später im Rückblick die Soziale Marktwirtschaft eines der umstrittensten Themen der deutschen Politik der Jahre 1948/49 genannt. Er war weitblickend genug, um Ludwig Erhard tatkräftig zu unterstützen. Aber nur mit knapper Mehrheit

wurde die vielleicht wichtigste Entscheidung dieser Jahre überhaupt gefällt. Arbeit und Leistung hießen die Triebfedern des neuen Konzeptes, und schon bald zeigten sich Erfolge.
Strauß sagte später freilich einmal: »Ich habe 1949 niemals jene stürmische Entwicklung der deutschen Wirtschaft erwartet, wie sie dann eingetreten ist... Hätte damals einer vorausgesagt, wie sich die wirtschaftliche Leistungsfähigkeit der Bundesrepublik Deutschland entwickeln würde, dann wäre der ins Irrenhaus gesperrt, als psychiatrischer Fall eingestuft oder wegen deutsch-nationaler Überheblichkeit vor die Spruchkammer zitiert worden. Die wirtschaftliche Entwicklung hat jedenfalls alle meine Erwartungen übertroffen.«
Als evangelischer Christ, aber auch als stellvertretender Parteivorsitzender der CSU, fühle ich mich verpflichtet, auch einen anderen Punkt herauszustellen und Franz Josef Strauß ein Wort des Dankes zu sagen.
CSU und CDU waren die einzigen wirklich neuen Parteigründungen nach 1945. Sie waren ein Zusammenschluß bewußter Christen beider Konfessionen, die aus den Erfahrungen der Jahre 1933 bis 1945 gelernt und Folgerungen gezogen hatten. Diese Union war etwas anderes als Zentrum oder Bayerische Volkspartei, und zwar sowohl von der Zusammensetzung der Mitglieder her als auch auf Grund der Tatsache, daß sie nicht einseitig kirchlich orientiert war, allerdings klar die Grundwerte beider christlichen Konfessionen vertrat.
Diese Partei hatte es am Anfang nicht leicht. Gegner versuchten, sie klerikal abzustempeln, liberale Protestanten fürchteten die Gegenreformation, und zentralistisch Denkende sprachen von der Gefahr, daß der Föderalismus sich zum Partikularismus entwickeln könnte. Im fränkischen Raum gab es besondere Auseinandersetzungen. Es soll auch nicht vergessen werden, daß es zeitweise Bestrebungen gab, die solchen Angriffen und Bedenken Material lieferten.
Der gläubige Katholik Franz Josef Strauß hat immer mit größter Deutlichkeit Wert darauf gelegt, daß die CSU solche einseitigen Orientierungen mied und nicht Fehler der Weimarer Vergangenheit fortsetzte. Das »C« im Namen der Union verstand er als Ausdruck der Verpflichtung eines neuen politischen Anfangs, und diese

neue Politik sollte im Zeichen des christlichen, nicht eines speziell konfessionellen Sittengesetzes stehen. Franz Josef Strauß hat sich in diesen Fragen besonders engagiert, eine große Integrationskraft aufgebracht und sich dabei immer dafür eingesetzt, daß diese Vorstellung auch in der Personalpolitik der Partei sichtbar wurde.
Diese Haltung und Praxis schufen Vertrauen, besonders bei der evangelischen Minderheit in Bayern. So war das Ergebnis auch ein besseres Verhältnis zwischen Christen beider Konfessionen, zu den Kirchen und zwischen den Kirchen. Ein engstirniger Dogmatiker oder Fanatiker hätte eine solche Entwicklung nie ermöglicht.
Franz Josef Strauß suchte immer für die Union eine breite christliche Basis. Was die CSU stark und geschlossen gemacht hat, war die Überwindung der konfessionellen Grenzen. Hier hat der Parteivorsitzende große Verdienste.
Franz Josef Strauß hat in der Wirtschafts- und Finanzpolitik, in der Außen- und Sicherheitspolitik, aber auch schon früher, in zahlreichen innerparteilichen und organisatorischen Fragen stets eine feste Position bezogen.
Durch sein langes und mannigfaltiges Wirken in den gesamten Bereichen der Politik hat er über unsere Grenzen hinaus Gewicht, Ansehen und Einfluß.
Die entscheidenden Voraussetzungen legte er fortwirkend durch seinen Anteil an der Verwirklichung der Sozialen Marktwirtschaft im Frankfurter Wirtschaftsrat und durch die Verwirklichung der Ideen der Union.

Hans Katzer

Rückblick auf gemeinsame Politik

Der 70. Geburtstag von Franz Josef Strauß fällt in ein Jahr besonderer Besinnung. Wieder einmal werden wir an die Schrecken der Hitlerdiktatur erinnert und an die unvorstellbaren Schwierigkeiten des Jahres 1945. Als wir – die Generation der während oder am Ende des Ersten Weltkriegs Geborenen – aus der Kriegsgefangenschaft

und unsere Familien aus Kellern und Evakuierung in die zerstörten Städte heimkehrten, wagten wir den politischen Neubeginn und den Wiederaufbau.
Franz Josef Strauß war von Anbeginn dabei. Er hat als Vorsitzender der CSU, als Bundesminister in verschiedenen Ressorts, als Kanzlerkandidat der CDU/CSU und nun als Bayerischer Ministerpräsident mit außergewöhnlicher Begabung für das Wesentliche mit großer Zielstrebigkeit und mit ungeheurem persönlichen Einsatz die letzten 40 Jahre deutscher Politik entscheidend mitgeprägt.
Heute, 40 Jahre später, erscheint es – auch in Anbetracht mancher allzu leichtfertiger Äußerungen aus dem Lager der FDP zu grundsätzlichen Fragen der sozialen Ordnung – angebracht, sich darauf zu besinnen, wie denn der Neubeginn überhaupt möglich wurde.
Es war sicher kein Naturgesetz, kein Wunder, das uns den Aufstieg bescherte. Neben dem Überlebenswillen und dem Fleiß des ganzen Volkes, das seine Freiheit wiedererlangt hatte, war es gewiß auch das Streben nach sozialer Gerechtigkeit, was den sozialen Konsens ermöglichte und den sozialen Frieden als Grundlage des Neubeginns schuf.
Die derzeitige politische Aktualität wird von strukturellen Wandlungsprozessen geprägt, die in einem gewaltigen Ausmaß und in einer atemberaubenden Geschwindigkeit bei uns, in Europa und in der ganzen Welt abrollen.
Bei über zwei Millionen Arbeitslosen allein in der Bundesrepublik Deutschland – mit einem schmerzlich hohen Anteil an Jugendlichen – ist es eine gewaltige Leistung gewesen, was nach 1945 und dann insbesondere nach 1949 unter den Rahmenbedingungen der freiheitlichen Ordnung der Sozialen Marktwirtschaft tatsächlich gelang: nämlich nicht nur eine riesige Trümmerlandschaft von unvorstellbarem Ausmaß zu beseitigen, sondern Millionen von Heimatvertriebenen einzugliedern und über Jahrzehnte Vollbeschäftigung zu sichern.
In dem richtungweisenden ersten Bundestagswahlkampf 1949 ging es naturgemäß um die Lösung der drückenden wirtschaftlichen und sozialen Nöte der breiten Bevölkerungsschichten. Der politische Meinungsstreit entzündete sich vor allem an der Frage, welches Konzept am besten geeignet sei, diese Probleme zu bewälti-

gen: das Konzept Planungswirtschaft, wie die Sozialdemokraten meinten, oder das Konzept Soziale Marktwirtschaft, das CDU/CSU mit Ludwig Erhard entwickelt hatten.
Professor Nölting, der damalige wirtschaftspolitische Sprecher der SPD, prophezeite sechs Millionen Arbeitslose, wenn die Pläne der Union für eine soziale Marktwirtschaft verwirklicht würden.
Es kam anders, und bei der Bundestagswahl 1949 wurde die Politik der Christlich-Demokratischen und Christlich-Sozialen Union vom Wähler eindrucksvoll bestätigt.
Kein Zweifel, die Aufgaben von heute sind nicht mit den Rezepten von gestern zu lösen. Aber wir sind gut beraten, aus der Geschichte zu lernen, das heißt, auch im politischen Tageskampf die grundsätzliche Orientierung nicht zu verlieren.
Nach 1945 waren vor allem zwei Ereignisse von grundsätzlicher Bedeutung, die weit über den Tag hinaus die künftige Entwicklung beeinflußten. Da war einmal die Gründung der Christlich-Demokratischen und der Christlich-Sozialen Union. Sie war gleichbedeutend mit der Überwindung der konfessionellen Gräben in christlich-sozialem Geist. Die christlich-soziale Idee mit den Prinzipien der Personalität, der Solidarität und der Subsidiarität bestimmte zugleich den ordnungspolitischen Rahmen. Sie war verpflichtender Auftrag für die Weiterentwicklung der Marktwirtschaft zur Sozialen Marktwirtschaft.
Nach den menschenverachtenden Grausamkeiten des Nationalsozialismus erreichte gerade die Tatsache, daß die Union die Würde des Menschen in den Mittelpunkt der Politik rückte, die Herzen der Mitbürger. Das zweite neue Element war die Gründung von Einheitsgewerkschaften mit dem Prinzip: Ein Betrieb – eine Gewerkschaft.
So wie die Idee der großen christlichen Volkspartei ist auch die Idee von Einheitsgewerkschaften schon im Jahre 1920 – also unmittelbar nach dem Ersten Weltkrieg – in der Rede von Adam Stegerwald, der nach 1945 Mitbegründer der CSU in Unterfranken war, auf dem Essener Kongreß der Christlichen Gewerkschaften als Ziel für die Zukunft herausgestellt worden.
Jakob Kaiser von den Christlichen Gewerkschaften, Wilhelm Leuschner vom Allgemeinen Deutschen Gewerkschaftsbund und

Max Habermann vom Christlich Nationalen Gesamtverband Deutscher Angestelltengewerkschaften waren sich vor 1933 einig, die Gewerkschaftsvielfalt zu Gunsten einer einheitlichen Gewerkschaftsbewegung aufzugeben. Aber es war zu spät. Am 1. Mai 1933 zerschlug Hitler die Freien Gewerkschaften, und wenig später die Christlichen Gewerkschaften.

In den Konzentrationslagern und in der Widerstandsbewegung gegen Hitler wuchs die Einsicht in die Notwendigkeit, zu Einheitsgewerkschaften zu kommen, auf allen Seiten. Nach 1945 kam es dann zur Gründung.

Inzwischen fehlte und fehlt es nicht an Kritik an der gewerkschaftlichen Entwicklung. Dennoch bleibt: Nicht die Idee des Klassenkampfs hat sich durchgesetzt, sondern die Idee der Partnerschaft. Dies war und ist entscheidend für den wirtschaftlichen und sozialen Aufbau. Wohin wir in Europa auch blicken, überall gilt das partnerschaftliche Zusammenwirken von Gewerkschaften und Arbeitgeberverbänden, wie es bei uns praktiziert wird, als ein bedeutender Fortschritt.

Partnerschaftliches Zusammenwirken wird auch in Zukunft wichtige Voraussetzung für die Lösung der aktuellen Probleme bleiben. Wachstum, Vollbeschäftigung, soziale Sicherung sind so am besten dauerhaft zu lösen.

Eines der ersten Gesetze, die aus dem partnerschaftlichen Geist geschaffen wurden, war das Tarifvertragsgesetz. Mit der Verabschiedung dieses Gesetzes hat der Deutsche Bundestag einen wesentlichen Teil sozial-wirtschaftlicher Verantwortung in die Hände der Tarifvertragsparteien – also der Arbeitgeberverbände und der Gewerkschaften – gelegt.

Man muß nicht mit allem einverstanden sein, wie die Tarifvertragsparteien ihre Verantwortung wahrgenommen haben und wahrnehmen. Aber daß sie in den letzten fünfunddreißig Jahren alles in allem ihrer Verantwortung gerecht geworden sind, wer wollte das ernsthaft bezweifeln. Auch hier genügt ein Blick zu unseren europäischen Nachbarn.

Jede Regierung ist gut beraten, die mit beiden Tarifvertragsparteien in einem ständigen engen Gedankenaustausch steht, in welcher Form auch immer. Je enger der Gedankenaustausch, um so gerin-

ger auch die Gefahr, daß öffentliche Erklärungen als Einmischung in die Tarifautonomie verstanden werden – was übrigens sowohl von den Arbeitgeberverbänden als auch von den Gewerkschaften mit großer Entschiedenheit zurückgewiesen wird.
Deshalb sind Vorschläge, wie sie von der FDP im Frühjahr 1985 gemacht wurden, nicht nur überflüssig, sondern schädlich. Wer unter dem Stichwort »Abbau von Arbeitslosigkeit« die Tarifautonomie unterlaufen will, muß wissen, daß er mit dem Feuer spielt. Die Christlichen Demokraten und die christlich Sozialen haben sich seit jeher gegen jedes Klassendenken und jeden Klassenkampf ausgesprochen. Das ging in der Vergangenheit in Richtung Sozialdemokratie. Dabei waren wir erfolgreich. Die Idee der Partnerschaft hat sich gegenüber der Parole vom Klassenkampf durchgesetzt. Wir verlören jede Glaubwürdigkeit, wenn wir uns heute nicht mit der gleichen Entschiedenheit in Richtung Liberale gegen Versuche, einen »Klassenkampf von oben« zu probieren, wehren würden. Tarifverträge nach unten durchlässig machen heißt nichts anderes, als die Tarifautonomie aushöhlen, denn Tarifverträge regeln bekanntlich Mindestbedingungen.
Das Argument, die Löhne seien zu hoch, mag sich vor allem für die Klientel der FDP gut anhören, aber bei genauerem Vergleich, insbesondere mit unseren europäischen Nachbarn und unseren Erfolgen in der Exportwirtschaft, ist dieses Argument wenig überzeugend. Der Lohn ist bekanntlich nur ein Teil der Arbeitskosten. Von den Lohnnebenkosten sind rund 35 Prozent durch den Gesetzgeber festgelegt, rund 44 Prozent sind von den Tarifvertragsparteien vereinbart. Darüber hinaus werden in Haustarifen zum Teil weit über diesen Beträgen Löhne und Gehälter bezahlt.
Franz Josef Strauß, der weiß, was auf dem Spiel steht, hat mit großer Eindringlichkeit diese FDP-Vorschläge zurückgewiesen und sich nachdrücklich für die Tarifvertragsfreiheit eingesetzt. Daß die Gewerkschaften diese Vorschläge abgelehnt haben, ist selbstverständlich; die Arbeitgeberverbände haben diese Vorschläge ebenso nachdrücklich zurückgewiesen.

Zufriedenheit, die keiner Worte bedarf – der Kanzler Kurt Georg Kiesinger und sein Finanzminister Strauß.

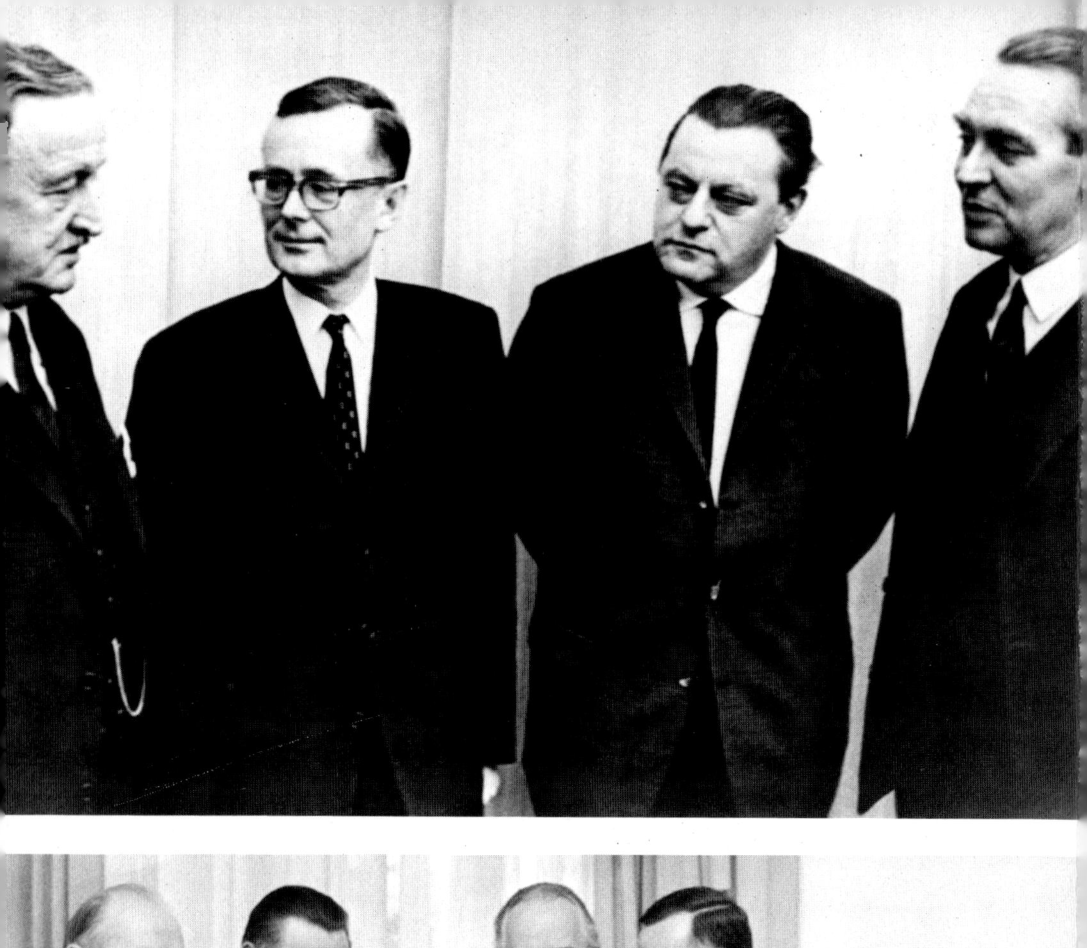

Im übrigen: Jeder, der glaubt, solche Vorschläge machen zu müssen, sollte bedenken, daß damit das Gespräch mit den Tarifvertragsparteien nicht erleichtert, sondern unnötig erschwert wird. Außerdem muß jeder, der die innergewerkschaftliche Situation auch nur einigermaßen kennt, wissen, daß es natürlich in den Gewerkschaften mit ihren Millionen von Mitgliedern nicht wenige gibt, die der Partnerschaftsidee von Haus aus nicht wohlwollend gegenüberstehen. Für viele von ihnen ist die Lösung sozialer Konflikte durch Klassenkampf immer noch der beste Weg. Diese Kräfte könnten Auftrieb bekommen durch eine Diskussion, die klassenkämpferische Impulse freisetzt. Die letzten Tarifverhandlungen haben im übrigen gezeigt, daß das Thema »mehr Flexibilität« durchaus auf der Tagesordnung der Gewerkschaften bei Tarifverhandlungen steht.

Gesellschaftliche Neuordnung

Der reformerische Elan der Union in den ersten zwanzig Jahren nach 1945 und 1949 entwickelte aus dem Gedanken der Partnerschaft zwei weitere wesentliche Grundelemente einer sozial verpflichteten Marktwirtschaft, nämlich

Mitbestimmung und Vermögensbildung.

Die Frage der Mitbestimmung kann nicht in einer Reihe gesehen werden mit tagespolitisch bedingten Gesetzesvorhaben. Mitbestimmung ist eine langfristige Aufgabe zur freiheitlichen und verantwortlichen Gestaltung unserer Gesellschaft. Wir müssen alle Anstrengungen unternehmen, in der unaufhaltsam wachsenden Technostruktur neue Räume der Selbstverantwortung und der Mitbe-

Die Bundesminister für Wirtschaft und Finanzen der Jahre 1966 bis 1969, Karl Schiller und Franz Josef Strauß, verschaffen sich durch eine erfolgreiche Politik Ansehen und Popularität; das Gespräch mit den Praktikern der Wirtschaft, beispielsweise mit Hermann Josef Abs (links) und Berthold Beitz, ist für beide Selbstverständlichkeit.

Szene aus der Zeit der Großen Koalition – Bundeskanzler Kurt Georg Kiesinger mit (von rechts) Wirtschaftsminister Karl Schiller, Bundesschatzminister Kurt Schmücker, Bundesfinanzminister Franz Josef Strauß und dem stellvertretenden Vorsitzenden der SPD-Bundestagsfraktion Prof. Dr. Friedrich Schäfer.

stimmung und Mitgestaltung zu sichern, wenn wir uns nicht mit einem technischen Automatismus abfinden wollen, der bei den immer komplizierter werdenden Wirtschaftsabläufen für den einzelnen immer schwerer durchschaubar wird. Der Mensch darf nicht als Objekt manipuliert werden. Er muß mitgestaltendes Subjekt sein. Dies ist der Kernpunkt. Es geht jetzt nicht darum, über diese oder jene Form zu streiten. Der geistige Kern der Mitbestimmungsforderung heißt Selbstbestimmungsrecht des einzelnen. Es geht letzten Endes um ein gesellschaftliches Strukturmodell des Zusammenlebens, der Partnerschaft, der Kooperation. Ein Modell, in dem nicht die Hierarchie, der Befehl von oben oder die Dienstvorschrift die bewegenden Kräfte sind, sondern der Dialog, die Überzeugung, die Mitverantwortung und die Mitentscheidung. Eine solide, fundierte Mitentscheidung, zu der alle Beteiligten auch stehen.
Franz Josef Strauß – in Mitbestimmungsfragen eher zurückhaltend – hat sich als Kanzlerkandidat im Juli 1980 für die Sicherung der Montan-Mitbestimmung ausgesprochen und einen praktikablen Vorschlag hierzu gemacht.

Vermögensbildung

Mit dem Sparförderungsgesetz, dem damaligen 312-DM-Gesetz, der sozialen Teilprivatisierung des Volkswagenwerks, der Preussag und der Veba haben CDU-geführte Bundesregierungen beachtliche Anreize für neue Denkperspektiven in breiten Schichten der Arbeitnehmerschaft geleistet.
Die Sozialdemokraten taten sich sehr schwer auf diesem Feld. Ihre ursprüngliche Ablehnung konnten sie angesichts der Tatsache, daß sich bis weit in die sozialdemokratische Arbeitnehmerschaft und die Gewerkschaften hinein ein lebhaftes Interesse und eine beachtliche Teilnahme an den Privatisierungsaktionen ergab, nicht beibehalten.
In der Großen Koalition 1966–1969 hat die Bundesregierung, der Franz Josef Strauß als Finanzminister angehörte, Grundsätze für die Vermögenspolitik aufgestellt, über die man auch heute noch nachdenken sollte. In diesen Grundsätzen wird darauf hingewiesen, daß die weitere wirtschaftliche Entwicklung, die insbesondere durch

technischen Fortschritt, strukturellen Wandel durch Rationalisierung und intensive Forschung gekennzeichnet ist, einen zunehmenden Kapitaleinsatz erfordert. An dieser verstärkten Kapitalbildung müssen auch die breiten Schichten der Arbeitnehmer beteiligt sein, vor allem durch ihre Beteiligung am Zuwachs des wirtschaftlichen Produktivvermögens. Die Form der Beteiligungsfinanzierung hat für den Arbeitnehmer den Vorteil der Teilhabe am Ertrag und Wertzuwachs in der Wirtschaft und für den Unternehmensbereich den Vorteil einer Verbesserung der Finanzierungsstruktur. Die Vermögensbildung der Arbeitnehmer kann dabei durch freiwillige oder durch betrieblich vereinbarte Leistungen der Unternehmen, durch tarifvertragliche Vereinbarung oder auch durch gesetzliche Verpflichtung gefördert werden.

Das Arbeitsförderungsgesetz

Das Arbeitsförderungsgesetz steckt den Rahmen ab für eine produktive, wirtschaftsgerechte Förderung des Arbeitnehmers und seine Anpassung an den Wandel im Arbeitsleben: beginnend mit der Berufsvorbereitung in der Schule, über die Förderung der betrieblichen und überbetrieblichen Berufsausbildung, der Fortbildung, der persönlichen Leistungssteigerung zum beruflichen Aufstieg und der Umstellung bis hin zur beruflichen Neuorientierung und Umschulung im späteren Arbeitsleben.
Nicht mehr die Zahlung von Arbeitslosengeld und die Absicherung in Notfällen steht seitdem im Vordergrund, sondern die aktive und rechtzeitige Hilfe, um den Berufstätigen eigene Initiative und Mobilität zu ermöglichen. Dazu gehört auch, daß erhebliche Mittel der Bundesanstalt für Arbeit eingesetzt wurden und werden für Maßnahmen der Industrieansiedlung, der Änderung der wirtschaftlichen Struktur und der Verbesserung der räumlichen Infrastruktur.
Wir müssen uns darüber im klaren sein, daß auch bei anhaltend guter Konjunktur und Wirtschaftslage noch nicht die Garantie besteht, daß der Arbeitsplatz, der heute sicher scheint, es auch auf Dauer ist.
Als ich meinen Beitrag zur Festschrift zum 65. Geburtstag von Franz Josef Strauß nachlas, fand ich folgende Stelle: »Wirtschaftliches

Wachstum und die Erhaltung der natürlichen Grundlagen unseres Lebens schließen sich nicht gegenseitig aus. Eine Synthese zwischen Ökonomie und Ökologie zu finden, gehört zu den Herausforderungen, vor denen die Industrieländer stehen.«
Wird die politische Grundentscheidung in diesem Sinn gefällt, so werden wir auch in Zukunft mit einem schnellen Wandel der Berufs- und Arbeitsbedingungen zu rechnen haben. Wir haben mit dem Arbeitsförderungsgesetz, eine der wirklich strukturellen Leistungen der Sozialpolitik, die Antwort auf diesen Wandlungsprozeß gegeben.
Auch hier war Franz Josef Strauß von vornherein auf unserer Seite. Ich habe ihn damals zu früher Morgenstunde in seiner Bonner Wohnung besucht. In kürzester Zeit hatten wir Einvernehmen über das Arbeitsförderungsgesetz. Franz Josef Strauß unterstützte nachdrücklich den Gedanken, daß Fortbildung, Weiterbildung und Umschulung in hohem Maße produktive Sozialpolitik sind. Gerne erinnere ich mich gerade an diese Begebenheit. Ohne Arbeitsförderungsgesetz wären die Schwierigkeiten auf dem Arbeitsmarkt heute noch größer.

Rentenversicherung

Das Vertrauen in die Sicherheit der durch Beiträge erworbenen Anwartschaften und Ansprüche in der Rentenversicherung ist ein unschätzbares Stück sozialen Friedens in unserem Land. Die Union hat dieses Kernstück der sozialen Sicherung im Jahre 1957 geschaffen. Kernstück der Rentenversicherung ist die unmittelbare Beziehung zwischen der Höhe der Beitragsleistung und der Höhe der späteren Rente.
Diese Verknüpfung darf nicht durch die von Sozialisten früher immer wieder geforderte Einheitsrente zerstört werden. Ein unwiderbringlicher Verlust an Vertrauen würde den Generationsvertrag aufs Spiel setzen. So bestand denn auch eine grundsätzliche Übereinstimmung zwischen Franz Josef Strauß und mir, daß bei der schwierigen Konsolidierung des Bundeshaushaltes 1966–1967 und der mittelfristigen Finanzplanung dieser Kerngedanke unserer Alterssicherung ungeschmälert erhalten bleiben müsse. Bei der drei-

tägigen Kabinettsitzung im Sommer 1967, die teilweise unter den alten Platanen im Garten des Palais Schaumburg stattfand, hat es bei allem Ringen um den Ausgleich des Haushaltes eine Bestätigung für das System der sozialen Rentenversicherung gegeben.
Es ist schon mehr als erstaunlich, daß der neue Vorsitzende der FDP jetzt, im Jahre 1985, den Gedanken einer Sockelrente ins Spiel bringt. Auch wenn der Gedanke fürs erste zurückgestellt wurde, ist Wachsamkeit geboten. Dies ließe sich später auf europäischer Ebene weiterführen. Das Beispiel steht für viele Möglichkeiten und dafür, daß Sozialpolitik nicht zu einer staatlichen Pflichtübung erstarren darf.
Zu den sozialen Sicherungsdiensten muß das stärkere freiwillige Engagement hinzukommen. Dies wird letztlich unserer Gesellschaft die menschliche, persönlichkeitsbezogene Sinnerfüllung geben, die jeder sucht.

Familienpolitik

Verstärkt durch seine eigene persönliche Erfahrung gewinnt für Franz Josef Strauß die Familienpolitik an Bedeutung. Wer hätte nicht den Bundestagswahlkampf 1980 in lebhafter Erinnerung, als die Familie Strauß in so eindrucksvoller Weise den Vater und Kanzlerkandidaten Franz Josef Strauß unterstützte.
In den 13 Jahren der SPD/FDP-Koalition hat Familienpolitik so gut wie nicht stattgefunden. Dies hat mit zur Sinnkrise der letzten Jahre beigetragen. Prinzipien des menschlichen Zusammenlebens wurden mehr und mehr in Frage gestellt. Dabei wissen wir alle aus Erfahrung: Die Geborgenheit in der Familie ist für die Entwicklung des Kindes zur Persönlichkeit unverzichtbar.
Die Familie im Wertbewußtsein der Menschen wieder höher angesiedelt zu haben, ist der derzeitigen Bundesregierung überzeugend gelungen.
Neben den immateriellen Einstellungsveränderungen sind materielle Verbesserungen – insbesondere für die junge Familie – unumgänglich. Erziehungsgeld, Anrechnung der Erziehungsjahre in der Rentenversicherung gehören neben der Erhöhung des Kindergeldes dazu. Das Erziehungsgeld wäre allerdings nur eine Scheinlö-

sung, wenn damit nicht auch eine Arbeitsplatzgarantie verbunden ist. Sinn all dieser Maßnahmen ist doch, die Frauen und Mütter in die Lage zu versetzen, nicht nur theoretisch, sondern praktisch eine Wahlmöglichkeit zwischen Kindererziehung und/oder Berufstätigkeit zu haben.
Wer die Stellung der Frau in der Gesellschaft gestärkt wissen will, muß sich für den Abbau von Vorurteilen und überholten gesellschaftlichen Zwängen einsetzen. Mit dem gleichen Nachdruck ist eine Herabsetzung der Frau und Mutter, die sich ganz der Kindererziehung, dem Haushalt und der Familie widmet, abzulehnen.
Von besonderer Bedeutung ist in diesem Zusammenhang die Schaffung von Teilzeitarbeitsplätzen für Frauen, die wieder berufstätig werden wollen. Die Möglichkeiten des Arbeitsförderungsgesetzes sollten hierzu noch stärker ausgebaut werden.
Im Rahmen dieses kurzen Beitrags kann naturgemäß nicht auf das ganze soziale Gesetzgebungswerk eingegangen werden. Wichtige Punkte sind angesprochen. Erwähnung aber sollte finden: die umfangreiche Gesetzgebung zum Wohnungsbau, insbesondere zum sozialen Wohnungsbau. Nicht unerwähnt bleiben sollte – obwohl heute fast in Vergessenheit geraten – das gewaltige Werk des Lastenausgleichs, mit dem wohl gelungenen Versuch, die Lasten des Krieges so gerecht wie möglich auf alle Schultern zu verteilen.
Einen besonderen Beitrag leistete die Sozialpolitik auf dem Gebiet der Rehabilitation und für die Kriegsopferversorgung, insbesonders für die Versorgung der Kriegerwitwen. Als Finanzminister hat Franz Josef Strauß bei allem Zwang zur Sparsamkeit eine besondere Verpflichtung des Staates gerade in diesem Bereich immer wieder unterstrichen und tatkräftig geholfen, die Kriegsopferversorgung zu verbessern.
Dabei wurde die Einheit von Wirtschafts-, Finanz- und Sozialpolitik nicht nur beschworen, sondern verwirklicht. Für den Finanzminister Strauß war dies kein Problem, ebensowenig für mich als damaligen Bundesminister für Arbeit und Sozialordnung, ebensowenig für den damaligen Wirtschaftsminister Professor Karl Schiller. Aber die Sozialdemokraten taten sich insgesamt schwer. Professor Ernst Schellenberg, damals sozialpolitischer Sprecher der SPD-Bundestagsfraktion, sah Sozialpolitik nicht im Zusammenhang mit Wirt-

schafts- und Finanzpolitik, sondern als eigenständige Größe, die unabhängig von Wirtschafts- und Finanzpolitik gestaltet werden müsse.
Mit seinem politischen Gespür für die im Interesse der inneren Befriedigung notwendigen gesellschaftspolitischen Maßnahmen und seinen gerade auch in jüngster Vergangenheit klaren Stellungnahmen zur Gesellschaftspolitik hat Franz Josef Strauß eindeutig Position bezogen. Dafür zum 70. Geburtstag Dank.

Léopold Sédar Senghor

Franz Josef Strauß – der Kelte

Der Einladung, einen Beitrag für die Festschrift zu Ehren von Ministerpräsident Franz Josef Strauß zu verfassen, bin ich gerne nachgekommen – allerdings mehr aus kulturellen denn aus politischen Gründen. Ich bin nämlich seit über 50 Jahren Sozialist, auch wenn ich mich zum katholischen Glauben bekenne. An dem Bayern Franz Josef Strauß interessiert mich zuerst und zunächst der Kulturmensch, der in seiner *Keltizität* verwurzelt ist, sich aber den fruchtbaren Zuflüssen der *Germanität* keineswegs verschließt. Dies verdient eine Erklärung.
Schon in den dreißiger Jahren, als ich zusammen mit anderen schwarzen Studenten aus Afrika und den Antillen im Pariser Quartier Latin die Bewegung der *Négritude* ins Leben rief, galt mein, galt unser Interesse der *deutschen Kultur.* So waren wir seinerzeit unter den ersten, die sich mit der bei den französischen Intellektuellen in hohem Kurs stehenden Romantik eines Novalis und Hölderlin näher befaßten. Hinzu kam, daß wir etwa zur gleichen Zeit den großen deutschen Afrikanisten Leo Frobenius entdeckten, der in seiner *Kulturgeschichte Afrikas* eine bedeutende Wesensverwandtschaft zwischen der deutschen und negro-afrikanischen Seele festgestellt hatte. Diese Verwandtschaft läßt auf die Bedeutung der keltischen Werte in der deutschen Seele schließen.

Ein deutscher Freund sagte einmal zu mir: »Ich verstehe nicht, warum man immer die Verschiedenheit des französischen und deutschen Volkes herausstellen will. Schließlich sind bei beiden alles in allem nicht mehr als 20 Prozent germanisches Blut zur keltischen Basis hinzugekommen.« Mein Freund hatte recht, denn bekanntlich breiteten sich die aus Eurasien eingewanderten Kelten von der Mitte Deutschlands über ganz Mittel- und Westeuropa aus. Franzosen und Deutsche bilden demnach dieselbe biologische Symbiose. Dies bestätigt eindeutig die Verteilung der Blutgruppen bei beiden Völkern. Selbstverständlich haben die Franzosen etwas mehr präindoeuropäisches, mediterranes Blut in den Adern. Und nicht zuletzt hat sich eine romanische und nicht eine germanische Sprache in Frankreich als Nationalsprache durchgesetzt.
Damit sind wir wieder zur Kultur zurückgekehrt, ohne jedoch bisher das Problem der keltischen Kultur, der *Keltizität,* geklärt zu haben. Die Franzosen berufen sich immer wieder gerne auf ihre »gallischen Ahnen« und deren Temperament, in dem Gefühl und Empfindsamkeit oder – wenn man so will – gewisse romantische und surrealistische Züge vorherrschten. Bekanntlich findet sich dieses Temperament auch in Teilen Deutschlands, genauer gesagt in Süd- und Südwestdeutschland und hier vor allem in Bayern und Baden-Württemberg.
Erlauben Sie mir hier eine kurze Zwischenbemerkung. Glauben Sie bitte vor allem nicht, daß ich die *Germanität* geringschätze. Davon kann keine Rede sein, zumal meine Frau, die aus der Normandie kommt, entfernt germanischer Abstammung ist. Nun ist für mich aber die *Normannität* unauflösbar mit einer »luziden lyrischen Veranlagung« verknüpft, und dies gilt sowohl für die skandinavische Dichtung wie für die Goethes.
Vor diesem deutschen, ja europäischen Hintergrund hat Franz Josef Strauß seit 1945 seine politischen und gleichzeitig kulturellen Aktivitäten entfaltet. Ich sage bewußt »gleichzeitig«. Denn es kommt nicht von ungefähr, daß meine Frau und ich mit Franz Josef Strauß und seiner Gattin, die früher an der Sorbonne studierte, vor allem bei den Bayreuther Festspielen, wo wir als Ehrengäste zugegen waren, zusammentrafen. Und es kommt ebenfalls nicht von ungefähr, daß uns das Ehepaar Strauß durch seine umfassende, humanistisch

begründete Bildung beeindruckte, in der aber auch Geschichte und Volkswirtschaft ihren Platz hatten.
Franz Josef Strauß hat also im Jahre 1945, kurz nach dem Ende des Zweiten Weltkriegs, die Christlich-Soziale Union, die CSU, mitbegründet. Ermöglicht und noch besonders erleichtert wurde ihm dies durch das föderale System der Bundesrepublik Deutschland. Nebenbei bemerkt habe ich mich persönlich stets für das föderative, zumindest ein weitgehend dezentralisiertes System und gegen den »einen und unteilbaren« Zentralstaat ausgesprochen. Jedenfalls erlaubten es die besonderen Möglichkeiten der deutschen Verfassung – aber auch die besondere Situation des *Bundeslandes* Bayern – Franz Josef Strauß, diese Sonderstellung durch die Gründung der *Christlich-Sozialen-Union* nachhaltig zu unterstreichen.
Bekanntlich ist die CSU die bayerische Schwesterpartei der *Christlich-Demokratischen Union*. Es fällt auf, daß beide das Wort »christlich« im Namen führen. Dies ist natürlich der zentrale Begriff, das moralische Fundament, aus dem beide Parteien ihr Eintreten für die *Grundrechte* und *Grundfreiheiten* der Menschen herleiten. Natürlich gibt es auch Unterschiede: So legt die CDU nach meiner Meinung zum Beispiel den Schwerpunkt auf die »Demokratie«, das heißt die Politik, während die CSU nicht gerade den Sozialismus, sondern das Soziale und beinahe das Kulturelle in den Vordergrund stellt.
Nach meiner Überzeugung ist es wohl im wesentlichen auf die vorherrschende – nicht die vorrangige – Stellung, die Franz Josef Strauß und Bayern der Kultur einräumen, zurückzuführen, daß Strauß im Spektrum der deutschen Politik und Bayern in der Bundesrepublik Deutschland so unverwechselbar geworden sind. Dieses kulturelle Engagement, das uns beide verbindet, kann ich nur zu gut verstehen, da die Republik Senegal während meiner 20jährigen Präsidentschaft jährlich ein Drittel des Staatshaushaltes für Erziehung, Bildung und Kultur aufgewendet hat. Dadurch ist es uns gelungen, das jährliche Pro-Kopf-Einkommen der Bevölkerung um das Dreifache zu steigern.
Immerhin: Franz Josef Strauß' Wille, der Kultur in seinem Land und innerhalb seiner Partei eine vorherrschende Stellung einzuräumen, läßt sich – über die wirtschaftliche und soziale Entwicklung hinaus

– nicht zuletzt auf Gründe zurückführen, die man unter dem Schlagwort »Verteidigung der Keltizität« zusammenfassen könnte. Was sind das für Werte, die der Bayer verteidigen will? Um hier eine stichhaltige Antwort geben zu können, muß ich noch einmal auf Leo Frobenius zurückkommen – und Ihnen bei dieser Gelegenheit zunächst ein Bekenntnis ablegen.

Am 20. Juni 1940, zwei Tage vor dem Waffenstillstand von Compiègne, geriet ich in deutsche Kriegsgefangenschaft. Wenn ich in den zwei Jahren meiner Gefangenschaft nie irgendwelche Haßgefühle gegenüber dem deutschen Volk empfand, dann zum einen, weil ich sehr wohl zwischen Germanität und Nazismus zu unterscheiden wußte, zum anderen aber vor allem, weil ich die Lehren, die ich aus der Lektüre von Frobenius' *Kulturgeschichte Afrikas* gezogen hatte, nie vergaß.

In seiner »Morphologie der afrikanischen Kulturen« unterscheidet der Philosoph und Ethnologe zwischen der »äthiopischen« und der »hamitischen« Kultur. Zu letzterer gehören die arabisch-berberischen Völker Nordafrikas und der Sahara sowie die Pygmäen und andere Khoisan des südlichen Afrika, zur ersteren die hochgewachsenen Negervölker des tropischen und äquatorialen Afrika. Wesentliches Merkmal der hamitischen Kultur ist nach Frobenius die »Magie«, die er mit dem Intellektualismus gleichsetzt, wesentliches Merkmal der äthiopischen Kultur die »Mystik«.

Diese berühmte These von Leo Frobenius läßt sich mit der neuen Wissenschaft des 20. Jahrhunderts, der Charakterologie, in Verbindung bringen. So stellt der Franzose Paul Griéger in seinem Werk *La Caractérologie ethnique* zwei »Ethnotypen« vor, die eine tief ausgeprägte Sensibilität gemeinsam haben: »Introvertis« und »Fluctuants« – zu ersteren zählen die Völker Nordeuropas, auch die Deutschen, zu letzteren die Afrikaner, Mittelmeervölker und Lateinamerikaner. Dabei zeigt sich, daß die »Introvertis« auf innere und äußere Einwirkungen langsam, die »Fluctuants« dagegen unmittelbar, explosiv reagieren.

Ich gebe Leo Frobenius dabei recht, wenn er dem deutschen Volk einen anderen Ethnotypus als den skandinavischen Völkern zuweist, die sich ja, wie schon gesagt, durch eine »luzide dichterische Veranlagung« auszeichnen. Es ist andererseits bezeichnend, daß

Paul Griéger die Franzosen zu einem besonderen Ethnotypus, den »Extravertis«, rechnet, der nur wenige Völker umfaßt. Das bedeutet, daß das Problem der Kelten gleichzeitig ein Problem der Keltizität ist. Und eben hier liegt das Problem, das Franz Josef Strauß de facto aufwirft, nämlich das Problem der Eigenart der keltischen »Innenwelt«, um mit Leo Frobenius zu sprechen.
Das Besondere des bayerischen Volkes, wie auch der anderen Völker in Süd- und Westdeutschland und auch der Nachfahren der alten Gallier liegt nämlich in ihren kulturellen Werten, in ihrer »Seele«, ihrem *Paideuma,* wie Frobenius sagt. Was meine ich damit? Ich meine damit genau, daß die genannten Völker seit Jahrtausenden innerhalb ihrer kulturellen Werte ihrer Sensibilität und ihrer intuitiven Vernunft einen bevorzugten Platz eingeräumt haben, in dem sie sie besonders pflegten.
Es kommt daher nicht von ungefähr, wenn Bayern seit jeher Kunst und Kultur eine glänzende Pflege angedeihen läßt. Franz Josef Strauß legt Wert darauf, diese Tradition zu erneuern und damit zu erhalten. Dies ist sicher auch einer der Hauptgründe, die Franz Josef Strauß veranlaßten, eine neue Partei, die *Christlich-Soziale Union,* zu gründen.
Es ist in diesem Zusammenhang bemerkenswert, daß es sich um eine »Union« – eine Seelengemeinschaft – und nicht um eine »Partei«, das heißt einen Clan, handelt. Dieser »Union« geht es nicht darum, die »Demokratie« in Deutschland wiederherzustellen – dies ist schon mit dem Grundgesetz von 1949 geschehen –, es geht ihr vielmehr darum, den Weg einer betont konkreten und zugleich humanistischen sozialen Politik einzuschlagen und in Konkurrenz zum »demokratischen Sozialismus« zu treten.
Diesen Weg haben bekanntlich viele katholische Politiker gewählt. Auch das 2. Vatikanische Konzil zeigte sich hier aufgeschlossen und beschäftigte sich mit großer Fürsorge mit der Lage der Armen – ganz im Geiste der Heiligen Schrift, in der es heißt: »Evangelisare pauperibus misit me Dominus« – der Herr hat mich gesandt, um den Armen die frohe Botschaft zu bringen. Dem Sinn dieses Wortes entsprechend könnte man hinzufügen: ... auch den Bauern, den Arbeitern und Arbeitslosen..., um ihre Bildungschancen, ihre Ausbildungsmöglichkeiten, ihre Arbeits- und Lebensbedingungen zu ver-

bessern, dabei aber gleichzeitig ihre Kultur, das heißt ihre Seele, zu heiligen.
In diesem Sinnzusammenhang habe ich stets die politische Arbeit von Franz Josef Strauß in Bayern und Deutschland gesehen. Er ist bestrebt, seinen christlichen – genauer: katholischen – Glauben mit seinem sozialen und zugleich kulturellen Engagement in Einklang zu bringen. Der bayerische Katholik hat sich nämlich stets und in zunehmendem Maße durch und durch als Humanist verstanden.

Friedrich Wetter

Die christliche Sicht des Politischen

Cicero definiert in seinem Werk »de re publica« den Staat als »res populi« (populus = Volk), aber im Unterschied zu einer beliebigen Menschenmenge als »coetus iuris consensu et utilitatis communione sociatus«. In seinem Buch »de civitate Dei« diskutiert Augustinus diese Definition und bemerkt, wenn sie richtig sei, so sei Rom nie eine res publica gewesen, weil es ohne Verehrung des wahren Gottes keine wahre Gerechtigkeit und für Menschen, die gottlos leben, keinen wirklichen Nutzen geben könne. Da aber das römische Volk doch offensichtlich ein Volk und der römische Staat eine res publica ist, schlägt Augustinus eine wertneutralere Staatsdefinition vor: »populus est coetus multitudinis rationalis rerum quas diligit concordi communione sociatus.« (de civitate Dei 19, 24)
Diese Definition schließt nur die Tyrannis aus, die nicht »auf einträchtiger Wertschätzung beruht«. Sie läßt jedoch offen, welches die Wertschätzungen eines Volkes sind. Augustinus sagt nur: Je besser sie sind, desto besser ist das Volk, je schlechter sie sind, desto schlechter ist das Volk. Ein Staat kann also eine res publica und trotzdem eine große Räuberbande sein: »Remota iustitia quid sunt regna nisi magna latrocinia?«
Diese wertneutrale Staatsdefinition ist die Folge einer tiefgreifenden Wandlung in dem für alle Philosophie der Antike so zentralen

Begriff des höchsten Gutes. Aristoteles hatte das »bürgerliche« höchste Gut, die Verwirklichung der bürgerlichen Tugend in der Polis, unterschieden von jenem Lebensziel, das eigentlich mehr göttlich als menschlich sei, nämlich der philosophischen Kontemplation des Ewigen, die nur Sache weniger sein könne und auch deren Sache nur zeitweilig. Augustinus dagegen geht davon aus, daß jeder Mensch für die Anschauung Gottes, die ewige Gemeinschaft mit Gott, geschaffen ist und daß die Alternative zur Erreichung dieses Zieles nicht die Bescheidung im bürgerlichen Glück ist, sondern das ewige Verderben. Erreicht wird das Ziel allerdings nicht in diesem Leben und nicht durch philosophische Theorie, sondern nach dem Tode; und nur jene erlangen sie, deren Lebenspraxis in der Nachfolge Christi von der Gottes- und Nächstenliebe – amor Dei usque ad contemptum sui – motiviert war. Daneben gibt es keine andere wahre Gerechtigkeit und keinen anderen wirklichen Nutzen. Da jedoch, wie Augustinus weiß, nicht alle Menschen, ja nicht einmal die meisten, wahre Christen sind, so kann die Ordnung des irdischen Zusammenlebens der Menschen nicht allein gegründet werden auf die Bekehrung der Herzen. Wenn es im Römerbrief (13,4) heißt, der Obrigkeit sei das Schwert gegeben, um die Guten zu belohnen und die Bösen zu bestrafen, so setzt das schon eine Welt der Sünde voraus. Die wirklich »Guten« warten auf Gott selbst als ihren Lohn und fürchten die ewige Entfernung von ihm. Staatliche Sanktionsmittel greifen gewissermaßen bei ihnen nicht. Und dennoch besitzt die staatliche Autorität eine echte Legitimation. Ihr Ursprung wird vielleicht am eindrucksvollsten deutlich in der Geschichte vom ersten Brudermord. Kain, der Brudermörder, fürchtet die Vogelfreiheit: »Wer mich findet, wird mich erschlagen.« Gott aber erklärt: »Wer Kain erschlägt, soll siebenfacher Rache verfallen.« (Gen 4,14 f.) Manche Kirchenväter sahen an dieser Stelle den Ursprung des Staates beschrieben. Hier wird erstmals eine legitime Gewaltandrohung eingesetzt zur Eindämmung privater Gewalt von Menschen gegen Menschen, zum Beispiel gegen Blutrache. Diese legitime Gewalt setzt die Sünde voraus und ist als Beschränkung ihrer Folgen gedacht. Nicht als ob nicht auch das Zusammenleben von Heiligen einer Koordination, also einer Art staatlicher Ordnung bedürfte. Aber diese Koordination hätte nicht den

spezifischen Charakter einer mit Sanktionsgewalt ausgestatteten und die Gewalt monopolisierenden Ordnung.
Ist für Augustinus auch die politische Ordnung nicht der Ort der Eudaimonia, der eigentlichen Selbstverwirklichung des Menschen, und nicht die wahre Heimat derer, die Gott lieben, so hat sie doch ihre eigene Legitimität, da sie ein Gut sichert, das denen, die Gott über alles lieben, und denen, die sich selbst über alles lieben, gemeinsam ist, nämlich den Frieden: »pax illis et nobis communis«. Zwar ist dieser Friede nicht der Friede Christi, sondern der Friede »wie die Welt ihn gibt«. Er ist nicht jene Harmonie aller Willen, die sich einstellt, wenn Gottes- und Nächstenliebe zur dominierenden Motivation aller Menschen geworden ist. Der weltliche Friede enthält immer das Moment des In-Schach-Haltens der konkurrierenden egoistischen Interessen. Aber auch als solcher wird er von den Christen nicht verachtet. Der politische Friedensbegriff des heiligen Augustinus ist nicht der Minimalbegriff des Hobbes, der nur durch Abwesenheit physischer Tötungsgewalt definiert ist. Er enthält das Moment des wirklichen Konsenses – concors communio –, der immer einen gewissen gerechten Ausgleich natürlicher und daher nicht beliebig manipulierbarer Interessen voraussetzt. Die christliche Staatslehre des Mittelalters hat durch Aufnahme der antiken Naturrechtstradition diesen Begriff des Friedens als opus iustitiae inhaltlich stärker aufgefüllt und damit die Funktion des Staates aufgewertet: Auch für den Christen sind die Güter, um deren Sicherstellung willen der Staat existiert, nicht bloße Adiaphora. Daß zu diesen Gütern auch subjektive Freiheiten gehören, die die Möglichkeit irrtümlicher oder mißbräuchlicher Betätigung einschließen, ist eine Einsicht, die sich erst in der Neuzeit Bahn gebrochen hat. Der Kirche selbst geht es freilich nie primär um das bloße Vermögen der Vernunft, sondern um die Wahrheit, nicht um das bloße Vermögen des Wählenkönnes, sondern um die Wahl des Guten. Und in der Tat kann ja auch kein Staat jede Betätigung eines irrenden Gewissens freigeben. Er wird Witwenverbrennung sogar dann als Mord verfolgen, wenn eine Religion sie gebietet. Wenn dennoch die katholische Kirche sich im II. Vatikanischen Konzil zum Prinzip der Religionsfreiheit bekannt hat, dann deshalb, weil Freiheit zum Wesen eines im tiefsten personalen Gottesverhältnisses gehört und weil eben

deshalb Freiheit durch diese Hinordnung auf das »Absolute« schon als solche und unabhängig von ihrer adäquaten Verwirklichung eine unantastbare Würde besitzt. Gleichwohl ist es jene adäquate Verwirklichung, um die es der Kirche im letzten geht. Und die Tatsache, daß sie den Pluralismus im politischen Raum ohne Hintergedanken anerkennt, bedeutet nicht, daß sie die Unbedingtheit ihres eigenen Anspruchs aufgegeben hätte. Sie kann jedoch die ihr anvertraute Botschaft niemals adäquat in eine politische Sprache übersetzen.

Das heißt jedoch nicht, daß diese Botschaft politisch folgenlos wäre. Schon die frühchristlichen Apologeten des 2. Jahrhunderts haben die Kaiser, von denen sie verfolgt wurden, darauf hingewiesen, daß sie doch im Grunde die zuverlässigsten Bürger des politischen Gemeinwesens seien, obwohl oder sogar weil sie dessen Totalitätsanspruch unter Gefahr von Leib und Leben zurückwiesen. Das gleiche gilt noch heute für Christen in totalitären Ländern. Zwar sehen die Regierungen dieser Länder in gläubigen Christen stets ihre »geborenen Feinde« oder doch so etwas wie unassimilierbare Fremdkörper, denn das Prinzip »Man muß Gott mehr gehorchen als den Menschen« ist mit dem politischen Totalitätsanspruch unvereinbar. Gläubige Christen sind in keinem Staat zu allem bereit und für alles zu haben. Der Funktionalisierung ihrer Moral sind unüberwindliche Grenzen gesetzt. Innerhalb dieser Grenzen jedoch sind sie sogar in totalitären Staaten, wo immer es um das alltägliche Gemeinwohl geht, verlässlicher als die meisten anderen Untertanen, da ihre Sitten – aus anderen als politischen Quellen gespeist – von der allgemeinen Korruption und dem durch staatlichen Mißbrauch bedingten Verfall des Bürgersinns nicht in gleicher Weise betroffen sind. Ihre Verantwortlichkeit für das Gemeinwohl gründet nicht in unbedingter Staatsloyalität, sondern ihre Staatsloyalität in ihrer unbedingten Verantwortlichkeit für das Gemeinwohl.

Drei aktuelle Beispiele mögen das christliche Verständnis von Politik kurz erläutern: das Beispiel der Abtreibungsdiskussion, das Beispiel der Diskussion um die sogenannte Befreiungstheologie und als letztes schließlich das Beispiel der Diskussion um Friedenssicherung durch Abschreckung.

1. Der katholischen Kirche wird in der Frage der Abtreibung immer

wieder der Vorwurf gemacht, sie versuche durch Einwirkung auf die staatliche Gesetzgebung Andersdenkenden ihre Moralvorstellungen aufzunötigen. Dies versucht sie in der Tat. Sie versucht es auch, wenn sie ihre Stimme gegen die Tötung Geisteskranker oder gegen rassische Diskriminierung erhebt. Auch wer Kindesmißhandlung oder Vergewaltigung mit allen geeigneten Maßnahmen zu verhindern wünscht, sucht Andersdenkenden »seine Moralvorstellungen aufzunötigen«. Und wer für die Abschaffung der Sklaverei eintrat, tat dies ebenfalls. Es ist dies nämlich immer dann legitim, wenn Handlungsweisen zur Diskussion stehen, bei denen andere als der Handelnde selbst betroffen sind und geschädigt werden. Der Schutz des Menschen vor dem Menschen ist die elementarste Aufgabe des Staates, solange nicht universale Brüderlichkeit solchen Schutz überflüssig werden läßt. Wer der Meinung ist, ungeborene Kinder seien keine Menschen, der mag sie für nicht schutzwürdig halten. Aber sogar einmal unterstellt, es sei dies seine ehrliche Überzeugung, so kann ihm doch zugemutet werden zuzugeben, daß jeder, der diese Wesen für Menschen hält, nicht nur verpflichtet ist, deren Leben selbst zu respektieren, sondern auch verpflichtet ist, ihnen beizustehen und ihre Tötung durch andere nach Möglichkeit zu verhindern. Den Christen kann daher billigerweise nicht vorgeworfen werden, sie versuchten die Gewissen anderer in dieser Sache zu vergewaltigen, sondern allenfalls, sie irrten sich hinsichtlich der Menschlichkeit ungeborener Kinder. In diesem Streit allerdings haben die Christen gerade angesichts des Standes heutiger wissenschaftlicher Erkenntnisse die guten Gründe auf ihrer Seite. Und sie berufen sich auf die jedermann zugängliche Vernunfteinsicht, das natürliche Sittengesetz und auf eine evidente Wertrangordnung, nach welcher das Leben eines Menschen nicht der Preis sein darf für das subjektiv größere Wohlbefinden eines anderen

Unter freundlich-wägender Beobachtung durch den Erzbischof von München und Freising, Dr. Friedrich Karl Wetter, stellt der Bayerische Ministerpräsident seinen Sohn Franz Georg dem polnischen Kardinal Josef Glemp vor.

Mit dem israelischen Regierungschef Shimon Peres verbindet den CSU-Vorsitzenden eine persönliche und politische Freundschaft, die 30 Jahre zurückreicht, bis in jene Zeit, als Strauß Bundesverteidigungsminister war.

Menschen. Aufgrund der gleichen Rangordnung ist es freilich auch ungerechtfertigt, viele Tausende von Verkehrstoten in Kauf zu nehmen als Preis für die Möglichkeit, möglichst schnell Autofahren zu dürfen. Solche Rangordnungen sind sehr leicht einzusehen, solange nicht interessenbedingte Parteilichkeit den Blick trübt. Wenn vorwiegend Christen sich zu Anwälten des Lebens machen, so nicht deshalb, weil sie diese Einsicht für sich gepachtet hätten, sondern deshalb, weil ihr Glaube an den göttlichen Ursprung der Schöpfungsordnung und ihre daraus folgende spezifische Motivation die einsichtstrübende Parteilichkeit in Schach halten.

2. Der Bereich des Politischen hat mit dem Menschen zu rechnen wie er ist. Wie ist er? Er ist zum Guten, zur Gerechtigkeit und zur Liebe berufen und prinzipiell frei und somit befähigt, diesem Ruf zu folgen, faktisch aber steht er weithin unter der Herrschaft der Sünde, der eigennützigen Parteilichkeit und der Selbstbehauptung auf Kosten anderer. Politik hat beidem Rechnung zu tragen: Dem Menschen, wie er von Gott angelegt ist; sie darf seine größten und edelsten Möglichkeiten nicht an ihrer Entfaltung hindern. Andererseits muß sie doch auch mit dem Menschen rechnen, wie er faktisch nun einmal ist. Sie darf weder auf radikales Mißtrauen noch auf radikales Vertrauen setzen. Sie muß die richtige Mitte zwischen Zynismus und Utopismus finden. Dabei kann man beobachten, daß der radikale Utopismus regelmäßig nach kurzer Zeit in Zynismus oder Resignation umschlägt. Der Fehler bestimmter Formen der sogenannten Befreiungstheologie liegt darin, daß sie glaubt, die Befreiung, von der das Evangelium spricht, unmittelbar politisch interpretieren und unmittelbar in politische Aktion umsetzen zu können. Das aber führt ebenso zu schlechter Politik wie zu einer Verkümmerung der spezifisch christlichen Hoffnung. Denn diese hat zum Inhalt die Überwindung von Sünde und Tod: das ewige Leben. Was Politik bestenfalls versprechen kann, ist dagegen immer nur eine gewisse Verbesserung irdischer Lebensbedingungen für die kurze Dauer dieses Lebens. Dieses Ziel – Wohlstand, Gerechtigkeit, Frieden – ist

jeder Anstrengung und unter Umständen auch des Kampfes wert. Aber dieser Kampf, der so etwas wie »Befreiung« im Sinne einer fundamentalen Transformation der Conditio humana mit äußeren Mitteln verfolgt, jagt einem illusionären Ziel nach. Diese Transformation, diese Revolution kann nur jeder in sich selbst vollziehen lassen. Sie mit politischen Mitteln bewirken wollen, führt notwendigerweise zur totalitären Politik. Die Utopie, die sich den Glanz des himmlischen Jerusalem borgt, verliert diesen Glanz spätestens einige Wochen nach der erfolgten Revolution. Und wenn die Kirche die Verheißung, die ihr anvertraut ist, auf die politische Utopie reduzieren würde, dann müßte sie an diesem Tag den Offenbarungseid leisten, indem sie erklärte »Das war's!« Im übrigen gilt, daß nach einem Wort Pascals jeder, der die Erde zum Himmel machen will, sie zur Hölle macht. Der »neue Mensch« kann nur durch die im Innersten des Herzens wirkende Gnade geschaffen werden. Wo dies nicht anerkannt wird, kommt es zur nicht endenden Gewalttätigkeit. Der Schutz des Menschen vor dem Menschen wird der verordneten Brüderlichkeit geopfert und die Gerechtigkeit dem Ideal der Produktion jenes Überflusses, der Gerechtigkeit nach der Auffassung von Marx schließlich überflüssig machen wird. Befreiung im politischen Sinn kann nur einen Rechtsakt bedeuten, in welchem eine bisher unterprivilegierte Gruppe Gleichberechtigung erlangt. Wo Befreiung als radikale Emanzipation, radikale Verwandlung der Conditio humana verstanden wird, wird sie theologisch verstanden. Aber wo sie theologisch verstanden wird, wo das Bild des Auszugs aus Ägypten und des himmlischen Jerusalem ins Spiel kommt, da kommt auch das Wort der Schrift »Wer nicht für mich ist, der ist gegen mich« (Mt 12,30) ins Spiel. Dieses Wort aber macht dadurch, daß es eine für jedermann vollständige Alternative formuliert, einen göttlichen Anspruch geltend. Als politisches Prinzip formuliert ist es unvermeidlich totalitär und muß von Christen zurückgewiesen werden. Legitim ist es nur im Munde Jesu Christi.

3. Von hier aus ergibt sich auch die christliche Sicht auf das Problem des Friedens und der Friedenssicherung. Auch sie kann nur vor dem Hintergrund des Verhältnisses von Sünde und Erlösung verstanden werden. Der Kirche ist das Geheimnis des wahren Friedens anvertraut. Es gibt keine Alternative zu jener Verwandlung der

Herzen, die Jesus Christus gelehrt hat. Wahren, verläßlichen Frieden kann es nur in der gemeinsamen Liebe zur Ordnung der Wahrheit geben: opus iustitiae pax. Zwei Alternativen empfehlen sich immer wieder, die utopische und die »realistische«. Die utopische ist von Marx am deutlichsten formuliert worden: Das Endziel der Geschichte ist die Überwindung von Knappheit, eine Entfaltung der Produktivkräfte, die es erlaubt, aufgrund von Überflußproduktion alle Bedürfnisse der Menschen so zu befriedigen, daß es keiner Verteilung und somit auch keiner Verteilungsgerechtigkeit mehr bedarf. Der Gegensatz zwischen »Pleonexia«, Mehr-haben-Wollen einerseits und Gerechtigkeit andererseits verschwindet, weil jeder alles haben kann, was er will, ohne damit einem anderen ins Gehege zu kommen. Sittlichkeit ist nicht mehr erforderlich, denn Sittlichkeit ist ein Produkt von Knappheit und Knappheit ist überwindbar. Das ökologische Bewußtsein hat inzwischen zur allgemeinen Einsicht geführt, daß diese Sicht nicht stimmt. Wesentliche Ressourcen der Welt sind im Verhältnis zu menschlichen Bedürfnissen immer knapp. Menschliche Bedürfnisse sind nicht instinktiv an die ökologische Nische des Menschen angepaßt, sondern wesentlich plastisch und potentiell expansiv. So muß denn auch der Marxismus seit langem seiner Utopie den Gedanken des neuen, sozialistischen Menschen hinzufügen. Dieser Mensch soll freilich nicht das Ergebnis einer Bekehrung, sondern der Manipulation durch gewandelte Umstände sein. Auf dem Weg zu dieser Utopie des »Friedens« rechnet der Marxismus indessen mit jeder Art von Gewalt, Terror und Krieg. Inzwischen ist freilich auch die Illusion zerstört, mit der Überwindung des Privateigentums an Produktionsmitteln sei auch die Ursache für Kriege beseitigt. Kommunistische Länder führen vielmehr gegeneinander Krieg, stehen hochgerüstet einander gegenüber und behindern den freien Verkehr der Menschen untereinander mehr als freie Nationen.
Der utopischen Perspektive liegt die Meinung zugrunde, der Mensch sei »von Natur« gut und was den Unfrieden hervorbringe, seien nur die »Verhältnisse«. Die umgekehrte »realistische« Perspektive hält den Menschen statt dessen für ein prinzipiell nicht zu befriedendes, potentiell stets aggressives Wesen, das durch Mechanismen der Furcht in Schranken gehalten werden kann. Thomas

Hobbes hat diesem Gedanken vollendet Ausdruck geschaffen. Es gibt, so schreibt er, kein höchstes Gut, durch dessen Erlangung der Mensch zur Ruhe käme. Der Mensch wird getrieben von Begierde zu Begierde und nur in Schranken gehalten durch die Furcht vor dem größten Übel, dem gewaltsamen Tod. Dieser Furcht entspringt der Staat und die schlimmsten Feinde des Friedens sind die, welche die Furcht vor der Friedensmacht des Staates mindern durch die Lehre, man müsse Gott mehr gehorchen als den Menschen. Diese Sicht ist, weil auch sie das Wesen des Menschen verkennt, ebenso utopisch wie die »utopische«. Die Mechanismen der Furcht aber, mit denen Staaten nach außen den Frieden zu sichern versuchen, schaffen nur ein prekäres Gleichgewicht des Schreckens. Dieses wirkt nur, solange die Einschätzung und Bewertung der Risiken auf allen Seiten ähnlich sind. Es kann im übrigen jederzeit durch rüstungstechnische Vorteile einer Seite umkippen. Und so leben wir heute in einer Welt, in der außerhalb des Schattens der Atombombe seit dem Zweiten Weltkrieg schon wieder 25 Millionen Menschen durch Kriegseinwirkung getötet wurden. Der Friede bei uns ist der Bereitschaft zu verdanken, im Falle des Krieges unvorstellbare Verbrechen zu begehen. Dies ist nicht der wahre Friede! Und die Kirche wird nicht aufhören, die Bedingungen des wahren Friedens, die Bekehrung der Herzen, zu verkünden. Sie weiß, daß diese Bekehrung ein Geheimnis des Zusammenwirkens von Gnade und Freiheit ist, das keinem menschlichen Zugriff von außen unterliegt. Und sie weiß auch, daß der irdische Friede, der Friede »wie die Welt ihn gibt«, immer noch besser ist als sein Gegenteil, Krieg und Gewalt. »Vor Pest, Hunger und Krieg bewahre uns, o Herr«, ist eines ihrer alten Gebete. Dieser äußere Friede, diese »pax illis et nobis communis«, ist freilich nicht direkt ihre Sache. Sie kann seine Bedingungen nicht formulieren. Sie kann nicht neben der Lehre Christi noch eine andere Lehre für die Welt parat haben, die der Lehre Christi nicht folgt. Dennoch wird sie alle ermutigen, die in diesem Raum das ihre tun, um den äußeren Frieden zu retten und das Schlimmste zu verhüten. Das II. Vatikanische Konzil hat das System der Abschreckung als ungenügend erklärt: »Wie immer man auch zu dieser Methode der Abschreckung stehen mag – die Menschen sollten überzeugt sein, daß der Rüstungswettlauf, zu dem nicht wenige Nationen ihre

Zuflucht nehmen, kein sicherer Weg ist, den Frieden zu sichern, und daß das daraus sich ergebende sogenannte Gleichgewicht kein sicherer und wirklicher Friede ist.« (Gaudium et spes 81)
Aber es hat nicht gesagt, welche Schritte erforderlich sind, um aus ihm herauszukommen und es hat ausdrücklich die Forderung nach einseitiger Abrüstung verworfen: »Man soll wirklich mit der Abrüstung beginnen, nicht einseitig, sondern in vertraglich festgelegten gleichen Schritten und mit echten und wirksamen Sicherungen.« (Gaudium et spes 82) Denn einseitige Abrüstung kann unter Umständen vertragliche und kontrollierte Abmachungen gerade verhindern und die Kriegsgefahr sogar erhöhen. Außerdem gilt zwar für den Frieden Christi, daß jeder ihn unabhängig von allen äußeren Umständen jederzeit haben kann, zum äußeren Frieden aber gehören immer zwei.
Ein Christ, der nach dem Gebot der Bergpredigt lebt, wird zweifellos eine besondere seelische und geistige Disposition haben, auch dem irdischen Frieden zu dienen, wie es zum Beispiel der heilige Nikolaus von der Flüe für die Schweiz seinerzeit tat. Er wird frei sein von falschen Ängsten und falschen Hoffnungen. Aber er verfügt nicht über eine »Lösung«, denn eine echte Lösung wäre wiederum nur die Bekehrung der Herzen. Gerade aber die kann er nicht allgemein erzwingen. Und den Staat als irdische Zwangsgewalt gibt es ja gerade deshalb, weil diese Bekehrung nicht unsere allgemeine Wirklichkeit ausmacht. Die Weisung der Bergpredigt, »Wenn dich einer auf die rechte Backe schlägt, dann halte ihm auch die andere hin« (Mt 5,39), ist nicht an Staaten gerichtet. Staaten haben keine Backen. Regierungen aber könnten nur die Backen ihrer Bürger hinhalten. Und das ist es nicht, was die Bergpredigt meint. »Sorgt euch also nicht um morgen« (Mt 6,34) oder »Verkaufe alles, was du hast und gib es den Armen, … dann komm und folge mir nach« (Lk 18,22) kann zwar von der Person des Finanzministers befolgt werden, ist jedoch niemals eine Anweisung für seine Verwaltung der öffentlichen Kassen.
Und doch wird etwas vom Geist Jesu Christi auch in dieser Verwaltung durchscheinen, wenn die Verwalter Christen sind. Ebenso wird bei Christen etwas durchscheinen vom Geist Jesu Christi im Verhalten zu armen Ländern wie in der politischen Friedenspraxis,

ganz unabhängig davon, welche Friedensstrategie sie für die erfolgversprechendste halten. Das Gebot der Feindesliebe gilt für sie immer und überall. Freilich befiehlt dieses Gebot nicht sich einzureden, man hätte keine Feinde und man müßte das eigene Land nicht vor potentiellen Feinden schützen. Wenn die Kirche auch nicht neben der Lehre des besten Weges – des »Weges der Wahrheit und des Lebens« – noch über einen alternativen zweitbesten Weg verfügt, sondern diese Suche der Weisheit, Klugheit, Demut und Uneigennützigkeit der Staatslenker überlassen muß, so muß sie doch auch in diesem Bereich Grenzen bezeichnen, die niemand überschreiten darf, ohne mit dem Kern des Humanen Gottes Gebot zu verletzen. Die Kirche kann nie davon absehen, daß es schließlich individuelle Personen sind, die ihre Taten zu verantworten haben und daß keine Systemtheorie die ethische Dimension aufheben kann. Diese letzte Grenze besteht einerseits darin, daß es niemandem erlaubt ist, sich an einem Krieg aktiv zu beteiligen, dessen Ungerechtigkeit er klar erkannt hat. Und wo diese Ungerechtigkeit für jedermann offenkundig ist, da darf auch die Kirche nicht so tun, als wäre sie außerstande, sie wahrzunehmen. Als »gerechte Sache« kann aber angesichts der Schrecken des modernen Krieges nur noch die pure Verteidigung des eigenen Landes oder die Hilfe bei der Verteidigung eines anderen gelten, nicht aber die Durchsetzung irgendwelcher anderer politischer Ziele, seien sie auch noch so gerecht. Auch bei der gerechten Verteidigung allerdings gibt es eine Grenze. Die unterschiedslose Vernichtung von Zivilbevölkerung, sei es durch Waffen, die dies ihrer Natur nach zur Folge haben, sei es durch massenhafte Anwendung anderer Waffen, wie im letzten Weltkrieg, ist niemals gerechtfertigt. Da das gegenwärtige System der Friedenssicherung auf der gegenseitigen Bedrohung mit diesem Verbrechen beruht und da diese Drohung zumindest auf der Seite der Soldaten die Bereitschaft impliziert, sie im Ernstfall tatsächlich wahrzumachen, ist dieses System von einer tiefen moralischen Paradoxie gekennzeichnet. Nie wurde die Paradoxie des »Friedens, wie die Welt ihn gibt« so deutlich. Auch hier kann die Kirche nur, was den Ernstfall betrifft, ein klares »Non licet« sprechen, ohne deshalb Anweisungen zu geben, wie aus diesem Dilemma eines objektiven Status peccati herauszukommen ist. Die Aufrechterhaltung dieses Status peccati hat sicher auch etwas zu tun mit der mangelnden Bereitschaft einer hedonistischen Gesellschaft, zu ihrer gerechten Selbstverteidigung die nötigen Anstrengungen auf sich zu nehmen. Man verläßt sich lieber auf die bequemere Möglichkeit, ein gigantisches Verbrechen zu begehen. Aber, wie gesagt, der Ausweg aus dieser Situation ist wiederum eine Aufgabe politischer Klugheit. Der Arzt, dem während einer Abtreibung die Unmoralität seines Handelns bewußt wird, kann nicht plötzlich das Gerät wegwerfen und Mutter und Kind verbluten lassen. Er muß die Sache lege artis zu Ende bringen. In vergleichbarer Situation befindet sich auch der Politiker, der die Unmoralität der atomaren Abschreckungssituation erkennt. Es sind ihm Grenzen gesetzt, wo seine Verantwortung endet. Zwar ist seine Moral Verantwortungsmoral, aber es gibt nicht so etwas wie Totalverantwortung. Der Mensch ist nicht Herr der Geschichte. Aber der christliche Staatsmann, der innerhalb dieser Grenzen des Humanen es auf sich nimmt, ein Gemeinwesen durch die Paradoxien einer Welt zu steuern, die das nicht anerkennt, wovon sie stündlich lebt, und der mitten in dieser Welt eine Ahnung von dieser Quelle des Lebens wachzuhalten vermag, von dem gilt das Wort des heiligen Thomas von Aquin: »Eminentem obtinebunt coelestis beatitudinis gradum, qui officium regis digne et laudabiliter exequuntur.« (De regimine principium I,9)

Johannes Hanselmann

Christentum und Politik im Spannungsfeld der Lutherischen Zwei-Reiche-Lehre

Das Verhältnis von Kirche und Politik ist alles andere als ein geschichtlich neuer Diskussionsgegenstand. Indes, dieser ist zu keiner Zeit so eindeutig beantwortet worden, daß er sich im Wandel der Ereignisse nicht wiederum nahelegen oder geradezu zwingend aufdrängen könnte. Der 70. Geburtstag des Bayerischen Ministerpräsidenten Franz Josef Strauß erscheint als angemessener Anlaß,

in einer Festschrift dem von den Herausgebern angeregten Thema »Politik aus christlichem Geist« auch von lutherischer Seite nachzudenken und damit den Dank für praktizierte Partnerschaft zu bekunden.
Grundsätzlich gilt zu der vorliegenden Fragestellung: Wo die Kirche einen Anspruch auf mit äußeren Mitteln durchsetzbare Macht erhoben hat, ist sie schon immer ihrem Ursprung – dem Evangelium – untreu geworden. Das gleiche trifft nun allerdings auch für jene Fälle zu, in welchen den Christen unreflektiert politische Abstinenz angeraten oder auferlegt wurde.
Ein Beispiel mag das Problem verdeutlichen. Wenn der Prophet Jeremia (Kap. 29,7) seinem Volk zuruft, der Stadt Bestes, ihren »Schalom« zu suchen, dann geht es gleichermaßen um die politische, soziale und ökonomische Gesundheit, insgesamt um den Frieden dieser Stadt. Solches ist jedoch nicht ausgegrenzt aus dem Bereich des göttlichen Willens, sondern ist vielmehr Ausdruck und Verwirklichung desselben. Darum fährt der Prophet in seinem Aufruf mit den Worten fort »und betet für sie (für diese Stadt) zum Herrn!«

Gottes Volk für die Polis

Das Gebet ist der erste und vornehmste Dienst des Volkes Gottes für die Polis und damit gerade auch für diejenigen, die – politische – Verantwortung in ihr und für sie tragen. Dabei ist im Falle des Prophetenbriefes, den Jeremia an die von Nebukadnezar nach Babel Weggeführten schreibt, zunächst mehr als erstaunlich, daß sich die Fürbitte auf den Ort der Gefangenschaft bezieht. Der Zusammenhang des Textes läßt allerdings deutlich werden, daß nicht absolut rein altruistische Motive im Spiel sind: »Suchet der Stadt Bestes, dahin ich euch habe wegführen lassen, und betet für sie zum HERRN; denn wenn's ihr wohlgeht, so geht's auch euch wohl.« Diese einleuchtende Begründung nimmt jedoch der Aufforderung zum Gebet nichts an Dringlichkeit. Läßt doch das Gebet um den Schalom, um das innere und äußere Wohl eines Staatswesens, die Beter ohnehin an diesem partizipieren.
Mit dem Gebet ist für den Propheten indes auch die äußere Aktivität der Beter verbunden: Sie sollen Häuser bauen und darin wohnen;

Gärten pflanzen und deren Früchte essen; ihre Söhne und Töchter verheiraten, daß diese Kinder bekommen (Verse 5 und 6). Solche Ratschläge waren für die damalige Lage auch von politischer Relevanz: »Mehret euch dort, daß ihr nicht weniger werdet.« (Vers 6.)
Es wäre allerdings kurzschlüssig, wollte man von dieser Jeremia-Stelle über den Schalom der Stadt Babel generell einen politischen Auftrag der Kirche heute ableiten. Wir müssen uns vielmehr vor einer Vermischung von Kirche als Institution einerseits und Parteipolitik andererseits hüten. Die Kirche kann keinen detaillierten Katalog spezifischer politischer Handlungsanweisungen erstellen. Sie kann die erforderliche hohe Sachkunde und das ehrliche Ringen der Politiker nicht durch gezielt ausgesuchte Bibelzitate (Bergpredigt!) kompensieren.
Freilich ist – streng genommen – jede biblische Verkündigung der Kirche ein eminent politisches Geschehen, weil die Adressaten der Bergpredigt zugleich Staatsbürger sind. Sie werden zur Umkehr, zur Buße gerufen. Es werden ihnen der Wille Gottes, seine Gebote und seine Verheißungen vorgestellt. Auch erfahren sie in ihrer möglichen Existenzangst den wegweisenden und tröstenden Zuspruch des Evangeliums.
Es wäre jedoch ein schlimmes Mißverständnis, würde die Kirche als »moralische Besserungsanstalt in Staatsdiensten« angesehen werden. Sie ist Sprachrohr der Rede Gottes und Ort der Geborgenheit als Gemeinschaft unter Jesus Christus. Wo sie in solcher Eigenschaft Staatsbürgern auf den richtigen Weg verhilft, hat sie letztlich auch positive politische Wirkung im weiteren Sinn.
Schließlich: Die Kirche muß ihre Stimme erheben, wenn es um die gottgeschaffene Würde des Menschen geht ebenso wie um die Menschenrechte, die immer neu weltweit gefährdet sind. Nicht zuletzt die Auseinandersetzung um die »Theologie der Befreiung« weist mit Nachdruck auf das ungelöste Problem von Auftrag und Grenzen kirchlichen Dienstes hin.
Wenn der Satz stimmt »Eine Gesellschaft mit menschlichem Gesicht braucht die Mithilfe der Kirche« (Helmut Kohl), dann treffen sich zumindest an diesem Punkt die Aufgaben von Politik und Kirche. Eine wirkliche Genesung unserer leider nicht nur gesunden Gesellschaft kann sicher nur geschehen, wenn wir anerkennen, daß

Gott der eigentliche Bezugspunkt ist – und daß er uns innerhalb dieser Welt als seine Werkzeuge gebrauchen will.
So erinnert ja auch das hier zugrundeliegende Thema »Politik aus christlichem Geist« an die Verantwortung, die der Politiker in seinem Denken, Reden und Handeln übernimmt. Verantwortung kann – christlich verstanden – nur heißen, daß ich Gott Antwort geben muß hinsichtlich meines Tuns, daß er die höchste Instanz ist, der ich Rechenschaft schuldig bin – eben auch als Politiker.
Spätestens an dieser Stelle ist eine Differenzierung noch kräftiger herauszustellen: Der Unterschied zwischen der Kirche als Institution, die – wie angedeutet – kein generelles politisches Mandat hat, und dem Christen als Staatsbürger, von dem zu Recht politisches Handeln erwartet wird. Auch eine rechtsstaatliche Demokratie – die für mich beste denkbare Staatsform – birgt in sich die Gefahr, daß der Bürger mit der Erfüllung seiner moralischen Wahlpflicht seine politische Verantwortung an die Mandatsträger bis zum völligen eigenen Desinteresse meint »delegieren« zu können.
Hier kommt eine neue Aufgabe der Kirche in Sicht: Daß sie nämlich die Christen an ihre staatsbürgerliche Existenz erinnert, konkret: an ihren Auftrag zur Fürbitte ebenso wie an ihr aktives politisches Engagement aus ihrem an Gott gebundenen Gewissen heraus. Und eben dies ist »Politik aus christlichem Geist«.

Martin Luther und die beiden »Reiche«

Zweifellos hat die lutherische Kirche mit Blick auf die Politik eine besonders nuancierte Tradition, die in ihrer Geschichte bis auf den heutigen Tag unterschiedlich beurteilt und gewichtet wird, die aber – dies ist eindeutig – in der Kritik Martin Luthers an der spätmittelalterlichen Machtausübung der Kirche über die Gesellschaft ihre Wurzel hat.
Im Mittelpunkt der Überlegungen steht die Unterscheidung Luthers zwischen dem Reich Gottes »zur rechten Hand« und dem »zur linken Hand«. Im Reich »zur rechten Hand«, im »geistlichen Regiment« wirkt Gott selbst durch seinen Geist, indem er Glauben schafft, die Kirche erhält und ewiges Leben eröffnet. Es ist also das Reich des Evangeliums, der Sündenvergebung, der Hoffnung und der Liebe.

Auch das »Reich zur Linken« ist von Gott geschaffen und gewollt. Im »weltlichen Regiment« sorgt die Obrigkeit dafür, daß zur Erhaltung des Lebensraums die Ordnung unter den irdischen Bedingungen der Sünde aufrecht erhalten wird. Luther kommt es darauf an, daß diese beiden Reiche nicht ständig miteinander vermischt werden, wenngleich er selbst letztlich keine völlige Grenzziehung vorgenommen hat. Er hat unterschieden, aber nicht absolut getrennt, zumal das geistliche und das weltliche Regiment sowohl in Gott als auch im Menschen verklammert sind. So ist die Zwei-Reiche-Lehre »die unerläßliche Ortsbestimmung, die der Christ immer wieder für seinen Stand und sein Tun in der Welt vorzunehmen hat!«[1]
Leicht gemacht wird uns diese Positionsklärung und Ortsbestimmung leider nicht. Schließlich geht es auch nicht um eine völlig klar umrissene Lehre Luthers, die heutzutage nur reproduziert zu werden braucht. Die Lehre von den »zwei Regierweisen Gottes« (zwei Reiche) heute – das bedeutet ein äußerst komplexes Bündel von theologischen Ansätzen und Aussagen der Reformationszeit, verbunden mit einer sehr wechselvollen Geschichte gelungener oder aber verzeichnender und damit eher verdunkelnder Interpretationen.
Wenn ich innerhalb dieser Darstellung die Wirkungsgeschichte betone, dann vor allem deshalb, weil sie das Bild dieser Lehre – auch im Weltluthertum und in der Ökumene – insgesamt prägt, färbt und auch belastet. Forscher, die sich sehr eingehend mit ihr beschäftigt haben, können von einem »fast unentwirrbaren Problemknäuel«[2] sprechen, ja zugespitzt vom »Irrgarten der Zwei-Reiche-Lehre, dessen Schöpfer mitten im Werk den Plan verloren hat, so daß nicht herausfindet, wer sich ihm anvertraut«[3].
Ein solches Urteil ist zugespitzt, aber nicht von ungefähr, denn tatsächlich gibt es kaum ein gewichtiges theologisches Thema, das hier nicht mitberührt wäre, so zum Beispiel die Rechtfertigungslehre, die Unterscheidung von Gesetz und Evangelium, die Zuordnung von Schöpfung und Erlösung, die Spannung zwischen der Vorläufigkeit christlichen Daseins (Interim) und der Eschatologie (Lehre von den letzten Dingen), der Glaube und seine ethische Konkretion. Grundlegend geht es um lehrmäßige Aussagen zur christlichen Handlungsorientierung in der Welt.

Neuere sozialethische Entwürfe bieten in der Interpretation der Lehre von den beiden Regierweisen Gottes alles andere als ein einheitliches Bild. Die notwendige Auseinandersetzung über verschiedene Fragen der Forschung und Auslegung wird auch noch weitergehen müssen. Gleichwohl halte ich die »Lehre von den zwei Regierweisen Gottes« auch in unserer heutigen Zeit für ein hilfreiches und darum nicht aufzugebendes Orientierungsmuster christlicher Existenz. Ich sehe in ihr eine wirklichkeitsnahe und nüchterne Betrachtungsweise der Welt und des menschlichen Lebens und einen brauchbaren Maßstab politischen Handelns. Daß damit nicht der bloßen Wahrung einer konfessionalistisch überzogenen lutherischen Tradition das Wort geredet wird, sei am Rande vermerkt. Ich stimme Walter Künneth zu: »Es geht bei der Zwei-Reiche-Lehre nicht um einen Akt der Lutherverehrung, vielmehr um nichts Geringeres als um die sachgemäße Bezeugung der biblischen Wahrheit.«[4]

Die Bevorzugung des Begriffs der beiden Regierweisen Gottes versucht gegenüber der Rede von zwei Reichen oder Regimenten (Luther selbst trennt hier nicht strikt in seiner Terminologie) ein mögliches Mißverständnis zu vermeiden.

Wir haben es in diesem Fall nicht mit einer statischen Definition unterschiedlicher »Be-Reiche« zu tun, in denen der Mensch »entweder-oder« lebt und handelt. Von den zwei Regierweisen Gottes sprechen heißt Gottes unbedingten und ungeteilten Heils- und Liebeswillen für uns Menschen herausstellen; für Menschen, die sich nun einmal in zwei nicht auseinanderdividierbaren Beziehungen vorfinden, indem sie nämlich *vor Gott* (coram Deo!) und zusammen *mit anderen* Menschen existieren (»Reich zur Rechten« und »Reich zur Linken«). Hier geht es strenggenommen um nicht weniger als den biblischen Grundansatz, in dem die Lehre vom Menschen (Anthropologie) ebenso wurzelt wie die Lehre von Gott (Theologie).

»Die Unterscheidung von zwei Regierweisen Gottes steht in Zusammenhang mit einem theologischen Verständnis der Verkündigung des Wortes Gottes als Gesetz und Evangelium, wenngleich es sich nicht um eine einfache Zuordnung von Gesetz und Evangelium zu jeweils einer der Regierweisen handelt. Die Wirklichkeit des Heils wird in zentralen Aussagen der biblischen Überlieferung in einer

Welt beschrieben, die auch Herrschaftssymbole einbezieht (zum Beispiel ›Reich Gottes‹, ›Christus der Herr‹). Die Verkündigung der Gottesherrschaft macht jedoch einen grundlegenden Unterschied zwischen der ›Herrschaft‹ des Evangeliums und den Herrschaftsformen dieser Welt. Dabei soll gelten, daß Gott die Welt als seine Schöpfung auch durch weltliche Herrschaftsformen erhält und regiert. Eine klärende Deutung dieses Zusammenhangs will die reformatorische ›Lehre‹ von der Unterscheidung der beiden Regimente oder Reiche (= Herrschaften) bieten... Mißverständnisse der Lehre von den beiden Regierweisen Gottes sind oft darin begründet, daß wegen der Verwendung der gleichen Bezeichnung (Reich/Regiment) der qualitative Unterschied zwischen den beiden Handlungsweisen Gottes verkannt wird.«[5]

Ein Blick zurück

Erforderlich erscheint zunächst eine kurze geschichtliche Rückblende, die einige Gesichtspunkte zu unserem Thema und dessen Ausformungen vorstellen möchte. Luthers Lehre von den zwei Regierweisen Gottes aktualisiert und greift ein theologisches Nachdenken auf, dessen Anfang bereits in der *spätjüdischen Lehre* von der Endzeit und im *neutestamentlichen* Geschichtsdenken festzustellen ist.

Paulus unterscheidet den alten und den neuen Äon (Weltzeitalter), die zeitlich aufeinanderfolgen. Die gleichzeitige Existenz des Christen in zwei Bereichen als ein bleibendes Grundmerkmal ist jedoch aufgrund seiner Naherwartung für ihn kein drängendes Problem.

Nach der *konstantinischen Wende,* durch die das Christentum staatlich anerkannt wurde, hat sich die Theologie mit einer neuen Fragestellung zu beschäftigen: Wie verhalten sich christlicher Glaube und die Ordnung des Staates, der nunmehr die Kirche nicht mehr verfolgt, zueinander?

Geschichtlich wirksam wird im Westen des Römischen Reiches die von *Augustin* beschriebene Entgegensetzung von Reich Gottes (Civitas Dei) und Weltreich (Civitas terrena), wobei der Staat der Kirche untergeordnet wird. Anders als zuvor in der Lehre von der Endzeit wird der Staat, der das Weltreich weitgehend repräsentiert, nun nicht mehr schlechthin verdammt, sondern erhält die positive Bestimmung zugesprochen, für Frieden und Gerechtigkeit (pax et iustitia) zu sorgen. Die Kirche selbst gilt mehr als Hinweis auf das Gottesreich denn als dessen Darstellung. – Diese augustinischen Gedanken verblassen in der Folgezeit. Aus den beiden Reichen Augustins wird ein mittelalterliches Zwei-Regimenten-System konkurrierender Gewalten von Staat und Kirche, ein Machtkampf zwischen Kaiser und Papst.

Werfen wir einen Blick auf die *Reformationszeit*, so fällt auf: Die politische und soziale Landschaft Europas hat sich längst verändert. Die Frage dieser Zeit ist nicht mehr vornehmlich: Wie stehen sich die Institutionen Kirche und Staat gegenüber, sondern: Wie verhalten sich Christ und Welt zueinander. Luther betont – und damit läßt er das Mittelalter hinter sich –, daß weltliches Leben eigenständig ist. Die Zehn Gebote und die goldene Regel von Matthäus 7,12 sind ihm Maßstäbe für das ethische Urteil.

Als unter anderem im Herzogtum Sachsen und auch in Bayern die staatliche Obrigkeit von ihren Untertanen verlangt, Luthers Übersetzung des Neuen Testamentes auszuliefern, reagiert Luther (1523) hierauf mit seiner Schrift »Von weltlicher Obrigkeit, wie weit man ihr Gehorsam schuldig sei«. Vor allem hier finden sich Gedanken zur später sogenannten Zwei-Reiche-Lehre. Ein wirkliches System, eine geschlossene Theorie, hat Luther indes nicht entworfen. Vielmehr stieß er anhand konkreter Sachfragen (Stellung zur Obrigkeit, Kriegsdienst, Zinsnehmen etc.) mehr punktuell als generell auf diese Thematik.

Entscheidende Frontstellungen

Die Fronten stellen sich für Luther etwa wie folgt dar:

- Kampf gegen eine römische Klerikalisierung der Politik (zum Beispiel ist die Abwehr der Türken für Luther kein Kreuzzug) ebenso wie die Ablehnung einer Anwendung von politischen Machtmitteln innerhalb der Kirche
- Kampf gegen eine »Zweistufenethik« (Wert des weltlichen Berufs gegenüber einer mönchischen Sonderethik)

– Betonung der Notwendigkeit christlicher Weltverantwortung gegenüber Schwärmern, denen lediglich der eigene Seelenfriede wichtig ist
– Betonung des Rechtes bestehender Ordnung und der Unmöglichkeit einer gesetzlichen Anwendung der Bergpredigt gegenüber schwärmerisch eingestellten Christen, die die Beherrschung des Staates im Namen Gottes beanspruchen
– Ablehnung der Aussage, daß die Kirche das Reich Gottes in der Welt repräsentiert.

Wer Luthers zum Teil recht aktuell klingende Aussagen auf unsere Zeit überträgt, darf freilich den geschichtlichen Zusammenhang und die implizit bereits angedeuteten damaligen Frontstellungen nicht übersehen.

Für Luther war die christliche Gesellschaft (Corpus Christianum) – Bürgergemeinde und Christengemeinde sind identisch – vorgegeben und nicht etwa ein weltanschaulich neutraler demokratischer Staat. Der viel später verlaufende Prozeß der Säkularisierung, eine Trennung von Staat und Kirche, konnte für Luther noch gar kein Thema sein.

Seine Hauptanliegen im Blick auf die vorgegebene Situation und die Probleme seiner Zeit lassen sich wie folgt umreißen: Durch beide Regierweisen will Gottes Liebe den Menschen erreichen. Dies ist leichter einzusehen für das Reich zur Rechten, das Reich Christi. Aber es gilt auch vom weltlichen Regiment. Für Luther ist es eine Anordnung Gottes, die helfen soll, die Welt zum Jüngsten Tag hin zu erhalten.

> »Deshalb hat Gott die zwei Regimente verordnet: das geistliche, welches durch den heiligen Geist Christen und fromme Leute macht, unter Christus, und das weltliche, welches den Unchristen und Bösen wehrt, daß sie gegen ihren Willen äußerlich Friede halten und still sein müssen.«[6]

Ähnlich wie bei Luthers Unterscheidung von Gesetz und Evangelium kommt nun alles darauf an, die beiden Regierweisen Gottes einerseits zu unterscheiden, andererseits sie einander recht zuzuordnen.

> »In Bezug auf dich und das Deine hältst du dich nach dem Evangelium und leidest Unrecht als ein rechter Christ; in Bezug auf

> den anderen und das Seine hältst du dich nach der Liebe und leidest kein Unrecht gegen deinen Nächsten.«[7]

Sehr unmißverständlich stellt Luther fest: Die Welt kann nicht mit dem Evangelium regiert werden.[8] Das Evangelium bedeutet nicht etwa, daß weltliches Recht und staatliche Strukturen generell aufgehoben würden. Vielmehr läßt es für beides den Spielraum, der dem Menschen dient. Wird eine gute äußere Ordnung aufrechterhalten, so kommt dies letztlich auch der Verkündigung des Evangeliums selbst zugute. Keinesfalls wird damit eine Eigengesetzlichkeit der Welt oder das Gebot eines blinden Obrigkeitsgehorsams der Christen begründet.

Wenn, nach Luther, ein jeder Mensch um des anderen willen geschaffen und geboren ist, so gilt das in seiner Sicht auch für den Fürsten und weltlichen Herrscher im 16. Jahrhundert. Erst die neuere Lutherforschung hat wieder deutlich herausgearbeitet, wie Luther immer wieder in konkreten Fällen das Verhalten weltlicher Machthaber an ihrem eigentlichen Auftrag (innerhalb des Reiches zur Linken) mißt, nämlich für Frieden und Gerechtigkeit und für das Wohlergehen der ihnen unterstellten Menschen zu sorgen. Das führt mitunter zu scharfer Kritik, wobei Luther zwischen Person und Amt unterscheidet. Und nicht nur einmal betont Luther, daß nach und neben den Theologen (!) vor allem die Politiker vom Teufel verführt werden können. In einem Brief an Spalatin schreibt er:

> »Ein Fürst sein und nicht in gewissem Maße ein Räuber sein ist entweder überhaupt nicht oder kaum möglich, und zwar ein umso größerer Räuber, je größer der Fürst ist.«[9]

Weitere Beispiele für Luthers kritische Haltung mögen dies noch klarer hervortreten lassen. Es geht zunächst um das Verbot von Predigt und Bibel durch den weltlichen Herrscher:

> »...ich sage dir, wo du ihm nicht widersprichst und ihm Raum gibst, daß er dir den Glauben oder die Bücher nimmt, so hast du wahrlich Gott verleugnet.«[10]

Ferner, allgemein:

> »Das sind jetzt die faulen und unnützen Prediger, die eben Fürsten und Herren ihre Laster nicht sagen und nicht strafen.«[11]

Hier wird deutlich: Luther nimmt in jeweils sehr konkreten, nicht ohne weiteres auf heute übertragbaren Situationen die Unterscheidung und Zuordnung der beiden Regierweisen vor und begleitet die politischen Ereignisse seiner Zeit als aufmerksamer Beobachter. Ganz grundsätzlich ist für ihn politische Mitverantwortung ein Gebot des Christseins, um die Macht des Bösen in Grenzen zu halten. – Eduard Tödt beschreibt dies so: »Gott selbst aber will jene herrschaftsfreie Kommunikation in Liebe und Leidensbereitschaft schützen, indem er in seinem weltlichen Regiment bewahrende Verhältnisse schafft... Eben das ist ja der Auftrag der weltlichen Gewalt, jene äußere Ordnung zu gewährleisten, die selbst nicht Liebesordnung ist und sein will, aber so gerade den Raum für sie offenhält, ihr Schutz gewährt.«[12]

Eine Lehre und ihre Wirkung

Aufs Ganze gesehen ist es nicht zu hart geurteilt, wenn man feststellt, daß der ursprüngliche Ansatz Luthers in den folgenden Jahrhunderten vergessen oder zum Teil sehr einseitig überliefert wurde. Eine andere Frage ist, ob man Luther für die negativen Erscheinungen der Wirkungsgeschichte der Zwei-Reiche-Lehre gleichsam auf die Anklagebank setzen darf. Die Vorwürfe lauten ja: Das Luthertum sei mitverantwortlich für den deutschen Untertanengeist und seine politische Unmündigkeit. Außerdem habe es im 20. Jahrhundert durch die Verherrlichung von Schöpfungsordnungen eine naiv-unkritische Haltung gegenüber dem Dritten Reich zugelassen. – Schon ein Hinweis auf den Schluß von Confessio Augustana 16 müßte dies Urteil definitiv zurechtrücken: »Wenn man jedoch den Anordnungen des Regierenden nicht ohne Sünde folgen kann, soll man Gott mehr gehorchen als den Menschen (Apg. 5,29).«
Ich möchte in diesem Zusammenhang noch auf die sehr verdienstvolle Arbeit von Hermann Diem, »Luthers Predigt in den zwei Reichen« (1947), hinweisen. Darin werden sehr deutlich die Gründe für den Unterschied zwischen Luthers Aussagen und dem, was in der Folge daraus entstanden ist, aufgezeigt.
Nach Diem steht und fällt die Lehre Luthers mit der rechten Predigt in den zwei Reichen. An Luther selbst können wir erkennen, wie er sich vehement gegen die Vermischung der beiden Reiche wendet: Gegen die (damals gefährliche) Verkirchlichung der Welt und ge-

gen die (heute eher drohende) Verweltlichung der Kirche. In der Zeit nach Luther wird die Spannung zwischen den Reichen so nicht mehr durchgehalten und damit verzeichnet. Man beschränkt sich zum Beispiel auf die Aussagen von Römer 13, ohne deren zeitgeschichtliche Bedingungen wahrzunehmen.

»Im Luthertum wird die politische Predigt in den zwei Reichen, soweit sie überhaupt noch geschieht, zur reinen Gesetzespredigt. Die beiden Reiche selbst fallen auseinander, und die Trennungslinie zwischen ihnen geht durch den einzelnen Christen hindurch. Was hier fehlt, ist die Freudigkeit, mit welcher der Herrschaftsanspruch Christi der Welt verkündigt werden könnte.«[13]

Aus dem von Luther beschriebenen und von ihm praktizierten Selbstbewußtsein, die Obrigkeit an die Aufgaben und Grenzen ihres Amtes zu erinnern, wird nach ihm das unlutherische Bündnis von Thron und Altar. Der Staat erhält eine nahezu göttliche Würde. In einer theologischen Darstellung der Zwei-Reiche-Lehre noch von 1952 wird – kaum faßbar – allen Ernstes behauptet: »Es gilt in dem weltlichen Reiche nicht Christi, sondern des Kaisers Wort... Das Christusgebot betrifft nur die Sphäre der Innerlichkeit.«[14]

Für Luther lag der absolute Mißbrauch staatlicher Mittel außerhalb des Blickfeldes. Trotz negativer Erlebnisse mit weltlichen Herrschern, die sich in seinen Schriften verschiedentlich niederschlagen, ist sein Bild von Obrigkeit stark bestimmt durch die positiven Erfahrungen mit Friedrich dem Weisen: »Hier hat Luther es erlebt, wie umsichtig, differenziert und mit dem Ziel der Wahrung des Rechts und des Friedens eine Obrigkeit handeln kann. Man darf mit ziemlicher Sicherheit die Vermutung aussprechen, daß Luther, hätte er eine andere Grunderfahrung gemacht, sich auch in anderer Weise über Fragen der Zwei-Reiche-Lehre geäußert hätte. Umgekehrt dürfte bei einem Mann wie Thomas Münzer dessen ganz entgegengesetzte Erfahrung mit dem obrigkeitlichen Gegenüber die Haltung zu den einschlägigen Fragen stark bestimmt haben.«[15]

Hilfreiche Orientierung

Es war eingangs bereits davon die Rede, daß die Lehre von den zwei Regierweisen Gottes ein hilfreiches Orientierungsmuster für christ-

liche Existenz in der Welt sein kann. Ihre Vielschichtigkeit, die zugegebenen Schatten einer einseitigen, verzerrenden Interpretation und die Tatsache, daß auch heute noch manche Fragen der Forschung offen sind, nehmen dieser lutherischen Lehre nicht ihre Bedeutung. Sie hilft vielmehr, das Bekenntnis zu Christus auch für die Welt*erfahrung* des zu Ende gehenden 20. Jahrhunderts als Welt*verantwortung* zu artikulieren. Wir sollten das deutlich aussprechen in einer Zeit, in der es einerseits Staatsverdrossenheit einschließlich ihrer aggressiven Erscheinungen gibt, während auf der anderen Seite von nicht wenigen die Lösung aller nur denkbaren menschlichen Probleme von eben diesem Staat erwartet wird. Es kann kein Zweifel bestehen: Der Rückzug in die bloße Innerlichkeit ist uns Christen verwehrt. Andererseits können wir uns nicht auf Programme einlassen, die vorgeben, paradiesische Zustände auf Erden verwirklichen zu können. Schließlich ist uns auch dialogfeindliche Selbstgerechtigkeit in der Politik verwehrt, wenn im sozialen Rechtsstaat und in der parlamentarischen Demokratie (Art. 20 GG) Gerechtigkeit aus der dialektischen Spannung von Geschichte und Vernunft begriffen wird und politisch-soziale Reformbereitschaft ständige Aufgabe der Bürger und ihrer politischen Institutionen ist.
Gegenüber möglichen Tendenzen, die sich evangeliums- oder auch gesellschaftsfeindlich erweisen, stellt die Lehre von den zwei Regierweisen Gottes – so altertümlich diese Bezeichnung in unserer »modernen« Welt klingen mag – in ihrer ursprünglichen und wiederzugewinnenden Absicht dar, was der rechten Auslegung der »Freiheit eines Christenmenschen« dient. Sie hilft die biblische Botschaft, die das Heil in Jesus Christus aussagt, von allen anderen Macht- und Heilsansprüchen freihalten. Sie erinnert uns an die Möglichkeiten und Grenzen menschlichen Tuns sowohl im geistlichen als auch im weltlichen Bereich. Sie bedeutet keinesfalls, daß Glaube und Welt im Verhältnis zueinander beziehungslos erstarrt sind.

In diesem Zusammenhang kann ich meinen Eindruck nicht verschweigen, daß ein gut Teil der heutigen sogenannten »politischen Theologie« sehr gesetzliche Züge trägt – trotz ausdrücklicher Berufung auf das Evangelium. Man wird ferner, nicht pauschal, aber im Einzelfall, kritisch fragen müssen, ob nicht – vielleicht unbewußt –

der Verlust theologischer Identität durch gesellschaftliche Aktivität verdeckt oder kompensiert wird.
Für den Weg der Kirche ist es wichtig, die eigene Glaubwürdigkeit nicht zu verspielen – weder dadurch, daß sie Unrecht hinnimmt (Drittes Reich!), noch durch ein politisches Handeln, das mehr von aufgeregten Appellen und utopischen Idealen bestimmt ist als von der Bereitschaft, die erforderlichen konkreten, mühevollen, kleinen Schritte zu gehen.[16]

Dank an politisch engagierte Christen

Ich möchte an dieser Stelle allen Christen ganz herzlich danken, die sich hauptberuflich und ehrenamtlich in der Politik engagieren und damit die Lasten tragen, die sich gerade dort ergeben, wo Politik aus christlichem Geist, aus christlicher Verantwortung heraus getrieben wird. Es geschieht dabei das, was Walter Künneth einmal so beschrieben hat: »Für den einzelnen Christen als Glied der politischen Gesellschaft, als Staatsbürger, ist ein konkretes, praktisches politisches Engagement nicht nur möglich, sonder unter demokratischen Verhältnissen auch notwendig. Hier geht es um die Durchsetzung politischer Einzelverantwortung unter dem Antrieb des an Gottes Wort gebundenen Gewissens unter den Impulsen christlicher Liebe, und zwar auf dem Boden intensiver, höchstmöglicher Sachkunde.«[17] Dies steht im Einklang mit dem, was Confessio Augustana 16 über die Wahrnehmung politischer Verantwortung aussagt.
Die Lehre von den zwei Regierweisen Gottes hilft dabei jene Grenze beachten, die zwischen dem Evangelium, das heißt der außerhalb des Menschen stehenden Rechtfertigung durch Gott einerseits und einem politischen Handeln andererseits verläuft, das »nicht selbst heilsfähig ist«, wohl aber seinen Sinn darin hat, »Funktion der welterhaltenden Liebe Gottes und selbst ein Amt der Liebe durch Vernunft« zu sein.[18]
Gerhard Ebeling hat darauf hingewiesen, daß der Christ in der Gesetzeswirklichkeit des Reiches Gottes zur Linken ein weites Betätigungsfeld zu selbstloser Liebe habe. Dabei werde er aber streng darauf bedacht sein, »daß sein Einsatz nicht als Evangelium mißver-

standen wird«. Sein vernünftiger Gottesdienst dürfe den geistlichen Gottesdienst nicht verdrängen und verdunkeln, in welchem »das Wort Gottes als Gesetz und Evangelium laut wird.«[19] Es sei ferner wichtig, die Unterscheidung zwischen Gott und Welt so zu vollziehen, »daß klar herauskommt und rein bewahrt wird, was der Theologie anvertraut ist«.[20]

Walther von Loewenich sagte zu ihrer aktuellen Bedeutung in einer Podiumsdiskussion: »Diese Zwei-Reiche-Lehre ... ist nicht so falsch, wie es heute geradezu als ein dogma commune erscheint. Jedermann sagt, die Zwei-Reiche-Lehre ist völlig veraltet. Das stimmt einfach nicht. Sie mag veraltet sein in mancher Zuspitzung, die sie später erhalten hat.«[21]

Ein »Ja« zur Lehre von den beiden Regierweisen Gottes übersieht nicht die Jahrhunderte und die gewaltigen Veränderungen seit der Zeit der Reformation, zumal hinsichtlich der »Obrigkeit« (von der Fürstenherrschaft zum demokratischen Rechtsstaat!). Unser »Ja« heißt sorgfältige Prüfung der Wirkungs- und Auslegungsgeschichte der Lehre von den zwei Regierweisen, heißt Aneignung und Aufarbeitung des reformatorischen Erbes im Blick auf unser Wirklichkeitsverständnis und den Erfahrungshorizont unserer Zeit, heißt Prüfung von Tradition und Situation an der Heiligen Schrift!

Dieser Aufgaben dürfen wir uns nicht entledigen wollen zugunsten eines Rasters immer gültiger politischer Spielregeln für die Kirche und den einzelnen Christen. Was von den beiden Reichen/Regimenten/Regierweisen Gottes gesagt wurde, bildet den Rahmen für unser Denken und Handeln, entbindet uns aber nicht von der Entscheidung im Einzelfall.[22] »Politik aus christlichem Geist« lebt in uns aus dieser – fruchtbaren – Spannung.

Gleichwohl: Die grundsätzliche anthropologische Voraussetzung der Lehre von den beiden Regierweisen Gottes ist unverändert die Beschreibung der dynamischen Spannung, in der der Christ in der Welt lebt: zwischen Rechtfertigung und Sündersein, Gesetz und Evangelium, Glauben und Tun, Welterhaltung und Erlösung. Dies sehen und annehmen bedeutet, das biblische Zeugnis über den Menschen annehmen und sich gleichzeitig getrost und voller Hoffnung unter die Verheißung stellen, die unsere Herrschaftsverhältnisse in Christus aufgehen sieht. »Es sind die Reiche der Welt unseres Herrn und seines Christus geworden, und er wird regieren von Ewigkeit zu Ewigkeit« (Offb. 11,15).

[1] Heinrich Bornkamm, zitiert bei M. Honecker, Art. Zweireichelehre, in: Evangelisches Soziallexikon, 7, 1980, Sp. 1494
[2] G. Sauter (Hrsg.): Zur Zwei-Reiche-Lehre Luthers, TB 49, München 1973, S. VII der Einführung
[3] J. Heckel: Im Irrgarten der Zwei-Reiche-Lehre, München 1957, S. 3
[4] In: Amt und Gemeinde, Folge 3, März 1980, S. 26 f., hrsg. vom Bischof der Evang. Kirche A. B. in Österreich
[5] Aus der Einleitung zu den Thesen des Theologischen Ausschusses der VELKD »zur Lehre von den zwei Regierweisen Gottes«, abgedruckt in: Gottes Wirken in seiner Welt, N. Hasselmann (Hrsg.) 2 Bde., Hamburg 1980, Bd. 2, S. 162 f.
[6] WA 11, 251, 15–18 (WA = »D. Martin Luthers Werke, Kritische Gesamtausgabe – Weimar: Hermann Böhlau, 1883 ff.«)
[7] WA 11, 255, 15–20
[8] WA 11, 251, 22 ff.
[9] WA Br. 2, Nr. 427, 49 ff.
[10] WA 11, 267, 11–13
[11] WA 31, 1. Bd., 196, 25 f.
[12] H. E. Tödt: Die Bedeutung von Luthers Reiche- und Regimentelehre für heutige Theologie und Ethik in: Gottes Wirken in seiner Welt, a. a. O. Bd. 2, S. 103
[13] H. Diem: Luthers Predigt in den zwei Reichen, neu hrsg. von G. Sauter: Zur Zwei-Reiche-Lehre Luthers, München 1973, S. 208
[14] F. Lau: Luthers Lehre von den beiden Reichen, Berlin 1952, S. 28
[15] B. Lohse: Martin Luther – Eine Einführung in sein Leben und Werk, München 1981, S. 157; auch Ingeborg Ludolphy: Friedrich der Weise, Kurfürst von Sachsen, 1463–1525, Göttingen 1984
[16] Vgl. Lutz Mohaupt (Hrsg.): Wir glauben und bekennen, Göttingen 1980, S. 184 ff.
[17] W. Künneth: Gemeinde Jesu Christi und politische Ethik, in J. Hanselmann (Hrsg.), Streit um das politische Mandat der Kirche, Hamburg 1969, S. 101
[18] T. Rendtorff: Die Zweireichelehre oder die Kunst des Unterscheidens, in: U. Duchrow (Hrsg.): Zwei Reiche und Regimente, Gütersloh 1977, S. 60 f.
[19] G. Ebeling: Erneuerung aus der Bibel, Ms. Nov. 1981, S. 15
[20] G. Ebeling: Die Notwendigkeit der Lehre von den zwei Reichen, in: Wort und Glaube I, Tübingen 1960, S. 421
[21] W. v. Loewenich im Haus der Kirche Berlin (West) am 5. 10. 1971 zum Thema Luther und die Theologie der Revolution
[22] Zur Gesamtfragestellung vgl. »Die Denkschriften der Evangelischen Kirche in Deutschland – Frieden, Versöhnung und Menschenrechte«, Bd. 1/1, vor allem »Aufgaben und Grenzen kirchlicher Äußerungen zu gesellschaftlichen Fragen«, Gütersloh 1978, S. 46 ff.

Alfons Goppel

Bayerns Rolle und Aufgabe im föderativen System

Die Einigung Europas hat nach langdauernder theoretischer Diskussion in unserer Zeit über den praktischen Versuch hinaus schon Gestalt gewonnen. Dabei fordern alle Beteiligten übereinstimmend, daß »Einheit in der Vielfalt und Vielfalt in der Einheit« – das mehr oder weniger vorhandene Identitätsgefühl der Europäer und Nichteuropäer – im handlungsfähigen »Europa« bewahrt und ausgebildet werden muß. Damit wird als Gestaltungsprinzip Föderalismus verlangt, der »in der Einheit des Ganzen (Gesellschafts- oder Staatskörper) eine Vielheit selbständiger, gliedhafter Einzelverbände oder Einzelstaaten bestehen läßt«.[1]

Schon vom Wort her (lateinisch »foedus« = Bund, Bündnis) ergibt sich, daß es um ein aus einzelnen bestehendes oder gebildetes Ganzes geht.[2]

Solches »Bündnis« ist nicht beschränkt allein auf Staaten. Die Gesellschaft selbst ist ein »Bündel« von einzelnen und ihren unterschiedlichen Gruppen und Gruppierungen, von denen letztere wieder nach Zwecken und natürlichen Zusammengehörungen gegliedert werden oder sind.[3] Sosehr darin bündische Organisation und Zuordnung gilt, der allgemeine Gebrauch des Begriffes Föderalismus beschränkt sich auf die Anwendung im staatlichen Bereich.

Allerdings wird im Ausland im Unterschied zu Deutschland (soviel ich sehe auch zu Österreich) auch die Selbstverwaltung der Gemeinden und Gemeindeverbände unter Begriff und Name »Föderalismus« verstanden. Die deutsche Lösung scheint die vom Wesen her richtige, weil nur qualitativ gleiche ein Bündnis eingehen können, zumal, wenn dieses seine einige Ganzheit aus den von den vielen Ganzen abgetretenen oder entlehnten Faktoren nimmt.[4]

Begründung und Erscheinung des föderativen Systems wird im Subsidiaritätsprinzip gesehen, in jenem von Papst Pius XI. in seiner Enzyklika »Quadragesimo anno« von 1931 geschaffenen Begriff, daß

»dasjenige, was der Einzelmensch aus eigener Initiative und mit seinen eigenen Kräften leisten kann, ihm nicht entzogen und der Gesellschaftstätigkeit zugewiesen werden darf, daß das, was die kleineren und untergeordneten Gemeinwesen leisten und zum guten Ende führen können«, ohne Verstoß gegen die Gerechtigkeit, nicht »für die weitere und übergeordnete Gemeinschaft in Anspruch genommen« werden kann. Das wäre nämlich »zugleich überaus nachteilig« und würde »die ganze Gesellschaftsordnung verwirren«.[5] Es haben an der Auffassung vom anzustrebenden, föderativen System für die staatliche Neuorganisierung Deutschlands nach dem Zweiten Weltkrieg Wissenschaftler, Politiker und Publizisten innerhalb und außerhalb Deutschlands »gearbeitet«. In Laufers »Der Föderalismus der Bundesrepublik« werden die Namen, die uns vielfach noch geläufig sind, aufgezählt[6]; auch die Parteimeinungen werden dargelegt und als Ergebnis der öffentlichen Diskussion, an welcher der nachmalige erste Bundespräsident Theodor Heuss maßgeblich beteiligt war, zusammengefaßt, daß »nur das föderalistische Prinzip der freiwilligen Bundschaft mit größtmöglicher Selbstverwaltung der Gliedstaaten für das künftige Deutschland Form- und Strukturprinzip sein kann«.[7] Laufer faßt diese Diskussion um den Föderalismus mit dem Hinweis auf Subsidiaritäts- und Solidaritätsprinzip so zusammen, daß beide Prinzipien den Föderalismus mit einem »Geist ausstatten würden, der in seiner Mäßigung und gegenseitigen Anpassung tatsächlich den Partikularismus und Zentralismus, die in der deutschen Verfassungsgeschichte so oft in Widerstreit miteinander geraten sind, überwinden könnte«.
In diesem Zusammenhang muß auch um der kontinuierlichen Staatsauffassung willen darauf hingewiesen werden, daß schon von der Mitte des vorigen Jahrhunderts an von christlich-konservativer Seite das Subsidiaritäts- und Solidaritätsprinzip als politisches Ziel verfolgt wurde. Mallinkrodt tat das in einem Programmentwurf von 1862, und in den Jahren vor 1914 wiesen das Zentrumsprogramm und der Wahlaufruf von 1911 darauf hin, daß christliche Soziallehre, Subsidiaritäts- und Solidaritätsprinzip ihre Politik bestimmten.[8] Die CSU brachte im Aktionsprogramm 1954 und dann neu im Grundsatzprogramm 1957 das sozial-ethische Prinzip des Föderalismus in inhaltlicher Übereinstimmung mit Subsidiaritäts- und So-

lidaritätsprinzip zum Ausdruck.[9] Richard Jäger hat dazu geschrieben: »Eine föderalistische Ordnung beruht auf den Prinzipien der Subsidiarität und Solidarität. Beide bedürfen der gegenseitigen Ergänzung. Nur solange solidarisches Verantwortungsbewußtsein vorhanden ist, ist die Subsidiarität gesichert. Ein Appell zum Aufbau und zur Festigung einer föderalistischen Ordnung ist deshalb immer ein Aufruf zur Eigenverantwortlichkeit ihrer tragenden Kräfte.«[10]

Diese beiden Prinzipien hellen die »staatsphilosophischen« Wurzeln des föderativen Systems auf; dabei bleiben die Funktionsweise und Funktionseinteilung offen. Sie aber sind für den beobachtenden »Praktiker« die beinahe hervorstechendsten Merkmale des Systems: die horizontale und vertikale Gewaltenteilung, »die letztlich der Intensivierung des Rechtsstaates dient, zu dessen Essentialen« sie gehört.[11] Diese Gewaltenteilung bedeutet für Rockefeller Vertrauen und Gespür für das freie Spiel individueller Initiative, privaten Unternehmergeistes, sozialer Betätigung, politischer und zwar freiwilliger Zusammenschlüsse – »all operating within a frame work of laws and principles affirming the dignity and freedom of man«.[12] Die föderative Ordnung zeigt sich gerade darin »demokratieadäquater« und »ermöglicht Vielgestaltigkeit wie sie den Wettbewerb stärkt«.[13]

Nun gehen wohl alle Überlegungen zum föderativen System von den geschichtlichen und realen Lösungen mit ihren überkommenen Benennungen und Deutungen aus; es fehle aber »in der deutschen Staatsrechtswissenschaft der Gegenwart an einer den modernen Bundesstaat hinreichend deutenden und legitimierenden Theorie«.[14] Die Betrachtungen und Auslegungen orientieren sich an den Normierungen und deren von den Entwicklungen bedingten, notwendigen oder vermeintlich erforderlichen Änderungen, so sehr sie auch Voraussetzungen und Begründungen für föderative Lösungen mehr oder minder übereinstimmend gleich behandeln. Es bleibt aber bei allem, wie Lerche in seinem grundlegenden Aufsatz »Föderalismus in Deutschland«[15] feststellt, »eine tiefgreifende Unsicherheit schon im grundsätzlichen Verständnis der Substanz dessen, was man Bundesstaatlichkeit nennt«.

Für unsere Betrachtung des föderativen Systems ist wesentlich, daß die historische, die ethnisch-geographische Begründung für eine

föderalistische Ordnung anerkannt wird, wenngleich Laufer für die Bundesrepubik nach einer (ausschließlichen?) grundsätzlich-politischen Begründung und Rechtfertigung bemüht sein zu müssen glaubt[16]; er regt daher eine »radikal-kritische Auseinandersetzung« für die Zukunft an, bei der gegenüber den Verfechtern der föderalistischen Idee unter Aufgabe oder Modifizierung der »hergebrachten Argumentationsreihen ... nach neuen Funktionen, Strukturen und Formen des Föderalismus« zu suchen sei.[17]
Es gibt ernsthafte, grundsätzliche Meinungen, daß der Föderalismus »am Ende« sei.[18] Es wird darauf verwiesen, die Technik und ihre Entwicklung, Wirtschaft und Verkehr, die weltweite Arbeitsteilung, die Planungs-, Lenkungs- und Verteilungsaufgaben forderten jedenfalls eine unitarische Organisationsform. Anhand der Entstehungsgeschichte des Bundesstaates Deutschland wird mit Bezug auf die Regelungen des Grundgesetzes und auf die Verfassungsentwicklung um den Bundesstaat, seine Organisation und Anpassung (etwa durch Verfassungsänderung) kontrovers diskutiert. Grund dafür scheint in den Art. 20 I, 79 III GG gegeben. Im übrigen konzentriert sich die Auseinandersetzung auf konkrete Fragen wie die Kompetenzverteilung von Bund und Ländern, auf Finanzausgleichs- und Steuerfindungsrecht, auf die vielzitierte »Einheitlichkeit« der Lebensverhältnisse, von denen so nie gesprochen wird, auf neue »Einrichtungen« wie Ministerkonferenzen, Ministerpräsidentenkonferenzen, Kanzler-Ministerpräsidententreffen, Fach-Räte, wie überhaupt auf Aktivitäten und Organe des »kooperativen Föderalismus« und vieles mehr. Nicht immer geht es um ausgesprochen verfassungsrechtliche Probleme; sie sind ihrem politischen Entstehungs- und Wirkungsgrund nach politisch-rechtlich gemischte Anliegen gerade im Bereich des Bundesrates, der – föderalistisch gesehen – zentralen Organisation staatlicher, parteipolitischer und erfahrungsgeprägter Gleichrichtung, Gegensätzlichkeit und Zweckmäßigkeit.
Schon die zumeist falschen Bezeichnungen dieses Bundesorgans als »Länderorgan« oder gar als »Interessenvertretung« zeigen die zuständigkeitsrechtlich-unzutreffende Interpretierung auf, weil sie inhaltlich den Bundesrat falsch fixieren. Aus seiner Bundes-Gesamtverantwortung und der in der Bundesbürgerschaft liegenden

Interessenintegration ergeben sich die außenpolitisch und völkerrechtlich gebotenen konstitutiven Mitwirkungsrechte des Bundesrates und seiner Mitglieder.

Das föderative System in unserer Bundesrepublik, wie es im Grundsatz nicht erst nach 1945 von der Mehrzahl der Mitbürger gewollt war und noch ist[19], bietet sich so, von außen gesehen, als ein vielfach verflochtenes Spannungsfeld technischer Zueinander- und Gegenordnung dar, das ohne psycho-soziale Wertungen und Reize funktioniert als eine »mechanische, technische oder abstrakte Formel für Regierungshandeln«[20]. Föderalismus ist aber mehr, weil er von der inneren Gliederung der Gesellschaft, von Volksnähe und Verwobenheit ausgeht und so mit den tiefsten Überzeugungen und dem Alltagsleben[21] formale Gliederung schafft und mehrt.

Dieses föderative System wird auch in der Bundesrepublik nicht etwa nur funktionalistisch gesehen. Der Art. 29 I des GG, der sich mit der Neugliederung des Bundesgebietes befaßt, wendet sich mit nüchterner Gesetzessprache der »inneren Seite« des Föderalismus zu: landsmannschaftliche Verbundenheit, geschichtliche und kulturelle Zusammenhänge, wirtschaftliche Zweckmäßigkeit und soziales Gefüge.

Freilich: Das beinahe enthusiastische Bekenntnis Rockefellers zur föderalistischen Idee und zu ihren Auswirkungen auf Volk und Individuum wie auch die erwartungs- und hoffnungsvollen Äußerungen Foucheyrolles, die sein ganzes Buch über ein föderalistisches Frankreich – entbürokratisiert und dezentralisiert, mit vielen Macht- und Verwaltungszentren (wie bei Rockefeller!) – durchwirken, teilt man in der Bundesrepublik höchstens in den Sachaussagen, nimmt sie insgesamt nüchtern, eher und (beinahe) skeptisch. Trotzdem erscheint die im Grundgesetz normierte Bundesstaatlichkeit nicht nur als technisch-mechanistische Regelung.

Der Bürger nimmt die Föderalstruktur der Bundesrepublik nicht nur »hin«; er erlebt und bejaht den (Gesamtstaat als) lebendigen Bundesstaat und nicht nur als ein Gebilde »zweckrationalen Funktionierens föderaler Technik«. Man darf allerdings nicht übersehen, daß und wie gerade der Bürger schon bei geringer Behinderung durch die föderalen Regelungen in irgendeinem Bereich nach einheitlicher Normierung verlangt und daß technische Entwicklung,

verdichteter Verkehr, Freizügigkeit, bevölkerungsmäßige Umschichtung, daß auch die Verfassungskonzeption mit Grundrechten und Organisations- wie Verfahrensregelungen stark unitarisierend stimulieren und wirken. Wenn dann die Theorie zu allem Begriffe und Begründung liefert, dann könnte das föderative Gefüge schon labil werden[22]. Mit Lerche[23] sei aber auch festgestellt, daß »die Bundesrepublik nicht nur der Form, sondern auch der Substanz nach als föderaler Staat im vollen Sinne des Wortes« zu gelten hat.
Auch ohne die grundgesetzliche Bestimmung in Art. 79 III, wonach eine Änderung dieses Grundgesetzes, durch welche (u. a.) die Gliederung des Bundes in Länder, die grundsätzliche Mitwirkung der Länder bei der Gesetzgebung berührt werden, unzulässig ist, gibt es keine Mehrheitsmeinung und schon gar keinen Mehrheitswillen für zentralistische, unitaristische Ausformung der Bundesrepublik Deutschland.
Die neuerlichen plebiszitären Demokratievorstellungen und autonomistischen, ja subjektivistischen Bestrebungen ändern an dieser Grundhaltung im Volke nichts, so sehr Aufmerksamkeit – wenn nicht schon Wachsamkeit – auf repräsentativer, rechtsstaatlicher Demokratieseite gefordert ist. Zu schnell und unvermittelt könnte der vereinzelte und auch der Gruppenwille einzelner nach Macht und Recht umschlagen in die Alleinmacht des Starken. Zu leicht wird die »Macht aller« zur Machtlosigkeit des Individuums, die Allmacht der Diktierenden (weil Starken) zur Ohnmacht des Bürgers.
Wenn unter diesen technisch-funktionalen und zugleich inhaltlichmotivierenden Gesichtspunkten »die Bundesstaatlichkeit« des deutschen Gesamtstaates und seiner Gliedstaaten betrachtet wird, ist eine besondere »Rolle« Bayerns gewiß nicht »rechtlich-verfassungsmäßig« festzustellen – Land gleich Land –, aber es können die zu den anderen Ländern unterschiedlichen Wege durch die Geschichte nicht und schon gar nicht die aus dem Volkscharakter, der Geographie, dem naturgegebenen Existenzgrund sich ergebenden vitalen und geistigen Verhaltensweisen übersehen werden. Auch wenn wir alle nichtbayerischen und bayerischen Äußerungen zu Bayern und seinem eigenartigen Weg durch die Geschichte und innerhalb der deutschen Nation, losgelöst von Stimmungen und Gefühlen und frei von politischen Tonfärbungen, betrachten, so bleibt Bayern

eben doch Bayern. Sit venia scribenti! Die Rolle oder Stellung Bayerns in der Entwicklung und im Werden Europas und Deutschlands ist am bezugsbetontesten unter anderem in der Festschrift »Bayern, Deutschland, Europa« S. 1 ff. dargestellt.
Vom Anfang seines Eintritts in die Geschichte ist Staatswerdung nach innen und »Reichs«verteidigung nach außen ein untilgbares Zeichen bayerischer Stellung im europäischen, sicher im westeuropäischen System. In seiner Lage an der Südostflanke gegen slawisch-awarisch-byzantinistische Welt und Kultur erreichte es jene »machtvolle Stellung im südostmitteleuropäischen Raum«, von dem aus bis ins hohe Mittelalter es »eine bedeutsame deutsche Funktion und eine europäische Vermittlungsaufgabe erfüllte«, so daß der von ihm abgedeckte politische Raum »in den Konferenzen der Alliierten des 2. Weltkrieges von Casablanca bis Jalta und fast bis Potsdam« noch als Vorbild eines neuen Staatsgebildes erörtert wurde.[24]
Das Territorium der Agilolfinger, der Luitpoldinger, vor allem der Andechs-Meraner und ihnen folgend der Wittelsbacher war aber nicht nur ein äußeres, verteidigungspolitisches Bollwerk, es wurde zum Missions- und Ausgangspunkt der Kultur und in Regensburg und später in München zum Sammelbecken und zur Strahlungszentrale über seinen eigenen Raum hinaus, zu »einem deutschen und europäischen Kraftfeld neben den französischen und oberitalienischen Zentrallandschaften«.[25] Und das hielt Jahrhunderte durch inmitten jener »geistigen Bewegung, in der Christliches und Nichtchristliches, Kirchliches und Weltliches, Universales und Nationales integriert und verschmolzen wurde«.
Dieser »Anfang« einer geistig-kulturellen wie literarisch-künstlerischen (auch musikalischen – Orlando di Lasso!) langdauernden Bewegung zeichnet mitten in allen innen- und außenpolitischen Entwicklungen und Verwirrungen und kriegerischen Auseinandersetzungen, trotz vieler Verluste und nach manchen Siegen, die Kulturlandschaft Bayerns bis in unsere Zeiten aus. Zuerst findet diese Amalgamation »im Rahmen von Kirche und Religion trotz Kritik, Skepsis, Resignation, Revolution« und innerhalb des »Territorialstaates im engsten Bund mit dem Papsttum« unter »vorreformatorischem landeskirchlichem Regime« statt.
Reformation und Gegenreformation bringen die »ausschließliche

Katholizität des Landes« und veranlassen »intensiven Eintritt in das Feld europäischer Konfessions- und Machtpolitik«. Solche Art »Großmachtpolitik« und »europäischer Politik« zwischen Frankreich, Schweden, Österreich, Preußen bis hinein ins 18. und den Anfang des 19. Jahrhunderts »überforderte die Kräfte des Landes« und brachte »die stete Gefahr der außenpolitischen (und im 19. Jahrhundert innenpolitischen) Isolierung« (Isolierung bleibt auf vielen Gebieten eine Gefahr für Bayern).
Aus kriegerischen Verheerungen (Schweden, Panduren, Kroaten, Franzosen), aus Pest und Hungersnöten wie aus Aufständen erhielt sich das bäuerliche Land seine »Kardinal«-Angel-Funktion nach Osten und Südosten, im Gebirge und über dieses hinweg wie über den düsteren und schweren Wald; mit Kirchenfürsten, Prälaturen und Abteien pflegte es nicht nur Bau- und Schulgeist und moderierte die Aufklärung mit der hohen Schule von Ingolstadt, dann Landshut–München, um schließlich in dem bis heute erhaltenen Raum seine Staatlichkeit, Geistigkeit, Kultur und eigene Lebensart der Generation von heute zu überlassen. Daß Bayern zu jenen Staaten gehört, in denen Konstitutionalismus, Toleranzedikte, Bauernbefreiung, erste technische (Eisenbahn, später Wasserkraftwerke) und medizinisch-hygienische (Impfung, Kanalisation u. a. m.) Neuerungen und auch Trennung der öffentlichen Gewalten schon früh zum Leben modernen Zuschnitts führten und gehörten, darf nicht übersehen werden.
Sein »Kampf« um die Reichsgliederung und die Erhaltung der inneren Vielfalt »Deutschlands« ist ihm fast naturgesetzlich zugewachsen. Beinahe 200 Jahre lang währt sein Einsatz gegen nationalstaatliche Vereinheitlichung und Verengung, gegen Uniformierung und Unitarisierung.
Bayern hat so bis auf den heutigen Tag eine seiner inneren, ethnischen Konsistenz und seinem territorialen grenz- und brückenfunktionalen Siedlungsraum entsprechende Rolle inne, ob nun von außen auf Bayern oder von ihm aus nach draußen geblickt wird. Diese Rolle war (und ist!) immer auch eine »das Reich« sichernde wie eine – gerade deswegen! – nach innen stabilisierende.[26] Der Zerfall der Donaumonarchie machte das erst wieder deutlich sichtbar. Wenn von da an auch gar kein Verteidigungsaufwand mit Waf-

fen erforderlich war, geistig-fundierte und wirtschaftlich-wirksame Abwehr vielfacher Art blieb und wurde gerade in unseren Dezennien so notwendig wie die dazugehörige Öffnung und Offenhaltung von Kommunikation menschlicher und wirtschaftlicher Art.

Die Machtentblößung der Bundesrepublik und deren Schutzlosigkeit wie Aufnahmebereitschaft gegenüber allen kulturellen, ideologischen wie politischen Einflüssen, die depressive Anfälligkeit für schrankenlose und unbehinderte, alles gestattende Anschauungen und Verhaltensweisen und die Verantwortlichkeit aus Geschichte und Zukunftsverantwortlichkeit bei aufgestautem Genuß- wie Lustverlangen, all das machte die Lebens- und Überlebenssicherung durch geistig-moralische Bildung und Erziehung durch Wiederbelebung, Sicherung und Fortführung von Heimatsinn, Brauchtum, Naturbindung und persönlicher Verantwortungsbereitschaft notwendig, wie es die Vorsprüche zu Verfassung und Grundgesetz formulierten.

Zu allem kam die zurückerlangte Rolle des Gliedstaates in der werdenden und wiederbegründeten gesamtstaatlichen Republik, die Rolle eines Wächteramtes für die eigenstaatliche Existenz und für die bestmögliche Ausgestaltung und Wirksamkeit des Bundesstaates, die Wahrung der rechtlichen, real durch Besatzung und Verwaltungsübertragung auf andere Staaten eingeschränkten Reichsexistenz und die Beachtung der Vorläufigkeit der Bundesexistenz.

Nachdem der Freistaat das Grundgesetz zwar abgelehnt, aber sich ihm »untergeordnet« hat, braucht über die juristischen Schwierigkeiten aus Art. 178 BayVerf und aus der Frage des Fortbestandes des Reiches oder seiner Auflösung durch die Niederkämpfung (Debellation) nicht weiter gehandelt zu werden.

Die Rolle Bayerns ist danach grundsätzlich unverändert, aber in ihrer praktischen Bedeutung wegen der veränderten Verhältnisse doch neu in ihrer Ausgestaltung. Das Land hat seine Substanz und Identität behalten, ja neu bestätigt darin, daß es sich und seine Neubürger adaptiert und gegenseitig integriert und seine Wirksamkeit erweitert und vertieft hat. Auf diesem Assimilations- und Integrationsweg sind die Spuren des Jubilars und seine Wegzeichen nicht zu verwischen.

Diese alt-neue Rolle ist zurückzuführen und unverändert gleich als

Folge und Funktion seiner (Bayerns) geographischen Lage, seiner Zugehörigkeit zum Alten Reich seit fränkischen Anfängen und zum Bismarckschen Reich nationalstaatlicher Prägung, seiner politisch-herrschaftlichen Intensität und seines gesellschaftlich-politisch-kulturellen Eigengewichts, seiner autonomen und individuellen Form und Leistung.[27]

Kein Wunder, wenn nach dem Zweiten Weltkrieg und in unseren Tagen Bayerns Rolle und Bedeutung in der Erkenntnis und ihrer Anwendung liegt, daß Bayern in Deutschland liegt und nicht auf dem Mond, daß die bayerische Frage immer nur mit einem auf Deutschland zugewandten und nicht mit einem von Deutschland abgewandten Gesicht behandelt werden kann.[28] Solchem Denken und Empfinden ist die Fortexistenz Bayerns eine Selbstverständlichkeit, wie sie im 19. Jahrhundert und nach der Monarchie wie unter und dann nach der »tausendjährigen« Diktatur bewußt und unbewußt herrschte. Diese Selbstverständlichkeit bedurfte und bedarf keiner Reflexion und Argumentation, sie bedurfte und bedarf – auch heute – der rechten Durchsetzung.[29]

»Unser Volk und die anderen Völker« waren »gegen die Gefahr des seelenmordenden östlichen Kollektivismus« zu sichern, was sich »sehr wohl auf bayerischem Boden entscheiden« konnte, »es galt, in Bonn herauszuschlagen, was herauszuschlagen war. ... Die Schlacht wäre für den Föderalismus verloren gewesen, wenn wir nicht gewesen wären!«[30] Es ging dabei nicht nur um formaldemokratische und funktional-mechanistische Ordnung, es ging um den sozialen Inhalt, um die Eingliederung der neu hinzugekommenen Bevölkerung, um die Wirtschaft und alle ihre Zweige! Es ging um die spezifische Ausprägung alles dessen in und mit Bayern! »Dieses unser Land hat eine ganz bestimmte kulturelle Note und eine ganz bestimmte kulturelle Eignung.«[31]

Die inneren Verhältnisse müssen »ausgewogen« sein, um diesen nicht leicht abzugrenzenden Begriff zu gebrauchen, die Spannungen aus der Sache und deren Behandlung müssen »gelöst« sein. »Die CSU« (die stärkste und führende Partei) »kann sich nicht an einer Regierung beteiligen, die den bayerischen Staatsgedanken verneint und in allen Fragen des Verhältnisses Bayerns zum Bunde nicht nach föderalistischen Grundsätzen verfährt.«[32]

Nicht anders war die Meinung *und* Haltung etwa bei Dr. Hoegner; die Länder sollten nach seiner Meinung in den nicht gemeinsamen Angelegenheiten »ein kräftiges Eigenleben führen«. Ihm erschien der »Berliner Unitarismus als Schreckgespenst, als unheimlicher Moloch«.
Das föderative Element wollte er »nicht nur im Interesse des bayerischen, sondern zugleich in dem des ganzen deutschen Volkes und der Sozialdemokratie im besonderen nach Kräften im Kampf gegen die drohende Reaktion nutzbar machen«.[33]
Gegen das verleumderische Gerede und Geschreibe von Partikularismus setzte Bayern sich laut zur Wehr: Die Staatsregierung unter Dr. Hoegner veröffentlichte am 21. 12. 1945 eine einstimmig amtliche Stellungnahme, und Ministerpräsident Dr. Ehard erklärte in einem »großangelegten Referat« am 24. 6. 1951 – seine bisherige Haltung hier noch einmal eindeutig präzisierend und bestätigend –: »Wir sprechen von einer Zeit, in der es um so ernste gesamtdeutsche Fragen geht,« (die Gegner des föderalistischen Inhalts des GG sammelten sich und rüsteten zu einer Schlacht gegen den Föderalismus), »nicht gern von bayerischen Problemen. Wir warnen aber laut und eindringlich davor, durch rückläufige antiföderalistische Anfälligkeiten in der Bundesrepublik neuerdings eine bayerische Frage zu schaffen.«[34]
Diese »bayerische Frage« war (und ist immer noch und wieder!) ein Angelpunkt, um den sich und mit dem sich für die anderen Länder und die Gesamtrepublik die »rechte« Neuordnung drehte. Sie wurde von Bayern aus mit geschichtlichen, soziologischen, kulturellen, staats- und volkspolitischen Argumenten als nur föderalistisch behandelbar beantwortet.[35]
In dieser »bayerischen Frage« ist Rolle und Aufgabe Bayerns für sich und für Gesamtdeutschland wie in einem Zentrum zusammengefaßt, auch darin, daß der Freistaat – »nein« sagend zum Grundgesetz, aber uneingeschränkt »ja« sagend zu Deutschland – der historischen Herausforderung in Gesinnung und Praxis sich stellte. Das »machte Bayern zum Kristallisationspunkt aller föderalistischen Kräfte, die sich gegen Totalitarismus wie Kollektivismus wendend den Weg hin zu Europa in Freiheit suchen«.[36]
Wenn auch in dem harten Ringen um den föderalen Staatsaufbau

durch die Rechtsgestaltung einer zweiten Kammer als Senat oder Bundesrat der Freistaat Bayern mit dem nordrhein-westfälischen Innenminister, dem Sozialdemokraten Menzel, gegen Adenauer und die norddeutschen Staaten obsiegte[37], blieben vor allem Fragen des Finanzausgleichs strittig; sie sind es heute noch, obschon in den zurückliegenden Jahren immer wieder daran geändert wurde. Es war zumeist Bayern vorbehalten, die Länderrechte verfassungsgemäß zu erhalten oder zu wahren. Es ging dabei zuerst um die Finanzhoheit und die Art des Finanzausgleichs.

Es war und ist ja nicht allein die Finanzausstattung der Gliedstaaten zu »normieren«, wobei sich diese Normierung immer an der Allzuständigkeit des Staates und der Aufgabenzuteilung im Verhältnis Bund–Länder (mit Gemeinden!) stoßen wird. Die schon bald nach Inkrafttreten des GG geforderte »Flurbereinigung« ist normativ noch nicht weitergekommen. Die Vorschläge und Lösungsansätze mit »kooperativem Föderalismus« waren (und müssen es eigentlich sein!) zu pragmatisch, ephemer und zeitbedingt. Das zeigte sich jeweils am deutlichsten bei der Verteilung der Umsatzsteuer.

Es führte zu weit, Ausgangsüberlegungen, entwicklungsbedingte Notwendigkeiten, Antasten erworbener Zustände und Auswirkungen in fast alle finanzpolitischen Zusammenhänge zu erörtern. Der Hinweis auf diese Situation, schon allein auf die in allem geltend gemachten Gleichheits- und Einheitlichkeitsforderungen und auf jeweiligen Ausgangslagen, zeigt die Beständigkeit der ungelösten Finanzfragen auf. Der ganze Komplex steht ohnehin unter dem Druck der »in den letzten Jahren starken unitarischen Tendenzen«.[38]

Welche Konkurrenzen in schwierigen Wirtschaftsentwicklungen und deren Auswirkungen auf das Sozialgefüge und dessen Finanzierung durch die öffentlichen Hände zu regionalen Erregungen führten und führen, haben wir alle noch im Gedächtnis und erleben wir zur Zeit; ich erinnere nur an das berühmt-berüchtigte Nord-Süd-Gefälle und umgekehrt oder an die vielerlei Forderungen und Eingriffe, ja Angriffe und Gesetzesverletzungen in Umweltfragen.

An der Finanzverfassung, vor allem wenn sie Dotationspraxis vorsieht, hängen mehr als nur finanzielle Vorteile einerseits, sondern staatspolitische und allgemein-politische Nachteile andererseits;

sie kann aus dem »do ut des« die rechtsstaatliche Demokratie zur Farce machen.

Andererseits stießen und stoßen die Regierungsüberlegungen und -absichten immer wieder an Zuständigkeits- und Finanzierungsgrenzen. Das alte bayerische Wort »wer zahlt, schafft an« ist schnell zur Hand. Die »Neuschichtung« der Bevölkerung, die nach Besatzungszonen erfolgte Gliederung des Gebietes, zunehmende Bundesverwaltung, die personalen und sachlichen Notwendigkeiten militärischer und verteidigungsmäßiger Art, die auftauchenden und vermeintlichen wie »modernen« Planungserfordernisse verlangten – auch unter dem wohlklingenden und verführerischen Titel des kooperativen Föderalismus – einer dem »Verbalismus« der Zeit entsprechenden Tautologie – nach Kommissionen, Stäben, Räten, Konferenzen und Ausschüssen.

Auf die darin steckenden Gefahren und Gefährlichkeiten weisen alle damit befaßten Wissenschaftler und Praktiker hin.[39] »Jedenfalls«, so meint Lerche, die Zentralgefahr für konkrete Bundesstaatlichkeit aufzeigend, »jedenfalls wird bei etwaiger Einführung intensiverer Koordinierungsinstrumente darauf zu achten sein, daß eine gewisse Abstraktionshöhe bewahrt, mit anderen Worten, ein angemessener eigenverantwortlicher Spielraum für die Art der Zielverwirklichung den Ländern bleibt.«[40]

Die eigens eingesetzte, gewissenhaft und zielbewußt arbeitende Länderkommission, »Verfassungsreform« und die Reformkommissionen überhaupt hielten es für notwendig, daß für erfolgreiche Vorschläge »die Verbesserung der finanzverfassungsrechtlichen Situation zuerst auszubilden wäre«. Im Rückblick auf alle Erörterungen, Vorschläge, Planungen und sogar Entschließungen kann man – erleichtert? und dankbar – feststellen, daß manche antiföderalistische Gefahr vermieden wurde, dem jeweiligen Aktionismus zum Opfer fiel und, ohne für immer ausgeschlossen zu sein, an die Grenzen der konstitutionellen und gesetzlichen Normierbarkeit stieß.[41]

Die Föderalstruktur der Bundesrepublik ist aber nach ihrer grundgesetzlichen Ausgestaltung nicht nur über Planung und Finanzierung wie über Finanzverteilung, Gebietsgliederung, gemeindliche Selbstverwaltung und Zuständigkeiten einschränkenden Veränderungen ausgesetzt; wenn überhaupt, werden Verschiebungen fast immer nur vom Bund zu den Gliedstaaten, aber nicht umgekehrt erwogen.

Die Föderalstruktur der Bundesrepublik darf aber auch auf dem Gebiete der Deutschland- und Außenpolitik nicht gering geachtet oder gar »übersehen« werden. Der Art. 59 II GG verlangt für Verträge, welche die politischen Beziehungen des Bundes regeln ..., die Zustimmung ... in der Form eines Bundesgesetzes. Allzuleicht beruft man sich heute politisch auf die sogenannten Realitäten, allzugerne versteckt man diese zudem in Worthülsen oder in Ausdeutungen je nach dem Klang der Wörter! Welch beinahe heiligen Umgang pflegte man im Völkerrecht ehedem mit Wort und Satzgefüge! Heute wischt man mit Ausdrücken wie »Formelkram« und »Juristerei« die Tatbestände vom Tisch und deckt diesen mit dünnen Buchstaben- und Wortgeweben!

Wir sind mitten in einer Epoche, in der man mit dem Wortlaut den Wortinhalt allzugerne verschweigen möchte, wenn es um Nation, Identität, Einheit und Freiheit geht und redet sich und die deutsche Zukunft um geltendes Völkerrecht. Bayern hielt mit dem Jubilar an seiner Deutschlandverantwortung in dem Normenkontrollverfahren zum Grundvertrag 1973, in der Verwahrung gegen die Akkreditierung des Ständigen Vertreters der DDR beim Bundespräsidenten 1974 und im Entschließungsantrag zur Verabschiedung der Schlußdokumente der KSZE im Sommer 1975 fest. Besser und deutlicher als in den genannten Anlässen, die weit und tief auf die deutsche Staats- und Rechtssubstanz einwirken, kann Rolle und Bedeutung Bayerns im föderativen Gefüge der Bundesrepublik, gerade im Bezug auf letztere, auf den deutschen Gesamtstaat in seiner Vorläufigkeit und in der Kontinuierlichkeit »Deutschlands«, sich nicht zeigen.[42]

Das föderalistische Gefüge ist die rechtliche Grundlage für die nationale, das Deutsche und die Deutschen betreffende, tatsächliche Gestaltung wie für die Zielvorstellung von der idealen Ordnung und Volkhaftigkeit einschließenden, gerechten Gemeinsamkeit im Staate. Solche in Recht und Gerechtigkeit gefaßte Organisation ist nach Sachlage und Möglichkeiten die anzustrebende und notwendige Gestaltung Europas.

Bayern hat gerade für das freie und einige Europa von seinen Anfängen an (siehe oben) und seine 1500jährige Geschichte hindurch die natürlichen Voraussetzungen nach der Größe, den inneren und äußeren Gliederungen, nach der Volkszusammensetzung und nach der wirtschaftlichen, geistigen und kulturellen Substanz die beinahe optimale Eigenschaft eines Bauelementes, wenn nicht gar eines Bauabschnittes für Europa. Bayern hat zudem alle Zeit von da her seine Europafunktion wahrgenommen. Bayern ist kein erratischer Block inmitten einer sonst leblosen Uniformität, es ist von seinem Inneren her ein Strahlenkern und eine Verarbeitungsmitte in dem geographischen und staatlichen Umgebungsraum.

»Die europäische Dimension bayerischer Geschichte ist weder Ideologie noch Anspruch, sondern Folge und Funktion seiner geographischen Lage...«[43] Zum tatsächlichen Bayern, auch in seiner stammesmäßigen »Uneinheitlichkeit«, aber seiner inneren Geschlossenheit und Außenwirksamkeit, siehe vor allem auch Ehard an vielen Stellen in »Bayerische Politik«. Zu der Zuständigkeit und Funktion Bayerns im außenpolitischen Bereich der Bundesrepublik und damit der Europapolitik nimmt Blumenwitz in seinen Ausführungen zur Ostpolitik, zu KSZE rechtlich und richtig Stellung.[44]

Einen bedeutungsvollen Schritt tat der Freistaat zusammen mit dem Land Tirol bei der »Gründung der Arbeitsgemeinschaft Alpenländer«, wobei die »Geschmeidigkeit« des föderativen Gefüges nach innen im Gesamtstaat wie nach außen zu Gliedstaaten anderer Bundesstaaten, ja zu »Provinzen« eines Zentralstaates offengelegt wird.[45] Mit dieser Geschmeidigkeit wurde zugleich ein sicherer Schritt auf ein funktionierendes Europa hin getan.

Bayern ist so bis heute seiner äußeren Situierung und seinem inneren Lebensgesetz wie seiner Aufgabe treu geblieben. Daß auch die Demokratie, der verfassungsmäßig und grundgesetzlich organisierte Wille des Volkes diese Treue gewahrt hat und wahrt, ist Zeichen und Beweis, daß das Zusammenleben der Menschen in Recht und Ordnung von innen heraus gewährleistet ist und nicht unbedingt vom Machtbefehl abhängt, daß die Macht im Gegenteil vom Recht und vom Geist abhängt, soll sie nicht zur Gewalt erniedrigt werden.

Der zu früh verstorbene R. Raffalt meint, und damit sollen diese Ausführungen enden: »...gipfelt Bayerns Wirklichkeit zwischen Vergangenheit und Zukunft in einer Forderung. Dieses Land sollte nicht darüber hinwegleben, daß es zwischen Recht und Pietas eine intakte Provinz des künftigen Europas sein könnte.«[46]

[1] Brockhaus, 16. Aufl., dazu »Kleines Staatslexikon für jedermann« der Landeszentrale für politische Bildung der Bayerischen Staatskanzlei

[2] vgl. bs. Pierre Fougeyrolles in: »Pour une France fédérale«, 1968, S. 13: »la réalité vivante des peuples composant la France« und »... les régions, c'est à dire les communautés de base de l'économie et de la culture, de la géographie et de l'histoire...«, siehe dazu auch »Kleines Staatslexikon«, S. 103, und Nelson A. Rockefeller, »The future of federalism«, 1962, S. 6/7

[3] siehe dazu Ferber, »Der Föderalismus«, S. 15, Naumann-Verlag, 1946

[4] Rockefeller, S. 6: »The federal idea, then, is above all an idea of a shared sovereignty at all times responsive to the need's and will of the people in whom sovereignty ultimatly resides.«

[5] Ehard, »Die geistigen Grundlagen des Föderalismus« in einem Vortrag vom 3. 6. 1954, Sonderdruck der Bayerischen Staatskanzlei, 1968

[6] Kohlhammer, 1974, S. 21/22

[7] siehe dazu besonders auch Hoegner: »Nach den Erfahrungen mit dem nationalsozialistischen Einheitsstaat müsse man das Deutsche Reich föderalistisch gliedern...« S. 30 ff., in: »Festschrift für Alfons Goppel«, 1975

[8] Wedl, »Der Gedanke des Föderalismus«, 1969, S. 55, 71, 74

[9] ebenda S. 116, mit wörtlicher Zitierung

[10] Jäger, Richard, »Föderalistische Ordnung«, 1961, S. 17

[11] Laufer, »Der Föderalismus«, S. 34

[12] ebenda S. 7

[13] ebenda S. 33/34

[14] Ehringhaus, »Der konservative Föderalismus in den Vereinigten Staaten von Amerika«, S. 13

[15] Festschrift für Alfons Goppel, S. 77 ff.

[16] ebenda S. 33

[17] Laufer »Der Föderalismus«, S. 86

[18] ebenda S. 145, Rockefeller, a. a. O., S. 1 ff. zu Laskiś »The epoch of federalisme is over«, zitiert bei Laufer, S. 83

[19] dazu vgl. Laufer: »Der Föderalismus in der Bundesrepublik Deutschland«, S. 21/22, und oben die programmatische Haltung von Zentrum, Bayer. Volkspartei und CDU/CSU, dazu Hoegner, in: »Bayern, Deutschland, Europa«, S. 30 ff.

[20] Rockefeller, a. a. O., S. 6

[21] ebenda S. 17

[22] dazu bs. Lerche, Peter, Aktuelle föderalistische Verfassungsfragen, hrsg. von der Bayerischen Staatskanzlei, München 1968, S. 77 ff.

[23] ebenda S. 81

[24] Bosl, Karl in: Festschrift für Alfons Goppel, bs. S. 7–9

[25] ebenda S. 9

[26] Ehard, »Bayerische Politik«, S. 51, und auch Hoegner, Regierungserklärung vom 22. 10. 1945 in »Kampf Bayerns um den Föderalismus«, in: Festschrift, S. 29, mit dem Hinweis auf »die Fühlung mit den übrigen deutschen Gebieten«

[27] Bosl, a. a. O., S. 17

[28] Ehard, »Bayerische Politik«, S. 51

[29] vgl. dazu Bosl, a. a. O., S. 2 ff.

[30] Ehard, a. a. O., S. 51

[31] ebenda S. 112

[32] ebenda S. 113

[33] Festschrift Alfons Goppel, S. 30/31

[34] Ehard, a. a. O., S. 113 f.

[35] vgl. dazu Festschrift Alfons Goppel, darin: Blumenwitz, »Bayern und Deutschland«, mit vielen Literaturangaben, darunter der Jubilar in Festschrift für Ehard 1957, siehe auch durchgehend

und immer wieder Ehard, »Bayerische Politik«, besonders Schwend, S. 8 ff.
[36] Blumenwitz, a. a. O., S. 48
[37] dazu der von Blumenwitz zitierte Brief Ehards an Adenauer vom 20. 1. 1949, Festschrift Alfons Goppel, S. 47
[38] Blumenwitz, a. a. O., S. 49
[39] beachte die Fußnoten und Zitate bei P. Lerche, a. a. O.
[40] ebenda, S. 87
[41] vgl. Lerche, a. a. O., S. 88
[42] dazu ebenso umfassend wie jeweils konkret: Blumenwitz, in: »Bayern und Deutschland«, in: Festschrift Alfons Goppel, S. 48 ff.
[43] Bosl, a. a. O., S. 1, und durchgängig, bs. S. 4, »Bayern... ein europäisches Land, ein integrales Kraftfeld, ja ein gelungenes Kleineuropa«
[44] vgl. Festschrift Alfons Goppel, S. 48 ff.
[45] vgl. dazu Wallnöfer, in: Festschrift Alfons Goppel, S. 129 ff.
[46] Festschrift Alfons Goppel, S. 209

Karl Hillermeier

Die Wahrung der Rechtsordnung in Bayern

Der bayerische Konstitutionstaler von 1819[1], die »Denkmünze auf die Verfassungs-Urkunde« vom 26. Mai 1818, trägt als Umschrift den Vers Vergils »magnus ab integro saeculorum nascitur ordo«[2]. Es fällt manchmal schwer, in der kurzlebigen Gesetzgebung unserer Tage eine große Gestaltung für Jahrhunderte zu sehen. Das Grundgesetz sieht seiner 36. Änderung entgegen, das Lastenausgleichsgesetz seiner 31. Die Gesetzgebung ist in den politischen Tageskampf einbezogen, Lösungen für Jahrhunderte sind – wohl unserer Zeit entsprechend – nicht zu erwarten.
Einer Betrachtung über die »Wahrung der Rechtsordnung in Bayern« zu Ehren des Staatsmannes und Historikers Franz Josef Strauß stünde es an, einen Blick zurückzuwerfen auf die mehr als ein Jahrtausend alte Rechtstradition Bayerns. Da ich aber kein Rechtshistoriker bin, möchte ich es mir versagen, die Entwicklung der eigenen bayerischen Rechtskultur durch die Jahrhunderte zu verfolgen, mit den Rechten des »liber Baiuvarius«, des freien Baiern, in der »Lex Baiuvariorum« zu beginnen, in den ständischen Freiheiten des Mittelalters Vorläufer der Grundrechte zu sehen, den rechtsstaatlichen

Elementen auch im absolutistischen Staatswesen, in den Codices des Geheimen Kanzlers Wiguläus Freiherrn von Kreittmayr nachzuspüren.

Bayerns frühe Verfassungen

Unverzichtbar ist es aber, die Begründung des modernen bayerischen Verfassungsstaats durch König Max I. Joseph und seinen »ministre révolutionnaire«[3], den Grafen Montgelas, wenigstens zu streifen[4]. Die verfassungsmäßige Verankerung der bürgerlichen Grundrechte in der Konstitutions-Urkunde vom 25. Mai 1808[5] hat die rechtsstaatliche Entwicklung Bayerns entscheidend geprägt. Wenn diese Konstitution trotzdem nur als Vorläufer einer echten Verfassung gewertet wurde und wird, so liegt das daran, daß eine National-Repräsentation nur in sehr rudimentärer Form vorgesehen war und vor allem nie zusammengetreten ist.
Die notwendige Ergänzung der bürgerlichen Freiheiten durch die politischen Mitwirkungsrechte des Bürgers, durch eine echte Volksvertretung, durch Ansätze von Gewaltenteilung und den Grundsatz des Vorbehalts des Gesetzes brachte dann die ein Jahrhundert lang in Bayern geltende Verfassung vom 26. Mai 1818, die »Charta Magna Bavariae«[6]. Ein Hauptmotiv für diese Verfassung, für das mutige Voranschreiten Bayerns auf dem Weg in die konstitutionelle Zu-

Bayern in Bonn – Hermann Höcherl, der Roider Jackl, als Volkssänger in seiner bayerischen Einmaligkeit ebenso unvergessen wie der am 31. Dezember 1970 gestorbene CSU-Bundestagsabgeordente Franz Xaver Unertl, und Franz Josef Strauß.

Im Brunnenhof der Münchner Residenz, einem der schönsten »Festsäle« Bayerns unter freiem Himmel: Alfons Goppel, 16 Jahre lang Bayerischer Ministerpräsident, mit seinem Nachfolger Franz Josef Strauß – Frau Gertrud Goppel und Frau Marianne Strauß freuen sich über ein bewährtes politisches und menschliches Einvernehmen.

Folgende Abbildung:
Franz Josef Strauß, am 6. November 1978 zum erstenmal zum Regierungschef des Freistaates Bayern gewählt, mit seinem Kabinett.

kunft, ist in dem Willen zu suchen, mit der Verfassung das junge Staatswesen und seine neuen, liberal geprägten Landesteile in Franken und der Pfalz zu integrieren. »Erst mit der Verfassung«, so Anselm von Feuerbach, der Schöpfer des ersten modernen Strafgesetzbuches von 1813, »hat sich unser König Ansbach, Bayreuth, Würzburg und Bamberg erobert«.[7]
Die Verfassung wurde in ganz Deutschland als »Morgenröte einer schönen Zukunft«[8] gefeiert. Es ist das historische Verdienst Bayerns in der Zeit des Vormärz, daß es – argwöhnisch beobachtet von den noch verfassungslosen deutschen Großmächten Preußen und Österreich – in liberaler Aufgeschlossenheit, aber auch mit Maß und Besonnenheit den von der fortschrittlichen Verfassung gewiesenen Weg entschlossen weiterging. So kam auch 1848 in München anders als in Berlin und Wien keine Klassenkampfstimmung auf; es ging mehr – wenn die leichte Untertreibung erlaubt ist – um Lola Montez und die Erhöhung des Bierpreises, und zwar nicht wegen größerer politischer Indolenz der Münchner, sondern wegen der bereits erzielten liberalen Fortschritte. Bayern hat sich die damals gezeigte »charakteristische Verbindung von Stetigkeit, Tradition, Fortschritt und Liberalität über alle Wechselfälle und Rückschläge hinweg bis heute bewahrt«[9].

Neuanfang 1946

Wenn die Väter unserer Bayerischen Verfassung vom 2. Dezember 1946 schon in der Präambel ihren Entschluß bekräftigten, »den kommenden Geschlechtern die Segnung des Friedens, der Menschlichkeit und des Rechts dauernd zu sichern«, wenn sie das Rechtsstaatsgebot in Art. 3 als Fundamentalnorm herausstellten, dann brachten sie darin die ganze leidvolle Erfahrung mit dem nationalsozialistischen Unrechtsstaat ein, einem Staat, der lange Zeit besonderen Wert auf die Einhaltung gesetzmäßiger Formen gelegt hatte.

Wegweisung – Strauß mit Edmund Stoiber und Gerold Tandler.

Der Ministerpräsident und sein Stellvertreter – Strauß mit Bayerns Innenminister Dr. Karl Hillermeier.

Zum Beleg dafür mag das Reichsgesetz vom 3. Juli 1934 dienen, das schon einen Tag nach der »Niederschlagung des Röhm-Putsches«, der Liquidierung von über 200 Angehörigen der SA, feststellte, daß die »zur Niederschlagung hoch- und landesverräterischer Angriffe am 30. Juni, 1. und 2. Juli 1934 vollzogenen Maßnahmen der Staatsnotwehr rechtens« seien[10]. Eine gewissenlose Staatsführung bediente sich der Gesetzgebung, um ihren Verbrechen den Anschein des Rechts zu geben. In zynischer Pervertierung machte sie sich auch das damals herrschende formale Verständnis des Rechtsstaatsgedankens zunutze. Wenn der über jeden Verdacht nationalsozialistischen Gedankengutes erhabene Rechtsphilosoph Gustav Radbruch zu seiner Rechtsphilosophie 1932[11] ausführte, daß es Pflicht für den Richter sei, »das eigene Rechtsgefühl dem autoritativen Rechtsbefehl zu opfern, nur zu fragen, was Recht ist und niemals, ob es auch gerecht sei«, dann steht diese Äußerung in der Tradition des Rechtspositivismus und eines rein formalen Rechtsstaatsverständnisses. Der formale Rechtsstaat konnte nur allzuleicht zur bedeutungslosen Hülse eines materiellen Unrechtsstaates werden.
Der Zusammenbruch führte zur Neubesinnung, für die ich als Zeugen ebenfalls Gustav Radbruch anführen möchte, der 1948 schrieb: »Die Rechtswissenschaft muß sich wieder auf die jahrtausendealte Weisheit der Antike, des christlichen Mittelalters und des Zeitalters der Aufklärung besinnen, daß es ein Gottesrecht, ein Vernunftsrecht, kurz ein übergesetzliches Recht gibt, an dem gemessen das Unrecht Unrecht bleibt, auch wenn es in die Formen des Gesetzes gegossen ist.«[12] Der Bayerische Verfassungsgeber hat – in bewußtem Gegensatz zur Weimarer Verfassung – »die elementaren Grundrechte als dem positiven Recht vorausliegende, allen Menschen zustehende natürliche Rechte, die die Staatsgewalt beschränken und für sie eine unübersteigbare Schranke bilden« aufgefaßt, wie der Bayerische Verfassungsgerichtshof in einer Grundsatzentscheidung vom 10. Juni 1949[13] ausführte. Alle Normen des rechtsstaatlichen Systems einschließlich der Bestimmungen der Verfassung selbst sind darauf zu prüfen, ob sie mit dem Wesensgehalt der Grundrechte vereinbar sind.
Die Sicherung dieser überstaatlichen Grundrechte des Bürgers ist Ziel unseres Staatswesens, ist Staatszweck, aber nicht in der libera-

listischen Sicht des selbstherrlichen Individuums, sondern in sozialer Verpflichtung gegenüber dem Gemeinwohl. So verbindet die Bayerische Verfassung die Fundamentalnormen des Rechts- und Sozialstaates, die Grundwerte der Freiheit und der Solidarität. Dazu eine Abschweifung ins Aktuelle: In der rechtspolitischen Diskussion der letzten Jahre drängte sich der Eindruck auf, daß es manchen mehr um die Grundrechte des Rechtsbrechers geht, weniger um die Belange des Gemeinwohls, weniger um den Anspruch möglicher Opfer von Gewalttaten gegen ihren Staat auf wirksame Sicherung ihrer Grundrechte. Sicher gehören Übermaßverbot und Grundsatz der Verhältnismäßigkeit zu den ganz wesentlichen Gewährleistungen individueller Freiheit. Aber: Der soziale Rechtsstaat, der das Gemeinwohl und die Rechte seiner Bürger ernst nimmt, muß unvoreingenommen abwägen, muß dem einzelnen auch die Einschränkung seiner Rechte zumuten, wenn höherrangige Interessen der Allgemeinheit oder der vom Staat zu schützenden anderen Bürger es gebieten. Die Freiheit, die es zu wahren gilt, ist auch die der anderen.

Sicherung des Rechtsstaates durch Gewaltenteilung

Max von Seydel bezweifelte in seinem berühmten siebenbändigen Bayerischen Staatsrecht[14] noch, ob eine Gewaltenteilung im Sinne Montesquieus überhaupt möglich sei, er unterstrich unter Berufung auf Tit. II § 1 der Verfassungsurkunde von 1818, daß immer noch der König Oberhaupt des Staates sei, daß er alle Rechte der Staatsgewalt in sich vereine und nach den Bestimmungen der Verfassungsurkunde ausübe. Dieser staatsrechtliche Anspruch des Königtums entsprach aber schon im 19. Jahrhundert nicht mehr der Staatspraxis. Oft setzte sich die Zweite Kammer in der Wahrung der Bürgerrechte auch gegen König und Regierung durch.
Heute ist es verfassungsrechtliches Allgemeingut, daß die Rechte des Bürgers nur dadurch wirklich zu sichern sind, daß sich Gesetzgebung, Verwaltung und Gerichtsbarkeit gegenseitig überwachen, hemmen, mäßigen, zum Schutze des Bürgers, aber – was schon Machiavelli gesehen hat – auch zur größeren Festigkeit des Staatswesens.

Schon weniger Allgemeingut ist es, daß die Aufteilung der Staatsgewalt auf Bund und Länder im föderalistischen System auch der Absicherung der Grundrechte gegen eine allmächtige Staatsgewalt dient. Nicht umsonst wurden mit dem »Gesetz über den Neuaufbau des Reiches« vom 30. Januar 1934 die Volksvertretungen der Länder aufgehoben und deren Hoheitsrechte auf das Reich übertragen, weil sie dem absoluten Machtanspruch des Nationalsozialismus im Wege standen[15]. In der Bundesrepublik ist unter der Flagge der allzuleicht bejahten Notwendigkeit einheitlicher Lebensverhältnisse vieles zentral in Bonn geregelt worden, was schon im Interesse einer bürgernäheren Rechtsordnung besser von den Ländern geregelt worden wäre.

Jedoch ist die Bereitschaft, der schleichenden Auszehrung der Länderrechte entgegenzuwirken, gestiegen. Die Enquête-Kommission Verfassungsreform hat schon im Jahre 1976 ihre Empfehlungen vorgelegt.[16]

Unlängst hat eine überparteiliche Arbeitsgruppe aus Vertretern der Länderparlamente am 9.1.1985 Vorschläge für eine Revision des Grundgesetzes zugunsten einer föderativeren Gestaltung eingebracht. Ich hoffe, daß auf Grund dieser Vorschläge die bisherige Einbahnstraße der Grundgesetzänderungen auch einmal zur Fahrt in die andere, länderfreundlichere und meiner Auffassung nach auch bürgerfreundlichere Richtung geöffnet wird. Untersucht ist genug, die Taten stehen noch aus.

Einen weiteren, oft vergessenen Aspekt vertikaler Gewaltenteilung sollten wir gerade nach der historischen Betrachtung der Montgelas-Zeit nicht übersehen: Auch die Anerkennung eines eigenen, nur der Rechtsaufsicht unterliegenden Wirkungskreises der Kommunen dient der Erhaltung des Freiraumes des Bürgers. Wenn in Bayern 1952 eine Gemeindeordnung geschaffen wurde, die in vorbildlicher, teilweise auch über andere Gemeindeverfassungen hinausgehender Weise das kommunale Selbstverwaltungsrecht anerkannte, dann liegt darin nicht nur die endgültige Abkehr von der Staatskuratel, vom altbayerischen Zentralismus Montgelas'scher Prägung, dann liegt darin auch ein Stück Gewaltenteilung, ein Stück Verzicht des großen Bruders Staat auf umfassende Gestaltung der Lebensverhältnisse.

Rechtsstaat und Gesetzgeber

Bayerische Verfassung und Grundgesetz haben erstmals Ernst gemacht mit der Bindung auch des Gesetzgebers an die Verfassung. Noch in der Weimarer Zeit war die Freiheit des Gesetzgebers in der Konkretisierung der Grundrechte und des Rechtsstaatsprinzips jedenfalls in der Praxis kaum beschränkt; im Geist des Rechtspositivismus geschulte Juristen fragten wenig nach Übereinstimmung mit dem Sinngehalt der Grundrechte, Verfahren zur Prüfung der materiellen Verfassungsmäßigkeit von Gesetzen durch eine Verfassungsgerichtsbarkeit waren nicht vorgesehen.
Der bayerische Gesetzgeber ist auf dem nicht mehr allzubreiten Streifen eigener Gesetzgebungszuständigkeit, den die erschöpfende und durch zahlreiche Grundgesetzänderungen noch beflügelte Bundesgesetzgebung ihm gelassen hat, seiner Aufgabe, die Verfassung zu wahren und auszufüllen, immer gerecht geworden. Er hat die gute bayerische Tradition, dem Bürger einen großen Freiraum zur Selbstverwirklichung zu lassen, ohne dabei das Gemeinwohl zu vernachlässigen, fortgesetzt.
Marksteine in der Ausgestaltung der heutigen bayerischen Rechtsordnung sind die bereits genannten Kommunalgesetze von 1952 und das Bayerische Polizeiaufgabengesetz von 1954. Gerade auf dem Gebiet des Polizeirechts hat Bayern an der alten, spezifisch bayerischen Systematik der Trennung zwischen Aufgaben und Befugnissen festgehalten, wonach die Polizei bei Eingriffen in die Rechtssphäre Dritter über eine Aufgabenzuweisung hinaus einer gesetzlichen Befugnis bedarf[17]. Das bayerische System des Polizeirechts wurde auch dem Musterentwurf eines Polizeigesetzes von 1977 zugrunde gelegt, den die seither erlassenen Polizeigesetze der Länder im wesentlichen übernommen haben.

Rechtsstaat und Gesetzesperfektionismus

Es mag dahingestellt bleiben, ob es dem Bayerischen Landtag oder dem Bundesgesetzgeber »zu verdanken ist«, daß das Bayerische Gesetz- und Verordnungsblatt doch recht schmal geblieben ist und den Höchststand von 1808 mit 3019 Seiten bei weitem nicht mehr erreicht hat. Wenn von Gesetzesperfektionismus die Rede ist, dann kann mit gutem Gewissen der Schwerpunkt der Betrachtung bei der Bundesgesetzgebung und vielleicht noch eher bei den Richtlinien und Verordnungen der Europäischen Gemeinschaften gesucht werden. Am 22. März 1985 hatte sich der Bundesrat mit einem EG-Richtlinienvorschlag »über vor dem Führersitz montierte Umsturz-Schutzvorschriften mit zwei Pfosten für Schmalspurzugmaschinen mit Luftbereifung« zu beschäftigen[18]; der Vorschlag umfaßte (mit Anhang) 104 Seiten und ist nur eine von vier EG-Regelungen für Umsturzvorrichtungen an landwirtschaftlichen Zugmaschinen. Im Jahr 1982 wurden 894 EG-Richtlinien und 3633 Verordnungen, 1983 651 Richtlinien und 3762 Verordnungen verkündet.

Sicher fordern die Verflechtung der Lebensbeziehungen mehr Regeln, die komplexe Technik kompliziertere Bestimmungen, die schnellere Änderung der Verhältnisse öftere Anpassung. Auch der anspruchsvollere Bürger fordert mehr gesetzgeberische Taten. Selbst über alle diese »Erfordernisse« hinaus überfordert sich der Gesetzgeber, überfordert er auch den Rechtsstaat. Wo ist der Wiguläus Kreittmayr, der das Recht aus seiner »fast unübersehbaren Unordnung« wieder in solche Gestalt bringt, daß es jeder »leichter begreifen, behalten und befolgen kann«[19]? Unverzichtbarer Teil des Rechtsstaatsprinzips ist auch das Gebot der Durchschaubarkeit, Berechenbarkeit, Klarheit des Rechts.

Die Erkenntnis hat sich lange durchgesetzt, daß ein Mehr an Gesetzen, an Verrechtlichung nicht notwendig auch ein Mehr an rechtsstaatlicher Ordnung bedeutet.[20] Zu viele, zu komplizierte oder zu wenig durchdachte Gesetze bewirken, daß dem Bürger und der Verwaltung die notwendigen Freiräume für die Entfaltung von Initiative und für selbstbestimmtes Handeln genommen werden. Wenn es selbst für Juristen immer schwieriger wird, sich in dem Normengestrüpp zurechtzufinden, dann wächst die Gefahr innerer Widersprüche der Rechtsordnung, das Rechtsgefühl der Allgemeinheit wird irritiert, das Rechtsbewußtsein und die Rechtstreue des einzelnen Bürgers erschüttert. So gesehen erweist sich die Eindämmung der Gesetzesflut nicht nur unter praktischen, sondern auch gerade unter rechtsstaatlichen Gesichtspunkten als zentrale Aufgabe für den Gesetzgeber.

Daß diese Erkenntnisse heute nicht mehr bestritten werden, heißt nicht, daß sie sich in der Praxis schon durchgesetzt hätten. Nur wenn als Daueraufgabe von Gesetzgebung und Verwaltung bewußt und vorurteilsfrei geprüft wird, ob es nicht auch ohne Vorschrift geht und ob die Vorschrift derart ins Detail gehen muß, können wir dem Ziel einer überschaubaren, verständlichen Rechtsordnung näherkommen. Auch dieses Problem hat Montesquieu vorausgesehen: »Der Geist der Mäßigung muß den Gesetzgeber beherrschen«.[21]

Bayern hat sich des Problems der Rechts- und Verwaltungsvereinfachung bereits frühzeitig mit Nachdruck angenommen. Während ihrer mehr als fünfjährigen Tätigkeit seit 1978 hat die vom Ministerpräsidenten eingesetzte Kommission für den Abbau von Staatsaufgaben und für Verwaltungsvereinfachung (KAV) unter dem Vorsitz des damaligen Staatssekretärs und jetzigen Staatsministers Franz Neubauer insgesamt 3344 Einzelempfehlungen ausgearbeitet, von denen bis Juli 1984 rund 88 Prozent verwirklicht wurden. Schwerpunktbereiche waren das Bauordnungsrecht, die Neuordnung des staatlichen Förderungswesens, die Statistikvereinfachung, die Bagatellsteuern, die Bußgeldvorschriften des Landesrechts und das Konzept einer neuen formellen Rechtsbereinigung. Diese Rechtsbereinigung wurde durch das Bayerische Rechtssammlungsgesetz vom 10. 11. 1983 verwirklicht. Die Zahl der Stammnormen in Bayern ist zum 1. 1. 1984 auf 1859 gesunken, darunter 315 Gesetze, 1360 Verordnungen und 64 Staatsverträge und Verwaltungsabkommen. Insgesamt umfassen die 4 Textbände der Bayerischen Rechtssammlung weniger als 3000 Seiten Text und damit weniger als ein »Spitzenjahrgang« des Bundesgesetzblatts I.

Um das Entstehen neuer Vorschriften zu verhindern, für die nicht ein unabweisbares Bedürfnis besteht, hat die Staatsregierung mit Wirkung vom 1. 7. 1983 einen Normprüfungsausschuß eingesetzt, der überprüft, ob Vorschriftenentwürfe den Grundsätzen des Abbaus der Staatsaufgaben, der Verwaltungsvereinfachung und der Bürgerfreundlichkeit der Verwaltung entsprechen.

Die bayerischen Bemühungen bedürfen allerdings ihrer Ergänzung auf Bundesebene und vor allem im Rahmen der Europäischen Gemeinschaften. Bayern wird daher auch in Zukunft über den Bundesrat alles in seiner Kraft Stehende tun, um auf Abbau und Straffung von Vorschriften hinzuwirken.

Der handlungsfähige Rechtsstaat

Nur ein handlungsfähiger Staat kann den hohen Anforderungen gerecht werden, denen er sich insbesondere auf den Gebieten der Wirtschafts-, Sozial-, Umwelt- und der Energiepolitik stellen muß. Dies setzt zunächst stabile Mehrheiten im Parlament voraus. Darüber können wir uns in Bayern nicht beklagen. Aber auch unter soliden politischen Mehrheitsverhältnissen kann die Gefahr der »Unregierbarkeit« drohen, wenn eine mehr oder weniger starke Minderheit die Grundregel der Demokratie in Frage stellt, daß niemand im anerkannt besseren Besitz der Wahrheit ist und daß deshalb die Minderheit die Entscheidung der Mehrheit hinnehmen muß. Daß auch die Exekutive im Sinne von Art. 20 Abs. 2 GG demokratisch legitimiert ist, wenn sie ihre verfassungsmäßigen Aufgaben erfüllt, hat das Bundesverfassungsgericht in seinem bekannten Kalkar-Urteil von 1978 ausdrücklich hervorgehoben.[22]

Die Frage nach der Handlungsfähigkeit des Rechtsstaates stellt sich besonders deutlich, wenn es um die Verwirklichung von Großvorhaben geht. Spätestens dann, wenn die Standortentscheidung gefallen ist, formieren sich Bürgerinitiativen, die zum Widerstand gegen das Projekt aufrufen. Um nicht mißverstanden zu werden: Die streitbare Demokratie fordert auch streitbare Demokraten, einem der streitbarsten ist diese Festschrift gewidmet. Mitwirkung des Bürgers ist auch dann legitim, wenn sie außerhalb der institutionalisierten Mitwirkungsformen erfolgt. Daher sind auch Bürgerinitiativen eine Möglichkeit, an der Willensbildung teilzunehmen. Sie können zur Belebung beitragen, Denkanstöße für Parteien, Parlament und Verwaltung geben und nicht zuletzt demokratisches Verständnis fördern. Von einem Mangel dieses demokratischen Verständnisses zeugt es jedoch, wenn die Entscheidungsbefugnis der vom Volk legitimierten Gremien nicht mehr respektiert, die Rechtsordnung zur Disposition gestellt wird. Dies beginnt bei der Propagierung »zivilen Ungehorsams«, der trotz aller verbalen Umschreibung oft nur schwer von gewaltsamem Widerstand zu unterscheiden ist. Der Anspruch auf Gewaltlosigkeit wird endgültig dann aufgegeben, wenn unter Berufung auf ein angebliches Widerstandsrecht nach Art. 20 Abs. 4 GG zur Gewaltanwendung aufgerufen wird. Art. 20 Abs. 4 GG gewährleistet ein Widerstandsrecht jedoch nur

gegen Versuche, die freiheitlich demokratische Grundordnung zu beseitigen. Der Bau eines Flughafens, eines Kernkraftwerkes, einer Wiederaufbereitungsanlage beseitigt nicht die verfassungsmäßige Ordnung. Ob dadurch die Lebensgrundlagen, die unser Verfassungsleben erst ermöglichen, zerstört werden können, darf nicht jeder für sich in angemaßtem Besitz besserer Erkenntnisse entscheiden, diese Entscheidung können nur die von der Verfassung berufenen Organe unter sorgfältiger Heranziehung sämtlicher Erkenntnisse treffen.
Das Widerstandsrecht nach Art. 20 Abs. 4 GG ist zudem an die Voraussetzung geknüpft, daß »andere Abhilfe nicht möglich ist«. So lange der demokratische Willensbildungsprozeß funktioniert und von einer unabhängigen Verfassungs- und Verwaltungsgerichtsbarkeit kontrolliert wird, können und dürfen sich die politisch Unterlegenen nicht auf ein Recht zum Widerstand berufen. Da der Staat unter den derzeitigen Verhältnissen unbestreitbar selbst in der Lage ist, seine Verfassung zu verteidigen, führt derjenige den Rechtsstaat ad absurdum, der – unter welchem Vorwand auch immer – zur Gewalt gegen den Staat und seine Institutionen aufruft oder sogar selbst Gewalt anwendet.

Rechtsstaat und Bürokratie

Was ist Bürokratie? Die Herrschaft derer, die am Schreibtisch, am »bureau« sitzen? Viele Definitionsversuche sind unternommen worden. Halten möchte ich es zunächst mit dem großen liberalen Staatsrechts- und Verwaltungslehrer des 19. Jahrhunderts, mit Robert von Mohl, der auszog, »der Adam Smith von der Polizey zu werden«, und 1846 in einem auch heute noch lesenswerten Aufsatz »Über Bureaukratie«[23] die Formel anbot: »Die Bureaukratie ... ist nichts anderes als die Übertreibung der Staatsidee.« Zur Zeit Robert von Mohls beherrschte noch die Staatsauffassung Hegels die Verfassungslehre, Staat als »Wirklichkeit der sittlichen Idee«, als »das an und für sich Vernünftige«, als »absolut unbewegter Selbstzweck«.[24]
Im Mittelpunkt unserer heutigen Staatsauffassung steht der Satz, der den Herrenchiemseer Entwurf für das Grundgesetz einleitete: »Der Staat ist um des Menschen willen da, nicht der Mensch um des

Staates willen.«[25] Bürokratie läßt sich am besten vermeiden, wenn sich dieser Satz in das Bewußtsein eingräbt, wenn er das Verwaltungshandeln bestimmt. Daneben ist kein Platz für eine Ableitung von Staatsautorität zur Erhöhung der eigenen Bedeutung des Verwaltenden, kein Platz auch für eine Grundeinstellung, die immer vom Verbot, der Freiheitsbeschränkung, ausgeht und nur fragt, ob eine Ausnahme »gewährt werden« kann.

Auch dem Beamten aber, der sich mit dem besten Willen, dem Bürger zu helfen, eines Antrags annimmt, zieht der Rechtsstaat Grenzen im öffentlichen Interesse. Die Erhaltung unserer Umwelt, deren Bedeutung durch die Verfassungsänderung vom 20. Juni 1984 nochmals bekräftigt wurde, die Erhaltung unserer heimischen bayerischen Landschaft in ihrer Schönheit und Unverwechselbarkeit zwingen zur Einschränkung. Hier muß sich die Verfassung auch im Einzelvollzug bewähren. Justitia, die auch dem rechtsanwendenden Beamten beistehen muß, wird mit verbundenen Augen dargestellt, damit sie ohne Ansehen der Person entscheidet, sie drückt nicht beide Augen zu.

Sicher läßt sich manche Vorschrift großzügig auslegen, und ich begehe keine Amtspflichtsverletzung als Verfassungsminister, wenn ich sage, daß zugunsten des Bürgers in der täglichen Baurechtspraxis ständig in Kleinigkeiten Großzügigkeit geübt wird. Der Rechtsstaat setzt aber diesen kleinen Sünden wider den Geist strenger Gesetzesbindung Grenzen, das Bewußtsein des Beamten, die Gesetze getreu nach dem Willen des Gesetzgebers auszulegen und anzuwenden, darf nicht beeinträchtigt werden. Ordnungsgemäßer Gesetzesvollzug ist noch nicht »bürokratisch«; wenn er zu Härten führt, die nicht beabsichtigt waren oder nicht mehr gewollt werden, so muß der Gesetzgeber handeln. Ein Beispiel dafür aus letzter Zeit bietet die Novelle zur Bayerischen Bauordnung von 1982, mit der viele als übertrieben bürokratisch empfundene Regelungen beseitigt wurden.

Effektiver Rechtsschutz

Viel ist heute die Rede von der Überlastung der Gerichte; die Frage schließt sich an: »Muß das Recht kontingentiert werden?«[26] Daß eine

Kontingentierung des Rechtsschutzes der umfassenden Rechtsschutzgarantie des Art. 19 Abs. 4 des Grundgesetzes widerspricht, brauche ich nicht zu bekräftigen. Wenn wir in der Bundesrepublik aber schon ungefähr die vierfache Zahl der Verwaltungsrichter unseres Nachbarlandes Frankreich haben, wenn der Bayerische Verwaltungsgerichtshof fast den gleichen Eingang an Klagen aufweist wie der Conseil d' Etat als einzige Berufungs- und Revisionsinstanz für ganz Frankreich[27], dann rechtfertigt es das, die Abhilfe weniger in einer Erhöhung der Richterzahlen als in einer Straffung des Verfahrens und auch in einer Einschränkung der Tatsacheninstanzen zu suchen[28].

Im übrigen gibt Dr. Erich Eyermann, der frühere Präsident des Bayerischen Verwaltungsgerichtshofs, nur eine Erfahrung wieder, die sich auch im internationalen Vergleich bestätigt, wenn er feststellt, mit der Größe des Richterkorps steige schließlich dann auch die Gefahr, daß das Niveau richterlicher Erkenntnisse sinkt[29]. Nicht zuletzt die Verwaltungsgerichte selbst tragen zu ihrer eigenen Entlastung bei, wenn sie ihre Entscheidungen in straffer und präziser Kürze ohne Hang zum Theoretisieren und in allgemein verständlicher Sprache abfassen[30].

Rechtsstaat – nur durch die Gerichte?

Abhilfemöglichkeiten angesichts der nicht zu bestreitenden besonderen Belastung der Verwaltungsgerichte sehe ich aber nicht nur in der Gerichtsbarkeit selbst, in der Straffung des gerichtlichen Instanzenzuges. Auch die Verwaltung ist selbstverständlich aufgerufen, ihren Teil zu einer effektiven Verwirklichung des Rechtsstaatsgebots beizutragen. Fragen möchte ich daher, ob denn die Verwaltung schon alles tut, einen Rechtsstreit zu vermeiden. Eine Untersuchung, die eine unserer sieben Regierungen in den letzten Jahren über das Widerspruchsverfahren in Bausachen durchführte, hatte sehr aufschlußreiche Ergebnisse:

Während das Verwaltungsgericht in über 60 Prozent der Verfahren mündliche Verhandlungen durchführte und in 40 Prozent der Fälle am Baugrundstück verhandelte, lag im Widerspruchsverfahren der Anteil der Verhandlungen an Ort und Stelle bei unter 10 Prozent.

Während vor dem Verwaltungsgericht nur 31 Prozent der Fälle durch Urteil erledigt wurden, der Rest durch Rücknahme der Klage, Prozeßvergleich oder auf sonstige Weise, endeten im Widerspruchsverfahren zwei Drittel der Fälle mit einem förmlichen Widerspruchsbescheid. Genau umgekehrt müßte es sein: Die Verwaltung ist in der Gestaltung des Verfahrens freier, sie kann auch die Zweckmäßigkeit der Entscheidung überprüfen, ihre Stärke sollte darin liegen, in Verhandlungen mit dem Bürger, der Gemeinde, dem Landratsamt einvernehmliche Lösungen zu suchen oder die Betroffenen noch einmal von der Richtigkeit der Entscheidung zu überzeugen.

Daß diese Möglichkeiten der Verwaltung noch nicht überall ausgeschöpft werden, geht auch zu Lasten des Bürgers: Während vor dem zuständigen Verwaltungsgericht über 20 Prozent der Verfahren in Bausachen mit einem ganzen oder teilweisen Erfolg des Klägers endeten, waren es bei der Regierung nur knapp 5 Prozent. Auch hier sollte man bei einem effektiven und wirtschaftlichen Aufbau des Rechtsmittelzuges erwarten, daß bei der ersten rechtlichen Überprüfung relativ mehr Rechtsfehler festgestellt werden als in den nachfolgenden Instanzen. Der Bürger hat einen Anspruch darauf, daß etwaige Fehler möglichst schnell schon innerhalb der Verwaltung bereinigt werden und nicht erst nach einem gerichtlichen Verfahren mit einer Dauer von durchschnittlich über einem Jahr.

Die Verwaltung sollte sich hier mehr auf ihre eigene Stärke besinnen, um möglichst schnell und effektiv zu einer auch vom Bürger akzeptierten Lösung zu kommen, sie sollte den Rechtsfrieden schon durch Selbstkontrolle herstellen und nicht auf die Gerichte warten.

Die Erfahrungen, die die Regierung von Oberbayern mit dem Versuch gemacht hat, durch regelmäßige mündliche Verhandlungen mit allen Beteiligten am Baugrundstück zu einvernehmlichen Lösungen in Widerspruchsverfahren zu kommen, sind jedenfalls sehr ermutigend; vor allem konnte über ein Drittel der Klagen zum Verwaltungsgericht vermieden werden. Ich sehe daher in diesen weiter zu verfolgenden Ansätzen in der Verwaltung eine gute Möglichkeit, zu der von allen geforderten Entlastung des Rechtsschutzsystems beizutragen und die Eigenverantwortung der Verwaltung beim Vollzug der Gesetze zu stärken.

Rechtsschutzauftrag der Gerichte – Eigenständigkeit der Verwaltung

Die starke Belastung der Verwaltungsgerichte ist wohl auch eine Folge der in weiten Teilen der Öffentlichkeit herrschenden falschen Vorstellung, das gerichtliche Verfahren biete die Möglichkeit einer umfassenden Wiederholung des Verwaltungsverfahrens vor dem Verwaltungsgericht. Diese Fehlinterpretation des Grundsatzes der Gewaltenteilung und der Rechtsschutzgarantie wurde gerade bei spektakulären Großvorhaben durch so manche Entscheidung gefördert, die dann der Überprüfung durch die höhere Instanz nicht standgehalten hat.

Insgesamt wird – auch in der Richterschaft – die Frage der Kontrolldichte verwaltungsrichterlicher Entscheidungen als Grundfrage richterlichen Selbstverständnisses, aber auch als Grundfrage des demokratischen Aufbaus und der Effizienz unseres Staatswesens diskutiert. Die Tatsache, daß dieses Thema, zum Beispiel für den Teilbereich der Kommunalverwaltung auf dem Deutschen Verwaltungsrichtertag 1983, zu teilweise leidenschaftlichen Erörterungen geführt hat[31], zeigt, daß sich auch die Richterschaft dem Problem stellt und es aufzuarbeiten bereit ist.

Trotz der Bemühungen der Staatsrechtslehrertagung 1984 um einen eigenständigen »Verwaltungsvorbehalt«[32] steht eine vertiefte wissenschaftliche Lösung dieses Problemkreises wohl immer noch aus, sie wird von mir an dieser Stelle auch nicht verlangt werden.

Als für die allgemeine innere Verwaltung in Bayern verantwortlicher Minister möchte ich aber einige Anliegen der Exekutive an die Gerichte formulieren.[33]

§ 114 der Verwaltungsgerichtsordnung, der bei Ermessensentscheidungen die richterliche Überprüfung auf die Frage beschränkt, ob »die gesetzlichen Grenzen des Ermessens überschritten sind oder von dem Ermessen in einer dem Zweck der Ermächtigung nicht entsprechenden Weise Gebrauch gemacht ist«, hat in der Entscheidungspraxis wohl nicht immer die Bedeutung erhalten, die dieser die Grenzen zwischen Exekutive und Rechtsprechung definierenden Vorschrift zukommt. Eine extensive Anwendung des Gleichheitssatzes und der Grundsätze des Übermaßverbots und der Verhältnismäßigkeit haben zu einer immer engeren Begrenzung des Entscheidungsspielraums der Verwaltung geführt. Insbesondere ist der Ausgangspunkt der Rechtsprechung, daß Art. 3 GG Willkür verbietet, einer im-

mer differenzierteren Überprüfung der Richtigkeit und Sachgerechtigkeit der von der Verwaltung herangezogenen Gesichtspunkte durch das Gericht gewichen.
In den fünfziger Jahren wurde trotz zahlreicher und gewichtiger Gegenstimmen in der Rechtslehre der Ermessensbegriff in den Rechtsfolgebereich verwiesen und der unbestimmte Rechtsbegriff grundsätzlich in vollem Umfang der richterlichen Nachprüfung unterworfen. Ansätze wie die Vertretbarkeitslehre Carl Hermann Ules konnten sich nicht durchsetzen; die Lehre Bachofs vom Beurteilungsspielraum wurde zwar in die Gerichtspraxis übernommen, aber so reduziert, daß nur noch in wenigen Fallgruppen ein Entscheidungsspielraum der Verwaltung anerkannt wird.
Insbesondere haben die Verwaltungsgerichte auch dort, wo es eindeutig um in die Zukunft weisende, gestaltende verwaltungspolitische Entscheidungen geht, wie zum Beispiel bei den planungsrechtlichen Begriffen der »sozialen und kulturellen Bedürfnisse der Bevölkerung« und der »Bedürfnisse der Wirtschaft«[34], oder bei den Fragen, ob ein Krankenhaus der »bedarfsgerechten Versorgung der Bevölkerung« dient[35] oder eine Investition »volkswirtschaftlich besonders förderungswürdig«[36] ist, das Verwaltungshandeln voll und uneingeschränkt nachgeprüft. Die Entwicklung der Rechtsprechung zum Beurteilungsspielraum ist sicher noch nicht abgeschlossen. Es wäre zu wünschen, daß im Spannungsfeld von Rechtsschutzgarantie und Gewaltenteilungsgrundsatz dem Gedanken einer gewissen Entscheidungsprärogative der Verwaltung bei politischen – auch bei kommunal- und verwaltungspolitischen – Entscheidungen wieder mehr Gewicht beigemessen würde.
Besonders augenfällig ist die Verrechtlichungstendenz auf dem Gebiet der Planung. Berührt ist hier nicht nur die staatliche Verwaltung, betroffen wird vor allem die Planungshoheit der Gemeinden als wichtigste Ausprägung kommunaler Eigenständigkeit.
Sicher ist die Steigerung der gerichtlichen Kontrolldichte auch durch die wissenschaftlich-technische Entwicklung und die ihr folgende zunehmende Regelungsdichte bedingt. Die Frage aber, ob darüber hinaus nicht die Gewaltenbalance zwischen demokratisch verantwortlicher Exekutive und Gerichtsbarkeit durch die Verrechtlichung von Planungsfragen gestört ist, wird nicht zuletzt auf der Seite der Verwaltungsgerichtsbarkeit selbst gestellt[37]. Mit der Ausdifferenzierung des planungsrechtlichen Abwägungsgebots, mit eigener Gewichtung der in die Abwägung einzustellenden Belange durch die Gerichte, mit der aus dem Rechtsstaatsgebot abgeleiteten Rechtspflicht der Problembewältigung, manchmal vielleicht auch mit der spezifisch juristischen Tugend der Spitzfindigkeit, kann es immer gelingen, eine Frage fachmännisch und kommunalpolitisch richtiger Planung zur Rechtsfrage zu machen. Die Frage, wo hier die Rechtsschutzgarantie endet und wo der durch die Verfassung der Verwaltung zugewiesene Entscheidungsspielraum beginnt, wird weiter in Literatur und Rechtsprechung diskutiert werden müssen. Angesichts mancher Hoffnung erweckende Ansätze richterlicher Selbstbeschränkung sollte es in Zukunft nicht bei der resignierenden Feststellung eines Kommunalpolitikers, des Stuttgarter Oberbürgermeisters Rommel, bleiben: »Es wird immer leichter, etwas zu verhindern, und immer schwerer, etwas zu tun.«[38]

Dem Problem, daß auch der Rechtsstaat im Interesse des Gemeinwohls handlungsfähig bleiben muß, werden wir uns in nächster Zeit stellen müssen, soweit erforderlich auch in der Gesetzgebung. Viele Anzeichen sprechen aber dafür, daß auch in der Verwaltungsgerichtsbarkeit ein Umdenken eingesetzt hat. Eine Neubesinnung würde auch den Verwaltungsgerichten selbst zugute kommen, würde ihnen mehr Autorität und Überzeugungskraft innerhalb ihres originären Aufgabenbereichs geben.[39]

Zusammenfassung

Bayern ist im 19. Jahrhundert auf dem Weg zur Verwirklichung und Ausgestaltung rechtsstaatlicher Grundsätze vorausgegangen, es hat in der oft harten Praxis des Verfassungslebens die Grundrechte des Bürgers in ihrer sozialen Verbundenheit gewahrt; nach dem Unrechtsstaat des Dritten Reiches konnte der dem Bürger und seinen Grundrechten dienende Rechtsstaat voll entfaltet werden.
Wenn ich mit diesen Zeiten des Erkämpfens, Entwickelns, Gestaltens des Rechtsstaats in Bayern unseren in manchen Punkten hypertrophen »Rechtswegestaat« vergleiche, so erinnert er mich manchmal – einem Juristen sei das Aufsuchen von Parallelen in der Kulturgeschichte erlaubt – an die Zeit des Manierismus: Die heroischen Zeiten sind vorbei, der Überfluß fördert einen Hang zur Komplizierung, zur Überfeinerung, eine Tendenz zum Gekünstelten, Zugespitzten, Überladenen; kleine Probleme werden zu großen; das Instrumentarium steht in überreichem Maße zur Verfügung, man macht davon oft ohne Not, ohne innere Notwendigkeit Gebrauch. Vielleicht geht es uns schon fast zu gut.
Ich möchte das keinesfalls einseitig auf den Bürger beziehen: Auch der Gesetzgeber hat oft ohne Not seine Regelungsmacht ausgeschöpft, Gesetze geschaffen, die für den Bürger nicht mehr verständlich sind. Auch die Verwaltung hat oft reglementierend die Freiheit des Bürgers beschränkt, wo Vertrauen in die Selbstverantwortung am Platze gewesen wäre. Vielleicht ist es gar nicht zu verwundern, daß der Bürger – konfrontiert mit einem oft exzessiven Gebrauch hoheitlicher Gestaltungsmöglichkeiten – selbst auch das vom Rechtsstaat zur Verfügung gestellte Rechtsmittelarsenal aus-

schöpft, daß er auch dann klagt, wenn er keinen Schutz seiner Rechte benötigt, aber darauf setzt, daß der Rechtsweg lange dauert, daß damit der Wert eigener Zugeständnisse steigt, daß man damit öffentliche Vorhaben verteuern, vielleicht auch verhindern kann.
Alle drei Gewalten – aber auch der Bürger – tragen Mitverantwortung dafür, daß unser schwer erkämpfter Rechtsstaat erhalten bleibt und mit Vernunft weiterentwickelt wird. Diese Verantwortung erfordert heute vor allem Selbstbeschränkung, Zurückhaltung, Sparsamkeit im Gebrauch des staatlichen Instrumentariums, damit das Gesetz, die hoheitliche Entscheidung, das Gerichtsurteil und auch die Klage des Rechtsschutz suchenden Bürgers ihr Gewicht, ihren Wert und ihre Würde behalten.

[1] Abbildung in: Wittelsbach und Bayern, Krone und Verfassung, Max I. Joseph und der neue Staat, Bd. III/1, Tafel 12; dazu Kobler, »Charta Magna Bavariae«, a.a.O., S. 114
[2] 4. Ekloge, Vers 5
[3] so eine Äußerung von Hardenberg, zitiert nach Weis, Montgelas, 1759–1799, Zwischen Revolution und Reform, 1971, S. 464
[4] dazu vor allem Weis, Die Begründung des modernen bayerischen Staates unter König Max I., in: Spindler, Handbuch der Bayerischen Geschichte, Bd. IV/1, S. 8–38; Doeberl, Entwicklungsgeschichte Bayerns, II. Band, 3. Aufl. 1928, S. 452 ff.
[5] abgedruckt im Handbuch der Staats-Verfassung und Staats-Verwaltung des Königreichs Bayern, I. Band, 1809, S. 15 ff.
[6] abgedruckt bei Huber, Dokumente zur deutschen Verfassungsgeschichte, Bd. 1, 1961, S. 78
[7] Doeberl, Ein Jahrhundert bayerischen Verfassungslebens, 1918, S. 61
[8] so der Erlanger Professor J. P. Harl, zitiert nach Doeberl, wie Anm. 7, S. 58
[9] so Weis, Das neue Bayern – Max I. Joseph, Montgelas und die Entstehung und Ausgestaltung des Königreichs 1799–1825 in Wittelsbach und Bayern, wie Anm. 1, S. 62
[10] RGBl I S. 529
[11] S. 83 f.
[12] zitiert nach Stadtmüller, Das Naturrecht, 1948, S. 31 f.
[13] E Bd. 2, S. 45 ff.
[14] Neubearbeitung von 1913, Bd. 1, S. 77 ff.
[15] RGBl I S. 75
[16] Schlußbericht der Enquête-Kommission Verfassungsreform, BT-Drs. 7/5924, S. 122 ff.
[17] dazu bes. Mayer, Die Eigenständigkeit des bayerischen Verwaltungsrechts, dargestellt an Bayerns Polizeirecht, München 1958
[18] BR-Drs. 599/84, 110/85
[19] Bekanntmachung des Codex Maximilianeus Civilis, abgedruckt bei Raimund Eberle, Was früher in Bayern alles Recht war, 1976, S. 20
[20] dazu u. a. vom Verfasser, Eindämmung der Gesetzesflut, BayVBl 78, 321; Süß, BayVBl 81, 33; Kopp. BayVBl 83, 673;
[21] Montesquieu, Vom Geist der Gesetze, herausgegeben von Ernst Forsthoff, 1951, 29. Buch, 1. Kap., S. 350
[22] B. v. 8. 8. 1978, BVerfGE 49, 125, gegenüber den Bedenken des OVG Münster, DVBl 1978, 62
[23] Zeitschrift der gesamten Staatswissenschaften, Bd. 3 (1846), S. 330 ff., 340; die Fortsetzung des Zitates lautet: »vollzogen durch einen zahlreichen und zum Teil aus sehr mittelmäßigen Gliedern bestehenden Organismus von gewerbsmäßigen Beamten«. Zum Thema »Bürokratie und Verwaltung« Süß, BayVBl 81, 33

[24] Hegel, Rechtsphilosophie, §§ 257 f., zitiert nach Hattenhauer, Geschichte des Beamtentums, 1980, S. 174
[25] JöR n. F. 1 (1951), S. 48
[26] »Der Spiegel« Nr. 29, 1983, S. 29
[27] vgl. Woehrling, NVwZ 1985, S. 21, in den Vergleich der Richter sind die Finanzgerichte und die Zivilgerichte, soweit sie in Staatshaftungssachen u. ä. entscheiden, einbezogen.
[28] Bayern hat sich im Bundesrat für die erstinstanzliche Zuständigkeit des Verwaltungsgerichtshofs bei bestimmten Großvorhaben eingesetzt und betreibt weiter die Einführung der Zulassungsberufung; dazu auch Verfasser in BayVBl 84, 580
[29] Krebsschaden Unregierbarkeit, GewArch 1983, S. 41 ff.
[30] insoweit übt Sendler, DVBl 1982, S. 923 ff., Kritik an der Verwaltungsgerichtsbarkeit
[31] Kirchhof, Der Landkreis 1983, S. 347
[32] dazu u. a. Stettner, DÖV 84, 611
[33] hierzu und zum folgenden u. a. Rundel, BWVPr 1984, 266 ff.; Kopp, BayVBl 83, 678; Sendler, NJW 83, 1450; Stettner, DÖV 84, 611 ff., jeweils mit weiteren Nachweisen
[34] BVerwGE 34, 301
[35] BVerwGE 62, 86
[36] OVG Münster, GewArch 74, 244
[37] Eyermann, wie Anm. 29; Sendler, NJW 83, 1450
[38] »Die unregierbare Stadt«, Die Zeit vom 25. 4. 1980
[39] Kopp, wie Anm. 33; Kissel, NJW 82, 1782

Max Spindler

Der Gegenstand der bayerischen Geschichte

Zur Diskussion um Landeskunde, Landesgeschichte, Gesamtgeschichte

Als vor etwa dreißig Jahren die ersten Pläne zur neuerlichen Zusammenfassung der bayerischen Geschichte Gestalt gewannen, war zu allererst zu erwägen, ob es sinnvoll war, die Tradition von Riezlers »Geschichte Baierns« (1878–1927) oder Doeberls »Entwicklungsgeschichte Bayerns« (1906–1931) weiterzuführen, oder ob die Entwicklung der Landesgeschichtsforschung nicht, neben neuen Wegen, auch eine neue grundsätzliche Bestimmung erfordere.
Die Begriffsgeschichte selbst liefert für solche Überlegungen den Leitfaden. Wenn wir uns an den Begriff »Land« halten und ihm die »Landesgeschichte« zuordnen, warum dann nicht gleichwertig auch andere solche Zusammensetzungen? Wir stoßen damit auf

den Begriff der Landeskunde. Ist Landeskunde dasselbe wie Landesgeschichte? Nein, Landeskunde umfaßt auch die Gegenwart, das Land von heute; sagen wir also »geschichtliche Landeskunde«. Ist geschichtliche Landeskunde dasselbe wie Landesgeschichte? Nein – aber worin besteht der Unterschied? Gehen wir also ins Konkrete. Ist bayerische Landesgeschichte dasselbe wie Geschichte des Landes Bayern?

Nehmen wir einen ganz kleinen Raum, die Jachenau, jenes von Westen nach Osten zur Isar hinziehende einsame Tal von stiller, herber Schönheit mit vielen Besonderheiten. Ist also eine Geschichte der Jachenau dasselbe wie eine geschichtliche Landeskunde der Jachenau? Worin besteht der Unterschied, was bestimmt den Unterschied? Sehen wir uns einmal den Inhalt eines landeskundlichen Werkes an. Von der Bundesanstalt für Landeskunde und der Akademie für Raumforschung und Landesplanung wurde vor langen Jahren ein großes Werk herausgegeben, »Die deutschen Landkreise«. Hier haben wir ein landeskundliches Werk vor uns. Ein Band behandelt den Landkreis Starnberg. Was ist sein Inhalt? Seine thematische Bestimmung gilt der Beschreibung der Landesnatur:

I. Boden, Form, Klima, Gewässer, Tier- und Pflanzenwelt
II. Grundzüge der geschichtlichen Entwicklung
III. Bevölkerung (Herkunft, Volkscharakter, soziologische Verhältnisse, Gesundheitswesen, Fürsorge, wirtschaftliche und soziale Struktur)
IV. Siedlung und Wohnung (das heutige Siedlungsbild, Hausformen, Bauentwicklung, Flurformen, Wohnverhältnisse)
V. Wirtschaft und Landwirtschaft (Fischerei und Forstwirtschaft, Bodenschätze, Wasserwirtschaft, Energiewirtschaft, Handwerk und Industrie, Geldwirtschaft, Fremdenverkehr)
VI. Verkehr, Bahn, Post
VII. Kulturelles Leben (kirchliches Leben, Bildungswesen, kirchliches Volkstum, Kunst)
VIII. Die Lebensprobleme des Kreises

Man sieht, es steht im Vordergrund die Beschreibung der Landesnatur und die Wechselwirkung zwischen Mensch und Land. Die geschichtliche Entwicklung tritt zurück, ebenso das geistige Leben, wenn es auch behandelt wird. Die Landeskunde ist vornehmlich geographisch orientiert; damit haben wir einen wesentlichen Unterschied zwischen Landesgeschichte und Landeskunde. Ich will aber noch einen weiteren Punkt aufweisen.

Ich weiß sehr wohl, daß ich mich nun in Widerspruch setze zur allgemeinen Auffassung, wenn ich behaupte, Landesgeschichte als Geschichte ist eine Spezialwissenschaft, sie ringt den primären Quellen Erkenntnisse ab. Geschichtliche Landeskunde ist Synthese, sie bietet eine Zusammenfassung der Ergebnisse der Einzelwissenschaften, der Einzelforschung über einen bestimmten Raum. Das soll nun an einem Beispiel beleuchtet werden. Was ist also geschichtliche Landeskunde der Jachenau – um bei dem Beispiel Jachenau zu bleiben –, was ist ihre Aufgabe? Sie wird ausgehen vom Boden, das ist ein geologischer Begriff (Vegetation, Tierwelt, klimatologische Verhältnisse), sie wird also die Ergebnisse der Geographie, der Soziologie, der Klimatologie, Botanik, Zoologie bieten, sie wird den Besiedlungsvorgang schildern, die ganze Umwandlung der natürlichen Landschaft in die Kulturlandschaft. Dazu gehört Bevölkerungsgeschichte (Anthropologie, Biologie), sie liefert den Stoff auch für die Archäologie. Sie wird also die Ergebnisse der Vor- und Frühgeschichte der Jachenau im engeren Sinn beschreiben, sie wird die politische, staatliche, rechtliche, wirtschaftliche Durchdringung des Raumes behandeln. Dazu wird sie für die Geschichte einerseits die Grundlagen bieten, andererseits entnimmt sie von ihr die Ergebnisse: Sie wird die geistig-kulturelle Entwicklung des Raumes erörtern, und zwar auf der Grundlage der Kunstgeschichte, der Musikgeschichte, der Geschichte der Volkskunde. Es ist also mit anderen Worten unmöglich, daß Landeskunde und ihre Abteilungen auf Primärquellen aufbauen, sondern ihre Aufgabe besteht darin, die Ergebnisse vieler Wissenschaften über einen bestimmten Raum zusammenzufassen und darzustellen. Mit dieser Zielsetzung werden Unklarheiten beseitigt und wird der Landeskunde ein zureichend weites Feld eröffnet.

Landeskundliche Arbeiten von heute sind vielfach so aufgebaut, daß sie geographisch und geologisch breit angelegt und wissenschaftlich fundiert sind, weil der Autor auf diesen Gebieten sich wissenschaftlich bewegen kann. Nun aber kommt die große Schwierigkeit, es kommen nun geschichtliche Partien, es kommen philologische Partien, also die Untersuchung der Mundart, oder es kommen volkskundliche Abschnitte oder anthropologische, und hier wird vielfach in völlig unzulänglicher Weise versucht, gleichfalls wissenschaftlich vorzugehen. Es ist aber unmöglich, daß der Autor allen diesen schwierigen Disziplinen gewachsen ist oder darin wissenschaftlich vorgehen kann, daß er diese Disziplinen beherrscht, er müßte Anthropologe, Volkskundler, Jurist sein. Da er dies in der Regel nicht ist, gleiten sehr oft derartige geographisch und geologisch ausgezeichnet angelegte Arbeiten ins Dilettantische ab.

Dabei verkennen wir durchaus nicht den Wert einer eigenständigen wissenschaftlichen Beschäftigung mit dem Land, spezieller der Landschaft. Ist die Landschaft lediglich von der Natur geformt, ist sie vom Menschen unberührt, so sprechen wir von einer natürlichen Landschaft, von einer naturgeschaffenen Einheit. In der Regel ist die natürliche Landschaft verändert durch Eingriffe des Menschen, der aus dem Land Kulturland macht, Kulturlandschaft ist die durch Menschen gestaltete und geformte Landschaft. Der Mensch bebaut den Boden, schafft Flurformen, teilt das Land in Acker, Wiese und Wald, er bestimmt den Charakter des Waldes, er legt Wege an, er reguliert Flußläufe, er trocknet Moore aus, er prägt der Natur seinen Willen auf, er schafft die Kulturlandschaft, stattet sie mit Siedlungen aus, er grenzt auch den Raum ab, sei es mit Rücksicht, sei es ohne Rücksicht auf natürliche Gegebenheiten. Kulturlandschaft und natürliche Landschaft brauchen sich also nicht zu dekken. Eine Kulturlandschaft kann bestimmt sein durch Bevölkerung gleicher Herkunft, gleichen Stammes – wir sprechen von Sprachlandschaft, Sprachgebiet –, durch gleiches Recht – wir haben auch Rechtslandschaften, Rechtsgebiete –, durch Wirtschaft und Verkehr – Verkehrslandschaft –, durch die auf den Raum sich ausdehnende Herrschaft, durch Staat und Politik – dann sprechen wir von Staat, Staatsgebiet, Territorium. Der Staat hat stärkste tragende Kraft unter den Faktoren, die eine Kulturlandschaft, einen Kulturraum, Kulturprovinzen formen. Nun sind wir in der Lage, den Gegenstand der Landeskunde zu beschreiben. Ihre Aufgabe besteht darin, alle die genannten Gegebenheiten, die ein Stück Erdoberfläche zur natürlichen und zur Kulturlandschaft machen, zu erforschen, zu deuten, zu beschreiben.

Die Beschreibung, Deutung, Erforschung aller dieser Gegebenheiten ist Gegenstand der Landeskunde. Sie beschreibt die Formen des Landes, die Bodenbeschaffenheit, die klimatischen Verhältnisse, die Tier- und Pflanzenwelt, die Bodenschätze, sie beschreibt auch das Werk des Menschen, die Siedlung und die Bevölkerung und ihre Zusammensetzung, kurz: Sie durchforscht den Raum und die in ihm wohnenden Menschen, das Land nach den vielfältigen Beziehungen, auch nach Sprache, Sitte, nach Recht und Staat. Sie bedient sich dabei vielfach der Karte, aber sie überschreitet den früher üblichen Rahmen. Sie bietet auch Karten der Natur- und Kulturlandschaft, sie bietet Waldkarten, Karten der Bebauung und Siedlungsformen, der Verkehrswege, der Wirtschaft, der einzelnen Kulturerscheinungen, der Dialekte, der volkskundlichen Erscheinungen, sie deutet damit das Land und die Einwirkung des Menschen auf das Land in allen Beziehungen.

Wenn nun die Landeskunde sich bei diesem Tun von der Gegenwart und dem gegenwärtigen Raum abwendet und sich mit der Vergangenheit eines Landes in diesem Sinn befaßt, so haben wir die geschichtliche Landeskunde vor uns. Überläßt der Landeskundler die Geschichte dem Historiker, die Mundart dem Linguisten und beschränkt sich darauf, die Ergebnisse der einzelnen wissenschaftlichen Untersuchungen über den in Betracht kommenden Raum darzulegen und miteinander in Verbindung zu setzen, so wird eine einwandfreie, gleichmäßige wissenschaftliche Arbeit zustande kommen. Wenn für ein Teilgebiet noch keine wissenschaftliche Untersuchung vorliegt, so sind eben in der landeskundlichen Beschreibung Lücken vorhanden, die mit in Kauf genommen werden müssen.

Mit dieser Zielsetzung ist nicht etwa die Landeskunde entwertet, sondern mir scheint im Gegenteil, es ist ihr eine große Funktion zuzuschreiben, nämlich ein umfassendes Bild der geschichtlichen Vergangenheit eines bestimmten Raumes zu bieten, eine Synthese vorzulegen, gerade das zu bieten, woran heute in der Landeskunde Mangel ist: Es kann die Leistung von Natur *und* Mensch gleichzeitig gewürdigt werden. Soviel zum Unterschied von Landesgeschichte und Landeskunde.

Daraus ergibt sich, Landeskunde ist umfassend, ist eine Schau auf das Ganze, auf die Schöpfungen von Natur und Geist innerhalb eines bestimmten Raumes. Landeskunde bietet eine Synthese der Wissenschaften, ist nicht selbst Primärwissenschaft. In der Theorie ist ihre Aufgabe unbegrenzt, in der Praxis wird die eine oder andere Wissenschaft Grundlage sein und dominieren. Betreibt der Geograph Landeskunde, so wird die geographisch-naturwissenschaftliche Basis breiter, stärker sein; betreibt der Historiker Landeskunde, so wird er die Schöpfungen des Menschen innerhalb eines bestimmten Landes in den Vordergrund stellen, er wird vornehmlich Geschichte pflegen.

Nun gibt es aber doch einen weiteren Begriffsinhalt von Land: Das ist das Land als politischer Begriff, wie wir ihn aus der Weimarer Verfassung oder aus dem heutigen Grundgesetz kennen, wie wir ihn vor allem kennen aus der Geschichte des Landes im Sinne von Herrschaftsbereich, terra, Territorium. Damit sind wir nun bei dem Begriff Landesgeschichte angelangt, damit müssen wir uns nun fragen, ist Landesgeschichte dasselbe wie Landeskunde?

Landesgeschichte im früheren Sinn ist reine Territorialgeschichte oder, wie man auch sagte, Partikulargeschichte. Sehr häufig war sie nichts anderes als reine Regentengeschichte. In neuerer Zeit, namentlich seit der Jahrhundertwende, seit dem Ersten Weltkrieg ist diese Landesgeschichte eine Verbindung eingegangen mit der geschichtlichen Landeskunde. Richtunggebend waren infolgedessen hierfür die Arbeit und die Arbeitseinrichtung eines Seminars für Landesgeschichte und Siedlungskunde an der Universität Leipzig, die im Jahre 1906 durch Rudolph Kötzschke begründet wurde. Beispielgebend war auch das Institut für Geschichtliche Landeskunde der Rheinlande an der Universität Bonn, gegründet 1921 von Franz Steinbach, Theodor Frings und Hermann Aubin, die eine schöpferisch fruchtbare Tätigkeit entfalteten.

Was nun verstand Kötzschke unter »Landesgeschichte«? Er meinte mit Siedlungskunde nicht etwa bloß die spezielle Wissenschaft von Siedlung und Siedlungsvorgängen, sondern bereits das, was man unter geschichtlicher Landeskunde versteht. Es wurde hier bereits eine Erweiterung in der Zielsetzung angestrebt. Dasselbe gilt für die Rheinlande; hier kann man sich bei der Pflege der Landesgeschichte, wenn man sie in größerem Rahmen betreiben wollte, nicht beschränken auf die Erforschung des geschichtlichen rheinischen Staatsgebiets; eine rheinische Geschichte insgesamt gibt es nicht. Es gibt nur eine Geschichte der rheinischen Fürstentümer, eine Geschichte des Herzogtums Berg, des Herzogtums Kleve, der Grafschaft Mark usw. Die Rheinlande sind ein geographischer Begriff, kein staatlicher, Anlehnung an einen Staat war also unmöglich. So wählten diese rheinischen Forscher damals einen anderen Ausgangspunkt, einen anderen Weg, sie gingen von der natürlichen Landschaft aus und fragten sich, ob sich nicht daraus die historische entwickeln lasse, ob diesem natürlichen Raum nicht gewisse geschichtliche und kulturelle Gemeinsamkeiten zu eigen wären. Sie zogen alle möglichen Wissenszweige heran, sie befragten die Chronologie, die Kunstgeschichte, die Sprachwissenschaft, die Volkskunde, die Kirchengeschichte, die Wirtschaftsgeschichte, sie durchleuchteten die Landschaften unter Führung dieser Disziplinen und fanden dann schließlich ein gemeinsames Band, einen Oberbegriff: die *Kultur*. Sie kamen zur Aufstellung von Kulturräumen und stellten über die Rheinlande hinaus der geschichtlichen Landeskunde als Ziel, die Kulturprovinzen zu durchforschen. Sie grenzten Felder ab, auf denen die geschichtliche Landeskunde aufbauen konnte.

Es war begreiflich, daß diese Forderung aus den Bedürfnissen der rheinischen landesgeschichtlichen Forschung erwachsen ist. Damit eröffneten sich auch gewisse Aspekte auf eine Neuorientierung der deutschen *Geschichte* überhaupt: Aufbau der deutschen Geschichte von der geschichtlichen Landeskunde her, auf Kulturprovinzen, eine Auffassung, die von der alten Staaten- und älteren Territoriengeschichte wegführt und diese auch in gewisser Beziehung entwertet. Wie sollen wir uns dazu stellen?

Nun ist der deutsche Raum staatlich gesehen ganz verschieden aufgeteilt gewesen. Wir haben Gebiete mit geringer und Gebiete mit starker staatlicher Zersplitterung. Es ist verständlich und begreiflich, daß die landesgeschichtliche Forschung in Gebieten mit starker Zersplitterung nach einem Rahmen sucht, wie gerade in den Rheinlanden, aber einen Rahmen können diese Kulturprovinzen nicht abgeben, einen Rahmen, der es ermöglicht, eine Reihe von staatlichen Hoheitsgebieten der Vergangenheit zusammen zu betrachten, denn das deutsche Volk hat nun einmal nicht in Kulturpro-

vinzen gelebt, sondern in Staaten. Und Aufgabe des Historikers ist es, die Wirklichkeit zu erforschen. Die Aufteilung und Gliederung des deutschen Raumes in Kulturräume, Kulturprovinzen kann nicht mehr als eine Aushilfe sein, dort, wo sie absolut notwendig ist.
Wie man sieht, hat die Landeskunde eine starke Sprengkraft entwickelt. Sie ist dabei, dem Begriff Landesgeschichte einen neuen Inhalt zu geben. So entstand die Frage, ob der Begriff »Land« als politische Raumeinheit im Sinne von Kulturraum, Kulturlandschaft, Kulturprovinz ersetzt werden kann. Das ist meines Erachtens nicht angängig. Es ist ja nun schon schwer, die Grenzen einer Kulturprovinz genau zu umschreiben. Was bestimmt denn diese Grenzen? Etwa die Sprache? Man weiß ja längst, daß die Dialekte durch keine Grenzlinien voneinander getrennt sind, sondern durch Grenzzonen, die bisweilen sehr breit sind. Etwa der Hausbau? Welche Kulturschöpfung sonst: Literatur, Kunst, Erscheinungen volkskundlicher Art? Diese verschiedenen Grenzen brauchen sich nicht zu dekken, aber sie müssen zur Deckung gebracht werden, wenn das Ergebnis ein einheitlicher Kulturraum sein soll. Wenn man das Problem durchdenkt, so kommt man am Ende doch lediglich auf kirchliche und staatliche Grenzen.
Setzen wir nun diese Betrachtungen und Überlegungen in Beziehung zur bayerischen Landesgeschichte. Blicken wir auf die ältere bayerische Geschichte, so ist sie bis 1200 Stammesgeschichte. Wir haben keine Veranlassung, diesen Rahmen zu verlassen, denn es decken sich hier Stamm, Recht, Mundart, Kirche und Staat. Ja, dieser bayerische Raum bildet zugleich mehrere natürliche Landschaften von größter Geschlossenheit und von charaktervollem Gepräge, natürliche und historische Landschaften klingen zusammen, natürliche und Kulturlandschaft klingen zusammen. Auf den Stamm folgt das Territorium, der bayerische Territorialstaat. Wir haben keine Veranlassung, diesen bayerischen territorialen Raum aufzulösen und ihn in irgendwelche Kulturprovinzen einzuordnen. Er ist geschlossen, von verhältnismäßiger Größe, besitzt eine staatliche Geschichte von Gewicht. Das gleiche gilt vom bayerischen Staat des 19. Jahrhunderts. Die Folgerung lautet:
Bayerische Landesgeschichte = bayerische Territorialgeschichte. Ihr Schauplatz wird durch die staatlichen Grenzen umschrieben,

aber sie ist doch nicht mehr Territorialgeschichte im alten Sinn. So wollen wir die bayerische Landesgeschichte nicht auffassen und betreiben. Die bayerischen Historiker des 17./18. Jahrhunderts pflegten die bayerische Geschichte als Landeshistoriographie, als Dynastiegeschichte, als Regentengeschichte.
Schon mit Westenrieder (1785) setzt aber ein Wandel ein, der dann erst recht bei Riezler spürbar wird, der alle Lebensbereiche in den Kreis seiner Betrachtungen einbezieht; das gleiche gilt für Doeberl und im erhöhten Maße für uns. Auch wir halten uns an die staatlichen Grenzen, aber innerhalb dieses Raumbegriffs verknüpfen wir Territorialgeschichte mit geschichtlicher Landeskunde.
Die Landesgeschichte hat für uns also einen weiten, einen umfassenden Sinn, wir würden und wollen uns nicht beschränken auf politisch-staatliche Geschichte, sondern wollen die Kulturgeschichte im weitesten Sinn einbeziehen. Auch die Einwirkungen des Raums und seine Gegebenheiten wollen wir berücksichtigen, sie jedoch nicht überbewerten, um nicht in die Fehler zu verfallen, die schon einmal gemacht worden sind und die auf Abwege geführt haben. Die Geschichte zielt nicht ab auf die Beschreibung und Erforschung eines Raumes und seiner Veränderungen, sondern auf den Menschen. Sie ist etwas Geistiges. Die Landesgeschichte ist nicht Geschichte eines Landes, eines geographischen Raumes, sondern Geschichte der Bewohner des Landes und ihrer gesamten materiellen und geistigen Schöpfungen. Der Einfluß des Raumes ist beschränkt. Wenn ich also von Landesgeschichte spreche, fasse ich sie im weitesten Sinn. Wer Musikgeschichte studiert, wird sich irgendwann einmal mit den hervorragenden Denkmälern der Tonkunst, die in Bayern entstanden sind, befassen müssen, er treibt in diesem Ausschnitt seines Fachs bayerische Geschichte. Wer die Kunstgeschichte pflegt, wird niemals an den reichen Kunstschöpfungen in Bayern in allen einzelnen Zweigen der Kunst von der Buchilluminierung im Mittelalter bis zu den Meisterwerken der Architektur vorübergehen können, so bewegt er sich häufig auf dem Boden der bayerischen Geschichte. Wer der literarischen Entwicklung unseres Volkes nachgeht, wird von der althochdeutschen Glossenliteratur an, von Muspilli und vom Wessobrunner Gebet, durch die Jahrhunderte hindurch immer wieder auf literarische Erzeugnisse stoßen, die

in Bayern entstanden sind, und wenn er sie prüft und untersucht, so betreibt auch er ein Stück bayerische Geschichte, und so ist es auf allen anderen Gebieten. Man kann, wenn man etwa die bayerische Geschichte der Stauferzeit betrachtet, unmöglich beim politischen Sektor stehen bleiben, man muß der großen bedeutenden Kulturzentren, der Bischofssitze, der Klöster gedenken, denen sich damals auch die Dynastenhöfe der Babenberger, der Wittelsbacher und der Burggrafen von Regensburg beigesellen. Man muß sich der Leistungen von Tegernsee und Benediktbeuern oder Niederaltaich oder der Domschulen erinnern. So setzt sich ein Zweig der Geistesgeschichte neben den anderen und heischt Untersuchung und Betrachtung: die Pflege des Bildungswesens, das Bemühen, den überlieferten Wissensstoff zu erhalten und fortzupflanzen, die Schöpfungen der Literatur in der lateinischen Dichtung – etwa der »ludus de Antichristo« oder die »Quirinalien« des Metellus mit ihrer hochentwickelten Verskunst –, in der lateinischen Prosa die reiche Briefliteratur, in der deutschen Dichtung Meisterleistungen auf dem Gebiet des Volksepos, der großen höfischen Dichtung des Minnesangs und der kleineren Gattungen der Poesie. Die Beschäftigung mit der Landesgeschichte zwingt auch, den Bereich der bildenden Kunst zu umfassen, also in der Stauferzeit die Erzeugnisse des romanischen Stils in der Baukunst, in der Wandmalerei, in der Plastik und vor allem auch in der Buchmalerei zu würdigen – in der Buchmalerei, weil uns hier die Intention der Kunst jener Zeit am wenigsten verfälscht entgegentritt. Im Bereich der materiellen Kultur führt uns die Landesgeschichte der Zeit hin zur Betrachtung der Grundherrschaft, wie sie uns in entwickelter Form entgegentritt im »Codex Falkensteinensis« oder in den Wirtschaftsorganismen der Klöster mit dem reichen wirtschaftsgeschichtlichen Quellenbestand, den sie uns hinterlassen haben, zur Betrachtung der städtischen Wirtschaft, die in Regensburg an einem hervorragenden Beispiel illustriert werden kann. Kurz, auch die Landesgeschichte kann nicht stehenbleiben bei der Betrachtung der politischen Geschichte, sie zwingt den Betrachter, alles zu umfassen, was eine Epoche an geschichtlichen Leistungen hinterlassen hat, nicht zum wenigsten auch die Ständegeschichte, die Sozialgeschichte zu pflegen, für die uns in Bayern reiche Quellen zur Verfügung stehen.

Eine so aufgefaßte und gepflegte Landesgeschichte kann nicht mit dem Vorwurf der Enge belastet werden. Eng wird die Landesgeschichte wie die Geschichte, wie die Wissenschaft überhaupt, wenn der Kopf eng ist, der sie pflegt.

Damit dürfte nun geklärt sein, was wir unter bayerischer Landesgeschichte verstehen. Wie man sieht, der Begriff ist mehrdeutig, kann geographisch und politisch gefaßt werden. Wir verstehen ihn politisch-staatlich, betreiben aber nicht Territorialgeschichte im früheren Sinn, sondern im weitesten Sinn, indem wir neben der politisch-staatlichen Geschichte namentlich der Betrachtung der Kulturleistungen unsere Aufmerksamkeit zuwenden und gewiß auch den Raum und seine Entwicklung und Veränderung berücksichtigen, aber die Erforschung des Raumes doch nicht so in den Vordergrund rücken, wie das anderwärts geschieht. Ich fasse also Landesgeschichte nicht in dem engeren Sinn auf, wie dies häufig der Fall ist, sondern sie ist für mich umfassend, und ich spreche auch lieber, um keine Zweifel entstehen zu lassen, von *bayerischer Geschichte* als von *bayerischer Landesgeschichte*. Daher heißt auch das Institut, das ihrer Erforschung dient, nicht »Institut für bayerische Landesgeschichte«, sondern »Institut für Bayerische Geschichte«, eben um jede Beschränkung auf das bodengebundene Geschehen sinnfällig auszuschließen, was natürlich nicht heißt, daß von der Betrachtung des Raumes und seiner natürlichen Beschaffenheit und seinen Einflüssen abgesehen werden soll. Dieser Auffassung ist auch mein Handbuch der bayerischen Geschichte verpflichtet.

Dieter Blumenwitz

Bayerns Beiträge zur Deutschlandpolitik

I.

In seinem Einsatz für die staatliche und nationale Einheit Deutschlands steht Franz Josef Strauß in der Tradition seiner Vorgänger. Bereits auf der Bremer Zusammenkunft der Ministerpräsidenten der amerikanischen und britischen Zone am 4. Oktober 1946 legte

Ministerpräsident Hoegner ein klares Bekenntnis zur deutschen Einheit ab. Hoegner glaubte durch die mit großem Beifall aufgenommene Rede die »Lügen über einen bayerischen Partikularismus ... wenigstens bei den urteilsfähigen Politikern widerlegen zu können«.[1] Anfang Juni 1947 fand in der Bayerischen Staatskanzlei in München die Ministerpräsidentenkonferenz statt – ein gesamtdeutscher Versuch der deutschen Länder, der sich abzeichnenden deutschen Spaltung entgegenzuwirken. Der Bayerische Ministerpräsident Ehard eröffnete am 6. Juni die Konferenz mit einer Rede, die in dem Bekenntnis ausklang[2]: »Trotz der Aufspaltung Deutschlands in vier Zonen geben wir keinen Teil unseres deutschen Vaterlandes auf... Den deutschen Osten und Berlin betrachten wir als lebenswichtigen Bestandteil Deutschlands.« Die Ministerpräsidenten der Ostzone blieben nach ergebnislosem Verhandeln in der Vorkonferenz der Hauptkonferenz fern; die Münchener Ministerpräsidentenkonferenz wurde so zur Manifestation der seit der Niederlage Deutschlands vor allem von der Sowjetunion, aber auch von Frankreich gesteuerten Politik der Entfremdung und Entfernung der Besatzungszonen.
Die Konferenz war aber auch der erste deutsche Versuch, die Einheit Deutschlands zu bezeugen. Das Ziel der Konferenz, die Verabschiedung eines gesamtdeutschen Notprogramms, wurde erreicht. Die persönliche Bekanntschaft der Regierungschefs erleichterte die Zusammenarbeit. Zumindest im Westen verloren die Zonengrenzen ihre Bedrohlichkeit.[3]

II.

Das Streben nach der Erhaltung der staatlichen und nationalen Einheit Deutschlands und – solange die staatliche Einheit in Freiheit nicht erreichbar ist – das Bemühen, die deutsche Frage im rechtlichen und im politischen Sinne offenzuhalten, war seit jeher ein besonderes Anliegen des Freistaates Bayern und seiner führenden Politiker. Die deutschlandrechtliche und die deutschlandpolitische Aktivität Bayerns wurde in diesem Sinne auch vom Jubilar in der Phase sozialliberaler Ostpolitik auf Bundesebene maßgeblich mitgestaltet und geprägt.

1. Im Jahre 1973 erhob der Freistaat Bayern – die Entscheidung war maßgeblich beeinflußt von Franz Josef Strauß – vor dem zweiten Senat des Bundesverfassungsgerichts eine Normenkontrollklage gegen den Grundvertrag vom 21. Dezember 1972 zwischen der Bundesrepublik Deutschland und der Deutschen Demokratischen Republik, die eine Überprüfung des Vertragsgesetzes und des damit zusammenhängenden Vertragstextes nebst Annexen nach allen verfassungsrechtlichen Gesichtspunkten ermöglichte.[4] Das Grundvertragsurteil enthält eine Fülle wichtiger Entscheidungen zum Verhältnis der Bundesrepublik Deutschland zur Deutschen Demokratischen Republik. Das vom Freistaat Bayern veranlaßte Verfahren hat aber auch Bedeutung für die Föderalstruktur der Bundesrepublik Deutschland, die stets starken unitarischen Tendenzen ausgesetzt war. Mit dem Grundvertragsurteil wurde zum ersten Mal in der Geschichte der Bundesrepublik demonstriert, daß auch ein Bundesland im deutschland- und außenpolitischen Bereich für die Gesamtnation Verantwortung trägt und ein Wächteramt ausübt.[5]
Deutschlandrechtlich und deutschlandpolitisch hat der Freistaat Bayern mit dem Grundvertragsurteil des Bundesverfassungsgerichts vom 31. Juli 1973 mehr erreicht als die CDU/CSU-Opposition im Bundestag mit der gemeinsamen Entschließung vom 10. Mai 1972[6] zum Moskauer und Warschauer Vertrag, die nur eine politische Deklaration ist und von der sich führende SPD-Politiker heute immer mehr entfernen.[7]
Wichtigste Erkenntnis des Verfahrens ist, daß der Grundvertrag nicht schlechthin mit dem Grundsatz vereinbar ist, sondern nur »in der sich aus den Gründen ergebenden Auslegung«. Das Bundesverfassungsgericht unterstreicht diese verfassungskonforme Interpretation noch dadurch, daß es »alle Ausführungen der Urteilsbegründung, auch die, die sich nicht ausschließlich auf den Inhalt des Vertrages selbst beziehen«, zu tragenden Gründen erklärt.[8] Der von der sozialliberalen Regierungskoalition häufig gebrauchten Formel des »Wandels durch Annäherung«, einer allmählichen Aushöhlung des materiellen Verfassungsrechts durch einen von ihr gesteuerten »stillen Verfassungswandel«, wurde durch den vom Bundesverfassungsgericht verwendeten statischen Staatsbegriff Grenzen gesetzt. Nicht einmal erwähnt wurde die sogenannte Annäherungstheorie[9],

mit der die Bundesregierung seinerzeit versuchte, in Umgehung der Bestimmungen über die Verfassungsänderung den Staatsbegriff angeblich vorrangigen Rechtsgütern – wie einem Friedens-, Entspannungs- und Normalisierungsstreben – zu opfern. Schließlich beugte das Grundvertragsurteil in seinem Kontext einer Tendenz in der Bundesrepublik vor, deutsche Rechtspositionen als »Formelkram« und »Juristerei« abzutun, ohne die Konsequenzen einer solchen Betrachtungsweise ins Auge zu fassen.

Die Erkenntnisse des Grundvertragsurteils wurden für die gesamte weitere Ost- und Deutschlandpolitik wegweisend. Der weite Ermessensspielraum, den Satz 3 der Präambel des Grundgesetzes einräumt, wird präzisiert durch die Aussage in Leitsatz 5 der Entscheidung, daß kein Verfassungsorgan der Bundesrepublik Deutschland die Wiederherstellung der staatlichen Einheit als politisches Ziel aufgeben darf. Alle Verfassungsorgane sind verpflichtet, in ihrer Politik auf die Erreichung dieses Ziels hinzuwirken. Das schließt die Forderung ein, den Wiedervereinigungsanspruch im Inneren wachzuhalten und nach außen beharrlich zu vertreten – und alles zu unterlassen, was die Wiedervereinigung vereiteln würde.

Die völkerrechtliche Anerkennung der DDR durch die Bundesrepublik ist nach dem Urteil nicht nur nicht ausgesprochen worden, sondern kommt für die Bundesregierung auch künftig nicht in Betracht. Die DDR gehört zu Deutschland und darf in ihren Beziehungen zur Bundesrepublik nicht Ausland sein. Die DDR ist zwar »im Sinne des Völkerrechts ein Staat« und als solcher Völkerrechtssubjekt, es gilt aber die Besonderheit, daß die Bundesrepublik Deutschland und die DDR »Teile eines noch immer existierenden Staates Gesamtdeutschland sind«. Die in Art. 3 Abs. 2 Grundvertrag erwähnte Grenze zwischen diesen beiden Teilen Gesamtdeutschlands wird als »staatsrechtliche Grenze« definiert. Die Viermächteverantwortung für Gesamtdeutschland erscheint als eine völkerrechtliche Klammer – neben der staatsrechtlichen – für die weitere Existenz Gesamtdeutschlands.

Der Fortbestand des Rechtssubjektes »Deutschland in den Grenzen vom 31. Dezember 1937« liefert auch die juristische Basis für den Fortbestand der deutschen Staatsangehörigkeit als des heute entscheidenden und sichtbaren Momentes personaler Verknüpfung al-

ler Deutschen. Im Grundvertragsurteil wird ausgeführt, daß Art. 16 GG davon ausgeht, daß die deutsche Staatsangehörigkeit zugleich die Staatsangehörigkeit der Bundesrepublik Deutschland ist. Deutscher Staatsangehöriger ist also nicht nur der Bürger der Bundesrepublik Deutschland. Wo immer DDR-Bewohner im In- und Ausland in den Schutzbereich staatlicher Stellen der Bundesrepublik gelangen, haben sie den gleichen Anspruch auf Justizgewährung wie die Bewohner der Bundesrepublik.
Das Bundesverfassungsgericht hielt ferner voll an seiner Rechtsauffassung fest, daß verfassungsrechtlich Berlin ein Land der Bundesrepublik Deutschland ist. Es geht von der grundgesetzlichen Pflicht der für die Bundesrepublik Deutschland handelnden Organe aus, »bei jedem Abkommen und bei jeder Vereinbarung mit der DDR, die ihrem Inhalt nach auf das Land Berlin und seine Bürger ausgedehnt werden können, auf der Ausdehnung auf Berlin zu bestehen und nur abzuschließen, wenn der Rechtsstand Berlins und seiner Bürger gegenüber dem für den Geltungsbereich geltenden Rechtsstand – vorbehaltlich des für Berlin geltenden Alliierten-Vorbehalts – nicht verkürzt wird«.[10]
Das Bundesverfassungsgericht hat die deutschlandrechtlichen und deutschlandpolitischen Pflichten aller Organe der Bundesrepublik Deutschland präzisiert, die der ständigen Aktualisierung durch die politischen Kräfte in der Bundesrepublik Deutschland bedürfen. Der Freistaat Bayern hat sich wiederum unter dem maßgeblichen Einfluß von Franz Josef Strauß um die Durchsetzung und Verwirklichung der Grundsätze des Karlsruher Urteils bemüht.
2. Das Protokoll über die Errichtung der Ständigen Vertretungen vom 14. März 1974[11] sah vor, daß der Leiter der Ständigen Vertretung der DDR beim Bundespräsidenten akkreditiert wird. Der zur innerstaatlichen Durchführung des Austausches Ständiger Vertretungen in der Bundesrepublik notwendigen Regierungsverordnung[12] stimmte Bayern im Bundesrat nicht zu. Die Stimmenthaltung der Bayerischen Staatsregierung war berechtigt, da das Grundvertragsurteil die Bundesrepublik Deutschland und die DDR nicht als normale souveräne Staaten im Sinne des Völkerrechts sieht. Nach dem Kontext des Grundvertragsurteils kann davon ausgegangen werden, daß das Bundesverfassungsgericht eine volle völker-

rechtliche Anerkennung der DDR durch die Bundesrepublik Deutschland für verfassungswidrig hält[13], aber auch eine »de facto«-Anerkennung als nicht zulässig erachtet.[14] Da zumindest mit der Aufnahme diplomatischer Beziehungen eine stillschweigende Anerkennung verknüpft ist, konnte die DDR – unter Rückgriff auf den auch im Völkerrecht geltenden Grundsatz von Treu und Glauben – die Bundesrepublik an den durch die Eröffnung von Vertretungen auf höchster Ebene gesetzten Rechtsschein der Anerkennung festhalten. Sie konnte sich darauf berufen, daß derjenige, der als Empfangsstaat Staatenvertreter beim Staatsoberhaupt akkreditiert, nicht gleichzeitig behaupten kann, er habe den Entsendestaat nicht völkerrechtlich anerkannt. Um den Rechtsschein, der durch die Akkreditierung beim Bundespräsidenten entstand, zu widerlegen, muß nunmehr auf die Vereinbarung über die lediglich »entsprechende« Anwendung des Wiener Übereinkommens verwiesen werden, die besondere Amtsbezeichnung und die Ressortierung der Ständigen Vertretung der DDR beim Bundeskanzleramt.[15]

3. Die Ergebnisse der sozialliberalen Ostpolitik werden nochmals in der Schlußakte von Helsinki vom 1. August 1975[16] reflektiert. Da die Konferenzergebnisse von der Bundesregierung weder als politischer noch als gesetzesinhaltlicher Vertrag gemäß Art. 59 Abs. 2 GG angesehen wurden, wurden auch die gesetzgebenden Körperschaften nicht in das Abschlußverfahren einbezogen. Die Aktionen Bayerns mußten sich deshalb von vornherein auf den außenpolitischen Ausschuß des Bundesrates und die ihm durch seine Geschäftsordnung eingeräumten Möglichkeiten beschränken. Der Bundesrat ist nämlich nicht nur auf eine nachgängige Bewertung der Aktivitäten der Bundesregierung beschränkt. Eine solche Sicht würde dem Sinn der föderalen Kontrolle des Regierungshandelns nicht im vollen Umfang gerecht. Die Kontrolle der Regierungstätigkeit erfaßt auch das Handeln und Nichthandeln der Bundesregierung. So darf der Bundesrat zu allen Fragen der Außenpolitik Stellung nehmen, soweit er dies nach seinem politischen Willen für erforderlich hält, und die Bundesregierung ersuchen, auf ein bestimmtes Ziel hin oder in bestimmter Weise tätig zu werden.[17] Die Bayerische Staatsregierung beschloß daher am 1. Juli 1975, im Bundesrat einen Entschließungsantrag[18] einzubringen, in dem die Bundesrepublik

Deutschland im Hinblick auf Prinzip X der Schlußakte erklären sollte, daß frühere bilaterale und multilaterale Verträge sowie andere Rechte und Verpflichtungen unberührt bleiben sollen, insbesondere die Fortexistenz Gesamtdeutschlands nicht berührt wird, und sie sich verpflichtet sieht, eine frei vereinbarte friedensvertragliche Regelung und ein wiedervereinigtes Deutschland mit freiheitlich-demokratischer Verfassung anzustreben. Ferner sollte erklärt werden, daß die Bindungen zwischen Berlin (West) und der Bundesrepublik Deutschland aufrechtzuerhalten und zu entwickeln sind und daß es dem deutschen Volke bislang versagt wurde, die ihm von außen auferlegte Teilung durch Ausübung seines Selbstbestimmungsrechts zu überwinden. Schließlich sollte auf die besonderen Beziehungen zwischen den beiden deutschen Staaten hingewiesen werden.

Der Entschließungsantrag Bayerns wurde allerdings abgelehnt, da die SPD-regierten Länder, die im Bundesrat die Mehrheit hatten[19], sich den Auffassungen der Bundesregierung anschlossen, daß die deutsche Frage in der KSZE nicht weniger offengehalten werde, als dies in den Ostverträgen geschehen sei. Es bestünde deshalb kein Anlaß für eine besondere Notifizierung im Rahmen der Konferenz, wie dies die Bayerische Staatsregierung forderte.

Obwohl dem Entschließungsantrag der Bayerischen Staatsregierung wegen der Mehrheitsverhältnisse kein Erfolg beschieden war, verdient er trotzdem Aufmerksamkeit, da er verfassungsrechtlich gebotene Klarstellungen enthält, die den Grunddissens, der den gesamten Prinzipienkatalog in der Frage der Unverletzlichkeit der Grenzen in ihrer konkreten Anwendung auf das deutsche Wiedervereinigungsproblem durchzieht, erkennbar machen: Der Vorrang der völkerrechtlichen Verträge mit spezifisch deutschlandrechtlichem Gehalt gegenüber dem Prinzipienkatalog wird akzentuiert; klargestellt wird weiter, daß Berlin (West) keine selbständige politische Einheit darstellt und daß die Bundesrepublik in Wahrnehmung der Interessen von Berlin (West) für seine Einbeziehung in die prinzipiellen und praktischen KSZE-Beschlüsse Sorge tragen muß. Der Entschließungsantrag trägt ferner der Erkenntnis Rechnung, daß eine abstrakte und bezugslose Formulierung des Selbstbestimmungsrechts neben konkret gefaßten grenzbezogenen Regelungen keinerlei eigenständige Wirkung entfalten kann. Der Entschließungsantrag akzentuiert, daß der Verwirklichung des Selbstbestimmungsrechts des deutschen Volkes mit friedlichen Mitteln keine Einwände aus dem Prinzipienkatalog entgegengehalten werden können.

4. Beim Abschluß des deutsch-deutschen Grenzprotokolls[20] am 29. November 1978 war Franz Josef Strauß bereits Bayerischer Ministerpräsident. Zum ersten Mal im Verlauf der Ostvertragspolitik konnte der Bund eine Vereinbarung nicht allein, sondern nur im Zusammenwirken mit den beteiligten Ländern abschließen. Die in Ziffer I des Zusatzprotokolls zum Grundvertrag angesprochenen Aufgaben der Grenzkommission berühren sowohl Bundes- als auch Länderzuständigkeiten, da die in Rede stehende Grenzlinie gleichzeitig Bundes- und Landesgrenze ist. Darüber hinaus erfordert das Zusatzprotokoll Verwaltungsaufgaben, die zum Beispiel im Bereich von Wasserwirtschaft und Geodäsie nur von den Ländern erfüllt werden können. In beharrlichem Verhandeln hat die Bayerische Staatsregierung immer wieder klargestellt, daß die Länderrechte auch bei Vertragsschlüssen mit der DDR berücksichtigt werden müssen. Der Freistaat Bayern wirkte deshalb an den Arbeiten der Grenzkommission kraft eigenen Rechts mit; er wurde nicht nur »gehört« und leistete dem Bund auch keine Amtshilfe. Die unmittelbare Beteiligung Bayerns am Vertragsschluß ermöglichte es auch dem Bayerischen Ministerpräsidenten, zu den Verhandlungsergebnissen insgesamt Stellung zu nehmen und entscheidende politische Akzente zu setzen.[21]

Die deutschlandpolitische Lage war beim Abschluß des Grenzprotokolls besonders heikel, da ein deutsch-deutscher Grenzvertrag in einer optisch eindrucksvollen Weise dort vor der Weltöffentlichkeit die Endgültigkeit der deutschen Teilung demonstrieren mußte, wo die Betonung des »Offenseins« der ganzen deutschen Frage sowie des Selbstbestimmungsrechts aller Deutschen geboten gewesen wäre. Die Bayerische Staatsregierung hat in einer Reihe von Erklärungen die Zusammenhänge erläutert und damit auch eine gewisse Zurückhaltung der Bundesregierung bei der Formulierung des Rechtsstandpunktes der Bundesrepublik ausbalanciert.

Für Grenzverträge sind ganz allgemein drei Elemente charakteristisch – erstens das Grundgeschäft, das auch Aufschluß über die Art der Grenze vermittelt, zweitens die Grenzbeschreibung, drittens die Grenzmarkierung an Ort und Stelle. Das deutsch-deutsche Grenzprotokoll enthält nur die beiden zuletzt genannten Elemente. Der Verlauf einer Grenzlinie, deren Rechtsnatur offen bleibt, wird in der Örtlichkeit markiert und dokumentiert. Über die Rechtsnatur der deutsch-deutschen Grenze besteht zwischen den beiden deutschen Staaten ein weitreichender Dissens: Für die Bundesrepublik bleibt das für die Rechtsnatur der deutsch-deutschen Grenze maßgebliche Instrument das Londoner Protokoll vom 12. September 1944[22], in dem die jetzt von den beiden deutschen Staaten markierte Grenze ausdrücklich nur »zum Zwecke der Besetzung« Deutschlands und nicht zum Zwecke seiner Teilung festgehalten wurde. Die DDR sieht demgegenüber in der im Londoner Protokoll von den Siegermächten festgelegten Zonengrenze eine historische Grenze, die allenfalls für den Verlauf, nicht aber für den Rechtscharakter der deutsch-deutschen Grenze bedeutsam sein kann. Diesen Rechtsstandpunkt sieht die DDR durch Art. 3 Abs. 2 Grundvertrag (»Unverletzlichkeit der bestehenden Grenzen jetzt und in Zukunft«) bestätigt; sie hat ihn durch ihr Gesetz vom 25. März 1982 erneut akzentuiert.[23]

Es stellt sich allerdings die Frage, warum die Bundesrepublik Deutschland (unter der maßgeblichen Mitwirkung Bayerns) eine Grenzlinie markiert und dokumentiert, deren rechtliche Bedeutung vom Vertragspartner so ganz anders gesehen wird. Die Antwort weist auf das universell geltende Gewaltanwendungsverbot hin. Wie die gesamte Deutschland-Politik der Bundesrepublik seit 1949, wird auch das Grenzprotokoll vom Gewaltanwendungsverbot und dem dieses ergänzende Prinzip der friedlichen Streitbeilegung getragen. Das Grenzprotokoll will verhindern, daß aus Streitfragen an Grenzlinien friedensbedrohende Konflikte entstehen. Das Gewaltanwendungsverbot der Charta der Vereinten Nationen erstreckt sich auch auf Demarkationslinien, die Staaten aufgrund internationaler Übereinkünfte oder aus sonstigen Gründen zu respektieren gehalten sind. Gleichzeitig wird dem Staat, der das Gewaltanwendungsverbot respektiert, zugesichert, daß er dadurch keinen Rechtsverlust riskiert. Dies bedeutet konkret, daß das Offensein der

deutschen Frage durch das Grenzprotokoll nicht präjudiziert wird, daß im Sinne des Grundvertragsurteils des Bundesverfassungsgerichts Bundesrepublik und DDR »auf dem Fundament des noch existierenden Staates ›Deutschland als Ganzes‹ bestehen« und daß es sich bei der deutsch-deutschen Grenze »um eine staatsrechtliche Grenze handelt«.
Der Freistaat Bayern hat seinen deutschlandrechtlichen Standpunkt in den vergangenen Jahren bei den noch nicht abgeschlossenen Verhandlungen über die deutsch-deutsche Grenze im Bereich der Elbe beharrlich vertreten; er hat auch 1984 bei den sich anbahnenden Gesprächen um ein deutsch-deutsches Kulturabkommen erneut die föderale Note und die besondere Verantwortung der Länder für Deutschland als Ganzes betont.

III.

In die über Jahrzehnte mit großer Konsequenz betriebene Deutschlandpolitik des Freistaates fügen sich schließlich auch die Bemühungen von Franz Josef Strauß im Sommer 1983 um die Anbahnung des vieldiskutierten und in den Massenmedien oft mißverstandenen Milliardenkredits an die DDR nahtlos ein. Bei dem Milliardenkredit handelt es sich einerseits um ein rein marktorientiertes Geschäft. Die beteiligten Banken handelten den Zinssatz und die Laufdauer aus, der Kreditnehmer leistete volle Sicherheit durch Forderungsabtretung. Es gab keine Zinssubventionen; der Steuerzahler in der Bundesrepublik wurde – anders als bei den sogenannten Polenkrediten – nicht belastet, ebensowenig der deutsche Kapitalmarkt, da der Kredit am Euromarkt abgewickelt wurde. Der Bund gab auch keine Bürgschaft. Auf der anderen Seite trugen die Bemühungen von Franz Josef Strauß um das Zustandekommen des Geschäfts in einer schwierigen Phase der deutsch-deutschen Beziehungen nach der sogenannten »Wende« in Bonn maßgeblich dazu bei, daß der deutsche Dialog auf höchster Ebene wieder in Gang kam und daß sich schließlich Erfolge in der von den Unionsparteien von Anfang an konsequent verfolgten Menschenrechtspolitik einstellten.[24]
Deutschlandpolitik darf nicht als das bloße Verteidigen von Rechtspositionen verstanden werden. Werden diese Rechtspositionen im

Inneren im Sinne des Grundvertragsurteils wachgehalten und steht das deutschlandrechtliche Selbstverständnis der Bundesrepublik außer Streit, so können sich ihre Staatsorgane nach außen ohne Berührungsängste gesprächsbereit und flexibel zeigen.

[1] Vgl. W. Hoegner: Der schwierige Außenseiter – Erinnerungen eines Abgeordneten, Emigranten und Ministerpräsidenten, 1959, S. 290 f. Ganz scheint ihm dies allerdings nicht geglückt zu sein, da noch in der mündlichen Verhandlung über den Grundvertrag vor dem Bundesverfassungsgericht in Karlsruhe am 19. Juni 1973 die Richter Hirsch und Seuffert das Engagement Bayerns für den überkommenen deutschen Staat mit Art. 178 Bayerischer Verfassung (»Bayern wird einem künftigen deutschen demokratischen Bundesstaat beitreten. Er soll auf einem freiwilligen Zusammenschluß der deutschen Einzelstaaten beruhen, deren staatsrechtliches Eigenleben zu sichern ist.«) für unvereinbar hielten. Vgl.: Der Grundlagenvertrag vor dem Bundesverfassungsgericht – Dokumentation zum Urteil vom 31. Juli 1973 über die Vereinbarkeit des Grundlagenvertrages mit dem Grundgesetz, hrsg. v. Presse- und Informationsamt der Bundesregierung in Zusammenarbeit mit dem Bundesverfassungsgericht (1975), S. 266 f.

[2] Vgl. Die Deutsche Ministerpräsidentenkonferenz in München von 1947, hrsg. von der Bayerischen Staatskanzlei (1965), S. 31 ff. (36)

[3] Vgl. Deuerlein: Das erste gesamtdeutsche Gespräch – Zur Beurteilung der Ministerpräsidentenkonferenz in München 6./7. Juni 1947, Beilage »Parlament« von 4. 7. 1967, S. 21 f.

[4] Vgl. dazu Cieslar/Hampel/Zeitler: Der Streit um den Grundvertrag, 1973

[5] Das Normenkontrollverfahren Bayerns gegen den Grundvertrag war das erste Verfahren in der Geschichte des Bundesverfassungsgerichts, das von einem Land der Bundesrepublik gegen einen vom Bund geschlossenen völkerrechtlichen Vertrag anhängig gemacht wurde. Zur föderalen Komponente bei der Gestaltung der Außenpolitik in der Bundesrepublik und in anderen Bundesstaaten der Gegenwart vgl. Blumenwitz: Der Schutz innerstaatlicher Rechtsgemeinschaften beim Abschluß völkerrechtlicher Verträge, 1972, S. 340 ff.; ders.: Die Beteiligung des Bundesrates beim Abschluß politischer Verträge, BayVBl. 1972, S. 29 ff. (36)

[6] Quelle: Verhandlungen des Deutschen Bundestages, 6. Wahlperiode, Stenographische Berichte, Bd. 80, S. 10960, 187. Sitzung, Anlage 6, Ausdruck 287

[7] Vgl. die deutschlandpolitischen Grundsätze der SPD, FAZ v. 8. 11. 1984; zu Brandt, FAZ v. 19. 11. 1984. Vgl. dazu auch Blumenwitz, in: Die Grundlagen einer Deutschlandpolitik nach dem Grundvertragsurteil, in: Informationen zur Deutschlandpolitik, hrsg. vom Arbeitskreis »Deutschland- und Außenpolitik der CSU«, 1974, Heft III, S. 15 ff. (17)

[8] Grundvertragsurteil vom 31. Juli 1973 sub B VI 2

[9] Vgl. hierzu das Plädoyer des bayerischen Prozeßvertreters in: Cieslar/Hampel/Zeitler: Der Streit um den Grundvertrag 1973, S. 169 ff. (184 f.)

[10] Grundvertragsurteil sub B V 8

[11] Text: BGBl. 1974 II, S. 934

[12] Verordnung über die Gewährung von Erleichterungen, Vorrechten und Befreiung an die Ständige Vertretung der Deutschen Demokratischen Republik vom 22. April 1973; Text: BGBl. 1973 I, S. 1022 ff. Das Protokoll über die Errichtung der Ständigen Vertretungen vom 14. März 1974 wurde nicht, wie in Art. 59 Abs. 2 GG vorgesehen, den gesetzgebenden Körperschaften zur Zustimmung vorgelegt.

[13] Vgl. Grundvertragsurteil sub B IV, 3 I. Abs.

[14] Vgl. dazu Blumenwitz, in: Bayern und Deutschland, in: Festschrift für Goppel (1975), S. 41 ff. (53)

[15] Vgl. Bulletin 1974, S. 339 f.; vgl. auch Ress: Die Rechtslage Deutschlands nach dem Grundlagenvertrag vom 21. Dezember 1972, 1978, S. 296 f.

[16] Quelle: Verhandlungen des Deutschen Bundestages, 7. Wahlperiode, Band 208, Drucksache 3867

[17] Vgl. dazu Paal: Bundesrat und Außenpolitik, 1983, S. 93 ff.

[18] Bayerische Staatsregierung, Bulletin 29/75 (2. Juli 1975)
[19] Berlin durfte mit abstimmen, allerdings ohne Präjudizierung für die noch offene Grundsatzentscheidung, ob Berlin bei Entschließungen Stimmrecht hat.
[20] Protokoll zwischen der Regierung der Bundesrepublik Deutschland und der Regierung der Deutschen Demokratischen Republik über die Überprüfung, Ernennung und Ergänzung der Markierung der zwischen der Bundesrepublik Deutschland und der Deutschen Demokratischen Republik bestehenden Grenze, die Grenzdokumentation und die Regelung sonstiger mit dem Grenzverlauf im Zusammenhang stehender Probleme, vgl.: Die Grenzkommission – Eine Dokumentation über Grundlagen und Tätigkeit, hrsg. vom Bundesministerium für innerdeutsche Beziehungen (1978)
[21] Vgl. hierzu eingehend Blumenwitz: Keine Festigung der Teilung Deutschlands – Zur Unterzeichnung des Regierungsprotokolls über die innerdeutsche Grenze, in: FAZ vom 28. Nov. 1978, Nr. 264, S. 9
[22] Protokoll über die Besatzungszonen in Deutschland und die Verwaltung von Groß-Berlin, in Kraft seit 7./8. Mai 1945, United Nations Treaty Series II Nr. 532 und 533, Bd. 227, S. 279–309
[23] Gesetz über die Staatsgrenze der DDR (Grenzgesetz) vom 25. März 1982 nebst Durchführungs-VO zum Gesetz über die Staatsgrenze der DDR (Grenzverordnung) vom 25. März 1982 (GVBl I 197/203)
[24] 1980, im Jahre seiner Kanzlerkandidatur, hat sich Franz Josef Strauß z. B. besonders intensiv für den Abbau der völkerrechtswidrigen Selbstschußanlagen an der deutsch-deutschen Grenze eingesetzt, vgl. hierzu Blumenwitz: Die Grenzsicherungsanlagen der DDR im Lichte des Staats- und Völkerrechts, in: Festschrift für Mampel (1983), S. 93 ff. Der Abbau dieser Tötungsanlagen in den beiden letzten Jahren zählt – wenngleich auch die deutsch-deutsche Grenze dadurch kaum durchlässiger wurde – zu den bedeutsamen Wegmarken leidvoller deutsch-deutscher Beziehungen.

Peter von Siemens

Die Wandlung Bayerns zu einem modernen Industriestaat bei Erhaltung der Umwelt

Die soziale, kulturelle und politische Entwicklung Bayerns in den letzten Jahrzehnten ist nicht denkbar ohne den wirtschaftlichen Aufstieg, den dieses Bundesland genommen hat. Im Laufe dieser Zeit hat Bayern bei der Steigerung seiner Wirtschaftskraft überdurchschnittliche Erfolge erzielt. Nachdem das Wirtschaftswachstum in den Jahren 1950 bis 1960 fast immer unter dem Durchschnitt der Bundesrepublik Deutschland lag, hat der Freistaat kräftig aufgeholt und gehört seit Ende der siebziger Jahre zur Spitzengruppe der Bundesländer. Von 1960 bis 1983 hat das Sozialprodukt Bayerns real um 3,8 Prozent pro Jahr zugenommen, wogegen der Anstieg in der Bundesrepublik durchschnittlich 3,2 Prozent pro Jahr betrug. Die Dynamik der bayerischen Wirtschaft ist um so bemerkenswerter, als die Ausgangslage nach dem Zweiten Weltkrieg durchaus nicht günstig war.

Seitdem haben sich in Bayerns Wirtschaft allerdings tiefgreifende Veränderungen vollzogen. Aus einem Gebiet mit starkem Gewicht von Agrarwirtschaft und traditioneller Industrie wurde ein Wirtschaftsraum mit zukunftsreichen, modernen Industriezweigen und einem wachsenden Dienstleistungsbereich. Wohl nirgendwo in der Bundesrepublik Deutschland war der wirtschaftliche Strukturwandel so ausgeprägt wie in Bayern. Die Land- und Forstwirtschaft, in der 1939 gut 38 Prozent und 1950 noch über 30 Prozent aller Erwerbspersonen Bayerns tätig waren, beschäftigt heute nur noch 9 Prozent der Erwerbstätigen. In der bayerischen Industrie dominieren heute überwiegend Branchen, die es vor dem Kriege hier kaum gab.

Seit jenen Jahren des Wiederaufbaus haben sich einige traditionelle Branchen – nach einer Zeit des Aufstiegs – unterdurchschnittlich oder auch rückläufig entwickelt. Die Textilindustrie etwa, die Anfang der fünfziger Jahre der größte industrielle Arbeitgeber in Bayern war, hat heute ein Drittel weniger Beschäftigte als damals. Insgesamt aber hat sich die Beschäftigtenzahl in der verarbeitenden Industrie Bayerns – ungeachtet rezessionsbedingter Rückschläge – seit 1950 nahezu verdoppelt und beträgt heute fast 1,3 Millionen. Der Industrieumsatz ist von 10 Milliarden auf rund 210 Milliarden DM gestiegen und erreichte damit – nach Abzug von Preissteigerungen – etwa das Achtfache.

Diese kräftige Expansion bei zum Teil schrumpfenden oder langsam wachsenden Branchen zeigt an, daß die bayerische Industrie seit 1950 einen tiefgreifenden Strukturwandel durchgemacht und sich flexibel auf die jeweiligen Erfordernisse der Märkte eingestellt hat. In den Jahren starken industriellen Wachstums und struktureller Veränderung verlagerte sich das Schwergewicht sehr bald von den Konsumgüterindustrien auf die Investitionsgüterzweige. Während 1950 die Verbrauchsgüterindustrien einschließlich Nahrungs- und Genußmittelindustrie noch 53 Prozent zum Umsatz der verarbeitenden Industrie in Bayern beitrugen, waren es im Jahre 1983 nur mehr 32 Prozent; gleichzeitig ging ihr Anteil an den Arbeitsplätzen der verarbeitenden Industrie von rund 46 auf 34 Prozent zurück.

Auch die Grundstoffindustrie konnte ihre Position nicht ganz halten. Dagegen haben sich die Investitionsgüterbranchen, die 1950 erst 25 Prozent des Umsatzes der verarbeitenden Industrie in Bayern erzielten und knapp ein Drittel der industriellen Arbeitsplätze umfaßten, mit einem Anteil von jetzt über 49 Prozent am Umsatz und 53 Prozent der Beschäftigten an die Spitze der bayerischen Industrie gesetzt.

Für den nachhaltigen Strukturwandel in Bayern gibt es zahlreiche Ursachen. Sehr wichtig war, daß sich nach Kriegsende neue Industriezweige mit guten Zukunftsaussichten in Bayern niederließen. Hierbei handelte es sich zu einem Teil um Unternehmen aus Mittel- und Ostdeutschland einschließlich Berlin sowie den Sudetengebieten, die in Bayern neue Wirkungsstätten fanden. In den ersten Nachkriegsjahren 1946 bis 1949 strömten 2 Millionen Heimatvertriebene in das damalige Agrarland Bayern.

Zu den Trägern der industriellen Erneuerung nach dem Krieg zählen aber auch eingesessene Unternehmen vor allem zukunftsorientierter Branchen, die aussichtsreiche Produkte und Produktionsverfahren einführten und ihrerseits Arbeitsplätze schufen. Später siedelten sich auch Unternehmen aus anderen Ländern der Bundesrepublik und schließlich aus dem Ausland mit Zweigbetrieben oder Tochtergesellschaften in Bayern an.

Nach dem Abebben des Flüchtlingsstroms waren es hauptsächlich einheimische Arbeitskräfte, vor allem auch aus landwirtschaftlichen Bereichen, die in die expandierenden Industriezweige kamen.

Der Parteivorsitzende der CSU mit seinen stellvertretenden Landesvorsitzenden Dr. Mathilde Berghofer-Weichner, Dr. Werner Dollinger, Dr. Franz Heubl und Dr. Friedrich Zimmermann.

Strauß mit dem Vorsitzenden der CSU-Landesgruppe im Deutschen Bundestag, Dr. Theo Waigel.

CSU

Dr. h. c.
Franz Josef Strauß

Mit der weiteren Ausdehnung der Wirtschaftstätigkeit bei Vollbeschäftigung wurden in zunehmendem Maße, ähnlich wie in den anderen Bundesländern, Arbeitnehmer aus dem Ausland angeworben. Im Höhepunkt der Beschäftigungssituation, im Jahr 1974, arbeiteten in der bayerischen Industrie rund 230000 Gastarbeiter, das waren 14 Prozent der gesamten Mitarbeiter.

Zu den Gründen dafür, daß Bayerns wirtschaftliche Umstrukturierung erfolgreich verlief, gehört aber auch der günstige Umstand, daß es hier – im Gegensatz zu den nördlichen Bundesländern – keine großen standortgebundenen Zweige der Schwerindustrie, vor allem keine große Eisen- und Stahlindustrie, keine weiten Bergbaureviere oder große Schiffswerften gibt, deren weltweite strukturelle Anpassungsprozesse die betroffenen Bundesländer besonders belasten. Eine wesentliche Grundlage der günstigen industriellen Entwicklung ist nicht zuletzt in der Aufgeschlossenheit und dem Engagement der bayerischen Landespolitik und der Ministerpräsidenten für die Erfordernisse der unternehmerischen Wirtschaft zu sehen. Hierbei sind neben der frühzeitig initiierten Mittelstandspolitik insbesondere auch die koordinierten Maßnahmen einer konsequent betriebenen regionalen Strukturpolitik mit gezielten Förderprogrammen und einem damit verbundenen Ausbau der Infrastruktur hervorzuheben.

Als Ergebnis der vielschichtigen Entwicklung hat die bayerische Industrie heute eine in sich ausgewogene Zusammensetzung mit einem hohen Anteil an leistungsfähigen großen, mittleren und kleinen Unternehmen vor allem der Elektrotechnik, des Maschinenbaus, der Kraftfahrzeugindustrie und der besonders innovationsintensiven Luft- und Raumfahrtindustrie. Zur Modernität und Leistungsfähigkeit haben auch Mineralölverarbeitung und chemische Industrie wesentlich beigetragen. Einen neuen Akzent hatte dabei der 1960 begonnene Aufbau der Ingolstädter Erdölraffinerie gesetzt. Durch dieses Projekt, das vor allem auf die zielstrebige Ener-

Franz Josef Strauß und seine Partei, die CSU – seit Jahren für rund 60 Prozent der bayerischen Bürger die richtige Wahl.

giepolitik der Bayerischen Staatsregierung zurückgeht, wurde der seinerzeit sehr hohe Energiebedarf der bayerischen Wirtschaft und darüber hinaus der Bundesrepublik Deutschland in großem Umfang abgesichert. Wenn die Erdölindustrie heute auch in einem gegenläufigen Strukturwandel begriffen ist, so gehört das Energiezentrum Ingolstadt, abgesehen von seiner florierenden Autoindustrie, nach wie vor zu den wichtigen Industrien in der bayerischen Wirtschaftsstruktur.

Neben diesen hochmodernen Industrien wird die Vielfalt der Branchen durch traditionelle, heute aber meist kleinere Wirtschaftszweige bereichert, wie zum Beispiel Bekleidungsindustrie, Textilindustrie, Holzverarbeitung, Herstellung von Kunststofferzeugnissen, Eisen-, Blech-, Metallwaren- und optische Industrie. Ein relativ großes Gewicht, weitaus stärker als das der chemischen Industrie, hat die bayerische Ernährungsindustrie mit ihrer Vielzahl von Produktionszweigen behalten. Zu den zuletzt genannten Industrien gehören vor allem Unternehmen, die keine hochtechnologischen, sondern konventionelle Produkte herstellen. Aber auch diese Branchen stehen auf einer leistungsfähigen Basis, denn die meisten ihrer Betriebe haben modernste Produktionstechnologien und -verfahren eingesetzt, um die Wettbewerbsfähigkeit zu stärken.

Es fällt auf, daß es in den meisten Fällen umweltfreundliche Industriezweige sind, die heute Bayerns verarbeitende Industrie charakterisieren. Dadurch hat der Wandel zu modern strukturierten und entsprechend ausgerüsteten Wirtschaftszweigen mit hoher Leistungskraft zugleich eine tragfähige Basis für die vielfältigen Aufgaben der Umwelterhaltung bekommen.

Zugleich wurde staatlicherseits den Umweltbelangen schon frühzeitig durch die Einrichtung eines besonderen Ministeriums im Jahre 1970 Rechnung getragen. Das Bayerische Staatsministerium für Landesentwicklung und Umweltfragen war in der Bundesrepublik Deutschland das erste seiner Art.

Generell gilt, daß für eine erfolgreiche Bewältigung der Probleme des Umweltschutzes und damit auch für die Erfüllung künftiger qualitativer Lebensbedürfnisse eine leistungsfähige Wirtschaft mit entsprechend hochentwickelter Technik Voraussetzung ist.

Die Wandlung der bayerischen Industriestruktur nach dem Zweiten

Weltkrieg weist zwei recht unterschiedliche Perioden auf: Zunächst von 1950 bis Anfang der siebziger Jahre eine Periode des stürmischen quantitativen Wachstums mit einem raschen Vordringen neuer, moderner Industriezweige; anschließend eine Periode differenzierterer qualitativer Entwicklungen, in der es vor allem darauf ankommt, durch verstärkte Konzentration auf neueste Technologien das Erreichte zu sichern und die Wettbewerbskraft zu stärken. Hervorzuheben ist in diesem Zusammenhang die überdurchschnittliche Expansion moderner Dienstleistungsbereiche, die der Wirtschaftsstruktur eine neue Qualität geben.

Die Industriezweige, die die auffallendsten Veränderungen der Industriestruktur in Bayern bewirkt haben, sind Elektrotechnik einschließlich Datenverarbeitung, Kraftfahrzeugproduktion und Maschinenbau einschließlich Büromaschinenindustrie. Sie erwirtschaften heute über 40 Prozent des Umsatzes der bayerischen Industrie, während ihr Umsatzanteil Anfang der fünfziger Jahre noch 25 Prozent betrug. Ihre fast 550000 Arbeitsplätze umfassen jetzt fast 45 Prozent der bayerischen Industriebeschäftigten, gegenüber 200000 oder 26 Prozent vor 35 Jahren.

Unter diesen Industriezweigen war der Maschinenbau schon in den frühen fünfziger Jahren mit einem Umsatzanteil von 11 Prozent (nach der Nahrungs- und Genußmittelindustrie sowie der Textilindustrie) der drittgrößte Industriezweig. Gemessen an der Zahl der Arbeitsplätze stand er sogar, nach der Textilindustrie, an zweiter Stelle. Obwohl sein langfristiges Wachstum nur geringfügig über dem Durchschnitt der bayerischen Industrie lag, nimmt er – aufgrund seines hohen Ausgangsniveaus – heute mit einem Beschäftigtenanteil von 14 und einem Umsatzanteil von rund 12 Prozent den zweiten Platz ein.

Die bayerische Kraftfahrzeugindustrie hatte nach dem Kriege ein Umsatzvolumen und einen Beschäftigungsstand von rund 4 Prozent der Industrie; nach einer besonders raschen Expansion nimmt sie heute die dritte Stelle unter den bayerischen Industriezweigen ein. Einschließlich der größeren Betriebe des Kraftfahrzeughandwerks und der Betriebe des übrigen Straßenfahrzeugbaus übertraf ihr Umsatz im letzten Jahr sogar den des Maschinenbaus.

Trotz des bemerkenswerten Fortschritts des Straßenfahrzeugbaus

ist die Elektroindustrie in Bayern zu dem mit Abstand größten Industriezweig des verarbeitenden Gewerbes geworden. Ihre fortschrittliche Dynamik und ihre Flexibilität im Wirtschaftsprozeß ist beispielhaft für die Entfaltung des modernen Industrielandes Bayern. Durch ihr überdurchschnittliches Wachstum, das noch kräftiger war als in der gesamten Bundesrepublik Deutschland, hat sie im ganzen Land – von den Ballungsgebieten bis hin zu den Zonenrandgebieten – das heute typische Bild des bayerischen Wirtschaftsraumes wesentlich mitgeprägt.
Heute bietet die Elektroindustrie in Bayern Arbeitsplätze für fast 235000 Mitarbeiter. Mit rund 35 Milliarden DM erzielt sie 17 Prozent des Umsatzes der bayerischen Industrie. Zum Vergleich: In der Bundesrepublik erreichte die Elektroindustrie einen Umsatzanteil von rund 10 Prozent. Das unterstreicht ihre Spitzenleistung und ihr großes Gewicht in Bayerns Wirtschaft.
Von den rund 920000 Beschäftigten der Branche in der Bundesrepublik Deutschland sind ein Viertel in Bayern tätig. Der Anteil Bayerns am gesamten Umsatz der Elektroindustrie in der Bundesrepublik beläuft sich auf gut 25 Prozent. In der Zeit von 1950 bis 1984 nahm der Umsatz – ungeachtet dazwischenliegender Jahre weltweit gedämpfter Wirtschaftskonjunktur – nach Abzug der Preissteigerungen um das 27fache zu, bedeutend schneller als derjenige der deutschen Elektroindustrie insgesamt.
Besonders unter Beweis gestellt werden Leistungsfähigkeit und Wettbewerbsfähigkeit der bayerischen Elektroindustrie durch den umfangreichen Absatz ihrer technologisch hochstehenden Produkte und Systeme im Ausland. Gemessen am Umsatz werden heute fast 40 Prozent der in Bayern hergestellten Elektroerzeugnisse exportiert, während vor rund 35 Jahren nur etwa ein Zehntel ausgeführt wurde. Am Exportumsatz der gewerblichen Wirtschaft Bayerns hat die Elektroindustrie einen Anteil von 20 Prozent. Der hohe Exportanteil und die große Zahl der Außenhandelspartner ist ein Beispiel für die starke Verflechtung der bayerischen Wirtschaft mit dem Weltmarkt.
Die Entwicklung und Bedeutung der bayerischen Elektroindustrie kommt nicht von ungefähr. Bayern hat eine lange und vielfältige technische Tradition; so gab es auch in früheren Zeiten bereits tra-

ditionelle Unternehmen der Elektronik mit einem hochqualifizierten Facharbeiterstamm. Wie in anderen Industriezweigen, so haben besonders in der Elektroindustrie Unternehmen, die früher ihre Aktivitäten vor allem in Mittel- und Ostdeutschland hatten, sich in Bayern niedergelassen und neue Betriebe aufgebaut; aber auch Elektrofirmen aus anderen Teilen der Bundesrepublik und aus dem Ausland errichteten oder erweiterten nun Betriebe in Bayern.

Mit ihren Neugründungen hat die Elektroindustrie zugleich wesentlich dazu beigetragen, die wirtschaftliche Lage strukturschwacher Gebiete zu verbessern.

Das Haus Siemens zum Beispiel, das bereits seit der Jahrhundertwende im Nürnberger Raum und dann später in Erlangen und in den strukturschwachen nordbayerischen Grenzgebieten über hochwertige Fertigungsstandorte verfügte, hat bei Kriegsende sofort damit begonnen, die Schwerpunkte seiner Aktivitäten von Berlin nach München und Erlangen zu verlegen. Hierbei sei erwähnt, daß Berlin nach wie vor der größte zusammenhängende Fertigungsstandort des Hauses geblieben ist.

Im Zuge der Schwerpunktverlagerung und des Wiederaufbaus und Ausbaus der traditionellen nordbayerischen Standorte erfolgten umfangreiche Neugründungen im ganzen Lande, nicht zuletzt in strukturschwachen Gebieten.

Kurz nach Kriegsende (1946) beschäftigte Siemens in Bayern 12000 Mitarbeiter. Heute sind es fast 120000, das ist mehr als die Hälfte der rund 230000 inländischen Mitarbeiter. (Hinzu kommen noch knapp 110000 im Ausland Tätige.) Die Siemens AG und ihre Tochtergesellschaften beschäftigen heute in den Großräumen München 47000, in Erlangen 29000 und in Nürnberg-Fürth rund 10000 Mitarbeiter. Die anderen Aktivitäten sind über den ganzen Freistaat verteilt und erstrecken sich gegenwärtig auf 28 Standorte; von diesen wurden 22 nach dem Kriege neu begründet.

Mehr als 24000 Mitarbeiter sind jetzt in Betrieben tätig, die in Orten wie Amberg, Augsburg, Cham, Kemnath, Neustadt b. Coburg, Bad Neustadt/Saale, Redwitz/Rodach, Regensburg und Traunreut liegen. In diesem Zusammenhang sei dankbar vermerkt, daß die Ansiedlung in diesen Gebieten nicht möglich gewesen wäre ohne die verständnisvolle und zugleich impulsgebende Wirtschaftspolitik der

Bayerischen Staatsregierung sowie der regionalen und kommunalen Bereiche des Landes.
Heute haben rund 50 Prozent der gesamten Beschäftigten der bayerischen Elektroindustrie ihren Arbeitsplatz bei Siemens. Sie tragen in Fertigung und Vertrieb, in Forschung und Entwicklung zur Vielzahl und Vielfalt der Produkte und Leistungen, Anlagen und Systeme bei, die das Produktionsspektrum des Unternehmens umfaßt; nahezu das gesamte Gebiet der Elektrotechnik und Elektronik ist darin enthalten: vom Stromgenerator bis zum Kernkraftwerk, vom kleinen Elektromotor bis zur Automatisierung ganzer Produktionsprozesse und -anlagen, vom Fernsprecher bis zu neuen Kommunikationssystemen in Hochtechnologie, vom Dentalbehandlungsplatz bis zum Kernspintomographen, von elektronischen Bauelementen, Speichern und Mikroprozessoren bis zur elektronischen Datenverarbeitung für Wirtschaft und Verwaltung, Technik und Wissenschaft.
Neben der breiten regionalen Verteilung der elektrotechnischen Betriebe besteht eine überwiegend mittelständische Komponente, wie sie der ganzen bayerischen Wirtschaft zu eigen ist. Von den rund 650 Elektrobetrieben in Bayern hat die Hälfte weniger als 100 Beschäftigte. Darin spiegelt sich eine ausgewogene Vielfalt von Klein-, Mittel- und Großunternehmen wider. Der bemerkenswerte Aufstieg der elektrotechnischen Industrie in Bayern wäre jedoch ohne Großunternehmen nicht möglich gewesen. Namhafte Unternehmen der Elektroindustrie mit Sitz oder eigenen Fertigungsstätten in Bayern waren daran beteiligt: neben der Siemens AG und ihren Tochtergesellschaften Firmen wie AEG, Grundig, Philips, Rohde & Schwarz sowie Zettler.
Eine Fülle von Zukunftsausgaben gibt es besonders für die Elektroindustrie, neben dem Maschinenbau Hauptausrüster großer Teile der Industrie, die sich zudem im gesamten Kommunikationsbereich in einer überaus dynamischen technischen Entwicklungsphase befindet. Dabei zeigt sich, daß zwei wichtige Ziele, das Bestehen im Wettbewerb des Weltmarktes und die Erhaltung der Umwelt, im Vordergrund stehen. Auf der einen Seite ist es die weitere Steigerung der Produktivität durch moderne Techniken sowie die Bereitstellung und optimale Nutzung von Energie, auf der anderen Seite

geht es um weitere technische Möglichkeiten zum Schutz der Umwelt, zum Beispiel Schadstoffkontrolle und -eingrenzung.
Zielsetzungen wie Energieversorgung oder Produktivitätssteigerung bei gleichzeitiger Umwelterhaltung erfordern zukunftsweisende Problemlösungen. So gibt Siemens mehr als 15 Prozent seines Weltumsatzes von fast 46 Milliarden DM für Zukunftsinvestitionen aus: für Forschung und Entwicklung, für neue Werke und Einrichtungen sowie zur Weiterbildung seiner Mitarbeiter. Im Geschäftsjahr 1983/84 entfielen davon 3,8 Milliarden DM auf Ausgaben für Forschung und Entwicklung; für 1984/85 wurden etwa 4,5 Milliarden DM veranschlagt. Ähnlich wie bei den Investitionen entfällt ungefähr die Hälfte dieser Ausgaben im Zeichen der Mikroelektronik auf die hochtechnologischen Wachstumsgebiete Fertigungsautomatisierung, Bürotechnik und öffentliche Kommunikationsnetze.
Mehr als 30000 Mitarbeiter sind bei Siemens insgesamt in Forschung und Entwicklung tätig. Fast die Hälfte von ihnen hat ihren Arbeitsplatz in Bayern. Rund 2500 Forscher arbeiten im Siemens-Forschungszentrum in Erlangen, das als das größte privatwirtschaftliche Forschungszentrum der Energietechnik in Europa gilt. In München sind in einem der größten Zentren der Welt über 12000 Mitarbeiter in Forschung und Entwicklung auf dem elektronischen Gebiet besonders für Bauelemente und Kommunikationstechnik tätig.
Die Innovationen, die sich aus der Forschungs- und Entwicklungsarbeit der bayerischen Industrie – insbesondere der Elektroindustrie – ergeben, schlagen sich in einer raschen Veränderung der Produktspektren nieder. Bei Siemens beispielsweise hat sich seit Beginn der siebziger Jahre die Innovationsrate, das heißt der Anteil der in den jeweils letzten fünf Jahren entwickelten Erzeugnisse am Weltumsatz, von 38 auf über 50 Prozent (1983/84) erhöht; bei elektronischen Bauelementen sind es jetzt sogar fast zwei Drittel, bei der medizinischen Technik fast drei Viertel. Damit wird zugleich die Bedeutung der Entwicklung neuer Produkte für die Erhaltung von Arbeitsplätzen deutlich. Nach Ablauf der nächsten fünf Jahre müssen im Durchschnitt 50 Prozent des Siemensumsatzes mit Produkten erzielt werden, die es heute entweder noch gar nicht oder noch nicht in der künftigen Art und Form gibt.

Bayern stellt heute ein Zentrum für die Entwicklung moderner Techniken dar. Dabei hat sich inzwischen im südlichen Teil eine Art deutsches und wohl auch europäisches Zentrum der Mikroelektronik entwickelt. Nicht ohne Grund haben sich zahlreiche Tochtergesellschaften führender amerikanischer und japanischer Unternehmen im Großraum München angesiedelt.
Aus diesem Zusammenhang wurde München auch ein einschlägiger Schwerpunkt für internationale Fachmessen und Kongresse im Bereich der Elektronik. Die »electronica«, um nur eine hervorzuheben, ist heute weltweit die wichtigste elektronische Fachmesse für Bauelemente und Baugruppen. In ihrem Gefolge etablierten sich in den letzten Jahren weitere Elektronikfachmessen.
In München befindet sich überdies neben seinen beiden großen weltbekannten Universitäten, der Ludwig-Maximilians-Universität und der Technischen Universität, der Sitz der Max-Planck-Gesellschaft, der größten wissenschaftlichen Forschungsinstitution unseres Landes mit einer Reihe bedeutender wissenschaftlichen Institute, und der Fraunhofer-Gesellschaft zur Förderung der angewandten Forschung. Durch laufenden Informationsaustausch ergibt sich ein ständig effizienter werdendes Zusammenwirken zwischen Forschungsstätten, Universitäten und Industrie, wobei die öffentliche Hand durch eine verständnisvolle und zugleich dynamische Wirtschafts- und Kulturpolitik die geeigneten Rahmenbedingungen für eine entsprechende Entfaltung der beiden sich gegenseitig bedingenden Faktoren Hochschul- und Industrieforschung geschaffen hat.
Die Wechselwirkungen, die hieraus entspringen, liefern immer wieder neue Impulse für die weitere technologische Entwicklung, die für Bayerns Wirtschaft von so elementarer Bedeutung ist. Ihre fortschrittlichen Unternehmen benötigen künftig eine noch größere Umsetzung von innovativen Ideen. Von diesen hängt vor allem die Wettbewerbsfähigkeit der Unternehmen ab, die Erzeugnisse in Spitzentechnologien herstellen, wie zum Beispiel das Gebiet der elektronischen Bauelemente mit seiner großen Basisinnovation und seiner direkten Anwendung in allen mikroelektronischen Vorgängen. Daher kommt auch im Maschinenbau in steigendem Maße mikroelektronische Hochtechnologie zur Anwendung – man denke an

die Herstellung von Industrierobotern, für die Erzeugnisse hochqualifizierter Elektronikzulieferer benötigt werden.

In den Konstruktionen der Kraftfahrzeugindustrie kommt ebenfalls in ständig steigendem Maße modernste Mikroelektronik zum Zuge; zugleich aber ist dabei die Anwendung moderner Automatisierungstechnik im Produktionsprozeß von entscheidender Bedeutung. Unternehmen der bayerischen Kraftfahrzeugindustrie gehören heute durch Einsatz von Automatisierungstechniken und Industrierobotern innerhalb eines Systems moderner Fertigungsorganisation zu den leistungsfähigsten der Welt.

Auch in anderen Branchen, die eher konventionelle, beziehungsweise traditionelle Erzeugnisse herstellen, wird durch die sinnvolle Verbindung von klassischen und neuen Technologien zu modernen Produktionssystemen die wirtschaftliche Leistungskraft auf den jeweils neuesten Stand gebracht.

Der Weg Bayerns zum modernen Industrieland hat jedoch nicht nur zu einer Wirtschaftsstruktur mit qualitativ hochstehenden Industriezweigen geführt, sondern er hat darüber hinaus ein ständig zunehmendes Gewicht des Dienstleistungssektors zur Folge, in dem heute mehr als die Hälfte des bayerischen Sozialprodukts erbracht wird. Die Ausdehnung der Dienstleistungsbereiche ist dabei nicht zuletzt auf die vielfältigen Bedürfnisse der innovationsorientierten Industriezweige zurückzuführen. Gefordert wurden dadurch vor allem die Bereiche der Kreditwirtschaft, des Versicherungswesens und des Leasinggeschäfts, die beratenden Berufe und Dienstleistungsunternehmen, wie zum Beispiel die »Softwarehäuser« für die Datenverarbeitung.

Die kräftigen Wachstumsimpulse, die von den Industriezweigen mit Schlüsseltechnologien ausgehen, schlagen sich also nicht allein in den hochtechnologischen Branchen nieder; sie stärken vielmehr auch traditionelle Bereiche und bringen moderne Dienstleistungszweige zur Entfaltung. Auch in Zukunft dürften daher die fortschrittlichen Industrien Bayerns wesentliche Anstöße für eine ausgewogene Weiterentwicklung der gesamten Wirtschaft des Landes geben. Die positive Einstellung und die Initiativen von Franz Josef Strauß und seiner zuständigen Ressortminister zu dieser Frage sind hierfür die beste Gewähr.

Heinz Nixdorf

Bayern – bevorzugter Industriestandort mit gepflegter Umwelt

Wer hat nicht schon einmal davon gehört? Wen hat es nicht zum Lachen gereizt? In einem nicht näher bestimmten russischen Lexikon soll der Satz zu lesen sein: Die Bayern sind ein hinterlistiges Bergvölkchen, das sich von Gipfel zu Gipfel über weite Strecken durch Jodeln verständigt. – Ob es dieses russische Lexikon tatsächlich gibt und darin dieser Satz wirklich zu finden ist – ich weiß es nicht.

Eines steht indessen fest: Die Bayern sind ein sehr liebenswertes »Bergvölkchen«, wenn ich das als Westfale aus Paderborn einmal so sagen darf. Und ich weiß das seit meinen jungen Jahren nach dem Abitur, als mich eine Tour auf die obere Firstalm unter dem Gipfel des Watzmann führte. Zu den Bauersleuten auf dem Hof Hanitzlehen in Ramsau, die mich zusammen mit einem Schulfreund auf der Alm wohnen ließen, bestanden auch später noch auf lange Jahre gute Kontakte. Vielleicht sollte man nicht unerwähnt lassen, daß wir unser Ferienquartier, wie das in der Nachkriegszeit üblich war, nicht mit Geld bezahlten, sondern im Tauschhandel Nägel dafür boten, die wir mitgebracht hatten. Gute westfälische Nägel mit Köpfen, versteht sich!

Damals also habe ich Bayern aus eigener Anschauung kennen und schätzen gelernt. Zwar bin und bleibe ich Westfale, aber ich schätze Bayern nicht nur aus der Sicht des Erholungsuchenden, sondern auch als Unternehmer. Die Nixdorf Computer AG beschäftigt über 1000 Mitarbeiter im Freistaat, dessen Anziehungskraft mit seiner »heimlichen Hauptstadt« München allgemein bekannt ist. Nicht alle Arbeitsplätze, die hier entstanden sind, wurden mit neuen Mitarbeitern besetzt. Einige wurden für »Nixdorfer« freigehalten, denen man einen Wechsel von einem anderen Unternehmensstandort nach München anbot. Keinen von ihnen mußte man an den neuen Arbeitsplatz zwingen. Man zieht gerne nach Bayern. Die Gegend ist

schön. Und den »blauen Himmel«, den uns einst Willy Brandt »über der Ruhr« versprochen hatte, gibt es in Bayern, dessen Ministerpräsident derzeit der Jubilar Strauß ist, wirklich!
Der Freistaat ist aber nicht nur ein Wohngebiet von hoher Lebensqualität, sondern auch als Industriestandort ein starker Magnet. Das ist bestimmt kein Zufall. Im benachbarten Bundesland Baden-Württemberg beschreibt das der Hauptgeschäftsführer der Industrie- und Handelskammer Mittlerer Neckar, Peter Kistner, mit den treffenden Worten: »Bayern hat Baden-Württemberg beim wirtschaftlichen Wachstum überrundet und zeigt vor allem bei der Ansiedlung technologieorientierter neuer Branchen die stärkere Dynamik.« Es hieße Eulen nach Athen tragen, dies mit einem Schwall von Zahlen belegen zu wollen. Der Bayerischen Staatsregierung sind diese Zahlen bestens bekannt, und in den Staatskanzleien und Ministerien der übrigen Bundesländer weiß man nicht weniger genau darüber Bescheid, daß im Durchschnitt aller Jahre der Freistaat Bayern seit 1960 bei der Zunahme des wirtschaftlichen Wachstums inländischer Güter und Dienstleistungen an der Spitze steht. Bayern ist also Träger des »gelben Trikots«, um einen Vergleich aus dem Radsport zu gebrauchen, den der Jubilar in seiner Jugend eine Zeitlang als Amateur betrieb.
Dabei ist die Ausgangsposition ja keineswegs günstig gewesen. Nach dem Zweiten Weltkrieg war Bayern überwiegend von der Landwirtschaft und dem gewerblichen Mittelstand geprägt. Durch den »eisernen Vorhang« nach Osten hin abgeschnitten, fand man sich in dieser Richtung von den gewachsenen kulturellen und wirtschaftlichen Verbindungslinien vollständig getrennt und in den Gebieten des heutigen Grenzlandes in eine Randlage gedrängt. Trotz dieses Handikaps ist Bayern in seiner Aufholjagd heute für die traditionellen Ballungsräume der Industrie ein ernsthafter Konkurrent geworden. Und dies, ohne daß dabei seine liebenswerte und schöne Umwelt zerstört worden wäre!
Was sind die Gründe dafür? In Bayern sind die Unternehmer gerne gesehen, hier gelten sie nicht als Klassenfeinde und Ausbeuter, sondern als Arbeitgeber. Die Anerkennung des Unternehmers in der Gesellschaft ist bei der Mehrheit der Bevölkerung gesichert. Wirtschaftsfeindliches Gedankengut findet im Schulwesen und an den

Universitäten keinen Nährboden, um ideologische »Sumpfblüten« entstehen zu lassen, die das Wirtschaftsleben so negativ beeinflussen können. Die Akzeptanz der unternehmerischen Betätigung bei der überwiegenden Mehrheit der Bürger ist ein immaterielles Aktivum Bayerns, das ins Gewicht fällt. Die politische Stabilität, wenn ich das so formulieren darf, ist in Bayern gewährleistet. Man unterschätze das nicht. Das Wohl und Wehe der Wirtschaft wird von diesen Dingen, die zwar nicht unmittelbar in Mark und Pfennig zu messen sind, wesentlich beeinflußt. Wenn man es darauf anlegt, dem Unternehmer den Spaß an seiner Arbeit zu verderben, muß man sich nicht wundern, daß ihm die Lust dazu vergeht, sein Geld für Investitionen zu riskieren, die neue Arbeitsplätze schaffen.
Bei dieser wirtschaftsfreundlichen Grundeinstellung ist es nur folgerichtig, wenn sich die Bayerische Staatsregierung im Einklang mit der Mehrheit der Bürger des Freistaats darum bemüht, Firmen mit zukunftsorientierten Ideen und Konzepten eine Heimat zu bieten, ihnen die notwendige Hilfestellung zu gewähren und die Voraussetzung bei der Erschließung der Infrastruktur etwa im Verkehrswesen und der Energieversorgung wie auf den übrigen Gebieten zu schaffen. Industrieansiedlung setzt eine positive Grundeinstellung zum Unternehmertum voraus.
Eine Episode aus der Firmengeschichte der aus Berlin stammenden Siemens AG mag hier als Beispiel genannt werden. Als sich das Unternehmen nach 1945 um neue Standorte umsah, fand man bei der Stadtverwaltung von Erlangen die so dringend erforderliche Unterstützung. Man ging dabei sogar so weit, Herrn Plettner persönlich zum nebenberuflichen Angestellten der Stadt zu machen, um ihm bei der Beschaffung von Wohnraum für die Siemens-Belegschaft einen amtlichen Status zu geben, der es ermöglichte, die von der Militärregierung errichteten Hürden zu überwinden, die anders nicht zu nehmen waren.
Sicher hatte Siemens schon früher Standorte in München und Erlangen gehabt. Diese wurden aber deswegen auf ihr heutiges Niveau ausgebaut, weil das Wirtschaftsklima in Bayern einfach günstiger war, während man zum Beispiel in Nordrhein-Westfalen auf dem Gebiet der Industrieansiedlung nicht so engagiert vorging. Die bekannten Strukturprobleme und die überdurchschnittlich hohe

Arbeitslosigkeit Nordrhein-Westfalens kann man sicher teilweise darauf zurückführen und darf hier wohl ohne Übertreibung von einer historischen Schuld dieses Bundeslandes sprechen.
Am Rande möchte ich an dieser Stelle einflechten, daß ich selbst persönlich daran mitgewirkt habe, Texas Instruments in die Bundesrepublik Deutschland zu bringen. Wenn auch mein Anteil an dem Entschluß sicher nicht der allein ausschlaggebende Grund für dieses Unternehmen war, sich 1968 auf bundesdeutschem Boden anzusiedeln, so glaube ich doch, daß die Firma diesen Schritt bis heute nicht bereuen mußte. Ganz auf der Linie meiner eigenen Erfahrungen liegt es, daß die Standortwahl von Texas Instruments auf Freising nördlich von München fiel, sich die Vorzüge Bayerns also auch in diesem Fall durchsetzten.
Ich möchte natürlich nicht unerwähnt lassen, daß auch die Nixdorf Computer AG bestrebt ist, auf bayerischem Boden fester Fuß zu fassen. Zwar wird die zentrale Fertigung weiterhin in Paderborn bleiben. Der Unternehmensbereich Nachrichtentechnik, die Vertriebsleitung Europa und Deutschland sowie verschiedene zentrale Marketing- und Entwicklungsbereiche werden jedoch künftig in München ihren Sitz haben. Neue Arbeitsplätze auf dem Gebiet der Telekommunikation sollen also hier entstehen. Zunächst einmal werden 900 Beschäftigte den Münchner Neubau von Nixdorf beziehen und es ist geplant, die Mitarbeiterzahl schon bald auf 1400 aufzustocken. Bayern wird für Nixdorf also erheblich an Bedeutung gewinnen.
Natürlich ist dies ein problematischer Entschluß, denn zwei Unternehmensstandorte kosten mehr als einer, aber angesichts der mangelhaften Infrastruktur in Westfalen, den Problemen, die wir mit der Verkehrsanbindung unseres Standorts haben, und angesichts der wirtschaftspolitischen Rahmenbedingungen, die durch die Landesregierung vorgegeben sind, bleibt uns kein anderer Weg. Dazu kann man nur sagen: Wie man sich bettet, so liegt man eben.
Für Wirtschaftshistoriker wäre es sicher reizvoll, die Rolle der Christlich-Sozialen Union und der von ihr gestellten Staatsregierung in Bayern zu beleuchten und weitere interessante Einzelheiten ans Licht zu bringen, zum Beispiel wie stark die Firmengeschichte namhafter Großunternehmen, aber auch von Betrieben

des Mittelstandes und der kleineren Gewerbetreibenden, die in der Wirtschaftspolitik des Landes einen bevorzugten Platz einnehmen, zu ihrem Vorteil beeinflußt worden ist. Das an dieser Stelle zu tun, würde den Rahmen sprengen. Zwei Dinge aber müssen genannt werden, weil sie den Jubilar Franz Josef Strauß in besonderer Weise kennzeichnen: Da ist einmal die Errichtung des Atomforschungsreaktors in Garching bei München, die maßgebend auf seine Tätigkeit als Minister der Regierung Adenauer zurückgeht. Zum anderen ist die Wiederbelebung des Flugzeugbaus auf dem Boden des Bundesgebietes anzuführen, der entscheidende Impulse aus seiner Zeit als Verteidigungsminister bekam.

Zunächst zu Garching. Als erster Atomminister der Bundesrepublik Deutschland hat Franz Josef Strauß den Grundstein für die Wiederaufnahme der kerntechnischen Forschung in Garching gelegt. Zwar kam der Schwerpunkt der Forschung für die Kernspaltung nach Karlsruhe, Minister Strauß und Professor Heisenberg wurden sich jedoch darüber einig, daß man das Zentrum der zukunftsweisenden Kernfusion nach Garching legen sollte. Dieser grundsätzlichen Bejahung einer friedlichen Nutzbarmachung und Erschließung der Kernenergie ist der Jubilar bis heute treu geblieben.

Und nun der Flugzeugbau. Daß es heute den Airbus gibt, ist bestimmt keine Selbstverständlichkeit. Der entscheidende Anteil, den Franz Josef Strauß daran hat, ist bekannt und kommt in seiner Aufsichtsratstätigkeit für die Airbus-Gesellschaft auch äußerlich zum Ausdruck. Wie viele hochqualifizierte Arbeitsplätze auch außerhalb der Grenzen Bayerns davon unmittelbar berührt sind, braucht nicht eigens beziffert zu werden.

Der rote Faden der Erfolge Bayerns wird außerdem besonders in der Verkehrspolitik sichtbar. So ist zum Beispiel Paderborn nicht mit der Autobahn Wilhelmshaven/Frankfurt verbunden. Zwar sind 320 Kilometer dieser Strecke bereits fertiggestellt. Aber der Anschluß Gießen/Paderborn fehlt. Warum wird dieses verhältnismäßig kurze Teilstück nicht gebaut? – Ganz anders reagiert und regiert man da in Bayern. Man denke nur an den in gewisser Weise durchaus vergleichbaren Fall der Fertigstellung des Rhein-Main-Donau-Kanals. Franz Josef Strauß war den aufkommenden Widerständen gegen die Fertigstellung des Kanals von Anfang an energisch entgegengetreten. Er ließ nicht den geringsten Zweifel daran, daß man an den einmal geschlossenen Verträgen festhalten und den Bund nicht aus seinen eingegangenen Verpflichtungen entlassen werde. Der Wind blies damals dem Bayerischen Ministerpräsidenten stark ins Gesicht. Zwar stand fest, daß der Kanalbau den Steuerzahler im Endergebnis keinen Pfennig kosten würde, weil er sich langfristig aus der Stromgewinnung durch Wasserkraft finanziert. Auch sprach dafür, daß dieses größte wasserwirtschaftliche Bauwerk Europas die wasserarmen Gebiete am Main aus den wasserreichen Gegenden an der Donau versorgen und gleichzeitig im Einzugsbereich der Stadt Nürnberg als Naherholungsgebiet eine Seenplatte von der Fläche des Tegernsees, des Schliersees und des Spitzingsees geschaffen würde. Doch versteiften sich die Kanalgegner auf die Verkehrsprognose des Schiffsfrachtaufkommens, die naturgemäß mit Risiken behaftet ist, als ob darin der einzige Zweck der Wasserstraße läge.

Franz Josef Strauß ließ sich jedoch nicht beirren und hat zuletzt beim Wahlgang vom Wähler den Auftrag für die »qualifizierte Fertigstellung« des so heißumstrittenen Rhein-Main-Donau-Kanals bekommen. Ich meine, daß ihn diese Konsequenz auszeichnet.

Oder Wackersdorf, ein anderes Beispiel: Den Wind des Zeitgeistes gegen sich, plädierte Franz Josef Strauß landauf, landab dafür, daß beim gegenwärtigen Stand der Technologie Kernkraft und Kohle für die Stromerzeugung unerläßlich sind: Kernkraft für die Grundlast und Kohle für den Rest.

Die Überraschung war perfekt, als aus Niedersachsen dann zu hören war, daß ein integriertes Entsorgungszentrum mit Standort innerhalb des Landes technisch zwar möglich, aber politisch nicht machbar sei: Das Moratorium in der friedlichen Nutzung der Kernenergie war Wirklichkeit geworden. Im Verlauf des weiteren Verfahrens bewarb sich dann Bayern mit dem Standort Wackersdorf um die Errichtung einer Wiederaufarbeitungsanlage und bekam kürzlich den Zuschlag.

Kernkraft ist vor allem in Verbindung mit der Wiederaufarbeitung eine saubere Art der Energiegewinnung. Neben der wirtschaftlichen hat also die Entscheidung für Wackersdorf auch eine umweltpolitische Seite. Ich habe wenig Verständnis dafür, daß der Bau von übergroßen Schornsteinen als Fluchtweg aus der Kernkraft genutzt wird und die Emissionen von Kohlekraftwerken, auf die man verzichten könnte, mittlerweilen ihr schädliches Werk auch im Bayerischen Wald begonnen haben. Ich halte es außerdem für einen »starken Tobak«, wenn in Niedersachsen ein Kohlekraftwerk, nämlich Buschhaus, neu in Betrieb genommen wird, ohne es auf den letzten Stand der technologischen Möglichkeiten zur Reinhaltung der Luft zu bringen.

Energie ist nun einmal das A und O der Wirtschaft. Deswegen möchte ich bei dieser Gelegenheit auf einen Lösungsweg bei uns zu sprechen kommen. Wir sind jetzt darangegangen, drei 5000-PS-starke Gasmotoren für die Stromgewinnung einzusetzen, die in den Produktionsstätten in Paderborn benötigt wird. Als Nebeneffekt wird gleichzeitig die Abwärme für die Heizung der Fabrik genutzt.

Hier möchte ich mich nicht in technische Einzelheiten über Wirkungsgrade und dergleichen verlieren. Gas ist jedenfalls ein sauberer und umweltfreundlicher Energieträger, der sich leicht wandeln läßt und den unschätzbaren Vorteil der dezentralen Verwendbarkeit besitzt. Und davon verstehe ich etwas, denn Nixdorf ist mit dem Prinzip der dezentralen Anwendung der Computertechnologie groß geworden.

Wenn es um die Frage Wirtschaft und Umwelt geht, kann man nicht an der Erhaltung der bäuerlichen Landwirtschaft vorbeigehen. Es wäre mir eine schreckliche Vorstellung, etwa das Voralpenland im Stil der östlichen Kolchosenwirtschaft oder nach dem Muster amerikanischer Mammutfarmen unter das Joch gigantischer Landwirtschaftsmaschinen genommen und damit zu monotoner Gleichförmigkeit veröden zu sehen. Es ist durchaus nicht alles und jedes gut, was aus den Vereinigten Staaten kommt. Die bäuerliche Landwirtschaft, für die sich Franz Josef Strauß mit der ihm eigenen Durchschlagskraft einsetzt, muß erhalten bleiben. Ich stelle mich, obwohl ich kein Landwirt, sondern ein Industrieller bin, in dieser Frage öffentlich an die Seite des Jubilars.

Um jeden Zweifel auszuschließen, sage ich ganz bewußt: Die Landwirtschaft hat Anspruch auf Unterstützung des Staats, sie hat Anspruch auf Subventionen. Wie alles hat auch die Erhaltung einer liebenswerten Umwelt ihren Preis. Eine Politik, die dazu führt, daß

Tausende von Bauern über Nacht Haus und Hof aufgeben müssen, hat keine moralische Berechtigung. Man kann das nicht groß genug an die Wand schreiben.

Die gewachsene Struktur der bäuerlich betriebenen Landwirtschaft ist ein hohes Kulturgut, das sich in dem Gesicht einer Landschaft unmittelbar widerspiegelt. Es freut mich ganz besonders, Bayern auch hier unter den Vorreitern zu finden, die den »bayerischen Weg« in der Landwirtschaftspolitik gefunden haben, der nun schon zu einem festen Begriff geworden ist.

Dem aufmerksamen Zeitungsleser ist nicht entgangen, daß im Frühjahr nach einer vom Wirtschaftsrat der CDU veranlaßten Emnid-Umfrage Bayern und das Nachbarland Baden-Württemberg von den meisten der befragten Manager und Unternehmer als Standort bevorzugt wird. Als Grund dafür werden die günstigen wirtschaftlichen Rahmenbedingungen und die politische Ausrichtung der amtierenden Landesregierungen angegeben. Die von den beiden Bundesländern betriebene Wirtschaftspolitik wird als »unternehmergünstig« eingestuft. Eingangs sagte ich schon, daß die Industrie- und Handelskammer Mittlerer Neckar zum Ausdruck gebracht hat, daß Baden-Württemberg von Bayern in letzter Zeit sogar überrundet worden ist. Woher also die Vorliebe für Bayern kommt, dreimal darf man raten…

…der Freistaat Bayern, bevölkert von einem »hinterlistigen Bergvölkchen, das sich von Gipfel zu Gipfel über weite Strecken durch Jodeln verständigt«? Wir wissen es besser.

August Everding

Kunst und Subvention

Der festliche Anlaß dieser Überlegungen ließ Zweifel aufkommen, ob es an diesem Tag angebracht sei, die Vermengung von Kultur und ihren monetären Voraussetzungen darzustellen; ob nicht ein Inszenierungsentwurf, ein Spielplankonzept für die bayerische Theaterlandschaft einen farbigeren Geburtstagsblumenstrauß abgeben könnte.
Aber gerade die Besonderheit des zu Ehrenden, sein Engagement für die staatlichen Bühnen und die nichtstaatlichen bayerischen Theater ließen mich dieses Thema wählen. Es hat auch viel mit der Verantwortung des Intendanten zu tun, die mein Vorgänger an den Münchner Kammerspielen einmal so definierte: »Der ideale Intendant ist zugleich ein Intellektueller, ein Manager und ein Enthusiast, Don Quichotte und Geschäftsmann, ein Zentaur mit einer Dichterstirn und vier derben Pferdefüßen.«
Lassen wir den mit der Dichterstirn einmal beiseite. Was bin ich? Intendant eines Kulturmarkts? Ist Kultur eine Ware, die auf dem Markt verhökert wird? Wie hat es Rolf Liebermann in Hamburg geschafft, die Subventionen der Oper immer auf den Stand von Berlin und München steigern zu lassen? Die kürzliche Erhöhung der Subvention unseres Staatsorchesters war leider auch konsequent, weil Celibidache bei der Stadt München »sein« Orchester ungebührlich hatte anheben lassen. Und wenn das Orchester gesteigert wird, folgen Chor und Ballett bald nach.
Künstler oder Manager? Denke ich an meine Tagesarbeit, so stelle ich fest, wie wenig diese noch mit Kultur, sondern immer mehr mit Tarifpolitik, mit Management, mit Kulturbetrieb zu tun hat. Welche Abwehrmaßnahmen hatten wir Intendanten gegen immer höhere Gagen unternommen – aber dann konnten unsere Preisabsprachen von unseren amerikanischen Kollegen aus kartellrechtlichen Gründen nicht mitgetragen werden.
Apropos Höchstgagen: Sie machen zwei Prozent des Opernetats aus.

Und wenn Domingo nur für eine große Summe singt, nehmen wir am Abend diese Summe und noch viel mehr ein. Im übrigen läßt er davon eine stattliche Steuersumme im Lande und viel Geld in der Stadt. Er ist volkswirtschaftlich direkt ein Gewinn.
Die Bundesrepublik hat fünfundachtzig staatliche oder städtische Theater und siebenundsiebzig Kulturorchester. Ohne Subvention ist der Erhalt dieser Kulturlandschaft unmöglich. Die Behauptung mancher Kulturpolitiker, durch Zusammenlegung von Theatern könnten diese billiger und qualitätvoller sein, ist erwiesenermaßen falsch. Richtig ist, daß sich auch Theater, die ganz privat und unabhängig anfingen, zur Bezuschussungskrippe drängen und auf das staatliche Sicherheitsnetz hoffen. Richtig ist aber auch, daß das von der städtischen Gasteig-Betriebsgesellschaft aufgestellte Kulturprogramm wieder gestrichen werden mußte, weil die Auflage, kostendeckend zu spielen, nicht eingehalten werden konnte. In unseren Theatern ist die jährliche Steigerungsrate vor allem beim festen Personalkostenkomplex nur mit staatlicher Hilfe aufzufangen. Auf die Preise ist das nicht weiter abzuwälzen, weil dann der Sinn jeder Kulturpolitik pervertiert würde. Wir müssen auch einen Blick auf die Kulturlandschaft der Länder werfen, die keine Subventionen verteilen; Länder, deren kulturelle Versteppung sichtbar ist; Länder, die immer mehr beginnen, unser subventioniertes Theatersystem nachzuahmen. Andere Länder lassen ihre Subventionen einfrieren, und der Intendant des Covent Garden in London besorgt sich bei Wiener Banken zusätzliches Geld.
In England will das staatliche Arts Council die Subventionen für die vier nationalen Theaterinstitutionen nur um 1,9 Prozent anheben; die Inflationsrate beträgt dagegen fünf Prozent. Der Intendant Peter Hall sagt: »Jede subventionierte Bühne im Land steht vor einer Krise, wird weniger produktiv werden, und wir müssen warten, bis die Regierung zur Vernunft kommt. Die Erträge der Boulevard-Theater steigen, die Qualität läßt nach. Wir werden immer weniger und immer sicherere Produktionen haben. Die ernsthaften Theaterstücke werden aus den Spielplänen herausgepreßt.« Die Öffentlichkeit erwartet aber neue, wiederentdeckte, interessante Stücke. Nach Meinung von Peter Hall kann die britische Theaterkultur ihr hohes Niveau nur dann bewahren, wenn subventionierte Bühnen auch wei-

terhin solche Stücke zu zeigen vermögen, die nicht auf Anhieb dem Publikumsgeschmack entsprechen.
Die Italiener hingegen bezuschussen zwar ihre Theater, bezahlen aber immer erst am Ende der Saison. So lange nehmen die Theater Kredite bei Banken auf und die steigenden Zinsen vermindern dann den Etat der schon gelaufenen Saison und zwingen zu neuer Verschuldung.
Frankreich baut aus kulturpolitischen Gründen eine ganz neue zweite Oper, obwohl das Palais Garnier nicht ausgenutzt ist – man spielt dort hundert Opernvorstellungen im Jahr.
In einzelnen deutschen Bundesländern werden die Subventionen gekürzt oder sie stagnieren – interessant, daß das vornehmlich in von der SPD regierten Ländern geschieht, Städte und von der Union geführte Länder haben bei der Kultursubvention zugelegt.
Vor aller Subventionsvergabe stellt sich uns aber eine Frage: Wird dabei das bayerische Sprichwort angewendet »wer zahlt, schafft an«? Und wer zahlt hier aus wessen Tasche und schafft mit welcher Konsequenz für wen an? Will nicht der Staat für sein Geld Leistung, Erfolg und Haltung sehen? Ich befürchte, daß dieses Thema in den nächsten Jahren cum ira und sine studio behandelt werden wird.
Ich möchte aber, bevor Gefahren beschworen oder Mißstände beklagt werden, noch einmal auf die Tatsache hinweisen, daß bei uns Gemeinden, Städte, Stadtstaaten und der Bund fast zwei Milliarden Mark aufwenden für Theater und Orchester, für Kultur insgesamt 4,5 Milliarden – dies ist ein Anlaß, den Verantwortlichen dafür öffentlichen Dank zu bekunden. Die Praxis anderer Länder zeigt, daß es keine Selbstverständlichkeit ist, wenn achtzig Prozent aller Ausgaben an den Theatern vom Fiskus abgedeckt werden. Selbst der Gesetzgeber hat die Unterhaltung der Theater nicht dem Geschmack einzelner Gremien überlassen, sondern sie gesetzlich verankert.
Einige Vorfragen an uns sind aber auch nötig:
Wie geht der Theaterleiter heute mit dem Staat um, der ihm das Geld gibt? Wie geht der Theaterleiter mit dem Geld um, das ihm der Staat gibt? Darf sich der Staat überhaupt Mäzen nennen lassen, da es doch öffentliches Geld ist, das er ausgibt? Ist er Mäzen oder Auftraggeber? Läßt der Staat die Freiheit zu, obwohl er Geld gibt, oder

läßt er Unfreiheit zu, weil er das Geld gibt? Ich bin zweiundzwanzig Jahre Intendant. In keinem Fall wurde versucht, die alleinige Verantwortlichkeit des Intendanten in allen Spielplandingen und bei Engagements anzutasten. Kein Stadtrat, kein Minister hat mich unter Druck gesetzt. Nun sagen viele unserer Kritiker: Diesem Druck braucht man manche Intendanten gar nicht auszusetzen, die drükken sich schon selbst in eine kommode Situation, so daß von außen nichts mehr nötig ist. Das mag an manchen Plätzen sein. Der Intendant, höchstens für fünf Jahre gewählt, ist manchmal gesellschaftlich und gruppenmäßig rücksichtsvoll verstrickt und kein Idealist mehr, was man von diesem Beruf immer noch erwartet.
Ein Privatmäzen unterstützt aufgrund seiner ästhetischen oder theoretischen Überzeugungen einen Künstler. Diese Unterstützung geschieht aus rein subjektiver geschmacklicher Überzeugung. Wie ist das beim Staat? Finanziert dieser, weil er aller Leute Geld mit der Gießkanne, die größere und kleinere Löcher hat, ausschüttet, Ausgewogenheit – oder darf er auch bestimmte ästhetische, kulturpolitische Einzelansichten haben? Wer formuliert beim Staat die Kriterien, nach denen die Arbeit eines Theaters unterstützungswürdig ist? Wenn es die Kriterien des Pluralismus sind, geht der Mäzen Staat allen qualitativen Entscheidungsqualen aus dem Weg. Der Sinn der Subvention ist aber gerade, Dinge möglich zu machen und durchzustehen, die ein Theater durch Einnahmen allein sich nicht leisten kann oder die ein Privatmann nicht riskiert. Substantielles Mäzenatentum darf nicht den finanziellen Erfolg im Auge haben, sollte sich verhalten wie der Künstler zu seinem Werk – es schaffen, ohne zu wissen, was genau dabei herauskommen wird. Heute ist fast das Gegenteil der Fall. Der Intendant, der volle Häuser vorweisen kann, ist ein guter Intendant. Volle Häuser erreicht man meistens nur mit Gefälligem. Um einem Geschmack nachzulaufen, braucht man nicht primär Subventionen, um ihn über viele Umwege zu bilden, sehr wohl. Dieses Bilden hat aber früher zu beginnen als üblich, vor allem bei der zeitgenössischen Kunst.
Ein neues Werk – dargeboten unter dem Motto »friß Vogel oder stirb« – garantiert, daß beide sterben, der Zuschauer und das Werk. Neue Antennen zum Begreifen, Erfühlen und Verstehen müssen aufgerichtet werden. Die Schwellenangst vor der Oper besteht nicht

nur in den hohen Preisen und dem fehlenden Smoking; die größere Schwellenangst erzeugt das mangelnde Verstehen. Jugendliche sehen beispielsweise mal »Lohengrin« und »Hänsel und Gretel«, in die Oper geht erst der Erwachsene, und da ist es meist zu spät.
In den »Letzten Tagen der Menschheit« von Karl Kraus fällt einmal der Ausdruck von der pünktlichen Verspätung. Diese pünktliche Verspätung hält der Staat präzise ein. Der musische Unterricht in der Schule, von einigen Ausnahmen abgesehen, setzt zu spät und nur didaktisch ein. Das Vergnügen an den Musen kann gar nicht aufkommen, weil Kunstunterricht an unseren Schulen sehr dem Brautunterricht vor der Ehe gleicht, wo die Betonung der ehelichen Pflichten die Kandidaten ähnlich fröhlich einstimmt wie die Schüler vor dem ersten Opernpflichtbesuch, über den es danach auch noch säuberlich aufsätzlich zu berichten gilt.
Als ich eben von der Nichteinmischung der staatlichen oder städtischen Behörde sprach, wird mancher an Vorfälle in einigen Städten gedacht haben. Zur Klärung: Natürlich erlaubt es das Selbstverständnis einer demokratisch gewählten Abgeordnetenversammlung, die Absetzung eines Stücks zu fordern; die Freiheit des Intendanten, die in puncto Spielplan noch unbestritten ist, kann der Forderung aber widerstehen. Die Intendanten wehren sich auch gegen die äußeren Zwänge und Übergriffe. Leider haben sie sich aber oft selbst in innere Abhängigkeiten begeben. Um nicht das Image des fortschrittlich aufgeschlossenen Intendanten zu verlieren, liefert man sich den Zwängen der eigenen Dramaturgie aus, um – um mit Kurt Tucholsky zu sprechen – »links von sich selber zum Stehen zu kommen«.
Es gibt aber auch mutige Intendanten. Bedenken wir jedoch auch einmal die Qualität unseres Mutes. Wir sind mutig – mit anderer Leute Geld. Der Staat gibt der Kultur mit großer Geste viel Geld – wir wissen, es ist unser Geld. Aber weil es öffentliches Geld ist, hat der gewährende Beamte nicht den Elan des Mäzens, der eigenes Geld opfert. Leider hat er aber oft den Habitus, als wäre es sein eigenes Geld. Und da er nach seinem Geschmack urteilt – welches Kriterium gibt es sonst? –, gibt er es so aus, wie er sein eigenes Geld ausgeben würde. Aber all diese Schattenseiten sind Licht gegenüber der staatlich verordneten Spielplanpolitik, gegenüber dem

Staat, der das Geld nicht mäzenatisch ausgibt, sondern nur unter dem Kalkül der Volksbeeinflussung. Aber auch bei uns will der Staat beeinflussen, vor allem bei der Vergabe von Stellen. Dem Intendanten gewährt man da noch komödiantische Sonderstellung. Ich habe – nur vereinzelt – berichtet bekommen, daß man nach Gesang- oder Parteibuch fragt. Bei anderen Positionen achtet man schon auf die Gesinnung. Man setzt dem Intendanten Aufpasser vor, die indirekt über das Geld den Spielplan beeinflussen. Das Stück wird nicht bemängelt, aber es kostet zu viel. Das Geradeaus-Verbot gibt es nicht, aber das über die Umwege der Bürokratie schleicht sich mehr und mehr ein.
Erfreulich wäre es, wenn der Umgang des Theaterleiters mit dem Mäzen Staat geprägt wäre von der Maxime: Offen für alles Neue, aber ohne modische Sucht; immer bereit für neuen Wein in alten Schläuchen und für alten Wein in neuen Schläuchen. Wir bekommen unsere hohen Subventionen als Ausgleich für Risikobereitschaft. Der Ehrgeiz, ein Theater zu besitzen, ist der Ehrgeiz, eine Stadt mit Rang zu sein.
Vor einiger Zeit gab es einhellige Schlagzeilen in allen Zeitungen San Franciscos: »Großer Schlag gegen unsere Bürger, Einbuße für unsere Wochenenden, Beeinträchtigung des Familienprogramms, Krankenhäuser melden Proteste der Bettlägerigen, Verluste für die Wirtschaft unabsehbar« – und das alles auf der ersten Seite. Was war geschehen? Besitzer und Spieler der Baseballmannschaften konnten sich nicht einigen und man trat in den Streik. Kein Baseball mehr für mindestens zwei Wochen – Notstand, Protest, Aufschrei! Zur gleichen Zeit las ich die öffentliche Reaktion auf die beabsichtigte Schließung des Bremer Schauspiels. Auf Seite eins? Nein. Notstand? Nein. Ein Protestchen. Nun spielen sie zwar weiter, aber die Reaktion war erhellend.
Ich habe eingangs die Freiheit der Intendanten in Deutschland betont. Wenn ich in den USA von unseren hohen Subventionen berichte, begegne ich immer wieder der Frage, ob nicht dadurch der Staat auf das Theater Einfluß zu nehmen versuche. Meine Einlassung, daß das zumindest in den Großstädten nicht geschähe, wird gläubig vermerkt mit dem Zweifel, den jeder Amerikaner an unserer gelungenen Re-Edukation hat. Sie wollen das Geld für Kultur nicht

vom Staat, sondern durch Fundraising vom einzelnen Bürger. Sie meinen, dieses private Geld mache die Theater noch freier und den einzelnen Geldgeber dem Theater noch verbundener.
Mein Einwand: Dieses Fundraising ist selbst so aufwendig und teuer, daß dafür schon Pfunde gesammelt werden müssen; der Intendant muß mehr mit Geldgebern lunchen als bei der Hauptprobe lauschen. Und dann fiskalisch gesehen: Der Privatmann kann fünfzig Prozent der Spende von seiner Steuer abziehen, das sind also fünfzig Prozent öffentliche Gelder, die der Öffentlichkeit verlorengehen. Das öffentliche Geld für Theater und Orchester in Amerika sind Pfennigbeträge, denn Kultur ist wie allenthalben die Weich- und Schwachstelle der öffentlichen Haushalte.
In jedem Lehrerkollegium ist der Zeichen- und Musiklehrer der ärmste Hund, im Kabinett der Kultusminister – wenn er nicht im Vorstand seiner Partei sitzt. Ich habe mich öffentlich für die hohe Subvention bedankt, aber ich bin es etwas leid, mich immer dafür entschuldigen zu müssen, daß ich von der öffentlichen Hand ausgehalten werde. Jede Haushaltsberatung will mein schlechtes Gewissen erregen. Welcher Bauer hat denn ein schlechtes Gewissen beim Kuhmelken, wenn er an den Grünen Plan denkt?
Natürlich haben die Kollegen von der Müllabfuhr und der Kanalisation schlagendere Argumente als wir. Jeder sieht auch ein, daß die Durchmesser der Abwässerungsrohre verbreitert werden müssen. Reinlichkeitsbedürfnisse sind ständig gestiegen. Da werden »echte« Bedürfnisse angesprochen, und ihre Anstalten sind wahrhaft öffentliche. Eine Bürgerpolitik läßt aber nicht das Entweder-Oder zu, sondern versucht, beides zu ermöglichen. Der alternative Vergleich »Krankenhaus oder Theater« ist unstatthaft. Wenn beides zusammen nicht möglich ist, muß das klargestellt und gesagt werden. Die Lösung kann nicht ein bißchen Krankenhaus und ein bißchen Kultur sein. Wir müssen wieder anfangen zu lernen, Grenzsituationen zu durchdenken. In der Grenzsituation muß ich mich entscheiden, ob ich in der Wüste den Rest Wasser, der nur für einen reicht, dem Freund oder dem Bruder gebe. Subvention ist nicht nur ein Muß. Sie ist auch ein Bekenntnis.
Natürlich will jeder Prioritäten setzen, aber es kommt auch einmal die Gewissensfrage, ob das Überflüssige nicht genauso nötig ist wie

das Flüssige. Die Frage nach den Subventionen weitet sich aus zu einer Sinnfrage. Im übrigen gibt der Staat nicht nur Theatern und Orchestern Subventionen. Er erhält damit die Wirtschaft, kurbelt Initiativen an und fördert die Forschung. Direkte Zuschüsse und Steuererleichterungen verschlingen mehr als hundert Milliarden pro Jahr.

Keine Subventionen bedeutet: keine Kultur. Das muß in den Ohren derer, die unsubventioniert viel Kultur und viel für die Kultur machen, hochmütig klingen. Es muß aber klargestellt werden: Die Theater in der Bundesrepublik sind nicht hoch subventioniert für ihre Ideen, für ihre Sänger und Darsteller; sie sind so hoch subventioniert, weil sie ein Hochleistungsbetrieb sind mit der stattlichen Zahl von rund 27000 Beschäftigten (allein in vom Deutschen Bühnenverein erfaßten Theatern).

Die Theater sind personalintensive Betriebe, und weil dank der Sozialpolitik unserer Regierungen und Gewerkschaften die Kosten des Personals immer intensiver werden, erscheinen die Theater immer aufwendiger. Noch einmal sei es betont: Von den siebzig Millionen für die Bayerische Staatsoper werden zwei Millionen für alle Bühnenbilder und Kostüme ausgegeben. Der Kritikereinwand: Milchmädchenrechnung, man müßte die Kosten für alle – Schreiner, Schneider, Maler, Kascheure und Requisiteure – dazurechnen. Richtig, aber ich habe einen Gegeneinwand: Diese Einsparung würde einen Verlust von Arbeitsplätzen bedeuten. Die Presse schlägt mit Recht Alarm, wenn irgendwo eine Spinnerei geschlossen werden soll. Wie sollen die verlorenen Arbeitsplätze ersetzt oder das Personal umgeschult werden? Dieselbe Presse redet Fusionen – oder, wie sie es nennt, Gesundschrumpfungen – der Theater das Wort. Zu was sollen denn die Tänzer umgeschult werden, die Rüstmeister, die Requisiteure? Es geht ja nicht um die hundert Intendanten, es geht darum, daß die Theater auch Lehrbetriebe sind, Ausbildungsstätten. Es ist einmal an der Zeit, die echte öffentliche Subvention auszurechnen. Was geht an den Staat als Steuer zurück, was bleibt vom Geld der Sänger in einer Stadt, welche Seitenbetriebe arbeiten uns zu? Wer berechnet einmal den Wirtschaftsfaktor eines Theaters in einer Stadt? Welche wirtschaftlichen Folgen haben die Festspiele in Bayreuth für die Stadt? Welche Werbung be-

treiben die Theater für eine Kommune, wenn Opern weltweit im Fernsehen ausgestrahlt werden? Jedes Wirtschaftsunternehmen würde Millionen an Werbekosten dafür ansetzen. Warum muß Coca-Cola jährlich 270 Millionen Dollar für Werbung ausgeben? Was kostet Persil eigentlich wirklich, wenn man das alles abzieht, was bei den Theatern selbstverständlich ist? Man kann einwenden, der Geschäftsleute erstes Prinzip sei ja das Verkaufen. Was aber ist am Preis der Preis für die Ware? Die Werbung diktiert ihnen zu verkaufen, was ankommt; die Theater sollten geben, worauf es ankommt.
Auch die Theater verfallen leider zu oft dem Wettbewerbsgedanken. Das volle Haus spricht für den Intendanten, das leere gegen ihn! Ist das so? Nein, in leeren Kirchen wird nicht weniger geistlicher Trost gespendet, ist das Abendmahl nicht weniger substantiell und die Geistlichen bekommen nicht minderen staatlichen und Gottes Lohn. Die Wirtschaft hat ihre Lobby. Die Lobby des Theaters ist allein die Aufführung, die Lobbyisten sind die Besucher.
Für das Erleben, das Ergötzen, die Freude, den Ärger, die Aufregung, die Theater vermittelt, hat der Staat zwei Milliarden gegeben – und für Sport und Erholungsförderung fünfundzwanzig Milliarden. Zur Bundesliga gehen sieben Millionen, in die Theater der Bundesrepublik achtzehn Millionen. Unser Staat ist sich seiner Bildungsaufgabe bewußt. Für Schulen und Hochschulen – für das Bildungswesen – gab er 1980 siebenundsechzig Milliarden Mark und steigerte sich damit gegenüber 1951 gewaltig, wo er zweieinhalb Milliarden Mark ausgab.
Ich warne nochmals davor, Unvergleichbares miteinander zu vergleichen. Ich will nicht in denselben Fehler verfallen, obwohl Schulen und Theater vieles Vergleichbare haben. Wogegen ich mich wehre, ist der unablässige Vorwurf gegen ständig steigende Subvention, die die Theater petrifiziere und einschläfere. Ob man die Experimente bei »Aida« in Frankfurt mag oder nicht, den »Giovanni« in Kassel ablehnt oder verteidigt, dem »Rosenkavalier« in München zustimmt oder ihn verdammt – dieses Spektrum ist nur möglich durch unsere – hohen – Subventionen. Jedenfalls gehen mehr Bürger in die Theater als es FDP-Wähler gibt. Der Kirchenbesuch verringert sich, der Opernbesuch steigt. Natürlich kenne ich die Statistiken und ihre Auslegungen. Nur fünf Prozent der Bundesbürger

sollen demnach ins Theater gehen; falsch: dreiundzwanzig Prozent. Zweiundachtzig Prozent der Arbeiter gehen nicht ins Theater – richtig; aber achtzehn Prozent gehen. Bei Betrachtung der verschiedenen Statistiken über das Theater ist man versucht, es mit Churchill zu halten, der an keine Statistik mehr glauben wollte außer an die, die er selbst gefälscht hatte.
In den sozialistischen Ländern des Ostblocks genießen die Grundnahrungsmittel die größten Subventionen. An denen wird nicht gespart, weil deren Preise nicht angetastet werden sollen. Auf dem großen Weg der Menschheit von der Natur zur Kultur aber haben sich Wissen, Freude, Spiel, Kreativität als notwendige Grundnahrungsmittel herausgestellt. Der Überdruß an Technik und die Angst vor der Umweltzerstörung ist die Ursache dafür, daß viele das Leben zurück in der Natur und in einer alternativen Kulturszene suchen. Andere sind von unseren Kunstbetrieben abgestoßen und wollen die Gegenkultur – die Subkultur – möglich machen. Diese Reaktion zeugt vom Fehlen einer umfassenden Kulturpolitik und bezeugt unsere Fehler.
Ich fürchte, wir vom Theater müssen uns warm anziehen, die kommenden Jahre werden kalte Jahre werden. Hoffentlich kommt nie mehr die Zeit, wo Briketts ins Theater mitzubringen erwünscht ist. Ich höre den Einwand: Aber das waren die guten einfachen Theaterjahre. Ja, sie waren gut, aber die schreckliche Folge einer schrecklichen Zeit. Sie zurückzuwünschen zeugt von einer Romantik wider den Heiligen Geist. Auch manche Kritiker und Rechnungshöfe fordern: Macht doch wieder einfaches Theater, nur mit Projektionen und Licht wie Wieland der Große. Sollen wir unsere Kühlschränke wieder ausbauen? Wir tragen ja auch nicht mehr die Soldatenmäntel der Nachkriegszeit, sondern Fell und Leder. Als in Hamburg das Opern-Magazin abbrannte, war die Oper sechs Wochen lang »ohne alles« attraktiv, aber dann stellte sich sehr bald heraus, daß Oper nicht nur Musizieren vor schwarzen Vorhängen ist, daß die Zuhörer auch Zuschauer sein wollen. Damals konstatierte ein Kritiker, das sei die gute Stunde Null; man solle die Oper ein Jahr schließen und dann neu anfangen. Das ist dieses verdammte romantische Hoffen auf den Neuanfang, unsere guten Vorsätze für nächsten Montag, aber nicht für heute. Das ist die Sehnsucht der

Schüler, daß die Schule abbrennt und damit alle schlechten Noten. Diese kindische Sehnsucht führt dazu, daß die Schule wieder einmal abbrennt.

Auch unrealistische Forderungen der Theater und Orchester können dazu führen, daß der Ast, auf dem wir alle sitzen, abgesägt wird. Die Subventionen steigen, aber das Angebot verringert sich. Das liegt jedoch nicht am minderen Arbeitswillen der Intendanten. Es wird länger probiert – ob man das für richtig hält, ist eine andere Frage – es wird immer weniger gearbeitet. Und es soll in Zukunft noch weniger gearbeitet werden. Es soll auch noch mehr gespart werden. Richtig. Aber wo? Beim Personal dürfen wir nicht einsparen. Die soziale Besitzstandsmehrung ist eine heilige Kuh. Wo kann denn noch gespart werden? Einzig und allein bei der Produktion. Nur bei diesen fünfzehn Prozent des Etats, die uns verbleiben. Aber an diesen fünfzehn Prozent dürfen wir nicht mehr sparen, wenn die fünfundachtzig Prozent noch sinnvoll sein sollen. Noch mehr Freizeit heißt weniger Vorstellungen. Noch weniger Vorstellungen heißt, den Sinn von noch mehr Freizeit für unsere Bürger sinnlos zu machen. Wir haben das Glück, zu einer Generation zu gehören, die seit fast vierzig Jahren ohne Krieg leben kann. Keiner – so schlimm es auch wird – darf darauf warten oder gar hoffen, daß nur eine Stunde Null die Verkrustungen unseres Sicherheitsstaats lösen kann. Besser noch Atemnot als die frischen Besen. Aber es ist nicht wahr, daß die Petrifizierung Folge der reichen Subvention sei. Theater steht immer im Wettbewerb mit sich selbst und den anderen. Unsere Verkrustungen sind Folge einer immer engmaschiger werdenden Bürokratie, die zunächst nur Katastrophen verhindern wollte, jetzt aber zum Eigenwert zu werden droht. Aus der Demokratie ist eine Büro-kratie geworden. Unsere Freiheiten schränken wir uns selbst ganz offensichtlich immer mehr ein durch die Verrechtlichung des Lebens.

Vorgänge der Verwaltung, die früher nach pflichtgemäßem Ermessen entschieden wurden, sind heute größtenteils durch gesetzliche oder Verwaltungsvorschriften geregelt. Wir haben eine Tarifordnung mit erlassen, die den Freiraum Theater unerträglich einschnürt. Bau- und Feuerpolizei, die Versammlungsstättenordnung machen manches kreative Experiment, für das wir ja auch die Sub-

ventionen bekommen, unmöglich. Aus dem Rechtsstaat droht ein Rechtsmittelstaat zu werden. Diese Umkehr aber können wir nur selbst mit unserem Staat vollziehen.
In einer Silvesterumfrage der »Süddeutschen Zeitung« war die erste Frage: »Was würde sich für die Situation der Theater in der Bundesrepublik ändern, wenn es keine Subventionen mehr gäbe?« Ich möchte die Antwort eines in dieser Frage unverdächtigen Zeugen zitieren. Ernst Wendt sagt: »Das deutsche Theater, unsubventioniert, würde zu einem nur mehr zynisch-kommerziellen verkommen, dem ein Theater sogenannter Alternativkultur in Kneipen, Zelten, Kellern, Fabriken etc. entgegenstehen würde. Da ich mich für beide Sorten nicht talentiert genug halte, müßte ich mir einen anderen Beruf suchen. Ich könnte damit drohen, wieder Theaterkritiker zu werden.«
Sicherlich sollen auch die Alternativkultur und die vielen privaten Ansätze gefördert werden. Um Privatinitiativen zu begünstigen und die öffentlichen Hände zu entlasten, gibt es mittlerweile Überlegungen, die äußeren Rahmenbedingungen für Privatinitiativen auf kulturellem Gebiet zu verbessern. Diese Verbesserung brächte allerdings dem Staat eine Steuermindereinnahme von fünfzig Millionen Mark ein. Dieser im Grunde lächerlichen Summe steht auf der anderen Seite der Nebeneffekt gegenüber, daß öffentliche Gelder woanders in größerem Maße eingespart werden können.
Ein Plan sieht vor:
1. die Freistellung allen Kunstbesitzes von der Vermögenssteuer (Kosten etwa zehn Millionen);
2. die Einführung eines Sonderausgaben-Freibetrags für den Erwerb von Kunstwerken *lebender* Künstler (Kosten etwa fünfzehn bis fünfundzwanzig Millionen);
3. den Abzug von Ausgaben zur Förderung kultureller Zwecke bei der Gewerbesteuer (fünf Millionen);
4. die Verbesserung der Abzugsfähigkeit von Stiftungs-Dotationen;
5. eine großzügigere Anwendung der Vorschriften über Gemeinnützigkeit von Stiftungen, die mit Auflagen des Stifters verbunden sind.
Bereits heute beträgt das private und industrielle Engagement von Mäzenen rund zweihundertfünfzig Millionen Mark jährlich. Der Rahmen dieses Mäzenatentums erstreckt sich von der Selbstdarstel-

lung traditionsreicher Firmen (BMW, Mercedes) bis zur »sozialen und politischen Verantwortung« dominierender Firmen in ihrer Stadt (Bayer, Hoechst, Rosenthal, Bertelsmann), von »Anstiftern« (Buchheim) bis zu Förderpreisen, vom Kulturkreis im Bund der deutschen Industrie bis zu großen Stiftungen, von Bildungsvereinen und Kunstvereinen bis zum Künstler als Mäzen. Bei den achthundert registrierten Förderpreisen werden allein zweihundert privat finanziert. Doch auch bei einer wesentlichen Erweiterung des mäzenatisch bedingten Förderungswillens bleibt der Staat seiner im Gesetz verankerten Förderung nicht enthoben.

Wir müssen lernen, mit den öffentlichen Mitteln ebenso verantwortungsvoll umzugehen wie mit dem eigenen Geld. Gebe ich eigenes Geld für zeitgenössische Musik aus, die noch immer schlecht besucht wird? Behalte ich mit eigenem Geld – um den Sozialfall zu nennen – den Hornisten, der nicht mehr blasen, den Tenor, der nicht mehr singen, den Tänzer, der nicht mehr springen kann und der nach fünfzehn Jahren nach den geltenden Sozialversicherungsgesetzen – recht so – nicht mehr entlassen werden darf? Ich kann aber auch keinen anderen dafür einstellen, weil das Geld nun einmal verplant ist.

Wo beginnt der Leichtsinn, mit fremdem Geld Sprünge zu machen, die ich mit eigenem Geld nicht wage? Über uns wacht der Oberste Rechnungshof, und das ist gut so. Aber diese Herren können schwer verstehen, daß proben ausprobieren heißt, daß man auch einmal etwas wegfallen läßt, daß man ein Kostüm, von dem sich herausstellt, daß es nicht tragbar ist, nicht verwendet. Da gibt es natürlich nach Jahren dann die Monita, die da sagen, ja das hätten Sie doch wissen müssen als Regisseur. Nein, probieren heißt ausprobieren. Man verlangt fertige Konzepte und Bilder und moniert Verteuerungen, die dadurch entstehen, daß unsere Phantasie neue Bocksprünge gemacht hat.

Natürlich soll das nicht die Regel werden. Aber mir muß doch gelegentlich etwas anderes einfallen dürfen als bei der Planung vor zweieinhalb Jahren. Ich weiß, daß ich Unordnung damit schaffe. Aber diese fruchtbare Unordnung bei so viel Ordnung gehört auch mit zu diesem Beruf.

Unser Management ist auch ein Management mit der Hoffnung, immer mit der Hoffnung, daß es ein großer Erfolg wird – und dann kann sich am Abend etwas ganz anderes einstellen. Beides ist möglich, Erfolg und Mißerfolg; beides ist nicht programmierbar. Alle Stücke sind ein Wagnis. Sie können nur aufgeführt werden, weil öffentliches Geld dafür da ist, Wagnisse einzugehen. Aber auch wir müssen mit Bertolt Brecht die Frage stellen: »Was ist besser, sich die Fußnägel zu schneiden oder immer größere Stiefel anzuschaffen.«

Damit komme ich zum Publikum, dem Adressaten, für den wir alles machen. Für wen spielen denn die Theater? Für wen wird Oper gemacht? Muß in einer pluralistischen Gesellschaft berücksichtigt werden, daß Abonnement grün oder rot »dran« ist? Ist darauf zu achten, ob mehr Jugendliche im Saal sind?

Ich meine, ein Intendant muß so etwas wie ein Brennglas sein, in dem sich das fängt, was ein Publikum empfindet. Ich spiele eigentlich für mich. Das klingt hochmütig, ist aber nur so gemeint, daß ich der Beurteiler aller sein kann. Und wenn sich erweist, daß ich es nicht bin, muß man mich absetzen.

Vor dreißig Jahren nahmen die Theater fast vierzig Prozent ihrer Ausgaben wieder ein. Heute sind es noch sechzehn Prozent durchschnittlich. Vierundachtzig Prozent der Etats werden durch Subventionen bestritten. Das heißt: Jeder einzelne Theaterbesuch wird durchschnittlich mit 74 Mark subventioniert. Warum? Die Personalstärke der Theater hat in den letzten zwanzig Jahren um sechsundzwanzig Prozent zugenommen, besonders beim technischen und Verwaltungspersonal, so daß die Künstler im Gesamtbild inzwischen in die Minderheit geraten sind. Warum? Allgemeine Tendenz zu mehr Freizeit, verkürzte Arbeitszeiten, bequemere Arbeitsbedingungen, verschärfte Sicherheitsbestimmungen, neue Verwaltungsvorschriften bedingten einen gestiegenen Verwaltungsaufwand. Das Tarifsystem ist komplizierter geworden: Man muß mit rund drei Dutzend extrem unterschiedlichen Tarifverträgen arbeiten, um ein Drei-Sparten-Theater zu leiten. Aber auch die Künstler, Regisseure und Bühnenbildner stellen höhere Anforderungen an die Technik. Aus einem Intendanten sind an vielen Theatern mehrköpfige Theaterleitungen geworden. Die Regisseure probieren länger als früher, es wird mehr analysiert und diskutiert – mit wechselndem Erfolg.

Dabei sind die Eigeneinnahmen ständig gesunken. Der Theaterbesuch ist durch die Jahrzehnte immer billiger geworden, billiger im Verhältnis zum Einkommen. Wir haben zwar die Eintrittspreise immer erhöht, aber eben nicht in der Relation. Wir verkaufen unsere Karten außerdem nur zur Hälfte zum vollen Preis. Die Hälfte aller Besucher sind Abonnenten. Sie sind wichtig für ein Theater, oft aber auch eine Belastung, weil die Besucherorganisationen oft nur das Gefällige bevorzugen und die ungeliebte Inszenierung boykottieren. Auch das kameralistische System engt ein, macht unbeweglich – und dennoch: Unser so oft kritisiertes Theatersystem macht möglich, daß in kleinen, mittleren und großen Städten das ganze Jahr durch gespielt, gesungen, getanzt und gemimt wird. Jedes Jahr bietet das Schauspiel tausend Titel, hundert verschiedene Opern stehen auf den Spielplänen, Kinder- und Jugendtheater wurden eingerichtet, neue Entwicklungen im Bühnenbild und in der Regie werden sichtbar.
Das Theater muß Freude, Ärger, Anspannung und Entspannung bringen. Shakespeares »Sturm« bietet ein Modell: so böse, monströs-absurd wie Caliban, aber auch so liebenswert und beglückend wie Miranda.
Jedes Theater hat sein eigenes Gesicht, seinen eigenen Spielplan. Die Bundesländer haben ihre Staats- und Stadttheater. Manche fühlen sich mehr dem Neuen verpflichtet, manche mehr der Tradition.
Intendant in Bayern zu sein ist eine besondere Aufgabe. Ich bin bei meinem Weggang von der Hamburgischen Staatsoper oft gefragt worden, was mich denn wieder in den Süden locke. Es war nicht nur der verführerische Süden, es waren nicht nur Seen und Berge, Kapellen und Dome, Liturgie und Feste, es war nicht das Klima – das ist im Norden kerniger und herber –, es war das Klima aus Kultur. Hier künden Wegkreuze und Burgen, Stadel, Bürgerhäuser und Museen: Wir sind aus Notwendigkeit entstanden, und die heißt bei uns Kultur. Sie zeigen auch in selbstbewußter Haltung: Wir hatten schon Kultur, als andere noch bei der Notwendigkeit waren. Das macht es oft schwer für Zureisende; die dürfen nicht als Kulturträger einherschreiten, sie dürfen aber erhalten, mehren, erneuern. An die Staatsoper nach München braucht man gar nicht zu gehen, wenn man nicht willens ist, den Hausgöttern Mozart, Wagner,

Strauss zu opfern. In Bayern muß man eine eigenständige Haltung zu den Klassikern entwickeln, die Skepsis gegenüber den »Neuen« abbauen und sich liebevoll dem süddeutschen und österreichischen Volkstheater verbunden fühlen.

Bayern ist ganz eigen, aber Κατ-λοχογ. Hier kann Kunst den Sinn des Lebens ausmachen. In Bayern protestiert man, ist aber nie protestantistisch. Hier ist in unserer Zweck-Welt noch ein Rest an Verständnis für »Omnia ad Maiorem Dei Gloriam«, hier ist »Welttheater« möglich und das bejaht – überkonfessionell – die göttliche Weltordnung. Hier kobolzt derbe Komödie und hier schrieb Carl Orff das »Spiel vom Ende der Zeiten«, wo letzte Fragen nach dem Sein gestellt werden. Am Ende dieses Spiels steht statt des erwarteten Weltuntergangs die Versöhnung in der »Vergessung«. Selbst der Teufel bekennt, daß er gesündigt hat. Gut und Böse fallen zusammen –.

An einunddreißig Theatern in Bayern (vierzehn davon mit staatlicher Trägerschaft) müht man sich um das Spektrum des ganzen Theaters. 4218722 Besucher haben im letzten Jahr heitere und traurige Stücke, Opern, Singspiele und Ballette gesehen. An neunundzwanzig Orten fanden Fest- und Freilichtspiele statt, im letzten Jahr mit 778 Vorstellungen. Siebzehn Kulturorchester vermitteln in Bayern alte und neue Musik. Seit 1982 kooperieren die bayerischen Staatstheater noch enger und rationeller. Die Bayerischen Theatertage führen jährlich alle öffentlichen Theater Bayerns in einer Stadt zusammen und zeigen, wie reich und vielfältig die bayerische Kulturlandschaft ist. Neue Ausbildungsmöglichkeiten für Regisseure wurden geschaffen, und 1988 wird das von den Münchnern und Bayern so geliebte Prinzregententheater wieder eröffnet.

Das Thema »Kunst und Subvention« stellt aber auch die Frage nach dem größeren Rahmen, in dem die Künste ihren Platz haben, die Frage nach der Kultur.

Die Kultur wird vorbereitet und manchmal erstickt durch die Zivilisation. Sie will Sicherheit. Sie hat in der agriculture den Acker bestellt und die Ernte in die Scheuer gebracht. Die gesicherte Natur führt zu der Kultur, die sammelt, hütet, bewahrt – aber nicht nur das. Sie führt auch den Zierat ein, das Überflüssige, das Dekorum. Wo beginnt der Überfluß? Ist er überflüssig oder notwendig? Dem

Bürger ist es wichtig, flüssig zu sein; des Künstlers Arbeit ist das Überflüssige. Kultur sammelt, pflegt, behütet – aber nicht nur; verschönt – aber nicht nur. Kultur ist auch Avant-garde, die die unbekannte Größe herausfordert. Avant-garde ist die Vorhut, die die Terra incognita besetzt. Kultur bringt Unsicherheiten ins Spiel. Sie hinterfragt, setzt das Erreichte in Zweifel, schert sich nicht um den gesunden Menschenverstand, sondern zeigt sich in Leistungen, die die Natur übersteigen. Leonardo da Vinci sagte: »Die bildende Kunst ist von solcher Vortrefflichkeit, daß sie sich nicht nur den Erscheinungen der Natur zuwendet, sondern unendlich viel mehr Erscheinungen als die Natur hervorbringt.« Darum ist vieles in der Kunst nicht natürlich, will es und kann es gar nicht sein. Kunst versichert *und* verunsichert.

Die eigene Position und Person wird in der Kunst in Frage gestellt. Moderne Kunst bedarf oft vielfacher Interpretationen, um überhaupt einen Zugang möglich zu machen. Der Umgang mit Kunst ist im 20. Jahrhundert immer schwerer geworden. Mit dem Verstand allein ist ihr nicht beizukommen, das Gefühl haben wir verteufelt, die Sinne, zu sehen und zu hören, sind nicht ausgebildet oder verkümmert. So arbeiten viele Künstler vor sich hin, unverstanden.

Philosophen fanden in der ständigen Nachfrage ihr Glück, andere die Verzweiflung. Viele Künstler brachten Licht in unsere Zeit, und manche brachten nur durch Finsternis neues Licht. Die Versicherungen schließen in ihren Verträgen die großen Katastrophen aus – und das sind genau die großen Themen der Kultur, einer Kultur, die es aber auch schafft, den schönen Götterfunken Freude weiterzutragen.

Das Streben unserer Gesellschaft geht auf Sicherung und auf Versicherung, und wir alle sind davon betroffen. Selbst Künstler werden zu Kunstbeamten, der Frühpensionär ist ein erstrebenswertes Ziel geworden. Auch Politiker sind um ihre Versorgung besorgt. Ein Wagnis wird klein geschrieben, alle Menschen wollen Ohnesorgs sein – und dann stellen wir fest, daß unter zufriedener Decke von weniger Arbeit und großem Wohlstand die ganz große Sorge nistet: Zukunft, Kinder, Krieg und Frieden. Wir Ohnesorgs haben das Fürchten ver- und wiedergelernt und dabei oft das Lachen verloren. Statistiken aus den Wohlfahrtsstaaten zeigen die größten Selbst-

mordraten. Gerade heute kehrt die Geschichte sich wieder einmal um, und die Forderung nach der sozialen Demontage taucht auf. Immer wieder stellt man fest, daß gerade in unstabilen Zeiten die Frage und die Nachfrage nach Kunst und Kultur größer wird. Gerade in unsicheren Zeiten ist der Wunsch nach der Versicherung durch Kultur ein besonders großer. Politiker machen oft den Fehler, gerade dann, wenn die Zeiten unsicher werden, an dem zu sparen, was sie für überflüssig halten, was aber für die Menschen notwendig ist. Gerade in Zeiten, wo Kultur gebraucht wird, sollte man nicht Theater schließen. Eine primitive Zweisatzrechnung: In guten Zeiten braucht man Kultur als Verunsicherung, in schlechten Zeiten braucht man sie zur Versicherung – Kulturpolitik als soziale Notwendigkeit.
Es gäbe eine Lösung für die Situation der Theater:

»Das Theater muß die beste Leitung an der Spitze haben, die Schauspieler müssen durchweg zu den besten gehören, und man muß fortwährend so gute Stücke geben, daß nie die Anziehungskraft ausgeht, welche dazugehört, um jeden Abend ein volles Haus zu haben.«

Diesen modernen Satz sagte Ende März 1825 der Geheime Rat Goethe zu seinem Mäzen, dem Großherzog, als es um den Wiederaufbau des Theaters in Weimar ging. Er fügte, laut Eckermann, hinzu:

»Das ist aber mit wenigen Worten sehr viel gesagt und fast das Unmögliche.«

Richard von Weizsäcker

Amt, Person und Autorität in der Politik

Amt und Autorität waren im römischen Denken institutionelle Begriffe. Bis zum Ende des Mittelalters waren Amt (officium) und Autorität (auctoritas) den Personen vorgegeben. Amt und Autorität litten nicht darunter, daß konkrete Menschen sie besser oder schlechter ausfüllen. Sie verstärkten den Einfluß des einen, während sie die Schwächen des anderen ausglichen. Die Personen kamen und gingen, die Autorität der Ämter blieb bestehen.

In der Renaissance wurde ein griechisches Welt- und Menschenverständnis wiederentdeckt. Damit veränderten sich die Auffassungen. Aus einer noch naiven Spätantike des Mittelalters entwickelte sich eine reflektierte Antike. Das Amt blieb – jedenfalls im deutschen Einflußbereich – institutionell. Die Autorität aber wurde allmählich individualisiert. Sie ging in stärkerem Maße als früher eine Verbindung mit den Personen ein und wurde von diesen geprägt. Dahinter stand der Wille, die Autorität als etwas Vorläufiges zu nehmen und zu nutzen, um den Menschen aus der Unmündigkeit zu befreien, Abhängigkeiten aufzudecken, zu vermindern und so weit wie möglich zu beseitigen. Aufklärung und demokratische Entwicklung führten schließlich zu einem Verständnis des Staates als Selbstverwaltung und Selbstdarstellung einer Ordnung mündiger Bürger.

Amt und Autorität sind damit in ein Spannungsverhältnis getreten. Ämter, die als Institutionen fortbestehen, gewinnen oder verlieren in ihrer Kraft durch die Autorität der Amtsinhaber. Diese Autorität ist individuell durch die Persönlichkeit des Amtsinhabers geprägt. Persönliches Unvermögen zu Autorität kann ein Amt in Mitleidenschaft ziehen und zu Ämterkrisen führen. Andererseits gibt es auch im politischen Bereich persönliche Autorität, die entweder die vorgesehene Macht eines Amtes übersteigt oder sich auch ganz ohne Amt entwickeln kann.

Wenn wir heute das Verständnis von Amt, Autorität und Person betrachten, so haben wir es zumeist mit zwei verschiedenen Fragen zu tun:

- Spielt die politische Autorität von Personen ohne Amt eine wesentliche Rolle?
- Wie kommt es in der Demokratie so weit, und welche Folgen hat es für sie, wenn der Auftrag eines Amtes und die persönliche Autorität des Amtsinhabers auseinanderfallen?

Daß Autorität keinen vorgegebenen Anspruch mit sich bringt und keine »gottesbegnadete« Amtsinhaberschaft darstellt, ist uns heute allen selbstverständlich geworden. Wir folgen dem aufgeklärten, nicht dem fraglosen oder kritiklosen Verständnis von Autorität eines Menschen. Wir orientieren uns an der Person stärker als an der Institution. Dies ist die Folge vom Vorrang der Freiheit in unserer staatlichen und gesellschaftlichen Ordnung. Autorität verstehen wir als Fähigkeit zu überzeugen, als persönliche Glaubwürdigkeit und als Wirkung eines freiwillig anerkannten Vorbildes.
Im Zuge dieser Auffassung haben Persönlichkeiten im Verständnis ihrer Mitbürger politische Autorität erworben, ohne politische Ämter auszuüben. Im deutschen Sprachbereich dieses Jahrhunderts sind dafür Albert Schweitzer, Albert Einstein und Karl Jaspers Beispiele. Aufs Ganze gesehen bleibt aber in Deutschland ein Spannungsverhältnis zwischen Macht und Geist wirksam, welches die politische Autorität von Personen ohne Amt nicht begünstigt. Dies hat verständliche strukturelle Ursachen.
In einer Demokratie sind Opposition und Kritik, Minderheitenschutz und Dissens lebensnotwendig. Nicht weniger wichtig ist die Fähigkeit des staatlichen Gemeinwesens zur Mehrheitsbildung und zur Entscheidung von Streitfragen. Nur wenn beides zusammenkommt, kann Zustimmung und Zuneigung zum demokratischen Staat gewonnen werden.
Es ist eine naheliegende und legitime Aufgabenverteilung, daß der Geist sich mehr der Kritik widmet, während die Parteien, ohne die die Massendemokratie nicht leben kann, sich vorrangig um Mehrheitsbildung und Entscheidungsfähigkeit bemühen. Es würde aber dem Ganzen nur guttun, wenn die Verantwortlichkeit der Macht

und der kritische Geist sich gegenseitig stärker beeinflussen würden. Es würde allen miteinander nutzen, sofern jeder die Funktion des anderen versteht und respektiert.

Parteien sollten daher die Stimmen aus dem Bereich des kritischen Geistes ermutigen, ihnen aufmerksam zuhören, sie zur Beratung und womöglich zur Mitwirkung einladen. Parteipolitiker kämpfen oft einseitig. Das ist eine Rolle, die ihnen von der Struktur des demokratischen Wettbewerbs zugewiesen wird. Der sachverständige und der kritische Geist bezieht Autorität in der Politik nicht primär dadurch, daß er die Parteilichkeit mitmacht, sondern durch seine besonderen Kenntnisse oder durch Berücksichtigung übergeordneter, das Ganze umfassender Gesichtspunkte. Nicht Nähe oder Distanz zu einer Partei begründet sein politisches Ansehen, sondern sein Verhältnis zur Sache. Eine Partei ist, wie der Wortstamm kundtut, ein Teil des Ganzen, nicht das Ganze. Auch wissen wir alle bei ruhiger Betrachtung, daß es eine demokratische Partei, die alles nur richtig oder alles falsch macht, nicht gibt. Autorität gewinnt ein kritischer Geist, wenn er sich nicht nur zu kritisierbaren Sachverhalten der Parteien äußert, sondern auch die positiven Funktionen der Parteien in der modernen Massendemokratie anerkennt und unterstützt. Entscheidend bleibt, daß er sich nicht vorzeitig auf die Rolle des Anklägers und moralischen Richters über diejenigen zurückzieht, welche die Macht verwalten. Seine Ethik wird erst dann politische Autorität erringen, wenn er sich den Dingen dort stellt, wo sie sich hart im Raum stoßen. Moralische Grundsätze und Bekenntnisse sind notwendig. An ihnen fehlt es uns aber nicht. Vonnöten ist vielmehr ein nüchternes, langfristiges Urteilsvermögen und seine Umsetzung in die mühselige politische Tages- und Überzeugungsarbeit.

Obwohl dieser Beitrag aus Anlaß des 70. Geburtstages einer der markantesten Politikerpersönlichkeiten der Bundesrepublik Deutschland geschrieben wird, scheint es mir nicht unwesentlich, diese Frage der politischen Autorität ohne politisches Amt wenigstens zu streifen. Doch es gilt jetzt, sich dem Thema von Amt und Autorität bei Politikern in unserem demokratischen System zuzuwenden. Auch in diesem Bereich ist Autorität ebenso rar wie nötig. Daß es ihr an institutionellem Rückhalt fehlt und daß Freiheit auch zur Ablehnung von Autorität führen kann, ist am leichtesten zu tragen. Schwerer wiegen Autoritätshemmnisse, die aus strukturellen Entwicklungen der westlichen Demokratien hervorgehen.

- Der Funktionalismus im technischen Zeitalter führt zu einem System machtvoller und schwer durchschaubarer Bürokratien. Im Räderwerk der Funktionen und Funktionäre gedeiht Autorität schlecht.
- Neben der notwendigen Arbeitsteilung und interdisziplinären Teamarbeit steht eine Tendenz, Demokratie durch kollektive Führungsstrukturen zu verwirklichen. Das hat zwiespältige Wirkungen. Auf der einen Seite ist Mitbestimmung notwendig; sie ist die demokratische Probe aufs Exempel. Andererseits aber ist Verantwortung etwas Persönliches. Nur wer Verantwortung tragen kann und will, kann Autorität entfalten. Das Zeitalter der Gremien ermutigt weder Verantwortung noch Autorität.
- Demokratische Wahlkämpfe mit medial vermittelter Meinungsbildung bringen oft andere Anforderungen an Kandidaten mit sich als die Ämter, um die die Kandidaten streiten. Die Eigenschaften, die einer braucht, um eine Wahl zu gewinnen, decken sich nicht notwendigerweise mit den Fähigkeiten, die er benötigt, um das angestrebte Amt gut auszufüllen. Alle westlichen Demokratien sind mit diesem Problem konfrontiert.

Das alles sind Erschwernisse für Autorität. Aber klagen hilft nicht weiter. Nicht erst seit Churchill wissen wir, daß alle Staatsformen schlecht sind, daß aber die Demokratie von allen diesen schlechten Formen die beste ist.

Wir leben in einem Zeitalter, das durch mögliche Entwicklungssprünge mit krisenhafter Zuspitzung geprägt ist. Schwer durchschaubare Komplexität der Verhältnisse und abnehmende Bewegungsspielräume in der Gesellschaft machen die besonnene Perspektive und die Kraft zur Entscheidung um so dringlicher. Wir sind mit anderen Worten mehr denn je auf politische Autorität angewiesen. Unter den Bedingungen der Freiheit, die für unseren Staat konstitutiv ist, kann Autorität nur aus Charakter und Leistung von Personen hervorgehen. Das Amt kann die politische Autorität bestätigen und stärken. Die politische Autorität kann sich im Amt bewähren. Sie erhält ihr Siegel durch Wiederwahl.

Franz Josef Strauß ist seit 1945 in hohen und verantwortungsvollen Ämtern des Staates und seiner Partei ununterbrochen tätig. Er wurde ständig in diese Aufgaben gewählt. Dies zeigt seine ungewöhnliche politische Autorität.
So vielfältig seine politischen Ämter waren und sind, so umfassend ist die Autorität. Das Inhaltsverzeichnis des vorliegenden Bandes zu seinem 70. Geburtstag gibt eine Vorstellung vom weitgespannten Charakter seiner politischen Kompetenz.
Diese Autorität wird zwar bekämpft, aber sie wird nicht bestritten. Sie ist das Ergebnis jahrzehntelanger Erfahrung und Bewährung, ungewöhnlicher Intelligenz, eines phänomenalen Gedächtnisses, eines tiefen Gespürs für die Bedürfnisse der Bürger, einer genauen Analyse der gesellschaftlichen Veränderungen, einer klaren, bildkräftigen Sprache, die alle Schichten vom Volkstümlichen bis zur tief durchdachten Geschichtsphilosophie umfaßt.
All das ist wichtig. Aber das Entscheidende ist, daß dahinter ein politischer Wille steht und der Mut, diesen Willen jederzeit auszudrükken. Es gibt kaum politische Fragen oder Personen, von denen man nicht weiß, wie Franz Josef Strauß zu ihnen steht. Sein politisches Wirken hat sich immer in aller Öffentlichkeit abgespielt. Er liebt den öffentlichen Meinungsstreit der Demokratie, in dem seine stets eigenständige Position seit Jahrzehnten eine bestimmende Rolle spielt. Die unverwechselbare Deutlichkeit seiner Äußerungen zu aktuellen Fragen ist Ausdruck eines Geistes, der in langen Perspektiven denkt und Politik als geschichtliche Aufgabe begreift.
Franz Josef Strauß hat Geschichte gemacht. Die deutsche Geschichte der Nachkriegszeit verzeichnet in jedem Kapitel seinen Namen. Er ist weit über sein Amt hinaus eine politische Autorität.

Karl Carstens

Die Demokratie des Grundgesetzes und die heutige Demokratie-Diskussion

Vorbemerkung
Der nachfolgende Aufsatz versucht, einen Beitrag zu einer begrifflichen Klärung der gegenwärtigen Demokratiediskussion zu leisten. Schon dieser bescheidene Ansatz stößt auf erhebliche Schwierigkeiten, ist doch die Literatur über die Demokratie unübersehbar geworden, und zwar sowohl über die Demokratie als Staatsform wie auch über Demokratie als gesellschaftliches Ordnungsprinzip. Dabei stellt sich heraus, daß mit dem Wort ganz unterschiedliche Dinge bezeichnet werden. Es kommt also darauf an, so weit wie möglich zu klären, was jeweils gemeint ist. Die Darstellung des Demokratiebegriffs des Grundgesetzes folgt im wesentlichen dem Text des Grundgesetzes. Ich verzichte hier wie auch bei der Darstellung der sogenannten Demokratisierungsbestrebungen im gesellschaftlichen Bereich durchweg auf Zitate aus der Literatur. Wo ich ausnahmsweise auf einzelne Autoren namentlich Bezug nehme, finden sich die Quellenhinweise in dem Literaturverzeichnis am Schluß des Aufsatzes.

1. Die geschichtlichen Vorläufer der Demokratie des Grundgesetzes

Der Begriff der Demokratie, das heißt, der Volksherrschaft, ist uns ebenso wie das Wort aus der griechischen Antike überliefert. Herodot (etwa 490–421 v. Chr.) schildert im 3. Buch seiner Historien ein Gespräch zwischen drei Persern, Otanes, Megabyzos und Darius, in dem es um die Nachfolge des verstorbenen Königs Kambyses und um die beste Staatsform für Persien geht. Otanes tritt für eine Demokratie (Herrschaft durch die Gesamtheit der Perser) ein, Megabyzos für eine Aristokratie (Herrschaft der Besten) und Darius für die Monarchie. Das Volk entscheidet sich für die Monarchie, und

Darius wird König. Die Episode ist lehrreich nicht zuletzt deswegen, weil die drei Gesprächspartner Vorzüge und Nachteile jeder Staatsform klar herausarbeiten.
Die griechischen Philosophen führten weitere Unterteilungen ein. Aristoteles (384–322 v. Chr.) unterschied fünf Arten der Demokratie. Die schlechteste ist nach seiner Meinung die Demokratie, in der der Wille der Menge und nicht das Gesetz ausschlaggebend ist.
Hier werde das Volk despotisch, Schmeichler und Demagogen stünden in Ehren, es entwickle sich eine Tyrannis, der tüchtige Bürger werde vergewaltigt. Aristoteles – insoweit ganz modern – erkennt die Gefahr einer ungehemmten Volksherrschaft und verlangt daher, daß sie unter das Gesetz, wir würden sagen: die Verfassung, gestellt wird.
Die Idee der Demokratie hat die Staatsdenker seit der Antike immer wieder beschäftigt. Plato (427–347 v. Chr.), Cicero (106–43 v. Chr.), Seneca (um 4 v. Chr.–65 n. Chr.), Thomas von Aquin (1225–1274), Spinoza (1632–1677), Pufendorf (1632–1694), Locke (1632–1704), Montesquieu (1689–1755), Rousseau (1712–1778), Burke (1729–1797), um nur einige zu nennen, haben sich mit dieser Staatsform großenteils kritisch auseinandergesetzt. Aber in der Geschichte der Völker trat die Demokratie erst Ende des 18. Jahrhunderts real in Erscheinung, zuerst in Amerika.
Schon die Unabhängigkeitserklärung vom 4. 7. 1776 stellt die These auf, daß staatliche Herrschaft auf der Zustimmung der Regierten beruhen müsse, und daß das Volk berechtigt sei, sich eine neue Verfassung und eine neue Regierung zu geben, wenn dieser elementare Grundsatz verletzt werde. Dementsprechend beginnt elf Jahre später die amerikanische Verfassung vom 17. 9. 1787 mit den Worten: »We the People of the United States, in order to form a more perfect Union, establish justice, insure domestic tranquility, provide for the common defense, promote the general welfare, and secure the blessings of liberty to ourselves and our posterity do ordain and establish this Constitution for the United States of America.«
Das Prinzip der Demokratie ist in der amerikanischen Geschichte in den seither verstrichenen 200 Jahren niemals preisgegeben worden, es fand seinen klassischen Ausdruck in den Worten Abraham Lincolns bei der Einweihung des Nationalfriedhofs von Gettysburg

(1863). Er bezeichnete es als die große politische Aufgabe Amerikas, dafür einzutreten, daß die Regierung des Volkes durch das Volk und für das Volk niemals von der Erde verschwinden möge.
Freilich erkannten die Väter der amerikanischen Verfassung von Anfang an auch die Gefahren, die mit einer ungezügelten Herrschaft des Volkes oder der von ihm gewählten Repräsentanten verbunden waren. Sie sicherten sich dagegen durch die Proklamierung von Menschenrechten, die unverletzlich und für alle staatlichen Organe verbindlich sein sollten, durch die Befristung der Amtsdauer der Träger der staatlichen Gewalt und durch das Prinzip der Gewaltenteilung, der »Checks and balances« im Verhältnis der drei staatlichen Gewalten, der Legislative, der Exekutive und der Judikative, untereinander.
Etwa um die gleiche Zeit setzte sich die Idee der Demokratie in Frankreich durch. Die Erklärung der Menschen- und Bürgerrechte, die die Nationalversammlung am 26. August 1789 verabschiedete, bekennt sich zu dem Prinzip der Volkssouveränität: »Le principe de toute souverainité réside essentiellement dans la nation." Niemand dürfe Hoheitsrechte ausüben, die nicht ihren Ursprung in der Souveränität der Nation hätten. Zugleich garantiert die Erklärung Menschen- und Bürgerrechte, die auch nicht durch Gesetze beseitigt werden dürfen, und schließlich spricht sie sich in dezidierter Form für die Trennung der Gewalten aus. »Eine Gesellschaft, in der die Garantie der Menschenrechte nicht sichergestellt oder die Trennung der Gewalten nicht festgelegt ist, hat keine Verfassung.« Auf die gleichen Prinzipien gründet sich die Verfassung von 1791, die erste Verfassung der Ersten französischen Republik.
Im Vergleich zu den USA und Frankreich verlief die Entwicklung in Deutschland zögerlich. Die Frankfurter Reichsverfassung von 1849, eine in vieler Hinsicht vorbildliche freiheitliche Verfassung, enthält keinen Hinweis auf die Souveränität des Volkes. Dies hing mit der Streitfrage zusammen, wer der Verfassungsgeber (pouvoir constituant) sei: das souveräne deutsche Volk, vertreten durch die Nationalversammlung – so die große Mehrheit der Abgeordneten – oder die Nationalversammlung im Zusammenwirken mit den Einzelstaaten – so nicht nur die Regierungen, sondern auch die Parlamente der Einzelstaaten. Da diese Meinungsverschiedenheit nicht auszuräu-

men war, enthielt die Verfassung von 1849 keine Präambel, die auf das deutsche Volk als Verfassungsgeber Bezug nahm. Andere freiheitliche Elemente wurden um so stärker verwirklicht. Die Grundrechte des einzelnen wurden garantiert, und zwar so, daß sie grundsätzlich auch durch Reichsgesetze nicht beeinträchtigt werden durften. Die Gewaltenteilung wurde eingeführt, wobei die Gerichtsbarkeit besonders stark ausgestaltet wurde.

Die Weimarer Reichsverfassung von 1919 schließlich bekannte sich zum Prinzip der Volkssouveränität, ihre Präambel in klassisch-schöner Sprache lautet: »Das deutsche Volk, einig in seinen Stämmen und von dem Willen beseelt, sein Reich in Freiheit und Gerechtigkeit zu erneuern und zu festigen, dem inneren und dem äußeren Frieden zu dienen und den gesellschaftlichen Fortschritt zu fördern, hat sich diese Verfassung gegeben.« In Artikel 1 heißt es: »Die Staatsgewalt geht vom Volk aus.« Diese Formulierung wurde aus Rücksicht auf die Länder gewählt, die zunächst vorgeschlagene Fassung: »Alle Staatsgewalt liegt beim deutschen Volk« wurde verworfen, weil sie zu der Schlußfolgerung hätte führen können, daß die Staatsgewalt in den Ländern eine abgeleitete und keine eigene ursprüngliche Staatsgewalt war, – so die einhellige Auffassung der Länder.

Auch die Weimarer Reichsverfassung enthielt Garantien gegen einen Mißbrauch der vom Volk abgeleiteten Staatsgewalt, es galt das Prinzip der Gewaltenteilung, allerdings durchbrochen durch das Notverordnungsrecht des Reichspräsidenten nach Art. 48, der Verordnungen mit Gesetzeskraft erlassen konnte. Auch die Grundrechte, die die Weimarer Reichsverfassung gewährleistete, konnten durch Notverordnungen vorübergehend außer Kraft gesetzt werden. Damit fiel die Weimarer Verfassung hinter die klassischen Demokratievorbilder in den USA und Frankreich und auch hinter die Reichsverfassung von 1849 zurück.

2. Die Demokratie des Grundgesetzes

Die Idee der Demokratie ist im Grundgesetz zu hoher Vollkommenheit entwickelt. Hier ist der Dreiklang: Volkssouveränität, Gewaltenteilung, Grundrechte, in seiner klassischen Form verwirklicht.

Zugleich verfeinert das Grundgesetz die Vorbilder aus dem 18. und 19. Jahrhundert und fügt ihnen wichtige neue Elemente hinzu. Die Demokratie des Grundgesetzes ist ein komplexes, aber auch höchst wirkungsvolles Gebilde. Mindestens 12 Merkmale sind dafür kennzeichnend. Es sind Merkmale, die sich aus dem Text der Verfassung ergeben, aber sie stehen nicht nur auf dem Papier, sondern sind gelebte politische Wirklichkeit geworden.

a) Volkssouveränität

Das Grundgesetz bekennt sich zum Prinzip der Volkssouveränität. In der Präambel wird das deutsche Volk als Verfassungsgeber bezeichnet.

Tatsächlich ist das Grundgesetz von den Mitgliedern des Parlamentarischen Rates beschlossen und von den Landtagen genehmigt, also nicht unmittelbar vom deutschen Volk erlassen worden. Aber die Mitglieder des Parlamentarischen Rates waren ihrerseits von den frei und direkt gewählten Landesparlamenten gewählt worden. Der Parlamentarische Rat selbst hat das Grundgesetz mit sehr großer Mehrheit (53 zu 12 Stimmen) verabschiedet und die Landtage in 10 der 11 Länder haben ihm zugestimmt. Der Bayerische Landtag, der das Grundgesetz mit Mehrheit ablehnte, stellte gleichwohl das rechtmäßige Zustandekommen der Verfassung, für das die Zustimmung von zwei Drittel der Landtage genügte, nicht in Frage und bejahte ausdrücklich die Zugehörigkeit Bayerns zur Bundesrepublik Deutschland. Das Grundgesetz ist demnach von der großen Mehrheit der vom Volk in den Ländern direkt oder indirekt bestellten Vertreter gebilligt worden. In Zukunft soll nach dem Willen des Grundgesetzes das ganze deutsche Volk in freier Entscheidung eine Verfassung beschließen, dann soll das Grundgesetz außer Kraft treten (Art. 146).

Zum anderen bestimmt das Grundgesetz, daß in der von ihm geschaffenen Staatsordnung alle Staatsgewalt vom Volk ausgeht (Art. 20 Abs. 2). Die Formulierung ist so gewählt, daß sie das Nebeneinander originärer Staatsgewalt im Bund und in den Ländern zuläßt.

b) Repräsentative Demokratie

Die Demokratie des Grundgesetzes ist im wesentlichen eine mittelbare (repräsentative) Demokratie. Nur in wenigen Fällen entscheidet das Volk unmittelbar selbst. Im übrigen übt es die Staatsgewalt in Wahlen, konkret in den Wahlen zum Bundestag, die in regelmäßigen Abständen stattfinden, aus. Der Bundestag seinerseits bestellt, teils allein, teils zusammen mit anderen, die übrigen höchsten Verfassungsorgane der Bundesrepublik: Bundespräsident, Bundeskanzler und die Richter des Bundesverfassungsgerichts. Auch die Staatsgewalt, die diese Verfassungsorgane ausüben, geht daher mittelbar auf den Willen des Volkes zurück.

c) Gleichheits- und Mehrheitsprinzip

In der Demokratie des Grundgesetzes gelten das Mehrheitsprinzip und das Gleichheitsprinzip. Bei den Wahlen und bei den Abstimmungen im Bundestag sind alle Stimmen gleich. Die Stimme des Generaldirektors hat dasselbe Gewicht wie die des ungelernten Arbeiters, die des Professors wie die des Studenten, die des Bundeskanzlers wie die des jüngsten Mitgliedes des Bundestags. Das Gleichheitsprinzip ist ein zentrales Prinzip unserer Verfassung. Deswegen ist es grundsätzlich bedenklich, von Demokratie in solchen gesellschaftlichen Bereichen zu sprechen, in denen die Stimmen nicht gleich sind und nicht gleich sein können. Darüber wird unten Näheres zu sagen sein.

Die Freiheit der Wahlen und der Abstimmungen ist vom Grundgesetz garantiert. Es entscheidet jeweils die Mehrheit. Eine bessere Methode der Entscheidungsfindung gibt es nach allgemeinem Demokratieverständnis nicht. Freilich bedeutet das Mehrheitsprinzip nicht, daß die Mehrheit schrankenlos herrschen kann. Zahlreiche Kautelen schützen die Minderheit und sichern ihre Chancen, selbst Mehrheit zu werden. Die Grundrechte des einzelnen sind der Mehrheitsentscheidung überhaupt entzogen.

d) Parlamentarische Demokratie

Die Demokratie des Grundgesetzes ist eine parlamentarische Demokratie. Der vom Volk direkt gewählte Bundestag ist das höchste Organ des Staates. Ihn behandelt das Grundgesetz daher zu Recht vor dem Bundesrat, dem Bundespräsidenten, der Bundesregierung und dem Bundesverfassungsgericht. Der Bundestag ist im Zusammenwirken mit dem Bundesrat Gesetzgebungsorgan. Er wählt den Bundeskanzler und ist das politische Forum der Nation, vor dem die wichtigsten zur Entscheidung anstehenden Fragen diskutiert werden.

e) Parteien-Demokratie, pluralistische Demokratie

Die Parteien wirken bei der politischen Willensbildung des Volkes mit (Art. 21 Abs. 1 GG). Freilich haben die Parteien kein Monopol. Ein parteipolitisch nicht gebundener Kandidat kann sich für die Wahl zum Bundestag bewerben, wenn er die nötige Zahl von Unterschriften beibringt. Ist er gewählt, hat er die gleichen parlamentarischen Rechte wie die einer politischen Partei angehörenden Abgeordneten. In der politischen Praxis der Bundesrepublik Deutschland ist dieser Fall allerdings außerordentlich selten.
Auch Gruppen, die sich nicht zur Wahl stellen, können bei der politischen Willensbildung des Volkes mitwirken, zum Beispiel durch Demonstrationen und Kundgebungen. Solange sie keine Gewalt anwenden, ist ihr Vorgehen legal. In großem Umfang sind schließlich organisierte Interessenverbände in den politischen Entscheidungsprozeß einbezogen.
Das Grundgesetz geht davon aus, daß sich mehrere Parteien um Mitwirkung an der politischen Willensbildung bemühen. In der Regel wird eine oder werden mehrere von ihnen die Regierung stellen, eine oder mehrere andere in Opposition stehen. Indes sind auch Allparteienregierungen möglich. Sie können in Notzeiten sogar erwünscht sein.

f) Gewaltenteilung

Die Demokratie des Grundgesetzes beruht auf dem Prinzip der Gewaltenteilung. Besondere Organe der Gesetzgebung, der vollziehenden Gewalt und der Rechtsprechung stehen selbständig nebeneinander und kontrollieren sich in einem kunstvoll austarierten System gegenseitig. Auf diese Weise wird eine übermäßige Zusammenballung staatlicher Macht verhindert. Der Bundestag wählt nicht nur den Bundeskanzler, er kann ihn durch ein konstruktives Mißtrauensvotum stürzen. Er kontrolliert die Bundesregierung, übrigens nicht nur von Rechts wegen, sondern, was im Schrifttum häufig übersehen wird, zum Beispiel im Haushaltsausschuß auch faktisch. Bundestag und Bundesrat haben dadurch, daß sie jeweils die Hälfte der Mitglieder des Bundesverfassungsgerichts wählen, Einfluß auf die personelle Zusammensetzung des Gerichts. Das Bundesverfassungsgericht kontrolliert seinerseits im Rahmen seiner Zuständigkeit beide: Regierung und Parlament. Die Regierung schließlich hat durch das Recht der Gesetzesinitiative bedeutenden Einfluß auf die Arbeit des Parlaments.

g) Rechtsstaatliche Demokratie

Die Demokratie des Grundgesetzes ist eine rechtsstaatliche Demokratie. Sie ist auf die Verwirklichung von Freiheit und Recht gerichtet. Keine andere Verfassung der Welt hat das rechtsstaatliche Prinzip vollkommener ausgestaltet als das Grundgesetz – durch die Garantie von Menschen- und Grundrechten (vgl. h), durch die Verhinderung von übermäßiger Machtzusammenballung, das heißt Gewaltenteilung (vgl. f), und durch die konsequente Bindung aller staatlichen Tätigkeiten an das Recht. Die Gesetzgebung ist an die verfassungsmäßige Ordnung, die vollziehende Gewalt und die Rechtsprechung sind an Gesetz und Recht gebunden (Art. 20 Abs. 3). Die Grundrechte binden Gesetzgebung, vollziehende Gewalt und Rechtsprechung als unmittelbar geltendes Recht (Art. 1 Abs 3). Wer durch die öffentliche Gewalt in seinen Rechten verletzt wird, kann die Gerichte anrufen (Art. 19 Abs. 4). Die Gerichte sind unabhängig. Das Bundesverfassungsgericht wacht in letzter Instanz darüber, daß die anderen Organe das Recht nicht verletzen. Es kann Gesetze für nichtig erklären, wenn sie nach seiner Auffassung mit dem Grundgesetz nicht vereinbar sind, und die Krönung des ganzen Systems: Jedermann kann sich mit der Verfassungsbeschwerde unmittelbar an das Bundesverfassungsgericht wenden, wenn er durch die öffentliche Gewalt in einem seiner Grundrechte verletzt worden ist. In der Regel muß der Betroffene zuvor den Rechtsweg beschreiten, aber in Ausnahmefällen ist selbst das nicht nötig. So ist das Bundesverfassungsgericht bei verfassungsrechtlichen Streitigkeiten in

Bundespräsident und Ministerpräsident – Richard von Weizsäcker und Franz Josef Strauß.

Wahrheit das höchste Staatsorgan. Es wacht über alle anderen Organe. Es schützt den einzelnen ebenso wie die von der Mehrheit überstimmten Minderheiten.

h) Freiheitliche Demokratie

Die Demokratie des Grundgesetzes ist eine freiheitliche Demokratie. Die Würde des Menschen wird für unantastbar erklärt. Das Grundgesetz verpflichtet alle staatliche Gewalt, sie zu achten und zu schützen. Es bekennt sich zu den unveräußerlichen Menschenrechten als Grundlage jeder menschlichen Gemeinschaft, des Friedens und der Gerechtigkeit in der Welt. Es garantiert das Recht auf freie Entfaltung der Persönlichkeit, auf Leben und körperliche Unversehrtheit, auf persönliche Freiheit, auf Glaubens-, Gewissens- und Bekenntnisfreiheit, auf Meinungs- und Pressefreiheit, auf Freiheit der Kunst, der Wissenschaft, der Forschung und der Lehre. Versammlungsfreiheit und Vereinigungsfreiheit werden ebenso geschützt wie Freizügigkeit, freie Berufswahl, Unverletzlichkeit der Wohnung und die Gleichheit vor dem Gesetz; und diese Aufzählung ist nicht vollständig. Der Grundrechtsschutz ist in einer umfassenden Rechtsprechung des Bundesverfassungsgerichts und in einer unübersehbar gewordenen staatsrechtlichen Literatur immer mehr vervollkommnet und verfeinert worden. Er ist das Gütesiegel unserer Demokratie.

i) Der Bürger hat Pflichten

Die Demokratie des Grundgesetzes gibt dem Bürger nicht nur Rechte. Sie legt ihm auch Pflichten und Verantwortung auf. Eigentum verpflichtet. Sein Gebrauch soll zugleich dem Wohle der Allgemeinheit dienen (Art. 14 Abs. 2). Pflege und Erziehung der Kinder sind das natürliche Recht der Eltern und die zuvörderst ihnen obliegende Pflicht (Art. 6 Abs. 2). Junge Männer sind wehrpflichtig und, wenn sie den Wehrdienst aus Gewissensgründen verweigern, zum Ersatzdienst verpflichtet (Art. 12 a). Das Recht auf die freie Entfal-

In der Bayerischen Vertretung in Bonn und vor dem bayerischen Staatswappen – Ministerpräsident Strauß überreicht dem damaligen Bundespräsidenten Prof. Karl Carstens den Bayerischen Verdienstorden.

tung der Persönlichkeit wird durch die gleichen Rechte der anderen, die verfassungsmäßige Ordnung und das Sittengesetz begrenzt (Art. 2 Abs. 1). Vor allem aber muß der Bürger die verfassungsmäßig zustande gekommenen Gesetze der Republik befolgen. Die Demokratie lebt von der Bereitschaft der Bürger, die durch ihre Vertretung, das Parlament, beschlossenen und rechtsstaatlich abgesicherten Gesetze zu befolgen.

k) Sozialstaatlichkeit

Die Demokratie des Grundgesetzes ist eine sozial verpflichtete Demokratie. Das Prinzip der Sozialstaatlichkeit steht gleichrangig neben dem Rechtsstaatprinzip. Es verpflichtet den Staat, vor allem den Gesetzgeber, die soziale Ordnung im Sinne sozialer Gerechtigkeit und sozialer Sicherheit zu gestalten.

l) Föderalismus

Die Demokratie des Grundgesetzes ist eine bundesstaatliche Demokratie, die Länder haben eigene Staatsqualität, eigene Befugnisse und eigene Aufgaben. Sie nehmen an der Gestaltung der Bundespolitik im Bundesrat teil. Bund und Länder sind einander zu bundesfreundlichem Verhalten verpflichtet. Im weiteren Sinne ist das föderale Prinzip auch eine Form der Gewaltenteilung. Es verhindert eine übermäßige Machtzusammenballung im Bund oder in den Ländern.

m) Abwehrbereitschaft

Die Demokratie des Grundgesetzes ist eine abwehrbereite Demokratie: Wer die durch das Grundgesetz garantierten Freiheitsrechte zum Kampf gegen die freiheitliche demokratische Grundordnung mißbraucht, verwirkt diese Grundrechte (Art. 18). Politische Parteien, die darauf ausgehen, die freiheitliche demokratische Grundordnung zu beeinträchtigen oder zu beseitigen, sind verfassungswidrig (Art. 21 Abs. 2). Alle Deutschen haben das Recht zum Widerstand gegen jeden Versuch, die verfassungsmäßige Ordnung zu beseitigen, wenn andere Abhilfe nicht möglich ist (Art. 20 Abs. 4). Beamter darf nur werden, wer »die Gewähr dafür bietet, daß er jederzeit für die freiheitliche demokratische Grundordnung im Sinne des Grundgesetzes eintritt« (§ 7 Bundesbeamtengesetz, § 4 Beamtenrechtsrahmengesetz). Diese letztere Bestimmung wird in den Ländern unterschiedlich angewandt, aber eine demokratie-stabilisierende Wirkung hat sie sicher.

n) Von der großen Mehrheit der Bürger akzeptiert

Die Demokratie des Grundgesetzes wird schließlich, und das ist für ihren Bestand entscheidend, von der großen Mehrheit ihrer Bürger akzeptiert. Dies zeigt sich in der hohen Wahlbeteiligung bei Bundestagswahlen. Es wird auch durch demoskopische Erhebungen, die über Jahrzehnte hinweg angestellt worden sind, belegt. Über 70 Prozent der Befragten bezeichneten 1967, 1975 und 1978 die »Demokratie, die wir in der Bundesrepublik haben«, als die beste Staatsform. Etwa 20 Prozent waren unentschieden, nur etwa 10 Prozent vertraten die Meinung, es gebe andere Staatsformen, die besser seien. Auf die Frage, ob die großen, auf uns zukommenden Schwierigkeiten mit unserer demokratischen Staatsform bewältigt werden könnten, antworteten 1982 80 Prozent mit ja, nur 6 Prozent sprachen sich für ein Einparteiensystem aus. Meine eigenen Begegnungen mit vielen Menschen jeder Altersstufe bestätigen diesen Eindruck.

Diese Feststellungen sind um so bemerkenswerter, als ein Teil der Medien, aber auch spezielle Personen, zum Beispiel einige Hochschullehrer, Lehrer und Geistliche, die Demokratie des Grundgesetzes seit Jahren schlechtmachen. Wer sich sein politisches Urteil aufgrund einiger Wochenpublikationen oder einiger Fernseh- und Rundfunksendungen bilden würde, müßte zu dem Ergebnis kommen, daß diese Ordnung äußerst mangelhaft, daß sie von Zerstörung bedroht ist und auf ihren Untergang zusteuert. Zum Glück hat sich gezeigt, daß nur ein kleiner Teil der Mitbürger durch diese einseitige Darstellung in ihrem Vertrauen in die Demokratie erschüttert wird.

3. Die Mängel der Demokratie des Grundgesetzes

Die Demokratie des Grundgesetzes ist nicht frei von Mängeln. Ihre größte Schwäche liegt in dem weitgehenden Fehlen integrierender

Symbole. Wer erlebt hat, wie die Franzosen ihren Nationalfeiertag oder die Briten die Krönung ihrer Königin oder die Hochzeit des Kronprinzen feiern, erkennt den Unterschied. Bei uns haben einige Trauerfeiern eine stark integrierende Wirkung gehabt. So die Trauerfeier für Konrad Adenauer 1967.

Fast das ganze Volk nahm daran teil, ebenso wie 1977 an der Trauerfeier für den von Terroristen ermordeten Hanns Martin Schleyer. Auch einige Staatsbesuche ausländischer Staatsoberhäupter, wie des französischen Staatspräsidenten de Gaulle, der Königin Elisabeth II. von Großbritannien oder des amerikanischen Präsidenten Kennedy, haben eine große Resonanz gefunden.

Aber die integrierende Wirkung der Symbole unserer Demokratie, der Fahne, der Orden, des Verfassungstages, des 17. Juni als des nationalen Gedenktages oder der Hymne ist eher schwach. Helmut Thielicke hat in einer großen Rede zum 17. Juni 1962 die Verbindung zwischen Demokratie und Vaterland gezogen. Wir müßten, so sagte er, unseren Staat als die organisatorische Form für das Vaterland erkennen. Als solcher müsse er in unserem Herzen verankert sein. Indessen droht auch der Begriff des Vaterlandes aus dem Bewußtsein vieler Deutschen – besonders junger Menschen – zu entschwinden. In einer Umfrage von 1981 meinten 61 Prozent der Jugendlichen (16–29 Jahre), das Wort Vaterland passe nicht mehr in die heutige Zeit. Hier könnte, wenn sich die Schulen in den Dienst der Sache stellten, noch viel getan werden. Ich habe einmal eine Schulklasse, die unter dem Einfluß ihrer Lehrer dem Deutschlandlied zunächst völlig ablehnend gegenüberstand und mir deswegen geschrieben hatte, in einer stundenlangen Diskussion dahin gebracht, daß sie mir versprach, die dritte Strophe freiwillig auswendig zu lernen. »Die Schule kann nicht besser sein als die Gesellschaft, in der sie lebt«, wird oft gesagt. Dieser Satz ist aber nur bedingt richtig. Die Schule kann zum Zustand der Gesellschaft einen großen Beitrag leisten. Übrigens ist Bayern, was die demokratische Repräsentanz anlangt, anderen Regionen Deutschlands ein beträchtliches Stück voraus. Ein großer Teil der Bayern identifiziert sich nach meinen Beobachtungen mit Bayernhymne, Deutschlandlied, den bayerischen und den deutschen Farben.

Manche meinen, daß im Grundgesetz zu wenig Demokratie verwirklicht sei. Sie befürworten die verstärkte Berücksichtigung des Volkswillens durch Volksbegehren und Volksentscheid. Ich habe dagegen starke Bedenken. Die Mediendemokratie, in der wir leben, führt zu einer Intensivierung und Verdichtung des politischen Lebens. Die Medien ihrerseits legen viel Gewicht auf die Darstellung von Sensationen und negativer Kritik an den bestehenden Zuständen. Durch wechselnde Schwerpunktthemen wird das politische Klima aufgeheizt, allerdings meist nur für kurze Zeit. Plötzlich flaut die öffentliche Diskussion wieder ab, um sich alsbald eines neuen Themas zu bemächtigen. Eine so verfaßte Struktur der öffentlichen Meinung, Volksentscheide zu veranstalten, kann zu emotional bestimmten Ergebnissen führen, die schon wenig später mehrheitlich nicht mehr getragen werden.

Die Demokratie lebt von der Loyalität ihrer Beamten. Sie sind dem Staat, dem Gemeinwohl und nicht einer Partei verpflichtet. Hier stellt sich die Frage der Mitgliedschaft von Beamten in politischen Parteien. Es gibt keine Statistik darüber, wie viele Beamte politischen Parteien angehören. Man wird jedoch davon ausgehen können, daß sie als Berufsgruppe eher überdurchschnittlich am parteipolitischen Leben teilnehmen. Die Überzeugung ist weit verbreitet, daß ein Beamter, der vorankommen will, einer Partei beitreten müsse. Das trifft sicher in dieser allgemeinen Form nicht zu. Es besteht kein Zweifel, daß viele Beamte einer Partei aus politischer Überzeugung und nicht aus Opportunismus beitreten, und dagegen ist überhaupt nichts einzuwenden. Das notwendige Vertrauen der Bürger in die Integrität seiner Staatsdiener wird jedoch empfindlich gestört, wenn Beamte, die einer Partei angehören, diese Partei aus ihrem Amt heraus massiv unterstützen. Und schon das Gerede hinter vorgehaltener Hand, daß ein bestimmter Beamter Mitglied einer bestimmten Partei sei und daß dies sein dienstliches Verhalten beeinflusse, ist schädlich. Parteipolitisch gebundene Richter, die ihre richterliche Unabhängigkeit zu Recht als hohes Gut erachten, sollten besonders sorgfältig darauf achten, daß kein falscher Anschein entsteht. Ich habe schon früher vorgeschlagen, daß die Mitgliedschaft von Beamten und Richtern in politischen Parteien in regelmäßigen Abständen öffentlich bekanntgegeben werden sollte. Aber es besteht wenig Aussicht, daß dieser Vorschlag verwirklicht wird.

Sehr wichtig für die Festigung einer Demokratie ist das Vertrauen, das die Bürger in sie setzen. Hier erleben wir nun das merkwürdige Schauspiel, daß einige Sendungen der öffentlich-rechtlichen – also der Gesamtheit verantwortlichen – Rundfunk- und Fernsehanstalten geeignet sind und wohl auch den Zweck haben, dieses Vertrauen systematisch zu untergraben. Wenn in bestimmten Sendungen nur Negatives über die Bundesrepublik Deutschland und ihre Institutionen berichtet wird, müssen für die Demokratie schädliche Wirkungen eintreten. In eine ähnliche Kerbe schlagen einige Wochenzeitschriften. Auch sie gießen das Gift des Mißtrauens manchmal tropfenweise, manchmal kübelweise in das Bewußtsein ihrer Millionen meist gutgläubiger Leser, darunter vieler jungen Leser. Sie können das tun. Es ist Ausfluß der Pressefreiheit. Aber bei den Rundfunkanstalten liegt die besondere Absurdität darin, daß Bürger, die mit den erwähnten Sendungen überhaupt nicht einverstanden sind, auch noch gezwungen sind, sie in Gestalt der bei ihnen erhobenen Zwangsgebühren zu bezahlen. Das folgt nicht aus dem Prinzip der Pressefreiheit. Man sollte daher überlegen, dem Bürger die Möglichkeit zu eröffnen, selbst zu bestimmen, für welche Sendungen seine Gebühren zu verwenden sind. Das ist zwar technisch kompliziert, aber es wäre ein wirkungsvoller Beitrag zu dem Leitbild des mündigen Bürgers.

4. Die Verwendung des Demokratiebegriffs mit Bezug auf gesellschaftliche Gruppen und Institutionen (sogenannte »Demokratisierung der Gesellschaft«)

Die neuere Demokratiediskussion, die in den sechziger Jahren einsetzte, hat zu einer außerordentlichen Ausweitung des Demokratiebegriffs und zu seiner Übertragung auf viele nichtstaatliche Bereiche geführt. Einen entscheidenden Anstoß dazu gab Bundeskanzler Willy Brandt, der in seiner Regierungserklärung vom 28. Oktober 1969 sagte: »Wir wollen mehr Demokratie wagen.« Einige Monate vorher hatte er im Mai-Heft 1969 der Zeitschrift »Die neue Gesellschaft« die Demokratisierung der großen Gesellschaftsbereiche als eine notwendige Ergänzung der politischen Demokratie gefordert. Die Demokratie müsse das gesamte gesellschaftliche Leben erfassen.

Ihm traten Bruno Heck in der Zeitschrift »Die politische Meinung« und Wilhelm Hennis in seinem später veröffentlichten Vortrag »Demokratisierung, zur Problematik eines Begriffs« entgegen, aber ohne Erfolg. Die von Brandt in Gang gesetzte Demokratisierungsdiskussion hat eine bis in unsere Tage und weit in die Zukunft fortwirkende Lawine von Artikeln, Beiträgen, Reden und gesetzlichen Initiativen ausgelöst.
Was ist gemeint, wenn von Demokratisierung der Gesellschaft gesprochen wird? Schon ein kurzer Überblick zeigt, daß ganz verschiedene Vorstellungen damit verbunden werden. Man kann mindestens fünf verschiedene Bedeutungen unterscheiden:

- Einige meinen, wenn sie von Demokratisierung sprechen: Abbau von »Herrschaft«, Verstärkung des Einflusses der Betroffenen auf die sie betreffenden Entscheidungen, mehr Selbstbestimmung. Diese Vorstellungen werden auch unter die Begriffe Mitbestimmung, Mitwirkung, Partizipation subsumiert. Konkret wird die Übertragung der Strukturen, die im Grundgesetz für die Staatsform Demokratie festgelegt sind, auf die Bereiche der Gesellschaft gefordert, wobei allerdings meist unklar bleibt, welche Strukturen übertragen werden sollen.
- In engem Zusammenhang damit steht die Forderung, daß in gesellschaftlichen Organisationen mit Mehrheit entschieden werden müsse, daß alle Beteiligten dabei die gleiche Stimme haben und daß diejenigen, die Verantwortung tragen, von den Beteiligten gewählt werden müßten.
- In einem völlig anderen Sinne wird von Demokratisierung gesprochen, wenn damit freier Zugang zu den staatlichen Einrichtungen, vor allem zu den höheren Schulen gefordert wird. In diesem Sinne verwendet übrigens die französische Sprache den Begriff. Démocratiser: Mettre à la portée de toutes les classes de la société (Larousse, De la langue française 1977).
- Von anderen wird der Ausdruck Demokratisierung in einem sehr viel bescheideneren Sinne, etwa von mehr Offenheit und Transparenz in Entscheidungsprozessen verwendet.
- Schließlich steht Demokratisierung auch für die Herstellung möglichst völliger Gleichheit innerhalb bestimmter gesellschaft-

licher Bereiche. So wird im Namen der Demokratie die Abschaffung von Prüfungen, Noten und Schulzeugnissen gefordert.

Ich übergehe die Forderung nach Abschaffung von staatlicher Herrschaft überhaupt, das heißt nach Beseitigung des Staates, die marxistische Gruppen als Endstadium der kommunistischen Entwicklung anstreben und die gelegentlich auch als Demokratisierung – das wäre dann die sechste Bedeutung dieses Wortes – bezeichnet wird. Hierbei handelt es sich um ein fernes Wunschziel, dem die kommunistischen Systeme da, wo sie real existieren, bisher auch nicht einen Schritt nähergekommen sind. Die Auseinandersetzung mit dem kommunistischen Demokratiebegriff und dem pleonastischen Begriff der Volksdemokratie muß an anderer Stelle geführt werden.

Die Verwendung des Demokratiebegriffs in der gesellschaftspolitischen Reformdiskussion hat offensichtlich mehrere Nachteile: Einmal vergleicht man Unvergleichbares. Die Demokratie als Staatsform beruht auf der Prämisse, daß das Volk souverän ist, daß alle Herrschaftsgewalt von ihm ausgeht, und daß es über dem Volk außer der Völkerrechtsordnung und dem Europäischen Gemeinschaftsrecht keine höhere Autorität gibt, daß keine staatliche Instanz dem Volk Vorschriften machen kann. Anders die gesellschaftlichen Bereiche, deren Demokratisierung gefordert wird. Sie bleiben abhängig von der vom Volk abgeleiteten Staatsgewalt. In ihnen »herrscht« im Sinne von Demokratie in Wahrheit niemand, sondern in allem, was sie tun, bleiben sie den staatlichen Gesetzen, dem Grundgesetz und den nach dem Grundgesetz erlassenen Gesetzen unterworfen, selbst wenn ihnen weitgehende Autonomie eingeräumt wird. Der Forderung nach Demokratisierung der Gesellschaft liegt ein fundamental anderer Demokratiebegriff zugrunde als dem Grundgesetz.

Zugleich entwertet die Übertragung des Demokratiebegriffs des Grundgesetzes auf gesellschaftliche Bereiche den hohen Rang dieses Begriffs, der den freiheitlichsten, sozial fortschrittlichsten Staat in der deutschen Geschichte bezeichnet. Er wird sozusagen in kleine Münze umgewandelt. Das geht, wie noch zu zeigen sein wird, bis hin zu der Forderung nach Demokratisierung der Eintrittspreise für Theatervorführungen. Da bleibt von Staatsgewalt des Volkes,

Grundrechten, Gewaltenteilung, rechtsstaatlichen Garantien und anderen Merkmalen unserer freiheitlichen Demokratie nichts übrig.

Und schließlich haftet dem Begriff der Demokratisierung der Gesellschaft eine große Unklarheit an. Wie ich gezeigt habe, wird er tatsächlich in den verschiedensten Bedeutungen verwendet. Die meisten Autoren sagen nicht, welche Bedeutung sie im Auge haben. Aber das alles ändert nichts daran, daß wir uns in einer fast unübersehbaren Diskussion befinden, in der der Demokratiebegriff auf gesellschaftliche Phänomene angewendet wird. Werfen wir einen Blick darauf und prüfen wir die einzelnen Bereiche, für die die Forderung nach Demokratisierung erhoben wird:

a) Parteien und Verbände

Die Forderung, daß die innere Ordnung der Parteien »demokratischen Grundsätzen entsprechen« muß, steht im Grundgesetz (Artikel 21 Abs. 1). Gemeint ist damit, daß die Organe der Parteien und ihre Kandidaten für öffentliche Wahlen von den Mitgliedern oder von Delegierten, die ihrerseits von den Mitgliedern gewählt sind, gewählt werden müssen. Das schließt aber nicht aus, daß eine Partei fördernde Mitglieder haben kann, die nicht stimmberechtigt sind. Auch können Parteien unter bestimmten Voraussetzungen Mitglieder ausschließen, Regeln, die in der politischen Demokratie des Grundgesetzes keinen Platz finden. Umgekehrt gilt für Parteien das für die staatliche Demokratie grundlegende Prinzip der Gewaltenteilung nicht. Schon hier zeigt sich, daß die Verweisung in Artikel 21 auf demokratische Grundsätze zu vielen Zweifelsfragen Anlaß gibt. Vollends aber gilt gegenüber politischen Parteien der gleiche Einwand wie gegenüber allen gesellschaftlichen Bereichen: Demokratie bedeutet hier etwas grundsätzlich anderes als im Grundgesetz. Keine Partei ist höchstes Herrschaftssubjekt. Alle stehen unter dem Grundgesetz und den verfassungsmäßig zustande gekommenen Gesetzen der Republik.

Wenn dagegen mit dem Ausdruck »demokratische Parteien« gemeint ist, daß diese Parteien auf dem Boden der Demokratie des Grundgesetzes stehen, so ist der Sprachgebrauch in vollem Einklang mit den Grundvorstellungen der Verfassung.

Es lag nahe, daß – im Anschluß an Artikel 21 des Grundgesetzes – die Forderung nach Demokratisierung der Struktur anderer Verbände erhoben wurde. Wenn damit gemeint ist, daß die Autorität der Verbandsorgane auf dem Willen der Mitglieder beruhen muß, so ist das eine in der Sache begründete Forderung, unbeschadet der Bedenken gegen die Verwendung des Demokratiebegriffs in diesem Zusammenhang.

b) Wirtschaft

Die Forderung nach einer Demokratisierung der Wirtschaft ist alt. Sie reicht bis in die zwanziger Jahre zurück. Heute werden vier verschiedene Dinge darunter verstanden. Einmal wird gefordert, daß in dem inneren Entscheidungsprozeß der Unternehmen die Beschäftigten ein Mitspracherecht haben müssen, und zwar sowohl hinsichtlich innerbetrieblicher Vorgänge wie auch bei den Leitentscheidungen des Unternehmens und der Bestellung seines Vorstandes. In der Bundesrepublik Deutschland ist auf diesem Gebiet viel geschehen. Nach dem Betriebsverfassungsgesetz wirken der Arbeitgeber und der von den Beschäftigten des Betriebes gewählte Betriebsrat bei wichtigen Entscheidungen wie der inneren Ordnung des Betriebes, der Regelung der Arbeitszeit, der Gestaltung der Akkordsätze und bei der Einstellung, Versetzung und Kündigung von Betriebsangehörigen zusammen. In einigen Fällen bedarf die Maßnahme der Zustimmung des Betriebsrats. Hier spricht man von Mitbestimmung im engeren Sinne.

Im Mitbestimmungsgesetz vom 4. Mai 1976 und in dem 25 Jahre älteren Montan-Mitbestimmungsgesetz vom 21. Mai 1951 ist vorgesehen, daß die Arbeitnehmer in Unternehmen von einer bestimmten Größe ab die Hälfte der Mitglieder des Aufsichtsrats wählen und dadurch bei der Bestellung des Vorstands mitwirken. Es handelt sich hier um außerordentlich bedeutsame wirtschaftliche Grundentscheidungen, für die allerdings der Ausdruck Demokratisierung wenig aussagekräftig ist. Gemeint ist: Mitbestimmung und Mitwirkung.

Eine zweite Bedeutung, die mit der Forderung nach Demokratisierung der Wirtschaft gemeint ist, betrifft die Wettbewerbssituation der Unternehmen untereinander. Sie wendet sich gegen Monopole

und Kartelle und verlangt eine schärfere Ausgestaltung der diesbezüglichen gesetzlichen Bestimmungen.
Drittens wird unter dem Stichwort Demokratisierung gefordert, daß die politische Macht der großen Konzerne begrenzt werden müsse.
Und schließlich viertens verbindet ein Autor mit der Forderung nach Demokratisierung der Wirtschaft bestimmte grundlegend neue wirtschaftspolitische Ordnungsvorstellungen (Ekkehart Stein). Demokratisierung könne, so meint er, eine Umkehrung des Rangverhältnisses zwischen Profitmaxime und Bedarfsdeckung sicherstellen, und er fährt fort: »Während gegenwärtig die privaten Unternehmen den Bedarf der Bevölkerung nur dann sicherstellen, wenn sich hierdurch ein genügend hoher Profit erzielen läßt, dürfte dann Profit nur dadurch erzielt werden, daß der unmanipulierte Bedarf der Bevölkerung in akzeptabler Weise befriedigt wird.«
Eine sachliche Auseinandersetzung mit dieser Forderung würde den Rahmen des Aufsatzes sprengen. Aber auch hier ist festzuhalten, daß die Umstrukturierung der Bedarfsdeckung der Bevölkerung mit dem Demokratiebegriff des Grundgesetzes kaum in Zusammenhang steht.

c) Verwaltung

Es läge nahe, anzunehmen, daß mit der Demokratisierung der Verwaltung eine bessere Sicherung des Einflusses der demokratischen, vom Volk gewählten gesetzgebenden Organe und der demokratisch kontrollierten Exekutive auf die Tätigkeit der Verwaltung gemeint ist, aber das ist nicht der Fall. Gemeint ist vielmehr: mehr Mitbestimmung und mehr Mitwirkungsrechte der Verwaltungsangehörigen einerseits und größerer Einfluß der betroffenen Bürger auf die Entscheidungen der Verwaltung andererseits.
Die erstere Forderung ist im Bundespersonalvertretungsgesetz verwirklicht worden. Danach werden in den Verwaltungen Personalvertretungen gebildet, die von den Angehörigen der Behörden gewählt werden. Der Leiter der Dienststelle und die Personalvertretung führen regelmäßige Besprechungen durch. Bestimmte Personalentscheidungen bedürfen der Zustimmung der Personalvertretung.
Auch die Beteiligung der von Verwaltungsentscheidungen betroffe-

nen Bürger ist in den das Verwaltungsverfahren regelnden Gesetzen vorgesehen. Sie müssen angehört werden. Sie haben ein Einspruchs- oder Widerspruchsrecht. Hier mögen Einzelheiten noch weiter verbessert werden. Aber der im Grundgesetz Artikel 20 Abs. 2 aufgestellte Grundsatz: »Die vollziehende Gewalt ... (ist) an Gesetz und Recht gebunden« hat absoluten Vorrang. Das Gesetz bleibt die maßgebende Richtschnur für die Verwaltung. Würde man dieses Prinzip aufgeben, würde das, was als Demokratisierung der Verwaltung bezeichnet wird, zu einer Aufhebung eines der tragenden Fundamente der Demokratie des Grundgesetzes führen.

d) Hochschulen

Neben dem Bereich der Wirtschaft hat die Forderung nach Demokratisierung der Hochschulen die stärksten Auseinandersetzungen ausgelöst. Hier ging es um die Ablösung der alten Ordinarien-Universität durch Hochschulen, in denen die verschiedenen Gruppen der Hochschulangehörigen Mitbestimmungs- oder Mitwirkungsrechte an den im Rahmen der Selbstverwaltung zu treffenden Entscheidungen erhalten sollten. Das Hochschulrahmengesetz vom 26. Januar 1976 und die nach ihm ergangenen Ländergesetze haben diese Forderung weitgehend erfüllt. Heute bilden Professoren, Studenten, wissenschaftliche Mitarbeiter und die »sonstigen Mitarbeiter« je eine Gruppe. Die Angehörigen jeder Gruppe wählen ihre Vertreter in den Entscheidungsgremien der Hochschule. Dabei hat die Gruppe der Professoren in Angelegenheiten der Forschung, der Lehre und der Berufung von Professoren eine überproportional starke Stellung.

Der politische Kampf um die Hochschulreform, der Ende der sechziger und in den siebziger Jahren gewalttätige Formen annahm und nicht nur die Hochschulen, sondern das staatliche Gefüge insgesamt zu erschüttern drohte, ist abgeflaut. Manchen gehen die Reformen nicht weit genug. Andere beklagen, daß die jetzt getroffenen Regelungen zu einer Lähmung der Arbeit an den Hochschulen führen. Wie immer man dazu stehen mag, mit Demokratie im staatsrechtlichen Sinne hat die gegenwärtige Hochschulstruktur wenig zu tun. Weder sind die Hochschulen souverän, vielmehr unterstehen sie den Gesetzen des Bundes und der Länder, noch ist das de-

mokratische Prinzip der Gleichheit aller hier verwirklicht. Vielmehr haben, mit Recht, die Professoren ein Übergewicht.
Unter Demokratisierung der Hochschulen wird übrigens auch die Forderung nach gleichem Zugang für alle Schüler mit Hochschulreife verstanden, ein im Grundsatz berechtigtes Anliegen, das aber leider durch die Überfüllung einiger Fachbereiche und den für sie geltenden Numerus clausus stark beeinträchtigt ist.

e) Schulen

Bei den Schulen werden, wenn von Demokratisierung die Rede ist, mindestens vier verschiedene Anliegen verfolgt. Einmal ist damit die Öffnung der Schulen, vor allem der höheren Schulen, für alle Bevölkerungsschichten ohne Rücksicht auf ihre Einkommensverhältnisse gemeint, eine Forderung, die uneingeschränkte Unterstützung verdient, wenn sie auch unter einem vieldeutigen Etikett erhoben wird.
Zweitens wird mit der Forderung der Demokratisierung die Abschaffung von Klausuren, Prüfungen, Noten und Zeugnissen verbunden, eine absurde These, die wohl auch ernsthaft nicht mehr vertreten wird und die mit Demokratie im Sinne des Grundgesetzes überhaupt nichts zu tun hat.
Drittens ist mit der Forderung nach Demokratisierung der Schulen die Einführung neuer Erziehungsmethoden gemeint wie kritische Erziehung, Konfliktpädagogik, antiautoritäre Erziehung oder permissive Erziehung, deren Ziel die Emanzipation und Selbstverwirklichung des jungen Menschen sein soll. Dabei wurde freilich übersehen, daß die Befreiung von Zwängen nur die eine Seite der Erziehung sein kann. In ihrer Aufgabe, dem Schüler bei der sinnvollen Gestaltung seines Lebens zu helfen, ihm zu zeigen, mit welchen Werten die gewonnene Freiheit ausgefüllt werden kann, haben diese Erziehungsmethoden meist versagt. Auch versäumten sie es, deutlich zu machen, daß der Bürger einer freiheitlichen Demokratie Pflichten hat und Verantwortung trägt.
Und schließlich meint Demokratisierung der Schule Mitwirkung und Mitbestimmung der Eltern, Schüler und Lehrer bei der Bestellung des Schulleiters, der Gestaltung des Unterrichts und der Festlegung der Erziehungsziele und Bildungsinhalte, Forderungen, die

in vernünftigen Grenzen berechtigt sind; aber auch hier ist der Primat des Gesetzgebers zu beachten. Er ist allein demokratisch, das heißt durch einen Willensakt des souveränen Volkes legitimiert, und weder Eltern noch Schüler noch Lehrer sind es.

f) Heime und Krankenhäuser

Die Forderung nach mehr Demokratie wird auch in bezug auf Heime und Krankenhäuser erhoben. Daß es hier unüberwindbare Grenzen gibt, liegt auf der Hand. Kein aus Angehörigen des Krankenhauses gebildetes Gremium kann einem Arzt vorschreiben, wie er die Patienten zu behandeln hat. Aber bei der Gestaltung der inneren Organisation sind Mitwirkungsrechte der Beteiligten sinnvoll. So bestimmt das Heimgesetz vom 7. August 1974 und die dazu ergangene Heimmitwirkungsverordnung vom 19. Juli 1976, daß in Alten- und Pflegeheimen Heimbeiräte zu wählen sind, die ein gewisses, allerdings schwach entwickeltes Mitwirkungsrecht bei bestimmten Entscheidungen der Heimleitung wie Festlegung der Heimordnung, Freizeitgestaltung, baulichen Veränderungen haben.

g) Eintrittspreise für Theater und Oper

In der SÜDDEUTSCHEN ZEITUNG vom 21. März 1985 hieß es in einem Bericht über das Hamburger Opernhaus, daß die Eintrittspreise für den 3. und 4. Rang drastisch und demokratisch gesenkt werden sollten. Der Bericht fuhr fort, daß die Plätze im 3. Rang statt bisher 12,00–41,00 DM künftig 8,00 DM, und die im 4. Rang statt bisher 6,00–27,00 DM künftig 4,00 DM kosten sollten. Die Komik dieser Ankündigung ist unübersehbar. Denn bei allen Bemühungen um demokratische Gleichheit bleibt der Unterschied zwischen dem vierten und dem dritten Rang in Gestalt eines um 100 Prozent höheren Eintrittspreises bestehen. Das Beispiel zeigt, wohin die Demokratisierungsdiskussion abgerutscht ist.

Ich habe mehrfach deutlich gemacht, daß ich bei allen Vorbehalten gegen die Verwendung des Begriffs Demokratisierung im gesellschaftlichen Bereich einige der damit verfolgten Ziele voll unterstütze. Das gilt vor allem für die Mitbestimmung in Unternehmen der Wirtschaft. Wenn in der Bundesrepublik Deutschland mehrere 100 000 Arbeitsplätze im Steinkohlenbergbau eingespart werden konnten, ohne daß deswegen auch nur einen Tag gestreikt wurde, so ist das vor allem der Tatsache zuzuschreiben, daß im Rahmen der Montanmitbestimmung Unternehmensleitung und Arbeitnehmervertreter vertrauensvoll zusammenarbeiteten. In Großbritannien kam es wegen der gleichen Frage zu einem Streik, der ein Jahr dauerte und in dem keine Einigung erzielt wurde.

Auf der negativen Seite der Mitbestimmung steht, daß der Entscheidungsprozeß kompliziert und verlängert wird. Vor allem die Hochschulen klagen, daß Tausende von Arbeitsstunden in endlosen Beratungen der Gremien aufgewendet werden, um zu einer Einigung zu kommen, und daß die erzielten Ergebnisse trotzdem häufig nicht optimal sind. So wird jeder Lebensbereich, in dem Mitbestimmung oder Mitwirkung praktiziert wird, gesondert nach seinen Anforderungen und Bedürfnissen zu beurteilen sein. Daß eine Mitwirkung am Entscheidungsprozeß derer, die von den Entscheidungen betroffen sind, grundsätzlich richtig ist, entspricht meiner Überzeugung. Das gilt selbst im Rahmen seiner besonderen Struktur für den militärischen Bereich.

Ob die Forderung nach mehr Mitbestimmung aus dem Grundgesetz, nämlich aus der Sozialstaatsklausel des Art. 20 Abs. 1 als eine bindende Verpflichtung für den Gesetzgeber abzuleiten ist, lasse ich dahingestellt. Politisch ist sie jedenfalls wohlbegründet, wenn die besonderen Bedingungen jedes Teilbereichs dabei beachtet werden, und wenn immer dabei bedacht wird, daß es sich nicht um Herstellung von partiellen Demokratien innerhalb oder unterhalb der staatlichen Demokratie handeln kann – das wäre ein Widerspruch in sich selbst –, sondern um Mitbestimmung, Mitwirkung, Partizipation im Rahmen der Demokratie des Grundgesetzes.

Literatur: (Auswahl)
zu Kapitel 1. Die geschichtlichen Vorläufer:
Aristoteles, Hauptwerke, ausgewählt und übersetzt von Wilhelm Nestle, 1968, S. 310
Düverger, M., Institutions politiques et droit constitutionel, 9e éd. 1966
Frank, John P., Cases on Constitutionel Law, 1950
Herodot, Historien, übersetzt von Josef Feix, o. J.
Huber, Ernst Rudolf, Deutsche Verfassungsgeschichte, Band 2, 1960
Laferrière, Julien, Manuel de droit constitutionel, 2e éd. 1947
Rottschaefer, Henry, Handbook of American Constitutionel Law, 1939
Tribe, L. H., American Constitutionel Law, 1978

zu Kapitel 2. Die Demokratie des Grundgesetzes:
Carstens, Karl, Politische Führung, 1971

Herzog, Roman, Kommentar zu Art. 20 GG, in: Maunz/Durig/Herzog/Scholz u. a.: Grundgesetz, 18. Lieferung, Sept. 1980
Kriele, Martin, Das demokratische Prinzip im Grundgesetz, Veröffentlichungen der Vereinigung der deutschen Staatsrechtslehrer, Band 29, 1971
Noelle-Neumann, Elisabeth und Piel, Edgar (Hrsg.), Allensbacher Jahrbuch der Demoskopie 1978–1983, 1983
Stein, Ekkehart: Kommentar zu Art. 20 GG, in: Wassermann, Rudolf (Hrsg.), Reihe Alternativkommentare, Kommentar zum Grundgesetz, 1984
Stern, Klaus, Das Staatsrecht der Bundesrepublik Deutschland, Band 1, 1977
Thielicke, Helmut, Deutschland. Demokratie oder Vaterland, 1964

zu Kapitel 4. Die Verwendung des Demokratiebegriffs mit Bezug auf gesellschaftliche Gruppen und Institutionen:
von Beyme, Klaus, Demokratie als Teilhaber, 1981
Brandt, Willy, Die Alternative, in: Die neue Gesellschaft, Mai 1969
Hättich, Manfred, Demokratisierung in Deutschland, in: Arndt/Michalski/Molitor: Festschrift für Heinz-Dietrich Ortlieb, 1975
Heck, Bruno, Demokratisierung – Überwindung der Demokratie? in: Schriftenreihe der Ludwig-Erhard-Stiftung, Band 3, 1973
Hennis, Wilhelm, Demokratisierung. Zur Problematik eines Begriffs, 1970
Naphtali, Fritz, Wirtschaftsdemokratie. Ihr Wesen, Ziel und Weg, 1928
Quaritsch, Helmut, Demokratisierung – Möglichkeiten und Grenzen, in: Cappenberger Gespräche, Band 11, 1976
Schelsky, Helmut, Systemüberwindung. Demokratisierung und Gewaltenteilung, 1973
Stein, Ekkehart, Kommentar zu Art. 20 GG, (siehe oben unter 2 u. 3), insbesondere S. 1285
Vilmar, Fritz, Strategie der Demokratisierung, Band 1, 1973
Willmann-Institut München–Wien, Wörterbuch der Pädagogik, Band 1–3, 1977

Golo Mann

»Liberal« und »konservativ« in der modernen deutschen Geschichte.

Versuch einer Zusammenfassung

Mit Worten, die mit den zwei Silben »ismus« enden, hat es seine Schwierigkeiten; besonders dann, wenn es sich um politische Regierungssysteme oder Parteien, Gesinnungen, Bestrebungen, Haltungen handelt. Die Dinge der Natur sind uns vorgegeben; Wissenschaft beschreibt sie, erkennt sie, benutzt die erworbenen Erkenntnisse; hier wird gefunden, nicht erfunden. Dagegen sind »Ismen« Erfindungen des menschlichen Geistes. Jeder kann sie bestimmen, wie er will, und es gibt leider kein Forum, welches zwischen zwei voneinander gründlich unterschiedenen Bestimmungen schiedsrichterlich zu wählen hätte. Darum ist die Frage: Was ist konservativ, was ist liberal, sozialistisch, kapitalistisch, faschistisch etc. streng logisch gesehen sinnlos, und eben darum gibt es darüber viele nie endende Streitereien.

Zu der logischen Schwierigkeit kommt die historische. Unsere politischen »ismen« stammen überwiegend aus der Frühe des 19. Jahrhunderts: Konservativ, Reaktionär, Liberal, Progressistisch, Sozialistisch, Kommunistisch, Anarchistisch, Terroristisch, Rechts, Links. Ausgeburten unseres eigenen Jahrhunderts gibt es in diesem Sinn wenige: Populistisch, Faschistisch, Totalitär. Nun ist aber doch jede Epoche überreich an nur ihr eigenen, so oder so oder gar nicht zu lösenden Fragen, Aufgaben, Konfliken. Woraus folgt, daß alte Worte auf »ismus« entweder untergehen müßten oder aber einen Sinn annehmen, den sie ursprünglich nicht hatten. Das erhöht die Verwirrung. Um veränderten Zeiten entsprechend den Sinn des alten Begriffes zu nuancieren, werden gern die Vorsilben »neo« gebraucht: neo-konservativ, neo-liberal. Eine andere Art zeitgemäßer Nuancierung besteht in der Zusammensetzung zweier historisch gegebener Begriffe oder Worte: Progressiv-Konservativ im England des 19. Jahrhunderts, wo die Umbenennung der »Tories« in »Konservative« nur allmählich sich durchsetzte, »Freikonservative« gegen »Altkonservative« sowie »National-Liberale« im Bismarckreich, »Nationalsozialistisch« im Deutschland der zwanziger und dreißiger Jahre. Wie wenig Aussagekraft auch eine solche Wortverbindung hat, zeigt der abgrundtiefe Unterschied zwischen den deutschen und den gleichzeitig wirkenden tschechischen »Nationalsozialisten«. So waren die französischen »Radikalsozialisten« des zwanzigsten Jahrhunderts in ihrer Praxis bald nichts weniger als »radikal«.

Wie in der Zeit, so im Raum; auch hier finden wir, nach Ländern oder Kontinenten, im ursprünglichen oder im gegenwärtigen Sinn eines »ismus« gewaltige Unterschiede. Die amerikanischen »Föderalisten« des späten 18. Jahrhunderts kämpften für die Union der nordamerikanischen Staaten, dann für deren Stärkung; die deutschen Föderalisten des 19./20. Jahrhunderts dagegen für die Erhaltung der einzelnen Staaten innerhalb des »Reiches«. Die nordamerikanischen »Liberalen« wünschten den starken, die Freiheit der

Wirtschaft nicht vertilgenden aber doch beschränkenden, am »sozialen Netz« weiter und weiter webenden Zentralstaat, die europäischen Liberalen oder »Neo-Liberalen« das genaue Gegenteil.
Natürlich ist eine solche, manchmal geradezu babylonische Verwirrung nicht wünschbar. Um einen Konsensus über das, was politische »ismen« heute und morgen bedeuten können, zu finden, sollten wir uns nach Kräften bemühen, wie es unter vernünftigen Historikern, etwa unter nicht ideologisch verblendeten deutschen Historikern, auch geschieht. Einer von ihnen, Karl Dietrich Bracher, hat seine Geschichte politischen Denkens im 20. Jahrhundert »Zeit der Ideologien« genannt. Natürlich weiß er und betont es zu Anfang, daß jene Ideologien zu einem guten Teil aus dem vorigen Jahrhundert stammten. Aber nur aus dem 19., allerdings mit Vorboten, zumal im Reich des Geistes nichts vom Himmel fällt, im 18. sogar im späten 17. Mit der amerikanischen, einer überaus maßvollen, unter strikter Kontrolle gehaltenen Revolution, kamen liberale Grundideen – noch ohne daß das Wort »liberal« in diesem Sinn schon in Gebrauch gewesen wäre – recht eigentlich zum Durchbruch und zur Verwirklichung in den Verfassungen, erst der Einzelstaaten, dann der Union und in den ersten Zusätzen der Unions-Verfassung, zusammen die »Bill of Rights«: genannt, so wie sie schließlich von der französischen Nationalversammlung weitgehend übernommen wurden. Hier also war Liberalismus am Werk, zur Sicherung der Freiheitsrechte der Menschen und Bürger. Konservative Gesinnungen auch und im Konflikt mit jenen? Ein wenig wohl, demnächst sogar in Parteien oder Parteiungen, wie sie durch Persönlichkeiten wie Alexander Hamilton und John Adams auf der einen Seite, Thomas Jefferson auf der anderen repräsentiert wurden. Aber das nahm man in Europa zu dieser Zeit noch nicht wahr.
Denn nie war man hier so reformfreudig, so fortschrittlich und optimistisch gewesen wie während der späteren Jahrzehnte des 18. Jahrhunderts – »liberal«, noch ohne es zu wissen. Die Monarchen an der Spitze: Große, wie Kaiser Joseph II., Geringere, wie sein Bruder Leopold von Toscana, wie Joseph I. von Portugal, wie die Kurfürsten Maximilian III. und Karl Theodor von Bayern, die Markgrafen Karl Friedrich von Bayern und Alexander von Brandenburg-Ansbach und andere mehr; befreundet mit Philosophen französi-

schen Stils sie alle, ohne Angst vor der Zukunft sie alle, Reformer sie alle, ohne zu fragen, ob die Reformen zuletzt nicht ihren eigenen Beruf überflüssig machen könnten. Komplizierter liegt der Fall des »Philosophen von Sanssouci«, wie unlängst Theodor Schieder in seinem schönen Buch »Ein Königtum der Widersprüche« gezeigt hat. Es nisteten die Widersprüche teils im Geiste des alten Freigeistes selber, der die Trennung der Stände, Adel und Bürgertum, striktest aufrecht zu erhalten entschlossen war und an die absolute Monarchie als die einzig gute Regierungsform glaubte, an ihren göttlichen Ursprung aber gar nicht mehr; teils traf er auf Widerstände, zum Beispiel in seinem Wunsch nach Abschaffung der Frondienste auf dem Lande, »dieser widerwärtigen Einrichtung«, wie er sie nannte, Widerstände, die er nicht brechen konnte, ohne sich den Adel zu entfremden, der ihm für seine Administration und besonders sein Heer unentbehrlich schien. Da mag man nun, wenn man will, von »konservativen« Widerständen reden. Es ist, was die Zarin Katharina die Große meinte, als sie an ihren philosophischen Freund Diderot in Paris schrieb: »Mit Ihren Prinzipien könnte man schöne Bücher machen, aber schlechte Geschäfte. Sie vergessen die Unterschiede zwischen unseren beiden Positionen. Sie arbeiten auf dem Papier, das Papier duldet alles; aber ich, die ich nur eine arme Kaiserin bin, muß auf der menschlichen Haut operieren, welche ganz anders irritierbar und kitzelig ist.« Sie meinte: über die Macht der Interessen im Lande, die großen, sogar die geringeren, kann der Herrscher sich nicht so glatt hinwegsetzen, wie der Philosoph am Schreibtisch sich das vorstellt... Die Verteidigung materieller Interessen ist seither zumeist ein Motiv bei der Bildung konservativer Parteien oder Parteiungen gewesen, wenngleich keineswegs immer ein ausschließliches. Auch ist die Grenze zwischen wirtschaftlichen Privilegien und ideellen Überzeugungen fließend. Ein echter preußischer Junker wie der alte Elard von Oldenburg-Januschau – er war besser als sein heute vergessener Ruf, seine Erinnerungen zeigen es – glaubte in tiefem Ernst, daß zur Erhaltung einer adeligen Familie in Preußen Grundbesitz gehöre und daß der Staat solcher Familien bedürfe. Der größte aller Junker, Bismarck, war der gleichen Überzeugung. Zur Zeit Friedrichs des Großen gab es die nackte Tatsache der Interessen, noch keinerlei Theorie.

Die kam zuerst mit der großen Französischen Revolution mitsamt deren blutigen Ausschweifungen. Nun, mit einem Schlag, gab es eine konservative Gesellschaftsphilosophie. Wie die geharnischte Athene aus dem Kopf des Zeus, so kam sie, fertig und wunderbar formuliert, aus dem Kopfe Edmund Burkes, des irischen Briten, in seinem Werk »Reflections on the Revolution in France«, geschrieben im Jahre 1790, zu einer Zeit also, in der die Revolution ihren argen Höhepunkt noch längst nicht erreicht hatte, welch letztere aber von Burke vorausgesagt wurden. Aus einem bestimmten Anlaß geboren, gegen eine Reihe von Ereignissen, Handlungen, Beschlüssen, Menschen gerichtet, war das Buch eigentlich eine Gelegenheitsarbeit, folglich neben zeitlosen Argumenten auch solche enthaltend, die jetzt und dort, aber nicht immer und überall galten. Und genau dies entsprach Burkes »konservativem« Denken. »Ich kann nicht hervortreten und in irgendeiner Angelegenheit, wo menschliche Handlungen und menschliches Interesse im Spiele sind, Lob und Tadel austeilen, wenn man mir nichts als den isolierten Gegenstand zeigt, so wie er, von jedem äußeren Verhältnis entkleidet, in aller Blöße und Einsamkeit einer metaphysischen Abstraktion dasteht. Umstände (welche freilich bei den meisten dieser Herren für nichts mehr geachtet werden) geben im Reiche des Wirklichen jedem politischen Prinzip seine eigentümliche Farbe und seinen eigentümlichen Charakter. Umstände sind es, was jeden bürgerlichen Plan wohltätig oder verderblich für die Menschheit macht.« Freiheit, zum Beispiel, war ein hoher menschlicher Wert; Burke liebte sie und stritt zu Hause für eine Einschränkung der Macht der Krone, zumal ihrer korrumpierenden finanziellen Macht. Aber »abstrakte Freiheit kann so wenig gefunden werden wie andere Abstraktionen. Freiheit muß einem bestimmten Gegenstand innewohnen...« »Wir wagen es nicht, den Menschen mit nichts als seinem Privatvermögen, mit seinem eigenen, selbstgesammelten Vorrat von Erfahrung und Weisheit in die geschäftige Szene des Lebens zu werfen, weil dieser Vorrat bei jedem gar unbeträchtlich sein möchte; weil der einzelne unendlich gewinnt, wenn er das gemeinsame Kapital aller Zeiten und Völker benutzen kann.« »...Die Gelehrten und die neuen Politiker in Frankreich sowie der ganze Haufe der Erleuchteten unter uns weichen freilich sehr von diesen

Grundsätzen ab. Bei ihnen ist es ein hinreichender Grund, eine alte Ordnung zu zerstören, daß sie eine alte ist...« »Die Kunst, ein Gemeinwesen aufzubauen, oder zu erneuern, oder zu verbessern, kann so wenig a priori gelehrt werden, wie jede andere Erfahrungswissenschaft... Oft sind die Projekte einleuchtend, die Anfänge angenehm, das Ende aber ist Scham und Jammer. Im Leben der Staaten gibt es dunkle, kaum bemerkbare Kräfte, die zuerst von geringer Bedeutung erscheinen, auf denen aber ein gutes Maß ihres Glückes oder Unglückes wesentlich beruhen kann. Da nun die Wissenschaft vom Staate in sich selbst so praktisch und für praktische Zwecke bestimmt und eine Sache ist, die Erfahrung verlangt, mehr Erfahrung sogar, als ein einzelner Mensch und sei er noch so scharfblickend, in seinem Leben erwerben kann, so sollte man nur mit unendlicher Vorsicht sich erkühnen, ein Gebäude niederzureißen, das den Zwecken der Gesellschaft seit Generationen in einem wenigstens leidlichem Maße genügte, und sollte man ein solches Gebäude nicht neu errichten, es sei denn, man hätte Vorbilder von erprobter Gediegenheit vor Augen...« Es ist zu betonen, daß Burke kein Gegner der Amerikanischen Revolution war, wiewohl er die Trennung der Kolonien vom Mutterland als britischer Patriot bedauerte. Man müßte, so forderte er gleich anfangs, die Dinge dort nicht legalistisch, sondern historisch sehen, den mittlerweile entstandenen nordamerikanischen Traditonen wie auch veränderten Verhältnissen der dort erreichten politischen Kultur und Wohlhabenheit Rechnung tragen, mithin, den Kolonisten alle Privilegien britischer Bürger verleihen, mitsamt einer angemessenen Vertretung im House of Commons. Gab es die beiden Worte in ihrem politischen Sinn damals noch nicht, so gab es doch die Gesinnungen, welche sie demnächst zu bedeuten anfingen: Burke war zugleich ein Konservativer und eine Liberaler. Mit ihm begann jene Reihe englischer Politiker oder politischer Denker, die über Lord John Russell, Robert Peel, Disraeli, Lord Acton bis zu Winston Churchill reicht; in Frankreich schloß sich ihr der große Tocqueville an, den noch Raymond Aron als seinen vornehmsten Lehrer ansehen konnte. Es ist jedoch im Grundsatz die französische konservative Tradition radikaler, paradoxaler – von Joseph de Maistre bis zur »Action française« – als die britische; es liegt dies an der Polarisierung der

Nation, welche die Große Revolution zur Folge hatte, und die erst und endlich in unseren Jahrzehnten verschwunden ist – *wenn* sie es ist. In den Jahren 1940–44 hat sie noch einmal fröhliche Urständ gefeiert. Dagegen spürt man in England noch heute auf Schritt und Tritt, daß das Vereinigte Königreich eine Revolution im Stil der Französischen nie durchlebt hat.
Und Deutschland? An sich liebe ich den Ausdruck »Deutscher Sonderweg« nicht, denn jede europäische Nation ist einen Sonderweg gegangen, und daß der deutsche anders ist als der von anderen, liegt im Wort. Auch hier hat es liberal-konservative Denker ungefähr im Stil Burkes gegeben. So einer war in der ersten Hälfte des 19. Jahrhunderts Ludwig Uhland, der zum organisch gewachsenen, dem »Guten alten Recht« zurück wollte, im Gegensatz zu der Kunstverfassung, welche sein König dem Lande Württemberg gab, der aber Freiheit der Persönlichkeit mit Demokratie, Demokratie mit Monarchie zu versöhnen wünschte; so einer war im Alter Joseph Görres. Aber sie kamen nicht zum Zuge; nicht in den »dreiunddreißig Jahren« der Restaurationszeit, nicht während der nobelschwächlichen Revolution 1848, nicht danach. Und die gewaltige Gestalt Bismarcks warf alle »ismen« durcheinander, denn Bismarck glaubte an keinen von ihnen. Mit 32 Jahren: »An Grundsätzen hält man nur fest, solange sie nicht auf die Probe gestellt werden; geschieht das, so wirft man sie fort, wie der Bauer die Pantoffeln, und läuft, wie einem die Beine von Natur gewachsen sind.« Mit 48: »Ich bin in keiner Weise kriegsscheu, im Gegenteil; bin auch gleichgültig gegen revolutionär und konservativ, wie gegen alle Phrasen...« Mit 66: »Wenn die Einwendung des Herrn Abgeordneten Richter richtig wäre, daß man sich wie vor einer ansteckenden Krankheit vor der Möglichkeit des Staatssozialismus hüten müsse, wie kommen wir darauf, bei Notständen in der einen oder anderen Provinz Arbeiten zu organisieren, Arbeiten einzurichten, die wir sonst nicht machen, wenn die Arbeiter Beschäftigung und Verdienst hätten? Wir veranlassen in solchen Fällen den Bau von Eisenbahnen, deren Rentabilität zweifelhaft ist; wir veranlassen Meliorationen, die wir sonst jedem auf eigene Rechnung überlassen. Ist das Kommunismus, so bin ich in keiner Weise dagegen, aber mit solchen prinzipiellen Stichworten kommt man wirklich nicht vom Fleck...« Ein so

sehr praktisches Genie wie das seine verweigert sich gängiger politischer Einordnung. Wie sehr man sich aber im allgemeinen davor hüten sollte, zwischen »Seele« oder »Charakter« auf der einen, »Geist« auf der anderen Seite zu unterscheiden, bei Bismarck ist man dort versucht, es zu tun. Sein ungeheuer starker Charakter war im Kern konservativ, bestimmt von den Vorfahren seines Vaters und vom Lande, auf dem er aufgewachsen war. Sein Geist vagabundierte; in der Jugend und auf der Höhe des Lebens jedoch weit mehr als im Alter, als er reich und krank geworden war. Ein Telegramm wie jenes, das er anno 1866 an den General von Manteuffel in Petersburg sandte: »Pression des Auslandes wird uns zur Proclamierung der deutschen Reichsverfassung von 1849 und zu wirklich revolutionären Massregeln treiben. Soll Revolution sein, so werden wir sie lieber machen als erleiden.« – er hätte es fünfzehn oder zwanzig Jahre später nicht mehr niedergeschrieben. Zwei Historiker unserer Zeit, Henry Kissinger und Lothar Gall, haben ihn den »Weißen Revolutionär« genannt. Für den alten Bismarck, den Mann der Ausnahmegesetze gegen die Sozialdemokratie auf der einen Seite, den überaus vorsichtigen Bewahrer des europäischen Friedens auf der anderen, trifft diese Beschreibung nicht mehr zu. Nun hatte auch dieser kühne Staatsmann Furcht: »Die Hungrigen werden uns fressen.«

Es ist jedoch bezeichnend für die Denkart des allmächtigen Reichskanzlers, für die nun sich herausstellenden politischen Verhältnisse im Reichstag, daß die alten, trennenden Ideale sich vermischten und verwelkten, um nackten Interessenskämpfen Platz zu machen. Noch immer gab es, auf dem linken Flügel der »Nationalliberalen« und in der alten Fortschrittspartei, konsequente Liberale aus Gesinnung, ohne konservative Beimischung: Eugen Richter, Eduard Lasker und andere mehr. Es waren die Gegner Bismarcks, die er am meisten haßte. Wie er denn Idealisten in der Politik überhaupt auf den Tod nicht leiden mochte; so Gladstone in England, Jules Favre in Frankreich; während er Disraeli, den Imperialisten und Sozialkonservativen, sehr hoch achtete: »Der alte Jude, das ist der Mann.« Wie er auch von politischen Parteien im Grunde nichts hielt; er, der doch bei der Gründung des Norddeutschen Bundes das allgemeine und gleiche Wahlrecht nach seinem Ausdruck »mit auf die Pfanne geworfen« hatte, ein Wahlrecht, das unvermeidlich zur Bildung von Parteien führen mußte, hätte es sie nicht schon vorher gegeben. Noch in den »Gedanken und Erinnerungen« spottete er über sie: mit den meisten Fraktionsmitgliedern stehe es so wie mit den meisten Bekennern einer Konfession; frage man sie, was sie denn eigentlich von anderen Fraktionen unterscheide, so wüßten sie die Antwort nicht.

Es war, in Bezug auf Bismarck, von Charakter die Rede und von Gesinnungen oder Beurteilungen. Von reinen Liberalen mag man sagen, daß bei ihnen die Gesinnung überwiegt: sie glauben oder wollen glauben an die Rechte des Menschen und Bürgers, an die freie Entfaltung der Persönlichkeit und ihren Schutz innerhalb der Gesellschaft, im Wirtschaftlichen an einen freien Markt und nach Möglichkeit geringe Einschränkungen unternehmerischer Initiativen. Bei dem Konservativen und – dem anderen Extrem – dem Marxisten-Leninisten überwiegt das charakterliche Element. Den letzteren – es wäre denn, er sei ein bloßer Opportunist, heutzutage das Normale – erkennt man schnell an seiner Weise zu sein und zu sprechen: der Dünkel des Allwissenden, des Besitzers der unfehlbaren Lehre, die abgrundtiefe Verachtung aller derer, die nicht so denken wie er, der Drang zur Macht und Allmacht oder Dienst an ihr, die Überzeugung, daß für den einzigen guten, wissenschaftlich beweisbaren Zweck auf Erden alle Mittel recht sind und »nützliche Idioten« gebraucht werden dürfen, um sie nach Gebrauch zu vernichten. Es ist aus diesem Grund, daß die deutschen Sozialdemokraten in Vorzeiten keine Marxisten, viel weniger »Marxisten-Leninisten« waren, auch dann nicht, wenn sie es gern oder ungern zu sein glaubten: August Bebel, nach ihm Ebert, Noske, Scheidemann, Otto Braun und Carl Severing, von Vollmar, Erhard Auer, Wilhelm Hoegner waren es von ihrem Charakter her nicht, eben darum auch nicht in ihrem Opponieren, Verwalten oder zeitweisen Regieren. Vergleichbar steht es mit dem Konservativen. Der preußische Edelmann Ludwig von der Marwitz zum Beispiel, der scharfe Gegner der Stein- und Hardenbergschen Reformen, war ein Konservativer von Charakter und Instinkt, weit mehr denn aus Theorie. Daß er nebenher ein naher Freund Rahel Lewins war – es gibt ja einen sehr lesenswerten Briefwechsel zwischen den beiden – zeigt, daß es ihm an Liberalität und Geist keineswegs fehlte, aber der Geist eines politischen Philosophen war es nicht. Entsteht eine Opposition, wie Marwitz und sein Kreis sie gegen Hardenberg betrieben, so werden freilich auch Theoretiker herbeieilen. In diesem Fall war es Adam Müller, der aber nur ausgedachtes Zeug beitrug. Wirklichen Einfluß hatte dieser ehrgeizige Windbeutel schon zu Lebzeiten nicht, und heute wird er allenfalls von ein paar gelehrten Spezialisten noch pflichtgemäß erwähnt. Ein Konservativer vom Schlage Marwitzens ist tief in seiner Heimat verwurzelt, damit auch mit dem Volk in seiner Heimat vertraut, mit »einfachem« Volk mindestens so sehr wie mit Professoren. Er hängt an gewachsenen Traditionen. Er ist Realist, geht mehr mit Sachen um als mit Ideen. Realismus kann – obgleich er es nicht muß – mit einer Dosis Pessimismus verbunden sein: Der Mensch ist ein sich selbst gefährdendes Wesen, das eben darum stabile Ordnungen braucht. Auch Gefängnisse, ob das nun schön ist oder nicht. Humanisierung der Strafjustiz ja, aber wenn sie zu weit geht, verliert die gewaltige Mehrheit gesetzestreuer Bürger den Schutz, auf den sie Anspruch hat. Demokratie ja, sie ist in unserer Zeit die einzige noch gemäße Regierungsform, war es lange, bevor die Deutschen sich zu ihr entschlossen; aber nicht »Demokratisierung« aller Bereiche des öffentlichen oder privaten Lebens. Überhaupt keine Übertreibungen aus Doktrin: Maß. In diesem Sinn war auch der »Weiße Revolutionär« Bismarck ein Konservativer. In diesem Sinn ist das Bündel von Gedanken, die man unter dem Namen »konservativ« zusammenfassen mag, auch heute noch aktuell.

Das Kaiserreich Wilhelms II. war das Reich ohne seinen Gründer und harten, zuletzt gescheiterten Zauberkünstler Bismarck; die Weimarer Republik war das Kaiserreich ohne Kaiser, ohne den Schutz, den die preußisch-deutsche Krone, trotz der jämmerlichen Schwäche ihres letzten Trägers, noch immer geben konnte und, besser als sie, die Bundesfürsten, welche Bismarcks großes Aufräumen überlebt hatten, Bayern an der Spitze. Nach »Ideen« wird man in den letzten Jahrzehnten vor 1914 im politischen Kampf einigermaßen vergeblich suchen. Auch jetzt gab es noch einige liberale Politiker alten Schlages, Anpassung an eine schnell und tief sich verändernde Gesellschaft suchend, Ernst Bassermann, Friedrich

Naumann, der junge Theodor Heuss und andere mehr, im Lager der Wissenschaft der gewaltige Max Weber. Sie kamen gegen die ordinäre Wirklichkeit nicht auf. Die preußischen Konservativen hatten sich mit dem »Reich«, welches sie im Ursprung durchaus nicht gewünscht hatten, wohl oder übel ausgesöhnt und suchten ihre Interessen, die materiellen und die teils ehrlich, teils des schönen Scheines halber mit Ideen verzierten, tauschweise nach Kräften durchzusetzen. Noch immer besaßen sie eine sichere Mehrheit im preußischen Landtag kraft des »Dreiklassen-Wahlrechts«. Daran durfte sich nichts ändern, wie sie auch die Parlamentarisierung im Reich mit verhängnisvoller Energie bekämpften. Aber Preußen war kein echter Staat mehr, weit weniger einer als Bayern oder Württemberg. Es war nur noch drei Fünftel des Reiches, in denen einige Gesellschaftsgruppen veraltete Privilegien genossen. Der amerikanische Politologe Gerhard Loewenberg nennt in seinem Buch »Parlamentarismus im politischen System der Bundesrepublik Deutschland« das deutsche Verfassungsleben, so wie es sich unter dem späten Bismarck – erst recht nach seinem Sturz – entwickelte, ein »kunstvoll konstruiertes Chaos«. Seine beiden Seiten, der alte Obrigkeitsstaat, gehalten durch die privilegierten Klassen, und eine der parlamentarischen Regierungsform unvermeidlich sich annähernde demokratische Volksvertretung, standen in immerwährendem Kampf miteinander, paralysierten einander. Die Ohnmacht beider Seiten zeigte sich auf das krasseste während des Krieges von 1914 und zwang nach dem Sturz des letzten Reichskanzlers, der diesen Namen allenfalls noch verdiente, Bethmann Hollweg, dem General Ludendorff die Militärdiktatur geradezu auf. Sie stand im Bunde mit der Demagogie der »Vaterlandspartei« und ihren maßlosen »Kriegszielen«, welch letztere mit konservativem Denken nun rein gar nichts mehr zu tun hatten, obgleich viele Konservative, selbst ein moralisch so hochstehender wie Graf Kuno Westarp, mit ihnen übereinstimmten. Sie hatten von »konservativ« nur noch den Namen und so war es folgerichtig, daß sie auch ihn nach dem Umsturz von 1918 aufgaben und sich nun »Deutschnationale Volkspartei« nannten.

War die Verfassung Bismarcks ein »kunstvoll konstruiertes Chaos«, so war jene der Weimarer Republik aus einem Guß, im wesentlichen von einem einzigen Gelehrten entworfen; eine radikaldemokratische, zentralisierende Schulbuch-Verfassung, inspiriert von blindem Vertrauen in das »Volk«, welches den Präsidenten zu wählen hatte und das Recht des »Volksbegehrens« und »Volksentscheides« besaß. Stark beschränkt wurden die Rechte der Einzelstaaten, nun »Länder« genannt; gegenüber dem Reichstag spielte ihre Vertretung, der »Reichsrat«, eine Schattenrolle. Dem parlamentarischen Prinzip widersprachen zwei Faktoren: die Volksentscheide und die sehr weitreichenden, in ihrer Interpretation überaus dehnbaren Befugnisse des Reichspräsidenten. Zu ihrer Zeit jedoch galt die Verfassung »Weimars« als die modernste in Europa; derart, daß die Spanier, als sie im Jahre 1931 zur Einrichtung ihrer Republik schritten, diese sich zum Vorbild nahmen, ohne auch nur zu bemerken, daß sie damals im Lande ihrer Geburt zu funktionieren schon wieder aufgehört hatte. Denn die wirklichen politischen, wirtschaftlichen und moralischen Verhältnisse widersprachen ihr so radikal wie sie selbst war; die Frage, ob eine behutsamer konstruierte Verfassung daran etwas hätte ändern können, muß offen bleiben. Verfassung und soziale Realität stehen in Wechselwirkung miteinander. Jedenfalls galt die Republik selbst einer starken Minderheit, zuletzt der Mehrheit der Nation, als schmähliche Geburt der Niederlage und zwar einer Niederlage im Angesicht eines »im Felde unbesiegten« Heeres; eine Niederlage, die auf Verrat im Inneren und auf Betrug der Sieger beruhte, welch letztere ihren Sieg oder Scheinsieg nun schamlos ausnutzten. In der Tat waren die Bedingungen, zuerst des Waffenstillstandes, dann des »Diktates von Versailles« – ein Diktat in Wahrheit – zu einem Teil drakonische: die »Reparationen« – nach deren letzter Regelung von 1929 wären sie heute noch zu bezahlen –, die Ablieferung allen Goldes der Reichsbank zusamt solcher Dinge wie Güterwagen oder Milchkühe, die Verschrottung aller schweren Waffen, die Beschränkung der deutschen Armee auf ein Berufsheer von einhunderttausend Mann, die langjährigen militärischen Besetzungen einiger deutscher Gebiete im Westen – Bedingungen, denen an der Stirne geschrieben stand, daß sie nicht lange halten würden, wie solches die Alliierten aus der Geschichte hätten lernen können. Heute, nach so langer Zeit, ist man versucht zu sagen: Die Sieger haben 1918 nicht die Deutschen betrogen, sondern sich selber, indem sie Ludendorffs Waffenstillstandsangebot akzeptierten. Das Motiv des Generals sprach er aus: »Ich will meine Armee retten.« Und eben dies gelang ihm in dreifachem Sinn: Die Armee konnte aus Frankreich intakt zurückgezogen, aus ihrer Elite die »Reichswehr« aufgebaut und das Prestige des Heeres erhalten werden; die oberflächliche Wahrheit und tiefe Unwahrheit vom nie besiegten Heer hat während jener vierzehn Jahre in Millionen von Köpfen gewühlt, am stärksten nicht gleich anfangs, sondern während der letzten vier.

Zu dem schrecklichen Geburtsfehler der Republik gesellten sich die beiden wirtschaftlichen Katastrophen: die totale Geldentwertung der Jahre 1922/23 und die im Jahre 1929 einsetzende Wirtschaftskrise. Natürlich hatten sie beide mit dem Krieg und seinen Folgen zu tun. Die Inflation, in ihren Ausschweifungen eine wahre Revolution in den Besitzverhältnissen, die Totalenteigung der kleinsten Ersparnisse und der größten Vermögen, die nicht in Realien angelegt waren, also der Ruin des alten Bürgertums, hatte den Zweck, die Reparationen loszuwerden. Die Weltwirtschaftskrise, beginnend mit einem durch Spekulationen verursachten Zusammenbruch der New Yorker Börse, dann eine »zyklische« Krise, wie es deren ehedem so manche gegeben hatte, hätte ohne Europas und zumal Deutschlands politisch-moralische Verhältnisse so mörderische Ausmaße nie angenommen. Nehmen wir zu alledem noch so gewaltige neue Phänomene oder Strukturen in der europäischen Politik wie die Festigung des bolschewistischen Regimes in Rußland, den Faschismus in Italien, nehmen wir dazu die Quälereien oder kleinlichen Nadelstiche, denen Bürger deutscher Sprache in den österreichischen und russischen Nachfolgestaaten wehrlos ausgesetzt blieben, so läßt sich im Rückblick allzu leicht erkennen, warum die Erste Deutsche Republik nicht lebensfähig war. Damals, im Zeichen der bescheidenen, überwiegend geliehenem Kapital zu verdankenden wirtschaftlichen Konjuktur von 1924–29 und eines Minimums an politischer Stetigkeit, wußten wir es nicht.

Nie in der Geschichte Deutschlands ist die Nation so von Politik beherrscht worden wie in dieser Zeit. Nie ist soviel »Ideologie«, soviel ausgedachte, die alten Lehren zugleich durcheinandermischende und verachtende, verquollene und wirklichkeitsfremde Literatur zutage gefördert worden wie damals; utopische Schwärmereien zuerst, bald bitter-höhnische Angriffe auf Republik und Demokratie, die »Herrschaft der Minderwertigen«. Gegen Ende stellte sich für solche schriftstellerischen Produkte ein Sammelname ein: die »Konservative Revolution«. Diese unglückliche, jedoch durch ihren schreienden Widerspruch anziehende Wortverbindung stammte von einem Dichter, von Hugo von Hofmannsthal. Es sollten wohl meistens die Dichter ihre Hände von der ordinären Politik lassen, denn sie verstehen's nicht, und sich ihren eigensten, dem Menschen ebenso notwendigen und viel schöneren Aufgaben widmen. (Ich weiß, es gibt Ausnahmen: Ludwig Uhland zum Beispiel, Franz Grillparzer, Theodor Fontane.) Unter den Schriftstellern, welche die »konservative Revolution« vertraten, gab es solche von Geist und Stil, an der Spitze der junge Ernst Jünger, mit einem sehr starken Einfluß auf die Jugend, der alternde Oswald Spengler mit einem ebenso starken Einfluß auf ein intellektuell strebsames Bürgertum. Den beiden war gemeinsam, daß sie die Politik ästhetisierten, etwas, was diese ganz und gar nicht verträgt. Jüngers Vorstellung vom »Arbeiter«, von »Herrschaft und Gestalt« blieb trotz eindrucksvoller Impressionen durchaus wirklichkeitsfremd, ausgedachte Ästhetik; ebenso Spenglers »Untergang des Abendlandes«, welcher »prachtvoll« vonstatten gehen sollte. Des Autors wissenschaftlicher Vergleich zwischen seiner eigenen Zeit und jener der Römischen Revolution im ersten Jahrhundert vor Christus, deren Schrecken er mit eigentlich pueriler Genüßlichkeit ausmalte, war nichts als Unsinn; aus ihm stammte seine ganze »Morphologie der Weltgeschichte« mitsamt ihren Voraussagen. Beiden Schriftstellern sowie der großen Mehrzahl ihrer ungefähren Gesinnungsgenossen war gemeinsam, daß sie Europas liberale Tradition aus dem Grunde verachteten, ohne doch im mindesten konservative Denker zu sein; Jünger bezeichnete sich ausdrücklich als Revolutionär – es müsse eine Revolution nachgeholt werden, jene vom November 1918 war keine; auch für Spengler gab es kein Zurück, nur ein Vorwärts zur Vollendung der letzten Epoche einer jeden Kultur, einer durch Herrschaft der Technik, der Großkriege und der nackten Gewalt charakterisierten. Beide leisteten ferner, ohne es zu wollen, der seit 1928 mit ungeheurer Schnelligkeit wachsenden nationalsozalistischen Bewegung Vorschub; wohl verachteten sie die Person Adolf Hitlers, aber die Demokratie noch tiefer, und sie flößten solche Gesinnung ihren begierigen Lesern ein. Eben darum waren sie dem erzschlauen Demagogen ganz recht, ihm war alles recht, was »sprengte«, solange er nicht an der Macht war. Einmal an der Macht, brachte er sie zum Schweigen, wenn er sie nicht umbringen ließ… Um die übernommenen politischen Benennungen »rechts« und »links« kümmerten die konservativen Revolutionäre sich rein gar nicht. Wenn wir bedenken, daß dieses Begriffspaar aus der französischen Restaurationszeit der achtzehnhundertzwanziger Jahre stammt – damals saßen die Anhänger der königlichen Regierung auf der rechten, ihre Gegner auf der linken Seite des Kammer-Präsidiums –, so wundert es nicht, daß eine kontradiktorische Gegenüberstellung so bescheidenen und engen historischen Ursprungs einen klärenden Sinn durch die Jahrhunderte unmöglich behalten konnte. Da war dann wieder die Frage, in welchem Sinn sie überwunden wurde. Jener, welcher von der »konservativen Revolution« ausging, stiftete mehr Verwirrung als Klärung. Da gab es »rechte Leute von links«, Nationalbolschewisten, die ein allenfalls auch kriegerisches »Zusammengehen« mit der Sowjetunion empfahlen; »rechte Leute von links«, welche das Ende des Kapitalismus prophezeiten oder freudig schon konstatierten. Was die jüngste Vergangenheit und die unvermeidlicherweise auf ihr fußende Außenpolitik des Reiches betraf, so hielten alle konservativen Revolutionäre, auch die feiner gearteten wie Edgar Jung, an der Überzeugung fest, wonach der Krieg von den Deutschen eigentlich gewonnen und nur kraft Verrates oder Betruges verloren worden war, worin sie dann wieder mit Adolf Hitler gänzlich übereinstimmten. Für Ernst Jünger war die Politik, welche der liberale Gustav Stresemann zwischen 1923 und 1929 führte, eine permanente Verbindung von Landes- und Hochverrat.

Indem dann der zur Macht gelangte Diktator allmählich die Maske abwarf, der wahre Charakter seines Regimes sich offenbarte, geschah unter ernsten deutschen Konservativen eine Wandlung oder Revision ihres Denkens. Die konservative Kritik am Nationalsozialismus war eine sehr fruchtbare. In Hitlers ständig sich erweiterndem Machtgebiet konnte sie nur in heimlichen Zirkeln, Denkschriften, Briefen und Tagebüchern sich äußern. Außerhalb Deutschlands war der ehemalige Senatspräsident der Freien Stadt Danzig, Hermann Rauschning – kurze Zeit aus erkennbaren und ehrenhaften Gründen selber Nationalsozialist, dann dessen leidenschaftlicher Gegner – ihr bedeutendster Sprecher. Sein in der Schweiz und in Frankreich entstandenes Werk »Die Revolution des Nihilismus« kann als ein Grundbuch des deutschen Widerstandes gegen Hitler angesehen werden. Man hat ihm und auch den Kreisen um Carl Friedrich Goerdeler und um Helmuth James Graf von Moltke den Vorwurf gemacht, sie seien keine guten Demokraten gewesen. Ich halte ihn für falsch. Sie wußten recht wohl, daß es im 20. Jahrhundert ohne Demokratie nicht mehr gehe; nur wünschten sie sie indirekter, maßvoller und eben darum realer. Wie sollte denn die abscheuliche Entartung der Demokratie in den letzten Jahren der Republik, die klägliche Ohnmacht und tatsächliche Ausschaltung der alten Parteien, das immer bedrohlichere Anwachsen der staatsverneinenden Massenparteien an den beiden Extremen, der potentielle, häufig auch aktuelle Bürgerkrieg, jener Zustand, von dem der edle deutsche Sozialdemokrat Julius Leber zurückblickend meinte, es habe damals nur noch zwei Mächte gegeben, das Reichspräsidentenpalais und die Straße – wie sollten solche Erfahrungen keine Spuren im Geist nachdenklicher Patrioten hinterlassen? Auch der politische Begriff der »Restauration« ist ein wertneutraler; es kommt doch alles darauf an, was denn wie und wo restauriert werden soll. Der Schreiber dieser Zeilen in einem Artikel, der in der Schweiz 1939 gedruckt wurde, über wünschbare deutsche Zukunft: »Und da die Revolution (Hitlers) mit viel Sterbereifem auch viel Lebenswürdiges vernichtet oder unterdrückt und tödlich gefährdet hat, so wird man in bezug auf dies Lebenswürdige *konservativ,* ja *restaurativ* gesinnt sein und wird zum Beispiel das Recht, welches die Freiheit sichert, restaurieren...« Eben dies war eine der Grundansichten des deutschen Widerstandes. Auch ist einiges von dem, was seine Vertreter in Gewissensnot und Todesgefahr sich erdachten, sei es auch noch so indirekt, in das Grundgesetz der Bundesrepublik eingegangen.

Dies Grundgesetz mag man als zugleich liberaler und konservativer als die Weimarer Verfassung charakterisieren; wobei freilich über die Frage, welche Tendenzen hier als »liberal«, welche als »konservativ« zu bezeichnen seien, ein endloser und müßiger Streit geführt werden könnte. Welche Tradition ist denn die sozialere? »Sozial« ist ja eines der beiden Attribute, welches die Bundesrepublik beschreibt: demokratisch und sozial. Recht wohl gab es Zeiten, in welchen die Vertreter konservativer Parteien sozialer dachten als jene der liberalen: Bismarcks »Der Staat kann!« – nämlich Schlesiens hungernden Webern helfen. Daß der Staat dann bei weitem nicht so viel »konnte«, wie der noch unerfahrene Ministerpräsident wünschte, lag entschieden mehr an den liberalen als an den konservativen Gruppierungen... Liberaler als »Weimar« zeigt sich das Grundgesetz gleich anfangs darin, daß die Rechte des Menschen und Bürgers nicht so sehr in wie *über* der Verfassung stehen, in nicht weniger als neunzehn unabänderlichen Artikeln, derart, daß die Verfassung selber ganz von ihnen abhängt, sie zu erfüllen hat und ohne sie gar nicht sein könnte. Es dürfte der ausführlichste, am weitesten reichende und konkreteste Katalog von Menschenrechten sein, den es bis dahin in irgendeiner geschriebenen Verfassung gab. Ganz offenbar ist er von den schlimmen Erfahrungen der Hitlerzeit negativ inspiriert; so auch der Artikel 18, jeden Bürger, der die freiheitliche demokratische Ordnung zerstören will, mit dem Entzug eben jener Rechte bedrohend. Dies ist eine sehr gesunde Reaktion auf Hitlers prahlendes Wort: »Ich habe sie – die Demokratie – mit ihrem eigenen Wahnsinn geschlagen.« (Er meinte: seine Gegner hätten ihn eben beizeiten umbringen oder sonst unschädlich machen sollen.) Und hier sind wir schon bei den konservativen Aspekten des Grundgesetzes. Anstatt des Trompetenstoßes zu Anfang der Weimarer Verfassung: »Das deutsche Reich ist eine Republik. Die Staatsgewalt geht vom Volke aus«, eine genaue Beschreibung der Art und Weise, in der allein der »Souverän« seine Macht ausüben kann: durch Wah-

Prof. Golo Mann und Franz Josef Strauß – verbunden im gemeinsamen Bewußtsein von der Notwendigkeit geschichtlichen Denkens in der Politik.

Strauß mit Tochter Monika auf dem Münchner Oktoberfest.

len und die besonderen Organe der Legislative, Exekutive und Gerichtsbarkeit. Keine Volksbefragungen, Volksbegehren, Volksentscheide mehr. Nehmen wir dazu die Wahl des Staatschefs durch eine halb von den Landtagen, halb vom Bundestag zu beschickende Versammlung anstatt durch das Volk, dann die im Vergleich mit »Weimar« sehr stark eingeschränkten Rechte des Bundespräsidenten als bloßem obersten Repräsentanten und »Pouvoir Neutre«, dann die überaus vorsichtig abgesicherten Rechte der Länder, die im Vergleich mit »Weimars« Reichsrat weit stärkere Rolle des Bundesrates – den man als einen Teil der Legislative wie der Exekutive bezeichnen mag, derart, daß er zu einer Art von Konsensus-Demokratie führen muß, besonders dann, wenn seine Mehrheit anders zusammengesetzt ist, als die des Bundestages –, nehmen wir dazu das geradezu genial zu nennende »Konstruktive Mißtrauensvotum«, so haben wir es insgesamt mit einem so konservativen wie liberalen, demokratischen und sozialen, mit einer guten Dosis Skeptizismus gegenüber jeder Art von in indirekter Volksherrschaft versetztem Werk zu tun; mit einem zwischen den Parteivertretern ausgehandelten Kunstwerk, dessen Vollendung obendrein noch unter der Oberaufsicht der alliierten Militärgouverneure stand, und in das auch fremde Traditionen eingingen! Zum Beispiel entstammte die Form der Ratifizierung des Grundgesetzes durch die Länder ganz offenbar früher nordamerikanischer Tradition. Insgesamt bleibt das Grundgesetz, obgleich binnen neun Monaten entstanden, ein wohlbalancierter Entwurf, gründend auf Erfahrung, Augenmaß und Weisheit, vergleichbar der im Lauf der Jahrhunderte gewachsenen britischen Verfassung; und so hat es sich auch während nun 36 Jah-

Bonner Jahre im Ausschnitt – Helmut Kohl, Franz Josef Strauß und Friedrich Zimmermann in Beratungen mit Helmut Schmidt und Hans-Dietrich Genscher.

Das Wissen um Kompetenz und Standort des anderen erlaubt das offene Gespräch und die Übereinstimmung dort, wo sie von staatspolitischer Notwendigkeit gefordert wird: Helmut Schmidt und Franz Josef Strauß.

ren bewährt. Freilich kann man auf den Konsensus, der in den goldenen Jahren Konrad Adenauers im Bundestag herrschte, heute nur mit Wehmut zurückblicken; Konsensus trotz der Kämpfe, die um so essentielle Fragen wie Montan-Union und EWG, Bundeswehr und Atlantik-Pakt auf hohem Niveau geführt wurden. Viel konservativen Nachdenkens schien es da nicht zu bedürfen. Die Konservativen hatten sich nun das Erbgut der Liberalen, Menschenrechte und Demokratie, endgültig angeeignet, während umgekehrt die Liberalen vom Schlage Wilhelm Roepkes oder Ludwig Erhards soziale freie Marktwirtschaft nicht ausschaltende, aber modifizierende Gesetzgebung und starke, unabhängige Gewerkschaften als selbstverständlich akzeptierten.
Es war in den späten sechziger und in den siebziger Jahren, daß im Zeichen der – zu lange – in Bonn regierenden »sozial-liberalen« Koalition, im Zeichen eines ständig wachsenden, nun wieder ideologisch eingefärbten linken Flügels der SPD, im Zeichen einer neuen Welle von Ideologie, die – teils außerhalb der Parlamente, teils auch in einige Landtage und Länderregierungen eindringend – über viele junge und ältere Geister herrschte, »Emanzipation« in Permanenz, »System-Überwindung«, Freiheit von jeder Herrschaft, »Demokratisierung« aller Sphären des Lebens und was es da sonst für modische Wortbildungen gab, daß zahlreiche Politiker, mehr noch Schriftsteller, sich auf gewisse konservative *und* liberale Grundwerte zurückbesannen, indem sie solche zeitgemäß erneuerten. Noch einmal, wie zu Zeiten Edmund Burkes, war die Gelegenheit eine eigentlich defensive; es galt, ideologische Ausschweifungen zu bekämpfen, wie sie etwa in den hessischen »Rahmenrichtlinien für den Deutsch- und den Geschichtsunterricht« oder in einem Rahmenprogramm der SPD für die achtziger Jahre von Staatsregierungen und einer der beiden großen Parteien übernommen wurden; wozu dann die regierenden Studentenschaften – regierend, weil die Mehrzahl der Studenten nicht wählt – und zahlreiche, teils überzeugte, teils hastig sich anpassende akademische Lehrer kamen. Ehre denen, die sich nicht anpaßten. Hier ist nicht nur höchst Lesenswertes, auch in die Breite Wirkendes, kritisch Korrigierendes, alte konservative Werte neu Gestaltendes entstanden. Nenne ich den ausgezeichneten deutsch-europäischen Publizisten Gerd-

Klaus Kaltenbrunner, die Professoren Bracher, Hennis, Alfred Heuss, Lübbe, Sontheimer, Spaemann, Dolf Sternberger, unterschiedlichen Generationen angehörend, so bitte ich die Kollegen, die ich nicht nenne, solches gütigst zu entschuldigen; ein vollständiger Katalog muß und kann hier nicht geboten werden. Für den Geist dieses Neo-Konservativismus, in dessen Rahmen natürlich jeder Teilnehmende eine durchaus selbständige Aufgabe erfüllt, nur ein Beispiel: In seine Reihe von Porträts europa-stiftender, europa-erhaltender, konservativer *und* liberaler Denker nimmt Kaltenbrunner auch Voltaire auf; Voltaire, der in versunkenen Zeiten französischen Konservativen als eine wahre Inkarnation des Teufels galt.
Zuletzt ein Wort über den deutschen, bayerischen, europäischen Politiker – auf den Höhen seines Wirkens ein Staatsmann –, dem unsere Festschrift gewidmet ist. Franz Josef Strauß hat eigentlicher politischer Theoretiker nicht sein können. Ausgebildet als Historiker und klassischer Philologe, vertrieb der Krieg ihn prompt aus dem Lehramt. Und kaum war der Krieg zu Ende, begann auch schon seine schnell und steil ansteigende politische Laufbahn. Da blieb zum Philosophieren wenig Zeit. Bewundernswert, daß er bei so ständiger, ungeheurer Arbeitslast sich auch noch volkswirtschaftlichen Studien widmete, sogar im Begriff stand, in diesem Fach zu promovieren, als er das Amt des Finanzministers in Bonn übernehmen mußte; ohne die vorausgegangenen Studien hätte er der hervorragende Verwalter des Ministeriums wohl ebensowenig sein können, wie später der kompetenteste Kritiker seiner sozialdemokratischen Nachfolger. Ein praktischer Mann also, praktisch auch noch in seinem theoretischen Wissen. Aber dieses Hingegebensein an konkrete, von Fall zu Fall zu lösende Aufgaben schließt Grundgesinnungen nicht aus. Es war oben von konservativem Charakter die Rede. Ein solcher ist auch Franz Josef Strauß: Enkel zweier Bauern und stolz darauf, Sohn eines Metzgermeisters zu sein, der stets das Zeichen des Kreuzes machte, wenn der Name Adolf Hitler fiel; tief verwurzelt in seiner bayerischen Heimat, ohne sie überhaupt nicht vorstellbar, der Jäger, der Bergwanderer. Es hat dem Schreiber dieser Zeilen oft Vergnügen gemacht, so subtile Dinge, so präzise formuliert, jedoch in der oberbayerischen Sprachmelodie aus Straußens Munde zu hören. Mitunter mag er einfachere Zuhö-

rer sogar enttäuscht haben, wenn er sich gar zu ernsthaft in die Kritik sozialdemokratischer Finanzgebarung, in Defizite und Eckwerte vertiefte. Freilich beherrscht er auch die derbere, kraftvollere Rede, wie sie für den Bundestag nicht paßt – nicht passen sollte – und wie sie einfachere Zuhörer gern von ihm erwarteten. Auch das gehört zum »konservativen Charakter«.
Der von ihm mitbegründeten, nun seit 24 Jahren geführten CSU gibt er die drei Bezeichnungen konservativ, liberal, sozial. Das ist durchaus kein Sammelsurium nach dem Grundsatz, »wer vieles bringt, wird manchem etwas bringen«. Es ist eine durchdachte, von der Wirklichkeit legitimierte Verbindung. Ohne jene drei Motivationen hätte die CSU die große Volkspartei des Freistaates, gewählt von Bürgern aller strata der Gesellschaftsschichten, aller Berufe, aller Regionen, nie werden können. Das bayerische Staatsvolk ist im Kern konservativ und liberal gewesen, in modernen Zeiten; so die Vaterlandspartei im 19. Jahrhundert, so die Bayerische Volkspartei der Weimarer Zeit, nachdem die ersten Krisenjahre des Nachkriegs überwunden waren. Und wieviel liberaler war die Atmosphäre im München der Regentschaft als im offiziellen Berlin. Ausschweifungen gab es, nach links, nach rechts oder nach einer falschen Rechten hin, zumal in der Hauptstadt. Es hat aber das große Werk »Bayern unter dem Nationalssozialismus« gezeigt, daß selbst unter der Decke von Hitlers Tyrannei sich so manche gute Tradition still und zäh erhalten konnte; wie es denn kein Zufall ist, daß, neben den Hansestädten, Bayern der einzige deutsche Staat war, dessen Wiederherstellung die Alliierten im Jahre 1945 sofort vollzogen. Zur Abwechslung waren sie damals gleich anfangs gut beraten.
Aus Ideologien mag man leicht Rezepte ableiten, meistens schädliche. Gesinnungen sind wahrer und darum als Ratgeber weniger bequem. Unter den von allen Seiten die Politik und die Gesellschaft immerfort bedrängenden Problemen finden sich viele, über deren Lösung auch Träger derselben Grundgesinnung zu verschiedenen Urteilen gelangen können. Spricht Franz Josef Strauß etwa von der Notwendigkeit wirtschaftlichen Wachstums auf »dem Mittelweg zwischen ökonomischen und ökologischen Erfordernissen«, so muß in jedem einzelnen Fall dieser Mittelweg gefunden oder gewählt werden; es gibt ihn nicht »an sich«. Ebenso kann liberale, heute mit

der konservativen wesentlich verschmolzene Gesinnung wohl den Persönlichkeitsschutz als eine elementare Notwendigkeit ansehen, aber nicht »an sich« bestimmen, wo dessen gleichfalls notwendige Grenzen liegen, ob also zum Beispiel das Demonstrationsrecht auch das Recht der Vermummung der Demonstrierenden einschließt. Persönlich glaube ich das nicht; wer demonstriert, soll auch zeigen, wer es ist, der da demonstriert. Andere Liberale sind anderer Meinung, und wie soll man sie widerlegen? Hier kann in der pluralistischen – im Gegensatz zur despotischen – Demokratie jeweils nur die Mehrheit entscheiden.

Dann wieder gibt es Fragen, denen gegenüber konservative Gesinnung mühelos den Weg findet. Dies gilt zum Beispiel für die sehr ernste, nie zur Ruhe kommende Frage, ob angesichts des Neuen an Wissen und Techniken, das ständig über uns hereinbricht, den Heranwachsenden der Kontakt mit der Vergangenheit erhalten oder ob auf ihn verzichtet werden soll. In Bayern hat man sich entschlossen, den Geschichtsunterricht aufrechtzuerhalten, anstatt ihn, wie in anderen deutschen Bundesländern, durch ein höchst unsicheres, zusammengemischtes neues Fach, genannt Sozialkunde, zu ersetzen. Eine konservative und weise Entscheidung; eine Nation ohne Vergangenheit in ihrem Bewußtsein wäre wie ein Mensch ohne Gedächtnis. Ebenso gehört für den Konservativen der Reichtum einer Nationalliteratur mit zur Bildung oder Ausbildung des jungen Geistes; Brecht und Kafka, ganz für sich alleine, können das nun einmal nicht leisten. Im Geiste von Strauß mag die historische Bildung noch stärker wiegen als die klassische oder literarische. Eben dies hat er mit dem Politiker gemein, dessen Name passenderweise unter den Herausgebern unserer Festschrift steht. Wenn Henry Kissinger der bei weitem bedeutendste nordamerikanische Außenminister in unserem Jahrhundert ist und bleibt, so hat er es neben der Schärfe seines analytischen Verstandes seiner profunden historischen Bildung zu verdanken; einer Verbindung, die leider im Weißen Haus und seiner Umgebung nur selten anzutreffen ist, die es in den Zeiten auch so »starker« Präsidenten wie Woodrow Wilson und Franklin Roosevelt so gar nicht gab und die auch heutzutage weitgehend fehlt. Gute Historiker gibt es ja auch in den USA in Menge; ihre Kenntnisse sickern in den Bereich der Macht nur insoweit ein,

wie sie den Mächtigen im Moment willkommene Argumente liefern. Es ist historische Informiertheit, die zum Realisten macht, die davor schützt, das Wünschbare mit dem Wirklichen zu verwechseln. Und da der echte Konservative historisch informiert sein *muß* – das gehört ja nun eindeutig zum Begriff –, so wird er auch der bessere Realist sein, wie Strauß es jederzeit war, etwa als er sich zur rechten, zur einzig möglichen Zeit für die Gründung der Bundeswehr einsetzte. Er wird den Gegner richtiger einschätzen als der Wunschdenker oder der Utopist, die vom Gegner ausgehende Gefährdung wie auch die Leistung. Seinen Gegner Breschnew hat Strauß einmal einen »großen Staatsmann« genannt. Nur ein Historiker konnte dieses Wort wagen. Ihm imponierte der Aufstieg des vor Breschnew noch auf dem eurasischen Kontinent beschränkten russischen Imperiums zu einer den USA ebenbürtigen eigentlichen Weltmacht derart, daß eine Niederlage, wie Breschnews Vorgänger sie noch in der »Kubakrise« hinnehmen mußte, kaum noch zu befürchten war. Der zeitgeschichtliche Beobachter bewundert diese Leistung, obgleich sie dem Politiker nicht erfreulich sein kann.
Franz Josef Strauß hat unzählige Reden gehalten – was wir in einem Band versammelt finden, ist nur eine bescheidene Auswahl – und auch unzählige Essays oder Artikel geschrieben. Daß sie immer von ihm und nur von ihm stammen, spürt man auf jeder Seite, er kann keine »Ghostwriter« brauchen, wie er denn seine großen Reden meist völlig frei hält, allenfalls mit ein paar Merkzetteln vor sich. Ich greife eine seiner später gedruckten Reden heraus: »Die geistesgeschichtliche Herausforderung Europas; der Beitrag des christlichen Lagers«, gehalten auf einer Europakundgebung der Diözese Augsburg im Jahre 1977. Sie ist acht Jahre später so gegenwärtig, wie sie es damals war. Und ich will gestehen, daß angesichts der Fülle der hier dargebotenen Gedanken die Begriffsworte konservativ und liberal mir blaß erscheinen. Auch gebraucht er sie nicht; einmal nur das Wort »liberalistisch«, womit er den Begriff von einer atomisierten Gesellschaft meint, Hegels »In der bürgerlichen Gesellschaft ist jeder sich Zweck, alles Andere ist ihm nichts«. Schwer zu begreifen, wie der »Dialektiker« Hegel hier undialektisch denken konnte. Auch tat er es, das Individuum betreffend, nicht überall; die »Rechtsphilosophie« ist ein Spätwerk und kein sehr glückliches.

Strauß selber denkt hier entschieden dialektischer als Hegel. Auch der unterscheidet, und sehr energisch, zwischen den Aufgaben des Staates und dem Wesen der Gesellschaft; letztere jedoch besteht nicht aus isolierten Individuen, sondern aus »Sozialpersonen«, je reicher entfaltet, desto besser, welche den unterschiedlichsten Gruppierungen angehören, Familie, Gesinnungsgemeinschaft, Kirchen, Vereinigungen aller Art, die wieder im freien Austausch oder Dialog miteinander stehen. »Der freie Austausch ist die notwendige Voraussetzung legitimer gemeinschaftlicher Wertentscheidungen. Dieser Austausch wird sich nicht in allen Ländern nach völlig gleichen Gesetzen vollziehen. Ein Land, dessen intermediäre Gruppen im Laufe der Geschichte untergegangen sind, wird notwendigerweise eher liberalistisch sein... Ein Land, das durch große eigenständige Volksgruppen oder Korporationen charakterisiert ist, wird notwendigerweise mehr föderalistisch oder mehr korporativ organisiert sein.« Hier mag der Redner an die Schweiz denken, aber auch an Großbritannien, Deutschland, Spanien, im Gegensatz zu Frankreich, das eben auch einen »Sonderweg« ging, welcher als Modellweg für alle anderen europäischen Staaten nie hätte angesehen werden dürfen. Wenn »Einheit in der Vielheit« für Strauß von jeher das Lebensprinzip Europas war, so gilt es auch für dessen einzelne staatliche Gemeinwesen. Nie, so betont er, sei der fürstliche Absolutismus tyrannisch gewesen; nirgendwo auch habe er sich vollkommen durchsetzen können, nicht im Spanien der Habsburger und Bourbonen, nicht in Deutschland, nicht einmal im königlichen Frankreich, wo erst die Jakobiner den hyperzentralisierten, rationalisierten Einstaat schufen, wie er, trotz neuerlicher Verzierungen, noch heute besteht. Es ist nun bezeichnend für das immer in Bewegung befindliche Denken des Redners, daß er die Rückkehr Spaniens zu regionalen Autonomien, die in unseren Jahren stattfindet, begrüßt als eine kulturelle, geistige Bereicherung des Landes und Europas, aber auch die Gefahr sieht; verständliches, antizentralistisches Ressentiment könnte von europafeindlichen Kräften ausgebeutet werden – wie wir solches, seit die Rede gehalten wurde, ja nun im Baskenland nur zu reichlich erfahren mußten. Vielheit bedeutet Freiheit; für Strauß ist Europas Geschichte eine »unvergleichliche Freiheitsgeschichte, eine Geschichte der Durchsetzung des Personalitätsprinzips«; sie habe lange vor der Französischen Revolution, deren Verhältnis zur Freiheit eine ambivalente war, begonnen, mit der christlichen Kirche zuerst, ihren Lehren und Wirken, dann mit den Kirchen und Häresien im Plural, mit der Reformation, mit der Wissenschaft, mit Philosophie – mit »Geist«. Auch »Geist« ist seit den Vorsokratikern das vom Christentum zur Reife gebrachte Lebensprinzip Europas. Es ist ein Beispiel für die Liberalität des Redners, daß er in Europas Geistesgeschichte auch Karl Marx einbezieht: »Ich behaupte nicht, daß Marx selbst geistfeindlich gewesen ist. Er war einerseits trotz allem zu sehr im Glauben seiner jüdischen Väter verwurzelt, andererseits ist sein Denken so durch und durch hegelianisch, daß er das gar nicht hätte sein können... Aber es sind die Doktrinäre und Manipulatoren des Marxismus, die den Materialismus zum Programm erheben.« Fair geurteilt, für den Schreiber dieser Zeilen fast zu fair, denn die Nachfolger konnten nur auslegen, was in der Erbschaft angelegt war. Immerhin, daß der Gründer eine höchst widerspruchsvolle Persönlichkeit war, mit abscheulichen wie auch mit ansprechenden menschlichen Charakterzügen, soviel sei zugestanden... Strauß über die Sowjetunion: »Leninismus und Hegemonie«. Über die Staaten des »Ostblocks«: »Verspätete nationalistische Staaten mit einer staatskapitalistischen Wirtschaftsverfassung und einer zentralen Planverwaltung«. Dann wieder: »Wo das Prinzip der Subsidiarität nicht geachtet wird, dort herrscht die Sozialisierung, die Aufblähung der Verwaltung und – bei allem Elend – der Luxus der öffentlichen Hand.«

Soviel über Europas Vergangenheit. Die Zukunft? Der Redner als der Realist, als den wir ihn kennen, spricht aus, was ist. Zollverein und Gemeinsamer Markt sind verwirklicht. Sie haben sehr Nützliches geleistet, sie mögen sich territorial noch erweitern, aber sie haben die Grenzen ihres Wirkens erreicht. Die Hoffnung, aus der wirtschaftlichen Einigung werde die politische Union wie von selber hervorgehen, hat getrogen. Wohl ist der souveräne Nationalstaat hoffnungslos veraltet angesichts weltwirtschaftlicher, wissenschaftlicher, militärischer, sogar geistig-moralischer Interdependenzen, über die er gar nicht mehr verfügen kann, aber die klassischen europäischen Nationalstaaten sind noch da, spielend mit einer Souveränität, die sie nicht mehr besitzen, unwillig, das ihrige in die Vereinigten Staaten von Europa einzubringen; ihre Minister, treffen sie sich auch in Brüssel, denken an ihre eigenen Wähler zuerst und zuletzt. Daher die Enttäuschung, die Europamüdigkeit nach den großen Hoffnungen der fünfziger Jahre. Aber Strauß wäre nicht er selber, wenn er sich mit solchen melancholischen Beobachtungen begnügte. Keine bewußte oder dumpf hingenommene geschichtliche Selbstaufgabe! Ja, vielleicht, so meint er, war es gut oder doch nicht *nur* von Übel, daß die älteren Vorstellungen von Europas Einigung nicht verwirklicht werden konnten, denn die Dinge verändern sich so schnell und tief, daß ein politisches Konzept schnell veralten mag. Was der Redner heute – soll heißen 1977, aber daran dürfte sich seither wenig geändert haben –, was er sich heute erhofft, ist eine »offene Union«, in welcher die Staaten bis auf weiteres bleiben, was sie sind, jeder seinen eigenen historischen, charakterisierten Beitrag leistet, die Staaten selber aber nicht mehr die alles andere überwältigenden Mächte sind, die sie ehedem waren, sondern gesellschaftliche, transnationale Organisationen und Unternehmen dulden und fördern, wissenschaftliche, wirtschaftliche, technische, militärische. Und dann würde man weiter sehen. Wie, wo das enden wird, weiß der Redner nicht; er kann nur das zugleich Mögliche und Wünschbare sehen. Fest steht für ihn: Will Europa seine Identität nicht verlieren, nicht zu der asiatischen Halbinsel herabsinken, als die es begann, so wird es gewaltiger Anstrengungen bedürfen. Und: Ein sozialistisches Europa könnte diese Aufgabe nie vollbringen, weil ein totalitärer Staatsdespotismus im Widerspruch zu seinen tausendjährigen, vitalen Traditionen steht – und wie das traurige Schicksal jener Nationen zeigt, welche zu Europa gehören und einstweilen von ihm ausgeschlossen bleiben.

Soweit dieser Vortrag. Ich konnte ihn nicht erschöpfen, dafür müßte man ihn abschreiben zur Gänze, mit allen seinen Nuancierungen, mit aller an den eigenen Thesen geübten Kritik, mit allen Zitaten, allen Ausblicken, etwa auf die Frage, warum die »Entwicklungshilfe« im wesentlichen scheiterte und scheitern mußte, wobei dann der Weltpolitiker spricht, der Afrika nicht nur aus der Zeitung kennt, nicht die Urteile jugendlicher Fernsehkommentatoren ungeprüft übernimmt. Gewählt habe ich die Rede, weil Strauß, ohne es zu wollen, auch sich selber in diesem kleinen Meisterwerk charakterisiert hat: einer der erfahrensten Politiker, die es heute im Okzident überhaupt gibt, der Praktiker, der reich gebildete und unabhängige Denker, der gute Europäer. Konservativ? Liberal? Ja doch, beides. Aber es kommt nicht viel darauf an.

Michael Stürmer

Mitten in Europa: Versuchung und Verdammnis der Deutschen

1. Die Lage Deutschlands – Conditio Germaniae

Unweit der Stelle, wo die Mosel in den Rhein fließt, steht am nördlichen Rand der Altstadt von Koblenz die Castorkirche. Gegenüber dem Eingang, auf der anderen Seite eines freien Platzes, findet sich ein klassizistischer Brunnen. Seine Inschrift »A Napoléon le Grand« erinnert an den Durchzug der Grande Armée auf dem Marsch nach Rußland, unterzeichnet: »Sous la préfecture de Jules Doazan«.
Unter dieser Inschrift findet sich eine zweite: »Vue et approuvée par nous Commandant Russe de la Ville de Coblentz«. Die erste Inschrift datiert vom Sommer 1812, die zweite vom 1. Januar 1814. Dazwischen lagen der Untergang der »Großen Armee« in Rußland, von deren 600000 Mann jeder zweite deutsch sprach, der Seitenwechsel Preußens durch die Konvention von Tauroggen, der Vormarsch der Alliierten und die Besiegung Frankreichs durch die große europäische Koalition.
Die doppelte Inschrift verkörpert die anekdotische Form der Conditio Germaniae. Die historische bleibt davon bestimmt, daß der Ort der deutschen Geschichte, mitten in Europa, immer auch ihre erste Bedingung war. Mitten in Europa liegt die Deutsche Frage, liegen Chancen und Grenzen deutscher Freiheit, Selbstbestimmung und Souveränität, zuerst in Alteuropa, dann im Zeitalter des Nationalis-

mus und selbst noch dort, wo wir stehen, jenseits des Nationalstaats. Die Deutsche Frage zählt nicht zu den Doktorfragen. Sie war und ist eine der großen Entscheidungs- und Gestaltungsfragen der neueren Geschichte: Gewissermaßen von Geburt an gehört sie zur europäischen Geschichte, im 18. Jahrhundert wird sie erstmals Drehpunkt von Machtkämpfen, die über Europa ausgreifen, im Zeitalter des Nationalstaats und des Weltbürgertums liegt in ihr weltpolitische Explosivkraft. Das bestimmt *historisch* bis heute Verdammnis und Versuchung der Deutschen. *Politisch* folgt daraus die Aufgabe, soweit es an den Deutschen liegt, die Verfassung Deutschlands in Europa so zu verankern, daß die Ruhelage des Kontinents und die Freiheit der Deutschen nicht gegeneinander stehen, sondern einander Stütze geben. Zu den Lehren der deutschen Geschichte gehört nicht allein der nüchtern zu konstatierende Umstand, daß Europa die längste Zeit ohne deutsche Einheit auskam, ohne etwas zu vermissen. Es zählt auch die Einsicht dazu, daß, was immer in der Mitte des Kontinents geschieht, dies die Nachbarn in Mitleidenschaft zieht und deshalb ihre Aufmerksamkeit beansprucht, ihre Angst und ihr Interesse – meist mehr, als den Deutschen willkommen ist.

Die Deutsche Frage hat, auf Entscheidung und Extrem gestellt, zum Inhalt, wem Deutschland gehört, und wohin die Deutschen gehören. Die Bestimmung der deutschen Identität verbindet sich darin mit der Gestaltung Europas. Warum gibt es keine französische Frage, keine englische Frage so, wie es offenbar eine Deutsche Frage gibt? Die Antwort findet sich in der Geschichte und der Geographie Europas. Deutschland war stets so sehr Achse und Ausgleichsmasse des europäischen Mächtesystems, daß die Deutsche Frage selten in der Geschichte in den Händen der Deutschen war, und in ihren allein. Wenn die Deutschen einmal ihre Lage allein bestimmten, so war das die Ausnahme, wie zur Zeit Bismarcks, und nicht die Regel, und es hat nicht lange gedauert. Denn ob die Deutschen revolutionär waren, wie 1848, oder antirevolutionär, wie danach – Deutschland blieb das Land, wo alle strategischen Kraftlinien des Kontinents sich kreuzten, die geistigen Strömungen aufeinandertrafen, alle wirtschaftlichen Kräfte Europas miteinander und gegeneinander standen.

Der Dreißigjährige Krieg ist, ob die Deutschen sich dessen erinnern oder nicht, die Urkatastrophe der mitteleuropäischen Geschichte. Seine direkten und indirekten Wirkungen dauern – wie die des Alten Reichs und der Reformation – bis heute. Der Friede von Münster und Osnabrück von 1648 bildete die eigentliche Verfassung des Heiligen Römischen Reichs für die letzten 150 Jahre seiner ehrwürdigen Existenz. »Monstro simile« – nach dem berühmten Wort des Samuel von Pufendorf – ruhte seitdem das Alte Reich in sich selbst und im aufsteigenden europäischen Gleichgewicht. Voraussetzung war, daß Deutschland das Reich im alten Sinne blieb, nicht aber den Weg der britischen Inseln und des französischen Hexagons ging: den Weg zum Staat.

1648 wurde die deutsche Verfassung, wie zuvor Deutschland europäisches Schlachtfeld geworden war, vertraglich europäisiert, Teil des ius publicum europaeum. Seitdem erlaubte das Gleichgewicht der deutschen Staaten und Kräfte den Aufstieg des neuzeitlichen europäischen Staatensystems. England und Frankreich und später Rußland konnten sich ungestört dem Kampf um die Vormacht in Europa und der Welt widmen. Die Nicht-Existenz eines konzentrierten Machtstaats in der Mitte Europas war Bedingung für jene variable Machtgeometrie, welche die europäischen Mächte nach dem Spanischen Erbfolgekrieg im Frieden von Utrecht 1713 als »Balance of Power« etablierten: Deutschland war Masse und Drehpunkt dieses Systems, nicht Machtfaktor aus eigenem Recht.

Und so blieb es für das 18. Jahrhundert. Alle Machtkämpfe zwischen Habsburg und Brandenburg haben daran nichts geändert; im Gegenteil, sie zogen nur die Mächte noch mehr nach Deutschland hinein. Preußen und Österreich kämpften von 1740 bis 1763 um die Provinz Schlesien: Frankreich und Großbritannien in denselben Kriegen um die atlantischen Seewege und Nordamerika, um Indien und die Karibik. Der Kampf Preußens und Österreichs um die Vormacht in Deutschland, statt Entlastung zu schaffen, war mit dem Kampf Englands und Frankreichs um die Vormacht in der Welt aufs engste verbunden: Provinz, projiziert auf den Globus. Der Siebenjährige Krieg von 1756 bis 1763 machte das Land aufs neue zum Schlachtfeld der Mächte, denn er wurde in Deutschland um Deutschland geführt. Und während Frankreich Indien und Nordamerika verlor, öffneten sich die Russen die Tür nach Mitteleuropa. Im Siebenjährigen Krieg wurde Berlin zweimal von ihnen heimgesucht, und im nachfolgenden Frieden von Hubertusburg konnte niemand die Zarin mehr daran hindern, im europäischen System ein Veto zu behaupten – um diese Position niemals wieder preiszugeben. Rußlands Straße nach Westen ging seit 1763 über Warschau und Berlin. Der Zugriff auf Polen und die erste polnische Teilung ließen nicht lange auf sich warten und auch die zweite und die dritte nicht, bis es Polen nicht mehr gab.

2. Die Notwendigkeit des Unmöglichen: Deutscher Nationalstaat

Der Französischen Revolution konnte das Alte Reich noch standhalten, nicht mehr der napoleonischen Eroberung und Neuordnung. Das Gleichgewicht Europas – im Mittelpunkt das Gleichgewicht Deutschlands – wurde durch französische Hegemonie und russische Gegenhegemonie ersetzt. Österreich überlebte Niederlage und Staatsbankrott durch sein Gewicht wie durch seine Diplomatie, und es wußte ja auch niemand zu sagen, was an seine Stelle treten sollte. Preußen aber wäre nach Jena und Auerstedt 1807 von der Landkarte getilgt worden, hätte nicht der Zar dem geschlagenen Verbündeten Fürsprache gegönnt. Eine Pufferzone namens Preußen wurde eingerichtet, um dem russischen Bären den französischen Hahn vom Pelz zu halten, die Gernegroßmacht Preußen wurde 1807 Grenzstreifen. Der Rest Deutschlands wurde französisches Satellitensystem, an Frankreich gebunden durch militärische Dienstpflichten und den Geist der Revolution von oben, durch Wirtschaftssystem und Währung.

1812 kam im Drama die Peripetie. Sie geschah in Moskau, und Napoleons Entkommen über die Beresina hat sie aufgehalten, aber nicht verhindert. Lange vor Waterloo und Belle Alliance betrieb Metternich schon das große Spiel der Neuordnung Europas: Mit dem Briten Castlereagh zusammen entwarf er im Krieg den Frieden. Der gründete auf drei Bedingungen:

– Frankreich als Teil des kontinentalen Gleichgewichts zu erhalten, seine Macht aber einzudämmen;

– Rußland, unentbehrlich für den Sieg und unerträglich für die europäische Freiheit, wieder hinter die Weichsel zurückzudrängen und dort zu halten um den Preis der polnischen Freiheit;
– in Deutschland das alte, vor-nationale Gleichgewicht wiederherzustellen und »the Repose of Europe« dadurch zu sichern.

Aus alledem entstand, »British maritime rights« gesichert, 1814/15 das Wiener System. Es schenkte Europa für die Dauer eines Jahrhunderts mehr an Stabilität, als der Kontinent je zuvor und jemals später zu beanspruchen wußte: eine Machtgeometrie, immun gegen die Revolution, gegen kontinentale Hegemonie und gegen Nationalismus. Dies alles im Namen einer »Legitimität«, die die Heiligung dessen meinte, was war. Dazu gehörte, daß den Deutschen mit dem Deutschen Bund eine Verfassung verordnet wurde, die in dem entscheidenden Punkt dem Alten Reiche glich: nicht Machtstaat war Deutschland, sondern Schachbrett.

Die Erklärung gab, wenige Jahre nach dem Wiener Kongreß, der Historiker Adolf Hermann Ludwig Heeren: Der Deutsche Bund stehe, so schrieb er, »nur insofern in Übereinstimmung mit dem Wesen des allgemeinen Staatensystems von Europa, als er die Freiheit desselben aufrecht erhalten hilft. Der Deutsche Bundesstaat macht geographisch den Mittelpunkt dieses Systems aus ... und nicht leicht kann auf der einen oder anderen Seite unseres Weltteils sich etwas ereignen, was ihm gleichgültig bleiben könnte. Aber in Wahrheit, auch den fremden Mächten kann es nicht gleichgültig sein, wie der Zentralstaat von Europa geformt ist! Wäre dieser Staat eine große Monarchie mit strenger politischer Einheit, ausgerüstet mit allen den materiellen Staatskräften, die Deutschland besitzt – welcher sichere Bestand wäre für sie möglich!... Würde ein solcher Staat lange der Versuchung widerstehen können, die Vorherrschaft in Europa sich anzueignen?... Die Entstehung einer einzigen und unumschränkten Monarchie in Deutschland wäre binnen kurzem das Grab der Freiheit von Europa.«

Statt eines Zentralstaats ein Schachbrett: darauf mochte die deutsche Kulturnation tun, was ihr behagte. Verboten war, nach dem Vorbild Englands einen Machtstaat zu bilden und nach dem Vorbild Frankreichs die politische Nation. Österreich suchte die politische, Preußen die wirtschaftliche Führung. Was sie untereinander und

mit Rußland verband, waren das Interesse, die Dinge so zu erhalten, wie man sie 1815 eingerichtet hatte, und der Kampf gegen die Revolution in beiderlei Gestalt: national und sozial.
Zweimal wurde dieses System auf die Probe gestellt: Durch Massenhunger und Gewerbezusammenbruch am Ende der 1820er Jahre, denen die Revolutionen von 1830 folgten, und 15 Jahre später, als die »hungry forties« die letzte große Agrar- und Hungerkrise Alteuropas und die erste große industrielle Investitions- und Beschäftigungskrise registrierten. Resultat waren die europäischen Revolutionen von 1848/49.
Drei Leitmotive – eigentlich drei Revolutionen – trafen in Deutschland zusammen, seitdem in Frankreichs revolutionärem Februar das Régime des Hauses Orléans und der Großbourgeoisie zusammengestürzt und England durch die Massenbewegung der Chartisten ins Taumeln geraten war: eine nationale Strömung, eine soziale Strömung und eine konstitutionelle Strömung.
Die nationale Form der Revolution betraf Gestalt und Grenzen des künftigen Deutschland, und zu keinem Zeitpunkt war die Nationalversammlung in Frankfurts Paulskirche in der Lage, auch nur die Grenzen festzulegen. Die Einordnung gar eines deutschen Nationalstaats in das europäische System lag jenseits der Möglichkeiten von Frankfurt: In Schleswig-Holstein wurde ein bitterer nationaler Kampf geführt, Elsaß und Lothringen wurden im Westen gefordert, eine Reichsflotte auf Kiel gelegt. Kein geringerer als der Historiker Dahlmann, Architekt des wichtigsten Verfassungsentwurfs, träumte vom Reich der Deutschen zwischen den vier Meeren, von der Mündung des Rheins und der Elbe bis zur Mündung der Donau.
Die konstitutionelle Form der Revolution betraf die innere Verfassung – wieviel Demokratie und wieviel Monarchie, wieviel Föderalismus und wieviel Zentralismus? Alles hing davon ab, daß in Berlin und Wien die moralische Autorität der Paulskirche siegte. Sie aber verfiel. Mit der Guerilla am Oberrhein im Frühjahr 1848 konnte die Paulskirche noch fertig werden, aber nicht ohne preußisch-österreichische Truppen. Den verlorenen Sieg in Schleswig-Holstein im Sommer 1848 konnte sie vielleicht noch überdauern, aber als im Herbst das Gespenst der Roten Republik gegen die parlamentarische Monarchie stand, da fragten sich die Mittelschichten, ob nicht

genug Revolution gewesen war. Und als Investitionen und Beschäftigung sich besserten, da stieg in Berlin und Wien die Gegenrevolution in den Sattel.
So erweist sich die soziale Frage als die eigentliche Grundfrage von 1848/49: Aus Massenhunger und Wirtschaftskrise war die Revolution geboren. Die revolutionäre Koalition des März und April 1848 war nicht dauerhaft. Ihr Zerfall in Deutschland folgte dem Bürgerkrieg des Parlaments gegen die Arbeiter in Frankreich. In der Neuen Rheinischen Zeitung forderte Karl Marx damals schrill den Kreuzzug des europäischen Proletariats, um das Joch der Zaren abzuwerfen und wie nebenbei Europas bürgerliche und staatliche Ordnung umzustürzen – seine Hoffnung hieß 1792, der Schrecken der Paulskirchenmehrheit 1793. Und je mehr die soziale Revolution vorankam, desto mehr ergriffen Katerstimmung und Katastrophenangst die bürgerlichen Schichten: das hatte am Oberrhein begonnen, setzte sich fort mit dem Sturm der Handwerksgesellen auf das Berliner Zeughaus im Juni und erreichte seinen Höhepunkt, als im September 1848 der Mob in Frankfurt zwei Abgeordnete der Rechten massakrierte. Ihre Schuld: Sie hatten für den europäischen Frieden und den Waffenstillstand im Norden gestimmt. In der »Reichsverfassungskampagne« des Frühjahrs 1849 endlich standen die Intellektuellen und die versprengten Arbeiter allein in einem revolutionären Nachhutgefecht. Die große Mehrheit der Nation war unterdessen dankbar, daß alles vorbei war, man selbst am Leben, die Geschäfte wieder besser gingen, die Arbeiter wieder arbeiteten und der Brotpreis sank.
Wenn man Bilanz zieht, dann waren es nicht Länge und Mühseligkeit der Frankfurter Beratungen, woran alles scheiterte; es war auch nicht, wie Bismarck später sagte, die Impotenz von »Reden und Majoritätsbeschlüssen«. Die Paulskirche scheiterte an der deutschen Un-Staatlichkeit und am Erbe des preußisch-österreichischen Dualismus. Sie scheiterte auch, weil nur die revolutionäre Einheit von Krieg und Umsturz die europäischen Widerstände hätte überwinden können – wozu der Honoratiorenversammlung in Frankfurt Skrupellosigkeit, Fanatismus und revolutionäres Feuer fehlten. Und zum dritten scheiterte die Paulskirche an der Unvereinbarkeit der Ziele zwischen den gemäßigt konstitutionellen Kräf-

ten und den revolutionär radikalen – wie in Frankreich. Schon im Sommer 1848 waren die Revolutionäre des Frühjahrs zerstritten, und es ist auch daran zu erinnern, daß der Epoche der Reaktion in Deutschland die auf Staatsstreich und Plebiszit gegründete Militärdiktatur Napoleons III. in Frankreich entsprach: Variationen – wie in der Revolution, so auch danach – über ein europäisches Thema.
Und endlich waren die europäischen Großmächte nicht im Bunde mit der deutschen Revolution, und sie hatten dafür elementare Gründe – am wichtigsten ihr eigenes Interesse. Warum sollte da, wo zwei Jahrhunderte lang ein Gleichgewicht bestand, nun ein Machtstaat sein? Allein die USA erwiesen der Paulskirche die Ehre – mehr war es eben auch nicht –, sie völkerrechtlich durch Entsendung eines Gesandten anzuerkennen. England wurde mißtrauisch, als die Deutschen von der großen Flotte träumten. Und London war alarmiert, als preußische Truppen im Norden die Fahne der national-deutschen Befreiung vorantrugen. Eine Flottendemonstration im »German Ocean« belehrte Preußen eines Besseren. Der Zar ließ im Osten die Kosakenpferde satteln und die Baltikflotte Segel setzen.
Muß man daran erinnern, daß schon Ende März 1848, als die halbrevolutionäre Berliner Regierung die Provinz Posen in die Autonomie entlassen wollte, der russische Botschafter in der Wilhelmstraße den Unwillen seines Herren vortrug und mit Krieg drohte? Kann man es ignorieren, daß selbst die behutsame und konservative Politik der Union von oben, die der preußische Minister von Radowitz 1850 ins Werk setzen wollte, am Aufmarsch österreichischer und russischer Truppen scheiterte?
Im Himmel der Ideen waren 1848/49 deutsche Nation und deutsche Freiheit gut aufgehoben, auf dem Boden der europäischen Geographie aber war für sie kein Platz. Es sei gegen die Idee der deutschen Einheit nichts einzuwenden, resümierte Englands Außenminister Palmerston, als das »tolle Jahr« zur Neige ging. Außer, wie er hinzufügte, »daß niemand sie scheint zustandebringen zu können«.
Das Wiener System hat 1849 in Norditalien, in Ungarn, in Polen und in Deutschland triumphiert. Aber es siegte sich dabei zu Tode, denn seitdem stand neben dem konservativen Traum, es möge die Ruhelage Europas fortdauern, die Einsicht der Realisten, daß derjenige,

der Deutschland einigte, es auf lange Zeit beherrschen würde: Marx wußte es, die Liberalen ahnten es, und als einer der letzten wurde Bismarck dazu bekehrt.

1848 war Bismarck noch ein konservativer Heißsporn, der sich von seinen Standesgenossen in einem Punkt unterschied: Wenn schon Revolution sein mußte, dann wollte er sie selbst machen, und von oben. Oder, wie er 1857, längst Preußens schärfster Diplomat, mit Blick auf Preußens Rolle in Deutschland kalt und entschlossen schrieb: »Eine passive Planlosigkeit, die froh ist, wenn sie in Ruhe gelassen wird, können wir in der Mitte von Europa nicht durchführen, sie kann uns heute ebenso gefährlich werden, wie sie 1805 war, und wir werden Amboß, wenn wir nichts tun, um Hammer zu werden.«

Bismarcks Reichsgründung nutzte den deutschen Nationalismus als Mittel; ihr Ziel aber war, Preußens Frist zu verlängern. Das altgewordene Staatskunstwerk des 18. Jahrhunderts sollte die Kräfte des nationalen Bürgertums und der Arbeiterbewegung verbinden, die chemische Formel dafür wurde der Nationalstaat. Bismarck, der kurz vorher den »Nationalschwindel« verhöhnt hatte, wurde sein Architekt.

3. Hammer oder Amboß Europas: Preußens deutsche Reichsgründung

Alles Interesse der Fabrikanten und Kaufleute am deutschen Großwirtschaftsraum, alle Hoffnung der Gebildeten auf den nationalen Verfassungsstaat, alle Vision der Patrioten von einem erneuerten Reich – umsonst wäre alles gewesen, wenn das Wiener Mächtesystem nicht 1848/49 im Triumph den Beginn seines Zerfalls erlebt hätte. Der Kampf um das östliche Mittelmeer und das osmanische Erbe zwischen England und Rußland führte 1854 bis 1856 zum Krimkrieg – mit Frankreich und Piemont auf der Seite der siegreichen Seemacht. Das angeschlagene Rußland verlegte sich auf Bauernreform und Eroberung Sibiriens und blieb in Europa auf dreißig Jahre der preußischen Hilfe bedürftig.

1859 folgte der französisch-österreichische Krieg um Oberitalien. Er öffnete Piemont die Tür zur italienischen Nationalstaatsgrün-

dung, brachte Frankreich Savoyen und Nizza, lähmte den Kaiserstaat Österreich finanziell und schleuderte die Donaumonarchie in Kämpfe um die Vorherrschaft von Deutschen und Magyaren um Verfassung und Identität.
Zwei Jahre später brach der nordamerikanische Bürgerkrieg aus. Über Jahre zog er alle Aufmerksamkeit der Briten auf sich, weil die Baumwollversorgung ihrer Textilindustrie zusammenbrach. Frankreich nutzte die Chance, die Monroe-Doktrin zu ignorieren und in Mexiko, wo französische Anleihen notleidend geworden waren, Truppen zu landen und ein genehmes Kaisertum zu etablieren. Als die Franzosen sich wieder auf die Boote retteten, endete es im Blut. Die Truppen aber, die in Mexiko waren, fehlten 1866 in Europa, als sie zur Verstärkung der französischen Diplomatie und zur Machtprojektion in Mitteleuropa gebraucht worden wären.
So wurden auf ein Jahrzehnt die Deutschen Gewinner von Kriegen, die ihnen erspart blieben. Zum ersten Mal seit Jahrhunderten war die deutsche Frage in der Hand der Deutschen. Genauer gesagt: Sie stand zur Verfügung Preußens. Welche Chance, die Freiheit von 1848 durch Revolution von oben umzuprägen; welche Herausforderung, nach den Demütigungen des »tollen Jahres« Mitteleuropa zusammenzufügen; welche Versuchung auch, aus dem mitteleuropäischen Schachbrett zum erstenmal seit Jahrhunderten einen nationalen Machtstaat zu formen.
Einheit oder Freiheit? So hat sich die Frage nie gestellt. Die deutsche Staatenwelt war seit 1848/49 im wesentlichen konstitutionalisiert. Es gab Verfassungen und Parlamente. Die bürgerlichen Rechte wurden respektiert. Der Deutsche Zollverein unter Führung Preußens war – für ein industrielles Schwellenland erstaunlich – eine Vormacht des Freihandels. Zudem wurden seit 1848/49 Schritt für Schritt die bürokratischen Hemmnisse der Industrialisierung niedergelegt, das Bankwesen freigesetzt, Aktiengesellschaften begünstigt. Wenn die liberalen Parteien bekämpft wurden, so wurde doch liberale Politik gemacht. Warum sollte nicht, war die Einheit errungen, die Freiheit folgen? Die Liberalen haben bis in die späte Bismarckzeit noch so gedacht.
Schon 1848 war das Gros des Bürgertums in Deutschland für Preußen und gegen Österreich gewonnen. Die Liberalen griffen die

Chance auf, die Krimkrieg und italienischer Krieg boten, und begeisterten sich für eine unter militärischem Nachdruck geführte Einigungspolitik: Sie wollten die außenpolitische Rolle der Armee vergrößern, ihre innenpolitische verringern, wenn auch, eingedenk der sozialrevolutionären Drohung von 1848/49, nicht zu sehr.
Das Preußen der Reaktion war nicht nach dem Herzen der Paulskirchenmehrheit. Aber es gab keinen Zweifel, daß in Berlin die Nation besser aufgehoben war als in Frankfurt – und auch die Freiheit besser als in Wien. „Realpolitik" bezeichnete nicht so sehr ein neues Ziel, als vielmehr einen neuen Geisteszustand der Enttäuschung, des Pragmatismus und des nationalen Egoismus.
Der Kampf in Preußen ging nicht um das nationale Ziel der Einheit, sondern um das Mittel, die Armee. So wurde er zum Kampf um die Verfassung. Auf dem Höhepunkt spitzte sich vieles auf die Frage zu, ob Regierung und Monarch die Entscheidung in die Hand nehmen würden oder das Parlament. Als letzte Trumpfkarte der Militärpartei wurde im Sommer 1862 Bismarck ins Spiel geworfen, dem ein Ruf kaltblütiger Gewaltpolitik vorausging und der Neigung verriet, die Dinge notfalls auf die Spitze des Degens zu stellen.
Hatte Bismarck einen Grand Dessin? Nichts sei seltener als ein Plan, der gelingt, sagte Napoleon, und an anderer Stelle: »On s'engage, et puis on voit.« So stand es wohl auch mit der Bismarckschen Politik. Sie entwickelte sich; nur das große Ziel war klar: Preußen die nationale Führung in Deutschland sichern und dadurch die innere Krise abschneiden, mit Österreich abrechnen, die europäischen Mächte fernhalten, und dies alles, wenn es ging, ohne Krieg und dauernde Belastung Preußens.
Der Krieg von 1864 mit Dänemark besorgte die Abrechnung im Norden, die 1848 abgebrochen worden war. Den meisten Deutschen galt er als National- und Freiheitskampf – was er im großen und ganzen wohl auch war. Wenig Verluste, schneller Sieg, innenpolitisch ein Triumph. Ein »inneres Düppel« forderten die Berater des Ministerpräsidenten und meinten Staatsstreich.
Statt dessen folgte der Krieg mit Österreich. Eingeleitet durch ein Terminbündnis auf drei Monate mit Italien, das Leerfegen des europäischen Geldmarkts und endlich einen Vorschlag für die Bundesreform, der – recht demokratisch und deshalb unannehmbar für

Österreich – eine deutsche Nationalversammlung aus freien und gleichen Wahlen forderte, rollte der Krieg des Sommers 1866 ab wie ein Duell: schneller Aufmarsch, schnelle Entscheidung, schnelle Versöhnung der Duellanten. Die Sekundanten der Österreicher waren es, die die Zeche zahlten: Kurhessen, Hannover, Nassau und Frankfurt wurden preußisch. Aber weil die preußische Annexion im Namen der deutschen Nation stattfand, machten die meisten Leute gute Miene zum bösen Spiel.

Die Schlacht von Königgrätz 1866 hat das deutsche Gleichgewicht nicht zerstört, aber neu adjustiert. Der Krieg Frankreichs zur Verhinderung des deutschen Nationalstaats – »Revanche pour Sadowa« hieß das Schlagwort, das die Pariser Gazetten und die städtischen Massen bewegte – war seitdem nur noch eine Frage der Zeit: Napoleons III. schwaches Kaisertum taumelte förmlich auf ihn zu, und Bismarck wich ihm nicht aus. Die innere Krise in Preußen brauchte noch einen äußeren Abschluß, und der Riegel, den Frankreich vor die deutsche Einheit setzen wollte, mußte biegen oder brechen – das bedeutete lange Krise oder Krieg.

Der Krieg 1870/71 – von Deutschland aus gesehen war er ein Nationalkrieg, von Frankreich aus ein kaiserlicher Kabinettskrieg, der nach zwei Monaten zum republikanischen Nationalkrieg wurde und dann zum Krieg des französischen Bürgertums gegen die Commune von Paris. Die Frankreich auferlegte Reparation war hoch – fünf Milliarden Francs in Gold –, aber nicht unerträglich. Als unerträglich erwies sich die Re-Annexion des Elsaß nach fast 200 Jahren und die eines Teils von Lothringen: nicht wirtschaftliche Gier bestimmte, sondern militärische Sicherheit. Dazu kam, daß ein Streifen linkes Rheinufer in preußischer Hand den Süden in Zukunft an französischen Versuchungen hindern sollte. Außerdem: hatte man erst ein Reichsland, so würde das Reich folgen. Der unruhigen Dritten Republik Frankreichs aber gab die Revanche den Ersatz einer Staatsräson.

Der deutsche Nationalstaat war nach innen auf einen Widerspruch gegründet: Massendemokratie und Parlamentarismus auf der einen Seite, der preußische Beamten- und Militärstaat auf der anderen. Nach außen aber blieb die Spannung zwischen dem europäischen System, in dem das Deutsche Reich Emporkömmling war, der Iso-

lierung Frankreichs, die nicht dauern konnte, und der Halbhegemonie Deutschlands, die ihrer Natur nach Faktor der Unruhe sein mußte.
Bismarck verstand die Gefahr. Nach 1871 hat er alles daran gesetzt, vom Deutschen Reich die Folgen seiner gewaltsamen Gründung abzuwenden. Bismarcks Bündnissystem war auf Ausschließung Frankreichs, Neutralität Englands, Anlehnung an Rußland und Bündnis mit Österreich gerichtet, ein geniales Fragment, das Deutschland immer in die Hinterhand setzte. Berlin sollte die letzte Entscheidung über Krieg und Frieden auf dem Kontinent behalten. Jene Ausgleichsmasse, die zuvor Deutschland gebildet hatte, sollte sich nun an den Peripherien Europas finden. In der Mitte des Kontinents aber mußte das Reich Sicherheit gewinnen: für die Hegemonie zu schwach und für das Gleichgewicht zu stark.
Hätten Demokratie und Parlamentarismus Frieden und Stabilität schaffen können? Die Erfahrung von 1848 stand dem entgegen, aber auch die Vormacht der altpreußischen Machteliten, denen Bismarck präsidierte. Mit seiner bewahrenden Außenpolitik war daher ein nervöser Grundzug innerer Eindämmung verbunden: gegen den politischen Katholizismus, gegen die Sozialdemokratie, gegen den Liberalismus und damit gegen alle Kräfte, die den inneren und äußeren Zustand zu verändern drohten.
Konnte das Reich dauern? Niemand wurde so wie Bismarck von Gespenstern gejagt. »Setzen wir Deutschland, sozusagen, in den Sattel! Reiten wird es schon können.« – So klang es 1867. »Dies Volk kann nicht reiten.« – So 1884; dann folgte der düstere Satz: »Die Hungrigen ... werden uns fressen.« Schon ein Jahr nach der Kaiserproklamation von Versailles: »Mein Schlaf ist keine Erholung. Ich träume weiter, was ich wachend denke ... Neulich sah ich die Landkarte von Deutschland vor mir. Darauf tauchte ein fauler Fleck nach dem anderen auf, und blätterte sich ab.« Den Zerfall des Reichs sah Bismarck von innen kommen und noch mehr von außen. Der »cauchemar des coalitions« war sein ständiger Begleiter: »Diese Art Alp wird für einen deutschen Minister noch lange, vielleicht immer, ein sehr berechtigter bleiben«, schrieb Bismarck 1876. Heute ist daran zu erinnern, daß Bismarcks »cauchemar des coalitions« Adenauers Alpdruck von Potsdam wurde: Die Chance der Deutschen lag darin,

zu Bismarcks wie zu Adenauers Zeiten, daß Ost und West getrennt blieben, unfähig, sich über Deutschland zu einigen. Aus diesem Antagonimus mußte deutsche Politik jenes Mindestmaß an Sicherheit gewinnen, das der Mangel an eigener Stärke ihr vorenthielt.

4. Kann man aus der Geschichte lernen?

Ob Völker und Regierungen aus der Geschichte lernen, ist unter den Philosophen – mit Recht – umstritten. Die Notwendigkeit indessen liegt auf der Hand, denn wo sonst sollte Politik Erfahrungen sammeln, Warnungen erfahren, Bedingungen erkennen? Was also enthalten Scheitern und Triumph der deutschen Nationalstaatsbildung im 19. Jahrhundert, die im 20. Jahrhundert so bitter endete, in der Form von Lehren für heute? Ganz gewiß nicht die vorrangige Annahme, es sei alles, was vor dem 4. August 1914, dem 30. Januar 1933 und dem 8. Mai 1945 geschah, bewußt und unbewußt der Weg zur »deutschen Katastrophe« (Fr. Meinecke) gewesen und daher pauschalem Verdammen und Vergessen anheimzugeben.
Die Geschichte des deutschen Nationalstaats von 1848 bis 1945 ist, bei aller ihr innewohnenden Vielfalt, als Einheit zu begreifen. Von 1848 bis 1945 aber ist viel geschehen, und vieles hätte anders kommen können. Daß die deutsche Nationalgeschichte seit 1848 zum Scheitern verdammt war, dem moralischen und physischen Ruin entgegenschwankte, das wäre nicht Aussage der Geschichtswissenschaft, sondern Akt des Glaubens.
Wie also können politische Folgerungen für die Gegenwart lauten? Wie verhält sich die Freiheit der Deutschen zur Sicherheit und Ruhe des Kontinents? Niemand kann die Schrecken der Vergangenheit einholen, niemand die Ängste der Nachbarn wie auch der Deutschen vor sich selbst bannen, niemand den Toten befehlen, ihre Toten selbst zu begraben. Die Erfahrungen der Vergangenheit, nicht gnädiges oder ungnädiges Vergessen bestimmen die Folgerungen für heute.
1. Was die Deutsche Frage betrifft, so blieb sie durch alle Veränderungen Europas und der Welt eine geostrategische Entscheidungsfrage. Deutschland liegt in der Mitte des Kontinents; wer Deutschland kontrolliert, der hat die Anwartschaft auf europäische Vor-

macht. Als diese Tatsache 1944/45 zwischen die Sieger trat, da waren die Übereinkünfte von Yalta und Potsdam nur noch in den Sand geschrieben. „Deutschland ist der Entscheidungspunkt, an dem sich die Welt entweder vereinigt, oder an dem sie zerbricht«, sagte 1946 Frankreichs Außenminister Georges Bidault. Damals zählten die Deutschen nicht mehr als Subjekt der Politik, sie waren nur noch Objekt. Das Deutsche Reich war zerstört, die Deutsche Frage war geblieben. Sie stellte sich, während die Deutschen für nichts mehr zählten, als Machtfrage zwischen den Weltmächten, und die Teilung Deutschlands wurde in der ersten Berlin-Krise 1948/49 Alternative zum Dritten Weltkrieg.

2. Die Idee der »freien Hand«, die das deutsche Auswärtige Amt um die Jahrhundertwende entwickelte aus der Illusion, Ost und West könnten ihre alten Rivalitäten niemals vergessen und deshalb nicht zur Revision der Reichsgründung zusammenfinden, war für die Großmacht Deutschland der Weg in die Isolierung. Im letzten Vorkriegsjahrzehnt wurde sie als »Einkreisung« begriffen, und es hatten doch die Deutschen den neuen »cauchemar des coalitions« am meisten sich selbst zuzuschreiben. Für die Weimarer Staatsmänner von Rathenau bis Stresemann und Brüning kam die Chance neuer Großmachtbildung aus der Entzweiung zwischen West und Ost: so kam das Paria-Bündnis mit Rußland zustande, so wurde auch die Bollwerk-Funktion möglich, die das Deutsche Reich für England und Amerika erfüllen sollte und doch nicht erfüllte, denn Hitler hat die Zwischenexistenz im Ost-West-Gleichgewicht nicht weitergeführt, sondern sie in Wahrheit gesprengt: moralisch, militärisch und politisch. Kein Weg führt zu den Zielen und Illusionen deutscher Politik vor Hitler zurück.

3. Souveränität als freie Entscheidung zwischen den Mächten war Traum des Fürstenstaats im 18. Jahrhundert und Teil der tödlichen Selbstzerstörung der Nationalstaaten des 19. Jahrhunderts. Seit 1945 ist souverän allein, wer über Nuklearwaffen verfügt, und Souveränität im vollen Sinne ist nicht einmal mehr den Nuklearmächten gestattet. Ein deutsches Streben nach Neutralität und Unabhängigkeit in der Mitte Europas unter dem Anspruch auf volle, freie Unabhängigkeit wäre beides: der Weg zurück in die Objektrolle der Weltpolitik und die stärkste Klammer für das Kondominium der

Mächte über die Mitte Europas. Die Bundesrepublik wird Teil des atlantischen Seebundes und der westeuropäischen Gemeinschaft sein – oder sie gibt sich selbst auf.

4. Die Existenz der Bundesrepublik Deutschland beruht auf beidem: auf dem Interesse der Sieger von 1945, weder Deutschland sich selbst noch dem Gegner im Weltbürgerkrieg zu überlassen, und auf der Wertentscheidung des Grundgesetzes für die Demokratie, abgesichert im Westbündnis. Die Lehren der Vergangenheit in den Wind zu schlagen, ist das Privileg jeder jüngeren Generation. Es ist aber die Pflicht der Politik, innerhalb des weltpolitischen Rahmens, der nicht zur Disposition steht, die Freiheit für die Bundesrepublik zu bewahren und für die gesamte Nation zu erstreben.

5. Das Zeitalter der Nationalstaaten ist vorbei; der Erste Weltkrieg hat es auf alle Zeit geschlossen. Diese Erfahrung zu vergessen, ist den Deutschen am wenigsten gestattet. Sie waren einst – Erben des Alten Reiches, der Reformation und des Dreißigjährigen Krieges – mit und ohne ihren Willen die europäischsten der Europäer und müssen es wieder sein. Gäbe es darüber den geringsten Zweifel, so belehrt jeder Blick auf die Karte des Kontinents, daß Sicherheit, Wohlstand und Ansehen der Deutschen zu einem großen Teil geborgt bleiben von Westeuropa und von der Gegenküste des Atlantik. Der Westen ist unentbehrlich für die Bundesrepublik, ihre Stärke liegt aber nicht zuletzt darin, daß auch das westliche Deutschland unentbehrlich ist für den Westen. Ohne das Land zwischen Rhein und Elbe wäre die Verteidigung Westeuropas, um Harry S. Truman zu zitieren, »a reaguard action on the shores of the Atlantik Ocean«.

6. Bedeutet dies, daß die Nation vorbei ist, Nachricht aus der Vergangenheit? »Gedanken Gottes« nannte der Historiker Leopold von Ranke die Nationen im 19. Jahrhundert. Heute sind die Nationalstaaten in Westeuropa noch immer Gehäuse kollektiver Identität und politischer Kultur, aber nicht das einzige. Sie konkurrieren mit den größeren Verbänden, die Sicherheit, Prosperität, Technik und Wissenschaft den Rahmen geben. Der Nationalstaat ist durch die Geschichte relativiert wie durch die Geographie. Den Deutschen wäre die Nation vermutlich weniger bedeutsam, wäre sie nicht geteilt. Und selbst die Teilung wäre weniger eine Last, verliefe sie nicht auf der Grenzlinie des Weltbürgerkriegs und wäre sie nicht

zugleich eine fortdauernde Erinnerung an die deutsche Geschichte und das, was in ihr verspielt wurde. Der Weg zurück zum Nationalstaat ist politisch und historisch verstellt. Die Nation ist dagegen, wenngleich geteilt, geblieben. Aber Nation ist nicht allein durch ihr Dasein definiert. Sie ist nach westlicher Tradition bestimmt durch die sittliche Qualität ihrer politischen Lebensform. Was aber die politische Zielsetzung der Einheit anlangt, so wird man 40 Jahre nach Kriegsende immer stärker zu fragen haben, ob nicht die Selbstbestimmung – wohin auch immer sie führt – wichtiger ist als die Einheit. Keine Demokratie, die diesen Namen verdient, kann auf die Selbstbestimmung der Bürger und die Selbstbestimmung der Nationen als Prinzip ihrer Gestaltung Verzicht leisten. Was die Selbstbestimmung anbetrifft, so haben die Deutschen, nicht nur platonisch, die Sympathien ihrer Verbündeten. Ob aber staatliche Einheit der kleindeutschen Nation ein Ziel sein kann, das in der Realität des geteilten Kontinents etwas anderes wäre als eine Sprengkraft und im Entwurf des vereinigten Westeuropa etwas anderes als ein großes Fragezeichen, das muß in Zukunft mehr durchdacht werden als bisher. Der Parlamentarische Rat hat mit der Präambel des Grundgesetzes Wege gewiesen zum »vereinten Europa« und darin zu Freiheit und Einheit Deutschlands – beides bedingt einander. Wenn es richtig ist, was seitdem jeder Politiker von Rang in der Bundesrepublik sagt, daß es nicht mehr die Zeit der Nationalstaaten sei, dann kann die Herstellung eines geringeren Bismarckstaats nicht das Ziel sein, das alle Kräfte auf sich zieht. Dann ist die Brücke zwischen den beiden Ufern des Atlantik wichtiger, dann ist ein handlungsfähiges Westeuropa lebenswichtig. Denn nur auf diese Weise können die getrennten Teile der deutschen Nation die Teilung überwinden, können die beiden Staaten in Deutschland aus dem Zustand des im Modus vivendi aufgehobenen Antagonismus in einen Zustand des geregelten Miteinander treten. Und dieses geregelte Miteinander würde, wie zu Zeiten des Alten Reiches, den Rest Europas nicht um den Schlaf bringen.

Was bleibt von alledem als Richtschnur der Zukunft? Die Bundesrepublik muß sich selbst annehmen: nicht Provisorium, nicht Übergang, nicht Vorform, sondern der demokratische Staat der Deutschen und Kernbestandteil des freien Europa. Die Staatsräson der

Bundesrepubik kommt nicht allein aus dem Nationalen: Sie ist definiert durch Zugehörigkeit zum atlantischen Seebund, durch Einbindung in Westeuropas Kultur, Wirtschaft und Sicherheit, und sie bleibt legitimiert durch die Tatsache, daß die Bundesrepublik zum Zeitpunkt ihrer Entstehung das freiheitliche Haus der Deutschen war und dies bis heute ist. Die Adenauer-Entscheidung für den Westen war gegen die Last der Geschichte gerichtet und doch mit ihr gedacht. Hat die Westbindung die deutsche Teilung vertieft? Ihre Gegner haben das lange Zeit behauptet, und heute wieder. Was aber wäre ohne Westbindung geschehen? Welche Einheit wäre möglich gewesen? Überwindbar ist der Riß, der durch Deutschland geht, wenn nicht alle Erfahrung trügt, allein im Verbund mit den Nachbarn und unter der Voraussetzung, daß am Ende die Deutsche Frage europäisiert bleibt. Denn der Ort der deutschen Geschichte, mitten in Europa, bezeichnet noch immer und für alle absehbare Zeit auch ihre erste Bedingung.

Friedrich Zimmermann:

Der Aufbau einer demokratischen Staats- und Verfassungsordnung im freien Teil Deutschlands

Wohl selten hat es in Deutschland eine Generation gegeben, der ähnliche Lasten aufgebürdet wurden wie derjenigen, die – vom Zweiten Weltkrieg aufs schwerste betroffen – zwischen Trümmern und Chaos den Wiederaufbau in Angriff zu nehmen hatte. Zu dieser Generation, die mit Tatkraft und Zielstrebigkeit weit mehr als nur den Grundstein für unser heutiges Leben in Frieden und Freiheit legte, zählte auch Franz Josef Strauß, dem diese Festschrift gewidmet ist.

Es galt damals, aus dem Nichts heraus eine neue Staats- und Verfassungsordnung zu schaffen, die aus den Erfahrungen von Weimar gelernt hatte und zum Mantel für ein blühendes, freiheitliches Gemeinwesen werden konnte. Franz Josef Strauß hat schon früh in führender Position an dieser großen Aufgabe mitgewirkt; daß sie so gut gelingen konnte, ist auch sein Verdienst.

Ein Vergleich der Ausgangslagen nach den beiden Weltkriegen macht deutlich, daß die Startsituation – jeweils ex ante betrachtet – nach 1945 dramatisch schlechter war als die von 1918. Der militärische Zusammenbruch im November 1918 hatte einschneidende Folgen für die Bevölkerung, ein staatlicher Zusammenbruch war damit jedoch nicht verbunden. Zwar zerbrachen die dynastischen Grundlagen im Reich und in den Einzelstaaten, diese selbst und das Reich blieben aber bestehen und, wenn auch in eingeschränkter Weise, funktionsfähig.

Nach der bedingungslosen Kapitulation und der vollständigen Besetzung Deutschlands durch die Streitkräfte der Alliierten im Jahre 1945 war die Situation völlig anders. Alle deutschen staatlichen Organe wurden außer Funktion gesetzt, soweit sie nicht ohnehin schon handlungsunfähig geworden waren. Sämtliche Befugnisse, nicht nur die der Reichsregierung und der Länderregierungen, sondern auch die der örtlichen Instanzen, gingen auf die Siegermächte über. Diese übernahmen mit der Berliner Viermächteerklärung vom 5. Juni 1945 »die oberste Regierungsgewalt in Deutschland, einschließlich aller Befugnisse der deutschen Regierung, der Regierungen, Verwaltungen oder Behörden der Länder, Städte und Gemeinden«. Die Oberbefehlshaber der Besatzungsmächte übten nach dem Potsdamer Abkommen vom 2. August 1945 die Reichsgewalt aus, und zwar jeder »in seiner Besatzungszone sowie gemeinsam in ihrer Eigenschaft als Mitglieder des Kontrollrates in den Deutschland als Ganzes betreffenden Fragen«. Bei dieser, aus deutscher Sicht schlicht hoffnungslosen Ausgangslage schien keinerlei Chance zu bestehen, das Schicksal in absehbarer Zeit wieder in eigene Hände nehmen zu können.

Über den Tag hinaus gesehen bot die radikale politische Entmündigung für uns Deutsche dennoch eine gewisse, stetig wachsende Chance auf Teilhabe an den künftig zu treffenden Entscheidungen sowie generell auf Mitgestaltung der weiteren Entwicklung. Denn wer die Macht innehat, hat zugleich damit verbundene spezifische Lasten und auch Kosten zu tragen. Verwirklicht der Machtinhaber sein natürliches Bestreben, solche Lasten zumindest teilweise abzuwälzen, so ist dies ohne gleichzeitiges Einräumen von Mitverantwortung und Mitbeteiligung an den Entscheidungsprozessen zugunsten des nunmehr Belasteten nicht möglich. Der Erkenntnis, daß jede Entlastung ihren Preis hat, vermochten sich auch die Siegermächte auf Dauer nicht zu entziehen. Die von ihnen gezogenen praktischen Konsequenzen waren indes – wie die leidvollen Erfahrungen der unterschiedlichen Entwicklung im westlichen und im östlichen Teil unseres Vaterlandes zeigen – sehr verschieden.

Wohl keine Folge des Zweiten Weltkrieges hat tiefere Wunden geschlagen als die deutsche Teilung. Die Diskussion um ihre Vermeidbarkeit ist bis heute, 40 Jahre nach Kriegsende, nicht verstummt. Immer wieder ist behauptet worden, es habe in den ersten Nachkriegsjahren eine realistische Chance auf Erhaltung der deutschen Einheit bestanden, die mit einer einseitigen Fixierung auf die Gründung eines »Weststaates« vertan worden sei. Die Behauptung entspricht, wie gezeigt werden wird, nicht den Tatsachen; sie gehört in den Bereich der politischen Legendenbildung.

Mit der totalen Niederlage war das Schicksal des zu politischer Ohnmacht verurteilten deutschen Volkes in die Hände der Siegermächte gelegt. In ihren Händen lag die Entscheidung darüber, ob Deutschland künftig überhaupt und – wenn ja – in welcher Form als Staat weiter bestehen sollte. Viele ahnten damals die Gefahr der Spaltung oder Zersplitterung unseres Vaterlandes, ohne ein Heilmittel dagegen zu wissen.

Im Potsdamer Abkommen vom August 1945 einigten sich die Besatzungsmächte darauf, in den Deutschland als Ganzes betreffenden Fragen die Regierungsgewalt in ihrer Eigenschaft als Mitglieder des Kontrollrates gemeinsam auszuüben. Dies ließ hoffen. Indes zeigte sich, wie Franz Josef Strauß es einmal in seiner Monographie »Gebote der Freiheit« treffend beschrieb, sehr bald: Die Konferenzmächte waren sich zwar über die Formulierungen einig, aber nicht über die Ausfüllung dieser Formulierungen in der Realität.

Die Jahre bis 1947 boten zunächst ein ambivalentes Bild. Die Sache der deutschen Einheit schien (noch) unentschieden, hatten doch

die Siegermächte mit dem Kontrollrat ein gemeinsames Gremium installiert und sich in der Folgezeit zu gemeinsamen Außenministerkonferenzen verabredet.
Sehr bald mehrten sich indes die negativen Anzeichen. Die Spaltung Europas mit einem unter der Herrschaft der Sowjets arrondierten Osten unter Einschluß der »Sowjetisch Besetzten Zone« zeichnete sich ab.
Ein Indiz von vielen war die auf sowjetischen Druck erfolgte Ablehnung des Marshall-Plans durch die osteuropäischen Staaten im Juli 1947. Die Außenministerkonferenzen der Siegermächte in Moskau und London im Jahre 1947 scheiterten in dieser Situation fast zwangsläufig. Die von den Sowjets an die Einhaltung der Potsdamer Vereinbarung geknüpften Bedingungen – deutsche Reparationen in Höhe von 10 Milliarden Dollar und Beteiligung an der Kontrolle über Rhein und Ruhr sowie Herstellung »demokratischer und friedliebender Verhältnisse« in den westlichen Besatzungszonen, wie sie in der sowjetisch besetzten Zone bereits vollzogen waren – waren schlechthin unannehmbar. Überdies schreckten die von den Sowjets in ihrer Zone getroffenen Maßnahmen ab. Bodenreform und Sequestration von Industriebetrieben, Zwangsvereinigung von KPD und SPD, Deformierung der »bürgerlichen« Parteien zu bloßen »Transmissionsriemen« der SED, eine wahrhaft blindwütige Demontage sowie schließlich die immer deutlicher werdende Bereitschaft zu Annexionen großen Stils in Deutschlands Ostgebieten waren Warnung genug.
Angesichts dieser Entwicklungen enthüllte sich die Hoffnung auf baldige politische Lösungen in gesamt-deutschem Rahmen immer mehr als pure Illusion. Eine Aufrechterhaltung des scheinbaren Schwebezustands mit all seinen wirtschaftlichen Risiken hätte nur den Sowjets in die Hände gespielt. Die Westmächte erkannten dies und zogen die Konsequenzen daraus. Amerikaner und Briten schufen zunächst die Bizone des Vereinigten Wirtschaftsgebiets, die später durch Hinzutreten der französischen Besatzungszone praktisch zur Trizone wurde. Nachdem die Westmächte dann am 1. Juli 1948 den Ministerpräsidenten der deutschen Länder Vollmacht und Auftrag zur Einberufung einer verfassunggebenden Versammlung erteilt hatten, konnte der Parlamentarische Rat zusammentreten und

am 8. Mai 1949 das Grundgesetz für die Bundesrepublik Deutschland verabschieden.
Uns Deutschen als den unmittelbar von der Teilung des Vaterlandes Betroffenen fiel es naturgemäß erheblich schwerer, den Tatsachen ins Auge zu sehen. Wohl alle maßgeblichen deutschen Politiker in den westlichen Besatzungszonen werden ihre Aufgabe, die Zustände zunächst einmal hier zu konsolidieren und freiheitlich-demokratische Verhältnisse zu schaffen, als schwere Bürde empfunden haben. Spätestens jedoch mit dem Scheitern der gesamtdeutschen Konferenz, zu der der Bayerische Ministerpräsident Ehard die Regierungschefs für den 6. und 7. Juni 1947 nach München eingeladen hatte, wurde die Unausweichlichkeit dieser Entscheidung zur praktischen Gewißheit.
Desillusionierend wirkte dabei nicht einmal so sehr das Scheitern der Konferenz selbst, als vielmehr die Umstände, die dazu führten. Auf dieser, nicht zuletzt durch die verzweifelte Wirtschaftslage veranlaßten Zusammenkunft sollten Maßnahmen beraten werden, um »ein weiteres Abgleiten des deutschen Volkes in ein rettungsloses wirtschaftliches und politisches Chaos« zu verhindern. Es sollte der Weg geebnet werden »für eine Zusammenarbeit aller Länder Deutschlands i. S. wirtschaftlicher Einheit und künftiger politischer Zusammenfassung«. Nach einiger Ungewißheit über die Teilnahme der Ministerpräsidenten der Sowjetzone trafen diese schließlich – ohne Mitarbeiter – am Vorabend der Konferenz in München ein. Ihre unannehmbare, völlig überraschend erhobene Forderung, als erstes die »Bildung einer deutschen Zentralverwaltung durch Verständigung der demokratischen deutschen Parteien und Gewerkschaften zur Schaffung eines deutschen Einheitsstaates« zu behandeln, ließ alle Beteiligten erkennen, daß die Vertreter der Sowjetzone auf höheren Befehl handelten und nicht zu sachlicher Beratung nach München gekommen waren.
Nach diesem letzten, eindeutig durch den Boykott der Vertreter der »Sowjetisch Besetzten Zone« gescheiterten Versuch, auf gesamtdeutscher Ebene für die Bevölkerung Fortschritte zu erreichen, mußte sich die bis dahin deutscherseits in der nationalen Frage betriebene Politik vorsichtigen Abwartens zwangsläufig dem Ende zuneigen. Die bisweilen auch heute noch behauptete Alternative

eines demokratischen blockfreien Gesamtdeutschlands hat es damals, wie eine sorgfältige Analyse der Fakten zeigt, nicht gegeben.
Die Konsequenzen daraus gezogen zu haben, ist nicht zuletzt das Verdienst von Konrad Adenauer, der dabei auf die Unterstützung von Männern wie Franz Josef Strauß zählen konnte. Die einzuschlagende Richtung konnte nicht mehr zweifelhaft sein. Da es, wie Franz Josef Strauß in seiner schon genannten Monographie formulierte, keinen sicheren Weg zu einer Wiedervereinigung in Frieden und Freiheit mit Einverständnis der östlichen Seite geben würde, mußte die von den Westmächten gebotene Chance wenigstens für den westlichen Teil unseres Vaterlandes genutzt werden.
Dabei haben die Väter des Grundgesetzes – eben in dem Bewußtsein, daß eine Änderung der faktischen Verhältnisse nicht in ihrer Macht stand – mit penibler Sorgfalt darauf geachtet, jegliche verfassungsrechtliche Festschreibung der deutschen Teilung zu vermeiden. Die Präambel, die Bestandteil des Grundgesetzes ist – nicht nur politisches Bekenntnis oder Programm –, formuliert das Postulat der deutschen Einheit in unmißverständlicher Weise. Ihre Festlegung, es werde »auch für jene Deutschen gehandelt, denen mitzuwirken versagt war«, ist ebenso eindeutig wie die Aufforderung an das gesamte deutsche Volk, »in freier Selbstbestimmung die Einheit und Freiheit Deutschlands zu vollenden«. Diese Festschreibung hat an rechtlicher Wirkung auch 40 Jahre nach Kriegsende nichts von ihrer formativen Kraft eingebüßt.
Aber auch abgesehen von den schweren Entscheidungen in der Frage der deutschen Einheit blieb der Weg von der Stunde Null der totalen Niederlage bis zum Aufbau einer neuen Staats- und Verfassungsordnung mit dem Grundgesetz als Schlußpunkt äußerst mühevoll und hindernisreich. Ein Erfolg konnte, darüber war man sich deutscherseits vollkommen klar, nur im engen Zusammenwirken mit den Alliierten erreicht werden. Wichtige Etappen waren die Wiederbelebung oder Neubildung der deutschen Länder, der Zusammenschluß der amerikanischen und britischen Zone zur Bizone des Vereinigten Wirtschaftsgebietes (mit späterer Erweiterung zur Trizone) sowie die Beratungen des Parlamentarischen Rates.
Die Neigung, den Deutschen in zunehmendem Maß Verantwortung zu übertragen, war auf alliierter Seite zunächst keineswegs einheit-

lich. Den Vorreiter spielten die USA. Schon am 19. September 1945 wurden durch Proklamation Nr. 2 des obersten Befehlshabers der amerikanischen Streitkräfte in der amerikanischen Zone die Verwaltungsgebiete Großhessen, Württemberg-Baden und Bayern gebildet. Diese Verwaltungsgebiete, »von jetzt ab als Staaten bezeichnet«, erhielten »unter Vorbehalt der übergeordneten Machtbefugnisse der Militärregierung volle gesetzgebende, richterliche und vollziehende Gewalt, soweit deren Ausübung nicht mit früheren und zukünftig getroffenen Maßnahmen des Kontrollrats für Deutschland oder einer von diesem errichteten zentralen deutschen Behörde im Widerspruch steht«. So war an die Stelle der Zwangsverwaltung durch die Besatzungsmacht die Kontrolle durch diese getreten. Auch die Einrichtung des kurz darauf im November 1945 als ständige Ministerpräsidentenkonferenz gegründeten »Länderrats des amerikanischen Besatzungsgebiets« ist maßgeblich auf amerikanische Initiative zurückzuführen.
Im Zuge des in der amerikanischen Zone zugleich eingeleiteten organisatorischen Wiederaufbaus im kommunalen Bereich erlangte Franz Josef Strauß, damals gerade 29 Jahre alt, im Juni 1945 sein erstes politisches Amt als stellvertretender Landrat in Schongau; in den Jahren 1946 und 1948 wurde er dann zum Landrat gewählt beziehungsweise wiedergewählt.
Die Engländer ließen sich mehr Zeit. Sie errichteten durch Verordnung der Militärregierung vom 23. August 1946 – ungeachtet dessen, daß Preußen als Staat erst durch das Kontrollratsgesetz Nr. 46 im Februar 1947 »für tot erklärt« wurde – die neuen Länder Schleswig-Holstein, Niedersachsen und Nordrhein-Westfalen, zu denen Hamburg hinzukam. Die Befugnisse dieser Länder waren im Vergleich zu den Ländern der amerikanischen Zone wesentlich eingeschränkter; insbesondere die Gesetzgebung wurde in großem Umfang weiter unmittelbar durch die Militärregierung oder von ihr unter Verwendung deutscher zonaler Zentralstellen ausgeübt. Starke Zurückhaltung bei der Übertragung von Verantwortung auf deutsche Stellen übte auch Frankreich, das in seiner Zone die Länder Baden, Württemberg-Hohenzollern und Rheinland-Pfalz errichtete.
Die politischen Parteien, die schon relativ kurze Zeit nach Kriegsende ihre Tätigkeit aufgenommen hatten, erhielten durch die Län-

derbildung deutlichen Auftrieb, der sich nach dem Scheitern der beiden Pariser Außenministerkonferenzen der vier Siegermächte im April und Juni/Juli 1946 noch verstärkte. Da sich die Herstellung der wirtschaftlichen Einheit Deutschlands auf diesen Konferenzen angesichts der Haltung der Sowjetunion als unmöglich erwies, forderte nun der amerikanische Militärgouverneur die anderen westlichen Besatzungsmächte auf, sich mit ihm im Interesse einer wirtschaftlichen Vereinigung der westlichen Besatzungszonen ins Benehmen zu setzen. Nur der britische Militärgouverneur reagierte auf diese Aufforderung, die damit einen entscheidenden Anstoß zur Bildung der Bizone gab.

Über die Stationen des »Abkommens über die Zusammenlegung der britischen und der amerikanischen Besatzungszone« (»Fusionsabkommen«) vom 2. Dezember 1946 und des »Abkommens über Neugestaltung der zweizonalen Wirtschaftsstellen« vom 29. Mai 1947 erlangte die »Verwaltung des Vereinigten Wirtschaftsgebietes« der Bizone schließlich am 9. Februar 1948 durch Anordnung der amerikanischen und britischen Militärregierungen ihre endgültige Gestalt mit den Organen Wirtschaftsrat, Länderrat und Verwaltungsrat. Dem Verwaltungsrat als der Exekutive gehörte Ludwig Erhard als »Direktor der Verwaltung für Wirtschaft« an, nachdem er in den Jahren 1945/1946 bayerischer Wirtschaftsminister gewesen war.

Der Länderrat, bestehend aus je zwei Vertretern für jedes Land, die von der jeweiligen Landesregierung bestellt wurden, hatte das Gesetzesinitiativrecht sowie bestimmte Beteiligungsrechte im Gesetzgebungsverfahren. In Ansätzen bildete der Länderrat damit das föderative Element einer »zweiten Kammer«. Das eigentliche parlamentarische Gremium war der Wirtschaftsrat, dessen 104 Mitglieder von den Landtagen gewählt wurden. Jüngster Abgeordneter des Wirtschaftsrates war Franz Josef Strauß, der hier erstmals die Bühne deutscher Politik betrat.

Zum Vereinigten Wirtschaftsgebiet gehörte der wirtschaftlich stärkste Teil Deutschlands. Schon nach Umfang und Struktur seiner verfaßten Organe keineswegs nur als Verwaltungseinheit gedacht, mußte das Vereinigte Wirtschaftsgebiet zum Kerngebiet einer späteren erweiterten deutschen Wirtschaftsordnung werden. Durch die Umsetzung des Marshall-Plans und durch die Währungsreform

wurden hier die Grundlagen für den Aufstieg aus dem Nichts gelegt. Mit der Währungsreform verbunden war das »Gesetz über die wirtschaftspolitischen Leitsätze nach der Geldreform«, das mit den Stimmen von CDU und CSU gegen stärksten Widerstand insbesondere der SPD im Wirtschaftsrat am 18. Juni 1948 verabschiedet werden konnte. Das Gesetz beseitigte – von Ausnahmen insbesondere im Ernährungsbereich abgesehen – die bisherige Zwangswirtschaft und legte so den Grundstein für den späteren, von aller Welt bewunderten Erfolg der sozialen Marktwirtschaft. Einen guten Eindruck vom gewaltigen Umfang der Arbeiten, die die jungen Institutionen des Vereinigten Wirtschaftsgebiets damals zu leisten hatten, vermittelt allein die Tatsache, daß sich der Wirtschaftsrat in wenig mehr als einem halben Jahr mit rund 90 Gesetzesvorlagen zu befassen hatte; auf dem für die Rohstoffversorgung lebensnotwendigen Gebiet des Außenhandels hat der Verwaltungsrat seinerseits vom Spätherbst 1948 bis zum Herbst 1949 fast 30 neue Außenhandelsverträge mit den wichtigsten Staaten in Gang gebracht.
Diese Aktivitäten sowie die außenpolitischen Weichenstellungen der Londoner Sechs-Mächte-Konferenz vom Frühjahr 1948 und die bereits durch die Bildung der Länder eingeleitete Föderalisierung Deutschlands mußten zwangsläufig die Verfassungsfrage akut werden lassen. Die im »Londoner Deutschland-Kommunique (acute)« vom 7. Juni 1948 niedergelegten gemeinsamen Empfehlungen der in London vertretenen sechs Mächte – neben den Westmächten waren dies die Benelux-Staaten – führten zu den sogenannten Frankfurter Dokumenten. Diese drei Dokumente wurden den Länderchefs der westlichen Besatzungszonen von den Militärgouverneuren am 1. Juli 1948 in Frankfurt übergeben.
Während die Dokumente II und III einen Prüfungsauftrag zur Gliederung der Länder erteilten beziehungsweise Bestimmungen zur Regelung der Kompetenzen zwischen den Besatzungsmächten und einer deutschen Regierung vorsahen, erhielten die Ministerpräsidenten mit Dokument I den Auftrag zur Einberufung einer verfassunggebenden Versammlung. Diese verfassunggebende Versammlung sollte »eine demokratische Verfassung ausarbeiten, die für die beteiligten Länder eine Regierungsform des föderalistischen Typs schafft, die am besten geeignet ist, die gegenwärtig zerrissene

deutsche Einheit schließlich wieder herzustellen, und die Rechte der beteiligten Länder schützt, eine angemessene Zentralinstanz schafft und Garantien der individuellen Rechte und Freiheiten enthält«.

Die Regierungschefs der Länder stellten sich, wenngleich unter »gesamtdeutschem Blickwinkel« nicht ohne besorgte Zurückhaltung, dem ihnen erteilten Auftrag. Schon im August 1948 war auf Anregung des Bayerischen Ministerpräsidenten Ehard auf Herrenchiemsee ein »Ausschuß von Sachverständigen für Verfassungsfragen« tätig geworden und hatte einen Entwurf eines Grundgesetzes ausgearbeitet. Nun konstituierte sich am 1. September 1948 in Bonn der Parlamentarische Rat mit seinen von den Landtagen gewählten Abgeordneten. Zum Präsidenten wurde Konrad Adenauer gewählt. Dieser betonte in seiner Eröffnungsrede, es sei notwendig, die gebotene Möglichkeit einer neuen politischen Struktur für das deutsche Volk zu nutzen, »um den jetzigen unmöglichen politischen Zuständen in Deutschland ein Ende zu bereiten, auch wenn unsere Arbeit vorerst nur einem Teil Deutschlands zugute kommt«.

In den folgenden Monaten wurde in den Ausschüssen des Parlamentarischen Rats in vielen Punkten mit zum Teil harten Bandagen um jeden einzelnen Verfassungsparagraphen gerungen. Die Ministerpräsidenten selbst nahmen übrigens kaum Einfluß auf die Beratungen, was schwer verständlich ist. Eine vielbeachtete Ausnahme machte lediglich der Bayerische Ministerpräsident, der als einziger ständige Regierungsvertreter nach Bonn entsandte und darüber hinaus versuchte, auf jedem zulässigen Weg die bayerische Auffassung zur Geltung zu bringen.

Sehr umstritten waren Funktion und Gestaltung einer künftigen »zweiten Kammer«. Die Spannweite der Meinungen reichte von einer reinen Senatslösung bis zu einer reinen Bundesratslösung einschließlich verschiedener, daraus gebildeter Mischformen. Der Streit ging teilweise quer durch die Fraktionen, wobei sich insbesondere in der CDU/CSU eine Art Nord-Süd-Divergenz abzeichnete. Während man im Norden eine Senatslösung oder doch zumindest einen Bundesrat mit starkem senatorialem Einschlag oder gar eine weitere »dritte Kammer« befürwortete, hat Bayern unbeirrt an seiner Bundesratsforderung festgehalten. Ministerpräsident Ehard ließ in seinen Stellungnahmen und Äußerungen nie einen Zweifel daran, daß Bayern lediglich einen Bundesrat als Länderkammer akzeptieren werde. Für ihn ging es darum, den Senat, der auch »im straffesten Einheitsstaat« denkbar sei, mit allen legalen Mitteln zu verhindern.

Bei der schließlich gefundenen Regelung, den Bundesrat als Vertretung der Länder auszugestalten, in welche die Landesregierungen, abgestuft nach der Einwohnerzahl, ihre Vertreter entsenden, ist keine Seite völlig ungeschoren davongekommen. Immerhin ist es aber Bayern gelungen, seine Vorstellung von einem föderativen Staatsaufbau weitgehend durchzusetzen.

Neben den Fragen nach dem künftigen Wahlrecht – Mehrheits- oder Verhältniswahlrecht – bildete die Frage der Finanzverfassung einen weiteren Hauptstreitpunkt im Parlamentarischen Rat. Verteilung und Verwaltung der Steuern wurden von allen als ein zentrales Problem der föderativen Ordnung ausgemacht und mit Leidenschaft diskutiert. So gut wie alle einschlägigen Fragen der Gesetzgebungs- und Verwaltungskompetenz waren umstritten. Die Diskussion wurde noch dadurch erschwert, daß keine auch nur halbwegs verläßlichen Voraussagen über die Entwicklung der einzelnen Steuern gemacht werden konnten, und ebenso ungewiß war die öffentliche Aufgabenverteilung zwischen Bund und Ländern.

Um das Maß der Schwierigkeiten voll zu machen, fand die im Februar 1949 endlich gefundene Lösung bei den Alliierten zunächst wenig Gegenliebe. In ihrem Memorandum vom 2. März 1949 verlangten sie, unter Hinweis auf den föderalistischen Staatsaufbau, neben der Bundesfinanzverwaltung auch die Einrichtung von eigenen Landesfinanzbehörden. Abgelehnt wurde auch der horizontale Finanzausgleich, weil Bundeseingriffe in die Länderhaushalte befürchtet wurden. Diese Einschätzungen stimmten in vielen Punkten mit der Auffassung der Bayerischen Staatsregierung überein, die dementsprechend neue Hoffnung schöpfte, das Blatt hier doch noch zu ihren Gunsten wenden zu können.

In der Folgezeit zeigte sich jedoch, daß die Alliierten zum Einlenken bereit waren. So kam schließlich eine Lösung zustande, die auf der einen Seite zwar eine Teilung der Finanzverwaltungskompetenzen vorsah, auf der anderen Seite aber, bei der Steuerverteilung, dem

Bund die gesamte Umsatzsteuer zusprach und die Möglichkeit zweckbestimmter Dotationen des Bundes an die Länder einführte. Am 8. Mai 1949, exakt fünf Jahre nach der bedingungslosen Kapitulation Deutschlands, konnte der Parlamentarische Rat das Grundgesetz der »Bundesrepublik Deutschland« verabschieden. Es war eine große Stunde des jungen deutschen Parlamentarismus. Daran ändern auch die Vorbehalte Bayerns nichts, das aus wohlerwogenen Gründen bei der Abstimmung über das Inkrafttreten, bei der eine Zweidrittelmehrheit der Landesparlamente notwendig war, dagegenstimmte.

Über die bayerische Entscheidung ist damals und danach unendlich viel geredet und geschrieben worden, bis hin zur Legendenbildung. An dieser Stelle soll dazu nur folgendes gesagt werden: Sicherlich war die Ablehnung Ausdruck einer gewissen Enttäuschung auf bayerischer Seite darüber, daß sich bestimmte bayerische Vorstellungen, insbesondere im Bund-Länder-Verhältnis, nicht voll durchsetzen konnten. Ebenso sicher ist indes, daß Bayern – trotz der Entscheidung seines Landtags – diese Bundesrepublik und dieses Grundgesetz in seinen entscheidenden Teilen von Anbeginn uneingeschränkt bejahte. Franz Josef Strauß, am 7. Mai 1949 in seiner Eigenschaft als Abgeordneter im Frankfurter Wirtschaftsrat Teilnehmer einer Sitzung der CSU-Landtagsfraktion, stellte dementsprechend vor der Fraktion fest: »Unser Nein zu Bonn berechtigt uns genauso zur Mitarbeit in Bonn. Wenn aber Nein gesagt wird, dann muß damit auch ein grundsätzliches Bekenntnis zu Gesamtdeutschland verbunden werden.« Viele Menschen in Mitteldeutschland, die sich damals von der Mitarbeit an der Schaffung eines freiheitlichen Deutschlands ausgeschlossen sahen, sind Strauß gerade für diesen Satz dankbar.

Der erste große Schritt zur praktischen Umsetzung des Grundgesetzes in reale Politik und gleichsam seine Bewährungsprobe waren die Bundestagswahl am 14. August 1949, der am 7. September 1949 die erste Sitzung des Bundestages folgte. An diesem Tag trat auch der Bundesrat zu seiner konstituierenden Sitzung zusammen. Nachdem bereits am 12. September 1949 Theodor Heuss zum Bundespräsidenten gewählt worden war, wählte der Bundestag drei Tage später Konrad Adenauer zum ersten Bundeskanzler. Der Bildung des ersten Kabinetts Adenauer war im Zuge der Koalitionsverhandlungen eine für den wirtschaftlichen Wiederaufbau unseres Landes entscheidende Weichenstellung vorangegangen. Innerhalb der CDU hatten sich starke Kräfte für eine Große Koalition mit der SPD eingesetzt. Da die SPD ihren Anspruch auf das Wirtschaftsministerium zur Bedingung machte, hätte dies den Abschied von der durch Ludwig Erhard – als Direktor für Wirtschaft für das Vereinigte Wirtschaftsgebiet – bereits eingeführten sozialen Marktwirtschaft bedeutet. Konrad Adenauer und Franz Josef Strauß sorgten dafür, daß es dazu nicht kam.

Auf Adenauers Einladung trat am 21. August 1948 in Rhöndorf ein interner Kreis von CDU- und CSU-Politikern zusammen, den der künftige erste Bundeskanzler nach harter Debatte für eine kleine Koalition gewinnen konnte. Wesentlich unterstützt wurde Adenauer dabei von Franz Josef Strauß, der sich namens der CSU entschieden für eine kleine Koalition einsetzte. Die Tragweite dieser Entscheidung ist bisher noch nicht hinreichend scharf analysiert worden. Damals in Rhöndorf wurden, in der Geburtsstunde der Bundesrepublik Deutschland, die Weichen endgültig für den wirtschaftlichen und politischen Wiederaufstieg gestellt.

Verfassungsrecht ist eine lebende Rechtsmaterie; sie muß sich den stetig wandelnden gesellschaftlichen Verhältnissen anpassen. Wohl keine freiheitlich-demokratische Verfassungsordnung kommt deshalb auf die Dauer ohne Änderung aus. Dies kann auch ohne Änderung des Wortlauts der Verfassung im Wege der Interpretation durch dazu legitimierte Gerichte geschehen. Anwendbar ist dieses Verfahren um so eher, je stärker sich die geschriebene Verfassung auf wenige Kernregelungen beschränkt. Je größer dagegen der Detaillierungsgrad der geschriebenen Verfassung ist, desto eher stellt sich die Frage nach einer Änderung des Verfassungstextes.

Angesichts der – etwa im Vergleich zur US-amerikanischen Verfassung – recht ausführlichen Aussagen des Grundgesetzes waren die bisher 35 Änderungen ein gewissermaßen normaler Vorgang. Weit über die Routine hinaus ragen indessen zwei Änderungen – die über die Wiederbewaffnung und die über die Finanzverfassung –, die in besonderem Maße mit dem Namen Franz Josef Strauß verbunden sind.

Die ständig wachsende östliche Bedrohung ließ die Frage nach einer Aufstellung deutscher Streitkräfte zur Verteidigung des freien Teils Europas schon sehr bald akut werden. Franz Josef Strauß gehörte von Anfang an zu denen, die die Notwendigkeit eines deutschen Verteidigungsbeitrags erkannten, mit aller Entschiedenheit dafür eintraten und schließlich gegen härtesten Widerstand durchsetzten. Seine Rede vom 8. Februar 1952 in der Bundestagsdebatte über die Europäische Verteidigungsgemeinschaft ist ebenso unvergessen wie seine späteren Bundestagsreden zum NATO-Beitritt, zur Wiedervereinigung Deutschlands sowie zum Rapacki-Plan, mit dem die östliche Seite unter großem Propagandaaufwand eine kernwaffenfreie Zone in Mitteleuropa einführen wollte.

Als Strauß, nachdem er bis dahin dem zweiten Kabinett Adenauer zunächst als Minister für besondere Aufgaben und dann als Atomminister angehört hatte, am 16. Oktober 1956 Bundesverteidigungsminister wurde, waren die Rechtsgrundlagen für die Bundeswehr schon geschaffen. Die allgemeine Wehrpflicht war in harten innenpolitischen Auseinandersetzungen verfassungsmäßig abgesichert worden. Untrennbar verbunden mit Franz Josef Strauß bleibt indessen der tatsächliche Aufbau der Bundeswehr, den er mit bewundernswerter Energie und Tatkraft vorantrieb. In erster Linie ihm ist es zu danken, daß der Wiederaufbau unseres Staates auch im Bereich der Landesverteidigung erfolgreich abgeschlossen werden konnte.

Die Finanzverfassung war während der gesamten Beratungen über das Grundgesetz umstritten und schließlich erst durch nachdrückliche Einwirkung der Besatzungsmächte zustande gekommen. Für eine moderne staatliche Entwicklung wurde sie von vielen als nicht befriedigend angesehen. Überdies war die gefundene Regelung in einem wesentlichen Teil ausdrücklich als vorläufig bezeichnet worden. Die endgültige Verteilung der Steuern, die der konkurrierenden Gesetzgebung unterlagen, sollte einem Bundesgesetz vorbehalten bleiben. Das Finanzverfassungsgesetz von 1955 beschränkte sich auf diesen speziellen Auftrag und verzichtete darauf, die Finanzverfassung von Grund auf neu zu gestalten.

In den Jahren hatten sich jedoch die Bedingungen, unter denen seinerzeit die Finanzverfassung des Grundgesetzes entstanden war,

beträchtlich geändert. Vor allem das stürmische wirtschaftliche Wachstum stellte bei Finanzierung und Mittelverteilung immer neue Anforderungen an den Staat, denen er mit der alten Finanzverfassung nicht mehr nachkommen konnte. Eine Finanzreform an Haupt und Gliedern wurde immer dringender. Erst der Bundesfinanzminister Franz Josef Strauß konnte das Werk zum Abschluß bringen. Die damalige Große Koalition bot dafür eine günstige Gelegenheit, die Strauß zielstrebig auszunutzen wußte. Mit der Reform wurden endlich die Grundlagen für eine effiziente staatliche Finanzpolitik geschaffen, wobei es vor allem um eine vernünftige verfassungsrechtliche Regelung des Zusammenwirkens von Bund und Ländern ging, ferner um eine gerechtere Steueraufteilung, klare Regelungen für künftige Steuergesetzgebung und Steuerverwaltung und ein ausgeglichenes Gemeindefinanzsystem. Die Straußsche Finanzreform von 1969 hat sich ausgezeichnet bewährt. Mag es seitdem auch immer wieder Streit zwischen Bund und Ländern über Steuern und Finanzausgleich gegeben haben – im wesentlichen verfügte die Bundesrepublik nun über ein höchst elastisches Instrumentarium der Finanzpolitik, mit dessen Hilfe sich Kompromisse finden lassen, die alle Seiten befriedigen.
36 Jahre nach Inkrafttreten des Grundgesetzes mag es erlaubt sein, eine kurze Zwischenbilanz zu ziehen. Das Grundgesetz hat sich als ein dauerhaftes rechtliches Fundament unseres Staates erwiesen. Wir leben in einer der stabilsten Demokratien der Welt. Auf deutschem Boden hat der Bürger nie größere Freiheiten und Rechte gehabt. Die Väter des Grundgesetzes haben die Fehler von Weimar erkannt und diese nicht wiederholt.
Zu den grundlegenden Aussagen des Grundgesetzes gehört die Verpflichtung zur deutschen Einheit. Sie ist nicht zur leeren Worthülse degeneriert. Es ist eines der großen staatspolitischen Verdienste von Franz Josef Strauß, hier für eine unmißverständliche Klarstellung seitens des Bundesverfassungsgerichts durch Überprüfung des Grundlagenvertrages gesorgt zu haben. Der auf seine Veranlassung von der Bayerischen Staatsregierung im Mai 1973 in Karlsruhe gestellte Antrag ermöglichte es dem Bundesverfassungsgericht, für die deutsche Einheit einen deutschlandpolitischen, unverrückbaren Grenzstein zu setzen: Der Anspruch des deutschen Volkes auf

Wiedervereinigung in Verwirklichung freier Selbstbestimmung gilt unantastbar weiterhin. Dies ist ein fester Sockel, aber auch eine klare Grenze für die Politik.
Franz Josef Strauß hat als Politiker in den verschiedensten Positionen, als ein Demokrat der ersten Stunde wesentlich am Aufbau der Staats- und Verfassungsordnung mitgewirkt. Seine Verdienste sind untrennbar mit der Geschichte des demokratischen Aufbaus in Bayern und in der Bundesrepublik Deutschland verbunden.

Peter Lerche

Kommende föderalistische Probleme

I. Die Bundesrepubik Deutschland wird heute von ihren Bürgern als Bundesstaat nahezu allgemein akzeptiert. Das deutet einmal darauf hin, daß sich jene Vorkehrungen, die das Grundgesetz enthält, um föderale Fragen vernünftig zu beantworten, in politischer und gerichtlicher Praxis bislang als leistungsfähig erwiesen haben. Zum andern muß diese Entwicklung der Dinge auch in der staatsrechtlichen Doktrin ihre Resonanz finden. In den vergangenen Jahrzehnten der Bundesrepublik war häufig zu hören, diese sei ein verkappter Einheitsstaat, da sie kein »Bündnis« von »Staaten« darstelle, sondern nur eine föderalistische Fassade zeige; mit anderen Worten, daß sie zwar die gewaltenteilende Technik der verschiedenen politischen Entscheidungszentren bis zu diffiziler Perfektion entwickle, ohne aber jene substantiellen Grundlagen zu bejahen und sicherzustellen, die dem einzelnen Bundesland wirkliche Staatlichkeit verbürgen; diese indes sei unverzichtbare Voraussetzung für die Vorstellung, daß ein Bündnis von Staaten vorhanden sei, wie dies den eigentlichen Bundesstaat kennzeichne.
Diese Auffassung, so beliebt sie nach wie vor ist[1], wird dem heutigen Status der Bundesrepublik nicht gerecht. Hält man an ihr fest, so entschlägt man sich des geeigneten staatsrechtlichen Rüstzeugs, das benötigt werden wird, um zahlreiche föderalistische Probleme,

die für die Zukunft erwartet werden können, einer Lösung näherzuführen. Keines von ihnen kann mit jener Vorstellung eines »eigentlichen« Begriffs vom Bundesstaat bewältigt werden, wie er soeben referiert wurde. Erwägungen des Eigentlichen und des Wahren sind im Staatsrecht immer verdächtig. Nichts spricht dagegen, so will es scheinen, den materiellen Begriff vom Bundesstaat von der einseitigen Festlegung auf verklungene bündnisähnliche Vorstellungen zu entfernen und ihn gerade auch in den spezifischen und lebendigen Ausdrucksformen, die das Grundgesetz gewählt hat, realisiert zu sehen; in Ausdrucksformen, die nicht als bloße Formalien und Fassaden abgewertet werden dürfen. Die Bevölkerung empfindet ihr staatliches Gefüge als realen Bundesstaat[2] und nicht nur als formales Geflecht mit dem ökonomischen Zweck, politisch gewaltenteilende Funktionen auszuspielen.

Das ist ein rechtlich relevantes Faktum. Eben deshalb besteht Raum, bei staatsrechtlichen Zweifelsfragen das Gewicht des erklärten Willens des Grundgesetzes – die Organisationseinheiten der Länder als »Staaten« zu begreifen – mit auf die Waage zu legen. Diese Entscheidung des Grundgesetzes darf nicht ins Leere gestoßen werden; insbesondere nicht dadurch, daß stillschweigend eine *so* enge Vorstellung von Staatlichkeit zugrunde gelegt wird, daß sie jener Entscheidung des Grundgesetzes den realen Boden entzöge. So geläufig und in sich schlüssig dieser Kunstgriff auch ist, er stellt den rechtlichen Zusammenhang auf den Kopf: Gerade weil keine Rückkehr zu Vorstellungsgehalten der Postkutschenzeit empfohlen werden kann, vermag die erklärte Entscheidung des Grundgesetzes zugunsten der Staatlichkeit der Länder auch in der Zukunft zu greifen und auslegungsleitend zu wirken. Damit wird einer anderen Analyse[3] nicht der Vorwurf mangelnder Logik gemacht. Sie aber trägt die Beweislast und müßte den Beweis antreten. Sie vermag sich jedenfalls nicht auf die Judikatur des Bundesverfassungsgerichts zu stützen, die in zahlreichen Beziehungen aus der Staatlichkeit der Länder konkrete verfassungsrechtliche Konsequenzen entnimmt, zum Beispiel im besonders sensiblen finanzverfassungsrechtlichen Terrain.[4]

Die breite Akzeptierung der bundesstaatlichen Struktur in der Bevölkerung, so wie sie das Grundgesetz spezifisch ausformt, ist in-

dessen nicht ohne weiteres auch für die Zukunft garantiert. Soll sie von Dauer sein, so muß sich das grundgesetzliche Instrumentarium als geeignet erweisen, künftig möglichen tiefergehenden Krisen gegenüber Herr zu bleiben. Unvorsichtig wäre es, vor dem möglichen Entstehen derartiger Entwicklungen die Augen zu verschließen. Diese künftigen Erscheinungen könnten, sieht man recht, vor allem zwei Ursachen haben: Einmal muß mit der Möglichkeit gerechnet werden, daß der weithin gegebene Konsens über das grundsätzliche Verfassungsverständnis in wichtigen Bereichen abbröckelt. Zum andern mag bedacht werden, daß durch externe Entwicklungen (etwa technisch bestimmter, aber auch sonstiger, zum Beispiel europarechtlicher Art) neue umgreifende Aufgabenstellungen erwachsen, gegenüber denen die vorhandene föderalistische Apparatur nicht hinreichend gewappnet ist.
Diese beiden möglichen Erscheinungen und die gebotenen Reaktionen seien im folgenden durch zwei Beispielgruppen erläutert. Ihr gemeinsamer Nenner liegt darin, daß sie sich beide mit Fragen der sogenannten *Bundestreue*, also der Pflicht zum bundes(republik)-freundlichen Verhalten[5], auseinandersetzen müssen; – nicht verwunderlich, da diese Vorstellung zum Kernstück der begrifflichen Erfassung des Bundesstaates[6] gehört.
II. Einem ersten exemplarischen Fragenkreis, dessen nähere Problematik sich allerdings erst in schwachen Umrissen abzuzeichnen beginnt, begegnet man im Verhältnis Bundestreue und *Bundesaufsicht.* Dieses heute vor allem durch die Art. 84 Abs. 3, 4; Art. 85 Abs. 4 GG geformte, auf die Kontrolle des Gesetzesvollzugs zugeschnittene Institut gehört bisher zu den schlummernden. Von singulären Fragen abgesehen, hat es in der politischen Praxis der Bundesrepublik so gut wie keine direkte Rolle gespielt – es sei denn, man rechne jene Effekte zu den hervorhebenswerten politischen Realitäten, die jedes Institut dieser Dimension durch seine bloße Existenz auswirft; also jene Effekte, die – kaum verifizierbar – bereits die Entstehung möglicher Konflikte vorbeugend verhindern.
Je nach künftiger Entwicklung der politischen Praxis kann sich dies ändern. Der Bundesaufsicht könnte sehr schnell das Ruhepolster weggezogen werden; sie könnte unsanft erwachen und sich zur Aktivität angespornt sehen. Die deutsche Verfassungsgeschichte, die

die Einrichtung der Bundesaufsicht in wechselnder Gestalt seit langem (Deutscher Zollverein) kennt, lehrt, daß zwar geschickte Handhabung des Verfassungsgefüges (Bismarckschen Profils) intensivere Erschütterungen im Verhältnis des Gesamtstaates zu den Einzelstaaten im allgemeinen zu verhindern vermag[7], daß sich die Umstände aber auch gegenläufig entwickeln können. Dann mögen erhebliche Spannungen erzeugt werden; vor allem die Weimarer Zeit ist hierzu an bekannten Beispielen reich.

Derartige Spannungen bleiben erträglich, wenn sie nicht auf das grundsätzliche Verfassungsverständnis durchschlagen. Daß die Bundesaufsicht unter der Herrschaft des Grundgesetzes nicht wirklich aktualisiert wurde, mag nicht zuletzt dadurch begründet sein, daß bislang der erwähnte weitgehende Konsens über das grundsätzliche Verfassungsverständnis vorherrschte und erhalten blieb. Außerdem ist von Bedeutung, daß angesichts des Ausbaus der Verwaltungsgerichtsbarkeit angebliche oder wirkliche Rechtsmängel beim Vollzug von Bundesgesetzen durch die Länder schon durch den jeweils betroffenen Bürger gerichtlicher Kontrolle und damit bisher grundsätzlich respektierter Befriedung zugeführt zu werden pflegen[8]. Der Ausbau der Verfassungsgerichtsbarkeit wirkte mittelbar in dieselbe Richtung; er ermöglichte, daß Streitfragen über die Verfassungsmäßigkeit des zu vollziehenden Bundesgesetzes ebenfalls juridifiziert wurden.

Diese Grundsituation könnte in eine wesentlich andere Atmosphäre getaucht werden, sollten vom Konsensblock des Verfassungsverständnisses merkliche Teile absplittern. Hierzu gibt es einige Anzeichen. Sie werden sich vermehren, wenn in größerem Umfang Kräfte zu politischer Verantwortung oder Mitverantwortung gelangen sollten – wo auch immer –, die den Rechtsgehalt der Verfassung selbst, vom sogenannten staatlichen Gewaltmonopol bis zur verbindlichen Kraft unbequemer gerichtlicher Entscheidungen, zu reduzieren bestrebt sind. Man kann sich nicht blind gegenüber der Tatsache stellen, daß sich ein solcher Lauf der Dinge intensiv auf das Bund-Länder-Verhältnis auswirken könnte. Im allgemeinen bemerkt man zwar nur die »rechtsstaatlich« relevanten Gefährdungen, die durch solche politischen Erscheinungen und Tendenzen eintreten können, aber das ist eine verkürzende Betrachtungsweise.

Die bundesstaatlichen Auswirkungen müssen ebenfalls bedacht werden. Rechtsstaat und Bundesstaat greifen ineinander. Von einer derartigen Entwicklung könnten namentlich auch (etwa interne) Bezirke ergriffen werden, die nicht unmittelbar, jedenfalls nicht umfassend verwaltungs- oder verfassungsgerichtlicher Kontrolle zugänglich sind.

Ein Beispiel: Angenommen sei, ein Bundesland wollte durch bestimmte energiewirtschaftliche Maßnahmen (an sich innerhalb seines Kompetenzbereichs) die energiewirtschaftliche Politik der Bundesregierung zu konterkarieren suchen. Soweit sich die Energiepolitik der Bundesregierung in Gesetzen niederschlägt, die der Bund kraft seiner Gesetzgebungskompetenz in diesem Felde erlassen hat, reicht das gegebene grundgesetzliche Instrumentarium aus, um einem tieferen Konflikt vorzubeugen. Das (kompetenzgemäße) Bundesgesetz muß vom Land beachtet beziehungsweise, soweit das Bundesgesetz vollziehungsfähig und vollziehungsbedürftig ist, ausgeführt werden. Etwaige Mängel dieses Vollzugs könnten zwar Anlaß zu bundesaufsichtlichen Schritten werden – ein Fall möglicher Aktivierung der Bundesaufsicht –; ein rechtlich unlösbarer Konflikt könnte dadurch aber nicht entstehen, zumal ein solches aufsichtliches Verfahren voraussichtlich in ein verfassungsgerichtliches Verfahren (Art. 93 Abs. 1 Nr. 3 GG) mit normalen Maßstäben einmünden würde.

Wie aber, wenn im vorgestellten Beispiel Inhalte der Energiepolitik des Bundes in Rede stehen, die sich, aus welchen Gründen auch immer, nicht in normativer Form äußern, die »nur« politische Festsetzungen, Programme, Ziele sind? Hier versagen gegenüber einem Land, das sich auf Kollisionskurs begeben hat, die direkten Möglichkeiten der Bundesaufsicht, das heißt jene Möglichkeiten, wie sie das geltende Verfassungsrecht als Bundeskontrolle des Gesetzesvollzugs kennt.

In Fällen dieser Art – für die sich auch in anderen praktischen Feldern (mit übergreifenden Kompetenzen) mühelos manche Beispiele vorstellen lassen – würde vermutlich erwogen werden, Zuflucht in der Vorstellung der Bundestreue zu suchen. Dieser nach wie vor reichlich amorphe Begriff überspannt das Rechtsgehäuse von Bund wie Ländern; er bietet sich regelmäßig dann an, wenn die Ausnützung einer an sich gegebenen Kompetenz hinreichende Rücksichtnahme auf den jeweils anderen Partner vermissen läßt. Die tiefere Legitimation für diese wechselseitig gebotene Zurückhaltung, für das faire Umgehen miteinander und Eingehen aufeinander liegt nach zutreffender Ansicht darin, daß andernfalls das Interesse des *Gesamt*staates (verstanden als Bund und Länder umgreifende Einheit) Schaden litte[9]. Die Berufung auf die Bundestreue will also einen Zustand garantieren und durchsetzen, der dem Interesse der Bundesrepublik als Ganzes entspricht. Sieht man genauer zu, so sind nun aber Fälle wie unser Beispiel keineswegs so einfach mit dem Lasso der Bundestreue einzufangen, wie sich dies auf den ersten Blick darstellen mag. Die Gründe liegen im speziellen Verhältnis von Bundestreue und Bundesaufsicht; genauer gesagt darin, daß die heute geltende, gegenüber früheren Epochen der deutschen Verfassungsgeschichte bewußt eingeschränkte Reichweite des Instituts der Bundesaufsicht zu Buche kommen und daher auch zur Zurückhaltung bei der Vorstellung der Bundestreue führen muß. Genauer gesagt: Das frühere deutsche Verfassungsrecht kannte die Vorstellung der sogenannten »selbständigen« Bundes- (beziehungsweise Reichs-)Aufsicht. Schon unter der Reichsverfassung 1871 bejahte man unter dieser Vorstellung vielfach, wiewohl uneinheitlich in der praktischen Handhabung, die Frage, ob Reichsaufsicht auch dann ausgeübt werden darf, wenn und solange das Reich von seiner Gesetzgebungsbefugnis in der jeweiligen Materie noch keinen Gebrauch gemacht hatte[10]. Die Beachtung der Bundestreue – gesehen als Bestandteil ungeschriebenen Verfassungsrechts – erschien auf diese Weise als Gegenstand der Reichsaufsicht. Das hieß zugleich, daß das vom Reich festgestellte Reichs»interesse« auch dann via Bundestreue über das Institut der Reichsaufsicht durchgesetzt werden konnte, wenn und soweit es sich noch nicht in Normen (Reichsgesetzen) auskristallisiert hatte. Kurz, das so politisch festgestellte Reichsinteresse war zugleich Rechtsbegriff, nicht »nur« politischer Inhalt.

Blieben diese Fragen unter der Reichsverfassung 1871 letztlich umstritten, so entschied sich die Weimarer Verfassung hinreichend klar zugunsten einer so gesehenen selbständigen Reichsaufsicht. Dies entsprach jedenfalls ihrem herrschenden Verständnis[11]. Art. 15

Abs. 1 WRV sprach der Reichsregierung, in Anknüpfung an Art. 4 RV 1871, die Aufsicht in den Angelegenheiten zu, in denen dem Reich das Recht der Gesetzgebung zustand. Hätte die Aufsicht auf den Gesetzesvollzug beschränkt werden sollen, so hätte dies nach der vorgefundenen Lage zum Ausdruck kommen müssen. Der Vorrang des Reichsinteresses auf dem »Gesamtgebiet der legislativen und exekutiven Reichszuständigkeiten«[12] wurde demgemäß als Rechtsbegriff verstanden; etwa dahingehend, daß das Reich, gestützt auf die Pflicht der Länder zur Bundestreue, die Beseitigung von Landesgesetzen verlangen konnte, die dem Reichsinteresse zuwiderliefen – also auch dann, wenn entsprechende reichsrechtliche Normen nicht oder noch nicht etabliert waren.

Eben damit hat das Grundgesetz gebrochen. Es hat an dieser Stelle einen länderfreundlicheren Ton angeschlagen. Die Grundlagen der selbständigen Reichsaufsicht (Art. 4 RV 1871; Art. 15 Abs. 1 WRV) wurden bewußt nicht fortgeführt[13]. Maßnahmen aufsichtlicher Natur im eigentlichen Sinn außerhalb des Vollzugs von Bundesgesetzen und sonstigen bundesrechtlichen Anordnungen[14] können daher heute nicht mehr veranlaßt werden; insbesondere dann nicht, wenn die Länder im Bereich der konkurrierenden oder der Rahmengesetzgebung Gesetze erlassen, solange und soweit ein Bundesgesetz keine (kollidierende) Regelung getroffen hat – auch dann nicht, wenn das Ergebnis der Landesgesetze nach Auffassung der Bundesregierung dem Bundesinteresse widerspricht[15].

Das muß sich zugleich für die nähere Bestimmung von Reaktionsmöglichkeiten des Bundes aus dem Gesichtspunkt der Bundestreue bemerkbar machen[16]. Zwar sind beide Institute – Bundesaufsicht und Bundestreue – in sich eigenständig, sie sind jedoch in vielfältiger Weise miteinander verwoben; so liefern zum Beispiel die Inhalte der Bundestreue zugleich Maßstäbe für die Rechtmäßigkeit des Gesetzesvollzugs[17]. Aber auch davon unabhängig muß sich die grundgesetzlich gewollte Begrenzung der Bundesaufsicht im Bereich der Bundestreue auswirken. Wäre die bloße Kollision von landesgesetzgeberischen Zielen mit Inhalten erklärter Bundes»politik« bereits ohne weiteres als Verstoß gegen die Bundestreue zu betrachten[18], so wäre, wiewohl auf einem Umweg, durch den Bund denn doch das zu erreichen, was er heute über den Weg der Bundesaufsicht gerade nicht mehr erreichen können soll: die rechtliche Ausmerzung dieser Kollisionsinhalte des Landesrechts. Damit wäre letztlich jener Zustand wieder eingeführt, der durch die Abschaffung der selbständigen Bundesaufsicht vermieden werden soll. Dieser verabschiedete Teil der bundesaufsichtlichen Kompetenzen darf nicht über eine entsprechend weite, das heißt übermäßig weite Bestimmung des Instituts der Bundestreue durch die Hintertür wieder eintreten können, um freundlich empfangen zu werden.

Die prinzipielle Entscheidung des Grundgesetzes für die Staatlichkeit der Länder wird auch in dieser Zweifelsfrage die Atmosphäre mitbeeinflussen und ihr Wort mitsprechen. Dies auch dann, wenn das Ergebnis im Einzelfall als politisch problematisch erscheinen wollte; zumal sich die politischen Fronten verkehren können und vieles, was in dem gewählten Beispiel in vordergründiger Betrachtung dafür spricht, einen bundesfreundlicheren Weg zu gehen, sich in anderen möglichen Beispielsfällen als politisch durchaus unerwünscht erweisen mag, je nach Standort des Politikers. Es liegt in der Eigenart des Staatsrechts, daß seine Ausdeutung nicht von politischen Zeitsituationen und kurzsichtigen Ad-hoc-Lösungen bestimmt sein darf.

Andererseits wird die dargelegte Betrachtungsweise nicht auf eine unbegrenzt länderfreundliche Lösung hinauslaufen dürfen. Damit wäre den Ländern selbst kein Dienst erwiesen; zumal sich bei solcher Betrachtungsweise wohl andere Ventile öffnen würden. Namentlich kann eine Lösung nicht richtig sein, die dem Schwert der Bundestreue in dieser Materie die gebotene Schärfe nimmt. So richtig es ist, daß die Institute der Bundestreue und der Bundesaufsicht aufeinander bezogen sind, so richtig ist es doch auch, daß sie beide selbständige Rechtsgehalte sind, die nicht ineinander aufgehen. Wenn daher ein Land auch nicht schon allein dann an die Kandare des Bundes genommen werden darf, wenn bei kompetenzübergreifenden Sachgebieten die Bundesregierung in ihrem Kompetenzbereich eine andere grundsätzliche Sachpolitik verfolgt als das Land in seinem Kompetenzbereich, so sieht die Sache doch anders aus, wenn bei Kollisionen dieser Art das Interesse des Gesamtstaates erkennbaren, gar offensichtlichen Schaden leiden müßte.

Dieses gesamtstaatliche Interesse ist nach wie vor als Schutzgut

*Rechts*begriff, nicht nur eine Sache der Politik. Hier zeigt sich die Konsequenz aus der Definition des gegenständlichen Inhalts der Bundestreue. Ihr Rechtsgehalt wird stets durch das Interesse des Gesamtstaates bestimmt, das weder mit speziellen Länderinteressen noch mit speziellen Festlegungen des Bundes als Zentrale identisch sein muß. In der Regel wird es zwar in der Hand der Bundesorgane liegen, das gesamtstaatliche Interesse jeweils verbindlich zu definieren, da aber nach dem Gesagten die bloße Kollision mit Bundes»politik« noch keine automatische Verletzung der Pflicht zu bundes(republik)-freundlichem Verhalten darstellt, muß mehr gefordert werden als nur die Erklärung des Bundes, es träten unerwünschte Folgen für den Gesamtstaat ein. Eine solche Erklärung muß sich vielmehr zumindest durch näher greifbare, einleuchtende Umstände konkretisieren lassen. Wird eine Evidenzschwelle überschritten, so jedenfalls kann in der Tat mit Fug dargetan werden, das Interesse des Gesamtstaates (als Rechtsbegriff = als Schutzgut der Bundestreue) werde beeinträchtigt, mithin sei die Pflicht zu bundesfreundlichem Verhalten verletzt.

Zeigt sich damit das gesamtstaatliche Interesse, soweit konkret faßbar beeinträchtigt, als Schlüsselbegriff, so müßten sich andererseits künftig jene oben als möglich bezeichneten Einbußen an Konsens über das grundsätzliche Verfassungsverständnis an dieser Stelle in besonderem Maß problemsteigernd auswirken. Das gesamtstaatliche Interesse ist stets definitionsbedürftig. Derartige möglichen Entwicklungen müßten sich daher insbesondere in Diskrepanzen darüber niederschlagen, worin jeweils das gesamtstaatliche Interesse im Näheren besteht. Nur eine – wiewohl unvermeidliche – Krücke ist es, die Konfliktschlichtung in derartigen Fällen dem Bundesverfassungsgericht zu überantworten. Eine andere authentische Lösung gäbe es aber nicht.

III. In der gebotenen Kürze sei, entsprechend dem eingangs Gesagten, noch ein zweiter exemplarischer Fragenkreis berührt. Wie bemerkt, vermögen sich föderalistische Probleme nicht nur bei Erschütterungen der Gemeinsamkeit des Verfassungsverständnisses zuzuspitzen, sondern auch dann, wenn externe Entwicklungen zu neuen Aufgabenstellungen führen. Hier wird sich äußern, daß das Grundgesetz ein wenig altert und nicht ohne weiteres durch ständige Verfassungsänderungen frisch gehalten werden kann. Derartige neue Aufgaben können sich aus den verschiedensten Umständen speisen, etwa internationalrechtlicher Art (zum Beispiel in Gestalt von Aufgaben zur Förderung europäischer Gemeinsamkeiten) oder aus technischen und gesellschaftlichen Entwicklungen bestimmter Art, nämlich solcher, die neue einheitliche Sachkomplexe ausbilden, während die vorhandenen Kompetenzkataloge des Grundgesetzes lediglich einzelne Aspekte von ihnen erfassen und damit zugleich kompetenziell zerreißen. Beides – internationalrechtliche sowie technisch/gesellschaftlich relevante Ausformungen neuer Grundsachverhalte – kann zusammentreffen, etwa im Medienbereich.

Bei der praktisch-rechtlichen Bewältigung der so entstehenden Kompetenzprobleme mögen die eingangs angedeuteten, bislang mehr theoretischen Auseinandersetzungen um die Grundkonzeption des gegebenen Bundesstaates als handfeste Politika hervortreten. Das wird sich einmal dann zeigen, wenn und soweit die Sachprobleme nach geltendem Verfassungsrecht in den prinzipiellen *Länder*bereich fallen. Sofern diese modernen Probleme ihrer Sachnatur nach zu einheitlicher Lösung drängen, verstärkt sich die Gebotenheit des Zusammenwirkens der Länder untereinander. Für die Frage, welche konkrete Intensitätsstufe die Bemühungen des einzelnen Landes annehmen müssen, um dem Gebot der Bundestreue zu entsprechen und sachlich veranlaßte gemeinsame Anstrengungen nicht vorzeitig scheitern zu lassen, wird wiederum von Bedeutung werden, wie Bundestreue im näheren zu verstehen ist. Politisch bedingte grundsätzliche Uneinigkeit der Länder untereinander wird vom Grundgesetz als eine prinzipiell legitime Erscheinung hingenommen. Eine derartige Entwicklung, und sei sie politisch noch so wenig wünschenswert, kann daher nicht – auch nicht durch Umdeutung oder unangemessene Ausdehnung des Instituts der Bundestreue – ohne weiteres als Verfassungsverstoß gewertet werden, wohl aber darf nach wie vor verlangt werden, daß das einzelne Land zunächst das in seinen Kräften Stehende und ihm Zumutbare unternimmt, um die Uneinigkeit zu überwinden.

Da dies allerdings regelmäßig oder doch primär eher die exekutiven als die parlamentarischen Kräfte des Landes ansporņt, wird damit zugleich eine schon etwas ältere Erscheinung verstärkt, die in diesem Gesamtzusammenhang häufig kritisch betrachtet wird: die Abschwächung der landesparlamentarischen Kompetenzen. Für die Landesparlamente entstehen in der Tat häufig vollendete Tatsachen. Die Landesparlamente gelangen, sofern das Zusammenwirken der Landesexekutiven zu positiven Resultaten (Staatsverträgen) führt, in eine bloße »Ratifikationslage«[19]. Verfahrensmäßige Abhilfe wird wohl nur in relativ bescheidenen Formen geschaffen werden können. Das nahezu alle Schichten des heutigen sozialen Bundesstaats durchdringende und immer lauter werdende Postulat der Schaffung möglichst einheitlicher Lebensverhältnisse – ein Postulat, das grundgesetzlich nur fragmentarisch ausgesprochen ist – fordert seinen Tribut. Es drängt freilich, recht verstanden, nach einem gleichgewichtigen Bundesstaat, nicht nach zentralstaatlichen Überhöhungen.

Gleichwohl sind für die Zukunft zentralstaatliche Tendenzen in dieser Richtung nicht auszuschließen. Sie könnten gerade durch die erwähnte Erscheinung beflügelt werden, daß übergreifende Sachaufgaben nach einheitlichen Lösungen drängen, denn auch Bundeskompetenzen können dabei im Spiel sein. Eine mehr zentralstaatlich gefärbte Lesart der Vorstellung von Bundestreue mag dazu tendieren, in Fällen dieser Art, also bei der Erscheinung neuer, kompetenzübergreifender Aufgaben, zusätzliche ungeschriebene Bundeskompetenzen dann zu bejahen, wenn auf kompetenziellen Teilbereichen, die an sich den Ländern zugewiesen sind, kein gemeinsames und effektives Handeln der Länder – etwa wegen politischer Uneinigkeit – rechtzeitig zustande kommt. Das ist jedenfalls eine der Tendenzen. Entschließt man sich demgegenüber, entsprechend dem eingangs Gesagten, zu einer die Staatlichkeit des einzelnen Landes betonenden Sicht, so wird sich eine zurückhaltendere Konzeption empfehlen. Insbesondere darf sich Bundestreue nicht unbesehen sozusagen zu Aufgabentreue wandeln:

Es dürfte zu unterscheiden sein, ob das Grundgesetz die Etablierung bestimmter Einrichtungen oder Entscheidungen zwingend vorschreibt – etwa und vor allem als Konsequenz von Grundrechten[20] – oder nicht. Im ersten Fall werden, wenn der jeweils in seinem Kompetenzbereich zum Handeln verpflichtete Partner (Bund wie Länder) sich nachhaltig ineffektiv erweist, in der Tat erweiterte Kompetenzen zugunsten des jeweils anderen Partners, soweit unbedingt nötig, zu akzeptieren sein, denn der grundgesetzliche Befehl muß verwirklicht werden. Wenn es indessen an diesem Befehl mangelt, so können die gegebenen kompetenziellen Schranken nicht über das normale Maß an Bundestreue hinaus verändert werden (es sei denn durch Verfassungsänderung). Wenn etwa, um mit einem symptomatischen Beispiel abzuschließen, zwar vernünftige politische Gründe für eine Bund wie alle Länder überwölbende gemeinsame Medien(grund)ordnung bestehen sollten[21], Gründe, die gleichwohl nicht den Charakter eines Sachbefehls des Grundgesetzes haben, so werden die vorhandenen Kompetenzschranken nach wie vor zugrunde gelegt werden müssen. Das schließt eine Pflicht zum Zusammenwirken nicht aus – bedingt sie vielmehr –, heißt aber doch auch: Zurückhaltung bei konkreten Projektierungen seitens des Bundes, wenn, weil und soweit dieser über keinen speziellen Kompetenztitel verfügt. Zwar dürfen Bund wie Länder allgemeinere Ideen für eine derartige Medienordnung in die Welt setzen – wer will schon »Denkanstöße« kompetenziell verbieten[22] –, aber konkrete Planungen werden in jenem Haus oder in jenen Häusern verbleiben müssen, wo sie jeweils grundgesetzlich verankert worden sind.

Die faire Erörterung auch dieser Probleme, die sich künftig wohl ebenfalls steigern werden, durch die beteiligten politischen Zentren ist ihrerseits nichts anderes als praktische Handhabung der Bundestreue.

[1] Die Quellen dieser Auffassung liegen in einem Begriff des »Bundes«, wie er sich näher ausgeformt etwa bei C. Schmitt, Verfassungslehre, 1928, S. 366 findet.

[2] D. h. als Möglichkeit, »zugleich an zwei verschiedenen staatlichen Möglichkeiten teilzuhaben« (berichtend Imboden in: Veröffentlichungen der Vereinigung der Deutschen Staatsrechtslehrer 21, 1964, S. 137 und hierzu meine Bemerkungen in Goppel-Festschrift, o. J. (1975), S. 77 ff., 80 ff.). An die dort näher dargelegten Annahmen, die nicht erneut diskutiert werden sollen, wird im hiesigen Beitrag angeknüpft.

[3] Für viele etwa W. Weber, Spannungen und Kräfte im westdeutschen Verfassungssystem, 3. Aufl. 1970, bes. S. 63.

[4] BVerfGE 39, 96 (108) etwa sagt (von manchen ungern gehört): »Die Staatlichkeit des Bundes und der Länder kann sich nur dann wirksam entfalten, wenn sowohl der Gesamtstaat als auch die Gliedstaaten... über hinreichende Anteile am Steueraufkommen verfügen und damit nicht von Zahlungen der anderen Seite abhängig sind.«

[5] Zur grundsätzlichen heutigen Problematik dieses Prinzips etwa K. Hesse, Grundzüge des Verfassungsrechts der Bundesrepublik Deutschland, 14. Aufl. 1984, Rdnr. 268 ff. m. N.; Scheuner DÖV 1962, 641 ff., auch in: Staatstheorie und Staatsrecht, 1978, S. 415 ff. betont (gegen BVerfGE 8, 122), daß der Anwendungsbereich der Bundestreue nicht überdehnt werden dürfe.
[6] Und zwar bezogen auf den jeweiligen Typ des Bundesstaates; siehe etwa Smend, Ungeschriebenes Verfassungsrecht im monarchischen Bundesstaat, in: Staatsrechtliche Abhandlungen, 2. Aufl. 1968, S. 39 ff.
[7] Zur Situation und Praxis der Reichsaufsicht in der Bismarckschen Verfassung siehe grundlegend Triepel, Die Reichsaufsicht, 1917; aus der heutigen historischen Literatur etwa E. R. Huber, Deutsche Verfassungsgeschichte seit 1789, Bd. III, 1963, S. 1022 ff.; Mußgnug in: Deutsche Verwaltungsgeschichte, Bd. III, 1984, S. 186 ff., 199 ff.
[8] Siehe Leisner in: BVerfG-Festgabe, I, 1976, S. 260 ff., 287 ff., der allerdings darüber hinausgehend meint, die Bundesaufsicht sei als Gegenstand des verfassungsgerichtlichen Bund-Länder-Streits überhaupt nur ein »föderales Instrument aus vorrechtsstaatlicher Zeit« (a. a. O. S. 288).
[9] Damit ist nicht notwendigerweise die Annahme einer sog. dreigliedrigen Bundesstaats-Konstruktion verbunden (Gesamtstaat rechtlich selbständig gegenüber dem Bund als Zentrale), die BVerfGE 13, 54 (77 ff.) m. E. etwas vorschnell abgelehnt hat und die auch bei Autoren hohen Ranges auf Skepsis oder deutliche Kritik gestoßen ist: Vgl. etwa Scheuner: DÖV 1962, 641 ff. (auch in: Staatstheorie und Staatsrecht, 1978, S. 415 ff., 419 ff.: »eine unrealistische Konstruktion«); zur Position von Maunz siehe etwa Maunz-Zippelius, Deutsches Staatsrecht, 25. Aufl. 1983, S. 101.
[10] Siehe Triepel, a. a. O. S. 411 ff.; referierend E. R. Huber, a. a. O. S. 1023 ff.; Mußgnug, a. a. O. S. 204 ff. u. a.
[11] Repräsentativ Anschütz: Die Verfassung des Deutschen Reichs, 14. Aufl. 1933, Erl. 1 a zu Art. 15.
[12] Siehe E. R. Huber, Deutsche Verfassungsgeschichte seit 1789, Bd. IV, 1981, S. 641.
[13] Vgl. auch BVerfGE 8, 122 (131 f.). Siehe aber auch Frowein, Die selbständige Bundesaufsicht nach dem Grundgesetz, 1961.
[14] Entgegen Bull im sogen. Alternativkommentar zum Grundgesetz, Art. 84 Rdnr. 56, 62, gehören hierzu z. B. ohne weiteres auch die (kompetenzmäßig wirksam erlassenen) allgemeinen Verwaltungsvorschriften des Art. 84 Abs. 2 GG: Warum sollen diese nicht durchwegs ebenfalls *bindende* Wirkungen entfalten?
[15] Siehe insofern ähnlich etwa Dux, Bundesrat und Bundesaufsicht, 1963, S. 48.
[16] Dazu näher Lerche in: Maunz-Dürig, Grundgesetz, Art. 84, Rdnr. 136 f.; vgl. auch Rdnr. 140, 151, 155 (im Druck).
[17] Schwieriger ist die Frage zu beantworten, ob die Bundestreue nicht nur Maßstab, sondern auch Gegenstand der Bundesaufsicht sein kann, d. h. ob auch ihre Inhalte durch die Länder nicht nur *beachtet*, sondern ihrerseits *ausgeführt* werden können. Hier dürfte eine schablonenhafte Antwort fehl am Platz sein. Prinzipiell wird eine solche Möglichkeit nicht bestehen; es ist aber vorstellbar, daß sich einzelne Teilaussagen der Bundestreue, je nach den Umständen, in so konkreter Weise zu Direktiven verdichten, daß sie im Einzelfall tatsächlich »vollziehbar« werden.
[18] In allgemeiner Darlegung kritisch gegenüber dem Einsatz des Prinzips der Bundestreue, wenn es in der Sache nur um Streitigkeiten zwischen politischen Richtungen geht, siehe K. Hesse, Grundzüge, a. a. O., Rdnr. 269.
[19] Dazu bes. etwa E.-W. Böckenförde in: Schäfer-Festschrift, 1980, S. 182 ff.; Frowein, Veröffentlichungen der Vereinigung der Deutschen Staatsrechtslehrer 31 (1973), S. 13 ff. (24 ff.) u. v. a. m.
[20] Zu dieser spezielleren Problematik näher Lerche in: Maunz-Festschrift, 1981, S. 215 ff.
[21] Die kürzlich vom Bundeskabinett beschlossenen, kompetenziell m. E. teilweise nicht unproblematischen »Vorstellungen des Bundes für eine Medienordnung der Zukunft« (Bulletin der Bundesregierung Nr. 29, S. 237, vom 16. 3. 1985) sprechen von einer »Medienordnung in der Bundesrepublik Deutschland«.
[22] Zu bloß »anregenden« Tätigkeiten als kompetenzirrelevant vgl. – recht bündig – BVerfGE 22, 180 (216).

Hermann Josef Abs

Deutschlands wirtschaftlicher und finanzieller Aufbau

Die Wiederherstellung des deutschen Kredits

Für den wirtschaftlichen Aufstieg der Bundesrepublik Deutschland nach dem Zweiten Weltkrieg war das Londoner Abkommen über die Regelung der deutschen Auslandsschulden ebenso wichtig wie die Währungsreform, wurden doch mit diesem Abkommen die wesentlichen Voraussetzungen für den Kredit, sprich Vertrauen des Auslandes in die wirtschaftliche Leistungskraft Deutschlands, sowie für die Konvertibilität der Deutschen Mark geschaffen. Im gleichen Atemzug mit der Währungsreform und dem Londoner Schuldenabkommen ist natürlich die Nachkriegswirtschaftshilfe, insbesondere der Vereinigten Staaten, der Marshall-Plan und die bereits vorher einsetzenden Hilfslieferungen aus dem »GARIOA«-Programm (Government Appropriation and Relief for Import in Occupied Areas), zu nennen, die – entgegen der Absicht des Morgenthau-Plans – die politische und wirtschaftliche Basis für eine Erneuerung Deutschlands schuf. Mit dieser rund 3,2 Milliarden Dollar betragenden Nachkriegshilfe, einer gelungenen Währungsreform und einer vertretbaren Schuldenregelung strebten die USA eine grundlegend andere Politik an als nach dem Ersten Weltkrieg, als Demontagen und allzuhohe Reparationsforderungen, verbunden mit der wohl härtesten und tiefgreifendsten Inflation, die die Weltwirtschaft kennt, Wirtschaft und Politik in Deutschland an den Rand des Ruins führten. Selbst die Währungsreform von 1923/24 und die folgende kurze wirtschaftliche Erholungsphase können über die falschen Maßnahmen nach dem Ersten Weltkrieg nicht hinwegtäuschen. Die Weltwirtschaftskrise von 1929, die Bankenkrise von 1931, die nachfolgenden Stillhaltememoranden und die Beschlagnahme des Auslandsvermögens machten Deutschland, das vor 1914 eines der be-

deutendsten Gläubigerländer war, zum größten Schuldnerland der Welt.
Im September 1950, ein Jahr nach den ersten Vorstößen von deutscher Seite, fand in New York eine Konferenz der Außenminister Englands, Frankreichs und der USA statt, in der auch über die deutsche Schuldenfrage gesprochen wurde. Die drei westlichen Regierungen bekundeten die Überzeugung, daß es wünschenswert wäre, »Deutschlands Kredit wiederherzustellen« und eine ordnungsgemäße Regelung der deutschen Schulden vorzusehen. In einem Schreiben vom 23. Oktober 1950 teilte der damalige Vorsitzende des Rates der »Alliierten Hohen Kommission«, Ivone Kirkpatrick, Bundeskanzler Adenauer die Konferenzergebnisse mit. Sein Schreiben enthielt ferner die Aufforderung, sich für die Vorkriegsschulden des Deutschen Reiches verantwortlich zu erklären sowie die Forderungen aus der Wirtschaftshilfe der drei Besatzungsmächte nach dem Zweiten Weltkrieg anzuerkennen. Zugleich wurden die Teilnahme der Bundesrepublik an den Schuldenverhandlungen sowie die Beteiligung an der Aufstellung eines Schuldenplanes gewünscht.
Es dauerte jedoch Wochen und Monate, bis Adenauer am 6. März 1951 eine Antwort an die »Alliierte Hohe Kommission« absandte, nachdem er sich in vielen Sitzungen mit zuständigen Mitgliedern der Regierung, Vertretern der Ressorts, der Bank deutscher Länder sowie einzelnen Parlamentariern intensiv besprochen hatte. Auf die Formulierung des Briefes hatte der Bundeskanzler selbst große Sorgfalt verwandt, weil er die Ausgangsbasis für die Londoner Verhandlungen bilden sollte.
In dem Antwortschreiben bestätigte die Bundesrepublik unter anderem, daß sie für die äußeren Vorkriegsschulden des Deutschen Reiches haftet, auch für Zinsen und Kosten bestimmter Obligationen der österreichischen Regierung. Bei der Feststellung von Art und Ausmaß der Verpflichtungen sollte der allgemeinen Lage der Bundesrepublik und insbesondere den Wirkungen der territorialen Beschränkung ihrer Herrschaftsgewalt und ihrer Zahlungsfähigkeit Rechnung getragen werden. Die Bundesregierung erkannte ferner dem Grunde nach die Schulden aus der Nachkriegswirtschaftshilfe an und erklärte sich bereit, den Verpflichtungen aus dieser Wirtschaftshilfe Vorrang gegenüber allen anderen ausländischen For-

derungen einzuräumen. Sie brachte auch den Wunsch zum Ausdruck, den Zahlungsdienst für die deutsche äußere Schuld wieder aufzunehmen. Dabei sollte im Einverständnis mit den Regierungen Frankreichs, Englands und der USA ein Zahlungsplan ausgearbeitet werden, der der allgemeinen Wirtschaftslage der Bundesrepublik Rechnung trüge, insbesondere der Zunahme ihrer Lasten und der Minderung ihrer volkswirtschaftlichen Substanz.
Dieser Brief wurde von der »Alliierten Hohen Kommission« noch am gleichen Tage (6. 3. 1951) inhaltlich bestätigt. Aufgrund dieses Schriftwechsels bildeten die westlichen Alliierten einen Dreimächte-Ausschuß für deutsche Schulden und luden die Bundesrepublik ein, an vorbereitenden Beratungen teilzunehmen.
Während einer vorbereitenden Konferenz im Juni/Juli 1951 war in Aussicht genommen worden, noch vor Beginn der Hauptkonferenz in Besprechungen über die Nachkriegsschulden einzutreten. Diese Beratungen fanden im Lancaster House in London vom 26. 11. bis 10. 12. 1951 statt, wurden aber erst Ende 1952/Anfang 1953 zu Ende geführt. Unter den Nachkriegsschulden waren die beiden wichtigsten Positionen die US-Gelder aus dem Marshall-Plan und dem GARIOA-Programm, die vor dem Marshall-Plan in erheblichen Beträgen nach Deutschland geflossen waren, sowie – in geringerer Größenordnung – die sogenannte Steg-Hilfe – Sachlieferungen aus amerikanischen Heeresbeständen. Die gesamte Nachkriegshilfe der Amerikaner umfaßte einen Betrag von rund 3,2 Milliarden Dollar. Daneben gab es Verpflichtungen an England in Höhe von ursprünglich 240 Millionen Pfund und an Frankreich in Höhe von 15,8 Millionen Dollar. In den Verhandlungen erklärte sich Amerika bereit, seine Forderungen von 3,2 Milliarden Dollar auf 1,2 Milliarden zu reduzieren und während der ersten fünf Jahre nur Zinszahlungen zu verlangen; England reduzierte die zunächst 240 Millionen Pfund auf 201,8 Millionen und schließlich auf 150 Millionen Pfund, zahlbar in zwanzig Jahresraten ohne Zinsberechnung, während die Amerikaner zur Tilgung ihrer Forderungen mit zweieinhalb Prozent Zinsen Annuitäten während eines Zeitraums von 30 Jahren festgelegt hatten. Frankreich forderte von seinen zunächst 15,8 Millionen Dollar noch 11,84 Millionen Dollar, die, ähnlich wie die englische Schuld, in zwanzig Jahresraten zu tilgen waren.

Ausgangspunkt für die Vorkriegsschulden, die in London in der Hauptkonferenz vom 28. 2. bis zum 8. 8. 1952 verhandelt wurden, war der Basler Bericht aus dem Jahre 1931, der eine Gesamtauslandsverschuldung Deutschlands von annähernd 30 Milliarden Reichsmark (Goldmark) feststellte. Das geschah zu einem Zeitpunkt, als der Dollar noch Goldparität hatte, als das Pfund noch 20,40 Reichsmark und der Dollar noch 4,20 Reichsmark wert waren. Diese Schulden hatten sich bis kurz vor dem Zweiten Weltkrieg auf annähernd 10 Milliarden Reichsmark reduziert. Diese Reduzierung war auf der einen Seite durch echte Rückzahlungen, zu einem Teil durch Tilgung in Mark, zu einem nicht allzu geringen Teil durch Rückkauf unter pari von Auslandsanleihen, zu einem weiteren erheblichen Teil aber durch die Abwertung des englischen Pfundes im September 1931, später des Dollars, des holländischen Guldens, des französischen und Schweizer Frankens, entstanden.

Nach dem Krieg wurde einschließlich der aufgelaufenen Zinsen eine Gesamtverschuldung – wohlgemerkt: reine Vorkriegsschulden – von rund 13,5 Milliarden DM festgestellt. Dadurch, daß die Goldklausel durch eine Dollarklausel ersetzt wurde, blieben schließlich noch 9,6 Milliarden DM übrig. Diese 9,6 Milliarden DM wurden von den beteiligten Gläubigerländern auf 7,3 Milliarden DM reduziert.

Diese Vorkriegsschulden bestanden vor allem aus 4 Hauptgruppen:

1. den Staatsschulden, den Länderschulden, den Schulden der Gemeinden und Körperschaften des öffentlichen Rechts des Deutschen Reiches, wie Reichspost, Reichsbank usw.;
2. den privaten Industrieanleihen, aufgenommen von deutschen Industrieschuldnern;
3. den Stillhalteschulden;
4. allen übrigen Schulden.

Zur ersten Gruppe zählten insbesondere die Dawes-Anleihe, die Young-Anleihe und die Schwedische Zündholzanleihe sowie eine Forderung der sogenannten Mixed Claims Commission – Forderungen aus Schäden und Sabotageakten Deutscher 1917 in Amerika –, eine belgische Forderung sowie Zinsforderungen Österreichs, die aus einer früheren Anleihe zwischen 1938 und 1945 aufgelaufen waren, und Forderungen aus der Konversions- und Verrechnungskasse.

In die zweite Gruppe fallen die Schulden aus den Auslandsanleihen der deutschen Wirtschaft, in die dritte Gruppe die Stillhaltekredite, das waren die kurzfristigen Verpflichtungen der deutschen Wirtschaft, insbesondere der Banken, die im Jahre 1931 den ausländischen Banken gegenüber mit über 7 Milliarden Reichsmark verschuldet waren. Zum Zeitpunkt des Londoner Schuldenabkommens belief sich der Gesamtbetrag dieser ausstehenden Schulden noch auf etwa 350 Millionen DM.

Zur vierten Gruppe sind insbesondere die über 300000 einzelnen Schuldverhältnisse mit einem Gesamtbetrag von etwa 1,2 Milliarden DM aus Handelsgeschäften, aus alten Pensionsverträgen, aus Sozialversicherungen, aus Vorauszahlungen ausländischer Besteller an die deutsche Industrie, aus dem kleinen und privaten Kapitalverkehr, aus finanziellen Beziehungen zwischen ausländischen Muttergesellschaften zu ihren inländischen Töchtern sowie aus Honorarverträgen, um nur einige zu nennen, zu rechnen.

Am 23. Mai 1952 machte die Deutsche Delegation an die Adresse der Gläubiger ein Angebot über eine Jahresleistung in Höhe von 500 Millionen DM, die nach fünf Jahren auf 600 Millionen DM angehoben werden sollte. Dieses Angebot wurde jedoch am 30. Mai als vollkommen unbefriedigend abgelehnt. In Bezug auf die Höhe des Betrages einigten sich Schuldner und Gläubiger schließlich auf 567 Millionen DM, die nach fünf Jahren auf 765 Millionen DM erhöht werden sollten.

Die Forderungen der Gläubiger erregten in Deutschland, insbesondere bei der Bank deutscher Länder, große Besorgnis. In verschiedenen Briefen an Bundeskanzler Adenauer, Wirtschaftsminister Erhard und Finanzminister Schäffer versuchte ihr Präsident, Wilhelm Vocke, das Bundeskabinett zum Abbruch der Verhandlungen zu bewegen. Er begründete seine Sorge vor allem mit dem schlechten Gold- und Devisenbestand der Bank deutscher Länder. Die Devisenlage war zwar zu Beginn der Verhandlungen durchaus noch prekär. Gegenüber der Europäischen Zahlungsunion (EZU) ergab sich – laut Statistik der Deutschen Bundesbank – von Juli 1950 bis Juni 1951 ein Passivsaldo von 284 Millionen Rechnungseinheiten (US-Dollar). Noch im Frühjahr 1952 betrug der Passivsaldo 120 Millionen Dollar (RE). Die Situation besserte sich dann bald. Aber anzunehmen, daß diese Besserung von Dauer sein würde, dazu gehörte seinerzeit viel Mut. In zahlreichen persönlichen Gesprächen und Telefonaten versuchte die Deutsche Delegation im Sommer 1952, die Kritiker in Deutschland davon zu überzeugen, daß sich in den folgenden Jahren durch die Normalisierung des deutschen Imports und Exports die deutsche Leistungsbilanz verbessern würde und daß nach einigen Jahren niemand mehr über den Betrag von 567 beziehungsweise 765 Millionen DM reden würde.

Mit Rückendeckung von Konrad Adenauer konnte schließlich am 8. August 1952 das Abkommen mit den Gläubigervertretungen in London unterzeichnet werden. Im September begannen dann in London die ersten Regierungsverhandlungen, die schließlich am 27. Februar 1953 in London zur Unterzeichnung des internationalen Abkommens über die Regelung der deutschen Auslandsschulden, der Vor- und Nachkriegsschulden, führten.

Bereits im September 1952 war in Luxemburg ein anderes Abkommen unterzeichnet worden, das als Wiedergutmachung für die im deutschen Namen verübten Verbrechen an den europäischen Juden die Zahlung von 3 Milliarden DM – in Warenleistungen – an den Staat Israel vorsah. Außerdem wurden 450 Millionen DM an die Jewish Claims Conference, die Interessenvertretung der nicht in Israel lebenden jüdischen Flüchtlinge, überwiesen. Obwohl die Forderungen Israels die Deutsche Delegation in London gegenüber den anderen Gläubigern vor gewisse Probleme stellten, setzte sie sich, vor allem auf Wunsch Konrad Adenauers, in den Monaten Juni/Juli 1952 für einen zügigen Fortgang dieser Besprechungen und die Überwindung von berechtigten Hemmungen im Bundesfinanzministerium ein, so daß das obengenannte Abkommen schließlich unterschrieben werden konnte und die Bundesrepublik – neben der Zahlung der alten Schulden, die sie international wieder kreditwürdig machte – auch Anspruch auf »moralischen Kredit« erwarb.

Eine heutige Beurteilung des Londoner Abkommens muß die damalige wirtschaftliche Lage der Bundesrepublik Deutschland, die seinerzeitige weltwirtschaftliche Lage und das allgemeinpolitische Klima berücksichtigen, um zu richtigen Schlußfolgerungen zu gelangen. Nach dem Zusammenbruch des Deutschen Reiches, nach den umfangreichen Zerstörungen und Gebietsabtretungen konnten

1952 weder die Deutschen selbst noch die alliierten Mächte und die übrigen Gläubigerländer voraussehen, welche Leistungen die junge Bundesrepublik Deutschland – noch dazu über viele Jahre – würde erbringen können. Die Währungsreform mit ihren drastischen Eingriffen in die Substanz des Umlaufvermögens von Wirtschaft und Privaten war noch nicht verkraftet. Und doch schon recht schnell stellte sich heraus, daß meine positiven Entwicklungsvoraussagen vom August 1952 – das heißt bei Konferenzabschluß – richtig waren. Der Außenhandel der Bundesrepublik Deutschland zum Beispiel brachte diese Entwicklung bald klar zum Ausdruck. Der Export hatte sich bis 1955 gegenüber 1950 mehr als verdreifacht, der Import in gleicher Zeit mehr als verdoppelt. Wichtig war, daß sich in den ersten fünf Jahren der Laufzeit des Abkommens herauskristallisierte, ob die Bundesrepublik Deutschland zur Erfüllung der Verpflichtungen von London in der Lage sein würde oder nicht. In der Tat verlief der Außenhandel auch nach 1955 für Deutschland weiter sehr günstig. Von 1953 – dem Jahr des Inkrafttretens des Abkommens – bis 1958, also in den ersten fünf Jahren, stieg der Export von 18,5 auf 37,0 Milliarden DM; der Import erhöhte sich von 16,0 auf 32,0 Milliarden DM und der Aktivsaldo der Handelsbilanz verdoppelte sich von 2,5 auf 5,0 Milliarden DM.
Gleichzeitig war mit den Verhandlungen über das Londoner Schuldenabkommen eine Senkung des Diskontsatzes im Jahre 1952 von 6 über 5 auf 4,5 Prozent möglich geworden – 1953 sank er weiter über 4 auf 3,5 Prozent und 1954 auf 3 Prozent. Dadurch wurde die Wirtschaftsentwicklung, insbesondere die Investitionstätigkeit, stark angeregt. Die liberale Wirtschaftspolitik von Professor Erhard unterstützte den Wirtschaftsaufschwung, den die Bundesregierung sogleich zur Erfüllung ihrer Abkommensverpflichtungen ausnutzte. Schon im März 1954 schrieb der Schweizer Bankverein in seinem Bulletin »... der deutsche Vertragspartner bemüht sich offensichtlich, seinen Verpflichtungen in vollem Umfang und termingerecht nachzukommen«. Die Bundesrepublik ging von sich aus sogar noch einen Schritt weiter, indem sie den Transfer von Erträgnissen aus direkten Vermögensanlagen in großem Ausmaß und überraschend schnell freigab. Damit lud sie sich zusammen mit den Wiedergutmachungs- und Entschädigungszahlungen erhebliche, die Bela-

stung aus dem Londoner Abkommen übersteigende Transferverpflichtungen auf.
Bis Ende 1960 war der gesamte Schuldenberg des Londoner Schuldenabkommens bis auf 8,054 Milliarden DM abgetragen. Die Bundesrepublik leistete im Jahre 1959 eine hohe Vorauszahlung von rund 903 Millionen DM auf die Nachkriegs-Wirtschaftshilfe, und zwar in Höhe von 630 Millionen DM an die Vereinigten Staaten von Amerika sowie 273 Millionen DM an Großbritannien und Frankreich (rund 265 und 8 Millionen DM). Als Art Devisenhilfe für Großbritannien hatte die Bundesbank bereits 1957 bei der Bank von England ein Depot von 75 Millionen Pfund bereitgestellt, aus dem die jährlichen Tilgungsraten von jeweils 7,5 Millionen Pfund für die zehn Jahre 1957 bis 1966 fließen sollten.
Die Erfüllung des Londoner Schuldenabkommens machte nach 1960 ebenso gute Fortschritte wie vordem. Schon im Jahre 1961 kam es zu einer weiteren beträchtlichen Vorauszahlung auf die Forderungen aus der Nachkriegs-Wirtschaftshilfe. Aufgrund von Vereinbarungen mit der amerikanischen, der britischen und der französischen Regierung – die Verhandlungen mit den USA wurden seit Herbst 1960 geführt und kamen am 25. April 1961 zum Abschluß – leistete die Bundesbank am 28. April 1961 einen Teilbetrag im Gegenwert von 587 Millionen Dollar auf die Nachkriegsforderungen der USA und übernahm in dieser Höhe die amerikanische Forderung gegen den Bund. Gegenüber Großbritannien löste die Bundesbank die gesamte Restschuld aus der Nachkriegs-Wirtschaftshilfe in Höhe von 67,5 Millionen Pfund (auch im April 1961) und gegenüber Frankreich – Mai 1961 – die Restschuld in Höhe von 5,328 Millionen Dollar ab. Insgesamt beliefen sich diese Vorauszahlungen auf mehr als 3,12 Milliarden DM. Damit waren bereits im Jahre 1961 die deutschen Verbindlichkeiten aus der Nachkriegs-Wirtschaftshilfe gegenüber den USA bis auf einen Rest von 200 Millionen US-Dollar gegenüber Großbritannien und Frankreich vollständig vorzeitig getilgt. Eigentlich hätten sie erst 1972 beziehungsweise 1987 (USA) zurückgezahlt sein sollen.
An dieser Stelle soll noch ein kleiner Überblick über die Liberalisierungsmaßnahmen gegeben werden, die von der Bank deutscher Länder getroffen wurden, nachdem die Voraussetzungen hierfür

durch die Regelung der deutschen Auslandsschulden und das Inkrafttreten des Londoner Abkommens geschaffen waren. Mit Wirkung vom 1. Januar 1953 ließ die Bank deutscher Länder zum Transfer zu: Dividenden und sonstige Gewinnanteile, Gewinne aus dem Betrieb von Unternehmen, Zinsen von Wertpapieren und Hypothekenbriefen, Miete und Pacht und dergleichen. Ende 1953 und Anfang 1954 wurden gewisse weitere, zunächst noch nicht abgebaute Beschränkungen aufgehoben. Damit waren praktisch alle Erträgnisse aus Vermögensanlagen von Devisen-Ausländern – außer Zinsen auf DM-Sperrguthaben – transferierbar geworden.
Sehr schnell wurden ebenfalls bei DM-Sperrguthaben Erleichterungen getroffen. Ab 16. September 1954 konnten alle Sperrguthaben, originäre und erworbene und ohne Rücksicht auf ihre Entstehung, über Zahlungsabkommen im Verrechnungswesen in das Ausland transferiert oder auf beschränkt konvertierbare DM-Konten bei inländischen Geldinstituten übertragen werden. Gleichzeitig erleichterte man für diese Guthaben die Investitionsmöglichkeiten – in fast allen Formen – und die sonstigen Verwendungen im Bundesgebiet. Die Guthaben wurden in »liberalisierte Kapitalguthaben« umbenannt, das heißt, sie haben damit nach 23 Jahren (1931) ihren Charakter als Sperrguthaben verloren. Nach weiteren vier Jahren, am 1. Juli 1958, schaffte man die liberalisierte Kapitalmark ab. Die berechtigten Ausländer konnten diese Guthaben entweder in beliebiger Währung ins Ausland transferieren oder auf ein frei oder beschränkt konvertierbares DM-Konto übertragen. Und am 29. Dezember des gleichen Jahres wurde die Deutsche Mark für Ausländer frei konvertierbar. Die bisherigen frei konvertierbaren und beschränkt konvertierbaren DM-Konten faßte man zu einheitlichen Ausländer-DM-Konten zusammen. Die Herstellung der Konvertibilität der Deutschen Mark erfolgte gleichzeitig mit dem Konvertierbarwerden anderer europäischer Währungen. Das bedeutete zugleich das Ende der Europäischen Zahlungsunion (EZU) – die Auflösung wurde am 15. 1. 1959 rechtswirksam –, die ab 29. Dezember 1958 durch das Europäische Währungsabkommen (EWA) ersetzt wurde.
Die Krönung der vorher erwähnten Liberalisierungsmaßnahmen der Bank deutscher Länder und der Bundesregierung seit Anfang

der fünfziger Jahre bildete der erwähnte Übergang der D-Mark zur Konvertibilität Ende 1958. Es ist kaum vorstellbar, daß dieses Ergebnis in so kurzer Zeit, also in fünf Jahren nach Inkrafttreten des Londoner Schuldenabkommens, ohne den erfolgreichen Abschluß dieser Londoner Schuldenverhandlungen hätte erzielt werden können. Die Wiederherstellung des Vertrauens zwischen den deutschen Ex- und Importeuren und ihren ausländischen Partnern war die Voraussetzung für das zügige Ingangkommen des Außenhandels und den raschen Aufbau der Wirtschaft in der Bundesrepublik Deutschland. Sie hatte wirtschaftlich die westlichen Nachbarn in Europa eingeholt, als sie als Mitglied der 1957 gegründeten Europäischen Wirtschaftsgemeinschaft voll akzeptiert wurde. Aber nicht nur die Bundesrepublik Deutschland, sondern die ganze westliche Welt profitierte von dem wiedergewonnenen Vertrauen.

Der Wiederaufbau des deutschen Bankensystems

Die Gründung der Bank deutscher Länder

Der geschilderte wirtschaftliche Wiederaufstieg der Bundesrepublik Deutschland wäre natürlich ohne ein funktionierendes Bankensystem nicht möglich gewesen. Nachdem 1945 auf der Potsdamer Konferenz eine grundsätzliche Einigung über die Dezentralisierung der deutschen Volkswirtschaft erzielt worden war, beschäftigten sich die Besatzungsmächte intensiv mit Plänen für die zukünftige Gestaltung des deutschen Bankensystems. In Berlin waren die Hauptverwaltungen der Großbanken gleich nach dem Einmarsch der sowjetischen Truppe geschlossen worden, und die im ersten Verordnungsblatt der Stadt Berlin abgedruckte Verfügung des Magistrats vom 5. Juni 1945 untersagte ihnen jede weitere Geschäftstätigkeit. Zum zentralen Bankplatz entwickelte sich zunächst Hamburg, wo die drei Großbanken und die Reichsbank sogenannte Leitstellen errichteten, um die Tätigkeit ihrer Filialen notdürftig koordinieren zu können.
Für den Bereich der westlichen Besatzungszonen war die amerikanische Militärregierung die treibende Kraft einer Dezentralisierung des Bankwesens. Bereits im Dezember 1945 ergingen Anweisungen

an die Ministerpräsidenten der drei Länder ihrer Zone, »eine sofortige Dezentralisierung des Bankwesens in die Wege zu leiten mit dem Ziel, die finanzielle Monopolstellung der Reichsbank und der Großbanken zu beseitigen«. Neu zu errichtende Landeszentralbanken sollten als Finanzierungsinstitute für den Staat und die Privatbanken fungieren. Uneinigkeit zwischen den Besatzungsmächten über die Ausgestaltung eines solchen dezentralen Bankensystems zeigte sich besonders deutlich bei der Frage, welche Kompetenzen einer den Landeszentralbanken übergeordneten Zentralbehörde zuerkannt werden sollten; die Viermächteverhandlungen darüber scheiterten im Oktober 1946.

Eine unmittelbare Folge dieser Auseinandersetzungen zwischen den Besatzungsmächten war die Verzögerung der Währungsreform. Sie war ohne ein funktionierendes und nach einheitlichen Grundsätzen organisiertes Zentralbanksystem nicht denkbar. Die Aussichten für eine Beteiligung der sowjetischen Besatzungszone schwanden nach der Moskauer Außenministerratstagung im Frühjahr 1947 rapide, zugleich förderte die im Zeichen des beginnenden Kalten Krieges einsetzende Abgrenzung gegenüber dem ehemaligen Bündnispartner die Annäherung der Standpunkte der westlichen Alliierten.

Zunächst jedoch ging die amerikanische Militärregierung an eine Verwirklichung ihrer Vorstellungen hinsichtlich der zukünftigen Gestaltung des deutschen Bankwesens. In Bayern, Württemberg-Baden und Hessen entstanden zum 1. Januar 1947 die ersten Landeszentralbanken. Gleichzeitig liefen die Bestrebungen zur Dezentralisierung des übrigen Bankenapparates weiter, die am 6. Mai 1947 ihren Niederschlag im Gesetz Nr. 57 der amerikanischen Militärregierung fanden. Frankreich folgte dem amerikanischen Beispiel, während in der britischen Zone die bisherige Organisationsform vorerst beibehalten wurde. Ein Zwang zur Vereinheitlichung ergab sich erst durch die zunehmende Bedeutung der bizonalen Verwaltung, die sich mehr und mehr vom ökonomisch motivierten Provisorium zur Vorstufe eines künftigen westdeutschen Staates entwickelte.

Obwohl ein wesentlicher Konfliktpunkt in der Ausgestaltung des Zentralbanksystems gesehen werden muß, kann dessen Organisation nicht unabhängig von der des übrigen Bankenapparates gesehen werden. Bei den Verhandlungen zwischen der britischen und der amerikanischen Militärregierung entwickelte sich ein Kompromiß aus der amerikanischen Forderung nach einer Gestaltung der Zentralbank nach dem Muster des amerikanischen Federal Reserve Systems, verbunden mit einer möglichst weitgehenden Dezentralisierung des Systems der privaten Geschäftsbanken auf der einen Seite und der britischen Befürwortung eines zumindest zentral gesteuerten Zentralbanksystems auf der anderen, der die Gründung der Bank deutscher Länder als gemeinsames Institut der elf Landeszentralbanken zum 1. März 1948 zur Folge hatte. Ihre Organe waren der Zentralbankrat und das Direktorium.

Am 2. April 1948 wurden Otto Schniewind zum Präsidenten des Zentralbankrates und ich zum Vizepräsidenten und damit zum Präsidenten des Direktoriums gewählt. Wir stellten jedoch vier Bedingungen, von denen vor allem die vierte, nämlich ein gemeinsames Vetorecht bei der Ausdehnung von Krediten an die öffentliche Hand, für die Alliierten unannehmbar war, so daß wir die Berufung ablehnten. Daraufhin wurden Karl Bernard zum Präsidenten des Zentralbankrates und Wilhelm Vocke zum Vizepräsidenten des Zentralbankrates und damit zum Präsidenten des Direktoriums gewählt.

Die Bank deutscher Länder ist aufgrund ihres zweistufigen Aufbaus zwar später oft als ein Abbild des amerikanischen Notenbanksystems angesehen worden, doch war die Ähnlichkeit nur sehr äußerlicher Natur. Der grundlegende Unterschied war darin zu sehen, daß in Westdeutschland an der Spitze des Systems eine Bank stand, nicht nur eine reine Koordinierungsinstanz wie das Federal Reserve Board. Im übrigen entwickelte sich die Praxis der deutschen Notenbankpolitik anders als vorhergesehen, jedenfalls in punkto Entscheidungsbildung: das formal zweistufige System arbeitete faktisch wie ein einstufiges. Hatte man 1948 verschiedentlich noch angenommen, dem Präsidenten des Zentralbankrates werde die stärkere Stellung zukommen, so zeigte sich in der Realität, wie sehr die Möglichkeiten der Ämter durch die Personen entwickelt wurden, die sie ausfüllten. Neben Wilhelm Vocke, der als Präsident alsbald das öffentliche Bild der Bank deutscher Länder zu prägen begann, wirkte Karl Bernard, obwohl von der Konstruktion des Systems her

in der besseren Position, eher unscheinbar. Das deutsche Zentralbanksystem wurde daher viel weniger föderativ geführt, als seine Initiatoren es beabsichtigt hatten – eigentlich eine Voraussetzung für sein tatsächliches Funktionieren.
Um die gleiche Zeit, im Juni 1948, wurden durch die Währungsreform die allgemeinen Voraussetzungen für eine Belebung der deutschen Wirtschaft deutlich verbessert, wenn in der Folgezeit für industrielle Investitionen Gelder beschafft und alle Hemmnisse der Marktwirtschaft beseitigt werden konnten. Ludwig Erhard hatte bereits am 21. April 1948 in einer Rede vor dem Wirtschaftsrat die Richtlinien für eine »Deutsche Wirtschaftspolitik« aufgestellt. Er rechnete damit, »daß unsere nach einer sorgfältig abgewogenen Währungsreform wieder rechenhaft gewordene Wirtschaft durch die ihr aus der Marshall-Plan-Hilfe zufließenden Mittel und den ökonomisch richtigen Einsatz eine nachhaltige und stetige Belebung erfahren wird«. Das Entscheidende in diesem Zitat war der »ökonomisch richtige Einsatz« der Gelder aus dem Marshall-Plan. Diese Aufgabe sollte von der Kreditanstalt für Wiederaufbau übernommen werden.

Die Kreditanstalt für Wiederaufbau (KfW)

Die Kreditanstalt für Wiederaufbau wurde durch Gesetz vom 5. November 1948 gegründet, um die Mittel aus dem Marshall-Plan (European Recovery Program, ERP) volkswirtschaftlich sinnvoll einzusetzen. Unter den damaligen Umständen ließ sich diese Zielsetzung nur durch Kreditlenkung erreichen. Im ersten Jahresbericht hieß es dazu: »Die Verteilung der Marshallplankredite in Westdeutschland durfte angesichts der starken Diskrepanz zwischen dem noch unergiebigen Angebot des heimischen Kapitalmarktes als Folge der sogenannten Währungsordnung und dem volkswirtschaftlich vordringlichen Bedarf an Investitionsmitteln, der durch den weitgehenden Zerstörungsgrad der deutschen Wirtschaft und den Verlust deutschen Produktionskapitals bedingt war, nicht dem freien Spiel der Kräfte überlassen bleiben. Sie mußte vielmehr planmäßig erfolgen, auch um ein Gegengewicht gegenüber etwa durch Selbstfinanzierung verursachten Kapitalfehlleitungen zu schaffen. Die Wiederherstellung der freien Marktwirtschaft auf dem Gebiet des Kapitals erscheint erst dann gerechtfertigt, wenn die wesentlichen Lücken in der Versorgung mit Investitionsmitteln durch verstärkte Kapitalbildung geschlossen sein werden.« Auch gab die Economic Cooperation Administration (ECA), die die Marshall-Plan-Gelder verwaltete, erst dann die Ermächtigung zur Verfügung über die sogenannten Counterpart Funds, wenn nachgewiesen worden war, daß bestimmte Investitionsprojekte im Einklang mit den Zielen des Marshall-Plans standen.

Mit Hilfe der Mittel aus dem Marshall-Plan und den gleichzeitig noch weiterlaufenden GARIOA-Geldern wurde ab 1948 vor allem die deutsche Lebensmittelversorgung gesichert, andererseits konnte mit der Beschaffung von Maschinen und Rohstoffen auch der industrielle Wiederaufbau beginnen. Dies zeigte sich deutlich an der veränderten Zusammensetzung der Warenbezüge: Der Anteil landwirtschaftlicher Einfuhren aus Marshall-Plan-Geldern betrug 1948/49 noch 55 Prozent, 1951/52 war er auf 36 Prozent gesunken, der Anteil von Industrieprodukten und Rohstoffen stieg dagegen von 37 Prozent auf 52 Prozent. Rund 80 Prozent aller ERP-Einfuhren kamen aus den Vereinigten Staaten. Da keine deutschen Schiffe mehr für den Transport zur Verfügung standen, mußten auch die Frachten aus den Dollarbeträgen gedeckt werden.

Während bis Ende 1949 die deutsche Beteiligung am Marshall-Plan auf Verträge zwischen den drei Besatzungszonen mit den Vereinigten Staaten zurückging, wurde die Bundesrepublik durch das »Abkommen über wirtschaftliche Zusammenarbeit zwischen den Vereinigten Staaten von Amerika und der Bundesrepublik Deutschland« vom 15. Dezember 1949 verantwortlicher Vertragspartner und war durch den Bundesminister für den Marshall-Plan, Franz Blücher, vertreten. Da die ERP-Hilfe nur Dollar beziehungsweise Waren bereitstellte, die innerhalb Westdeutschlands mit Deutscher Mark bezahlt wurden, begründete die Bundesrepublik ein »ERP-Sondervermögen«, dem folgende Werte zuflossen:

a) die von deutschen Importeuren für die GARIOA- und ERP-Einfuhren zu zahlenden DM-Gegenwerte (Counterpart Funds);

b) Tilgung und Zinsen für Investitionskredite, die aus diesen Gegenwerten gewährt wurden;

c) Zinsen aus sonstigen Anlageformen dieser Mittel.
Bis zum Ende der Marshall-Plan-Hilfe hatte dieses Vermögen bereits eine Höhe von über 5 Milliarden DM erreicht und wuchs durch Zinserträge weiter an. Damit hatte die Bundesrepublik einen Kapitalfonds geschaffen, der in Zusammenarbeit mit der amerikanischen Marshall-Plan-Verwaltung revolvierend zur darlehensweisen Finanzierung von Investitionsvorhaben und Aufbauarbeiten eingesetzt werden konnte. Unter Zwischenschaltung der Kreditanstalt für Wiederaufbau, die den größten Teil der ERP-Gelder in drei Tranchen (ECA I–III) zugeteilt bekam, zum Teil auch direkt durch die ECA-Verwaltung, wurden Kredite zu günstigen Zinsen an die verschiedensten Zweige der Wirtschaft vergeben. Zu den bevorzugten Empfängern gehörten die Kohle- und andere Grundstoffindustrien, die Elektrizitätswirtschaft, der Wohnungsbau und die Landwirtschaft.
Die Verwendung der »Gegenwertfonds« war grundsätzlich in den verschiedenen Empfängerländern unterschiedlich. In England und Norwegen zum Beispiel wurden sie ausschließlich zur Tilgung von Staatsschulden verwendet, um den inflationären Effekt der einströmenden Mittel zu vermeiden. In Frankreich, Italien und Westdeutschland fanden sie ausschließlich zur Finanzierung von Investitionen und Vorhaben des Wiederaufbaus Verwendung. Die Marshall-Plan-Hilfe empfangenden Länder sollten bis Ende 1952 nach Möglichkeit von einer ausländischen Hilfe unabhängig sein. Das heißt, die einzelnen Investitionsvorhaben sollten entweder devisensparend oder devisenbringend sein. Es mußte daher von Anfang an eine wesentliche Aufgabe der KfW sein, auch eigene Finanzierungsmöglichkeiten zu schaffen. Die beiden Anleihen – die 5½prozentige Wiederaufbauanleihe (nachträglich durch das Kapitalmarktförderungsgesetz steuerbegünstigt) und die 3½prozentige steuerfreie Wohnungsbauanleihe – waren daher ein erster Schritt und bedeutender Versuch.
Insbesondere die letztgenannten Möglichkeiten waren zwar bereits in der Entstehungsphase des KfW-Gesetzes eingehend diskutiert worden, in der Praxis standen ihr jedoch erhebliche Schwierigkeiten entgegen, denn von einem Kapitalmarkt im heutigen Sinne konnte man nur schlecht sprechen. Die Emission der beiden ersten

Anleihen der KfW, der dreieinhalbprozentigen Wohnungsbauanleihe und der fünfeinhalbprozentigen Wiederaufbauanleihe, stellte im September 1949 ein Experiment dar, das auch innerhalb des Verwaltungsrates der Kreditanstalt erhebliche Widerstände überwinden mußte. Gemessen an den Zahlen, die vor der Emission kursierten – man sprach im Sommer 1949 von einem erwarteten Erlös von 300 Millionen DM – waren die beiden Anleihen noch kein großer Erfolg, denn trotz Hinausschiebens des Zeichnungsschlusses konnten nur rund 40 Millionen DM im freien Markt untergebracht werden. Aber der politische Zweck wurde sicherlich erreicht: Die Emission sollte dokumentieren, daß Westdeutschland versuchte, auch aus eigener Kraft Quellen für die Finanzierung des Wiederaufbaus zu erschließen.

Der ursprüngliche Aufgabenbereich der KfW, die Verteilung der Marshall-Plan-Kredite aus den Gegenwertkonten, hatte sich rasch um weitere Betätigungsfelder erweitert: die Einschaltung in das Arbeitsbeschaffungsprogramm der Bundesregierung und in das Sonder-Investitionsprogramm für die exportintensive Industrie. Das aufgrund der Kabinettsentscheidung vom 12. 3. 1951 beschlossene und am 7. 1. 1952 in Kraft getretene »Gesetz über die Investitionshilfe der gewerblichen Wirtschaft« verpflichtete die gewerbliche Wirtschaft zur Aufbringung von 1,2 Milliarden DM zugunsten der Grundstoffindustrie. Mit der Verwaltung der Investitionsmittel war die »Industriekreditbank-Sondervermögen Investitionshilfe« beauftragt worden. Die Kreditanstalt wurde in denjenigen Fällen eingesetzt, in denen sie bereits die Finanzierungen begonnen hatte.

Bis Ende 1953 waren der KfW aus GARIOA-Mitteln und den drei ECA-Tranchen insgesamt 3514,1 Millionen DM bereitgestellt worden. Von diesem Gesamtbetrag wurden 148,7 Millionen DM nicht über die Kreditanstalt geleitet, sondern direkt anderen Instituten von der ECA-Verwaltung zur Verfügung gestellt. Den einzelnen Wirtschaftszweigen hatte die KfW aus den Gegenwertmitteln bis Ende 1953 3364,8 Millionen DM zugesagt, wovon diese zur gleichen Zeit 3347,8 Millionen DM abgerufen hatten. Die Spitze hielt die Elektrizität mit 835 Millionen DM, gefolgt von der Kohle (531 Millionen DM) und der sonstigen Industrie (495,2 Millionen DM). Wenn man die Gesamtfinanzierungsquellen der Kreditanstalt betrachtet, läßt sich feststellen, daß bis Ende 1953 6149,429 Millionen DM eingeplant waren, wovon ihr bereits 5666,069 Millionen DM bereitgestellt waren. Den größten Teil der Finanzierungsmittel hatte sie dabei aus den Gegenwertkonten erhalten (3688,965 Millionen DM). Bedeutend waren noch die Beträge aus der Investitionshilfe (705,675 Millionen DM) und die Mittel, die aus Zinsen und Tilgungen der Gegenwertkonten zurückflossen (674,545 Millionen DM). Diese Rückflüsse konnten im Revolving-Verfahren immer wieder neu verwendet werden, auch heute noch für wichtige Kredite der Infrastruktur und für Entwicklungsländer. Es muß in diesem Zusammenhang der damaligen Bundesregierung hoch angerechnet werden, daß sie die Marshall-Plan-Mittel aus Steuergeldern zurückzahlte und nicht aus den Rückflüssen der Gegenwertfonds.

Die Wiedererrichtung der Großbanken

Nachdem sich die Briten nach der Bildung der Trizone dem amerikanischen Vorgehen bei der Banken-Entflechtung angeschlossen hatten, politische Erwägungen sich somit als stärker erwiesen als wirtschaftliche Argumente, gab es statt der früheren drei Großbanken Deutsche Bank, Dresdner Bank und Commerzbank dreißig Institute, deren Geschäftskreis jeweils auf das Bundesland beschränkt war, in dem sie domizilierten. Ihre Namen durften nicht an den früheren erinnern.

Diese Bestimmung führte in mehreren Fällen dazu, daß Firmenbezeichnungen von Banken wiederauflebten, die vor Jahrzehnten durch Fusionen verschwunden waren.

Die 1945 in Hamburg eingerichteten Leitstellen mußten ihre Tätigkeit einstellen. Ein Versuch des dortigen Senats, quasi als Ausgleich die Bank deutscher Länder in Hamburg zu etablieren, blieb erfolglos.

In der Art ihrer Durchführung trugen die alliierten Entflechtungsmaßnahmen deutlich den Charakter des Provisorischen. Sie führten zu einem eigenartigen Konglomerat von Bewahrung alter Strukturen de jure und Schaffung neuer Institute de facto. Denn die alten Banken bestanden weiterhin, das in den Westzonen gelegene Vermögen blieb ihr Eigentum, nur war es einstweilen ihrer Verfügung entzogen. Die neuen Banken waren auf ihr Bundesland beschränkt und besaßen weder Grundkapital noch eine eigene Rechtspersönlichkeit, veröffentlichten auch keine Bilanzen – sie lebten vom Vertrauen ihrer Kundschaft. Die Aufsichtsfunktion wurde durch Treuhänder (»Custodians«) wahrgenommen. Es war klar, daß unter solchen Umständen das deutsche Bankwesen den Anforderungen, die der Wiederaufbau stellte, nicht gewachsen sein konnte.

Unter dem Datum des 31. Mai 1950 reichten die Vertreter der drei Großbanken einen Vorschlag betreffend die zukünftige Struktur der deutschen Aktienbanken ein, der darauf abzielte, wenigstens eine Teilzentralisierung zu erreichen, indem für jede Großbank die Errichtung von zumindest drei regionalen Aktienbanken gefordert wurde. In zähen Verhandlungen mit den Alliierten gelang es, dieses Programm zu verwirklichen. Das Ergebnis war das »Gesetz über den Niederlassungsbereich von Kreditinstituten« vom 29. März 1952, das zur Neuordnung des deutschen Bankwesens führte. Die Teilinstitute der ehemaligen Großbanken wurden zu je drei Nachfolgeinstituten zusammengefaßt. Da die »Altbanken« noch bestanden, konnte dies auf dem Weg der Ausgründung geschehen. Für eine Übergangszeit von drei Jahren war von der Bundesregierung gegenüber den Besatzungsmächten zugesichert worden, das Gesetz nicht zu ändern.

Dem danach folgenden Gesetz zur Aufhebung der Beschränkung der Niederlassungsbereiche von Kreditinstituten vom 24. Dezember 1956, das die endgültige Wiedervereinigung unter den früheren Namen ermöglichte, kamen die Nachfolgebanken durch Maßnahmen wie Gewinnausgleich, einheitliches Erscheinungsbild und ähnliche den Zusammenschluß vorwegnehmende Maßnahmen zuvor, so daß der Prozeß der Rezentralisierung im Jahre 1957 dann schließlich ohne große Probleme abgeschlossen werden konnte. Die Jahre der regionalen Beschränkungen hatten zu keinem Entfremdungsprozeß geführt.

Parallel dazu konsolidierte sich auch das westdeutsche Wirtschaftssystem. Bis zu Adenauers Wahlsieg 1953 hatte noch die Wirtschaftsordnung an sich zur Disposition gestanden, danach ging es nur noch um Fragen ihrer Ausgestaltung. Auch dafür waren die Bedingungen günstig. Wachstum erschien als eine Selbstverständlichkeit,

die Arbeitslosigkeit sank nach ihrem Höchststand 1950 ständig, die außenwirtschaftliche Lage war seit 1951 durch eine Aktivierung der Leistungsbilanz gekennzeichnet.
Ab 1954/55 tauchte im Gefolge der Hochkonjunktur der Begriff der »importierten Inflation« in der wirtschaftspolitischen Diskussion auf, der ab 1956 zu langanhaltenden, nur zeitweise sich beruhigenden Auseinandersetzungen über die Zweckmäßigkeit einer DM-Aufwertung führte. Die Aufwertung wurde 1961 durchgeführt, ein Vorgehen, das ich für falsch hielt.
Die Wiedererrichtung der Großbanken erlaubte es 1958 auch, an die Wiederbelebung eines Geschäftszweiges zu gehen, der lange Jahre nur mehr ein Schattendasein hatte führen können: das internationale Geschäft, insbesondere das Emissionsgeschäft. Hierzu war die internationale Anerkennung der DM als Hartwährung nötig, die durch die Erfüllung der im Londoner Schuldenabkommen eingegangenen Verpflichtungen und den stufenweisen Übergang zur vollen Konvertibilität gefördert wurde. Diese Bedingungen waren 1958 – wie bereits geschildert – erfüllt.
Ein Markstein für die Wiederaufnahme des deutschen Kapitalexports war in diesem Jahre die erste deutsche Auslandsanleihe seit 1914, die 5,5prozentige Wandelanleihe der Anglo American Corporation of South Africa. Neben den genannten Voraussetzungen war für den Erfolg dieser Emission bedeutsam, daß der deutsche Kapitalmarktzins sich von 7,5 Prozent zu Beginn des Jahres auf 5,5 Prozent am Jahresende ermäßigt hatte und dadurch einem Emittenten Konditionen geboten werden konnten, die mit denen der wichtigsten internationalen Märkte vergleichbar waren. Und es war immerhin ein bemerkenswerter Zufall, daß der Vertrag über die Anleihenemission genau fünf Jahre nach dem Inkrafttreten des Londoner Schuldenabkommens abgeschlossen wurde. Die Anleihe war bereits am ersten Tag mehrfach überzeichnet. Sie wurde, nachdem nur rund ein Prozent des Emissionsbetrages von fünfzig Millionen DM nicht in Aktien umgewandelt worden war, zum April 1964 zurückgezahlt.
Die Wiederaufnahme des deutschen Kapitalexports fällt auch in die Zeit einer Neuorientierung wirtschaftlicher Aktivitäten im politischen Umfeld. Entwicklungshilfe begann bedeutsam zu werden –

dies wird deutlich durch den Wandel der KfW von der Wiederaufbau- zur Entwicklungsbank –, und angesichts der weltpolitischen Konfrontation bedeutet Kapitalexport immer auch Selbstdarstellung mit dem Ziel, die Überlegenheit des eigenen gesellschaftlichen Ordnungsprinzips zu erweisen.

Karl Schiller

Die Grenzen der Wirtschaftspolitik aus der Sicht des Wirtschaftspolitikers

In einer Festschrift für Franz Josef Strauß Gedanken über Grenzen der Wirtschaftspolitik zu veröffentlichen, ist für mich eine vergnügliche Angelegenheit. Denn wir haben gemeinsam eine Rezession – erfolgreich – bekämpft und bei diesem Unterfangen doch wohl die Gebote der ökonomischen und finanziellen Vernunft nicht verletzt.

I.

Das Thema ist von sehr grundsätzlicher, fast philosophischer Bedeutung. Wenn ich es aus der Sicht des Wirtschaftspolitikers zu behandeln habe, so ist damit wohl nicht gedacht, daß ich die Grenzen der Wirtschaftspolitik lediglich an Hand von einigen praktischen Fällen beschreibe. Ein paar prinzipielle Erwägungen sind wohl auch in diesem Zusammenhang notwendig.
Vom Aspekt rein der praktischen Erfahrung könnte ich mir die Angelegenheit ziemlich leicht machen, indem ich ein Grunderlebnis erwähne, das ich in jenen langen Jahren an der Spitze von allerdings sehr aufgeklärten und sehr liberalen Bürokratien stets auf neue hatte. »Ich habe gerade dort die heilsame Strenge des Marktes erlebt. Ich konnte gerade von dort aus immer wieder beobachten, wie der Markt ohne Ansehen der Person Belehrungen erteilt und Sanktionen ausspricht.“[1] Und mehrmals konnte ich dann zu meinen Beamten sagen: »Nach jeder wirtschaftspolitischen Aktion hatte ich eigentlich den Eindruck, daß mir wieder einmal eine Injektion von

einigen Millionen Einheiten marktwirtschaftlicher Denkungsart verabreicht worden sei.«[2]

Unsere marktwirtschaftliche Ordnung ist in der Tat – auch unter heutigen Bedingungen – noch so vital, daß sie der Wirtschaftspolitik von sich aus Grenzen setzt oder zumindest diese Grenzen deutlich macht. Solche aus dem System herauskommenden Reaktionen auf wirtschaftspolitische Eingriffe können natürlich auch sehr schmerzhaft sein. Ich erinnere da an ein anderes Beispiel.

Vor vielen Jahren fand ein der Steuerreform gewidmeter Parteikongreß statt. Es waren noch die Zeiten der Vollbeschäftigung, der hohen Wachstumsraten und der immanenten Tendenz zur Aufwertung der DM–Umstände also, für die die gleichen Kongreßteilnehmer heute vieles hergeben würden, um sie auch nur teilweise zurückzugewinnen. Trotzdem war man sehr unzufrieden. Man wollte dem System immer mehr an Umverteilung abverlangen. Einige wollten letztlich, wie ich damals sagte, »eine andere Republik«. Ein Delegierter forderte: Wir sollten mit Hilfe einer sukzessiven Erhöhung der Einkommen- und Körperschaftsteuer die »Grenzen der Belastbarkeit« des ganzen Systems erproben. Nun, die Antwort auf diese Forderung lautet: Man kann die Grenzen der Belastbarkeit der Wirtschaft nicht wie in einem Labor mit Lackmuspapier testen, indem die Rot- oder Blaufärbung sofort ein Ergebnis zeigt; denn, wenn die Grenzen der Belastbarkeit der Wirtschaft tatsächlich überschritten worden sind, so offenbart sich dies nicht in einem sofortigen Einbruch oder gar Kollaps, sondern in einem lange schwelenden Prozeß der Stagnation oder gar der Schrumpfung. Die empirische Falsifikation des Eingriffs, das heißt die empirische Bestätigung der Grenzüberschreitung, erfolgt in einem längeren, unter Umständen sehr langen zeitlichen Abstand. Und eine logisch-kausale Zurechnung wird dann sehr schwer, oft unmöglich.

Damit komme ich schon auf ein drittes und viel aktuelleres, praktisches, allerdings sehr globales Beispiel zum Thema »Grenzen der Wirtschaftspolitik«: Wenn wir heute im internationalen Vergleich der Performance verschiedener Volkswirtschaften feststellen müssen, daß die USA und Japan uns in Europa weit vorausgeeilt sind, dann sprechen wir gerne und bedauernd von einer Eurosklerose. Diese Sklerose mag vielerlei Ursachen haben, zum Beispiel solche

endogener Natur, weil etwa Schumpetersche Unternehmer nicht mehr in genügender Anzahl in die Arena gehen, weil der hohe Wohlstand uns mit Risikoscheu erfüllt hat und ähnliches. Aber es kann doch wohl auch ein weiterer Ursachenkomplex vermutet werden, nämlich daß in vielen Bereichen der Wirtschaftspolitik, der Finanzpolitik, der Sozialpolitik usw. die Grenzen der Belastbarkeit europäischer Wirtschaften tatsächlich überschritten worden sind.
Aber nun möchte ich mich dem eigentlichen Thema zuwenden, wie denn diese Grenzen näher zu bestimmen sind.

II.

Um zu erkennen, was die Politik in der Wirtschaft anrichtet, betrachten wir erst einmal hypothetisch ein System, das gemäß dem Modell der vollkommenen Wettbewerbsgesellschaft organisiert ist, und fragen uns dann, wann und in welcher Weise ein Anlaß zu wirtschaftspolitischem Handeln gegeben ist.
In diesem Modell wird der Marktprozeß als Ganzes durch »allgemeine (oder abstrakte) Verhaltensregeln« geordnet, wie Friedrich von Hayek es uns gelehrt hat[3], ein System, das erstens den Menschen vor der Willkür diskretionärer Entscheidungen schützt, das aber zweitens zugleich auch das Regelwerk einer in sich ruhenden Wettbewerbsordnung bildet. Oder auch: Es besteht ein Angebot von Spielregeln, das jedem erlaubt, das Spiel mitzumachen, das aber dann von ihm Gehorsam gegenüber den Spielregeln verlangt[4]. In einer solchen Ordnung sind die »Eigentumsrechte« optimal entwickelt (oder gänzlich unbeschädigt) oder die »Transaktionskosten« minimiert[5]. Der Staat ist hier auf das Äußerste reduziert, was Hegel einen »Not- und Verstandesstaat« genannt hat[6]. In einem solchen Gemeinwesen sollte es, neben den wirtschaftlich wichtigen Ministerien, eigentlich nur zwei öffentlich-rechtliche oder quasi-staatliche Einrichtungen zur Sicherung der entscheidenden ökonomisch relevanten Randdaten geben: eine Notenbank, die für ein inflationsfreies, dem Wachstum des Produktionspotentials angemessenes Geldmengenangebot verantwortlich ist, und ein Kartellamt, das dafür sorgt, daß auf den Märkten wirklich Wettbewerb herrscht. Auch nach außen besteht in einer solchen Ordnung natürlich freier Austausch von Gütern, Leistungen und Kapital. Das Staatsbudget dient

der Produktion öffentlicher Güter und erfüllt in der Gesamtwirtschaft nur Allokations- und Distributionsfunktionen, besondere wirtschaftspolitische Aufgaben zur Beeinflussung der gesamtwirtschaftlichen Nachfrage oder des Angebots obliegen ihm nicht. Die Ministerien können so ziemlich auf die kleine Familie der klassischen Ressorts reduziert werden. Das hieße im ökonomischen Bereich: Der Finanzminister wäre reiner Haushalts- und Steuerminister, der Wirtschaftsminister wäre reiner Ordnungs- oder Überzeugungsminister[7], der Sozialminister hätte die Freiheit und Flexibilität der Arbeitsmärkte zu wahren und das Transfersystem zur sozialen Sicherung zu beaufsichtigen. Dieses Transfersystem könnte zu einem erheblichen Teil auch beim Finanzminister ressortieren, wenn es gelänge, eine Lieblingsidee moderner Liberaler, nämlich die Negativsteuer, zu verwirklichen. Eine solche Gesamtordnung – manche würden auch sagen Idealordnung – ist durchaus vorstellbar. Die Grenzen der Wirtschaftspolitik sind hier außerordentlich eng gezogen:

1. Ihre Hauptaufgabe besteht darin, »ein Rahmenwerk zu schaffen, innerhalb dessen der einzelne nicht nur frei entscheiden kann, sondern seine auf Ausnützung seiner persönlichen Kenntnisse gegründete Entscheidung soviel wie möglich zum Gesamterfolg beitragen wird«.[8] Hier geht es also um die für den marktwirtschaftlichen Prozeß möglichst günstigen Rahmenbedingungen. Wirtschaftspolitik ist hier in erster Linie Ordnungspolitik. Daher – bei äußerlich beschränkten Kompetenzen – die zentrale Rolle des Wirtschaftsministers als Ordnungs- oder Überzeugungsminister!

2. Quantitative Wirtschaftspolitik, welche also direkt auf Preise und/oder Mengen im Marktablauf einwirkt, ist hier prinzipiell verboten. Man könnte auch sagen, ihre Grenzen und ihr Spielraum sind, mathematisch gesprochen, auf einen Punkt zusammengeschrumpft – mit einer, allerdings fundamentalen, Ausnahme: Wir haben schon mit dem Thema »Transferleistungen« beziehungsweise »Negativsteuer« vermutet, daß es auch in einem solchen System Sozialpolitik, das heißt Verfahren der Umverteilung, gibt und Gesichtspunkte der Verteilungsgerechtigkeit zu beachten sind. Und bei solchen Umverteilungsvorgängen geht es sicherlich um Preise und Mengen (beispielsweise Einkommen und Vermögen), also um »quantitative

Politik«. Auch ein solcher »Not- und Verstandesstaat«, der die Wettbewerbsgesellschaft umgibt, steht also vor der Aufgabe, »die Prinzipien der Gerechtigkeit zu befriedigen mit dem geringsten Verlust an Effizienz«.[9] Wir wollen annehmen, daß es ihm gelingt, das Problem zu lösen, etwa formal nach den Grundsätzen von J. Rawls: »Die langfristigen Erwartungen der am wenigsten Bevorzugten werden auf das Niveau gesteigert, das mit dem allgemeinen Verlangen nach gleicher Freiheit (oder gleichem Bürgerrecht) vereinbar ist.«[10] Wir können weiter unterstellen, daß ein solches System mit einer derartigen Lösung stabil bleibt.

Soweit das Bild der Wettbewerbsgesellschaft oder auch der »Privatrechtsgesellschaft«, wie Franz Böhm sie nannte. In ihr ist der Spielraum der Wirtschaftspolitik also scharf begrenzt auf die beiden Aufgaben »Ordnung« und »soziale Gerechtigkeit«, letzteres in einem sehr eng definierten Sinne.

Wir alle wissen, daß die Wirklichkeit, in der wir leben, anders aussieht. Staatliche Subventionen und manchmal auch Interventionen verändern den Wirtschaftsablauf. Selbst im Rahmen des Gemeinsamen Marktes, wie wir die Europäische Gemeinschaft sehr euphemistisch nennen, gibt es in einigen Mitgliedsländern noch Preiskontrollen und Kapitalverkehrskontrollen, von den agraren Marktordnungen der EG ganz abgesehen. Die Arbeitsmärkte werden nicht nur durch kollektive Tarifabsprachen geregelt, sondern auch durch gesetzliche Bestimmungen über Arbeitszeiten, Sozialpläne, Lohnfortzahlung im Krankheitsfalle usw. berührt. Die öffentlichen Haushalte haben sich weit über die Erfüllung ihrer klassischen Funktionen hinaus ausgedehnt. Die Steuern dienen in großem Umfange auch nicht-fiskalischen Zwecken. Die Transfersysteme haben in vielen Ländern Europas das Volumen des Staatshaushaltes im engeren Sinne überschritten. In einigen Ländern sind außerdem ganze Wirtschaftszweige nationalisiert, in anderen sind einige Firmen rein durch den Zufall, daß sie einst mit staatlichen Mitteln saniert wurden, in das Eigentum der öffentlichen Hand geraten. Aus dem Not- und Verstandesstaat ist ein Wohlfahrts- oder gar Versorgungsstaat geworden. So ist es in vielen Ländern der westlichen Welt Mode geworden, von einer »gemischten Wirtschaftsordnung« zu sprechen. Dieses Verlegenheitswort hat viel Unheil angerichtet. Es lädt zu einer Wirtschaftspolitik ohne ordnungspolitische Skrupel und Grenzen ein.

Wenn wir nun die Fülle der wirtschaftspolitischen Möglichkeiten gedanklich ordnen wollen, so können wir die oben erwähnte Spannung zwischen Gerechtigkeit einerseits und Effizienz andererseits zum Ausgangspunkt nehmen. Maßnahmen im Sinne der sozialen Gerechtigkeit richten sich im allgemeinen auf bestimmte gesellschaftliche Gruppen, Branchen oder Firmen. Es sind jene Erscheinungsformen der Wirtschaftspolitik im weitesten Sinne, die sich auf die Veränderung der mikroökomomischen Relationen beziehen. Benachteiligten und Gefährdeten soll geholfen werden, Lasten sollen breiter verteilt werden usw. Andere Äußerungen der Wirtschaftspolitik zielen dagegen auf die gesamtwirtschaftliche Effizienz, auf das Niveau der volkswirtschaftlichen Aktivität, also die Beschäftigung, und auf die durchschnittliche Veränderung der Preise. Es ist dies die makroökonomisch orientierte Politik.

Untersuchen wir nunmehr beide Arten von Politik auf ihre Grenzen.

III.

Mikroökonomisch orientierte Politik beginnt heute im allgemeinen nicht im Stande der Unschuld, sie setzt nicht im ricardianischen Raum der vollkommenen Märkte ein. Sie erfolgt zumeist, nachdem dieser Raum vorher schon durch staatliche Eingriffe verändert wurde. Interventionen setzen sich im rekurrenten Anschluß an frühere Aktionen fort. Das heißt meistens: Vom Markte her geforderte Strukturwandlungen wurden schon seit längerer Zeit durch Zölle oder Subventionen zurückgestaut. Dieser Zustand verlangt dann erneute Eingriffe. Oft ist eine bestimmte Wirtschaftspolitik gar nicht unmittelbar ökonomisch veranlaßt, sondern die Folge der Aktivität anderer Ressorts. Die Gründe, für einen europäischen Airbus Subventionen zu zahlen, waren ursprünglich nicht nur luftfahrt- und technologiepolitischer Natur, sondern lagen mehr auf der Linie der Förderung der deutsch-französischen Freundschaft und Zusammenarbeit. Einmal eingerichtet, entwickeln dann solche Systeme starke Eigengesetzlichkeit.

Die Gründe solcher Subventionen und Interventionen, aus welchem Anlaß sie konkret auch immer erfolgen, sind letztlich Überlegungen der sozialen Gerechtigkeit im weitesten Sinne: Es sollen nationale oder regionale Arbeitsplätze erhalten oder entwickelt, und es sollen Einkommen geschützt werden. Gesamtwirtschaftliche Bedenken oder wohlfahrtstheoretische Überlegungen, ob dabei nicht die »gleiche Freiheit oder das gleiche Bürgerrecht« anderer Wirtschaftssubjekte behindert wird oder ob nicht die Entstehung »neuer Jobs« in anderen Sektoren unterdrückt wird, treten dabei gewöhnlich in den Hintergrund oder werden gänzlich außer acht gelassen.

Aber Stabilität ist solchen Interventionen und Subventionen kaum beschieden. Künstlich verbilligte Wohnungen führen auf der begünstigten Seite zur Wohnungsknappheit und auf der anderen Seite zum Wohnungsüberhang. Die Verteuerung der Kohle durch Zollkontingente steigert die Kosten im verarbeitenden Gewerbe und animiert die Substitution durch andere Energieträger. Und die agraren Marktregulierungen sorgen in steigendem Umfange für Überproduktionen; die mit öffentlichen Mitteln veranstalteten Einlagerungen werden teurer und teurer und müssen mit hohen Verlusten denaturiert, vernichtet oder im Ausland abgesetzt werden.

Sicherlich gibt es Subventionen, die auf Anhieb auch vor den Augen eines liberalen Ökonomen Bestand haben könnten. Ich denke da zum Beispiel an die weitverbreiteten Nahrungsmittelsubventionen in Entwicklungsländern. Hier geht es doch darum, einer in Armut lebenden Bevölkerung, die unmittelbar noch nichts oder wenig von den Segnungen der Teilindustrialisierung ihres Landes erfahren hat, wenigstens in Gestalt eines verbilligten Grundnahrungsmittels für eine gewisse Zeit einen Einkommensbonus zu gewähren. Auf diese Weise könnte man doch soziale Stabilität erwerben. Dies ließe sich auch wohlfahrtstheoretisch erklären. Die Schwierigkeiten liegen dann meistens darin, daß das System sich finanziell immer mehr ausweitet und schließlich tatsächlich auf Kosten allgemeiner Wachstumsmöglichkeiten geht.

Im Blick auf voll entwickelte Industriewirtschaften können wir das, was wir über Subventionen und Interventionen gesagt haben, folgendermaßen zusammenfassen: Das Marktsystem als Ganzes wehrt sich zwar gegen die Interventionen. Künstliche Abweichungen von den Gleichgewichtspreisen setzen Gegenkräfte in Gang, die die Stützung instabil machen. Wenn jedoch die interventionistische Politik dies verhindern will, muß sie zu weiteren Mitteln greifen. Wie die Erfahrung lehrt, hat das *nicht,* wie Friedrich von Hayek vor 40 Jahren befürchtete, die Gesellschaft auf den »Weg in die Knechtschaft« geführt. Aber es hat die Subventionen überaus zählebig gemacht. Oder es hat für einige Branchen besondere Stützungssysteme (Landwirtschaft), Quotenregelungen (Stahl) oder Zugangsbarrieren (Verkehr) hervorgebracht.

Das Marktsystem im ganzen wird damit gewissermaßen fragmentiert oder segmentiert, weil einige Teile einem Sonderstatus unterliegen. Vom Aspekt des allgemeinen Gleichgewichtssystems und des paretianischen Optimums ist ein solcher Zustand alles andere als wünschenswert. Wie kann man einer solchen Weiterentwicklung Einhalt gebieten? Ein Anlauf zu einer kraftvollen Politik des »roll back«, also einer generellen und durchgreifenden *Deregulierung* zur Öffnung der Märkte, hat schon seinen Sinn. Nicht umsonst kreist die öffentliche Debatte heute um Fragen wie den Abbau von Rigiditäten und die Erhöhung der Flexibilitäten. Tatsächlich sind die politischen Hemmnisse für eine solche Umkehr eminent. Die Analogie zu dem Handstreich Ludwig Erhards, als er 1948 im Gefolge der Währungsreform Güterbewirtschaftung und Preisfestsetzungen abschaffte, besteht nur begrenzt. Damals ging es um die Liquidation eines im Prinzip zentral gelenkten Systems, jetzt geht es um die Zurückdrängung eines sehr unsystematisch gewachsenen Verhaus von branchen- oder gruppenpolitischen Einzelmaßnahmen. Erfolge können hier nur Schritt für Schritt erreicht werden. Es ist nicht weiter erstaunlich, daß in einer solchen Situation die »Ökonomik der zweitbesten Lösungen« vorherrscht. Niemand ist in der Lage, auf allen Märkten alle Subventionen mit einem Schlage abzuschaffen und dafür das freie Spiel der Kräfte einzuführen. Wir werden ähnlichen Problemen bei der Betrachtung der heute so in Mode gekommenen Angebotspolitik begegnen.

Im internationalen Bereich hat sich eine Wirtschaftspolitik des »roll back« in verschiedenen Liberalisierungsrunden manifestiert. Die Einrichtung des GATT nach dem Krieg und die verschiedenen späteren kollektiven Anstrengungen zur Niederlegung von Handelshemmnissen haben ganz erheblich zur allgemeinen Wohlstandssteigerung beigetragen. Aber auch hier sind heute, angesichts der immer wieder zu beobachtenden Rückfälle in den Protektionismus, anscheinend Erfolge nur im »Schritt-für-Schritt-Verfahren« zu verwirklichen.

IV.

Nach den Fragen der Mikropolitik, den Problemen der Detailregulierung oder -subvention, wenden wir uns nun den Grenzen der Globalsteuerung, der Makropolitik oder auch der Stabilisierungspolitik, zu. Ihr Ansatzpunkt sollte ordnungspolitisch nicht zu beanstanden sein. Gemäß diesem Konzept sollen die einzelwirtschaftlichen Beziehungen prinzipiell frei bleiben. Es gilt die grundsätzliche Absage an jeglichen punktuellen Interventionismus, also an so ziemlich alles das, was wir im vorherigen Abschnitt behandelt haben. Makropolitik sollte ihrem wohlverstandenen Wesen nach immer »marktkonform« sein, Mikropolitik tendiert dagegen ins »Marktwidrige«. Dafür treten gesamtwirtschaftliche Zielpunkte in den Vordergrund, also das bekannte magische Dreieck im Stabilitäts- und Wachstumsgesetz von 1967: Stabilität des Preisniveaus, hoher Beschäftigungsgrad, außenwirtschaftliches Gleichgewicht – und als Nebenbedingung: stetiges und angemessenes Wirtschaftswachstum. Damit sind wir beim Thema Nachfragepolitik angekommen. Nun wollen wir den Streit der Wagen und Gesänge zwischen Nachfrage- und Angebotspolitik hier nicht in aller Breite vorführen. Es geht uns immer nur um die Grenzen des jeweiligen Konzepts.
Nachdem die Nachfragepolitik in der Bekämpfung der Rezession von 1967 in der Bundesrepublik mit raschem Erfolg angewendet worden war, wurde sie in den siebziger Jahren, besonders in der zweiten Hälfte, nicht mehr unter den ihr adäquaten Voraussetzungen – und dazu noch sehr extensiv – durchgeführt. Was vor allem ab 1978 als expansive Fiskalpolitik in einer nicht-keynesianischen Situation auch international betrieben wurde, kann nur als Abusus dieses Konzeptes bezeichnet werden. Dieser Mißbrauch mußte dann später zu der größten Stabilisierungskrise der Nachkriegszeit beitragen. Wir haben daher heute mit der Nachfragepolitik – im guten wie im schlechten – einen genügend großen Erfahrungsschatz gewonnen, um ihre Grenzen zu definieren. Eine solche Politik muß eindeutig bezogen sein auf den Fall der Rezession im Sinne eines

kumulativen Verfalls der allgemeinen Nachfrage, und ihre Grenzen werden dann sichtbar, wenn die Stabilitätserwartungen der Wirtschaftssubjekte in bezug auf Löhne und Preise tangiert werden. Dies alles wird heute wohl auch von einigen Vertretern der Angebotspolitik eingeräumt[11]. Trotz des allgemeinen Kahlschlages, den Angebotspolitiker und Monetaristen ansonsten auf diesem Felde veranstaltet haben, sollte man also sein nachfragepolitisches Pulver für den beschriebenen Kasus trocken halten.

Sicherlich hatten auch international in den siebziger Jahren die Zweifel in die spontanen Selbststeuerungskräfte des marktwirtschaftlichen Systems zugenommen, und entsprechend war der Glaube an die wirtschaftspolitische Steuerbarkeit des wirtschaftlichen Geschehens gewachsen, obgleich man angesichts des Tatbestandes der heraufziehenden Stagflation schon hätte nachdenklich werden müssen. Man hatte eben die Grenzen der Wirtschaftspolitik zu weit gezogen. Um so herber war dann in den frühen achtziger Jahren die Enttäuschung.[12]

Auf diese Ernüchterung hin gewann also das von verschiedenen Seiten – besonders dem Sachverständigenrat in der Bundesrepublik – vorbereitete Konzept der Angebotspolitik an Ansehen. Seine Grenzen sind viel schwieriger zu bestimmen; es steht bis heute auf dem Prüfstand der Praxis.

»Angebotspolitik läßt sich leider nicht – immer noch nicht – durch ›Draufzeigen‹ hinreichend deutlich definieren«, sagt Olaf Sievert mit Recht[13]. Im allgemeinen spricht man von der Verbesserung der Produktionsbedingungen im weitesten Sinne. Und da wir – wie wir uns immer wieder ins Gedächtnis zurückrufen müssen – in einer Welt voller Wettbewerbsverzerrungen und staatlicher Interventionen und Subventionen leben, ergibt sich ein großer Katalog von fälligen angebotspolitischen Maßnahmen, der sich ziemlich beliebig verlängern läßt, zum Beispiel von der Steuerpolitik bis hin zu Deregulierungen im Verkehrsbereich und zur Lockerung der Ladenschlußgesetze. Und gerade die Grenzenlosigkeit dieses Katalogs zeigt uns paradoxerweise die Grenzen der Angebotspolitik:

1. So sinnvoll die Vorschläge im einzelnen sein mögen, vor allem wenn es sich um ordnungspolitische Aufräumungsarbeit handelt, der Katalog kann auch dazu verführen, daß der Staat auf allen mög-

lichen Gebieten *interventionistisch* tätig wird. Wenn wir heute die Welle der staatlicherseits eingerichteten Technologiezentren bemerken, wenn gewissermaßen staatliche Baumschulen für den Unternehmernachwuchs propagiert werden, wenn jetzt auf europäischer Ebene eine »neue Industriepolitik« angepriesen wird, so könnte man schon meinen, wir seien in die Phase eines Neo-Merkantilismus eingetreten. Mancher spricht in diesem Zusammenhang schon von »angebotspolitischer Unrast«. Die Schumpetersche These von der Konkurrenz des »Neuen gegen das Alte« soll nun vom Staat übernommen werden. Dabei neigt der Staat bei uns – wer auch immer regieren möge – allemal dazu, das Vorhandene zu schützen. Ein gutes Beispiel bietet die Diskussion über die Einführung der neuen Medien: in deren Zentrum stehen doch erst einmal nur »Bestands- und Entwicklungsgarantien« für die alten Medien, dann folgt alles andere.

2. Angebotspolitik ist unbestrittenermaßen auf die »lange Frist« eingestellt, sie erfordert einen sehr hohen Zeitbedarf und von den Regierenden einen langen Atem. Das unterscheidet sie ganz wesentlich von der antizyklischen Nachfragepolitik, die leicht sehr kurzatmig werden kann. In der Tat ist es nur nach und nach möglich, die strukturellen Verwerfungen und Verkrustungen abzubauen. Das Konjunkturproblem scheint in dieser Langzeitperspektive ausgeklammert zu sein. Nun kann man natürlich der Meinung sein, die Ernüchterung über die Steuerbarkeit des Zyklus sei so weit gegangen, die Grenzen der Wirtschaftspolitik würden nun als so eng empfunden, daß man die Konjunkturbewegungen sich selbst überlassen müsse. Ähnlich denkt ja auch der *Monetarismus* im strengen Sinne.

Bei aller Hochachtung vor der angebotspolitischen Botschaft, daß mit einer großartigen Entrümpelung der staatlichen und vertraglichen Wettbewerbshemmnisse der wirtschaftende Mensch wieder mehr Mündigkeit und mehr Handlungsraum erhalten solle – das Beschäftigungs- und das Konjunkturproblem lassen sich damit nicht aus der Welt schaffen. So kann der lange Marsch in eine vollkommen marktwirtschaftliche Allokation der Ressourcen von »temporären Beschäftigungseinbrüchen und Umstellungsarbeitslosigkeit«[14] begleitet sein. Wenn beide, Fiskalpolitik und Geldpolitik, die sicherlich in den Zeiten der Nachfragepolitik gelegentlich sehr überhöht wurden, nun gemäß der neuen reinen Lehre langfristig *verstetigt sein sollen*, werden bei großen Beschäftigungsschwankungen außerordentlich hohe Anforderungen an die politisch-soziale Robustheit des Gesamtsystems gestellt. Das kann von irgendeinem Punkte an die Kräfte der Beteiligten übersteigen. Damit kann man durchaus zu dem Ergebnis kommen, »daß Monetarismus und Angebotspolitik *auf die Dauer* unvereinbar sind.«[15] Natürlich bleibt der Ausweg, daß »eine im übrigen angebotsorientierte Wirtschaftspolitik ... durch eine an konjunkturellen Rücksichten ausgerichtete Entwicklung der Staatsausgaben überlagert«[16] wird; ähnlich ließe sich eine entsprechend variierte Steuerpolitik begründen. Doch das alles wäre dann ein verschleierter Rückfall in die Nachfragepolitik – womöglich ganz situationsgemäß und damit ganz zu Recht!

Zusammenfassung

Wir sind also zu dem Ergebnis gekommen, daß es natürlich marktkonforme und marktwidrige, gute und schlechte Wirtschaftspolitik gibt, daß aber auch die beste Wirtschaftspolitik ihre unverrückbaren Grenzen hat. Kommt die Ökonomie damit wieder einmal im Gewand der »dismal science« daher? Das schon mit dieser Frage verbundene Unbehagen mag manchen dazu veranlassen, den Blick von den zyklischen, strukturellen und institutionellen Mißhelligkeiten der Gegenwart angewidert abzuwenden und ihn (sub specie aeternitatis) in eine Zukunft zu richten, in der alle marktwirtschaftlichen Behinderungen und alle Anzeichen von Sklerose beseitigt sind. Solche Visionen eines Zukunftsstaates, etwa einer Informationsgesellschaft[17], einer vollkommenen Wettbewerbsgesellschaft, die dann natürlich auch eine Privatrechtsgesellschaft ist, können schon einige Eckwerte und Richtpunkte für den Weg nach vorn liefern, indem heutige Maßnahmen daran gemessen werden, ob sie in die falsche oder richtige Richtung weisen. Damit hängt auch die wichtige Regel zusammen, daß Wirtschaftspolitik dem Marktsystem »abgelauscht« sein sollte. Das alles mag gut und richtig sein, aber in der Substanz werden die heutigen wirtschaftspolitischen Probleme damit nicht gelöst.
Eine Hauptfrage lautet heute beispielsweise: Stellt unser Gesamtsy-

stem sich möglicherweise langfristig darauf ein, daß wir auch in Zeiten des Aufschwungs eine Arbeitslosigkeit von mehr als zwei Millionen Menschen mit uns durchschleppen? Das heißt also: Spielen sich Zinsen und Investitionen, Löhne und Unternehmerdispositionen, institutionelle Verfestigungen der Märkte und die sozialen Systeme der Transferzahlungen dauerhaft auf einen hohen Sockel von Arbeitslosigkeit ein, der auch in einer »soliden Konjunkturbesserung« Bestand hat? Das wäre keine erfreuliche Perspektive. Die Antwort auf diese Frage kann durchaus in dem Hinweis darauf bestehen, daß unser ökonomisches Interesse und unsere ökonomische Politik sich in den siebziger Jahren »dramatisch verschoben haben von Fragen der Effizienz und des wirtschaftlichen Wachstums hin zu Fragen der egalitären Einkommensverteilung und der Lebensqualität«, wie Harry Johnson es schon 1975 – jedoch in einem anderen Zusammenhang – formulierte[18]. Das wäre allerdings eine höchst unbequeme Antwort auf die Botschaft der Reformer der siebziger Jahre.
Mit solchen Problemen hat sich Wirtschaftspolitik heute und hier herumzuschlagen, und in dieser Beziehung hilft der Blick in elisäische Gefilde des Zukunftsstaates allein nicht weiter. Wir können also auf Wirtschaftspolitik nicht verzichten. Entscheidend ist dabei allerdings, daß die Wirtschaftspolitik in Händen von Leuten liegt, die sich der Grenzen ihres Tuns bewußt sind.

Vortrag, gehalten auf der Jahresversammlung der Schweizerischen Gesellschaft für Statistik und Volkswirtschaft am 9. Mai 1985 in Sankt Gallen.

[1] Karl Schiller, Anmerkungen zur ordnungspolitischen Diskussion. Verleihung der Ludwig-Erhard-Preise 1979, S. 24
[2] K. Schiller, a. a. o.
[3] F. v. Hayek, Wissenschaft und Sozialismus, Tübingen 1979, S. 8f., 14/15
[4] K. Schiller, a.a.O., S. 32
[5] vgl. M. Neumann (Hrsg.), Ansprüche, Eigentums- und Verfügungsrechte, Berlin 1984
[6] G. W. F. Hegel, Grundlinien der Philosophie des Rechts, § 183. Theorie-Werkausgabe, Werke 7, Frankfurt/Main 1978, S. 340
[7] David Owen, Vorsitzender der britischen SDP, empfiehlt – anstelle des Zusammenschlusses des Handels- und Industrieministeriums – einfach ein »kleines Ministerium für den Wettbewerb«, in: Economic Affairs, Vol. 4, Nr. 1, Oct. 1983, S. 26f., insbes. S. 28
[8] F. v. Hayek, Freiburger Studien, Tübingen 1969, S. 13
[9] J. Rawls, Distributive Justice, in: Edmund Phelps (Hrsg.), Economic Justice, Penguin Education

1973, S. 319f., insbes. S. 350, S. 360
[10] J. Rawls, a.a.O.
[11] vgl. Olaf Sievert, Angebotsorientierte Wirtschaftspolitik in der Bundesrepublik, in: List-Forum 12 (1983/84), S. 382ff., insbes. S. 387f.
[12] vgl. K. Schiller, Der Stellenwert staatlicher Konjunktur- und Beschäftigungspolitik in der Bundesrepublik Deutschland, in: Peter Hampe (Hrsg.), Friedman contra Keynes, München 1984, S. 27ff.
[13] a.a.O., S. 382
[14] vgl. K. Schiller, Gedanken zur Geld- und Konjunkturpolitik, Tübingen 1984, S. 16
[15] K. Schiller, a. a. O., S. 17
[16] O. Sievert, a.a.O., S. 387
[17] vgl. Herbert Giersch, Das neue Zeitalter der Unternehmer, Frankf. Allg. Ztg., 30. 3. 1985
[18] Harry G. Johnson, Equality and economic theory, in: Against Equality, Readings on Economic and Social Policy, London 1983, S. 276ff.

Karl Steinbuch

Das Informationszeitalter – neue Medien

Einleitung

Die Erfindung des Buchdrucks mit beweglichen Lettern durch Johannes Gutenberg zu Mainz Mitte des fünfzehnten Jahrhunderts hatte schwerwiegende Folgen:
– Unmittelbar die Verbreitung billiger Bücher und Zeitungen in hoher Auflage – und
– mittelbar die Verbreitung von Ideen der Reformation, Aufklärung und bürgerlichen Freiheit.
G. C. Lichtenberg meinte einst, das Blei aus dem Setzkasten habe die Welt mehr verändert als das Blei aus dem Flintenlauf.
Möglicherweise stehen wir gegenwärtig in einer noch tiefgreifenderen kulturellen Umwälzung: Im Übergang zur »Informationsgesellschaft«. Daß dies beträchtliche Folgen hat und haben wird, illustriert einerseits die wachsende Bedeutung der Massenmedien und andererseits die Tatsache, daß in hochentwickelten Gesellschaften etwa die Hälfte aller Erwerbstätigen mit Information »arbeitet«: Sei es, daß sie diese transportiert, sei es, daß sie diese verarbeitet.
Der Übergang zur »Informationsgesellschaft« kann durch politische Einflüsse verzögert oder gar verhindert werden: Diese Entwicklung braucht politischen Schutz.

Grotesk ist es in dieser Situation, wie politische Gruppen, die angeblich die Interessen der Arbeitnehmer vertreten, diesen Übergang behindern, die internationale Konkurrenzfähigkeit unseres Landes verschlechtern und damit Arbeitsplätze vernichten.

1. Die Informationsgesellschaft

Als neue elektronische Medien sind vor allem zu nennen:

1. Das Kabelfernsehen, bei dem eine größere Anzahl (12–60) von Rundfunk- und Fernsehprogrammen dem Konsumenten in technisch hoher Qualität angeliefert wird. Hier kommen die Signale nicht mehr »durch die Luft«, sondern über materielle Leitungen, vor allem Koaxialkabel aus Kupfer oder Glasfasern.
2. Der Bildschirmtext, mit dessen Hilfe praktisch jede interessierende Information lesbar auf den Bildschirm gebracht werden kann – von den neuesten Nachrichten bis zum Kontostand. Hierfür wird der Fernsehempfänger über das Fernsprechsystem mit einer Datenzentrale verbunden.
3. Das direkte Satelliten-Fernsehen, bei dem der heimische Fernsehempfänger unmittelbar vom Satelliten empfängt. Hierzu wird ein hochempfindlicher Empfänger und eine Parabolantenne gebraucht, die genau auf den geostationären Fernmeldesatelliten ausgerichtet werden muß.
4. Videorecorder und Bildplatten verbesserter technischer Qualität, mit denen selbst aufgenommene oder fertig gekaufte Fernsehprogramme jederzeit abgespielt werden können.

Von Wichtigkeit sind aber auch noch einige technische Fortschritte, von denen der Konsument unmittelbar kaum etwas bemerkt:

– Mikrocomputer, kleiner als ein Pfennig, leisten gegenwärtig Ähnliches wie vor zwanzig Jahren saalfüllende Maschinen – und für deren weitere Miniaturisierung und Geschwindigkeitssteigerung ist noch gar kein Ende abzusehen. Die Ausbreitung von Computern für persönliche, individuelle Zwecke ist eine Folge der Verkleinerung und Verbilligung der Computer und deren einfachem Gebrauch.
– Massenspeicher (mit Vielfach-Magnetband-Speicher) können Billionen alphanumerischer Zeichen speichern – soviel wie große

Bibliotheken mit einigen Hunderttausenden Büchern. Aus solchen Massenspeichern kann jede adressierte Information in Sekundenschnelle entnommen werden – was bei den Bibliotheken sicher nicht möglich ist. Das Vorhandensein derartiger Speicher ist Voraussetzung zukünftiger Informationssysteme, mit denen praktisch jede beliebige Information abgerufen werden kann.

– Haardünne Glasfasern können bei der Informationsübertragung dicke Kupferkabel ersetzen. Über eine solche Glasfaser kann man beispielsweise den Informationsgehalt der ganzen Bibel in einer einzigen Sekunde übertragen.

Angesichts dieser neuen Möglichkeiten der Informationstechnik sind beträchtliche wirtschaftliche und gesellschaftspolitische Auswirkungen zu erwarten:

– Entstehung eines elektronischen Marktes, bei dem die Waren auf dem Bildschirm angeboten und durch elektrische Signale bestellt und eventuell auch bezahlt werden.
– Aufkommen einer telekommunikativen Heimarbeit, bei der Bürokräfte, Programmierer, Konstrukteure, Lehrkräfte usw. ihre Arbeit in der häuslichen Wohnung, zum Beispiel an einem Bildschirmarbeitsplatz, erledigen.
– Aufbau vollautomatischer Bankschalter, die nach Identifikation des Kunden durch Geldausgabeautomaten Auszahlungen vornehmen, Auszüge, Quittungen und Formulare ausgeben und Überweisungen veranlassen.

Das Kabelfernsehen mit Rückkabel (»Breitband-Übertragung«) könnte auch das Ausbildungswesen total verändern. Aber das ist noch umstritten und auch in Kenntnis internationaler Untersuchungen ungeklärt.

Die Informatisierung aller Lebensbereiche und die Automatisierung der Produktion hängen ohne Zweifel eng miteinander zusammen: durch dieselben Methoden und durch die gegenseitige Vernetzung.

Man könnte aus diesen oder jenen Gründen versucht sein, die Entwicklung der Informationstechniken zu ignorieren und so weiterzumachen wie bisher, aber dies verbietet sich aus verschiedenen Gründen:

1. Wer als Einzelperson versucht, sich aus dem informationellen

Netz herauszuhalten, ist nicht mehr »auf dem laufenden« und wird zum Außenseiter.

2. Eine Industrienation, die hier nicht Schritt hält, wird in allen technischen und wirtschaftlichen Bereichen zurückfallen. Dies kann sich unser dichtbesiedeltes und ressourcenarmes Land nicht leisten.

2. Orwells Warnung von 1948 und die Realität von 1984

George Orwell – einst Polizeioffizier in der britischen Kolonialverwaltung in Indien, später sozialistischer Mitkämpfer im Spanischen Bürgerkrieg – veröffentlichte 1949 die englische Urfassung seines utopischen Romans »1984«, der – warnend! – den Mißbrauch der Informationstechnik zum Aufbau eines grauenhaften totalitären Systems beschreibt: Da kontrollieren »Televisoren« die Bürger und machen »Gedankenverbrecher« ausfindig, da regelt das »Wahrheitsministerium« den Sprachgebrauch und erklärt Personen zu »Unpersonen«, da gibt es »Zwei-Minuten-Haß-Sendungen«. Das Ganze beherrschen der »GROSSE BRUDER« und die Devise der Staatspartei

KRIEG BEDEUTET FRIEDEN
FREIHEIT IST SKLAVEREI
UNWISSENHEIT IST STÄRKE!

In diesem totalitären System kann man nur noch ganz heimlich sagen:

»Freiheit ist die Freiheit zu sagen, daß zwei und zwei gleich vier ist. Sobald das gewährleistet ist, ergibt sich alles andere von selbst.«

Die Warnungen Orwells wurden in unserer Zeit vor allem zur Diffamierung der modernen Informationstechnik mißbraucht. Aber diese führt in die Irre:

– Den totalitären Staat kann man mit oder ohne moderne Informationstechnik schaffen. Desinformieren, manipulieren und überwachen kann man auch ohne sie. Tyrannei und Meinungsterror gab es lange vor der elektronischen Informationstechnik –
– aber die moderne Informationstechnik muß durchaus *nicht* in den Totalitarismus führen. Man kann mit ihr den Schutz der Demokratie ebenso betreiben wie deren Zerstörung.

Ob es zum Orwellschen Totalitarismus kommt oder nicht, hängt

nicht von der benutzten Informationstechnik ab, sondern von der Vernunft derer, die Macht ausüben, und derer, die diese Macht kontrollieren.
Orwell verführt leicht zur Angst vor den eingebildeten Gefahren der neuen Techniken und macht blind gegenüber den tatsächlichen Gefahren des hemmungslosen Umgangs mit alten oder neuen Techniken.
So wurde Orwell – auch – zu einem Ausgangspunkt gesinnungsethischer Fehlleistungen: Man kämpft – wie Don Quijote – gegen eingebildete und übersieht reale Gefahren.
In die vielen Diskussionen über Orwell und seinen utopischen Roman »1984« wurde schlechterdings jedes Übel unserer Zeit hineininterpretiert: von den Umweltproblemen bis zur Kriegsgefahr. Ich meine, man sollte Orwells Botschaft präziser aufnehmen:

ORWELL WARNTE VOR DEM LEBEN MIT DER LÜGE,
DER UNWIDERSPROCHENEN LÜGE,
DER UNWIDERSPRECHBAREN LÜGE.

Hierzu – dem Leben mit der Lüge – einige Anmerkungen:

a) Für die gegenwärtige Massenkommunikation ist das Wichtigste, »anzukommen«, die Akzeptanz. Demgegenüber spielt die Wahrheit nur eine untergeordnete Rolle.
b) Die Aufklärung war der *»Ausgang des Menschen aus seiner selbstverschuldeten Unmündigkeit«*.
   Aber so, wie sich die Massenkommunikation entwickelt, wird sie zur Rückkehr in die Unmündigkeit. Schon Bert Brecht forderte, den Rundfunk von einem Distributionsapparat in einen Kommunikationsapparat umzuwandeln.
c) Bei Orwell erscheint das »Wahrheitsministerium« als Autorität, der man nicht widersprechen kann. In einem liberalen und demokratischen Rechtsstaat müßte man jedermann widersprechen können. Aber entstehen bei uns gegenwärtig nicht auch Autoritäten, denen man nicht widersprechen kann? (Dabei denke ich nicht an unseren Staat, der sich ständig Widersprüchen stellt.)
d) Die klassische Gewaltenteilung zwischen

GESETZGEBUNG
VOLLZUG UND
RECHTSSPRECHUNG

wurde praktisch ersetzt durch eine andere, in der die Massenmedien ganz oben stehen. Die Grundsätze, die eine liberale Demokratie vor dem Aufkommen der Massenmedien garantierten, können diese nach deren Aufkommen nicht mehr garantieren.

Rückblickend auf das Jahr 1984 und Orwells Warnung zeigt sich: Die meisten Prognosen und Visionen sind falsch! Wir werden nicht – wie Orwell meinte – gewaltsam in den totalitären Staat geführt, sondern tanzen freiwillig dorthin, mit einem idiotischen Lächeln im Gesicht.

3. Die Ratlosigkeit des Menschen vor dem ungeheuren Informationsangebot

Einst war Information Mangelware, um neue Nachrichten riß man sich. In unserer Zeit ist Information im Überfluß vorhanden – man ist in Sekundenschnelle über alles und jedes informiert.

Als beispielsweise Kolumbus Amerika entdeckte, dauerte es Monate oder Jahre, bis »die Welt« davon erfuhr, als aber der erste Mensch den Mond betrat, waren Milliarden Menschen in Bild und Ton »dabei«.

Eine mittelalterliche Klosterbücherei konnte mit 600 bis 800 Büchern als »vollständig« gelten – mehr Bücher gab es damals nicht. Heutzutage kann eine große Bibliothek auch mit hunderttausend Büchern dies nicht für sich in Anspruch nehmen, und in jedem Jahr werden allein auf der Frankfurter Buchmesse annähernd hunderttausend neue Bücher präsentiert.

Die Gesamtzahl wissenschaftlicher Zeitschriften nahm von etwa hundert im Jahre 1800 auf gegenwärtig etwa hunderttausend zu.

Die Nachrichtenagenturen bemühen sich, mit der rasch zunehmenden Menge aktueller Information fertig zu werden. Fachleute sprechen hier von einer »Nachrichtenexplosion«, die man nur noch mit den modernsten Methoden, vor allem Datenübertragung, Satellitenfunk und Computern, bewältigen kann.

Diesem ungeheuren Informationsangebot steht ein Mensch gegenüber, dessen Bewußtsein dieser Komplexität nicht gewachsen ist. Diese Unzulänglichkeit hat mehrere Aspekte:

1. Die Unzulänglichkeit der Informationsaufnahme: Der Mensch kann in begrenzter Zeit nur wenig Information aufnehmen.

2. Die unzulängliche Kapazität des Gedächtnisses: Die gesamte Informationsmenge, die der Mensch speichern kann, ist wesentlich geringer als die Informationsmenge, die zur Beschreibung seiner Welt notwendig ist und »eigentlich« sein Denken und Verhalten bestimmen müßte.
3. Die unzulängliche Kapazität des Gegenwartsspeichers des Menschen, seine allzu kleine Werkstatt des Denkens.

Man sollte sich hierüber nicht täuschen: Das menschliche Gehirn entstand *nicht* zwecks Verständnis unserer Welt, sondern zwecks Existenzerhaltung unter Bedingungen, die sich von den gegenwärtigen wesentlich unterscheiden.

So sehen wir den Menschen der Informationsgesellschaft in einer schwierigen Situation: Er steht mit seinem begrenzten Bewußtsein vor einer Welt, die dieses Bewußtsein bei weitem überfordert. Er wird Opfer der »Verstehensillusion« – möglicherweise zum »Ein-Minuten-Experten«.

4. Der normierende Einfluß allgemein benutzter Klassifikationssysteme

Bei der Information gibt es – wie bei materiellen Gütern – Produzenten und Konsumenten. Die Frage ist, wie man den Austausch zwischen ihnen wirkungsvoll organisiert. Typisch hierfür mag die Entwicklung in der Bundesrepublik Deutschland sein. Im Jahr 1970 beauftragte die Regierung der Bundesrepublik Deutschland eine interministerielle Arbeitsgruppe, Vorschläge für die Planung und den Aufbau eines allgemeinen arbeitsteiligen Informationsbankensystems für die Bundesrepublik Deutschland auszuarbeiten.

1974 beschloß das Bundeskabinett das »Programm zur Förderung der Information und Dokumentation« (IuD-Programm), das (nach H. Matthöfers Formulierung) davon ausgeht,

»daß es weitgehend eine öffentliche Aufgabe ist, durch planende, organisatorische und finanzielle Maßnahmen ein leistungsfähiges Informationsgefüge zu schaffen, das den zunehmenden Informationsbedürfnissen der modernen Gesellschaft genügt«.

Im IuD-Programm fand sich mehrfach die Forderung, es müsse zu »leistungsfähigen Einheiten« zusammengefaßt werden, um die

»weitgehend strukturlose Vielfalt der Informations- und Dokumentationseinrichtungen« zu beseitigen. An ihre Stelle sollten zentrale Bürokratien treten, die wahrscheinlich konkurrierenden Organisationen wenig Raum lassen würden. (Diese Formulierungen wurden in späteren Auflagen des IuD-Programms weitgehend beseitigt – aber sie charakterisieren doch die zugrunde liegende Motivation.)
Bedenklich ist die Gefahr der Manipulation. Diese sei – mit A. Gehlen – verstanden als die Kunst, *»jemand zu einem Zweck zu gebrauchen, den er nicht kennt«*.
Der Artikel 5 unseres Grundgesetzes schützt die Freiheit der Information – auch deren Freiheit von staatlicher Lenkung.
Wie aber ist diese Freiheit vereinbar mit der Absicht des IuD-Programms, durch zentrale Instanzen eine »Verdichtung der Information« vorzunehmen, eine »Selektion der Informationen, die speziell für eine bestimmte Benutzergruppe notwendig sind«? Zwar wird ausdrücklich gesagt, all dies habe »sachlich und wahrheitsgetreu zu erfolgen« – aber was ist schon »wahrheitsgetreu« und wie soll eine anonyme Bürokratie »Wahrheit« garantieren? Ich fürchte, daß so die Keime für ein »Wahrheitsministerium« gelegt werden.
Wie gesagt: In neueren Ausgaben des Programms wurden diese kritisierten Aussagen beseitigt.
Aber da bleibt noch ein schlimmeres Problem, das meines Wissens bisher noch nirgends gelöst wurde: Der Ideologiegehalt jeder Klassifikation. Klassifikation und Deskribierung waren bisher Wissenschaft oder vielleicht auch Kunst von Spezialisten, vor allem von Dokumentaren. Aber neuerdings stehen sie »vor der Tür« der Redaktionsstuben und der Öffentlichkeit – vor allem durch die Benutzung des zentralen Informationssystems, zum Beispiel als Suchstruktur für den Bildschirmtext.
Die Vorgabe solcher Strukturen ist kein nebensächlicher Vorgang, sondern wird schnell große praktische Bedeutung erlangen und dann allgemein Denken, Kommunikation und Publizistik bestimmen. Wer am besten unterscheidet, sei der beste Philosoph – so wurde einst gesagt. Wenn aber die Unterscheidungen durch die Suchstrukturen und Klassifikationssysteme vorgegeben sind, ist auch die Philosophie vorgegeben.
Glaube niemand, hier könnten Form und Inhalt säuberlich vonein-

ander getrennt werden: Nein, die Festlegung der Klassifikationsstruktur zerstört die Pluralität und bestimmt das Denken allgemein sehr tiefgreifend.

5. Der Verlust der Erfahrung

Wenngleich die Technik wirksame Medien zur Überwindung räumlicher und zeitlicher Distanzen zur Verfügung hat, ist es dennoch Tatsache, daß praktisch die Überwindung räumlicher Distanzen leicht, die Überwindung zeitlicher Distanzen aber viel schwerer gelingt.

Zwar kann die aktuell vorhandene Welt von den Medien der Informationstechnik erfaßt werden – nicht aber die einst gewesene Welt. Mit dem Menschen auf dem Mond kann man kommunizieren – nicht jedoch mit dem Menschen früherer Zeiten. Es macht schon Schwierigkeiten, alte Bücher in ungenormter Schrift in die Speicher der Informationssysteme zu übernehmen.

Durch die gegenwärtige und voraussehbare Entwicklung der Informationstechnik wird unser Weltbild immer mehr ein Weltbild des momentan irgendwo sich Ereignenden – und immer weniger ein Weltbild, das Ursachen und Wirkungen, menschliches Verhalten und seine Folgen zeigt.

In einer solchen geschichtslosen Kultur setzen sich nicht mehr geistige Entwürfe durch, welche Probleme lösen, sondern solche, die am meisten versprechen.

Der Verlust der historischen Dimension schwächt die persönliche Eigenart. Eigenwillige Wege, Abweichung von der gegenwärtigen Methode brauchen die historische Begründung. Die Kenntnis der momentanen Situation ermöglicht opportune Optimierung – nur die Erfahrung, die all das wurde, schafft das Fundament für das: »Hier stehe ich, ich kann nicht anders!«

6. Die politische Einseitigkeit

Unser Grundgesetz geht von der Vorstellung aus, alle Meinungen – ausgenommen rechts- oder sittenwidrige – hätten gleiche Chancen der Verbreitung. In Wirklichkeit ist es aber ganz anders: Es gibt

Meinungen, die von den Massenmedien gefördert und hochgelobt, und andere, die diffamiert und totgeschwiegen werden. Und wer sich bei diesem Treiben nicht »medienloyal« verhält, kommt nicht zu Wort und wird in Abwesenheit verurteilt.
Hier entwickelt sich eine regelrechte »Medienideologie«, ein Weltbild der durch die Massenmedien bevorzugt verbreiteten Meinungen. Diese Medienideologie gründet auf keinem ernstzunehmenden Wahrheitskriterium – lediglich auf der gegenseitigen Zustimmung der Meinungsmacher.
Da kann sich das einsame Argument nicht mehr gegen die vorherrschende Meinung durchsetzen – da wird alles zur Massenwirkung und Schlammschlacht, da wird die Einsicht der Aufklärung aufgegeben: Daß Wahrheit weder durch Autorität noch durch massenhafte Zustimmung begründet werden kann. Hierfür kann man vielerlei Gründe vermuten – von der politischen Einseitigkeit vieler Meinungsmacher bis zu kommunikativen Sachzwängen.
Beispielsweise:

Theorie	ist medienwirksamer als Tradition
Transparenz	ist medienwirksamer als Privatheit
Visionen	sind medienwirksamer als Erfahrung
Verändern	ist medienwirksamer als Bewahren
Kritik	ist medienwirksamer als Vertrauen – usw.

Deshalb begünstigen die Massenmedien zwangsläufig politische Tendenzen, die Theorie, Transparenz, Visionen, Verändern und Kritik betreiben, und benachteiligen politische Absichten, die Tradition, Privatheit, Erfahrung, Bewahren und Vertrauen vertreten.
Es spricht aber wenig dafür, daß die derart durch die Massenmedien begünstigten politischen Tendenzen für unser Gemeinwesen besser sind als die benachteiligten politischen Absichten.
So führen die Massenmedien oftmals zu politischen Entwicklungen, die in unserem gemeinsamen Interesse falsch sind, sie wirken als Instrumente der Desinformation. Dies träfe selbst dann zu, wenn die Informationsproduzenten politisch ausgewogen wären – was ja kaum jemand vermutet.
Dieser Desinformation steht keine gleichwertige publizistische Kraft gegenüber: Diejenigen, die eigentlich Widerstand leisten müßten, verharren in selbstgewählter Unmündigkeit und Einfalt.

Einige Beispiele für die Medienideologie:

- Elisabeth Noelle-Neumann vermutete mit guten Gründen, die Bundestagswahl 1976 sei durch das Fernsehen entschieden worden. (Politische Vierteljahresschrift, 18. Jg., 1977, Heft 2–3.) Bemerkenswert war die Behandlung – beziehungsweise Nicht-Behandlung – dieser sensationellen Feststellung in den Massenmedien: Teils wurde sie totgeschwiegen, teils wurde so getan, als ob es sich um eine absurde Außenseitermeinung handle, über welche die seriöse Wissenschaft längst hinweggeschritten sei. Davon ist aber gar keine Rede!
- Ein anderes Beispiel ist die ständige Beweihräucherung »grüner« Aktivitäten: Der Rundfunk berichtet ignorant und wohlwollend über die »idealistischen« Absichten der »grünen« Bewegung und den angeblichen Unverstand ihrer Widersacher.
  Die Frage, wie die sechzig Millionen Menschen unseres ressourcenarmen Landes ernährt werden sollen, wird kaum einmal gestellt. Der politische Aufstieg der »grünen« Bewegung dürfte weitgehend auf die von den Massenmedien erzeugte Verstehensillusion zurückzuführen sein.
- Ein Informationsblatt der »Aktion Funk und Fernsehen« (Spichernstr. 34A, 5000 Köln 1) stellte fest:
  »Öffentlich-rechtliche Sendeanstalten, die von den Gebührenzahlungen von Millionen verfassungstreuer Bürger getragen werden, schürten offen den Aufstand gegen den Rechtsstaat und machten sich zum Propagandainstrument für die sogenannte Friedensbewegung – allen voran Franz Alt mit seinem im nachhinein für rechtswidrig erklärten Report-Beitrag vom 22. 03. 83.
  Die ›Aktion Funk und Fernsehen‹ hat in ihrem Protestschreiben vom 31. 08. 1983 an die Intendanten der ARD und des ZDF zahlreiche solche Sendungen aufgeführt, mittels derer der ›heiße Herbst‹ psychologisch vorbereitet wurde. Immer mehr Fernsehredakteure betrachten offenbar die Anstalten als ihre Privatsender.«
- Ein Beispiel aus meiner persönlichen Erfahrung: Am 18. 2. 1977 agitierte im »Geistlichen Wort« des Süddeutschen Rundfunks ein Herr Hahn aus Bad Boll so hemmungslos für eine Linkspartei, wie es auch nach dem gewohnten Mißbrauch der Monopolmedien unerträglich ist. Aus diesem »Geistlichen Wort« konnte ein

unkritischer Hörer nur einen einzigen Schluß ziehen: Wer Christ ist, gehört zur Linkspartei!

Auf meinen Protest hin schrieb mir der Intendant des Süddeutschen Rundfunks:

»... daß Hörfunk und Fernsehen in einer Gesellschaft ein gewisser Spiegel dieser Gesellschaft sind.«

Just dieses aber ist nicht wahr: Die durch Hörfunk und Fernsehen verbreitete Ideologie ist gerade nicht die öffentliche Meinung, sie ist aus einer Vielzahl von Gründen (von kommunikativen Sachzwängen bis zur bewußten Demagogie) ganz anders als die öffentliche Meinung.

Meine damalige Auseinandersetzung mit dem SDR wurde abgeschlossen durch einen Brief von Oberkirchenrat Dr. Manfred Müller, Vorsitzender des Rundfunkrates, der mir schrieb: *»Die von Ihnen festgestellte ›schleichende Veränderung von Werten, Zielen und Sprache‹ beunruhigt auch mich... Ihre Bemerkungen zu dem ›Geistlichen Wort‹ von Herrn Hahn sind verständlich, ... Ich habe ihn in einem Brief auf seine Fehler aufmerksam gemacht...«*

– Als jener allgegenwärtige Rhetorik-Professor durch ein ordentliches Gericht rechtskräftig verurteilt worden war, öffnete sich schleunigst der öffentlich-rechtliche Süddeutsche Rundfunk für ihn, damit er wirkungsvoll gegen das Gericht anmotzen kann. Das war drei Tage vor dem terroristischen Mord in München. Aber der Süddeutsche Rundfunk weiß sicher, daß diese beiden Vorgänge gar nichts miteinander zu tun haben.

Ich möchte dies in aller Deutlichkeit sagen: Die klassische Vorstellung von einem gewaltenteiligen Staat wurde durch die Massenmedien obsolet: Vor die klassischen Gewalten – Exekutive, Legislative und Jurisdiktion – hat sich der Apparat der Meinungsproduktion gestellt. Das ist nicht die »vierte Gewalt« – wie manche meinen – das ist jetzt die allererste Gewalt! Die Grundsätze, die eine liberale und demokratische Verfassung vor Aufkommen der Massenmedien erhalten konnten, sind hierzu nach Aufkommen der Massenmedien nicht mehr imstande!

Ich halte es für eine politische Aufgabe größter Wichtigkeit, hier Abhilfe zu schaffen – sonst gehen wir tatsächlich den Weg, vor dem Orwell gewarnt hat.

7. Unsere Medienpolitik braucht einen Ludwig Erhard

Der Versuch der Ministerpräsidenten, durch einen Staatsvertrag zur überfälligen Reform der Medienpolitik zu kommen, ist gescheitert. Vom hoffnungsvollen Anfang in Bremerhaven blieb nur ein Scherbenhaufen.

Niemand hat hier Grund zur Freude: Wir sind alle die Leidtragenden. Keine neuen Techniken bringen Arbeitsplätze, keine Medienkonkurrenz bringt Meinungsfreiheit. In dieser verfahrenen Situation könnte die Erinnerung an die erfolgreiche Währungsreform 1948 einiges lehren. Der wirtschaftliche Aufstieg der Bundesrepublik Deutschland begann ja mit Ludwig Erhards Entschluß, die Zuteilungswirtschaft durch den Wettbewerb einer »Sozialen Marktwirtschaft« zu ersetzen. Aus der Situation des Jahres 1948 erschien diese Liberalisierung vielen als falsch: Sollte die gerechte Verteilung der Konsumgüter durch die Willkür des Marktes ersetzt werden?

Die Erfahrungen seit 1948 haben aber deutlich gezeigt, daß Ludwig Erhards mutiger Schritt richtig war. Ohne ihn hätte es kein »Wirtschaftswunder«, keinen wirtschaftlichen Aufstieg unseres ruinierten Landes gegeben.

Gegenwärtig wiederholt sich die Problematik von 1948 in der Medienpolitik: Monopolistische Organisation und Zuteilungswirtschaft waren bisher wegen der unüberwindlichen Frequenzknappheit unvermeidbar. Neuerdings entsteht aber durch Kabelfernsehen und Satellitenrundfunk eine ganz andere Situation: Jetzt können den Konsumenten beliebig viele unterschiedliche Programme angeboten werden, jetzt besteht kein Zwang mehr zur monopolistischen Zuteilung.

Nur hat sich für einen solchen mutigen Schritt noch kein Ludwig Erhard gefunden.

Um es ganz deutlich zu sagen: Im Bereich der Kommunikation stellt sich das Problem »Monopol oder Wettbewerb?« nicht anders als im wirtschaftlichen Bereich. Besonders deutlich wird dies bei derjenigen Organistionsform des Kabelfernsehens, die als »Pay-TV« oder »Bezahlfernsehen« bezeichnet wird. Bei ihr kann der Konsument bestimmte Programme auswählen und bezahlen. Er bezahlt hier jedoch nicht für andere, von ihm nicht gewünschte Programme. So könnte sich auch beim Fernsehen zwischen Produzent und Konsument ein Verhältnis einstellen, das der »Kiosksituation« bei den Druckmedien ähnelt, bei welcher der Konsument nur bestimmte Zeitungen verlangt und bezahlt – nicht jedoch ein Paket von Zeitungen, die er zum Teil gar nicht haben möchte. So würden die Interessen der Konsumenten treffender befriedigt, die Produzenten sich weniger von der Realität entfernen – vielleicht sogar das erschrekkende Auseinanderlaufen von veröffentlichter und öffentlicher Meinung verringert.

Wie zwanglos eine solche Organisation funktioniert, kann man in den USA studieren: Die Fernsehzeitung kündigt in Texas zum Beispiel 10 Programme kostenlos an (mit Werbespots) und 18 Kabelprogramme (gegen Gebühren, ohne Werbespots) – aber von all den kulturellen Katastrophen, die uns in Deutschland hiervon angekündigt wurden, ist dort gar keine Rede: Wer Kabelfernsehen haben will, der nutzt es, wer es nicht haben will, der läßt es eben bleiben.

Ein typisches Beispiel für die Nutzung des Kabelfernsehens in den USA ist das »Cable Health Network« (CHN): Nach dem Beginn von CHN 1982 mit Hilfe eines Fernmeldesatelliten kann jetzt rund um die Uhr an sieben Tagen der Woche Gesundheitsinformation empfangen werden: Von wissenschaftlichen Empfehlungen bis zu persönlichen Erfahrungen, Lebensführung, Präventivmedizin usw.

Dieses »Cable Health Network« erreichte 1983 bereits über 12 Millionen Haushalte. Zahlreiche Rückmeldungen – Anrufe und Briefe – zeigen das starke Interesse und die Zustimmung der angeschlossenen Teilnehmer. Bis zum Jahre 1987 werden etwa 40 Millionen angeschlossene Haushalte erwartet. Aber auch sonst ist die Möglichkeit wählbarer Spezialprogramme angenehm und nützlich: Da gibt es beispielsweise einen Kanal, der ständig Nachrichten bringt, ein anderer ständig Sportmeldungen, ein weiterer ständig Wettermeldungen usw. Wer diesen bequemen Abruf momentan erreichbarer Informationen erlebt, dem erscheint unser System geradezu archaisch: Man bekommt Nachrichten, Sportmeldungen, Wettermeldungen bei uns nicht, wenn man sich dafür interessiert, sondern dann, wenn es das Programm vorsieht.

Derartige Fortschritte sind bei uns aber nicht zu erwarten, solange eine Medienbehörde die Informationszuteilung kontrolliert – derartige Fortschritte sind das Ergebnis eines wirksamen Wettbewerbs. Die bisherigen Entwürfe der Ministerpräsidenten zur Neuordnung des Rundfunkwesens sind aber kaum geeignet, einen wirksamen Wettbewerb zu ermöglichen – das wird ein Scheinwettbewerb mit etabliertem Kartell, in dem kein Wettbewerb zur Leistungssteigerung und bestmöglichen Versorgung der Verbraucher entstehen wird und in dem alle außer dem Kartell bald aufgeben müssen. Warum? Das Konzept der Länder zur Neuordnung des Rundfunkwesens sieht vor, Bestand und Entwicklung des öffentlich-rechtlichen Rundfunks abzusichern. Dieser wäre in der erhofften Wettbewerbssituation ein alles beherrschender Gigant: Seit Jahrzehnten mit gesetzlich garantierten Gebühren und Milliardenumsätzen ausgestattet, alle Haushalte versorgend und über ein etabliertes Produktionssystem verfügend. Gegen ein solches gigantisches Zuteilungssystem hätten private Konkurrenten nicht die geringsten Chancen: ohne Gebührenzuteilung, ohne Kundenverbindung, ohne etabliertes Produktionssystem. Ihr Schicksal wäre leicht vorauszusehen: Sie werden ein kurzfristiges Schattendasein führen und dann eingehen. Der Gigant tut durch Gegenpropaganda ein Zusätzliches: Wie mickrig doch die Konkurrenz ist und wie schlecht ihre Zukunftsaussichten sind, verkünden die öffentlich-rechtlichen Anstalten in schöner Regelmäßigkeit.

Apropos: Eigentlich sollte man von öffentlich-rechtlichen Anstalten doch Uneigennützigkeit erwarten, davon reden sie doch häufig – wenn es aber um Macht und Profit geht, dann verhalten sie sich höchst eigennützig. Was die Ministerpräsidenten bisher zur Neuordnung des Rundfunkwesens entworfen haben, ist ein Scheinwettbewerb mit voll etabliertem Kartell, in dem bald alle außer dem Kartell aufgeben werden und in dem kein Wettbewerb zur Leistungssteigerung und bestmöglichen Versorgung der Rundfunkteilnehmer entstehen wird.

Es geht bei der Organisation des Rundfunkwesens *nicht* um Geld und Profit, es geht vielmehr darum, unsere Gesellschaft aus der Herrschaft einer einseitigen Ideologie zu befreien und ihr die Chance einer pluralistischen Meinungsbildung zu verschaffen, die Chance einer liberalen Entwicklung.

Man kann die Ministerpräsidenten nicht eindringlich genug vor der Konservierung archaischer Strukturen warnen: Das ist eine längst überholte unliberale Zuteilungswirtschaft, die weder Arbeitsplätze noch Meinungsfreiheit schafft! Man sucht in dieser verfahrenen Situation nach dem Ludwig Erhard, der mutig und weitsichtig die Tür zu einer liberalen Medienzukunft aufstößt.

Lothar Späth

Die politische Stabilität des deutschen Südens

»In fast jeder Beziehung haben es die bundesdeutschen Südstaaten besser. Nördlich von Kassel und Koblenz gibt es mehr Arbeitslose, mehr Wirtschaftspleiten, mehr Schulden und – auch das noch – mehr Gauner und Schurken.« Dieses Resümee hat vor einigen Monaten ein bekanntes deutsches Magazin gezogen.

Es ist angebracht, bei vorschnellen Liebeserklärungen dieser Art das nötige Maß an Selbstkritik zu bewahren. Andererseits fällt auf, wie nachhaltig in letzter Zeit vom »Nord-Süd-Gefälle« gesprochen wird. Auch wenn dabei politische Nebenabsichten eine Rolle spielen mögen, so haben die süddeutschen Länder doch keinen Grund, mit ihren Gegebenheiten und Leistungen hinter dem Berg zu halten.

Schon ein oberflächlicher Blick in den deutschen Süden läßt erkennen, daß sich hier die politischen Verhältnisse als relativ stabil erweisen. Zwar gibt es keine verbindlichen Maßstäbe für politische Stabilität, aber man darf doch unterstellen, daß kontinuierliche politische Mehrheiten ein Faktor politischer Stabilität sind. Zweifellos kann auch Kontinuität des politischen Führungspersonals ein Stabilitätsfaktor sein. Werden die anstehenden politischen Probleme nicht auf die lange Bank geschoben, sondern zielstrebig und konsequent angepackt, dann wird ein erheblicher Beitrag zur Stabilität

geleistet. Wenn es schließlich gelingt, Tradition und Fortschritt so miteinander zu verbinden, daß keine Brüche entstehen und die Bevölkerung sich wohlfühlen und mit den Grundlinien der Politik identifizieren kann, dann haben wir stabile Verhältnisse.
Diese Charakteristika kennzeichnen insbesondere den Freistaat Bayern. Und wenn in der Überschrift vom »deutschen Süden« die Rede ist, so soll vor allem auch wegen des besonderen Anlasses dieses Beitrags von Bayern die Rede sein und von Baden-Württemberg nur insoweit, als dies zur Erhellung von Sachverhalten sinnvoll erscheint.

Demokratie hat Tradition im deutschen Süden

Mit einer seltsamen Mischung von Neid und Arroganz wird Bayern oft als Unikum unter den deutschen Bundesländern angesehen. Der »Freistaat Bayern« wird dabei ebenso herausgestrichen wie der bayerische Senat, die CSU ebenso wie ihr Vorsitzender Franz Josef Strauß. Bayern ist halt eigen. Die Zerrbilder, die die Dünnblütigkeit dieser eigenständigen Lebenskraft klischieren, verschwinden rasch, wenn man zum Beispiel auf die Tatsache verweist, daß Europas modernstes Herzklinikum nirgendwo anders als in München liegt. Wenn von Bayern so oft und so unterschiedlich gesprochen wird, dann zeugt das in jedem Fall von Konturen und von Originalität. Von einem »Nobody« spricht man nicht; von Bayern aber spricht man. Bayern – das ist ein unverwechselbares, gegen jede Kopie gefeites Unikat.
Ein unverwechselbares Gesicht bekommt man nicht von heute auf morgen. Wenn Bayern heute einen stabilen Faktor der deutschen Politik darstellt, dann liegen die Wurzeln für diese Stabilität und Unverwechselbarkeit tief in der Geschichte. In der bayerischen Verfassung vom Dezember 1946 heißt es selbstbewußt in der Präambel: »...gibt sich das Bayerische Volk, eingedenk seiner mehr als tausendjährigen Geschichte, nachstehende demokratische Verfassung.«
Diese Beschwörung der Tradition hat Sinn, wenn auch Bayern in seiner heutigen Gestalt ein jüngeres Alter aufweist. Aus unserer Sicht ist vor allem die Feststellung wichtig, daß die konstitutionelle

Tradition im Freistaat bis auf die Zeit um 1300 zurückgeht, als sich die sogenannten Landstände aus Adel, Geistlichkeit und Bürgern der Städte und Märkte herausbildeten. Vergleichbare Wurzeln demokratischer Tradition finden sich auch in Baden-Württemberg. Als markanter Meilenstein sei nur der Tübinger Vertrag von 1514 genannt. Daß diese Entwicklungen im süddeutschen Raum Ausstrahlung gehabt haben, beweist eine Bemerkung des älteren William Pitt, der die Verfassungslage der zweiten Hälfte des 18. Jahrhundertes mit der Aussage kommentierte, es gebe außer seinem eigenen nur noch ein Land mit demokratischer Verfassung, nämlich Württemberg. Eine weitere wichtige Etappe in der Entwicklung zum Verfassungsstaat datiert vom Beginn des 19. Jahrhunderts. Auch hier gibt es wieder erstaunliche und erfreuliche Parallelen der süddeutschen Länder, deren Verfassungen auf die anderen deutschen Länder ausgestrahlt und deren Entwicklung beeinflußt haben. Dicht nacheinander wurden die Verfassungen verkündet: am 26. Mai 1818 in Bayern, am 28. August 1818 in Baden und am 25. September 1819 in Württemberg. Übrigens stammt auch das Wort »Grundgesetz« aus den württembergischen Verfassungskämpfen von 1815. Es bezeichnet dort das »gute alte Recht« der demokratischen Mitbestimmung aus dem Tübinger Vertrag. Die bayerische Verfassung von 1818 hat ganz wesentlich dazu beigetragen, daß im neugestalteten Königreich ein bayerisches Staatsbewußtsein entstanden ist. Im historischen Rückblick erkennen wir faszinierende vergleichbare Entwicklungen südlich der Mainlinie, die sich von der preußisch geprägten Entwicklung Norddeutschlands, seiner absolutistischen Regierungsweise und seiner alten Feudalordnung deutlich unterscheiden lassen.

Bayern, Baden und Württemberg haben also der demokratischen Entwicklung in Deutschland wirkungsvolle Impulse gegeben. Will man den Ursachen politischer Stabilität nachgehen, so ist der historische Rückblick notwendig, da politisches Bewußtsein und politisches Verhalten zutiefst von der historischen Entwicklung eines Landes geprägt sind. Daß der Hinweis auf demokratische Ansätze in früheren Jahrzehnten und Jahrhunderten freilich keine absolute Garantie für die künftige Entwicklung sind, beweisen indessen die düsteren Schatten des Dritten Reiches.

Dennoch: Der demokratische Neuansatz nach dem Zusammenbruch konnte an frühere bewährte Traditionen anknüpfen. Bayern hatte es schon wegen seiner territorialen Identität leichter, wieder zu sich selbst zu finden, als die Nachbarn im Westen, die sich dann in einer erstaunlichen und beispielhaften Entwicklung im Jahr 1952 zum Bundesland Baden-Württemberg zusammengeschlossen haben, das seitdem schon von der Größe und Kraft her zum stabilen Nachbarn Bayern paßt.

Von der Bedeutung der Identität

Hinsichtlich der Identität beider Länder gibt es zweifellos Unterschiede, die im wesentlichen mit der kurz skizzierten historischen Entwicklung zusammenhängen. Immerhin besteht Bayern als politisches Territorium schon zirka 180 Jahre in seinen heutigen Umrissen. Die Zusammenfügung von Alterbayern, Franken und Schwaben ist ebenso gelungen, wie man das bereits nach kurzer Zeit vom Zusammenschluß der Badener und Württemberger sagen kann. Eine gute Quelle für das bayerische Selbstbewußtsein ist die Tatsache, daß das altbayerische Kernstück wohl als ältester bis heute existierender Staat Europas gelten kann.

Ein solcher Kraftquell der Tradition ist freilich dynamisch genug, integrationsbereit und integrationsfähig für neue Entwicklungen. Sonst wäre es nicht möglich gewesen, die etwa zwei Millionen Flüchtlinge und Heimatvertriebenen nach dem Zweiten Weltkrieg aufzunehmen und die Sudetendeutschen neben Altbayern, Franken und Schwaben quasi als vierten bayerischen Stamm einzugliedern. Dabei hat das Eingliedern nichts mit Unterpflügen zu tun. Originalität und Unverwechselbarkeit erreicht man nicht mit Nivellierung und Konformität. Diese Grundsätze sind auch für das junge Bundesland Baden-Württemberg maßgebend. Die »Liberalitas Bavariae« ist ja schon fast sprichwörtlich. Damit hängt auch zusammen, daß man im Süden vom Buckeln und vom Devotsein nicht viel hält.

Identitätsfördernd ist freilich auch die natürliche Schönheit und Anziehungskraft der süddeutschen Länder. Hier reden die Fremdenverkehrsstatistiken eine beredte Sprache. Man fühlt sich wohl im Süden. Mit den natürlichen Vorzügen der Landschaft verbindet sich

ideal der Reichtum an Kultur. Nicht von ungefähr weisen Baden-Württemberg und Bayern zum Beispiel den reichsten Bestand an Baudenkmälern auf. Heimatpflege und Erhaltung von Brauchtum, Mundart und vielen Eigenarten werden großgeschrieben.
Schon Martin Luther hat sich im deutschen Süden besonders wohl gefühlt und gesagt: »Wenn ich reisen sollte, wollte ich nirgendwo lieber denn durch Schwaben und Bayerland ziehen, denn sie sind freundlich und gutwillig, beherbergen gerne und gehen den Wandersleuten entgegen und tun gute Ausrichtung für ihr Geld.«
Wenn von politischer Stabilität die Rede ist, dann sollte man öfter daran denken, ob und in welcher Weise Geschichte, Kultur, Natur und Menschen zusammenklingen. Im deutschen Süden und speziell in Bayern haben wir ein hohes Maß an Identifikation der Menschen mit ihrem Land und seinen Eigenarten. Damit ist eine wichtige Grundlage gegeben für Glück, Zufriedenheit und Selbstbewußtsein und damit auch für Stabilität und weitere blühende Entwicklung.

Föderalismus und Einheit

Es ist bekannt, daß Eigenständigkeit auch als störend empfunden werden kann. So hat man nicht selten Bayern separatistische Tendenzen nachgesagt. Manche empfinden schon die Bezeichnung »Freistaat«, die ja nichts anderes als Republik bedeutet, als eine Provokation. Wenn man jedoch die Beziehungen »Bayern–Deutschland« etwas genauer ins Visier nimmt, merkt man schnell, daß die Spannungen in erster Linie das föderalistische Grundanliegen zum Ausdruck bringen. Die föderative Struktur unseres Landes entspricht nicht nur am besten der historischen Tradition, sondern ist auch ein erprobtes und notwendiges Mittel demokratischer Machtbalance und Machtkontrolle. Schon Wilhelm Hoegner hat darauf hingewiesen, daß der Föderalismus die Nachteile des Unitarismus und des Separatismus zugleich vermeide. So ist es auch ein wesentlich bayerisches Verdienst, daß im Grundgesetz (Art. 79,3) die föderative Grundordnung als ein Wesensmerkmal der deutschen Demokratie verankert ist. Aus der Tatsache, daß der Bayerische Landtag mit Mehrheit das Grundgesetz abgelehnt hat, darf man nicht schließen, daß Bayern große Vorbehalte gegen die Bonner Demokratie

hätte. Es ging damals lediglich um eine noch stärkere Akzentuierung der föderalistischen Struktur. Bayern kapselt sich nicht ab von der Bundesrepublik, sondern nimmt in besonderer Weise Verantwortung für die gesamte deutsche Politik wahr.
Schon zu Zeiten Ludwig I. war angelegt, die Bayern seien die besseren Deutschen und hätten einen besonderen Auftrag zu erfüllen. Der Freistaat Bayern will also nicht frei von Deutschland, sondern frei für Deutschland sein. Von daher ist auch verständlich, daß der Bundesrat für die Bayerische Staatsregierung eine große Rolle spielt. Viele Initiativen in diesem Gremium, zum Teil mit angeregt und getragen von Baden-Württemberg, betonen einerseits die Kreativität, die aus dem Föderalismus entspringt, und weisen andererseits auf die Verantwortung für das Ganze hin, die in der Arbeit der Länderkammer zum Ausdruck kommt. Es bleibt anzumerken, daß es in diesen Grundfragen keinen Dissens gibt zwischen Regierungsmehrheit und Opposition in Bayern. Auch darin liegt ein wichtiger Beitrag zur politischen Stabilität.

Der deutsche Süden verfügt über eine entwicklungsfähige Wirtschaft

Von gewachsenen Traditionen und einem daraus erwachsenen gesunden Selbstbewußtsein allein erklärt sich noch keine politische Stabilität. Die strukturelle und wirtschaftliche Entwicklung sind in diesem Zusammenhang mit entscheidende Faktoren. Daß es in dieser Hinsicht nicht schlecht um den deutschen Süden bestellt ist, zeigen in überzeugender Weise nüchterne Zahlen und Fakten.
Bayern und Baden-Württemberg besitzen nur wenige natürliche Rohstoffe. In beiden Ländern haben sich in den vergangenen dreißig Jahren beachtliche strukturelle Veränderungen ergeben. Im Süden der Bundesrepublik ist eine moderne, international wettbewerbsfähige Wachstumswirtschaft aufgebaut worden. Heute ist es nicht mehr so wichtig, daß man über Rohstoffe verfügt, sondern es kommt vor allem darauf an, was man daraus macht. Bayern hat zielstrebig die nötigen Strukturveränderungen eingeleitet, und die Erfolge geben der Politik recht. Schon seit 1957 verzeichnet Bayern Wanderungsgewinne. Ingenieure, Techniker und Wissenschaftler

nehmen zur Kenntnis, daß sich im Süden moderne Industriezweige entwickelten, die am technischen und wirtschaftlichen Fortschritt intensiver teilnahmen als traditionelle Industrien in anderen Regionen. Es ist zum Beispiel kennzeichnend, daß die Hälfte der gesamten deutschen Luft- und Raumfahrtindustrie in Bayern beheimatet ist. Die Elektrotechnik und der Maschinenbau spielen eine hervorragende Rolle. Zielstrebig hat man sich um eine gute Energieversorgung bemüht. Das Verkehrsnetz wurde stetig verbessert und ist heute ein wichtiger Bestandteil der guten Infrastruktur. Daher ist es kein Wunder, sondern Ergebnis zielstrebiger Arbeit, daß Bayern mit seiner Wachstumsrate seit Jahren in der Spitzengruppe der Bundesländer liegt. Ähnlich wie in Baden-Württemberg gibt es in Bayern so gut wie keine Monostrukturen. Beachtlich ist der hohe Anteil flexibler kleiner und mittlerer Unternehmen. Auch der Dienstleistungssektor Bayerns verzeichnet ein überdurchschnittliches Wachstum.
So hat sich Bayern von einem Agrarland zu einem modernen, hochindustrialisierten Staatswesen entwickelt. Dazu kommt die gleichbleibend hohe Umwelt- und Lebensqualität. Die Weichen sind gestellt, daß der Süden Deutschlands auch die weitere Entwicklung auf strukturellem und wirtschaftlichem Gebiet nicht verpaßt. Wer die Nase nicht vorn hat, kann früher oder später im schwierigen Wettbewerb um Märkte und Arbeitsplätze nicht mehr bestehen und wird damit erheblich zur Instabilität der gesamten Wirtschafts- und Gesellschaftsordnung beitragen.
Es ist ein Trugschluß zu glauben, das Problem der Arbeitslosigkeit, das erheblich zur Beunruhigung in der Bevölkerung beiträgt, würde dadurch verstärkt, daß man sich gegenüber neuen Technologien öffne. Ohne die Frage hier differenziert aufgreifen zu können, läßt sich schon eher das Gegenteil behaupten. Es ist bekannt, daß Baden-Württemberg die geringste Arbeitslosenquote hat. Dieser wichtige Beitrag zur Stabilität wird künftig nur dann möglich sein, wenn die sich bietenden Entwicklungschancen genutzt werden.

Der Beitrag der CSU zur Stabilität

Politische Stabilität hängt auch wesentlich von der Konstellation der politischen Parteien und von deren Kurs ab. Daß die CSU in diesem

Zusammenhang eine herausragende Rolle spielt, sticht ins Auge. Es ist schon ein bemerkenswertes Faktum, daß die CSU in Bayern ununterbrochen seit 1957 Regierungsverantwortung trägt. Seit dem Jahr 1966 regiert die CSU allein. In keinem anderen Bundesland ist die Identität der Politik einer Partei mit dem, was die Bevölkerung denkt und fühlt, so ausgeprägt und gefestigt wie in Bayern. Die CSU ist in einem breiten sozialen Konsens verankert. Die Partei hat nicht nur die traditionelle Spaltung des katholischen Lagers in Bayern überwunden, sie hat vielmehr auch im fränkisch-protestantischen Lager und beim städtischen Bürgertum Fuß gefaßt. Bei den jungen Wählern hat die CSU ebenfalls einen guten Stand. So scheint sie sich zur Regierungspartei schlechthin entwickelt zu haben. Diese Entwicklung war möglich, weil sich die CSU von einer stärker klerikal orientierten Partei zu einer offenen, christlichen, sozialintegrativen Volkspartei gewandelt hat. Dazu kommt eine beispiellose Geschlossenheit im Auftreten der Partei, die zur Erhöhung der politischen Durchschlagskraft beiträgt. Hier spielt nicht zuletzt auch bundespolitisch eine große Rolle, daß die CSU kräftig in Erscheinung tritt, ohne daß dabei jemals der bayerische Hintergrund in Vergessenheit geriete.

Die CSU hat immer wieder wichtige und tüchtige Bundesminister gestellt, die wegen der besonderen Konstellation von CDU und CSU starken politischen Rückhalt hatten.

Etwas schwerer tut sich da die Opposition in Bayern. Vom Bündnis, das um die Jahrhundertwende Zentrum und Sozialdemokratie gegen den preußischen Militarismus und Unitarismus verband, ist nicht mehr viel zu spüren. Die SPD leidet in Bayern heute eher unter dem Verdacht, sie könnte eine von Bonn aus gelenkte antibayerische Politik betreiben. So gibt es interessante Bemühungen der Oppositionspartei, die CSU zu bekämpfen, ohne die bayerische Einfärbung der eigenen politischen Bemühungen zu kurz kommen zu lassen.

Es ist bemerkenswert, daß die Grünen in Bayern bislang so erfolglos geblieben sind. Das läßt sich vor allem auch durch die tiefe Verwurzelung der CSU bei der bayerischen Bevölkerung erklären. Zum bayerischen Selbstverständnis gehört auch die Schönheit der Natur und Landschaft, die es zu erhalten gilt. In Bayern hat man das Vertrauen, daß auch die Umweltprobleme bei der CSU gut aufgehoben sind. Die Lösung auch dieser Frage traut man am ehesten dieser Partei zu.

Bayern und Franz Josef Strauß

Von politischer Stabilität würde man sicherlich dann nicht reden, wenn das politische Führungspersonal einem ständigen Wechsel ausgesetzt wäre. Damit würden nämlich Verläßlichkeit und Berechenbarkeit schwinden, ein klarer Kurs wäre personell nicht fixierbar. In dieser Hinsicht ist es um die politische Führung in Bayern bestens bestellt. Nach der langjährigen Regierungszeit von Alfons Goppel (1962–1978), der Bayern in seiner väterlichen und zielstrebigen Art integrierte und repräsentierte, übernahm Franz Josef Strauß, der aus gegebenem Anlaß in diesem Buch gewürdigt wird, das Amt des Ministerpräsidenten. Dem Genossen Trend ist er, der Vorsitzende der CSU seit nunmehr fast 25 Jahren, nie nachgelaufen. Ihn zeichnet vor allem Unbeirrbarkeit im Grundsätzlichen und Wesentlichen aus. Es gibt wenige Vollblutpolitiker wie ihn, die mit Leidenschaft und analytischem Verstand zugleich eine wichtige Sache aufgreifen, für sie zu kämpfen und sie oft auch durchzusetzen verstehen.
Ab und zu wird er auch als »Praeceptor Germaniae« apostrophiert. In dieser Bezeichnung steckt viel Respekt. Sie bringt zum Ausdruck, daß Franz Josef Strauß, der ja auch viele Jahre wichtige Ministerämter in Bonn bekleidete, die Politik nicht in erster Linie aus der »Perspektive München« betrachtet. So sehr er auch engagierter Bayerischer Ministerpräsident ist, mit dem sich die bayerische Bevölkerung weithin identifizieren kann, so sehr hat er gleichzeitig auch weitere Perspektiven im Blick. Bayern ist ihm nicht zu klein, aber seine Betrachtungen und Überlegungen reichen weit über Bayern hinaus. Europa und seine Stellung in der Welt waren ihm schon aus seiner humanistischen Prägung heraus immer ein Anliegen. Strauß ist der Auffassung, daß Europa nur eine Zukunft hat, wenn es gelingt, enge, nationalstaatliche Denkkategorien zu überwinden. Die von Tradition und Geschichte her geprägten politischen Strukturen müssen seiner Ansicht nach für das Zusammen-

wachsen in Europa fruchtbar gemacht werden. Von daher können Bayern und bayerische Politik modellhafte europäische Züge erhalten. Bayerische Identität macht unverkrampfte Offenheit und Aufgeschlossenheit für Europa erst möglich. Es ist also gerade die Verknüpfung regionaler Interessen mit den Belangen Europas, die bayerische Politik kennzeichnet. Es leuchtet ein, daß ein markanter Vertreter einer solchen Politik nicht nur auf Zustimmung stoßen kann. Politische Gegner möchten seine Bedeutung und Wirkung auf Bayern beschränkt wissen. Aber politisches Urgestein läßt sich nicht einfach abschleifen, verformen oder seiner Konsistenz berauben.
Stellt man die Zeit, in der Franz Josef Strauß politisch tätig ist, insgesamt in Rechnung und betrachtet dazu die Erfolge und Wirkungen dieser Politik, dann wird man einräumen müssen, daß ein Staatsmann von diesem Format politische Stabilität zu personifizieren vermag.

Stabilität und Dynamik

Wir haben gesehen, daß Geschichte und Kultur, wirtschaftliche Entwicklung und politische Gestaltung im deutschen Süden zu einer Stabilität geführt haben, die von manchen bewundert, von anderen beneidet wird. Diese Stabilität hat mit Erstarrung nicht das geringste zu tun. Die Länder im deutschen Süden zeichnen sich gerade dadurch aus, daß sie nicht auf der Stelle treten, sondern sich ständig weiterentwickeln. Man kann geradezu von einer glücklichen Synthese aus Tradition und Fortschritt sprechen. Ist nicht innerhalb relativ kurzer Zeit die Entwicklung von agrarisch bestimmten Strukturen zu modernen Industrieländern gelungen? Wir haben im deutschen Süden heute Länder mit kulturellem Reichtum, mit hohem Freizeitwert und mit wirtschaftlicher Zukunft. In diesen Ländern gelingt, was Ludwig Thoma die »Verbindung von Gefühl und Vernunft« nannte. Gerade heute brauchen wir dieses Gleichgewicht. Fortschrittsfähigkeit setzt die gesicherte Identität, die Verwurzelung, »den sicheren Boden unter den Füßen« voraus. Die Politik muß die Rahmenbedingungen für die Entfaltung aller menschlichen Kräfte schaffen. Im deutschen Süden wurden und werden die

Weichen in dieser Richtung gestellt. Die Anforderungen zentraler Staatlichkeit werden hier verbunden mit der Pflege und Förderung lebendiger Regional- und Landschaftsstruktur. Die Ansiedlung und Förderung zukunftsweisender Industrien werden verknüpft mit großen Anstrengungen für den Umweltschutz und einer Erhöhung der Lebensqualität. Die Modernisierung der Bildungseinrichtungen wird nicht losgelöst von der Pflege von Traditionen und Brauchtum. Diese dialektische Spannung in der politischen Aufgabenstellung steht nicht im Gegensatz zur politischen Stabilität, sondern sie ist nur möglich bei stabilen politischen Verhältnissen. Wir können von einer direkten Wechselwirkung sprechen. Bei einer labilen Lage sind politische Entscheidungen kaum möglich. Jede kleine Bewegung kann dann zu Erschütterungen führen. Politische Stabilität bedeutet also nicht Stillstand, sondern Dynamik. Auf einer solchen Basis ist zukunftsweisende, einer lebendigen Demokratie gemäße Politik möglich.
Daß im deutschen Süden eine solche Politik betrieben wird, ist vor allem auch Männern wie Franz Josef Strauß zu danken; deren Wirken darf als Beispiel und Ansporn gelten.

Helmut Kohl

Chancen und Perspektiven der Bundesrepublik Deutschland Mitte der achtziger Jahre

Wenn wir heute eine Standortbestimmung unseres Landes, seiner inneren Verfassung und seiner Stellung im weltpolitischen Gefüge vornehmen, können wir dankbar feststellen: Der freiheitliche Neubeginn der Jahre 1945 bis 1949 hat einer stabilen deutschen Demo-

Vielschichtig und vielfältig sind die Beziehungen zwischen Christlich-Demokratischer und Christlich-Sozialer Union. Für das Verhältnis zwischen den Parteivorsitzenden Kohl und Strauß gilt dies nicht weniger.

kratie den Weg bereitet. Aus einem zerstörten Land entstand ein Gemeinwesen, das im Frieden mit sich selbst und mit seinen Nachbarn lebt.

Der dritte Versuch, eine demokratische Ordnung in Deutschland zu errichten, war erfolgreich, weil die Gründergeneration unserer Republik sich einig war über die Grundwerte, die das Fundament des neuen Staates bilden sollten. Sie ließ sich von dem Willen leiten, die Würde des Menschen zu schützen, seine Freiheit zu gewährleisten, soziale Sicherheit zu schaffen und Frieden im Innern wie nach außen zu sichern. Daraus folgten die Entscheidungen für die freiheitliche Friedensordnung des Grundgesetzes, für Gewaltverzicht und Friedenspolitik, für das Ziel eines Vereinten Europa.

Seit Bestehen der Bundesrepublik Deutschland ist die Politik in unserem Staat an diesen Leitlinien ausgerichtet. Darüber bestand zwischen den demokratischen Parteien und Organisationen in unserer Gesellschaft immer Einigkeit. Nicht zuletzt dieser Übereinstimmung verdanken wir die innere Stabilität und damit auch die außenpolitische Berechenbarkeit der Bundesrepublik Deutschland. Die Bürger unseres Landes bekennen sich in ihrer überwiegenden Mehrheit ohne inneren Vorbehalt zu unserer demokratischen Grundordnung. Ein Vergleich mit der Weimarer Republik zeigt, daß dies in Deutschland keineswegs selbstverständlich war. Es bleibt erste Aufgabe aller politisch Verantwortlichen, diesen demokratischen Grundkonsens, diese Stabilität zu pflegen. Und es ist deshalb die Pflicht aller Demokraten, jedem Extremismus – von rechts oder von links – mit aller Entschlossenheit entgegenzutreten.

Will man den Standort der Bundesrepublik Deutschland Mitte der achtziger Jahre beschreiben, so ist der Hinweis auf diese Fundamente unseres freiheitlichen Staatswesens unverzichtbar. Vor diesem Hintergrund ist politischer Streit in unserem Land zu bewerten; hier finden sich die Maßstäbe für Entscheidungen über grundlegende Weichenstellungen. Als im Oktober 1982 der Regierungs-

Weltpolitischer Gesprächspartner Strauß – mit dem ägyptischen Staatspräsidenten Anwar el-Sadat und mit Henry Kissinger.

wechsel stattfand, waren solche Weichenstellungen überfällig. Die Krise, in die unser Land im Innern wie nach außen geraten war, ließ sich nur lösen durch eine Rückbesinnung auf die Grundlagen unserer freiheitlichen Werteordnung.
Es war ein Glücksfall deutscher Geschichte, daß die schwierige Phase der Gründung und des Aufbaus der Bundesrepublik Deutschland unter der Regie eines Mannes wie Konrad Adenauer stand. Er hatte den Mut zu den historischen Entscheidungen, denen wir heute ganz wesentlich Frieden, Freiheit und Wohlstand verdanken: die Durchsetzung der Sozialen Marktwirtschaft als Wirtschafts- und Gesellschaftsordnung sowie die unwiderrufliche Bindung an die westliche Wertegemeinschaft freiheitlicher Demokratien. Adenauer erkannte nach dem Krieg, daß die Bewahrung der Freiheit für die Deutschen in den westlichen Besatzungszonen absoluten Vorrang haben mußte, daß auch für die Einheit Deutschlands nicht der Preis der Freiheit entrichtet werden durfte. Daher war es seine Grundidee, die Souveränität der Bundesrepublik Deutschland zu gewinnen und sie auf zwei Säulen zu bauen: auf den Prozeß der Einigung Europas und die Mitgliedschaft im Atlantischen Bündnis. Anders konnte es nicht gelingen, den Frieden in Mitteleuropa zu sichern und die Chance der Freiheit zu bewahren.
In einer Proklamation am Tag der Souveränität, dem 5. Mai 1955, faßte Konrad Adenauer seine Leitgedanken noch einmal in prägnante Sätze von historischer Tragweite: »Wir stehen als Freie unter Freien, den bisherigen Besatzungsmächten in echter Partnerschaft verbunden... Freiheit verpflichtet. Es gibt für uns im Inneren nur einen Weg: den Weg des Rechtsstaates, der Demokratie und der sozialen Gerechtigkeit. Es gibt für uns in der Welt nur einen Platz: an der Seite der freien Völker.
Unser Ziel: in einem freien und geeinten Europa ein freies und geeintes Deutschland.«
Deshalb haben wir Deutschen unser Bekenntnis zu unverletzlichen und unveräußerlichen Menschenrechten als Grundlage jeder menschlichen Gemeinschaft, des Friedens und der Gerechtigkeit in der Welt in unserer Verfassung festgeschrieben. Für dieses Bekenntnis muß die Bundesrepublik Deutschland international ihr Gewicht zur Geltung bringen. Es ist auch Richtschnur für unsere

Außen- und Sicherheits-, Europa- und Deutschlandpolitik. Im Innern wie nach außen sind Freiheit, Menschenrechte und der Friede, den sie stiften, unsere erste Staatsbestimmung. Und dies – also nicht Grenzen und Territorien – ist auch Kern der deutschen Frage.
Mit unserer Deutschland- und Ostpolitik wollen wir den Menschen und ihren Freiheitsrechten dienen. Daher das intensive Streben nach Fortschritten, die die Folgen der Teilung Europas und Deutschlands für die Menschen erträglicher machen, zum Beispiel durch mehr Freizügigkeit im Reiseverkehr und bei Übersiedlungen. So wachsen zugleich das Zusammengehörigkeitsgefühl der Deutschen und jenes Bewußtsein nationaler Einheit, das dem Selbstbestimmungsrecht Schubkraft verleiht. Und um die menschliche Dimension freiheitlicher Lebensform geht es auch entscheidend bei der Vision einer europäischen Friedens- und Freiheitsordnung, in der das deutsche Volk seine nationale Frage in freier Selbstbestimmung friedlich lösen kann.
Was die Deutschen hier bewegt und drängt, das ist – wie es Franz Josef Strauß einmal formulierte – »das Herzensanliegen der Wiederherstellung demokratischer und menschenwürdiger Zustände« in ganz Deutschland, das ist der »Kampf um die Freiheit für alle Deutschen«. Indem die Koalition der Mitte neben den bekannten Rechtspositionen diesen moralischen und geschichtlichen Hintergrund der deutschen Frage wieder klar herausgestellt und ihre Politik daran ausgerichtet hat – im Bewußtsein, daß es hier immer auch um die deutsche Nation in einer europäischen Friedensordnung geht, also um mehr als die Beziehungen zwischen den beiden Staaten in Deutschland –, hat sie der Deutschlandpolitik die historische Perspektive und damit jenen Elan zurückgegeben, der Menschen mitzureißen vermag. Es ist die Perspektive gemeinsamer Freiheit in der größeren europäischen Heimat. Diese Perspektive zählt zu den Möglichkeiten der Geschichte für die Zukunft unserer Nation. Die Chance dafür zu suchen und dann auch zu nutzen, kann nur einer wertorientierten Politik gelingen – einer Politik der bewußten Bindung an die westliche Demokratie und ihre freiheitliche politische Kultur.
Auch im Ost-West-Verhältnis allgemein geht es im Kern wie in vielen Einzelheiten um Menschenrechte und Grundfreiheiten. Wieviel

deren Achtung für den Frieden und die Zusammenarbeit zwischen den Staaten bedeutet, hat nicht zuletzt die KSZE-Schlußakte von Helsinki unterstrichen. Die Bundesrepublik Deutschland wird gemäß ihrem Selbstverständnis auch in Zukunft darauf hinwirken, daß sich der KSZE-Prozeß fortentwickelt. Deutschland braucht die Verbesserung der West-Ost-Beziehungen mehr als andere Länder, denn gerade in der Mitte Europas eröffnet sie den Menschen neue Chancen für mehr Miteinander. Es wäre unverantwortlich und würde der Sache der Freiheit schaden, diese Chancen nicht zu suchen. Für die Bundesrepublik Deutschland steht hier aber mehr auf dem Spiel als das nationale Interesse. Unser Vaterland diesseits und jenseits der Grenze zwischen freiem Westen und unfreiem Osten trägt eine besondere historische Verantwortung dafür, daß von deutschem Boden Frieden ausgeht. Und ein Werk des Friedens ist auch jeder Fortschritt für die Menschen im gespaltenen Europa. Deshalb wird die Bundesrepublik Deutschland auch künftig Dialog, Verständigung und Zusammenarbeit mit ihren östlichen Nachbarn anstreben.

Verantwortliche Ostpolitik verlangt jedoch Augenmaß – das heißt auch Verzicht auf Sonderverhältnisse mit Verbündeten der Sowjetunion, dem wichtigsten Nachbarn im Osten: Jeder Versuch, an ihm vorbei Ostpolitik zu gestalten, wäre im Ansatz falsch und zum Scheitern verurteilt. Ebenso verfehlt wäre der Versuch, eine Sonderrolle im Bündnis zu übernehmen, sei es als Dolmetscher oder Vermittler. Nicht nur, weil sie uns im Osten nicht als glaubhaft abgenommen und uns bei unseren Partnern in der Allianz verdächtig machen würde. Wir würden damit jenem Grundaxiom werteorientierter Westbindung zuwiderhandeln, dessen konsequente Beachtung die außenpolitische Handlungsfähigkeit der Bundesrepublik Deutschland überhaupt erst begründet hat, und uns auf einen jener nationalen Sonderwege verirren, die uns in der Vergangenheit wiederholt ins Unglück geführt haben. Nur von einer festen, unzweideutigen Position im Westen aus kann die Bundesrepublik Deutschland erfolgreich Ostpolitik betreiben. Ihr Gewicht ist dabei um so größer, je intensiver sie in Solidarität mit ihren Partnern zusammenwirkt. In Fragen ihrer eigenen Sicherheit und Freiheit kann die Bundesrepublik Deutschland nicht unparteiisch sein.

Aus dieser unwiderruflichen Bindung heraus kann und muß unsere Republik zum Dialog und zu den Verhandlungen der Weltmächte ihren Beitrag leisten. Aber wir dürfen nicht vergessen, daß sie neben Verständigungsbereitschaft zugleich auch ausreichende Verteidigungskapazität für ihre Sicherheit benötigt, denn diese beiden Elemente stehen in einem inneren Zusammenhang und einer engen Wechselwirkung. Entscheidende Voraussetzungen für eine zukunftsweisende Entwicklung des West-Ost-Dialogs sind die Anerkennung der legitimen Sicherheitsinteressen und die Gleichberechtigung aller Beteiligten. Hier geht es zuallererst um die Verhütung eines Krieges. Diesem Ziel – und damit der Sicherung unserer Freiheit in Frieden – dient unsere Verteidigungsbereitschaft, unser Bemühen um ein Gleichgewicht der Kräfte.

Frieden und Freiheit stehen für uns in einem unauflösbaren Zusammenhang. Wer bereit wäre, die Freiheit dem Frieden zu opfern, würde beides verlieren. Das war ein entscheidendes Motiv für die Standfestigkeit der Bundesregierung in der Debatte um die Durchführung des NATO-Doppelbeschlusses. Für das Wagnis eines einseitigen und ersatzlosen Verzichts auf wirksame Abschreckung wäre der Frieden in Freiheit ein zu kostbares Gut. Beide Seiten müssen – und darauf bestehen wir – auf militärische Potentiale verzichten, die über legitime Verteidigungserfordernisse hinausgehen. Wir streben eben nicht Überlegenheit an und wollen auch kein Potential der Bedrohung. Wir wollen Frieden mit immer weniger Waffen.

Gerade wir Deutschen dürfen nicht beiseite stehen, wenn es heute darum geht, im Bewußtsein der kaum vorstellbaren Vernichtungskraft nuklearer Waffen und zugleich der friedenstiftenden Wirkung ihrer bedrohlich anmutenden Existenz immer wieder von neuem darüber nachzudenken, wie wir dem Frieden der Welt am wirkungsvollsten dienen können. Deshalb verdient insbesondere jede Möglichkeit gewissenhafte Prüfung, vom düsteren Drohbild einer nuklearen Apokalypse als letztem Mittel der Kriegsverhütung Abstand zu gewinnen. Die von mir geführte Bundesregierung hat sich stets zu der politischen und moralischen Verantwortung bekannt, Voraussetzungen zu schaffen, die den Einsatz von Kernwaffen aussichtslos erscheinen lassen und somit verhindern. Heute, im nuklearen Zeitalter, besteht diese Aussichtslosigkeit darin, daß der

Friede – nur – so sicher ist wie die Gefahr des Untergangs auch für den, der ihn bricht. Es wäre nicht nur ein technischer und militärischer, sondern auch ein moralischer Fortschritt, wenn es gelänge, den Frieden zu sichern durch die Gewißheit des Überlebens für den, der angegriffen wird.

Mit seiner Strategischen Verteidigungsinitiative hat Präsident Reagan der sicherheitspolitischen Diskussion einen neuen Anstoß gegeben. In einer weit in die Zukunft gerichteten Vision hat er der Strategie der Abschreckung durch gegenseitige Zerstörungsfähigkeit mit Nuklearwaffen das Modell einer gesicherten Verteidigungsfähigkeit mit nichtnuklearen Waffen entgegengestellt. Jeder, der ernsthaft eine umfassende Verringerung der Nuklearwaffenpotentiale in der Welt will, und jeder, der Vorbehalte gegen die nukleare Abschreckungsstrategie hat, sollte über alle angebotenen alternativen Möglichkeiten der Friedenssicherung sorgfältig nachdenken. Noch kann heute niemand mit Sicherheit beurteilen, ob sich die Strategische Verteidigungsinitiative des amerikanischen Präsidenten als Weg zur drastischen Verringerung und letztendlichen Verbannung der Nuklearwaffen erweisen wird. Sollte sich dieser Weg aber als gangbar herausstellen, wäre Präsident Reagan ein historisches Verdienst zuzuschreiben.

Die Debatte über die globale Sicherung der strategischen Stabilität wird in erster Linie von den Weltmächten zu führen sein, die alle Möglichkeiten für eine kooperative Lösung ausschöpfen müssen. Diese Debatte findet aber auch innerhalb der westlichen Solidargemeinschaft statt, deren Mitglieder sich schlüssig werden müssen, wie sie die Stabilität gesichert sehen und welchen Beitrag sie dazu leisten wollen. Dieser Solidargemeinschaft fühlt sich heute auch Japan zugehörig. Wegweisend war 1983 Japans Entschluß, die Erklärung des Weltwirtschaftsgipfels von Williamsburg zu Abrüstung und Rüstungskontrolle mitzutragen. So hatte sich der Versuch der Sowjetunion, durch forcierte Dislozierung landgestützter Mittelstreckensysteme ein neues nukleares Erpressungspotential zu gewinnen, in Asien als kontraproduktiv und damit als schwerer Mißerfolg erwiesen, noch bevor er auch in Europa fehlschlug.

Während die USA gleichermaßen enge und intensive Beziehungen zu Japan wie zu Westeuropa unterhalten, ist das europäisch-japanische Verhältnis noch zu wenig entwickelt. Gerade in der Konstellation einer weniger auf Europa und seine Mitte fixierten Weltpolitik erschließen sich neue Bewegungsräume und Gestaltungschancen. Aufgrund ihrer exponierten Lage und vielfältiger Abhängigkeiten einerseits und ihres wirtschaftlichen – aber auch politischen – Gewichts andererseits kann es sich die Bundesrepublik Deutschland nicht leisten, ihre eigenen Möglichkeiten auszulassen. In den großen weltpolitischen Fragen wird sie sich allerdings nur dann wirkungsvoll Gehör verschaffen, wenn sie sich mit ihren europäischen Partnern verständigt und die Gemeinschaft dann mit einer Stimme sprechen kann. Die Europäische Gemeinschaft tritt bisher nach außen im wesentlichen als Handelsmacht auf. Auf dem eigentlichen Feld der Außenpolitik spricht sie noch zu oft mit zu vielen Stimmen. Es fehlen ihr die rechtlichen und institutionellen Voraussetzungen, um gemeinsame Interessen zu artikulieren und in der Welt zur Geltung zu bringen.

Es zählt zu den vordringlichen Aufgaben der Europapolitik, den in der europäischen politischen Zusammenarbeit vorhandenen Ansatz gemeinsamen Handelns zu einer wirklich gemeinschaftlichen Außenpolitik weiterzuentwickeln. Auch hier geht es nicht zuletzt um die Schicksalsfrage, wie weit es uns gelingt, unsere freiheitliche Ordnung vor dem militärischen und politischen Druck der Sowjetunion zu schützen. Um nicht mißverstanden zu werden: Fundament unserer Sicherheitspolitik bleibt das enge Schutzbündnis mit den Vereinigten Staaten in der Atlantischen Allianz. Aber es ist ein Gebot politischer Klugheit und Weitsicht, das europäische Widerlager der transatlantischen Brücke ohne weiteren Zeitverlust zu festigen und zu stärken. Bei einer Anhebung der nuklearen Schwelle wird sich sehr rasch herausstellen, daß die Europäer für ihre konventionelle Verteidigung wesentlich mehr an eigenen Leistungen und Opfern zu erbringen haben werden. Mit zusätzlichen Anstrengungen werden sie ihre Sicherheit – die an jene der USA gekoppelt bleibt – verstärkt in die eigenen Hände nehmen und zugleich die Allianz insgesamt festigen.

Gleichzeitig gilt es, dafür Sorge zu tragen, daß sich die Europäer untereinander in Fragen der Sicherheit und Verteidigung, aber auch in Fragen der Rüstungskontrolle und Abrüstung besser ab-

stimmen. Ebenso dringend muß die Zusammenarbeit im Bereich der Rüstungstechnologie intensiviert werden. Die Wiederbelebung der Westeuropäischen Union, die mit der NATO vertraglich eng verknüpft ist, bedeutet einen wichtigen Schritt in diese Richtung.
Vielleicht hat gerade die Diskussion um das SDI-Forschungsprogramm den Europäern einen neuen Impuls gegeben, nationale Vorbehalte gegenüber einer Zusammenfassung und Bündelung ihrer Kapazitäten bei Spitzentechnologien abzubauen – einer Kooperation, die sich keineswegs auf Rüstungsprojekte konzentriert, sondern vielmehr die zivile Forschung und die industrielle Nutzung ihrer Ergebnisse in den Mittelpunkt stellen sollte. Gemeinsame technische Vorhaben wie der Fusionsreaktor JET, Luft- und Raumfahrtprojekte wie Airbus, Ariane und Spacelab, Kooperation bei Kommunikationssatelliten sowie das Förderprogramm ESPRIT für neue Technologien belegen, daß Europa zu eindrucksvollen Spitzenleistungen fähig ist. In manchen Kreisen ist es Mode geworden, von »Eurosklerose« zu reden. Damit verbinden sich auch politische Besorgnisse. Die wirksame Bündelung der Erfahrung, der technischen Fähigkeiten und der Kreativität in einer Technologiegemeinschaft Europa – auch das von Frankreich vorgeschlagene Projekt »Eureka« deutet in diese Richtung – könnte solchen Pessimismus überzeugend widerlegen. Und Europa hat dafür auch die ökonomische Substanz: 23 Prozent der weltwirtschaftlichen Leistungen werden in der Gemeinschaft – noch ohne Spanien und Portugal – erwirtschaftet, 37 Prozent des Welthandels von dort ansässigen Unternehmen bestritten. Aber so imponierend diese Zahlen sein mögen: Das wirtschaftliche Potential in der Gemeinschaft kommt auch knapp 30 Jahre nach den Römischen Verträgen wohl vorwiegend beim Warenexport, sonst aber immer noch nicht voll zum Tragen. Es gibt heute nur in vergleichsweise geringem Umfang einen gemeinsamen Markt für Investoren, Dienstleistungen und Kapitalverkehr sowie für Innovation, für Forschung und Entwicklung.
Es ist ein vitales Interesse der Bundesrepublik Deutschland wie ihrer Partner, das gesamte Wirtschaftspotential der Gemeinschaft zu erschließen: für unsere internationale Wettbewerbsfähigkeit, für die Sicherung und Schaffung von Arbeitsplätzen – aber auch um des Gewichts willen, das die Gemeinschaft in der weltwirtschaftlichen

Diskussion in die Waagschale werfen kann, etwa bei den Modalitäten für einen freien Welthandel. Es liegt auf der Hand, daß hier unsere Chancen steigen, wenn unsere Partner das ganze Eigengewicht der Europäischen Gemeinschaft in Rechnung stellen müssen. Zum Arbeitspensum der Zukunft gehört daher unbedingt die Verwirklichung eines umfassenden europäischen Binnenmarktes. Besonders auf dem Gebiet der Zukunftstechnologien müssen sich die Unternehmen den europäischen Horizont erschließen, um auch der weltweiten Konkurrenz standhalten zu können. Das bedeutet Zusammenarbeit bei Projekten der Forschung und Entwicklung und darüber hinaus ganz allgemein, daß die Unternehmen die Chancen eines großen europäischen Marktes tatsächlich nutzen.
Dafür muß Europa mehr sein als eine Zollunion oder ein Vermittler zwischen wirtschaftlichen Eigeninteressen. Nur wenn die Übereinstimmung wächst, daß die Politische Union das gemeinsame Ziel ist, können letztlich auch neue wirtschaftliche Perspektiven entstehen.
Die Europäer müssen sich wieder stärker auf die Grundlagen der Gemeinschaft besinnen. Das politische Europa war die bewegende Idee ihrer Gründer, ja es war ihre große Vision. Wir werden diesem Ziel näherkommen, wenn die Bereitschaft zum Kompromiß und auch zum Mehrheitsentscheid zunimmt – was in diesem Fall nichts anderes bedeuten würde, als daß die Regeln der Römischen Verträge über Institutionen und Verfahren endlich wieder Anwendung fänden. Darüber hinaus erfordert es das demokratische Selbstverständnis der Gemeinschaft, daß das Europäische Parlament mehr Mitspracherechte erhält. Und wir werden auch der Frage nach einer europäischen Verfassung nicht ausweichen können. Entscheidend aber bleibt der politische Wille zu einem immer engeren Zusammenschluß der europäischen Völker in Frieden und Freiheit.
Nicht nur wegen der Probleme, vor denen wir in Europa stehen, duldet die europäische Integration keinen Aufschub. Auf Europa richten sich auch zunehmend die Hoffnungen vieler Entwicklungsländer, und wir dürfen dieser Verantwortung nicht ausweichen. Je rascher die europäische Einigung vorankommt, desto mehr Gewicht wird Europa im Nord-Süd-Verhältnis geltend machen können. Vieles spricht dafür, daß der Nord-Süd-Konflikt in etwa 20 Jah-

ren auf der weltpolitischen Tagesordnung vor dem Ost-West-Konflikt stehen wird. Auf diese Herausforderung sind wir in Europa – wahrscheinlich sogar in der ganzen westlichen Welt – bislang kaum eingerichtet. Gefordert sind die Bereitschaft, aber auch der Mut zur Solidarität und zum fairen Interessenausgleich mit den Ländern der Dritten Welt.

Globale Entwicklungen stellen diese Länder, so unterschiedlich sie auch sind, vor Probleme, die sie zwar in eigener Verantwortung lösen müssen, die sie allein aber nicht meistern können: das sprunghafte Bevölkerungswachstum, Knappheit von Nahrungsmitteln, Energie- und Umweltprobleme, Auslandsverschuldung, Massenarbeitslosigkeit, der Mangel an Ausbildung. Unwürdige Armut großer Bevölkerungsgruppen, krasse soziale Ungerechtigkeiten, Hunger und Elend kennzeichnen die Verhältnisse in vielen Entwicklungsländern. Wir können und dürfen davor die Augen nicht verschließen. Zu Recht hat Papst Johannes Paul II. 1979 in Puebla eindringlich darauf hingewiesen, »daß der innere und internationale Friede nur gesichert werden können, wenn ein soziales und ökonomisches System in Kraft tritt, das auf der Gerechtigkeit aufbaut«. Nur ein gerechter und friedlicher Interessenausgleich zwischen Nord und Süd wird diese Aufgabe lösen können.

Auch die Zukunft unseres Landes hängt davon ab, denn was in jedem einzelnen Land zutrifft, das wird schließlich auch für eine zusammenwachsende Welt gelten: Der soziale, der innere Friede ist letztlich stets ein Werk der Gerechtigkeit. Das Ideal vom freien Menschen, der bürgerliche und politische Freiheit genießt und frei von Furcht und Not lebt, wird an Überzeugungskraft und Faszination verlieren, wenn seine Verwirklichung nicht weltweit angestrebt wird. Auch hier hat sich deutsche Politik an den »unverletzlichen und unveräußerlichen Menschenrechten als Grundlage jeder menschlichen Gemeinschaft, des Friedens und der Gerechtigkeit in der Welt« zu orientieren.

Für die Lösung des Nord-Süd-Konflikts sind vor allem zwei entscheidende Voraussetzungen zu nennen. Die erste liegt bei den Entwicklungsländern selbst: Soziale Spannungen und politische Instabilität lassen sich dauerhaft nur abbauen, wenn die demokratische Idee in diesen Ländern eine wirkliche Chance erhält. Die Ablösung zahlreicher Militärdiktaturen durch demokratische Regierungen in Lateinamerika zeigt, daß Freiheit und Menschenrechte keineswegs ein Privileg entwickelter Länder sind: 1979 lebte weniger als ein Drittel der Bevölkerung Lateinamerikas und der Karibik in demokratischen Ländern, 1985 sind es 90 Prozent. Diese Entwicklung zur freiheitlichen Demokratie ist auch eine wichtige Vorbedingung für jede dauerhafte wirtschaftliche Aufwärtsentwicklung. Wir haben die Pflicht, sie zu fördern, wo immer dies möglich ist.

Die zweite Voraussetzung für die Lösung des Nord-Süd-Konflikts betrifft die Weiterentwicklung der internationalen Beziehungen. Nur wenn das Tor zu den Absatzmärkten der entwickelten Länder weit aufgestoßen wird, eröffnen sich gute Zukunftsaussichten für den wirtschaftlichen Aufbau der Entwicklungsländer. Es geht darum, die Benachteiligung vieler Länder der Dritten Welt im Welthandel abzubauen, das heißt vor allem, durch eine marktwirtschaftliche Struktur der Weltwirtschaft mehr Chancengleichheit zu verwirklichen. Die nachhaltige Zunahme der Ausfuhren ermöglicht es vielen Entwicklungsländern, ihre Einfuhren deutlich zu steigern. Die wachsende Exportkraft der Länder der Dritten Welt bleibt auch auf Dauer gesehen deren einzige Chance, die Überschuldung abzubauen. Es ist jedoch unbestreitbar, daß die Verschuldungskrise – schon wegen der Höhe der Schulden – von den Gläubiger- und Schuldnerländern gemeinsam bewältigt werden muß. Wir brauchen eine Partnerschaft wirtschaftlicher Vernunft, einen freien Welthandel, der keine Einbahnstraße zuungunsten der Entwicklungsländer darstellt, sondern sich auch in weltweiter sozialer Verantwortung bewährt.

Freier Welthandel schafft sowohl mehr Chancengleichheit und Gerechtigkeit für die Entwicklungsländer als auch neue Möglichkeiten für mehr Beschäftigung in unserem rohstoffarmen Land, das auf internationalen Handel besonders angewiesen ist.

Deutscher Erfindungsgeist und deutsche Ingenieurkunst, ebenso die Bereitschaft zur Leistung und der Fleiß der Menschen unseres Landes haben den guten Ruf unserer Produkte in aller Welt begründet. Diese Anerkennung darf uns nicht zur Bequemlichkeit verführen. Heute geht es darum, die Herausforderungen durch technologische Entwicklungen und den hohen Leistungsstandard von Län-

dern im pazifischen Raum zu bewältigen und so unsere Zukunft als moderne und humane Industrienation zu sichern.
Als ein Land, das ein Drittel seiner Waren und Dienstleistungen auf dem Weltmarkt verkauft, muß die Bundesrepublik Deutschland gerade bei den Spitzentechnologien konkurrenzfähig bleiben, um sich auf den Wachstumsmärkten der Zukunft behaupten zu können. Informationstechnik und Biotechnologie, aber auch Luft- und Raumfahrt erfordern besondere Anstrengungen von Wirtschaft und Wissenschaft sowie die Förderung von Leistungseliten durch Staat und Gesellschaft. Ohne Innovationskraft können wir im internationalen Wettbewerb nicht bestehen – und werden wir im übrigen auch nicht in der Lage sein, die mit dem wirtschaftlich-technischen Wandel einhergehenden gesellschaftlichen Veränderungen in eigener Verantwortung menschengerecht zu gestalten. Nur wer in Forschung und Technik führend ist, kann hier für den Fortschritt ethische Maßstäbe entwickeln und ihn sozial beherrschen.
Innovationskraft und Wettbewerbsfähigkeit bleiben die entscheidende Voraussetzung für den Abbau der Massenarbeitslosigkeit, die als Folge einer verfehlten Wirtschaftspolitik der siebziger Jahre entstanden ist. Deshalb war es nach dem Regierungswechsel 1982 so vordringlich, günstige Bedingungen dafür zu schaffen – mit soliden Staatsfinanzen, stabilen Preisen, anhaltendem Wirtschaftswachstum und einem Zuwachs produktiver Investitionen sowie mit einem gesicherten System sozialen Ausgleichs als notwendigem Beitrag zu Gerechtigkeit und innerem Frieden. Leitgedanke dieses wirtschaftspolitischen Programms ist die Rückbesinnung auf die Grundsätze der Sozialen Marktwirtschaft. Sie ist wie keine andere Ordnung geeignet, persönliche Freiheit, Gleichheit der Chancen, Eigentum, wachsenden Wohlstand und sozialen Fortschritt für alle zu verwirklichen und zu sichern. Die gesellschaftspolitischen Ziele der siebziger Jahre liefen den Grundideen der Sozialen Marktwirtschaft zuwider: Für die Verwirklichung der Gleichheitsideologie mußte der Preis einer ständig ausufernden Staatsbürokratie gezahlt werden. Wohlstand wurde allein als Verteilungsproblem definiert, nicht jedoch als Ergebnis anerkannter individueller Leistung in einer sozialen Friedensordnung. Die Idee der Freiheit wurde verkürzt auf ein Denken in Rechten, in Ansprüchen und Forderungen.

Die Politik der siebziger Jahre hatte bei vielen Bürgern die Illusion genährt, der Friede und unsere Freiheit, der Wohlstand und die soziale Sicherheit in unserem Land seien zum Nulltarif zu haben.
Das Bewußtsein für den notwendigen Ausgleich von Rechten und Pflichten, von Anspruch und Leistung, von Gegenwart und Zukunft war geschwächt. Die Konfrontation einer illusionären Politik mit der Realität einer tiefen wirtschaftlichen Krise hat dann bei vielen Menschen Verunsicherung – vielfach auch Pessimismus und Ängste – ausgelöst.
Zu den vorrangigen Aufgaben der Politik in diesem Jahrzehnt gehört deshalb das Bemühen um eine geistig-moralische Erneuerung unserer inneren Wertordnung. Es geht um Pflege und Stärkung jener Werte, die beispielhaft vor allem in der Familie verkörpert sind: um menschliche Bindung und Treue, um Rücksichtnahme und Toleranz, um die Bereitschaft auch zum Verzicht und zum persönlichen Opfer, es geht um Verantwortungs- und Pflichtbewußtsein, es geht um Solidarität zwischen den Generationen.
Je mehr uns technischer Fortschritt, wirtschaftlicher Wandel und eine immer enger zusammenwachsende Welt Aufgeschlossenheit für Neues, Lernfähigkeit und geistige Beweglichkeit abverlangen, um so wichtiger wird es, daß wir uns aus Geschichte und Tradition – in unserem Kulturverständnis und unserer Werteordnung – Ideen und Ideale bewahren, die uns in einer Welt des Wandels Sinn, Halt und Orientierung finden helfen.
Die Rückbesinnung auf die Leistungskraft der Bürger, das Vertrauen in Freiheit und Selbstverantwortung sind das Fundament für die geistige Erneuerung, die unser Land braucht, um eine stabile Grundlage für die Zukunft zu sichern.
Es ist eine durchaus positive, eine ermutigende Entwicklung, daß die Mehrheit der Bürger die Tendenz eines bürokratischen und bevormundenden Versorgungsstaats ablehnt, daß sie wieder mehr Freiraum für private Initiative, für Selbständigkeit und die Anerkennung ihrer individuellen Leistung fordert.
Dies zeigt, daß der resignierte Kulturpessimismus früherer Jahre überwunden ist. Die Menschen blicken wieder mit mehr Zuversicht in die Zukunft, sie vertrauen der eigenen Kraft mehr als der der Allgegenwart eines mit Aufgaben überlasteten Staates.

Es ist bezeichnend und fordert zu entsprechenden politischen Schlußfolgerungen heraus, daß die Bürger – und insbesondere auch junge Menschen – ihre persönlichen Zukunftsaussichten stets zuversichtlicher beurteilen als etwa die gesamtwirtschaftliche Entwicklung. Diese Zuversicht gründet in dem Selbstvertrauen dieser Menschen, daß sie dort, wo es auf die eigene Kraft, auf ihre persönliche Leistung und Initiative ankommt, ihr Leben meistern und ihre Zuversicht positiv beeinflussen können.

Dieses Selbstvertrauen ist Ausdruck für die ungebrochene Vitalität, für die nach wie vor große geistige und moralische Kraft unseres Volkes.

Das Verhältnis des Bürgers zum Staat muß jedoch auch durch die Bereitschaft zur Mitverantwortung geprägt sein. Weil alle Bürger in unserem demokratischen Staat die Chance der Einflußnahme und der Mitentscheidung haben, kann erwartet werden, daß sie für das Gemeinwesen eintreten, daß sie ihr Eigeninteresse im Verhältnis zum Gemeinwohl sehen und bereit sind, in der Gemeinschaft Pflichten zu übernehmen. Rechte und Pflichten gehören unlösbar zusammen. Nur wer sich seinen Pflichten in der Gemeinschaft stellt, statt ihnen auszuweichen, kann sich glaubwürdig auf seine Rechte berufen. Das ist übrigens auch die Antwort einer wehrhaften Demokratie an die Adresse jener, die sich zwar auf ihre Freiheitsrechte berufen, die demokratischen Grundregeln – Gewaltfreiheit, Toleranz und Mehrheitsentscheid – aber nicht beachten wollen.

Darüber hinaus gilt es heute, dort wieder die Maßstäbe zurechtzurücken, wo Bürger, die loyal ihre Pflichten erfüllen, als hilflos und altmodisch gelten, als Lebenskünstler dagegen jene, die lautstark ihre Ansprüche anmelden und sich im übrigen leise durchlavieren.

Ein Staat, der solches Verhalten ohne wirksame Gegenmaßnahmen hinnimmt, fordert es geradezu heraus, daß ihn immer mehr Bürger als Selbstbedienungsladen ansehen und dementsprechend mißbrauchen. Wenn der Staat dagegen auf die Eigenverantwortlichkeit und Freiheit der Bürger setzt, werden die Bürger auch mit höherer Loyalität und größerem Verständnis für die Anliegen der Gemeinschaft antworten. Wer Bürgerfreiheit sichern will, muß den Staat auf seine eigentlichen Aufgaben zurückführen und zugleich dafür sorgen, daß er diese zuverlässig erfüllt.

Dieser Grundgedanke der Subsidiarität, das Vertrauen in die Leistungskraft der Bürger ist entscheidend für die Dynamik einer freien Gesellschaftsordnung. Für die Zukunftschancen eines Volkes sind nicht allein seine materiellen Ressourcen entscheidend. Wichtiger noch ist die Lebenseinstellung, das Maß an Selbstvertrauen und Zuversicht, das die Menschen aufbringen. Es geht nicht darum, die Probleme unserer Zeit zu leugnen, aber entschieden ist all denen entgegenzutreten, die die Menschheitsgeschichte in erster Linie als Abfolge von Katastrophen begreifen und geradezu suggestiv Ängste beschwören. Wie es fahrlässig wäre, die Unvollkommenheit des Menschen zu verkennen, so wäre es auch unklug, seine schöpferische Kraft zu ignorieren.

Das Vertrauen der Bürger in ihre Leistungskraft und das Wissen darum, daß die Probleme unserer Zeit zu bewältigen sind, bleiben eine entscheidende Voraussetzung für die Bewältigung der Zukunft.

Die Leistungsfähigkeit unserer Gesellschaft und die Glaubwürdigkeit, mit der wir unsere Grundwerte der Freiheit, Solidarität und Gerechtigkeit zu Hause verwirklichen, sind auch von ausschlaggebender Bedeutung dafür, daß wir unseren Interessen und unserer Mitverantwortung in der Welt gerecht werden können. Je größer die Verflechtung und gegenseitige Abhängigkeit in der Welt wird, desto mehr werden innergesellschaftliche Werte und Maßstäbe auch zum Inhalt internationaler Beziehungen. Auch daraus folgt eine unübersehbare Interdependenz zwischen Innen- und Außenpolitik.

Als geteiltes Land an der Nahtstelle zwischen Ost und West brauchen wir mehr als andere Freunde und Partner. Als hochindustrialisiertes, aber in hohem Maß außenwirtschaftlich geprägtes Land sind wir auf weltweite Wirtschaftsbeziehungen angewiesen. Und gerade weil wir eine der führenden Industrienationen sind, müssen wir uns auch den wachsenden Erwartungen von immer mehr Völkern – gerade auch der Dritten Welt – stellen. Die Bundesrepublik Deutschland ist ein Staat, dessen Wort in der internationalen Gemeinschaft Gewicht hat. Wir haben die Pflicht, dieser Verantwortung gerecht zu werden.

Henry Kissinger

Die Vereinigten Staaten und Europa

Europäisch-atlantische Beziehungen

Viele Schwierigkeiten im europäisch-amerikanischen Verhältnis lassen sich im Kern auf eine unterschiedliche historische Perspektive zu beiden Seiten des Atlantiks zurückführen.
Die Europäer haben schon immer geglaubt, daß Außenpolitik ein historischer Prozeß sei, den man ständig pflegen müsse, damit er auf dem richtigen Weg bleibe. Für die meisten Europäer lag die Ursache der Kriege weniger in der moralischen Veranlagung von politischen Führern als im Zusammenbruch des Gleichgewichts der Mächte.
Die amerikanische Außenpolitik ist das Produkt einer ganz anderen Tradition. Die Gründerväter waren sicherlich erfahrene Männer, die das Gleichgewicht der Mächte in Europa geschickt zu manipulieren wußten, um die Unabhängigkeit Amerikas zustande zu bringen. Durch zwei Ozeane geschützt, entfaltete Amerika aber mehr als 100 Jahre lang die eigenartige Vorstellung, daß ein glückhafter Zufall ein ganz natürlicher Zustand und unser Engagement in der Weltpolitik bloß eine Frage der Wahl sei. Die Amerikaner betrachteten die gesamte westliche Hemisphäre als einen Sonderfall, sicher abgeschirmt von der übrigen Welt. Daß uns die Geographie diesen Luxus zuteil werden ließ, war eben nur ein Beweis dafür, daß Gott seine segnende Hand über uns hielt; das Postulat moralischer Überlegenheit war eine Gegenleistung, die wir »Ihm« schuldeten. Der ehrgeizige, manchmal zynische und stets relativistische Stil europäischer Machtpolitik wurde in Amerika als ein fragwürdiges Beispiel für das, was es zu vermeiden galt, angesehen und war in unseren Augen ein Beweis für unsere moralische Vorrangstellung.
In der außenpolitischen Diskussion der Vereinigten Staaten wurde der Begriff »Gleichgewicht der Mächte« (balance of power) – sogar noch bis weit in das 20. Jahrhundert hinein – nur selten ohne ein

herabsetzendes Adjektiv verwendet: das »überholte«, das »diskreditierte« Gleichgewicht der Mächte. Als Woodrow Wilson Amerika in den Ersten Weltkrieg führte, geschah dies in der Erwartung, daß die Nachkriegsordnung von einer »neuen und gesünderen Diplomatie« bestimmt sein würde – jenseits der Mauscheleien, Geheimhaltung und undemokratischen Praktiken, die man für auslösende Faktoren des Ersten Weltkriegs hielt. Bei seiner Rückkehr von der Krim-Konferenz 1945 gab Franklin Roosevelt am 1. März gegenüber dem Kongreß seiner Hoffnung Ausdruck, daß die Nachkriegsepoche »ein Ende bedeuten werde für das System einseitigen Handelns, die exklusiven Bündnisse, die Einflußsphären, die Machtgleichgewichte und all die anderen Hilfsmittel, die seit Jahrhunderten ausprobiert werden – und doch immer fehlgeschlagen sind«. Sowohl Wilson als auch Roosevelt glaubten an eine universale Organisation kollektiver Sicherheit, in der sich die friedliebenden Nationen zur Abschreckung oder zur Bekämpfung der Aggressoren zusammenschließen müßten. Man nahm an, daß alle Nationen in der Frage, was Aggression sei, zu demselben Ergebnis kommen würden und gleichermaßen bereit seien, jeder Aggression zu widerstehen, ganz gleich, an welchem Ort, in welcher Entfernung von unseren Grenzen sie auftreten würde und ungeachtet des damit verbundenen nationalen Interesses.

Nach amerikanischer Auffassung waren Nationen entweder von Natur aus friedlich oder von Natur aus kriegerisch. Daher mußten nach dem Zweiten Weltkrieg die »friedliebenden« Vereinigten Staaten, Großbritannien und die UdSSR gemeinsam die Welt gegen Deutschland und Japan unter Kontrolle halten, obwohl die ehemaligen Feinde durch die bedingungslose Kapitulation zur Machtlosigkeit verurteilt waren. Etwaige Zweifel an der friedliebenden Eigenschaft unserer Kriegsverbündeten schienen in den Augen vieler führender Politiker in Amerika für Großbritannien nicht weniger als für die UdSSR zu gelten: Roosevelt spielte mit dem Gedanken der Blockfreiheit zwischen einem kolonialistischen Großbritannien, das sich am Gleichgewicht der Mächte orientierte, und einer ideologisch verhärteten Sowjetunion. Selbst Truman sah zu, daß er nicht mit Churchill noch vor Beginn der Potsdamer Konferenz zusammentraf; er wollte nicht den Anschein erwecken, er stelle sich mit

Großbritannien in eine Front gegen die UdSSR. Führende amerikanische Politiker hegten im Falle eines unvermeidlich gewordenen Konflikts zwischen den Großmächten den heimlichen Traum, sich selbst die Rolle anzumaßen, die später die Blockfreien und einige Europäer anstrebten, nämlich die Rolle eines moralischen Schiedsrichters, der all jenen herablassende Urteile entgegenschleudert, die sich auf das schmutzige Spiel der internationalen Diplomatie eingelassen haben.

Die amerikanische Haltung war noch bis vor kurzem von dem Glauben beseelt, daß historische Erfahrung transzendiert werden könne; daß Probleme permanent gelöst werden können; daß Harmonie der natürliche Zustand der Menschheit sein könne. Daher hat sich unsere Diplomatie oft auf die Konzepte des Völkerrechts mit seinen Möglichkeiten der Schlichtung und friedlichen Konfliktlösung berufen, als ob alle politischen Auseinandersetzungen juristische Streitfragen wären. Sie setzte dabei voraus, daß vernünftige Männer und Frauen auf einer gerechten Basis stets Übereinstimmung erzielen könnten. Die Amerikaner haben auch immer angenommen, daß wirtschaftlicher Wohlstand automatisch politische Stabilität gewährleistet, eine Überzeugung, die die amerikanische Politik von den Bemühungen Herbert Hoovers um die Auslandshilfe nach dem Ersten Weltkrieg über den Marshallplan bis hin zur jüngsten karibischen Initiative inspiriert hat – dabei spielt es keine Rolle, daß in weiten Teilen der Welt der Zeitrahmen für wirtschaftlichen Fortschritt und das Erreichen politischer Stabilität bedenklich phasenverschoben sein mag. Bei unserer Beteiligung an den zwei Weltkriegen in diesem Jahrhundert und danach waren unsere Energieausbrüche mit der Überzeugung verbunden, daß am Ende unserer Bemühungen die natürliche Harmonie unter den Völkern entweder wiederhergestellt oder neu eingeführt wäre.

Selbst als die Vereinigten Staaten schließlich nach 1945 die Weltbühne ständiger Diplomatie in Friedenszeiten betraten, geschah dies unter Bedingungen, die unsere historischen Erwartungen zu bestätigen schienen. Mehrere Jahrzehnte lang besaßen wir die überwältigenden Hilfsquellen, um unseren Vorstellungen Wirkung zu verleihen, und gestalteten so unsere Außenpolitik analog zu den Erfahrungen der dreißiger und vierziger Jahre: Der New Deal ließ sich in den Marshallplan umsetzen, der Widerstand gegen die Nazi-Aggression in die koreanische »Polizeiaktion« und die Politik der »Eindämmung« (containment). Wir neigten dazu, unsere Vormachtstellung im westlichen Bündnis mehr der Reinheit unserer Motive als der Überlegenheit unserer Macht zuzuschreiben. Die Vereinigten Staaten verfügten damals tatsächlich über die Hälfte des Weltbruttosozialprodukts und über ein Monopol an Atomwaffen; unsere NATO-Verbündeten verhielten sich, wenn es in Washington um Entscheidungen ging, deshalb auch eher wie Lobbyisten als wie souveräne Nationen.

Deshalb gab es ein böses Erwachen, als den Vereinigten Staaten in den sechziger und siebziger Jahren die Grenzen selbst ihrer riesigen Ressourcen bewußt wurden. Mit inzwischen nur etwas mehr als einem Fünftel des Welt-Bruttosozialprodukts war Amerika mächtig, aber nicht mehr vorherrschend. Vietnam war das Trauma und die Katharsis, aber die Erkenntnis mußte auf jeden Fall kommen. Anfang der siebziger Jahre waren die Vereinigten Staaten erstmals gezwungen, ihre Außenpolitik so zu gestalten, wie sie die Europäer schon immer gewohnt waren: als ein Land unter vielen, ohne die Fähigkeit, die Welt zu beherrschen oder zu flüchten, mit der Notwendigkeit zu Kompromißbereitschaft, mit taktischen Schachzügen, einem feinen Gespür für geringfügige Verlagerungen des Gleichgewichts der Mächte und einem Bewußtsein für Kontinuität und die Wechselbeziehungen von Ereignissen.

Amerikas Haltung zu Europa war zwangsläufig dem gleichen Wandlungsprozeß unterworfen wie seine Haltung zum internationalen System im allgemeinen. Nach dem Krieg verwandten führende amerikanische Politiker ein großes Quantum unseres bekannten missionarischen Eifers und die ganze Kraft unserer »problemlösenden« Energie auf das Ziel, die europäische Integration voranzutreiben. Der Föderalismus war natürlich ein geheiligtes amerikanisches Prinzip. Wenige Tage nach der *Philadelphia Convention* legte Benjamin Franklin den Franzosen eindringlich die Vorteile eines föderalen Europa nahe. Ein ähnliches Sendungsbewußtsein ging – in etwas praktischerer Form – auch vom Marshallplan aus. Selbst Acheson, nicht unbedingt ein Moralist, wurde von der europäischen Idee angesteckt; er hatte einmal Robert Schuman gehört, wie dieser seinen Plan für eine Europäische Gemeinschaft für Kohle und Stahl (Montan-Union) umriß. Acheson schrieb: »Als wir ihn so reden hörten, wurden wir von seiner Begeisterung und der Größe seiner Idee mitgerissen, der Wiedergeburt Europas, das als Einheit seit der Reformation in der Versenkung verschwunden war.«

Trotz unseres idealistischen Engagements waren Spannungen zwischen Amerika und einem Vereinigten Europa inhärent in der Logik dessen, wofür wir uns so enthusiastisch einsetzten. Wir hatten uns langsam an das stark geschwächte, zeitweilig ohnmächtige Europa der Nachkriegszeit gewöhnt; wir vergaßen darüber das Europa, das die industrielle Revolution ausgelöst, die Idee der nationalen Souveränität erfunden und 300 Jahre ein komplexes Gleichgewicht der Mächte aufrechterhalten hatte. Ein Europa, das seiner Persönlichkeit wieder Geltung verschaffte, mußte einfach danach trachten, die Ausgewogenheit des Einflusses der Vereinigten Staaten wiederherzustellen; Charles de Gaulle unterschied sich in dieser Hinsicht in der Methode erheblich von Jean Monnet, der nie einen Hehl aus seiner Hoffnung machte, daß die Europäer einmal mit einer stärkeren und wirksameren Stimme sprechen würden.

Doch auch wenn einige unserer weniger historisch begründeten Erwartungen enttäuscht wurden, war unser ursprüngliches Urteil richtig: Einheit, Stärke und Selbstvertrauen Europas sind für die Zukunft des Westens von wesentlicher Bedeutung. Es übersteigt die psychischen – nicht nur die physischen – Ressourcen der Vereinigten Staaten, wenn sie in der nichtkommunistischen Welt das einzige oder auch nur das Hauptzentrum sein sollen, von dem Initiative und Verantwortung ausgehen. Die amerikanische Unterstützung für die europäische Einigung war daher ein Ausdruck unseres ureigensten Interesses, auch wenn sie sich altruistisch gab; sie war zu unserem Vorteil, auch wenn wir gelegentlich mit der Münze sich überschneidender Perspektiven zahlten –, vorausgesetzt, wir fanden einen Weg zu schöpferischer Einigkeit in grundsätzlichen Dingen.

Das Problem der Kernwaffen

Eines der Schlüsselprobleme ist das Problem der Sicherheit. Daß die Kernwaffen der Kriegführung, ja sogar dem ganzen menschli-

chen Dasein eine neue Dimension verliehen haben, daß durch sie die traditionellen Vorstellungen von einem militärischen Sieg überholt sind, daß mit ihnen das zivilisierte Leben und vielleicht die Menschheit selbst aufs Spiel gesetzt werden, das sind keine neuen Erkenntnisse. Einige von uns weisen schon seit mehr als zwei Jahrzehnten warnend darauf hin, daß das übermäßige Sichverlassen auf Kernwaffen früher oder später zu einer psychischen Lähmung der westlichen Verteidigungsstrategie führen müsse. Wir sind zu dem Schluß gekommen, daß wir, wenn wir unsere Abhängigkeit von den Kernwaffen verringern wollen, verpflichtet sind, alternative Verteidigungsmöglichkeiten zu finden, vor allem beim Aufbau konventioneller Streitkräfte. Das Verlangen der Demokratien nach Frieden darf in den Händen der Rücksichtslosesten nicht zu einer Waffe werden, mit der die Demokratien erpreßt werden können.
In allzu vielen NATO-Ländern wird es sich nicht vermeiden lassen, daß die Proteste gegen Kernwaffen zu einer einseitigen psychischen und sogar physischen Abrüstung im Hinblick auf gerade die Waffen führen, von denen die westliche Sicherheit doch eigentlich abhängig gewesen ist. Es wird der Eindruck erweckt, die Tatsache, daß die Allianz über Kernwaffen verfüge – über Waffen, die sie nicht eingesetzt hat, als sie über ein Monopol an Atomwaffen und eine überwältigende Überlegenheit verfügte –, bedrohe den Frieden, und dieser Bedrohung müsse man sich widersetzen. Nur wenig Beachtung schenkt man dabei einer ganzen Serie von aggressiven oder radikalen Aktionen der Sowjetunion, von der Entsendung kubanischer Truppen nach Afrika über die Besetzung Afghanistans bis zur Unterdrückung der Freiheit in Polen – Aktionen, die nicht nur das globale Gleichgewicht bedroht haben, sondern auch die unmittelbare Ursache für das Scheitern der Verhandlungen über die Kontrolle der strategischen Waffen in den siebziger Jahren gewesen sind.
Noch weniger Beachtung schenkt man einigen grundlegenden Fakten der Nachkriegsgeschichte: Hätte uns die Sowjetunion unmittelbar nach dem Krieg nicht unter Druck gesetzt, dann wären die amerikanischen Truppen in den vierziger Jahren aus Europa abgezogen worden, wie es in Korea geschehen ist; wäre es nicht zum Koreakrieg gekommen, dann wäre der Rüstungsetat der Vereinigten Staa-

ten auf einen lächerlich niedrigen Betrag zusammengeschrumpft; die Bedrohung der Freiheit Berlins Ende der fünfziger Jahre beschleunigte die amerikanische Aufrüstung; seit der Kubakrise vor mehr als zwanzig Jahren ist das strategische Arsenal der Sowjetunion ständig gewachsen und modernisiert worden; die Vereinigten Staaten haben aus den verschiedensten Gründen ihre zahlenmäßige Aufrüstung Ende der sechziger Jahre eingestellt und die Modernisierung ihrer Streitkräfte fast die gesamten siebziger Jahre hindurch verlangsamt, *alle* Kriege in der Nachkriegsperiode sind dort geführt worden, wo *keine* amerikanischen Streitkräfte standen und *keine* Kernwaffen stationiert waren, während sich Europa unter dem nuklearen Schutz der Amerikaner der längsten Friedensperiode seiner Geschichte erfreute.

Aus all diesen Gründen kann man nur sagen, daß die lautstarken Aufrufe zum Frieden in vielen westlichen Ländern in den meisten Fällen an die falschen Regierungen gerichtet worden sind. Im Osten hat es keine vergleichbare Propaganda für den Frieden gegeben, doch im Westen entsteht durch sie die Gefahr, daß eine psychische Unausgewogenheit, ja sogar eine Form einseitiger Abrüstung das regionale militärische Ungleichgewicht festschreiben wird, das schon in fast allen Ländern an der Peripherie der Sowjetunion ein Gefühl der Unsicherheit erzeugt hat. Und doch geht es bei den moralischen Bedenken hinsichtlich der Kernwaffen um eine für unsere Zukunft entscheidende Frage: Die neuerworbene Fähigkeit der Menschheit, sich selbst auszulöschen, erfordert neue Denkweisen. Aber die moralische Verantwortung muß sich mit der Bereitschaft verbinden, die zentralen Fragen mit dem Ernst und der Gründlichkeit zu durchdenken, die den ebenso komplexen wie gewaltigen Gefahren gerecht werden können.

Alle die nukleare Frage betreffenden Überlegungen müssen von der folgenden Realität ausgehen: Zehntausende von Kernwaffen sind von den Supermächten hergestellt worden, Hunderte von mittelgroßen Ländern, Dutzende von denjenigen, die möglicherweise erst kürzlich in den Klub der Nuklearmächte eingetreten sind. Kein Abrüstungsplan könnte alle diese Waffen berücksichtigen. Die Nationen würden darauf bestehen, eine gewisse Zahl von nuklearen Streitkräften zu behalten, um sich gegen Täuschungsmanöver oder die Gefahr zu schützen, daß die Fabriken, in denen die Kernwaffen hergestellt wurden, bestehen bleiben, oder sie müssen sich für den unwahrscheinlichen Fall, daß auch die Fabriken demontiert würden, vor dem Wissen jener schützen, die den Bau der Fabriken und der Kernwaffen überhaupt erst ermöglicht haben. Die Menschheit kann das Geheimnis der Kernspaltung nicht wieder vergessen. Mit anderen Worten, wir sind zu irgendeiner Art der Abschreckung, des Gleichgewichts oder der Ausgewogenheit auf irgendeinem Niveau und in irgendeiner Form verurteilt.

In der nächsten Zukunft wird das Niveau der Rüstung, auch wenn mit einer gewissen Reduzierung zu rechnen ist, ziemlich hoch liegen müssen; unser eigentliches Problem wird in der Art der Abschreckung und darin liegen, aus welchen Elementen sie sich zusammensetzen soll. Die Technologie hätte auf jeden Fall eine Neuformulierung der bestehenden Strategie erzwungen; die vernichtende Wirkung dieser Waffen mußte früher oder später die Schutzhülle durchbrechen, hinter der wir das Wissen um unsere prometheische Macht abgeschirmt haben. Aber die Empörung der Öffentlichkeit hat die heilsame Folge gehabt, die Regierungen zu Erwägungen zu zwingen, die sie eigentlich von sich aus hätten anstellen müssen; sie müssen sich den furchteinflößenden Entscheidungen stellen, vor denen sie plötzlich stehen, weil sie bisher wenig geneigt waren, sich mit den Folgen der von ihnen geschaffenen Lage bewußt auseinanderzusetzen – und sie müssen es der Öffentlichkeit eingestehen.

Die schweren Entscheidungen, vor denen wir gegenwärtig stehen, sind die Folgen des Entschlusses unserer politischen Führer nach dem Kriege, die Sicherheit auf Technologie zu gründen – die angenommene zahlenmäßige Überlegenheit der Sowjets an Menschen und konventionellen Waffen auszugleichen, indem wir uns auf unser nukleares Arsenal verlassen. Stalins Aggressivität war durchaus real. Aber aus der Perspektive einer neuen Generation kann man argumentieren, daß der Westen nur allzugern bereit gewesen ist, einem erst kurz zuvor durch einen Krieg und den Verlust von zwanzig Millionen Menschen stark geschwächten Gegner militärische Vorteile zuzugestehen, und ferner, daß die Nationen der NATO die Bedeutung ihres eigenen Industriepotentials unterschätzt und nur allzugern vergessen haben, daß die NATO über mehr Menschen verfügt als der Osten. Alle diese Überlegungen haben heute nur noch akademischen Wert. Für die unmittelbare Zukunft ist der Westen an die Entscheidungen einer Generation gebunden; welche Schlußfolgerungen wir auch aus den gegenwärtigen Realitäten und den Sorgen ziehen mögen, die daraus entstehen, wenigstens für eine Übergangsperiode werden es die Kernwaffen sein, die einen Angriff in Europa verhindern. Die Versäumnisse von drei Jahrzehnten lassen sich nicht durch Proklamationen wiedergutmachen, sondern nur durch harte und hingebungsvolle Anstrengungen.

Das Hauptversäumnis war die Weigerung, sich der Tatsache zu stellen, daß Kernwaffen nur dann auch weiterhin ein Gegengewicht gegen eine örtliche Überlegenheit der Sowjets bilden könnten, wenn das strategische Arsenal der Vereinigten Staaten dem der Sowjetunion deutlich überlegen wäre – wobei die Überlegenheit als Fähigkeit, die nukleare Kapazität des Gegners zu einem annehmbaren Preis zu zerstören, definiert wird. Diese Voraussetzung begann in den sechziger Jahren zu schwinden. Die Technologie näherte sich dem Gleichgewicht und einem Niveau, jenseits dessen eine zusätzliche Steigerung des Vernichtungspotentials jede Beziehung zu den Zielen verliert, um die es hier geht. Wenn Überlegenheit unter den gegenwärtigen Umständen eine Bedeutung haben soll, dann müßten die Vorteile so groß sein, daß kein Gegner sie tolerieren würde, und die Berechnungen müßten so esoterisch sein, daß nur wenige politische Führer sie begriffen oder bereit wären, das Überleben von ihnen abhängig zu machen. Die Rüstungskontrolle in Theorie und Praxis mit ihrer formalen Betonung der Gleichheit hat diese Tendenz nur beschleunigt und legitimiert.

Während all dieser Veränderungen haben es die westlichen Regierungen und Gesellschaften vorgezogen, die Folgen ihrer eigenen Entscheidungen zu ignorieren. Logischerweise mußte die amerikanische Zusage, zur Verteidigung Europas einen Krieg mit allen zur Verfügung stehenden Kernwaffen führen zu wollen, in der öffentlichen Meinung immer mehr an Glaubwürdigkeit verlieren und sogar sinnlos werden, sobald die Sowjetunion die Kapazität erworben hatte, den Vereinigten Staaten mit einem direkten nuklearen Gegenschlag zu drohen – das gleiche galt für die ganze Verteidigungsstrategie der Allianz, denn diese Strategie bedeutete jetzt die Bedrohung mit dem gegenseitigen Selbstmord. Doch die Regierungen hielten auch weiterhin an der bisherigen Strategie fest und versuchten, die Unglaubwürdigkeit ihrer Behauptungen dadurch zu kompensieren, daß sie sich nachdrücklich für eine Verteidigung mit allen ihnen zur Verfügung stehenden Kernwaffen aussprachen. Ironischerweise haben gerade diejenigen Kreise, die gewöhnlich für eine menschliche und progressive Innenpolitik eintreten, mit großem Nachdruck verlangt, die nukleare Strategie vor allem auf die Massenvernichtung von Zivilisten abzustellen.

Ich bin auch weiterhin davon überzeugt, daß die Regierungen in der Praxis sorgsamer vorgehen werden als in ihren Planungen. Es wäre in der Tat unverantwortlich, wollte man in einer von Kernwaffen bedrohten Welt so tun, als müßte jeder Zwischenfall zum Weltuntergang eskalieren. Ich hoffe, daß sich die Regierungen im schlimmsten Fall um eine Begrenzung der Verwendung von Kernwaffen bemühen werden – und mit aller Wahrscheinlichkeit werden sie die Möglichkeit dazu finden. Dennoch wird man sich vermutlich über das Problem der Begrenzung einer Anwendung von Waffen, deren vernichtende Wirkung keine operativ zu definierende Grenze hat, nicht im voraus einigen können; praktisch kann man aus der Tatsache, daß man sich im Laufe von dreißig Jahren nicht hat einigen können, wohl ziemlich verläßlich schließen, daß es nicht möglich ist, eine theoretische Strategie des begrenzten Atomkriegs zu entwickeln.

Leider haben sich viele von denen, die alle Theorien über einen begrenzten Atomkrieg ablehnten, auch geweigert, einer konventionellen militärischen Aufrüstung zuzustimmen, mit der man die örtliche und regionale sowjetische Überlegenheit zumindest verringern, wenn nicht gar ganz ausschalten könnte – eine Überlegenheit, die überhaupt erst dazu geführt hat, das wir uns heute auf den Einsatz von Kernwaffen verlassen. Das Erbe, das uns bleibt, ist eine gefährliche Kombination aus einer NATO-Strategie, die sich auf die nukleare Verteidigung stützt, aus Tendenzen, die in eine nukleare Sackgasse führen, aus einem wachsenden nuklearen Pazifismus und aus der auch weiterhin unzureichenden Stärke der konventionellen Streitkräfte. Wenn wir den Einsatz der Kernwaffen scheuen und auch in Zukunft nicht die Notwendigkeit einer Stärkung der konventionellen Streitkräfte anerkennen wollen, dann verzichtet das westliche Bündnis auf jede Verteidigungspolitik, und wir riskieren den Zusammenbruch des militärischen Gleichgewichts in Europa, das hier in einem Zeitraum von über fünfunddreißig Jahren Sicherheit, Wohlstand und Demokratie ermöglicht hat. Wir werden uns dann im Endeffekt einseitig selbst entwaffnet haben, während wir auf einem Lager mit den furchtbarsten Vernichtungswaffen sitzen, die die Welt je gesehen hat.

Ost-West-Beziehungen

Das zentrale außenpolitische Problem, mit dem Amerika und Europa seit 1945 konfrontiert sind, ist natürlich die Sowjetunion. Die Notwendigkeit zu schöpferischer Geschlossenheit in unseren Reihen besteht weiterhin. Keine noch so revisionistische Verzerrung kann etwas an der Tatsache ändern, daß allein der Kreml die Nachkriegshoffnungen zu Illusionen werden ließ. Heute kursiert in gewissen Kreisen eine seltsame Vorstellung von der diabolischen Cleverness und Weitsicht der Sowjets. Doch in jenen Jahren wurde Stalin durch sein rücksichtsloses Verhalten in seinen Beziehungen zu den früheren Verbündeten zum Hauptarchitekten der NATO. Ein wiederholtes flüchtiges Lächeln auf den ausdruckslosen Gesichtszügen von Herrn Molotow und etwas Selbstbeschränkung und diplomatisches Fingerspitzengefühl hätten wohl ausgereicht, einen Keil in die junge und noch instabile atlantische Zusammenarbeit zu treiben; und unsere Soldaten hätten wie geplant 1947 wieder zu Hause sein können.
Die Sowjets brachten soviel Geschicklichkeit nicht auf. Statt dessen schlug Moskau den Weg der Entfremdung ein, wo es mit etwas Werbung, und sei sie auch noch so plump gewesen, hätte besänftigend wirken können. Mit ihrer kategorischen Ablehnung des Marshallplans unterlief den Sowjets ein krasser Fehler: Hätten sie nur ein mildes Interesse bekundet, dann wäre es möglicherweise zu einer unsäglichen Spaltung und Verzögerung im westlichen Lager gekommen; hätten sie ihn akzeptiert, wäre die Politik der Nachkriegszeit verändert worden.

Das war die Zeit, in der sich Amerikas Aktivismus und Idealismus von der besten Seite zeigte. Die vierziger Jahre zeichneten sich durch eine Reihe fantasievoller und kühner Maßnahmen auf beiden Seiten des Atlantiks aus: Der Marshallplan, die Truman-Doktrin, die Berliner Luftbrücke, der Brüsseler Vertrag und schließlich die NATO waren einfallsreiche und schöpferische Initiativen. In den folgenden Jahren haben die Vereinigten Staaten und ihre Verbündeten in größeren Krisen – Korea, Berlin, Kuba – sowjetischem Druck und sowjetischer Erpressung widerstanden. Aber Amerika hatte erst angefangen, an der Oberfläche eines langfristigen Problems in den amerikanisch-sowjetischen Beziehungen im nuklearen Zeitalter zu kratzen, das bald vielschichtigere Herausforderungen hervorbringen sollte. Dieses Problem war im Grunde begrifflicher Natur. Die Amerikaner konnten mit der Vorstellung eines kalten Krieges nichts anfangen. Sie neigten dazu, Krieg und Frieden als zwei voneinander verschiedene Phasen der Politik zu begreifen. Der totale Sieg war das einzige legitime Ziel für Krieg, Versöhnung der angemessene Weg zum Frieden. In diesem Sinne erfüllte die Nachkriegsperiode keine der begrifflichen Erwartungen Amerikas. Während uns in Kriegszeiten der Sinn für politische Strategie fehlte, konnten wir uns in Friedenszeiten nur schwer zu einem Verständnis des permanenten Verhältnisses zwischen Macht und Diplomatie durchringen. Die Politik der Eindämmung und ihre Variante, die sogenannte »Verhandlung aus einer Position der Stärke«, beruhten auf der Erfahrung mit der Anti-Hitler-Koalition. Sie konzentrierte sich ganz auf den Aufbau militärischer Stärke im Hinblick auf einen hypothetischen Tag, an dem sich militärische Vorteile ergeben würden; sie zielte auf eventuelle Verhandlungen in irgendeiner Form mit der Sowjetunion, gab aber keinen Anhaltspunkt hinsichtlich des Zeitplans oder des Inhalts und war nicht einmal in der Lage, die relevante militärische Stärke in ihrem Wesen eindeutig zu definieren. Dean Acheson sprach bei Anhörungen im Senat 1951 davon, »Situationen der Stärke« zu schaffen, die schließlich den Kreml veranlassen müßten, »die Tatsachen anzuerkennen«. Aber die Definition von Acheson ließ über den Inhalt und das Ziel dieser Verhandlungen einiges im unklaren.

Es war der schwache Punkt der Eindämmungspolitik, nicht zu be-

greifen, daß der Westen gerade in der unmittelbaren Nachkriegszeit auf dem Höhepunkt seiner relativen Stärke war. So verschob sie die diplomatische Begegnung mit der Sowjetunion auf einen späteren Zeitpunkt, bis zu dem die sowjetische Macht nur weiter angewachsen sein konnte. 1945 hatten die Vereinigten Staaten ein nukleares Monopol, und die Sowjetunion war durch den Verlust von zwanzig Millionen Menschen stark geschwächt. Unsere Politik hat dem Kreml paradoxerweise Zeit gelassen, seine Eroberung zu konsolidieren und das nukleare Ungleichgewicht zu seinen Gunsten zu verschieben. Die militärische und außenpolitische Lage des Westens gegenüber der UdSSR ist niemals günstiger gewesen als unmittelbar am Anfang der Eindämmungspolitik Ende der vierziger Jahre. Damals wäre es an der Zeit gewesen, in ernsthafte Verhandlungen über die Zukunft Europas und einer friedlichen Welt einzutreten.
So kam es, daß sich die Welt in der Nachkriegszeit immer mehr auf ein gefährliches nukleares Gleichgewicht verlassen mußte, das nur gelegentlich Verhandlungen zuließ, um Spannungen vorübergehend zu lockern, aber doch letztlich von einem Gleichgewicht des Schreckens abhängig war. Die Frage, wie die Sicherheit erhalten werden kann, bekam eine neue, beispiellose Dimension. Bald sollte die Technologie die Vereinigten Staaten gegenüber einem Angriff verwundbar machen, trotzdem gründete das Atlantische Bündnis seine Verteidigungsstrategie weiterhin auf Massenvernichtungswaffen, deren Risiken sich immer schwieriger mit den damals gerade verteidigten Zielen vereinbaren ließen.
Im nuklearen Zeitalter wurde der Friede zu einer moralischen Forderung – und er konfrontierte uns mit einem neuen Dilemma: Das Verlangen nach Frieden zeichnet alle zivilisierten Männer und Frauen aus. Aber wenn das Verlangen der Demokratien nach Frieden von der Verpflichtung, die Freiheit zu verteidigen, getrennt würde, könnte es in den Händen der Rücksichtslosesten zu einer erpresserischen Waffe werden. Nukleare Erpressung wird dadurch gefördert. Ein vorrangiges moralisches wie auch politisches Problem unserer Zeit besteht darin, eine Strategie zu entwickeln, die den Zweck mit den Mitteln verbindet, und Streitkräfte aufzubauen, welche die Entscheidung zwischen Weltuntergang und Kapitulation gar nicht erst aufkommen lassen. Von zumindest gleichrangiger Be-

deutung ist es, daß die Bündnispartner im Hinblick auf Vorschläge zur Rüstungskontrolle einen Konsens finden, der auf Analyse und nicht auf Panik beruht, der weder die Konfrontation sucht noch zum Verzicht neigt. Beide Seiten müssen dabei als Mindestvoraussetzung die Denkprozesse der anderen Seite verstehen, damit Krisen nicht aus Unachtsamkeit eskalieren können, denn Krisen sind fast inhärent in der gegenwärtigen Struktur internationaler Politik. Beide Supermächte stehen in Bündnissen mit Ländern, die mehr mit ihren eigenen Rivalitäten beschäftigt sind als mit dem globalen Gleichgewicht, und noch weniger mit globalem Frieden. Man sollte unsere Epoche nicht mit der Periode vor dem Zweiten Weltkrieg vergleichen, als ein Aggressor sich in ein Streben nach Weltherrschaft hineinsteigerte – Kernwaffen führen hier höchstwahrscheinlich zu großen Bedenken, sogar bei den Bedenkenlosen. Die Periode vor dem Ersten Weltkrieg wäre dafür als Beispiel eher geeignet. Damals haben Vasallenstaaten, die sich in regionalen Rivalitäten ergingen, ihre Schutzmächte in einen Holocaust mit sich allmählich steigernden Konflikten hineingezogen, deren ganze Bedeutung erst erkannt wurde, als es zu spät war. Welcher unter den Staatsmännern, die 1914 in dem Glauben in den Krieg eintraten, daß das Problem schnell gelöst sein würde, wäre nicht voll Schrecken zurückgewichen, hätte er auch nur eine leise Ahnung gehabt, wie die Welt im Jahr 1917 aussehen würde?

Theoretisch gibt es sicherlich – wie die Sowjets sagen – »objektive Gründe« für einen konstruktiven Dialog. Das sowjetische System ist in Schwierigkeiten. Es muß sich mit einer geschwächten Wirtschaft und störrischen Verbündeten auseinandersetzen. Jede rationale Einschätzung der Lage muß zu dem Schluß kommen, daß die Sowjetunion eine Atempause braucht. Sie sollte sich im klaren darüber sein, daß sie, wenn sie an ihrem derzeitigen Kurs festhält, das große Risiko einer Konfrontation eingeht: Ihre politischen Führer können einfach nicht so in ihren Vorurteilen verrannt sein, daß sie glaubten, sie könnten Amerika täuschen, ohne daß wir es früher oder später merkten. Je länger dieser Prozeß andauert, je »erfolgreicher« gewissermaßen die derzeitige sowjetische Strategie ist, desto größer ist die Gefahr einer Eskalation.

Es ist natürlich auch möglich, daß die sowjetischen Führer innenpolitischen Pressionen ausgesetzt sind, die eine entsprechende Anpassung ihres politischen Handelns oder eine weitsichtige Politik in dieser Sache verhindern. Bevor wir uns jedoch mit dieser Feststellung zufrieden geben, müssen wir die Möglichkeiten eines Dialogs systematisch und unbeirrbar testen.

Die westlichen Ansätze sollten sich dabei von einigen Prinzipien leiten lassen:

1. Für die Demokratien besteht kein Grund, Verhandlungen mit einer stagnierenden und zerbrechlichen Diktatur zu fürchten, aber das Gespräch sollte auch nicht zum Selbstzweck werden. Die Bedeutung eines Dialogs sollte daher weder innerhalb der Länder der Allianz noch zwischen ihnen Gegenstand der Auseinandersetzung sein. Die Debatte sollte sich auf die für einen Ost-West-Dialog geeigneten Themen beziehen und keineswegs auf die Tatsache des Dialogs als solche.

2. Es ist notwendig, daß im innenpolitischen Diskurs der verschiedenen Verbündeten Ruhe einkehrt. Bei manchen besteht eine Neigung, ihre Einschätzung der sowjetischen Stärke eher an vorgefaßte Meinungen über die Sowjetunion anzupassen als umgekehrt. Die Sowjets sind nicht so stark und auch nicht so schlau, wie es die Entspannungsgegner behaupteten; sie sind aber auch nicht so nahe am Auseinanderfallen, wie manche selbsternannten Friedensapostel vorgeben. Die Geschichte wird nicht die Arbeit für uns tun – feierliche Rhetorik aber auch nicht.

3. Wenn wir vermeiden wollen, daß der Ost-West-Dialog eine Spaltung der Allianz verursacht oder zum Selbstzweck wird, müssen sich die Vereinigten Staaten und ihre Verbündeten auf eine langfristige Ost-West-Strategie einigen. Darin muß die gesamte Skala der Ost-West-Beziehungen enthalten sein, einschließlich des Ost-West-Handels mit seinen Möglichkeiten ebenso wie mit seinen Risiken.

4. Die Rüstungskontrolle kann nämlich unmöglich die ganze oder auch nur die Hauptlast des Ost-West-Dialogs tragen. Wenn man der Rüstungskontrolle zuviel Gewicht beimißt, wird man wahrscheinlich den empfindlichen Nuklearnerv der Allianz eher bloßlegen als lösen. Dies führt dann zu einem langen technischen Gefeilsche; die Angelegenheit ist einfach zu schwierig, als daß sie eine schnelle Lösung erlaubte. Das beste vorhersehbare Ergebnis wäre denn auch

in erster Linie symbolisch. In den Arsenalen beider Seiten befinden sich etwa 20000 strategische Sprengköpfe. Selbst wenn die Sowjets unseren Vorschlag akzeptierten, diese Zahl zu halbieren, würden die verbleibenden Sprengköpfe für eine Katastrophe mehr als ausreichen.

Kurz gesagt, kann eine vom politischen Dialog abgetrennte Rüstungskontrolle die derzeitigen Spannungen nicht beenden oder auch nur erheblich verringern. Wenn das Verlangen nach Rüstungskontrolle zu ungestüm wird, wird es zu einer Waffe für die politische Kriegführung der Sowjets, oder die Sowjets benutzen es als ein Sicherheitsventil, das sie abschalten, wenn sie die westliche Nervosität steigern wollen, und anschalten, wenn sie die Auswirkungen eines neuen aggressiven Akts zu vermindern suchen.

5. Ein ernsthafter politischer Dialog auf höchster Ebene ist eine dringende Notwendigkeit. Die sogenannten vertrauensbildenden Maßnahmen, die den Berufsdiplomaten so sehr ans Herz gewachsen sind, können uns nicht sehr weit voranbringen. Die Einrichtung von Konsulaten oder kulturelle Austauschprogramme – selbst die Vorankündigung von Manövern – sind bestenfalls von peripherer Bedeutung. Die Erfahrung aus der Vergangenheit hat gezeigt, daß jeder echte Durchbruch von den Staatschefs oder ihren wichtigsten Beratern erreicht worden ist, die dann entsprechende Marschbefehle an ihre Untergebenen gaben.

Es bleibt die Frage, wie man die höchste Ebene definieren soll. Ein vorzeitiges Gipfeltreffen würde maßlose Risiken in sich bergen, denn jedes Gipfeltreffen hat streng definierte Grenzen. Staatsoberhäupter können bei einem Gipfel nicht frei heraus sprechen – ihre Wahlkreise sind im Geiste immer bei ihnen, manchmal sind sie auch im Saal. Gipfeltreffen lassen auch wenig Zeit für wirkliche Diskussion: Aufgrund der Terminpläne der Staatschefs ist ein Zeitlimit unvermeidlich; das Protokoll kann nicht umgangen werden; kostbare Zeit wird mit Übersetzungen vergeudet.

Die Nachteile eines Fehlschlags wiegen gewöhnlich schwerer als die Vorteile eines möglichen Durchbruchs. Sind Staatsoberhäupter verschiedener Meinung, kann man keine höhere Instanz anrufen; ohne ein starkes Ego hätten sie wohl ihren hohen Status kaum erreicht; die Aufgabe einer überzeugten Position würde psychologi-

schen und politischen Geboten zuwiderlaufen. Gipfeltreffen können zuvor getroffenen Vereinbarungen den letzten Schliff geben; sie sind jedoch nicht sonderlich geeignet, das Eis zu brechen.
Eine Möglichkeit, dieses Dilemma zu vermeiden, bestünde für beide Seiten darin, einen Sonderbeauftragten zu ernennen, der das volle Vertrauen der jeweiligen Regierungschefs und Außenminister genießt. Er sollte bevollmächtigt sein, in ihrem Namen – und möglichst ohne Publicity – private Sondierungsgespräche zu führen. Jeder dieser Sonderbeauftragten sollte zum Staatsoberhaupt der anderen Seite Zugang haben. Beide Parteien müßten sich zu einer globalen Überprüfung ihrer gesamten Beziehungen verpflichten. Sobald das Gespräch zwischen den Sonderbeauftragten Hoffnung auf Fortschritt signalisiert, müßten Vorbereitungen für ein Gipfeltreffen getroffen werden, das dann ein umfassendes Arbeitsprogramm für eine Koexistenz formell bestätigen müßte. Aber die Methode – es gibt mehrere mögliche Ansätze – ist nicht so wichtig wie eine Entscheidung über den Weg, der beschritten werden soll.
6. Bisher sind alle Versuche, über politische Probleme systematisch zu sprechen, als »Verknüpfung« (linkage) abgetan worden; Verknüpfung gilt als schlecht, weil sie angeblich ein Hindernis für die Rüstungskontrolle darstellt. Inzwischen sollten wir wissen, daß das Gegenteil der Fall ist. Rüstungskontrolle, die vom politischen Kontext getrennt ist, gerät mit großer Wahrscheinlichkeit in eine Sackgasse. Schließlich liegt die Gefahr eines Krieges weniger in der Existenz von Massenvernichtungswaffen als in den Köpfen der Männer, die in der Lage sind, die Anwendung dieser Waffen zu befehlen. Dazu werden solche Männer von politischen Konflikten und nicht von Systemanalysen getrieben.
7. Ein ernsthafter Dialog muß sich mit der Frage auseinandersetzen, wie Koexistenz definiert werden soll. Dies mag vielleicht abstrakt klingen, es trifft jedoch den Kern des Problems. Entspannung kann nicht aufrechterhalten werden, wenn ihr einziger Sinn und Zweck darin besteht, einer politischen Offensive Vorschub zu leisten, die das globale Gleichgewicht durcheinanderbringen soll. Man könnte mehrere westliche Fehlschläge anführen, weil Dinge unterlassen oder falsch gemacht wurden. Aber keine falsche Objektivität, kein Versuch, beide Seiten gleichermaßen als Schuldige vor-

zuführen, kann die Provokationen übersehen, durch welche die Verhärtung der amerikanischen Haltung beschleunigt worden ist. Die Entsendung von Stellvertretertruppen nach Angola und Äthiopien, die Revolutionen in Aden und Afghanistan, auf die die Besetzung Afghanistans folgte, die vietnamesische Invasion in Kambodscha, die Unterstützung terroristischer Gruppen, die massiven Waffenlieferungen nach Kuba und von dort nach Mittelamerika kennzeichnen eine Außenpolitik, die zumindest seit 1972 keine Gelegenheit ausgelassen hat, westliche Positionen zu unterminieren.

8. Schließlich müssen wir im Westen bereit sein, der Tatsache ins Auge zu sehen, daß selbst mit unseren besten Anstrengungen ein Tauwetter im Ost-West-Verhältnis vielleicht einfach nicht möglich ist.

In diesem Fall haben wir keine andere Wahl als auf unsere besten, mit viel Überlegung ausgearbeiteten Vorschläge zu pochen. Der Westen braucht in einer Periode festgefahrener Verhandlungen nicht in Panik zu geraten. Seine Wirtschaft ist trotz aller Unzulänglichkeiten vitaler, seine Regierungsstruktur ist stabiler und seine globale Macht größer. Die Allianz kann daher einer Periode der Stärke und Entschlossenheit mit Zuversicht entgegensehen – vorausgesetzt, sie bewahrt ihre Einigkeit.

Schlußbemerkungen

Es ist fast zu einem Ritual geworden, die notwendige Einigkeit der Verbündeten zu beschwören. Sie wird auch periodisch immer wieder bestätigt. Aber sie erschöpft sich in taktischer Übereinkunft. Zu selten, wenn überhaupt, findet sich das ernsthafte Bemühen, eine Strategie für den Rest des Jahrhunderts zu entwerfen.

Und doch ist dies das bedeutendste Einzelproblem der Allianz. Ich glaube nicht, daß die gegenwärtige Struktur der NATO sich für eine derartige Anstrengung sonderlich eignet. Ich habe auch nicht viel Vertrauen in Pflichtübungen von sogenannten »Weisen«. Gleichwohl muß ein Weg gefunden werden, um mit den vor uns stehenden ungelösten Problemen fertig zu werden. Wir kommen zu nichts, wenn wir nicht unsere strategische Doktrin ohne Wenn und Aber einer erneuten Überprüfung unterziehen. Ein neuer Ansatz zur Rüstungskontrolle muß mit dieser Anstrengung logischerweise Hand in Hand gehen. Man muß auch endlich die Frage untersuchen, ob jede NATO-Dislozierung, die vor einer Generation beschlossen worden ist, für alle Ewigkeit unantastbar bleiben muß. Für die Ost-West-Beziehungen mit all ihren vielfältigen Erscheinungsformen ist Orientierungssinn vonnöten. Die Reagan-Administration hat ihren Konfrontationsstil praktisch aufgegeben. Unsere Verbündeten müssen jetzt davon absehen, die Vergangenheit als ein Alibi zu gebrauchen, um schwierigen Entscheidungen aus dem Weg zu gehen. Dieser Prozeß ist längst überfällig, und da er von den Mitgliedern eines demokratischen Bündnisses abhängt, gibt es bei einem Fehlschlag keine Ausrede. Die größte Ermutigung für die sowjetische Außenpolitik im Westen ist die fehlende Klarheit der Allianz im Hinblick auf ihre Absichten. Aber dieses Problem, das von uns selbst erzeugt worden ist, kann durch unsere eigenen Anstrengungen aus der Welt geschafft werden. Da die Demokratien diese Möglichkeit besitzen, ist es auch ihre Pflicht, danach zu handeln.

Alessandro Pertini

Europa, Bollwerk der Freiheit

Ich bin Professor Carstens und den anderen bedeutenden Herausgebern dieser Publikation zu Ehren von Franz Josef Strauß dankbar, daß ich eingeladen wurde, einen Beitrag dazu zu schreiben, und ich schließe mich dieser Initiative gerne an. Alle kennen meine Freundschaft zu Strauß. Trotz unserer unterschiedlichen politischen Richtungen – er ein Christlich-Sozialer und ich ein Sozialist – teilen wir beide den Glauben an die Werte der Freiheit und die Methoden der Demokratie, die Ablehnung einer Vergangenheit des Hasses und der faschistischen und nazistischen Gewalt in unseren beiden Ländern und die schmerzvolle Erinnerung an das Leid, das diese Ver-

gangenheit den beiden Völkern Deutschlands und Italiens zugefügt hat – kollektives und auch individuelles Leid. Ich werde nie die Ergriffenheit von Strauß vergessen, als wir – er an meiner Seite – vor dem Grab meines Bruders standen, der in Flossenbürg begraben ist und wegen des Namens, den er trug, als unschuldiges Opfer starb.
Auch aus diesen Gründen möchte ich, daß dieser Beitrag in seinem tatsächlichen Wert als persönliches Zeugnis eines Mannes verstanden wird, der in Italien ähnliche Erfahrungen wie das befreundete deutsche Volk gemacht hat, der eine lange Zeit seines Lebens auf der Seite der Demokratie und der Freiheit und gegen den Nazifaschismus gekämpft hat. Ich werde versuchen, das mir gestellte Thema mit besonderem Augenmerk auf die Kämpfe, die Absichten, die Träume, die Enttäuschungen und die Erfolge der Demokraten beider Länder und vieler anderer dieses Jahrhunderts zu behandeln, ohne mich auf das Feld der abstrakten Kontroversen oder theoretischen Ausführungen zu wagen, die der bevorzugte Gegenstand von Diskussionen – und im Grunde genommen das Vergnügen – der Gelehrten sind. Außerdem habe ich weder den Anspruch, noch könnte ich ihn haben, den meisterhaften Analysen etwas neues hinzuzufügen, die von einigen der besten zeitgenössischen Politologen, darunter auch zahlreichen Deutschen, zu diesem Thema vorgenommen wurden.

Zunächst möchte ich nicht, daß der Titel meines Beitrages schematisch und vereinfachend oder als Ausdruck von Selbstgefälligkeit oder Stolz interpretiert wird, was einer sehr komplexen und qualvollen historischen Realität nicht entsprechen würde. Um dieses Mißverständnis zu vermeiden, muß meiner Ansicht nach eine Antwort auf drei grundlegende Fragen gegeben werden.
Die erste Frage: Es steht außer Zweifel, daß Europa Jahrhunderte hindurch die Wiege der Freiheit war, einer Freiheit, die vor allem als Freiheit des Gedankens und dann als Gesamtheit der politischen und bürgerlichen Rechte der menschlichen Person zu verstehen ist, daß Europa mehrfach in seiner Geschichte die Ausgangsbasis der Freiheit in die Welt darstellte, noch bevor es ihre Festung und ihr Hort war und daß es für die Freiheit bis heute eine Art »Vorne-Verteidigung«, Bastion und Bollwerk darstellt. Aber traf all dies in je-

dem Fall, in jeder Phase seiner Geschichte zu? Haben wir Europäer nicht außer dem Samen der Freiheit auch die gefährlichen Gifte in der Welt verbreitet, die nicht selten ihre üppigste Blüte verhindert haben? Müssen wir also nicht heute, bevor wir uns (nicht ohne eine gewisse Prahlerei) als Hort der Freiheit proklamieren, über unsere vergangenen Fehler nachdenken und daraus die notwendigen Lehren ziehen?

Zweite Frage: Die Freiheit ist ewig und in sich gleich, aber das ändert nichts daran, daß sie im Laufe der Jahrhunderte die verschiedensten Erscheinungsformen annimmt. Die Realität ist immerwährende Dialektik. Jede Epoche hat ihre Probleme. Jede Epoche hat demnach »ihre« Freiheit. Wenn die Freiheit den Herausforderungen der Geschichte nicht die Stirn bietet und sie überwindet, läuft sie Gefahr, zu unterliegen und sich – wie es tatsächlich im Laufe unseres eigenen Lebens geschehen ist – in ihr Gegenteil zu verkehren. Ist es also nicht richtiger, über die angemessenste Gestalt und Konfiguration nachzudenken, die die Freiheit in der gegenwärtigen Epoche und in der spezifischen Gesellschaft, in der wir leben, annehmen sollte, statt vollmundig von dieser ewigen Freiheit zu reden? Wäre diese historische Sicht der Freiheit nicht eher ihr umfassendster und vollständigster und letztendlich ihr bester Schutz, als ein Anschlag und eine Befleckung ihrer Ewigkeit?

Dritte und letzte Fragestellung: Ist der Begriff eines europäischen Bollwerks der Freiheit im Rahmen einer ständigen Zersplitterung der nationalen Gesellschaften auf unserem Kontinent noch gerechtfertigt? Kann die neue Freiheit aus den Herausforderungen der modernen Gesellschaft siegreich hervorgehen, wenn man sich diesen Herausforderungen nicht nur auf internationaler Ebene stellt, wenn Europa sich nicht endlich zur Einheit durchringt?

Die erste Frage, ob nämlich Europa in der Vergangenheit stets ein Bollwerk der Freiheit war, muß – so gebietet es der intellektuelle Anstand – mit nein beantwortet werden, auch auf die Gefahr hin, damit zu provozieren. Wir können uns nicht unablässig unseres historischen Führungsanspruchs in Sachen Freiheit rühmen. Selbst eine oberflächliche Gewissensprüfung muß uns einfach zwingen anzuerkennen, daß Europa in der Vergangenheit und zum Teil noch heute der Kontinent der Widersprüche, des Lichts und des

Schattens, der Freiheit und gleichzeitig lange Zeit der Kontinent ihrer Negierung war und ist. Die Pflanze der Freiheit ist bei uns gekeimt und hat sich zweifellos kräftig entwickelt; und wir alle wissen, daß dieser Sproß nie sterben wird, auch wenn er bisweilen – eingeengt durch dichte Zäune, erstickt in der Höhle des menschlichen Gewissens – welken kann. Wir wissen aber auch, daß Europa nicht selten von dem Weg abkam, den es als erster in der Welt eingeschlagen hatte, und daß es manchmal den Samen, den es mit entstehen und keimen ließ, unter einem Berg von Haß und Gewalt begrub. Ein Bollwerk der Freiheit also, aber – nicht weniger und fast gleichermaßen – auch ein offenes Feld für Autokratie und Totalitarismus: Das ist unser Kontinent gewesen. All dies läßt sich nicht leugnen; und es bedarf nicht vieler Argumentationen, um dies zu beweisen. In der kurzen Zeit unseres Daseins haben wir alle unter der Geißel des Despotismus gelitten, und wir konnten uns ihrer um den Preis eines grausamen Kampfes und eines blutigen Konflikts entledigen. Vor unseren Augen und in unserer Erinnerung bleibt die reißende und dramatische Spirale der Ereignisse lebendig, die zwischen den beiden Kriegen Europa in Ketten legte. Auch wenn die heutige Jugend jene schreckliche Zeit nicht selbst miterlebt hat, konnte und kann sie dank unserer Stimme daraus lernen. Sie hat gehört, wie ein Land, mehrere Länder, ein ganzer Kontinent – fast ohne sich dessen bewußt zu werden – in die Falle der totalitären Diktatur geraten und schließlich von der unaufhaltsamen Woge mitgerissen werden kann, die Menschen dazu bringt, andere Menschen zu töten und die Freiheit für Generationen zu unterdrücken.
Der Totalitarismus entstand und verbreitete sich in Europa unter der Erschütterung der durch den Ersten Weltkrieg ausgelösten politischen und sozialen Konflikte und wies drei grundlegende Merkmale auf: die Gewaltausübung durch bewaffnete und militärisch organisierte politische Formationen, die Einführung des politischen Einparteienregimes bei gleichzeitiger Auflösung aller anderen Parteien und der bestehenden gewerkschaftlichen Organisationen, der Einfluß der staatlich verankerten Propaganda durch die strenge Kontrolle der Massenmedien mit dem Ziel einer Lenkung und totalitären Erziehung des Volkes ohne die Möglichkeit einer kritischen Auseinandersetzung und einer Suche nach Wahrheiten, die von der

offiziellen Ideologie abweichen. Eines nach dem anderen, aber innerhalb einer recht kurzen Zeit, trugen diese drei Phänomene dazu bei, für eine sehr lange Zeit das Ende der Freiheit und der Demokratie zu bestimmen; und sie wiederholten sich in den verschiedenen späteren Erscheinungsformen des Totalitarismus auf unserem Kontinent. Die dramatische Anklage Chruschtschows beim 20. Parteitag der KPdSU hat nämlich ohne jeden Zweifel bewiesen, daß die Diktatur nicht schon allein durch den einfachen Zusatz des Genitivs »des Proletariats« demokratisch wird; und noch heute ist die Mauer, die die deutsche Nation teilt, mehr als alles andere ein Anschlag auf die Freiheit.

All dies hat sich nicht in fernen Ländern vor vielen Jahrhunderten ereignet, sondern in Europa zu unseren Lebzeiten. Die Erinnerung ist für uns immer noch Obsession und Alptraum. Wenn all das geschehen ist, was hätten wir tun sollen und was müssen wir unternehmen, um unserem Kontinent – wenn auch in einem veränderten Kräftespiel in der Welt – seine ursprüngliche Funktion als Bollwerk der Freiheit zurückzugeben? Vor allem müssen wir mit aller Entschiedenheit die demokratischen »Spielregeln« wiederherstellen, die von der totalitären Diktatur brutal beseitigt worden waren. Das war die unabdingbare Prämisse. Aber es war und ist notwendig, die Mechanismen der Freiheit sowohl des Wortes und des Ausdrucks als auch der politischen und wirtschaftlichen Vereinigung nicht nur wiederherzustellen, sondern auch zu überprüfen und ständig neu anzupassen. Das gleiche gilt für die strikte Trennung zwischen Parteien und Streitkräften, für den Pluralismus der Parteien und gewerkschaftlichen Organisationen, für die Teilung und Eigenständigkeit der verfassungsmäßigen Gewalten, die institutionelle und administrative Dezentralisierung, die Effizienz, die Unparteilichkeit und Glaubwürdigkeit der öffentlichen Verwaltung, die Unabhängigkeit und Neutralität der Richter, die entschlossene Verteidigung der Rechte des Menschen und Bürgers, der von jeglicher Form und Gefahr physischen oder moralischen Drucks, kultureller und wirtschaftlicher Diskriminierung befreit ist. Gleiche Bedingungen für alle Bürger bedeutet nicht eine Abschaffung der Wertskala. Die Beseitigung von Privilegien bedeutet nicht einfach gesellschaftliche Gleichmacherei. Auseinandersetzung in der Demokratie ist, soweit

sie sich in demokratischen Grenzen bewegt, nicht der Keim des Todes, sondern des Lebens.
Doch wenn die Wiederherstellung der »Spielregeln« notwendig ist, ist sie damit längst nicht hinreichend. Nachdem sie einmal wiederhergestellt sind – was ja in Westeuropa geschehen ist – muß man darauf achten, daß sie in die Praxis umgesetzt werden und daß sie, nachdem sie einmal angewandt wurden, nicht auf subtilen und verschlungenen Wegen mißachtet und umgangen werden. Die Gefahr ist real. Aufgrund vergangener und neuerer Erfahrungen müssen wir feststellen, daß der Totalitarismus niemals gänzlich verschwunden ist, sondern im Hinterhalt lauert und bereit ist, bei jeder sich bietenden Gelegenheit wieder den Kopf zu heben. Wir müssen ferner feststellen, daß es in dieser Welt eine unendliche Vielfalt von Tyrannei gibt und daß Gewalt »süß« statt häßlich, leise statt überheblich sein kann. Zwischen den »Spielregeln« und ihrer wirksamen Anwendung kann eine Glaubwürdigkeitslücke bestehen, die durch Hypokrisie, Pharisäertum, Konformismus, Korruption oder auch durch einfache Desinformation gefüllt werden kann, wenn auch nicht auf Dauer. Nach und nach schleicht sich in die Demokratie ein tiefgreifender Widerspruch ein zwischen der institutionellen Ordnung mit ihren feierlichen Postulaten der Menschen- und Bürgerrechte und dem tatsächlichen Verhältnis zwischen Menschen und Bürgern und der Macht. Auch der demokratische Entscheidungsprozeß in den modernen Gesellschaften wird gerade wegen seiner Garantiefunktion, die Bürger vor Willkür, Gewalt und Betrug zu schützen, durch Schwerfälligkeit und Entschlußlosigkeit beeinträchtigt, die schließlich den Grad der Regierbarkeit und die unmittelbare »Leistungsfähigkeit« der Demokratie verringert.
Um diesen Nachteilen abzuhelfen, muß man vor allem die Glaubwürdigkeit der Institutionen wiederherstellen. Auch wenn die Prozesse langwierig sind, muß das Volk darauf vertrauen können, daß am Ende die Wahrheit aufgedeckt und Gerechtigkeit walten wird. Wenn die Demokratie über eine solche »Vertrauensbasis« verfügen will, muß sie Ehrlichkeit und Mut honorieren. Und damit sie das Recht haben kann, so zu handeln, muß sie vor allen Dingen sauber und integer sein. Wehe der Demokratie, die ein Abweichen von der Sprache der Wahrheit und von der Regel der Ehrlichkeit duldet und

sich schließlich anpaßt und sich der Täuschung und des Betrugs, der Schmeichelei und der Demagogie bedient, um Zustimmung zu erheischen. Wehe der Demokratie, der es nicht gelingt, sich von einer Institution in Praxis und Gewohnheit umzusetzen und sich selbst als Symbol und Beispiel anzubieten. Nachlässigkeit, Oberflächlichkeit, Arroganz und Mißbrauch diskreditieren die politische Klasse und durchdringen wie ein langsam wirkendes Gift den Leib der Gesellschaft. Sie untergraben das Fundament der Demokratie, und am Ende ist es für die Gewalt ein leichtes, sie zu überwältigen. Die Demokratie wird nicht durch die Gewaltanwendung ihrer Gegner, sondern durch ihre eigene Schwäche zerstört. Dies ist die Lehre, die man aus den Ereignissen in Europa während der Zeit des Triumphs des Totalitarismus ziehen muß. Wir dürfen sie nicht vergessen, wenn wir wollen, daß Europa heute und auch morgen Bollwerk der Demokratie und Freiheit bleibt.

Dies aber – und damit komme ich zur zweiten Frage – genügt noch nicht. In der modernen Gesellschaft, wie sie sich seit Kriegsende bis zum heutigen Tage herausgebildet hat, erweist es sich als notwendig, die Demokratie als solche zu »modernisieren« – auch wenn der Ausdruck nicht gefallen mag. Ihre klassischen Regeln müssen im wesentlichen unverändert bleiben. Unter den neuen Bedingungen jedoch bedeutet Überlegenheit vor allem Leistungsfähigkeit, Wahl- und Entscheidungsfähigkeit sowie Bewußtheit seitens der öffentlichen Meinung und Vertrauen seitens der Bürger, daß die Demokratie – obschon sie geduldiges Warten erfordert, Verzicht und Zugeständnisse verlangt – tatsächlich in der Lage ist, eine umfassende Antwort auf die Probleme und die Herausforderungen unserer Epoche zu geben.

Wir begeben uns hier auf ein heikles Gebiet. Die Demokratie von heute kann nicht statisch, sie muß dynamisch sein. Sie kann sich nicht auf die Anwendung der »Spielregeln« beschränken, die – obgleich immer gültig – mit den historischen Entwicklungen Schritt halten müssen. Die eine oder andere Veränderung muß es unter der Sonne geben, anderenfalls kann unsere Demokratie dem Ansturm der mannigfaltigen Probleme, die einer Lösung harren, leicht erliegen. Obzwar mit zahllosen Schwierigkeiten befrachtet, können diese Probleme gelöst werden, wenn es den modernen Demokratien

gelingt, den Völkern eine meiner Auffassung nach grundlegende Gewähr zu bieten: die menschliche Gewißheit nämlich, daß es eine Strategie zu ihrer erfolgreichen Lösung gibt.
Die Demokratie kann überleben, allerdings nicht, wenn sie wahllos Maßnahmen und Reformen vorschlägt zugunsten derer, die sich lautstark bemerkbar machen und zum Nachteil jener, die schweigen oder sich nicht ausreichend Gehör verschaffen können; sie wird überleben, wenn sie einen »Entwurf« vorlegt, der solche Maßnahmen und Reformen in eine zeitliche (auch langfristige) Perspektive einordnet, die einer logischen und angemessenen stufenweisen und sicheren Entwicklungslinie folgt. Es stimmt nicht, daß die Menschen sich weigern Opfer zu bringen; sie wollen jedoch wissen, wozu diese Opfer dienen sollen und wann es erlaubt sein wird, sich hiervon – und sei es zu einem späteren Zeitpunkt – ein einträgliches Ergebnis zu erwarten, für sich selbst oder auch für kommende Generationen. Soziale Gegensätze, auch die schärfsten, können ausgeglichen werden; Ansprüche und ungeduldige Forderungen können gedämpft und sogar zum Teil zurückgestellt werden, wenn die Menschen erkennen, daß zeitweilige Opfer nicht von diesem oder jenem, wie es der Zufall will, verlangt werden, sondern gerecht und gleichmäßig auf alle verteilt sind und daß der Verzicht von heute in irgendeiner Form morgen seinen Ausgleich finden wird. Entbehrungen, strenge wirtschaftliche Sparmaßnahmen, »Stop-and-go-Mechanismen« in der Einkommensentwicklung oder im Beschäftigungsbereich sind in einer Demokratie nicht mehr akzeptierbar, wenn ihre Zielsetzung unklar bleibt. Das alleine genügt schon, um die zähe Beharrlichkeit vieler zu erklären, die sich angesichts ähnlicher Einschränkungsforderungen auf die Verteidigung des derzeitigen Wohlstandniveaus versteifen.
Maßnahmen und Reformen müssen also in ein Gesamtkonzept eingefügt werden, das dem fortschreitenden Wandel der Gesellschaft – gleichsam als »Kompaß« – Orientierung, Richtung und Sinn zu geben vermag und somit in der Lage ist, die Zustimmung eben dieser Gesellschaft zu erlangen, aufgrund einer klaren und aufrichtigen Darstellung der zu überwindenden Schwierigkeiten, der unumgänglichen Opfer sowie der zu erwartenden Vorteile, die allesamt, erstere wie letztere, unter den verschiedenen Mitgliedern der Ge-

sellschaft aufzuteilen sind gemäß dem Postulat von Recht und Billigkeit gegenüber jedermann. Es trifft demnach zu, daß die Demokratie heute, um Probleme und Konflikte zu lösen, vor allem dynamisch und nicht statisch zu sein hat; eine dynamische Demokratie aber erweist sich letzten Endes als reformistisch. Reformismus kann jedoch nicht länger ein Netz von Vorkehrungen bedeuten, die früher oder später in eine populistische Haltung und Fürsorgementalität ausarten, in die Überspitzungen oder Paradoxien eines undifferenzierten und annäherungsweisen Gerechtigkeitsbegriffes, der letztlich wieder mit Ungerechtigkeit gleichzusetzen ist. All dies ist nicht Wandel und Reform, sondern Funktionsunfähigkeit, Versagen, Lähmung. In den modernen Demokratien ist daher ein wirkliches »Reformprojekt« vonnöten, das in seinen Erwartungen vielleicht etwas zurückgeschraubt, dafür aber glaubwürdig sein sollte, dank seiner Klarheit, Sachlichkeit und inneren Übereinstimmung von Zielen und Mitteln. Wichtiger als die sorgfältige oder müde Beachtung eines komplexen Mechanismus abstrakter Regeln (die dennoch von grundlegender Bedeutung bleiben) ist es, daß die Gesellschaft als Ganzes ihre Bemühungen auf ein konkretes Ziel hin ausrichtet. Nicht mehr die »Bewegung« zählt, sondern der »Zweck«. Es ist offenkundig, daß zwischen »Ziel« und »Zustimmung« eine wechselseitige Beziehung besteht: eines stützt das andere und umgekehrt. Um die größtmögliche Zustimmung zu wecken, muß das Reformprogramm ein überzeugendes Ziel zu bieten haben. Die Überzeugungskraft des Programmes wird aber um so stärker sein, je demokratischer es ist, je eindeutiger seine Inhalte auf das möglichst umfassende Einverständnis der gesellschaftlichen Basis, auf das potentielle Zusammenwirken aller zurückzuführen sind. Die demokratische Legitimität des Reformplanes hängt also – wiewohl im Rahmen des nicht zu übergehenden Spieles von Mehrheit und Minderheit – von einem Höchstmaß an Eintracht und Einigkeit innerhalb der Gesellschaft ab. Dies ist der Kernpunkt – und zugleich die schwache Stelle – der modernen Demokratien, vor allem in Europa.

Wenn die Demokratie ihren Kampf in Europa gewinnen möchte, bedarf es auch einer weiteren Form von Eintracht und Einigkeit:

der zwischen den europäischen Nationen. Schon bei anderer Gelegenheit habe ich an den zutreffenden Ausspruch des ehemaligen Außenministers Graf Sforza erinnert: Es gibt keine italienischen, deutschen, französischen oder englischen Probleme mehr, nur ebensoviele nationale Aspekte europäischer Probleme. Heute sind die Probleme – wie auch deren Lösungen – europäischer Natur, wobei hinzuzufügen ist, daß die einen wie die anderen nicht selten sogar weltweiten Charakter haben. Von der Arbeitslosigkeit bis hin zu Forschung und Technologie, vom Terrorismus zur Drogenabhängigkeit und anderen mehr: Kaum eines dieser Probleme kann von jedem unserer Länder alleine einer Lösung zugeführt werden. Bisweilen ist dies eine Frage schlichter Ohnmacht, weshalb ein nationaler Alleingang unvorstellbar oder zumindest ein vergeblicher Versuch wäre. Bisweilen – und das ist kein großer Unterschied – käme ein solches alleiniges Vorgehen einem wirtschaftlichen und technischen Absurdum nahe. Europa ist heute die natürliche und pflichtmäßige Dimension der wichtigsten in die Zukunft weisenden Initiativen; Europa ist eine unersetzliche »Größenordnung«, eine unüberhörbare Forderung, ein Entwurf, zu dem es keine Alternativen gibt. Ein »Nicht-Europa« – so wurde mit Recht behauptet – wäre nichts anderes als Kräfteverschleiß, Vergeudung von Ressourcen und, im günstigsten Falle, eine schwere Kostenbelastung.
Die Überlebensfrage ist demnach für die nationalen europäischen Demokratien an eine Kooperation geknüpft, die auf die Einheit abzielen und sich, sei es allmählich oder in raschen Schritten, auf diese hinentwickeln muß. Der Kampf wird lange und mühevoll sein; und der Weg, den wir bereits hinter uns gelassen haben, ist kürzer als der, den es noch zurückzulegen gilt. Für die europäischen Länder geht es nicht darum, sich bereits vorhandene Kräfte anzueignen, sondern darum, gemeinsam neue Kräfte zu schaffen, die bislang noch fehlen. Hierin liegt die Schwierigkeit. Es ist jedoch zu hoffen, daß angesichts der Gefahren, die unsere Demokratie bedrohen, die Vernunft der Menschen die Oberhand behält und die einzelnen Nationen in der Lage sein werden, Schranken zu überwinden und egoistische Haltungen aufzugeben, um an der Verwirklichung einer besseren Zukunft zu arbeiten. Die erfolgreich abgeschlossenen Bemühungen um den Beitritt Spaniens und Portugals

zur Europäischen Gemeinschaft berechtigen zu solcher Hoffnung. Die Freiheit steht heute in Europa erneut auf fester Grundlage. Mehrfach habe ich – auch während meiner Besuche in Japan und den Vereinigten Staaten – meine Gesprächspartner durch die optimistische Vision überrascht, die ich mir, trotz der vergangenen Ereignisse, im Hinblick auf die Zukunft der Demokratie auf unserem Kontinent bewahrt habe. Seit der Zeit meines Kampfes gegen die faschistische Diktatur bin ich niemals von meiner Auffassung abgewichen, daß die Freiheit von Natur aus im Sein des Menschen verwurzelt ist, seine Menschlichkeit, ja seine Seele ausmacht; und daß der Mensch auf die Dauer nicht ohne sie leben kann, vergleichbar der Luft, die er atmet. Dennoch muß ich zugeben, daß derselbe Mensch nicht frei ist von höchst dramatischen Widersprüchlichkeiten, daß er mitunter den Keim der Selbstzerstörung in sich reifen läßt, trotz seines unerschöpflichen Lebenswillens und seiner erstaunlichen Regenerationsfähigkeit. Ich glaube nicht, daß sich die Demokratie einer Art von »positiver Schicksalsfügung« erfreuen kann, dank welcher sie aus jedem Kampf mit dem Totalitarismus als Siegerin hervorgeht. Vielmehr glaube ich – und diese Erfahrung mußten wir auf unsere Kosten machen – daß der totalitäre »Virus« sich inmitten der Demokratie einzunisten vermag und daß in Europa, wie auch anderswo, Stabilität und Zerbrechlichkeit der demokratischen Regierungsformen nur durch einen schmalen Graben voneinander getrennt sind.
Die Vielzahl der Probleme, welche die wiedererstandenen Demokratien umlauern – und von denen ich einige kurz angedeutet habe –, kann diese heute auf morgen erneut auf die Probe stellen, ein weiteres Mal, wie seinerzeit. Die Freiheit – dies kann nicht oft genug wiederholt werden – ist niemals endgültig, sondern muß sich tagtäglich neu bewähren, auf Schritt und Tritt Anfeindungen und Hinterhalten entgehen; ständig muß sie die wechselnden Bedingungen, innerhalb derer sie sich bewegt, einer strengen Prüfung unterziehen, ebenso die Schwierigkeiten, denen sie sich zu stellen hat, um nicht ihre eigene Niederlage heraufzubeschwören. Sie muß den Blick auf die Lehren der Vergangenheit richten und zugleich die Zukunft aufmerksam beobachten. Ohne in jahrtausendealte Verherrlichung zu verfallen, möchte ich bekräftigen: Die Freiheit muß

den Menschen jene Handvoll Hoffnung und Sicherheit geben, die notwendig ist, um ihre Ängste nach Möglichkeit zu beruhigen und sie vertrauensvoll der Zukunft entgegengehen zu lassen. Sie darf die Vergangenheit nicht beweinen, sondern muß sich ihrer erinnern; sie darf sich nicht im Nebel des Unbekannten verlieren, sondern muß den Blick kühn bis an die Grenzen des Vorhersehbaren, bis hin zur Schwelle des künftig Machbaren schweifen lassen. Auf diese Weise, und nicht anders, wird sie die Widersprüchlichkeiten der menschlichen Erwartungen ausgleichen können und sich die geeigneten Mittel verschaffen, um das Heranreifen dieser Erwartungen zu steuern. Möge die Demokratie vor allem den Mut haben, sie selbst zu sein, ohne Minderwertigkeitskomplexe, ohne sich zu verzehren, ohne ihre Grundsätze zu verleugnen, auch nicht jenen gegenüber, die morgen fähig wären, sie zu verleugnen und zu verraten. In Anlehnung an den Leitspruch Goethes: »Mut verloren, alles verloren« ist die Demokratie entweder Schule der Zivilcourage, oder sie besteht überhaupt nicht. Seit den ältesten Garantien zum Thema Achtung vor den Überzeugungen, der Ausdrucksfreiheit oder der Glaubenshaltung des einzelnen bis zu den jüngsten Grundrechten des bürgerlichen Zusammenlebens im politischen und sozialen Bereich hat die Freiheit als ständige treue Gefährtin dieselben Entwicklungsstufen wie die Menschheit selbst durchlaufen. Von Mal zu Mal war sie Opfer des Menschen und zugleich Zeugin der Leiden, die dieser in ihrem Namen auf sich zu nehmen bereit war. Deutschland und Italien waren in der jüngsten europäischen Geschichte die beiden Länder, die als erste und für längere Zeit als andere den Stern der Freiheit verblassen sahen; und heute gehören sie gewiß zu jenen, die sich am deutlichsten bewußt sind, was ihr neuerlicher Verlust bedeuten würde.
Die Freiheit kommt aus weiter Ferne und setzt ihren Weg weit in die Zukunft fort. Wie zahlreich die Abweichungen und Rückfälle des Menschen auch sein mögen, er wird sie auf diesem Wege immer wieder finden. In seinen eindrucksvollen »Erinnerungen und Reflexionen« legte einer der intelligentesten und fähigsten Männer der Dritten Internationale, der Österreicher Ernst Fischer, nach lebenslangem mutigem Engagement als Kämpfer dieser Institution, ein Glaubensbekenntnis an die Freiheit ab, das ich für eines der

großartigsten halte: »Nun bin ich also dorthin zurückgekehrt, wovon ich ausgegangen war. Ich bin ein Mensch, der die Freiheit und eine freie Gesellschaft ersehnt.« Möge Europa, das Bollwerk der Freiheit, diese Worte nicht vergessen!

Margaret Thatcher

Warum die Demokratie Bestand haben wird

Demokratie

Die Demokratie ist stets eine der selteneren Regierungsformen gewesen und wird dies auch bleiben. Die Vereinten Nationen zählen derzeit 159 Mitgliedsstaaten, aber nur etwa 60 könnte man als Demokratien bezeichnen.
So stetig und geradlinig war unser eigener Weg zur Demokratie, so vertraut sind uns seine Stationen – von der Magna Charta (1215) und Simon de Montfort's Parlament (1265) über die Habeas-Corpus-Akte (1679) und die Glorreiche Revolution (1688) bis zu den das allgemeine Wahlrecht herbeiführenden Reformgesetzen von 1832 –, daß man leicht vergißt, wie ungewöhnlich doch unsere Geschichte eigentlich ist.
Wenn wir die Vergangenheit oder die Gegenwart weiter betrachten, fällt uns nicht nur auf, wie selten, sondern auch wie verwundbar die Demokratie ist: Man denke an die kurzlebige Blüte von Athen in der antiken Welt, die schnelle Vernichtung der noch jungen russischen Demokratie durch Lenins Staatsstreich 1917 und auch das frühe Stadium, in dem sich die meisten wirklichen Demokratien außerhalb Europas heute befinden.
Selbst wenn wir einen Blick auf unsere heutige repräsentative Demokratie in Großbritannien werfen, erkennen wir, wie lang der Weg von Runnymede[1] doch gewesen ist. So wurde das erste der großen Parlamentsreformgesetze noch zu Lebzeiten des Vaters von La-

dy Elliot of Harwood, die Mitglied des Oberhauses war, beschlossen. Ihr Vater, Sir Charles Tennant, wurde 1823 geboren.
Das Wahlrecht für Frauen, wenn auch zunächst für Frauen ab dreißig, war eine der wenigen positiven Folgeerscheinungen des Ersten Weltkriegs. Dies war das einzige Mal, daß das 30. Lebensjahr im Leben der Frauen gesetzlich relevant war.
Das Wahlrecht für Frauen unter dreißig zu den gleichen Bedingungen wie für Männer wurde zu meinen eigenen Lebzeiten eingeführt. Erst 1950 – bis dahin waren die Universitätssitze abgeschafft worden – wurden die ersten allgemeinen Wahlen auf der Grundlage des »one person, one vote«-Prinzips abgehalten.
Aber die Freiheit hängt von mehr als einem Wahlsystem ab. Schon lange bevor die Demokratie Wertschätzung erlangte, lange bevor wir unsere repräsentative Regierungsform hatten, lange vor dem allgemeinen Wahlrecht waren wir stolz darauf, ein freies Volk zu sein.
Wir hatten uns von der Furcht vor fremder Herrschaft und vom absoluten Königtum befreit. Vor allem aber hatten wir das Common Law, das Gewohnheitsrecht, entwickelt, das den Bürger vor den Mächtigen und Übermächtigen schützen sollte. Der Dank, den wir dafür den Richtern schon über viele Jahrhunderte hinweg schulden, ist gar nicht abschätzbar.
Es gibt keinen beredteren Beweis für den Respekt, den das England des 18. Jahrhunderts der Freiheit zollte, als das dem Oberrichter Lord Mansfield im Fall des Sklaven James Somerset zugeschriebene Wort: »Englands Luft ist stets zu rein für einen Sklaven gewesen, und jeder, der sie atmet, ist frei. Wer nach England kommt, darf den Schutz des englischen Rechts erwarten, ganz gleich, was er bis dahin an Unterdrückung erdulden mußte, ganz gleich, welcher Hautfarbe er ist.«
Schon im 19. Jahrhundert konnte Tennyson, der große Dichter aus meinem heimatlichen Lincolnshire, über diese Nation sagen: »A land of settled government, a land of just renown.«[2] Aber wenn wir die Demokratie bewahren und wirklich stärken wollen, dann müssen wir jene Kräfte ermutigen, die sie stützen, die ihr freundlich gesonnen sind, und jene Elemente identifizieren und isolieren, die sie umstürzen wollen, die ihr feindlich gesonnen sind. Wir sprechen

hier nicht von einer Schein-Demokratie nach kommunistischem Muster, sondern von echter Demokratie.
Wirtschaftler und Politiker sind nicht immer Freunde der Freiheit gewesen. So hätte uns einer von ihnen tatsächlich gerne zu Leibeigenen eines kleinbürgerlichen Häuschens in Highgate und der öffentlichen Lesesäle des Britischen Museums gemacht.[3]
Doch andere kannten die menschliche Natur besser und zeigten größere Achtung vor dem Gewicht des Individuums.

Demokratie und Wirtschaftsleben

Große Nationalökonomen, unter ihnen der größte, Adam Smith, haben aufgezeigt, wie eine Marktwirtschaft, die die Macht der Produktwahl den Kunden überträgt, mit dem Samen der Demokratie funktioniert, die die Macht der politischen Wahl den Wählern übergibt.
Die wirtschaftlichen Feinde der Demokratie zeigen sich darin, daß sie den Menschen Produktions- und Distributionssysteme oktroyieren wollen, die auf Zwang und nicht auf persönlicher Wahl beruhen. Viele Menschen leben unter Systemen, deren Machthaber nur allzugut den Zusammenhang zwischen wirtschaftlicher und politischer Freiheit kennen, denn gerade durch die Unterdrückung wirtschaftlicher Freiheiten wollen sie die politische Freiheit verhindern, die sich letztendlich daraus ergeben würde.
Aber gibt es nicht auch bei uns gewisse Trends und Denkweisen, die zwar respektabler getarnt, aber doch genauso gefährlich sind?
Wenn uns eine einflußreiche Gruppe von Herstellern einredet: »Sie müssen unser Produkt kaufen, ob Sie es wollen oder nicht, wir werden Sie durch die Stärke unseres Monopols oder unseren politischen Einfluß schon dazu bringen«, berauben sie ihre Mitmenschen

»Caro amico«, »lieber Freund« – so pflegt Sandro Pertini, der ehemalige italienische Staatspräsident, Franz Josef Strauß zu begrüßen.

Ein Erzeugnis bayerischer Wertarbeit als Geschenk für den Gast aus Peking – Chinas Ministerpräsident Zhao Ziyang mit Ministerpräsident Strauß.

人民警察

einer wirtschaftlichen Freiheit – und dies gilt selbst für den Fall, daß wir so schwach waren, uns dafür zu entscheiden, weil wir meinten: »Es geht nichts über ein geruhsames Leben.«

Wenn diese Leute also imstande wären, uns unserer wirtschaftlichen Freiheiten zu berauben, was könnte sie davon abhalten, uns auch andere Freiheiten wegzunehmen?

Vergessen wir nie: Demokratien können – dies ist in der Vergangenheit schon geschehen – Maßnahmen treffen, die zu ihrer eigenen Vernichtung führen. Es ist daher Aufgabe demokratischer Führer, vor scheinbar einfachen oder gar populären Maßnahmen, die zudem vielleicht noch einen unmittelbaren Konfliktfall beenden könnten, zu warnen, wenn durch sie der Bestand der Demokratie aufs Spiel gesetzt würde.

Gewiß spotteten Konsenspolitiker über Demosthenes' Mahnung, die Schmeicheleien König Philipps von Makedonien hätten nur ein Ziel, nämlich die Vernichtung der Freiheit in den griechischen Städten. Doch er behielt recht. Dieselben Leute spotteten in einem vergleichbaren Fall sicher auch über Churchill. Aber auch er hatte recht.

Gewiß, wir könnten es wieder soweit kommen lassen und es Industriezweigen, die nach unserer Überzeugung modernisieren sollten, erlauben, daß sie uns all die aus ihrer eigenen Leistungsschwäche, aus ihrem eigenen Schutz resultierenden Kosten aufbürden. Doch dieser Gang der Dinge brächte letzten Endes die Aushöhlung der wirtschaftlichen Freiheit mit sich, auf denen die Demokratie ruht – und zwar genauso sicher wie die Schwäche der Griechen gegenüber dem makedonischen König zum Untergang der politischen Freiheit führte.

Demokratie und Technik

Die Technik hat ebenfalls tiefgreifende Auswirkungen auf das politische Leben.

Riesige Ansammlungen von Menschen in großen Gebäuden, die

Strauß mit Englands Premierministerin Margaret Thatcher.

tagaus, tagein einfache mechanische Routinearbeiten verrichten, werden der Vergangenheit angehören – seien wir dankbar dafür.
Wir dürfen auf mehr und abwechslungsreichere Arbeit hoffen, die auf kleinere Gruppen verteilt wird, auf eine nicht mehr so starke Massenmobilisierung von Menschen für maschinell-mechanische Zwecke, auf größere Streuung wirtschaftlicher Macht. Dies alles läßt für eine diversifizierte und demokratische Gesellschaft Gutes erwarten.
Bei anderen technischen Entwicklungen sieht es nicht so rosig aus. Noch im vorigen Jahrhundert gaben den Schweizer Kantonen die Berge Sicherheit, Großbritannien die Marine, die Städte in Neuengland waren fern der europäischen Dynastiekriege: Alle konnten sie in gesicherter Unabhängigkeit leben, weil die Gefahr der Zerstörung von außen, wenn man nur etwas vernünftig und wachsam war, kaum drohte.
Gewaltige moderne Waffen und nukleare Technik werden es uns niemals mehr erlauben, in solch einer gesicherten Welt zu leben. Denn selbst wenn jede Nuklearwaffe zerstört würde – das technische Know-how läßt sich nicht mehr rückgängig machen.

Demokratie und Moral

Angesichts dieser Tatsachen dürfen wir nie vergessen, daß Demokratie letzten Endes auf Moral beruht. Wenn Politiker über Moral sprechen, sagte einmal jemand, sollte man am besten »die Löffel zählen«. Aber wir kommen um den Begriff der Moral nicht herum, wenn wir über die größte innere Bedrohung der Demokratie sprechen wollen.
Es gab Zeiten, in denen politische Schreiber über den sogenannten »Minderheitenschutz« diskutierten. Es ging um die Frage, wie Minderheiten in einer Demokratie vor der Mehrheit geschützt werden könnten. Sicherlich dürften doch wohl die 51 Prozent legitimerweise über die 49 Prozent richten?
Aber der Demokratie geht es um mehr als nur Mehrheiten. Hier geht es um das Recht eines jeden einzelnen auf Freiheit und Gerechtigkeit, ein Recht, das auf den Büchern des Alten und Neuen Testaments fußt, die uns an die Würde jedes einzelnen erinnern, an

sein Recht, frei zu wählen und seine Pflicht, zu dienen. Diese Rechte leiten sich von Gott, nicht vom Staat her.
Diese Rechte sind über Jahrhunderte hinweg durch unsere Rechtsordnung (rule of law) entwickelt und hochgehalten worden, durch eine Rechtsordnung, die einzelne und Minoritäten schützt; eine Rechtsordnung, die das Band einer freien Gesellschaft ist.
Heute sehen wir uns jedoch nach meiner Überzeugung mit dem umgekehrten Problem konfrontiert, dem wir uns bisher noch nicht richtig gestellt haben: dem Schutz der Mehrheit.
Es ist modern geworden zu glauben – und dies kommt sicherlich vielen Interessengruppen entgegen –, daß die Entscheidung der Mehrheit nicht mehr hingenommen zu werden braucht, und daß ferner die Minderheit ohne weiteres andere einschüchtern, ja sogar zwingen darf, damit die Entscheidung ins Gegenteil verkehrt wird.
Die Marxisten haben natürlich immer eine Ausrede parat, wenn sie überstimmt werden: Ihre Gegner haben ja das »falsche Bewußtsein«, daher zähle ihre Meinung in Wirklichkeit gar nicht.
Aber die Marxisten liefern wie immer nur einen falschen intellektuellen »Kopfdünger« für Gruppen, die allein auf ihren eigenen Vorteil bedacht sind.
Viele Gruppen operieren simpler. Sie scheren sich nicht darum, ob sie ihre Mitmenschen überzeugt haben oder nicht, oder ob verfassungsmäßig gewählte Regierungen eine ordentlich gebilligte Politik betreiben. Diese Minderheiten werden dann das System dazu zwingen, daß es ihre eigenen Vorstellungen erfüllt – wenn wir sie ungestraft davonkommen lassen.
Viele der neuen »wahlkämpfenden« Interessenverbände – unter der Leitung von Profis, die von Wahlkampf zu Wahlkampf ziehen –, einige davon in den Gewerkschaften, einige teilweise gar innerhalb des Regierungssystems, haben gesehen, wie unsere Demokratie Regeln entwickelt hat, die bewirken, daß die Macht der Mehrheit gedämpft und Sicherheiten und Rechte für die Minderheit zur Verfügung gestellt werden.
Sie haben erkannt, daß es Minderheiten, die das Recht beugen oder einfach ignorieren, gelingen kann, das gesamte System zu manipulieren. In der Tat kann die Minderheit letzten Endes der Mehrheit wirksam ihren Willen aufzwingen. Burke hatte dafür wie immer

einen passenden Satz: »Alles, was böse Menschen für ihren Triumph brauchen, ist die Untätigkeit der guten.«

Hoffentlich werde ich nicht für allzu provokatorisch gehalten, wenn ich noch einmal über den saloppen Gebrauch des Wortes »Konsens« in solchen Fällen Klage führe. Wenn es eine nationale Debatte und eine verfassungsmäßige Abstimmung zu irgendeiner Angelegenheit gibt, und wenn dann eine unbotmäßige Minderheit diese Abstimmung verdammt und alles in ihren Kräften Stehende tun will, damit die Mehrheit nicht nach ihrem Willen handeln kann, dann nützt es nichts, wenn man sagt: »Wir müssen einen Konsens finden, wir müssen verhandeln.«

Eine solche Gruppe wird nie einlenken, ganz gleich, wie die Mehrheit denkt, bis sie erreicht, was sie will. Spätestens dann müssen wir uns bemerkbar machen, öffentlich Flagge zeigen und das tun, was wir für richtig halten. Wir dürfen niemals dem ältesten und undemokratischsten aller Tricks nachgeben, nämlich dem Zwang vieler durch die rücksichtslose Manipulation weniger.

Sobald wir die Grundregel aufgeben, nach der wir unsere Mitmenschen überzeugen müssen und keinesfalls zwingen dürfen, haben wir uns in das Lager der Feinde der Demokratie begeben.

Da wir nun einmal die Demokratie gewonnen haben, ist es sicher nicht besonders heldenhaft, das Gesetz des Landes zu verhöhnen, als ob wir noch immer in einem Morast unser Dasein fristeten, in dem die Zivilisation erst noch geschaffen werden müsse.

Der Gedanke des »Fair play« – eine britische Redensart für »Beachtung der Spielregeln« – darf nicht dazu mißbraucht werden, daß die Minderheit über die tolerante Mehrheit die Oberhand gewinnt.

Doch gerade hier liegen die wirklichen Gefahren, denen wir uns in Großbritannien heute gegenübersehen. Am einen Ende des Spektrums stehen die terroristischen Banden innerhalb unserer Grenzen und die terroristischen Staaten, die sie finanzieren und mit Waffen versorgen. Am anderen Ende steht die extreme Linke (the Hard Left), die innerhalb unseres Systems operiert und sich die Macht der Gewerkschaften und den Apparat der Lokalverwaltung zunutze machen will, um die Gesetze zu brechen, zu mißachten und umzustoßen. Typisch für ihre Handlungsweise ist eine berechnete feindselige Haltung gegenüber unseren Gerichten.

Die Gerichte in Großbritannien wurden stets für ihre Unparteilichkeit gerühmt. Das gleiche gilt für die Aufrichtigkeit, die Objektivität und die Gelehrsamkeit unserer Richter. Aber gerade weil die Gerichte für die Grundsätze vernünftiger Gleichheit und Gerechtigkeit vor dem Gesetz eintreten, werden sie von der faschistischen Linken verachtet.

Die Rolle der Konservativen Partei heute

Es gibt in der freien Welt eine Reihe von einflußreichen und hervorragenden Parteien, die in der konservativen Tradition stehen. Aber man darf wohl mit Fug und Recht behaupten, daß unter ihnen unsere Konservative Partei herausragt: aufgrund ihres langen Einsatzes im Dienste der Nation, ihrer dauerhaften Philosophie, ihrer festen Traditionsverbundenheit, jedoch bei gleichzeitiger Bereitschaft, notwendigen Wandel in Angriff zu nehmen und weiterzuentwikkeln, und nicht zuletzt wohl aufgrund der zentralen Rolle, die sie im politischen Leben unserer Gesellschaft spielt. Sie darf sich getrost als die in der Welt führende konservative Partei bezeichnen.

In ihrer langen Geschichte haben die Konservativen ihrem Namen entsprechend gewiß vieles erfolgreich »bewahrt«: Die englische Staatskirche, die Monarchie, das Oberhaus, die konstitutionelle Integrität des Vereinigten Königreiches. Aber jetzt liegt es an uns, das ureigene Prinzip der parlamentarischen Demokratie und die Rechtsstaatlichkeit als solche zu behaupten – für alle Menschen in keiner und in allen Parteien.

Jede Generation muß für die Demokratie eintreten. Sie darf nichts als eine Selbstverständlichkeit hinnehmen und muß womöglich fundamentale Schlachten von neuem austragen.

Ich bin jedoch zuversichtlich.

Für die Verteidigung ihrer Freiheit wird es den Menschen in Großbritannien nie an tapferen Herzen oder ordentlichen Gesetzen mangeln. Wenn Unrecht droht, können wir den gesunden Menschenverstand (common sense) und unser Gewohnheitsrecht (Common Law) in die Waagschale werfen; und wir können von unserer parlamentarischen Demokratie erwarten, daß sie uns auf Bedrohungen aufmerksam macht und die Gesetze ausformt.

Es wird immer beherzte Männer und Frauen geben, die der Gewalt die Stirn bieten, Einschüchterungen von sich weisen und ihre Rechte verteidigen, um für unsere Gesetze einzutreten.
Jedem einzelnen fällt dabei besonderes Gewicht zu. Allein die Wahrheit wird sich durchsetzen. Die Demokratie funktioniert und wird Bestand haben – und wir werden sie mit unserem politischen Leben verteidigen.

[1] Runnymede = Name einer Wiese am Südufer der Themse bei Windsor – steht symbolisch für die Magna Charta, das wichtigste altenglische Staatsgrundgesetz, das dort von König Johann 1215 unterzeichnet worden sein soll. (Anm. d. Übers.)
[2] Etwa: »Ein Land, dessen Regierung fest begründet ist, ein Land, dem ein gerechter Ruf vorauseilt.« (Anm. d. Übers.)
[3] Anspielung auf Karl Marx, der im Londoner Stadtteil Highgate lebte und im Britischen Museum »Das Kapital« schrieb. (Anm. d. Übers.)

Lord Peter Carrington

Die NATO – Gemeinsame Verteidigung gemeinsamer Werte

Im Kreis der internationalen Organisationen nimmt die NATO schon seit langem ihren festen Platz ein. Dennoch hat sie nichts von ihrer Spannkraft verloren, und trotz zahlloser Regierungswechsel halten die ihr angehörenden Staaten unbeirrt an der Überzeugung fest, daß die Mitgliedschaft in der NATO ihren jeweiligen außenpolitischen und Sicherheitsinteressen am besten dient. Ungeachtet der öffentlichen Kritik, die sich immer wieder einmal an dem einen oder anderen Aspekt der NATO-Politik entzündet, läßt sich anhand von seriösen und ernstzunehmenden Meinungsumfragen ein gleichgleibend hohes Maß an Unterstützung sowohl für die Organisation als solche als auch für die fortdauernde Mitgliedschaft im Bündnis konstatieren. Diese bejahende Haltung ist sogar überraschend stark ausgeprägt, besonders in der Bundesrepublik Deutschland. Was Konrad Adenauer am 9. Mai 1955, drei Tage nach

dem Beitritt Deutschlands zum Nordatlantikpakt, vor dem NATO-Rat sagte, hat noch heute volle Gültigkeit: »Die Ziele der NATO... entsprechen angesichts der politischen Spannungen in der Welt vollständig den natürlichen Interessen des deutschen Volkes...«
Bundeskanzler Adenauer war der erste in einer langen Reihe von hervorragenden Deutschen, die einen nachhaltigen Einfluß auf die Stellung Deutschlands im Bündnis und auf die Art und Weise ausübten, wie die NATO ihre Aufgaben bewältigte. Nur sehr wenige jedoch konnten die Kraft ihrer Persönlichkeit, ihre unerschütterlichen Überzeugungen und ihren Einfluß beinahe über die gesamte Nachkriegsgeschichte hinweg zur Geltung bringen.
Franz Josef Strauß hat von 1950 an sein halbes Leben darauf verwandt, den Beitritt Deutschlands zum Bündnis vorzubereiten, den militärischen Beitrag seines Landes zur NATO zu realisieren und Politik, Strategien und Werte zu verteidigen. Von ihm als dem ersten Verteidigungsminister der Bundesrepublik Deutschland ging der entscheidende Anstoß zur Schaffung der Bundeswehr aus. In unglaublich kurzer Zeit stellte er 12 Divisionen praktisch aus dem Nichts auf. Seine Überzeugung, daß es einer starken, fest in ein multilaterales westliches Verteidigungsbündnis integrierten Bundesrepublik bedürfe, kam besonders deutlich während der fünfziger Jahre in seinem Bemühen zum Ausdruck, Herz und Verstand der Deutschen für diese Einsicht zu gewinnen. Die Wortgewalt seiner Äußerungen zu Fragen der Strategie und Sicherheit ist legendär. Nie schreckte er davor zurück, seine Tatkraft und seine Fähigkeiten an den schwierigsten Problemen unserer Zeit zu messen. Er erkannte, daß es eine europäische Dimension der nuklearen Abschreckung geben müsse, und diese Erkenntnis wurde in die Praxis umgesetzt, als sich die Bundeswehr unter seiner Ägide an dieser Strategie, zunächst durch die Anschaffung und Bemannung von Kampfflugzeugen des Typs F 104, beteiligte. Sein Weitblick in strategischen Angelegenheiten tritt uns in all diesen Leistungen entgegen, am deutlichsten zeigt er sich jedoch darin, daß Franz Josef Strauß dafür eintrat, die Strategie der massiven Vergeltung zugunsten der flexiblen Reaktion aufzugeben, und dies schon 11 Jahre, bevor das Bündnis auf diesen Kurs umschwenkte.
Heute, 36 Jahre nach der Gründung der NATO und 30 Jahre nach

dem Beitritt Deutschlands, einer Zeitspanne, die gewiß nicht frei von Spannungen und sogar Krisen in den Ost-West-Beziehungen war, ist das Bündnis so lebendig wie nur je. Dieses Phänomen ist sicherlich durch die Tatsache zu erklären, daß sich die Menschen in allen Mitgliedsländern der Notwendigkeit bewußt sind, über einen wirksamen Mechanismus zum Schutz der von ihnen frei gewählten Lebensweise zu verfügen. Gleichgültig, ob dieser Zusammenhang bewußt oder unbewußt hergestellt wird, es ergibt sich daraus zwingend, daß diese Menschen ihre Lebensweise einer potentiellen Bedrohung von außen ausgesetzt sehen. Dies allein erklärt aber noch nicht ausreichend, warum ein kollektives Verteidigungssystem gegenüber rein nationalen Anstrengungen vorgezogen wird.
Zwischen den Mitgliedern des Atlantischen Bündnisses gibt es viele Unterschiede, aber noch mehr Gemeinsamkeiten, deren wichtigste das Bekenntnis zu einem Gesellschaftssystem ist, das der wirksamen und verantwortlichen Ausübung des Volkswillens den größtmöglichen Spielraum ermöglicht. Mag man dies nun als liberale Demokratie oder als Meinungsfreiheit definieren, fest steht, daß die Möglichkeit, Regierungen und damit eine bestimmte Politik abzulösen, als ein sehr hohes Gut betrachtet wird, selbst wenn dies vielleicht auch unausgesprochen bleibt.
Das alte Sprichwort, nach dem man sich in der Menge am sichersten fühlt, spielt hier eine entscheidende Rolle. Wir alle fühlen uns wohler, wenn wir von Menschen umgeben sind, die so denken und handeln wie wir selbst und unsere Wertvorstellungen und Grundsätze teilen. Doch nicht nur fühlen wir uns wohler, sondern auch stärker, und unser Wohlbefinden und unsere Stärke wachsen mit dem Bewußtsein, daß unsere Partner und Verbündeten sehr wohl wissen, daß die Lebensfähigkeit der Demokratie in dem einen Land untrennbar mit deren Schicksal in den anderen Ländern verbunden ist.
Dies ist ohne Zweifel eine der fundamentalen Ursachen dafür, daß sich in den späten vierziger und frühen fünfziger Jahren eine neue Generation weitblickender deutscher Politiker unwiderruflich dem Streben nach Sicherheit im Kreis der westlichen Nationen verschrieb. Ihre Bestrebungen, einer neuen demokratischen Verfassung Kraft und Stärke zu geben und einen geachteten und sicheren

Platz unter den Staaten einzunehmen, die die gleichen Werte vertraten, entsprachen eindeutig dem Wunsch, Frieden mit Freiheit zu verbinden. Diese Bemühungen wurden von anderen begrüßt und unterstützt, die klar erkannt hatten, daß der Beitrag der Bundesrepublik Deutschland von vitaler Bedeutung war, wenn sich der Westen in Europa erfolgreich dem Druck aus dem Osten widersetzen sollte. Man hatte erkannt, daß sich Westeuropa nur verteidigen ließ, wenn diese Verteidigung bereits an der Ostgrenze der Bundesrepublik begann.
Deutschlands Bereitschaft, sich einem multilateralen Verteidigungssystem anzuschließen, wurde deutlich, als es die Idee einer Europäischen Verteidigungsgemeinschaft unterstützte. Als dieses Vorhaben scheiterte, übernahm die Bundesrepublik Deutschland mit ihrem Beitritt zur NATO 1955 eine Verantwortung nicht nur für sich selbst, sondern für die gemeinsame Verteidigung des Westens insgesamt. Auf diesem Stützpfeiler der gemeinsamen Verantwortung ruht die Partnerschaft in der NATO. Ohne dieses gemeinsame und freiwillige Engagement für die bündnisweite Verteidigung gemeinsamer Werte verlöre die NATO ihre Existenzberechtigung.
Wenn die NATO auch auf dem allen Mitgliedern gemeinsamen Wertsystem beruht, so kennt sie doch nicht die Zwangsjacke der Meinungsuniformität, die die Sowjetunion ihren Verbündeten im Warschauer Pakt anzulegen versucht hat. Man kann im Gegenteil wohl ohne Übertreibung sagen, daß das Atlantische Bündnis die Quintessenz des Pluralismus unter modernen Industriestaaten darstellt. Jedes Mitglied bringt in die gemeinsamen Anstrengungen seinen eigenen, unverwechselbaren Beitrag ein, der seine Wurzeln in einem reichen kulturellen und historischen Erbe, in unterschiedlichen wirtschaftlichen Möglichkeiten und natürlich in einer bestimmten, von der eigenen geopolitischen Lage geprägten Weltsicht hat. Wenn all diese unterschiedlichen Elemente harmonisch miteinander verbunden werden, dann macht der Beitrag des einzelnen das Ganze weit stärker als die Summe seiner Teile.
So bezieht die NATO ihre Stärke sowohl aus der Gemeinsamkeit der Interessen als auch aus der Vielfalt der Beiträge. Kein Mitglied des Bündnisses, ob groß oder klein, sollte deshalb das Gefühl haben, sein Beitrag sei unwichtig. Was die Bundesrepublik Deutschland

angeht, so wäre ohne ihren geistigen und politischen Beitrag und ohne die Entschlossenheit der großen Mehrheit der Deutschen, gleich welcher politischen Überzeugung, das Bündnis als Ganzes nicht in demselben Maß fähig gewesen, die Sowjetunion davon zu überzeugen, daß es fähig und bereit ist, einer ernsten Bedrohung seiner Sicherheit entgegenzutreten.
Daher ist es auch wichtig, daß sich die Mitgliedsländer der Notwendigkeit bewußt sind, ihre Kräfte und Mittel zu vereinen und durch intensive Nutzung der Konsultationsmechanismen des Bündnisses Strategien zur Erreichung der gemeinsamen Ziele zu vereinbaren. Die Zielstrebigkeit der Sowjetunion stellt eine Herausforderung dar, der nur dann erfolgreich begegnet werden kann, wenn die westliche Seite stets bemüht ist, den inneren Zusammenhalt im Bündnis herzustellen und zu bewahren. Diese Herausforderung ist gewaltig. Man mag analysieren, warum die Sowjetunion ihr gewaltiges Militärpotential angehäuft hat, warum sie gegenüber anderen Ländern, die ihre Ansichten nicht teilen, eine kriegerische Haltung einnimmt, und welche ideologischen und nationalistischen Triebkräfte ihre Politik bestimmen – zu welchem Ergebnis man auch gelangt, fest steht, daß dieses Militärpotential existiert, ständig verbessert und modernisiert wird und daß etwas dagegen unternommen werden muß.
Wenn wir nicht sicher sein können, wofür diese Militärmaschinerie einmal eingesetzt werden könnte und ob sie ausschließlich friedlichen und defensiven Zwecken dient, wären wir jedenfalls gut beraten, den sowjetischen Führern aufs Wort zu glauben, wenn sie behaupten, daß es in der Auseinandersetzung zwischen den beiden wichtigsten, aber unvereinbaren Gesellschaftssystemen unserer Zeit keinen Waffenstillstand geben kann. Es liegt auf der Hand, daß sich keine sowjetische Führung angesichts der Natur der Ideologie, die ihren einzigen Anspruch auf Legitimität darstellt, mit dem Status quo zufriedengeben kann. Es ist daher nur umsichtig und vernünftig, dies bei der Planung unserer eigenen militärischen und politischen Strategie zu berücksichtigen.
Konkret bedeutet das, daß die NATO Strategien entwickeln muß, welche die Meinungsvielfalt der Mitgliedsländer berücksichtigen, die sich an den Ressourcen orientieren, welche die einzelnen Ver-

bündeten unter Wahrung ihrer sozialen und wirtschaftlichen Stabilität zur Verfügung stellen können, und die dem Gegner deutlich den politischen Willen der Verbündeten vor Augen führen, ihre Sicherheit zu gewährleisten. Es ist eine herausragende Leistung des Bündnisses, daß die Mitgliedstaaten diesen schwierigen und gelegentlich widersprüchlichen Anforderungen bisher gerecht werden konnten. Die Tatsache, daß es seit Bestehen der NATO in Europa keinen Krieg mehr gegeben hat, legt dafür beredtes Zeugnis ab. Die Lösung dieser Herausforderungen ist freilich nicht immer vollständig und problemlos gelungen, aber doch so weitgehend, daß die Mitgliedstaaten großes Vertrauen in die Wirksamkeit des Bündnisses setzen und auch die Sowjetunion von ihr hinreichend beeindruckt ist. Jetzt kommt es darauf an, diese positive Bilanz fortzusetzen.

Dabei müssen sich die Verbündeten mit einigen sehr realen Problemen auseinandersetzen, nicht zuletzt mit der möglichst gleichgewichtigen Verteilung der Lasten für die militärische Verteidigungsbereitschaft. Die simplifizierende Betrachtungsweise, nach der der Umfang des jeweiligen nationalen Verteidigungshaushalts den einzigen Maßstab für die übernommenen Lasten darstellt, hat zahlreiche Kontroversen ausgelöst. Das Augenmerk richtet sich hier ausschließlich auf den finanziellen Beitrag (input). Mehr als die meisten anderen Bündnispartner weiß die Bundesrepublik Deutschland, daß derartige Maßstäbe einige durchaus reale, aber nicht ohne weiteres ersichtliche Lasten der Verteidigungsanstrengungen des Bündnisses außer acht lassen. Um nur ein Beispiel zu nennen: Die finanziellen, wirtschaftlichen und sozialen Belastungen, die der Bundesrepublik aus der Rolle als Gastland für nahezu 400000 ausländische Soldaten erwachsen, die Kasernen und Übungsgelände benötigen und sich mit unterschiedlichem Erfolg in einer Gesellschaft zurechtzufinden suchen, die sich von der ihren unterscheidet, erscheinen nur selten in den simpleren Bewertungen der jeweiligen Leistungen.

Wohl niemand wird bezweifeln, daß die Bundesrepublik beträchtlichen Nutzen aus der Stationierung verbündeter Streitkräfte auf ihrem Hoheitsgebiet zieht. Dies trifft aber auch auf alle anderen Verbündeten zu, die deshalb diese von Deutschland übernommene

Bürde in höherem Maße anerkennen sollten. Man muß sich in anderen Worten von der Vorstellung lösen, daß einzig der Verteidigungshaushalt einen Beitrag zum Bündnis darstellt und statt dessen zu einer realistischeren Einschätzung der quantitativen und qualitativen Leistungen (output) jedes Verbündeten gelangen.
Aber mit welcher Elle man auch immer die jeweiligen Verteidigungslasten der Bündnispartner messen mag, denen die von jedem Bündnispartner übernommenen Risiken gegenüberzustellen sind, Schnelligkeit und Umfang der kontinuierlichen sowjetischen Aufrüstung zwingen zu einer bündnisweiten Anstrengung zur Verbesserung der konventionellen Verteidigungsfähigkeit. Wenn die Bündnisstrategie der flexiblen Antwort wirklich flexibel bleiben soll, haben wir keine andere Wahl: wir würden uns viel stärker auf Atomwaffen verlassen müssen, als man es sonst jemals tun würde. Wie groß die Gefahr ist, auf diese Weise die öffentliche Unterstützung für die NATO zu verlieren, zeigte sich mehr als deutlich in der Kritik und den Selbstzweifeln, welche die nukleare Dimension der NATO-Abschreckungs- und -Verteidigungsstrategie besonders in Europa inzwischen ausgelöst hat.
Natürlich verabscheut jeder normale Mensch den Gedanken an den Einsatz von Atomwaffen. Jedoch allein die Verfügbarkeit nuklearer Mittel und damit einer nuklearen Option für den Notfall erlaubten es den Verbündeten, sich dem erheblichen Übergewicht der konventionellen Streitkräfte des Warschauer Paktes in Europa gewachsen zu zeigen und der sowjetischen nuklearen Bedrohung erfolgreich zu begegnen. Immer wieder lag deutschen Regierungen daran, daß Wirksamkeit, Dauerhaftigkeit und Glaubwürdigkeit des amerikanischen nuklearen Schirms über Westeuropa sichergestellt sind. Da sich die Bundesrepublik Deutschland verpflichtet hat, keine eigenen Atomwaffen zu erwerben, ergibt sich diese Sorge zwangsläufig. Es muß der Bundesrepublik jedoch hoch angerechnet werden, daß es ihr gelungen ist, gemeinsam mit den Verbündeten ein so engmaschiges Netz militärischer Integration und vorgeschobener Stationierung zu knüpfen, daß die Gegner der NATO die erweiterte Abschreckung stets als unabänderliche Tatsache angesehen haben. In diesem Licht ist es auch nicht verwunderlich, daß die Bundesregierung, als sie sich mit der zusätzlichen Drohung

durch die Dislozierung sowjetischer SS-20-Raketen konfrontiert sah, am nachdrücklichsten auf die Stationierung moderner nuklearer Mittelstreckenwaffen in Westeuropa drängte. Die Stationierung von Marschflugkörpern und Pershing-2-Raketen wurde als notwendig betrachtet, um den Fortbestand der strategischen Verknüpfung zu garantieren und somit die Sowjets daran zu hindern, Westeuropa nuklear erpressbar zu machen.

Die Entscheidung für diese Dislozierungen bewies den Mut der Regierungen der Stationierungsländer. Der Druck der Öffentlichkeit, die Stationierungspläne aufzugeben, war stark, am massivsten in der Bundesrepublik Deutschland. Ich empfinde große Bewunderung für die Art und Weise, wie jene diesem Druck standhielten, die davon überzeugt waren, daß ein Kurswechsel ein äußerst gefährliches Signal an die Adresse Moskaus bedeutet hätte, daß es möglich sei, das Bündnis zu spalten und sein Selbstvertrauen zu untergraben, indem man über die Köpfe der Regierungen der Mitgliedsstaaten hinweg an die öffentliche Meinung appellierte und so eine Schwächung der transatlantischen Solidarität förderte.

So jedoch waren die Sowjets von der Standfestigkeit der Verbündeten in dieser und anderen entscheidenden Fragen zweifellos beeindruckt. Ihr Entschluß, zu den Rüstungskontrollverhandlungen in Genf zurückzukehren, ist der beste Beweis dafür. Jetzt ist es von größter Wichtigkeit, daß die Erfolgsaussichten in Genf nicht durch offene Meinungsverschiedenheiten zwischen den Verbündeten über die strategische Verteidigungsinitiative (SDI) der USA in Frage gestellt werden. Es ist nur natürlich, daß insbesondere die europäischen Verbündeten sich fragen, welche Auswirkungen SDI haben kann. Immerhin darf die Möglichkeit eines wenn auch noch in ferner Zukunft liegenden Abrückens von einer Abschreckungsstrategie, die sich über viele Jahre hinweg bewährt hat, nicht auf die leichte Schulter genommen werden. Zu oft jedoch wurden schon kategorische Erklärungen über die unbezweifelbare Wirksamkeit von SDI einerseits oder das unweigerliche Scheitern des Projekts andererseits abgegeben, und das zu einem Zeitpunkt des Forschungsprozesses, in dem genau jene technische Realisierbarkeit eines effektiven und Kosten-Nutzen-orientierten strategischen Verteidigungssystems erst untersucht wird. Es wäre weitaus angemes-

sener, ein Urteil über diese höchst bedeutsamen Fragen so lange zurückzustellen, bis erste konkrete Forschungsergebnisse vorliegen. Die Forschung muß auf jeden Fall weitergeführt werden. Es wäre der Gipfel der Torheit, wollten die Vereinigten Staaten ihr Projekt aufgeben, obwohl sie wissen, daß die Sowjetunion eigene Anstrengungen auf diesem Gebiet unternimmt.
Die möglichen Folgen von SDI für die Bündnisstrategie müßten natürlich durchdacht und viele sehr wesentliche Fragen beantwortet werden, bevor man an eine Durchführung denken kann – und es ist wichtig, daß im Interesse des Bündnisses als Ganzem gemeinsame Antworten auf diese Fragen gefunden werden. Andernfalls spielen wir den Sowjets in die Hände, indem wir Uneinigkeit demonstrieren, die sie ihrerseits ausnutzen können.
Die Genfer Gespräche bieten eine neue Gelegenheit, in einen umfassenden Prozeß des Abbaus von Spannungen zwischen Ost und West einzutreten. Angesichts der weit auseinanderliegenden Positionen der beiden Seiten, was den Abbau offensiver nuklearer interkontinentaler und Mittelstreckenwaffen betrifft, wird es sehr schwer sein, diese Chance zu nutzen. Verhandlungsfortschritte werden sich, wenn überhaupt, nur zögernd einstellen, und die NATO-Verbündeten werden viel Geduld und Solidarität an den Tag legen müssen. Diesen zwei Eigenschaften ist es unter anderem zu verdanken, daß die Sowjetunion überhaupt an den Verhandlungstisch zurückkehrte. Läßt man es aber zu, daß sich drastische Meinungsverschiedenheiten an Themen wie SDI entzünden, dann wird die Sowjetunion zweifellos auf Zeit spielen in der Erwartung, daß die Verbündeten aus Ungeduld oder Uneinigkeit den sowjetischen Unterhändlern schließlich einseitige Vorteile zugestehen.
Die positive Bilanz der Einigkeit und vertrauensvollen Partnerschaft im Bündnis berechtigt zu der Hoffnung, daß diese anstehenden Aufgaben ebenso erfolgreich bewältigt werden wie andere in der Vergangenheit.
Ohne Übertreibung darf man sagen, daß das Atlantische Bündnis und der Platz, den die Bundesrepublik Deutschland in ihm einnimmt, ohne Franz Josef Strauß weniger stark und folglich weniger gesichert wäre. Als derzeitiger Generalsekretär des Bündnisses weiß ich mich der Zustimmung aller Mitgliedsstaaten gewiß, wenn

ich ihm die tief empfundene Dankbarkeit ausdrücke, die wir alle ihm schulden. Das Schlußwort gebührt Franz Josef Strauß selbst: »Ich bin der festen Überzeugung, daß die Existenz der NATO und die Wirkung, die von ihr ausgeht, die größte Friedensbewegung in der Geschichte der Menschheit darstellt.«

Andreas Kraus

Europa heute – Das Dritte Deutschland 1815–1870: Eine historische Parallele?

Thukydides schrieb, wie er verkündet, seine Geschichte des Peloponnesischen Krieges für die Staatsmänner aller Zeiten, ein Anspruch, der immer wieder aufgegriffen, immer wieder auch bestritten worden ist. Bis zur Gegenwart kann sich der Historiker dieser Fragestellung nicht entziehen. Hat ein Geschichtswerk Sinn, wenn es sich nicht die Aufgabe stellt, der Zukunft zu ersparen, was die Vergangenheit unglücklich gemacht hat? Kann es aber diese Aufgabe auch erfüllen? Ist die Geschichte selbst, sind die Möglichkeiten des Historikers, die Geschichte zu deuten, so beschaffen, daß ein überzeugendes Ergebnis – von richtig soll hier nicht gesprochen werden – zu erwarten ist?

Ob ein Ergebnis überzeugend ist, hängt allerdings nicht nur vom Erkenntnisstand und von der argumentativen Kraft des Autors eines Geschichtswerks ab, sondern auch von der Bereitschaft des Lesers, auf historische Beweisgänge einzugeben. Diese können sich nie mathematischer Evidenz rühmen, und selbst die eigentliche Mathematik versagt bei der Deutung historischer Vorgänge. Daß von Rom aus ein riesiges Imperium aufgebaut werden konnte, kann gerade durch Addition der Bevölkerungszahlen am wenigsten erklärt werden, der Vorgang spottet jeder rationalen Erklärung. Kein Imperium entsteht durch nüchterne Berechnung, nicht das eines Karls

des Großen, eines Dschingis-Khan, eines Napoleon. Die Entstehung solcher Gebilde rational zu begreifen ist nicht möglich, gilt das aber auch für ihren Zusammenbruch?
Hier setzt der Anspruch des Historikers auf Gehör doch mit Recht ein. Bis ins beginnende 19. Jahrhundert, mit besonderem Nachdruck im Zeitalter der Aufklärung, hat man daraus freilich geradezu die Pflicht des Historikers gefordert, exakte Rezepte für politisches Handeln zu formulieren: Die Geschichte galt als Arsenal von Werkzeugen zur Bewältigung der Zukunft. Mit dieser Aufgabe war sowohl der Historiker überfordert als der Politiker zum Assistenten des Historikers degradiert. Die gerade durch die Geschichtsbegeisterung der Aufklärung in Gang gesetzte, durch den Historismus des 19. Jahrhunderts bis nahezu ins Unermeßliche ausgeweitete exakte historische Forschung hat die Zusammenhänge immer komplexer, das Ursachengefüge immer vielschichtiger sehen gelehrt; die vordem geübte Reduzierung auf wenige erkennbare und isolierbare, darum auch in die eigene Rechnung einbeziehbare Faktoren erwies sich als mit den wissenschaftlichen Ergebnissen unvereinbar.
Über den Versuch nun, wenigstens typologische historische Abläufe und Typen historischen Verhaltens, allgemeine geschichtliche Strukturen zu bestimmen, brachte die neuere sozialgeschichtliche Forschung – vor allem seit Max Weber – doch wieder ein Moment der Berechenbarkeit auch in die Geschichte ein. Wie immer auch die Schau einzelner historischer Zusammenhänge dabei der Fehldeutung unterliegen mag, der Anspruch als solcher wird wieder, nicht ohne generelle Skepsis freilich, akzeptiert; die Bemühungen, Typen zu definieren, Modelle historischen Verhaltens zu konstruieren und historische Parallelen aufzuzeigen, werden nicht mehr kurzerhand a priori abgelehnt.
Wenn im folgenden ebenfalls ein solcher Versuch gewagt wird, ein Versuch, der – eingestandenermaßen – auf Folgerungen für die aktuelle Politik abzielt, soll keinesfalls der Anspruch erhoben werden, daß damit der herangezogene historische Sachverhalt nach jeder Richtung hin beschrieben sei, vor allem wäre es vermessen, einem Staatsmann mit den historischen Kenntnissen eines Franz Josef Strauß mit Belehrungen über die Gestaltung seiner Politik kommen

zu wollen; bescheidene Hilfe zu bieten ist jedoch Aufgabe der Wissenschaft, und sollten die gewonnenen Einsichten über das ohnedies Naheliegende doch nicht hinausreichen, so ist doch für die Argumentation des Politikers das historische Beispiel nicht ohne Wert.

1. Die Fakten

Die Notwendigkeit, die Einigung Europas voranzutreiben, ist in der Öffentlichkeit unbestritten, in der Diskussion stehen aber Art und Ausmaß, nicht zuletzt Zweck und Ziel dieser Einigung. Kann die Geschichte dazu etwas sagen? Die bisherigen Bemühungen um einen Zusammenschluß der europäischen Staaten zu einer Föderation oder gar zu einem Großreich geben für unser aktuelles Thema wenig Vergleichspunkte, zu verschieden waren die jeweiligen Intentionen wie die konkreten Voraussetzungen. Europa heute, das ist eine Vielzahl von Staaten, die, mehr oder weniger national homogen, durch die politische und wirtschaftliche Entwicklung eines halben Jahrhunderts selbst von allen weltmachtpolitischen Großmachtplänen geheilt, aber eingespannt zwischen zwei Weltmächten auf Gemeinsamkeit angewiesen sind und das auch wissen. So war das noch nie, Parallelen zur heutigen Situation finden sich demnach in der Geschichte des Europagedankens nicht. Man wird also in anderen Bereichen suchen müssen; das Tertium comparationis könnte dabei der Unionsgedanke als solcher sein.
Es bietet sich also an – wenn es erlaubt ist, mit Virgil »parvis componere magna« – der Deutsche Bund von 1815. Er war zwar der staatsrechtlichen Fiktion nach ein Bündnis gleichberechtigter, ja souveräner Einzelstaaten ohne Vormacht eines der Glieder, doch die Existenz zweier Großmächte in diesem Bund war politisches Faktum, mit allen Folgen. In der Regel wird dieser Bund bis zur Gegenwart von der allgemeinen Idee des Staates aus beurteilt, mit dem geheimen Hintergedanken des Machtstaats, das heißt mit der Begriffswelt Hegels und mit dessen Generalthese vom Sinn der Geschichte als Legalisierung des Faktischen. Das Reich von 1871 war damit nicht nur unvermeidlich, sondern notwendig und richtig. Edmund Jörg, der große bayerische Konservative, hat schon damals, in seinen Historisch-politischen Blättern wie in den Grundsatzreden von

1870 und 1871, die Folgen vorhergesagt, nämlich die Militarisierung ganz Deutschlands und damit die Herausforderung Europas: ewige Kriege. Das ist also nicht erst eine Feststellung ex eventu. Selbst wenn man nicht auf dieses erstaunliche Faktum hinweisen könnte, nämlich, daß auch damals bereits Fehlentwicklungen vorhersehbar waren, wäre die Beleuchtung dieser Union verschiedenartiger Staatsgebilde auch von den Teilen her legitim. Wenn wir das tun, mit dem Hinblick auch heute nicht auf das Ganze, auf Europa, sondern auf die Rolle der Teile, ergeben sich freilich sehr ungewohnte Folgerungen.

Was wollten die einzelnen Bundesglieder? Die preußischen Vertreter waren zunächst 1815 für die starke Zentralgewalt, mit der Hoffnung, sich ihrer eines Tages selbst und uneingeschränkt bemächtigen zu können. Österreich wollte die Hegemonie in einem Bund, der sein Werkzeug sein konnte; auf die Organisationsform im einzelnen legte Metternich dabei nicht den Hauptnachdruck. Die Mittel- und Kleinstaaten dagegen, nicht nur Bayern, das wir hier allerdings als ihren Prototyp behandeln sollten, wollten die Garantie ihrer Existenz; das bedeutete Sicherheit nach außen, aber auch weitgehende politische Unabhängigkeit innerhalb des Bundes. Das wurde ihnen auch in der Bundesakte zugesichert. Früher, zuletzt im Rheinbund von 1806, hatten viele deutsche Fürsten ihre Selbständigkeit gegenüber dem Kaiser durch Bündnisse mit auswärtigen Mächten zu sichern versucht, das war seit 1815 nicht mehr nötig, allerdings auch nicht mehr möglich, da nach den Befreiungskriegen sonst unweigerlich der Unwille der Nation – in der deutschen Geschichte ein Novum – aufgeflammt wäre; damit aber waren Kronen auch in Deutschland zu gefährden, wie sich in den Jahrzehnten bis einschließlich 1848/1849 zeigte. Gewährleistet war aber in Wirklichkeit doch nur die Sicherung gegenüber einer Bedrohung von außen, im Bund selbst brachte die Alltagspolitik eine zunehmende Einflußnahme auch auf die Belange der Einzelglieder durch die Hegemonialmacht, durch Österreich. So zielten schon 1815 bis 1820 erste Überlegungen darauf, durch Zusammenschluß der Mindermächtigen innerhalb des Bundes eine dritte Gewalt zu begründen, die bei Divergenzen der beiden Großmächte in der Lage sein würde, das Gleichgewicht und damit den Frieden aufrechtzuerhalten,

das Dritte Deutschland. Da jedoch Preußen in den Jahrzehnten der Reaktion die machtpolitische Expansion hinter den Bedürfnissen nach innerstaatlicher Stabilität zurücktreten ließ, Metternich aber dabei der wichtigste Verbündete war, hätte eine solche institutionelle Verbindung des Dritten Deutschland keine Funktion gehabt; gegen beide Großmächte zusammen war auch ein Zusammenschluß der kleineren und mittleren Staaten ohnmächtig. Der Bund selbst stellte sich dabei durchaus als Garant von Ruhe und Ordnung, von innerstaatlicher und allgemein-europäischer Stabilität heraus.
Es sieht also aus, als hätte der Versuch, zwischen den heutigen Bemühungen um eine Einigung Europas und den Bestrebungen des Dritten Deutschland eine Parallele herzustellen, keine Berechtigung. Die Entwicklung seit 1848 jedoch zeigt, daß dennoch neue Überlegungen notwendig sind. Der Aufbruch von unten mit dem Ziel nationaler Einheit und bürgerlicher Freiheit gefährdete die Fürstenstaaten insgesamt. Ihre ohnedies kritische Situation wurde noch gesteigert durch das Bündnis der bürgerlichen Einheitsbewegung mit dem monarchischen Preußen, das seit 1815 bei der Führung des Bundes hatte zurücktreten müssen. Das kleindeutsche Erbkaisertum, das Friedrich Wilhelm IV. unverhüllt anstrebte, bedeutete nicht nur den Ausschluß Österreichs aus dem neu zu bildenden deutschen Nationalstaat, sondern auch die Mediatisierung der Einzelstaaten. An die Stelle des Bundes wäre wieder ein Reich getreten, aber ungleich straffer organisiert als das Alte Reich, das 1806 zugrunde gegangen war.
Jetzt zeigte sich, daß das System selbst doch offen war, daß es allen Gesetzen des politischen Machtkampfs unterstand wie jedes andere politische System, das aus gleichgearteten Teilelementen besteht. Innerhalb des deutschen Systems von 1815 erhob sich also die gleiche Gesetzmäßigkeit, die vorher das europäische Staatensystem des Ancien Régime beherrscht hatte, und wie dort mußte das Ringen um die Hegemonie von seiten der Bedrohten gesteuert werden mit dem Bemühen um Aufrechterhaltung des Gleichgewichts. Bedroht waren die Mittel- und Kleinstaaten, ihr Anliegen mußte also, wenn sie ihre Stellung beibehalten wollten, die Eindämmung jeder Expansion der beiden Großmächte sein. Das war möglich durch die Wiederbelebung des Deutschen Bundes. Er hatte seine Wirksamkeit

verloren, als er zuletzt zum bloßen Werkzeug der Restauration herabzusinken schien, nur mehr gedacht zur Niederhaltung der freiheitlichen Bewegung der Deutschen. War er deshalb auch in Zukunft nicht mehr geeignet, seine bisherige Aufgabe der Wahrung des Friedens in Mitteleuropa zu gewährleisten? Die Reformdiskussion der Jahre seit 1848 kennt als Ziel des Ringens nur die nationale Einheit und volle bürgerliche Freiheit zugleich – genauer gesagt die umfassende politische Mitbestimmung der Bürger, denn von Unfreiheit kann man damals in Deutschland wohl kaum mehr reden. Daß beides in einer Stufenfolge von Schritten mit einiger Geduld zu erreichen gewesen wäre, das zeigen die Reformpläne Ludwigs I. von Bayern 1848, des österreichischen Außenministers Schmerling 1863. Reine Ungeduld also, genährt durch Journalisten, die – wie ihr Name besagt – für den Tag schrieben, nicht für das Jahrhundert, war die entscheidende Triebkraft damals wie bei jeder Reform, die kaum jemals der Wiederherstellung des guten alten, sondern fast immer mehr oder weniger utopischen Zielen galt: Reform verheißt stets das Paradies. Gegen dieses Schlagwort gibt es keine Berufung mehr – auch wer davon betroffen ist, nimmt sein Schicksal gläubig hin, er versucht vielleicht nur noch, das Schlimmste abzuwenden.
Dieser quasi religiöse Charkter der Reformdiskussion, der bis heute nahezu ungebrochen ist, hat auch dazu geführt, daß ebenfalls bis heute außerhalb Bayerns kaum jemand verstehen kann, daß damals König und Regierung, aber auch und vor allem die Bevölkerung der altbayerischen Landschaften von der Bundesreform nichts wissen wollten, sondern durchaus mit der lockeren Form der Föderation und ihren fehlenden machtpolitischen Ergebnissen zufrieden waren. Daß sie damit auch damals nicht allein waren, sondern einzelne bedeutende Geister auch außerhalb Bayerns, ich nenne vor allem Constantin Frantz, schon damals vor der Zukunft eines Systems nationaler Machtstaaten warnten, mag zeigen, wo zu dieser Zeit bereits der eigentliche Fortschritt lag.
Es war vielleicht Tragik, daß der Deutsche Bund 1850 nicht durch den Zusammenschluß der Mittel- und Kleinstaaten gerettet wurde – sie waren, bis auf Bayern und Württemberg, damals schon bereit, sich Preußen zu beugen –, sondern durch das Bündnis Österreichs mit Rußland. Das neue Gleichgewicht wurde also garantiert von au-

ßen; durch Wandlungen der europäischen Konstellation war es auch wieder bedroht, es war alles andere als stabil. Das zeigte bereits die erste große Krise, der Krimkrieg. Österreich, das 1850 nur die Wiederbelebung des Bundes, nicht aber seine Umformung zu einem brauchbaren Werkzeug für die hegemoniale Führung Deutschlands erreicht hatte, das vor allem in wirtschaftspolitischer Hinsicht durch den in Wien lange unterschätzten Deutschen Zollverein ins Hintertreffen geraten war, trat noch im Sommer 1854 seinem bisherigen Verbündeten Rußland in den Weg, das mit seinem Einmarsch in die Türkei nach absoluter Vorherrschaft auf dem Balkan und an den Meerengen zu greifen schien. Was Graf Buol-Schauenstein, der österreichische Außenminister, wollte, war aber offenbar die eigene, die österreichische Vorherrschaft auf dem Balkan, denn ungeachtet des russischen Zurückweichens auf das erste Ultimatum hin befahl er die Mobilmachung, forderte den russischen Rückzug, schloß ein Schutz- und Trutzbündnis mit Preußen, angeblich zur Wiederherstellung des Friedens, und lud die Mittelstaaten zum Beitritt ein. Diese antworteten auf die Initiative des sächsischen Außenministers Beust mit der Konferenz zu Bamberg am 5. Mai 1854. Österreich brauchte sie: Die Stunde, eigenes Gewicht in die Waage zu werfen, war damit gekommen.

Beust hatte die Absicht, diesen Augenblick zu einer grundsätzlichen Lösung auszunützen, die auch auf lange Sicht den deutschen Mittelstaaten den Einfluß auf Bundespolitik und europäische Politik sichern sollte, er wollte eine auf Dauer berechnete, durch feste Institutionen arbeitsfähig gestaltete Koalition der mittleren deutschen Staaten, des Dritten Deutschland, und er bot, bei paritätischer Führung, die Rolle des Sprechers des Dritten Deutschland dabei Bayern an. Der bayerische Minister des Auswärtigen, von der Pfordten, schlug das Angebot jedoch aus, er wollte, daß man sich auf ein Neutralitätsbündnis mit dem Ziel der Herbeiführung des Friedens beschränke, notwendiges Werkzeug dafür sollte der Deutsche Bund sein.

Welche Vorstellungen von der Pfordten dabei geleitet haben, wissen wir nicht. Seine Begründung mit der Zuständigkeit des Bundes könnte allerdings auch der wahre Grund sein, denn er hat Zeit seines Lebens juristisch argumentiert, nie politisch. Sicher ist, daß er

damit eine große Stunde versäumt hat, sicher ist auch, daß er seinem eigenen König in den Rücken gefallen ist. Maximilian II. hat bis zuletzt an jener Trias-Idee festgehalten, die er schon 1848 in Frankfurt hatte vortragen lassen. Sein Berater Doenniges wollte den Zusammenschluß des Dritten Deutschland sogar in der Reichsverfassung verankern lassen, das institutionelle Führungswerkzeug sollte neben Österreich und Preußen Bayerns Beteiligung an einem dreiköpfigen Bundesdirektorium sein. Von der Pfordten dagegen glaubte, sein Ziel, die Mittlerrolle zwischen den beiden deutschen Großmächten spielen zu können, auch durch einen jeweils kurzfristigen Zusammenschluß zu erreichen, eine institutionelle Verbindung mit fest verankerten Führungsinstanzen lehnte er ab. Er war der Ansicht, daß Bayern wegen der fehlenden Macht nicht selbst die Initiative ergreifen dürfe – er hat auch in der Tat stets nur reagiert; daß der Zusammenschluß die fehlende Macht bringen könnte, hat er nie erwogen. Das Ergebnis war, daß sich die vereinzelten Mittelstaaten, trotz der Beschlüsse von Bamberg, dem Druck Österreichs beugten, bereit sogar zum Bündnis und damit zum Eintritt in einen Krieg, der Deutschland überhaupt nichts anging. Nur dadurch, daß Preußen jetzt unter dem Einfluß des Bundestagsgesandten Bismarck sich in Frankfurt Österreich entgegenstellte und die Mittelstaaten um sich sammelte, wurde der Friede gerettet.
Das war die erste große Niederlage des Dritten Deutschland. Es hatte erlebt, daß nur der Sog einer Großmacht bestimmend war, nicht das eigene Wollen. Nur wenn das Dritte Deutschland aus *einem* Munde sprach, nur wenn es sich ferner ein eigenes Instrumentarium der Macht schuf, war das zu ändern. Beust hat gerade deshalb, ungeachtet der Enttäuschung von 1855, auch in der Folgezeit versucht, dieses Instrumentarium zu schaffen, unterstützt darin durch Dalwigk, den Minister Hessen-Darmstadts, zeitweise auch von Württemberg; auch die Zeit war für solche Versuche günstig wie nie zuvor. Die Reformbedürftigkeit des Deutschen Bundes stand – nicht zuletzt unter dem Eindruck der österreichischen Niederlage in Italien – seit 1859 überhaupt nicht mehr in Frage. Auch Österreich wollte eine Stärkung des Bundes. Preußen war einverstanden, forderte aber die Verankerung des dualistischen Systems durch ein alternierendes Präsidium in der Verfassung, so daß Entscheidungen

des Bundes praktisch durch ein Vorverständnis der beiden Führungsmächte bereits determiniert gewesen wären. Dagegen stand der alte Plan einer Mitwirkung auch des Dritten Deutschland bei der Exekutive. 1863 war Österreich bereit, durch Beteiligung der Mittelstaaten an einem mehrköpfigen Direktorium diesem Anspruch Rechnung zu tragen; Schmerling nahm auch den Plan Ludwigs I. von 1848 wieder auf, auch der Volksvertretung einen gewissen Einfluß einzuräumen, indem er neben einer Fürstenversammlung auch ein Bundesparlament aus Vertretern der Landesparlamente vorsah. Dieser Vorschlag, dem die Mehrheit zuzustimmen bereit war, scheiterte bekanntlich am Einspruch Preußens, das seit 1862 von Bismarck geführt wurde. Sein Ziel war die Gleichberechtigung Preußens mit Österreich, nicht die Teilung der Macht mit einem weiteren Partner. Ein Alternativplan wurde von seiten Österreichs und der Mittelstaaten nicht entwickelt; an einem Sonderbund ohne Preußen waren diese nicht interessiert, hätte das doch die gänzliche Abhängigkeit von Österreich bedeutet.
Die dritte Möglichkeit, auf Preußen durch den festen Zusammenschluß des Dritten Deutschland – und zwar ohne Änderung der Bundesverfassung, aber innerhalb des Bundes – mit gleichzeitiger Schaffung eines eigenen Machtinstruments durch Zusammenschluß der Streitkräfte der Einzelstaaten Druck auszuüben, wurde erstmals im Verlauf der letzten, der tödlichen Krise des Deutschen Bundes erwogen, jedoch wieder vergebens. Die Mittelstaaten hatten sich nicht bei der Erneuerung des Zollvereins 1862 durchgesetzt, er wurde für 1865 wieder ohne Österreich erneuert. Sie hatten sich nicht durchgesetzt, als sie 1864, beim Dynastiewechsel in Dänemark, für das Herzogtum Holstein nach dem deutschen Staatsrecht die Einsetzung des Prinzen von Augustenburg forderten. Preußen war für Annektion und brachte Österreich auf seine Seite, der Deutsche Bund war ohnmächtig. Noch demütigender war die Ignorierung der Mittelstaaten durch Österreich dann im Vertrag von Gastein vom 14. August 1865. Vorausgegangen war die österreichische Zusicherung, den Anspruch des Augustenburgers in Erwägung zu ziehen, das heißt, eine Annektion durch Preußen nicht zuzulassen, dessen Stärkung die Mittelstaaten fürchteten. Am 12. August hatte sich, angeregt durch Beust, eine Konferenz der Mittel-

staaten in München dafür ausgesprochen, am Bundestag den Antrag auf Einsetzung des Augustenburgers als Herzog von Schleswig-Holstein einzubringen und, falls Österreich dagegen sei, einen eigenen Bund der Mittelstaaten mit eigenem Parlament zu bilden. Zwei Tage später kam der Vertrag von Gastein, durch den sich Österreich zur Preisgabe des Augustenburgers und zur Teilung der Verwaltung in Schleswig und Holstein verpflichtete. Österreich hatte also getan, was nicht zu erwarten, nur zu befürchten war, es hatte sich wieder mit Preußen verständigt, gegen die Interessen des Dritten Deutschland und mit dem Ergebnis seiner politischen Lähmung, wenn es wieder nicht bereit war ernst zu machen. In der Tat trat der Beschluß von München nicht in Kraft, obwohl die Voraussetzungen eingetreten waren. Man kann die Gründe nur vermuten.
Wenige Tage nach Gastein sicherte Bismarck dem bayerischen Minister den preußischen Verzicht auf Hegemonie im Süden zu, verlangte aber freie Hand für Preußen im Norden – ein Bündnis der Mittelstaaten hätte also unter Umständen Krieg mit Preußen zur Erhaltung Sachsens bedeutet. War es das, was von der Pfordten fürchtete? Er ließ jedenfalls Bismarck im Glauben, daß Bayern Preußen nicht entgegentreten würde, Österreich dagegen gestand er zu, daß Bayern seine Verpflichtungen gemäß Bundesrecht erfüllen werde – das bedeutete geradezu eine Blankovollmacht für Österreich, wenn es diesem nur gelang, die Bundesexekution gegen Preußen durchzusetzen. Bekanntlich gab Bismarck durch seinen eigenmächtigen Einmarsch in Holstein wie durch sein Ultimatum an Sachsen den entsprechenden Anlaß, so daß im Sommer 1866 der Bundeskrieg gegen Preußen unvermeidlich wurde. Die wichtigsten Mittelstaaten stimmten im Bundestag zu, zu einer geschlossenen Machtentfaltung waren sie aber nicht mehr imstande, obgleich sich die Krise volle zehn Monate hinzog. Nach dem Münchner Beschluß vom 12. August 1865 hatte am 8. März 1866 der bayerische Außenminister noch einmal angesichts der drohenden Kriegsgefahr eine Vereinigung der Mittelstaaten angeregt, hatte aber gleichzeitig die Bildung einer eigenen militärischen Machtkonzentration durch die Mittelstaaten abgelehnt. Im April wieder, als Württemberg gemeinsame Maßnahme anregte, wandte er sich gegen jede energische Politik und forderte äußerstes Nachgeben – das blieb seine Haltung bis zu-

letzt, er widersprach jeder denkbaren gemeinsamen Politik. Im Krieg selbst verhinderte er ebenfalls die militärisch einzig sinnvolle Maßnahme, nämlich die Unterordnung der Bundesarmee unter österreichischem Oberbefehl. Zur Erklärung ließe sich annehmen, daß er mit einem langen Ermattungskrieg rechnete und die bayerischen Truppen ungeschlagen zur Verfügung halten wollte, um für eine bayerische Friedensvermittlung bereit zu sein. Doch warum gab er dann den Befehl zum Schlagen, als mit Königgrätz der Krieg bereits verloren war? Seine Rechtfertigung, daß es dabei um die bayerische Waffenehre ging, muß man allerdings akzeptieren. Österreich hat gegenüber Frankreich und Italien damals nicht anders gehandelt: Es hat Venedig bereits vor dem Kriegsausbruch in einem Geheimvertrag mit Napoleon III. preisgegeben, gegen das Versprechen französischer Neutralität. Trotzdem haben Italien und Österreich noch die blutige Schlacht von Custozza geschlagen, eben um der Waffenehre willen. Das war die Mentalität eines Jahrhunderts, in dem sich selbst noch Staatsmänner wegen Lappalien duellierten. Österreich hat immerhin bei Custozza seine Waffenehre gewahrt, die bayerische Armee, ebenso wie die hannoveranische, wurde schmählich geschlagen, die Kontingente Badens und Württembergs kamen überhaupt nicht ins Feuer. Das wohl war es, was Bismarck vorausgesehen hatte, daß die deutschen Mittelstaaten – ausgenommen Sachsen – überhaupt nicht kämpfen würden, und man muß zugestehen, daß es unmöglich ist zu sagen, warum sie hätten kämpfen sollen. Das einzige, was in ihrem Interesse lag, war die Aufrechterhaltung des Deutschen Bundes, ein Krieg aber, wenn er nicht mit der totalen Niederlage Preußens endete, mußte diesen Bund ein für allemal zerstören. An einem Ausscheiden Preußens aber aus dem Bund konnte den Mittelstaaten noch weniger gelegen sein als an einem Ausscheiden Österreichs. Der Bund war also nur zu retten, wenn man den Krieg überhaupt verhinderte, indem man vor der gefährlichen Zuspitzung der Lage ein entschiedenes, unmißverständliches Zeichen setzte. Das ist nicht geschehen. Das eingestandene Ziel von der Pfordtens, mit allen Mitteln den Deutschen Bund aufrechtzuerhalten, ist also gescheitert, persönlich gescheitert ist damit aber auch von der Pfordten selbst. Und er hat keinesfalls getan, was er hätte tun können. Er hat im Grunde nichts getan.

2. Die Gründe für das Scheitern

Die Politik des Dritten Deutschland ist nicht nur an Bayern gescheitert, aber doch in hohem Maße. Entscheidend war dabei nicht, wie behauptet wurde, die Existenz der beiden Großmächte im Bund, denn gerade diese Tatsache hat ja zu den Bemühungen um den Zusammenschluß des Dritten Deutschland herausgefordert; gerade dieser Bedrohung der Unabhängigkeit der einzelnen kleinen und mittleren Staaten durch die Übermacht Österreichs oder Preußens, oder beider zusammen, sollte die gemeinsame Politik entgegenwirken. Der Gegensatz der beiden Großmächte, der 1866 auf Kosten des Dritten Deutschland ausgetragen wurde, war ja kein Naturereignis, dem man ohnmächtig ausgeliefert war; Politik ist eben dazu da, drohenden Gefahren zu begegnen.
Eine dafür zureichende Politik wurde wiederholt geplant, nie wurde sie mit Ernst ins Auge gefaßt. Die Gründe für dieses Versagen liegen zum Teil in den Plänen selbst, die selten konkret genug waren, die Verwirklichung innerhalb des Bundes, mit oder ohne verfassungsmäßige Verankerung, bis in die einzelnen praktischen Schritte hinein zu bedenken. Immer aber – offenbar konnte das Zeitalter gar nicht anders – war eine hegemoniale Tendenz in ihnen spürbar. Entweder war es ein Einzelstaat – Bayern, der den Vorrang beanspruchte, bisweilen sogar die Vormacht – oder es waren neben Bayern noch Sachsen und Württemberg, die ein Mitdirektorium beanspruchten. Immer also war die Eifersucht anderer geweckt, sie war geradezu systemimmanent. Der Zusammenschluß sollte ja gerade den Souveränitätsverlust der Einzelglieder abwehren, und es war wenig sinnvoll, wenn man eine sichere Fremdbestimmung, etwa durch Bayern, eintauschen sollte zur Abwehr einer möglichen. Man muß jedoch auch feststellen, wie paradox dabei argumentiert wurde. Die Staaten des Dritten Deutschland suchten immer wieder Sicherheit im Zusammenschluß und lehnten dabei eine Führung durch Bayern ab, *weil* es die stärkste Mittelmacht war, während gleichzeitig immer wieder der Vorwurf laut wurde, Bayern sei wegen seiner militärischen Schwäche nicht in der Lage, diese Sicherheit zu gewährleisten.
Zu diesen sachlichen, aber auch auf persönliche Gegensätze unter

den leitenden Ministern zurückgehenden Unzulänglichkeiten kamen ausschließlich persönlich bedingte Schwächen. Das war einmal ein weitgehender Mangel an Realitätssinn: Die expansiven Tendenzen Preußens und Österreichs wurden, den Hessen Dalwigk ausgenommen, von allen maßgebenden Staatsmännern alle Krisen hindurch entweder völlig ignoriert oder doch außerordentlich unterschätzt. Bis zuletzt glaubte von der Pfordten, durch eine neutrale Haltung Bayerns die Friedenspartei in Berlin stärken oder durch Entgegenkommen Sachsen retten zu können, ständig versuchte er nach allen Seiten hin zu beschwichtigen – das Wort war offenbar die einzige Waffe, mit der er umgehen konnte. Die Ultima ratio wurde selbst 1865 nur von einzelnen Vertretern des Dritten Deutschland in Erwägung gezogen und von von der Pfordten scharf zurückgewiesen, obgleich doch die Bundesverfassung die Bundesexekution vorsah und der bayerische Minister seine Bereitschaft, in einem solchen Fall seine Pflicht zu tun, verbindlich zugesichert hatte. Damit blieb er allerdings im Rahmen der Bundesverfassung, angeblich sein wichtigstes Anliegen. Ein Sonderbund war darin nicht vorgesehen, er war aber auch nicht ausdrücklich verboten; schon 1850 hatten Österreich, Bayern und Württemberg ein Schutz- und Trutzbündnis geschlossen, das gegen Preußen gerichtet war. Minister war auch damals von der Pfordten.
Es ist wohl auch denkbar, daß er 1865, angesichts der preußischen Heeresreform, die Möglichkeiten einer Politik des Dritten Deutschland unterschätzt hat. Gemeinsames Vorgehen am Bundestag konnte, wie sich 1866 zeigte, selbst die Großmächte treffen, wenn diese nicht einig waren. Da Bismarck nur die Sprache der Waffen respektierte, kam es vor allem auf die Armee an. Auf diesem Feld wurde ebenfalls viel versäumt, so viel, daß man in Preußen – mit Recht – glaubte, in dieser Hinsicht völlig unbesorgt sein zu können. Dabei hätten die wirtschaftlichen Verhältnisse, die Staatseinkünfte und die Bevölkerungszahlen auch den Klein- und Mittelstaaten erlaubt, eine militärische Macht bereitzustellen, die jederzeit das Gleichgewicht zwischen den deutschen Großmächten entscheidend verändern konnte. Die Bevölkerungszahlen betrugen 1865 für Österreich 23 Millionen, für Preußen 19,4 Millionen und für die Länder, die 1866 für die Bundesexekution stimmten, die Träger also der Idee

des Dritten Deutschland, 14 Millionen. Daß Zahlen allein noch keine schlagkräftige Armee ergeben, soll nicht bestritten werden; 1866 ist tatsächlich die Übermacht stets bei den Bundeskontingenten gewesen, der Sieg fiel immer an die Preußen. Trotzdem darf man nicht übersehen, daß 1870/1871 die gleichen Regimenter sehr wohl ins Gewicht fielen, und soviel besser können sie in den vier Jahren seither nicht geworden sein. Es kam also in erster Linie auf die militärische wie politische Führung an, es kam an auf das Bewußtsein der Armee selbst, nicht im Stich gelassen zu werden. Das Argument, daß die Landtage nicht mitgemacht hätten, wenn es um die Bereitstellung größerer Mittel für die Armee gegangen wäre, ist nicht stichhaltig. Nicht nur wurden nach 1866 die erforderlichen Mittel ohne wesentliche Schwierigkeiten bereitgestellt, eine zweckmäßigere Verwendung der bewilligten Mittel hätte auch bereits vor 1866 durchaus die Schaffung einer schlagkräftigen Truppe ermöglicht, wie sich zeigen läßt. Daß allerdings auch dann kein Sieg über Preußen garantiert war, ist freilich selbstverständlich.
Hatte man sich in den nie ihrer eigenen Stärke bewußt gewordenen, weil nie gemeinsam handelnden Ländern des Dritten Deutschland seit 1815 militärisch als ohnmächtig fühlen gelernt, so fiel der Verfall des, wie man abkürzend vielleicht sagen könnte, kulturellen Selbstgefühls nicht weniger ins Gewicht. Vor allem unter Maximilian II., der selbst in Göttingen und Berlin studiert hatte und eine ganze Reihe norddeutscher Gelehrter nach München berief, die ihres Eifers wegen, den Bayern endlich das »Licht« zu bringen, auch »Nordlichter« genannt wurden (wie schon die erste Generation der »Berufenen« unter Montgelas), wird das Durchsetzungsvermögen der großpreußischen Kulturpropaganda in Bayern außerordentlich spürbar. Es bestand Gefahr, daß auch in München nur noch die norddeutsche Ausprägung der gesamtdeutschen Kultur respektiert wurde. – Die Idee von der Einheit der Nation, zunächst eine politische, wird auch im kulturellen Bereich geradezu zum Selbstzweck und führt direkt, sit venia verbo, zum Einheitlichkeitsfimmel.
Daß diesem Aspekt besondere Bedeutung zukommt, wird sichtbar in der politischen Stellungnahme des Volks selbst. Jetzt, wo sich allenthalben das konstitutionelle System mit mehr oder weniger umfassender Beteiligung der Bürger an der staatlichen Willensbildung

durchgesetzt hat, kann man an den Wahlergebnissen unmittelbar ablesen, wie der Wunsch nach dem nationalen Einheitsstaat immer breitere Kreise erfaßt.

Im bayerischen Franken und in der Pfalz, stark vertreten auch im bayerischen Schwaben, dominieren unter den politischen Kräften jene Gruppen, die schon 1848/1849 für die Unterwerfung Bayerns unter die Reichsverfassung waren. Noch bestand freilich gerade 1866 keine Gefahr, daß diese ausschließlich den liberalen Gruppierungen zuzurechnenden Kräfte sich in einem Volksaufstand auf die Seite Preußens schlagen würden, da Bismarck als Feind der Freiheit galt – aber sie waren auch keinesfalls gegen Preußen zu gebrauchen. Der von ihnen in den nächsten Jahren ausgehende politische Druck war groß genug, um schließlich den Anschluß des Südens an den Norddeutschen Bund zu erzwingen.

Den politischen Druck schließlich, der von den wirtschaftlichen Gegebenheiten ausging, wird man vollends kaum überschätzen können. Sicher hat die Existenz des Deutschen Zollvereins die süddeutschen Staaten nicht gehindert, in den Krieg gegen Preußen einzutreten, und zwar an der Seite jener Macht, deren Aufnahme in den Zollverein trotz aller Bemühungen nicht zu erreichen war. Jedem der Mitglieder erschien angesichts der preußischen Drohung, den Zollverein zu kündigen, die Gefährdung der eigenen wirtschaftlichen Entfaltungsmöglichkeiten weit bedenklicher als die politischen Folgen eines Ausschlusses Österreichs. Welche Rolle im Zeitraum der Kriegsvorbereitung und im Krieg selbst die Rücksicht auf die wirtschaftlichen Verpflichtungen gespielt hat, ist noch gar nicht untersucht worden.

Was hat das alles mit Europa zu tun? Die Situation heute ist doch gänzlich anders, und läßt sich Europa, zumal die NATO mit ihrer wirksamen Garantie der Sicherheit für die Mitglieder gänzlich neue Aspekte in den Vergleich einführt, wirklich mit den Kleinstaaten des Dritten Deutschland vergleichen? Es gibt nur wenig Gemeinsamkeiten, doch diese sollte man nicht ignorieren. Auch wenn die Welt nicht nur die beiden Supermächte und die Staaten Europas umfaßt, so kommt es, und nicht nur für uns, auf diese Konstellation immer noch zuerst an. Wie sich fast tagtäglich zeigt, ist das Gleichgewicht der Supermächte der wichtigste (einzige?) Garant des Friedens.

Sicher spielen in diesem Ringen um ein solch weltpolitisches Gleichgewicht auch die einzelnen europäischen Staaten ihre berechtigte Rolle, das war vor 1866 im Deutschen Bund nicht anders. Entscheiden wird aber nur wirkliche Ebenbürtigkeit, und diese kommt nur Europa als Einheit zu.

Daß wirtschaftliche Einigung allein nicht ausreicht, kann man täglich lesen; bemerkenswert ist aber auch auf diesem Sektor, daß jetzt, anders als vor einem Jahrhundert, der einzelstaatliche Egoismus immer wieder gebändigt erscheint durch Einsicht in die Erfordernisse der Allgemeinheit. Die Bereitschaft fast aller Mitgliedsstaaten auch zu wirtschaftlichen Einbußen läßt auf die notwendige politische Einigung hoffen.

Für die Schritte, die in diesem Zusammenhang notwendig sein werden, kann nicht nachdrücklich genug auf die Hauptgründe für das Scheitern der innerdeutschen Unionspläne vor 1866 hingewiesen werden. Vor allem darf das Thema »Macht« nicht ausgeklammert werden, und Macht ist nicht nur wirtschaftliche und finanzielle Stärke, dazu gehört auch die Fähigkeit, Aggressoren zu wehren. Und zweitens – denn die Furcht der Gesprächspartner vor den Hegemoniebestrebungen jeweils des andern hat damals alle Vereinbarungen überschattet – müssen Druck und Erpressung jeder Art dabei ausscheiden.

Wie auch immer eine europäische Verfassung im Endeffekt dann schließlich aussehen wird, sie kann nur auf der Basis der Gleichberechtigung aller zustande kommen. Das beweist die bisherige europäische Praxis, das zeigt aber ohne Zweifel auch die Vergangenheit. Darüber hinaus sollte eine Solidarität der europäischen Partner entwickelt werden, die auch einmal über den direkten Bundeszweck hinausgehen kann, das allein schafft Vertrauen. Und vielleicht gelingt es sogar, das einstmals auch in den schlimmsten Kämpfen lebendig gebliebene Bewußtsein der gemeinsamen kulturellen Grundlagen wieder zu erneuern.

Europa kann nur zur Einheit finden, wenn es gelingt, in unserem Zeitalter der totalen Ideologisierung der Politik Überzeugungen zu wecken, die sich nicht am Trennenden orientieren, sondern an dem, was zueinander führt. Das wird die schwerste Aufgabe der europäischen Staatsmänner sein.

Otto von Habsburg

Wir in Europa

Es ist bezeichnend, daß gerade in der jetzigen Zeit mit ihren kritischen Entwicklungen das Interesse an der Geschichte und das, was sie uns sagen kann, vor allem in der jungen Generation wach wird. Vor nicht zu langer Zeit war es eine weitverbreitete Ansicht, daß Kenntnis der Vergangenheit nicht mehr nötig sei, da wir in einem Zeitalter leben, dessen neue Dimensionen weder Vorbilder noch Beispiele brauchen. Diese Auffassung hatte ihren Niederschlag in einer Politik, die vor allem in deutschen Ländern den Geschichtsunterricht mehr und mehr aus den Schulen verbannte. Typischer Ausdruck dieser Einstellung war die Bemerkung von Henry Morgenthau zu der »Umerziehung« Deutschlands, daß, um ein guter Demokrat zu sein, man keine Geschichte kennen dürfe. Dies war um so paradoxer, als gerade die Amerikaner sehr viel Sinn für ihre eigene kurze Geschichte haben.

Durch diese Fehlbeurteilung ist in vielen Teilen des deutschen Sprachraums eine geschichtslose Generation herangewachsen. Wenn wir heute nur zu oft von seiten irregeführter Jugendlicher abwegige Dinge hören, die schon von der Erfahrung der Menschheit vielfach widerlegt wurden, so ist das nicht zuletzt auf diesen Erziehungsfehler zurückzuführen. Gerade in einem demokratischen Zeitalter ist die Unkenntnis der Vergangenheit nahezu selbstmörderisch. Es wird den Bürgern die Verantwortung für die großen Entscheidungen der Politik, also auch der Weltpolitik, übertragen, da darf man allerdings nicht den aufsteigenden Generationen das wesentlichste Instrument der Orientierung wegnehmen.

Geschichtsunterricht ist nur dann wirklich sinnvoll, wenn er nicht eine bloße Aneinanderreihung von Daten und Namen ist, sondern auf die wesentlichen Zusammenhänge hinweist, die die Lehren für die Zukunft aufzeigen.

Wer die Geschichte in ihren großen Wellen studiert, weiß, daß es in ihrem Ablauf zahlreiche Wiederholungen gibt. Ein geistig seichtes Zeitalter, wie die fortschrittsgläubig optimistische Phase des 19. Jahrhunderts, sah in der Entwicklung der Menschheit eine gerade nach oben weisende Linie. Diese existiert nicht. Gewiß soll das nicht die Leugnung des Fortschrittes bedeuten. Ein Fortschritt ist aber nur dann tragfähig und dauerhaft, wenn er auf einem festen Fundament ruht. Die Wiederholungen in der Geschichte beweisen, daß gewisse Entscheidungen vorhersehbare Folgen haben werden. Wer nicht bereit ist, aus den Irrtümern früherer Zeiten zu lernen, ist dazu verurteilt, sie alle selbst zu wiederholen.

Um aber die Geschichte für die Zukunft sinnvoll, also für die Lenkung der Politik einzusetzen, ist es notwendig, das Wesentliche vom Unwesentlichen zu trennen. Das charakterisiert den Konservativen. Er hat einen Blick für das Dauerhafte, ist aber gerade darum auch bereit, Veränderungen der äußeren Erscheinungsformen anzunehmen. Das unterscheidet ihn vom Reaktionären, einem Typus, den man meist in den Reihen selbsternannter Fortschrittlicher findet. Letzterer klammert sich an das Unwesentliche und riskiert damit, das Wesentliche zu verlieren. Daher die Erfahrung: Konservative führen die Reformen durch, von denen Linke nur schwätzen.

Diese Wiederholung der Geschichte zeigt sich besonders dort, wo diese mit der Geographie zusammenhängt. Geopolitik als eigene Wissenschaft ist relativ jung. Dabei ist sie auch schon in der Vergangenheit, allerdings ohne ein Lehrfach zu sein, die Grundlage der Planung und der Linienführung der besten Köpfe gewesen. Es ist festzustellen, daß die wahrhaft großen Staatsmänner immer Menschen waren, die viel aus der Geschichte, nicht zuletzt von den großen Klassikern des Altertums, geschöpft haben.

Hier zeigt sich, daß es tatsächlich »Schlachtfelder der Geschichte« gibt. Der Ausdruck ist allerdings nicht nur militärisch zu verstehen.

Strauß im Gespräch mit Lord Carrington, dem Generalsekretär der NATO, über die Sicherheit der freien Welt und deren Verteidigung…

…mit Leonid Breschnew, dem verstorbenen sowjetischen Staats- und Parteichef, über Wirklichkeit und Möglichkeiten der Ost-West-Beziehungen.

Europa

Er bedeutet Orte, wo immer wieder große Entscheidungen fallen. Verständlich im Lichte des Einflusses der Geographie auf die Entwicklung der Menschheit.
Außerhalb Europas ist zum Beispiel am Yalu-Fluß mehr als einmal das Schicksal asiatischer Völker für Jahrhunderte entschieden worden. Sogar in Amerika findet man, daß die Geographie Gesetze hat, die der Mensch nicht außer acht lassen dürfte. Man hat die Vereinigten Staaten als das Land bezeichnet, in dem es keine historischen Grenzen gibt. Ein Blick auf die Karte mit ihren viereckigen Staaten scheint das zu beweisen. Es ist, als ob dort der Mensch tatsächlich die Möglichkeit gehabt hätte, mit dem Lineal Grenzen zu setzen. Trotzdem bemerkt man heute, daß objektive Gegebenheiten die Amerikaner vielleicht unbewußt zu geographischen Einheiten aus der Zeit vor dem Auftreten des weißen Mannes zurückführen. Es kommt dies durch die Entwicklung des Handels. Die Handels- und Wirtschaftsströme der Vereinigten Staaten bilden neue Territorien, die mit den administrativen Begriffen des 18. und 19. Jahrhunderts, geprägt durch die kameralistische Einstellung, nichts gemein haben. Man wird feststellen, daß diese in den großen Linien mit den Gebieten der Indianerstämme zusammenfallen. Man kann also auch hier in einem neuen Land das Wirken alter Gesetze beobachten.
Bei uns in Europa wiederum haben wir die durch die neuesten Technologien den Regierungen zentralistischer Staaten aufgezwungene Dezentralisierung. Seit dem Spanischen Erbfolgekrieg wurde zum Beispiel die Iberische Halbinsel unter dem Einfluß der Bourbonenkönige nach französischem Muster verwaltet. Nunmehr ist es ein Mitglied dieser Dynastie, das in realistischer Erkenntnis der Gebote unserer neueren Zeit eine Lage wiederherstellt, die durch Jahrhunderte nicht mehr bestand. Die alten Königreiche und Provinzen erleben eine Auferstehung. In Frankreich wiederum, dem Vaterland des Zentralismus, hat die jüngste Verwaltungsre-

Europäer unter sich – Strauß mit dem belgischen Außenminister Leo Tindemans.

form von Präsident Mitterrand, ohne die Namen zu nennen, die alten Regionen und Herzogtümer des Landes wiederhergestellt. Man kann eben nicht über längere Zeit gegen Geschichte und Geographie regieren.

Die gleiche Wahrheit drückt sich auch in dem aus, was man den »Genius loci« nennt. Oftmals jahrtausendealte Traditionen kehren plötzlich wieder. Bezeichnend war diesbezüglich, was im Laufe der Süderweiterung der Europäischen Gemeinschaften geschehen ist. Die Katalanische Regierung unter ihrem Präsidenten Jordi Pujol hatte beschlossen, noch vor der Unterzeichnung eine Delegation in die Staaten der Europäischen Gemeinschaften zu schicken, um den Weg für Katalonien vorzubereiten. Sie sind aber nicht direkt nach Brüssel oder nach Straßburg gefahren, ihre erste Etappe war Aachen, die Stadt Karls des Großen. Das haben politische Eintagsfliegen nicht verstanden. Die Katalanen aber, mit ihrem Sinn für die tieferen Realitäten, haben gewußt, was sie taten. Die Geste des Präsidenten von Katalonien wurde durch alle politischen Parteien der Region getragen.

Diese Beispiele könnten beliebig vermehrt werden. Sie sollen nur als Hinweise dienen, was heute für uns Europapolitik im höheren Sinne bedeuten sollte, also die Erkenntnis jener historischen und geopolitischen Gesetze, unter denen unser Erdteil angetreten ist. Auf diese Weise kann man die Funktion der einzelnen Teile Europas beurteilen, so auch die Rolle Bayerns im Laufe der Jahrhunderte.

Von allen Regionen des nördlichen Wohlstandsgürtels ist Europa dadurch charakterisiert, daß es bei relativer Armut seines Bodens, dank der geistigen Fähigkeiten seiner Einwohner und seiner geographischen Lage, in der Geschichte immer eine erste Rolle gespielt hat. Europa als Kontinent ist in Wirklichkeit nur eine Halbinsel der großen Euro-Asiatischen Landmasse. Seine Bevölkerung ist durch die verschiedenen Völkerwanderungen auf einen relativ engen Raum zusammengedrängt worden. Man kann in Europa heute noch die Ereignisse der Jahrtausende verfolgen. Die Zimbern in Südtirol zum Beispiel erinnern an den Zug ihres Stammes und damit an das Ende des Römischen Reiches. Europa ist die Endstation der Völkerströme bis in die Zeit der Entwicklung der Schiffahrt.

Als Folge seiner schwierigen Lebensbedingungen hat sich Europa überdimensional entwickelt, ist aber damit der Gegenstand des Neides und der Eroberungssucht seiner Nachbarn geworden. Wir hatten daher im Laufe der Geschichte immer wieder Angriffe aus dem Osten zu verzeichnen. Die historische Struktur des Erdteiles, die Funktion seiner Länder, ist durch diese Tatsache geprägt worden.

So gesehen kann man von zwei Nord-Süd-Achsen Europas sprechen. Die eine hat sich in historischen Zeiten, nach dem Ende des Römerreiches, etwa auf die Linie Maas-Rhein-Rhône-Italien gebildet. Wichtigste Städte waren Brüssel, Aachen und Straßburg beziehungsweise die Städte der Dekapolis. Weiter südlich gab es Zentren wie Cluny, Lyon oder Arles. Diese Achse spielte vor allem eine Rolle, wenn das weiter östlich gelegene Europa unsicher war. Die westliche Achse wurde niemals direkt aus dem Osten erreicht. Die großen Stürme wurden jeweils in den Festungsgebieten Europas aufgefangen, nördlich der Alpen, in den Sudeten und Karpaten, beziehungsweise im Tal der Donau. Daher auch das große kulturelle Erbe entlang und hinter der westlichen Achse.

Waren dann, wie immer wieder im Laufe der Geschichte, die Angriffe aus dem Osten zurückgeschlagen, entwickelte sich auf bluttränktem Boden eine andere Nord-Süd-Achse mit ihren entsprechenden Vorgebieten. Ihre Hauptanker waren Wien, Prag, bis Hamburg. Klar hat sich dies zum Beispiel im Reichsgedanken Karls IV. ausgedrückt.

Dies gilt auch in unserer Zeit. Die europäische Entwicklung unserer Tage, die dadurch bestimmt ist, daß heute ein Drittel des Erdteiles von nichteuropäischen Kräften besetzt wird, hat die Nord-Süd-Achse auf der Linie Brüssel, Aachen, Luxemburg und Straßburg wieder zu ihrer alten Bedeutung zurückgeführt. Die weiter östlich gelegene Nord-Süd-Achse ist derzeit durch die fremde Okkupation unterbrochen. Damit steigt die Bedeutung der Vorlande, die die Achse schützen.

Neben dem Sudetenbecken, das im Laufe der Geschichte immer wieder eine entscheidende Rolle gespielt hat, sind es nicht zuletzt zwei deutschsprachige Staaten, nämlich Bayern und Österreich, die das Bollwerk Europas waren. Dort haben sich jeweils die europäischen Kräfte gesammelt, um den Westen zu schützen, bis eine Reintegration der weiter östlich gelegenen Räume möglich war. So war es nach dem Ende des Römischen Reiches, als die Christianisierung des Donauraumes aus Bayern – insbesondere aus Passau – kam. Zu Böhmen wiederum wurde die Verbindung durch Regensburg geschaffen. Später hat sich diese Aufgabe weiter nach Osten verschoben, so daß die Rolle von Passau und Regensburg zumindest teilweise auf Wien übergegangen ist. Zweimal ist es beinahe dem Osten gelungen, das erste Bollwerk Europas zu überschwemmen: die beiden Belagerungen Wiens durch die Türken.

Dabei ist bemerkenswert, daß sich in unseren Tagen, wenn auch natürlich unter den Bedingungen der Gegenwart, das wiederholt hat, was seinerzeit im größeren Raum auf den Schlachtfeldern stattgefunden hat. Die letzten Jahrzehnte Österreichs nach 1945 waren die politische Parallele dessen, was in den Türkenkriegen vor sich ging. Auch die Osmanen sind bis an den Fluß Enns vorgedrungen, wie die Russen zu Ende des Zweiten Weltkrieges. Wieder hat die Schlacht um Wien die Wende gebracht. Der Unterschied ist nur, daß in der Vergangenheit, entsprechend den Bedingungen der damaligen Zeit, der Ansturm mit militärischen Mitteln erfolgte, in unserem Jahrhundert ist er jedoch politisch-subversiv. Die Tatsache, daß sich das österreichische Volk nicht unterkriegen ließ, hat dazu geführt, daß die roten Großwesire unserer Tage gezwungen waren, die Belagerung aufzuheben und nach Osten abzuziehen. Dabei ist auch eine weitere Parallele zu beobachten: Nach der zweiten Belagerung Wiens hat es noch eine ganze Weile gedauert, während der Ungarn von den Türken besetzt blieb. Aber vom Augenblick der Niederlage auf dem Kahlenberg an war der Verfall des Osmanischen Reiches vorprogrammiert. Man hat den Eindruck, daß sich etwas Ähnliches, allerdings langsamer als in der Vergangenheit, auch in unseren Tagen mit den Nachfolgern von Byzanz, dem Reich des Kreml, abgespielt.

Auch heute ist die Rolle Bayerns ähnlich der, die das Land im Laufe der Türkenkriege gespielt hat. Die Reichskräfte, die den Entsatz Wiens herbeigeführt haben, sammelten sich jeweils im bayerischen Raume. Es waren Einheiten des Reiches, die entscheidend zu der Befreiung Wiens beigetragen haben, auch wenn das heute nur zu oft nicht entsprechend gewürdigt wird. In der Zeit, in der die Tür-

ken bis an die Enns gelangt waren, lag der Schwerpunkt des Reiches in Bayern. Bayern hat daher die Rolle gespielt, die vorher und danach wieder Wien zugefallen ist.
Dieser starke Parallelismus zwischen den Erlebnissen des bayerischen und österreichischen Raumes dürfte die große Ähnlichkeit der Charaktere der beiden Völker erklären. Beide sind integrierende Nationen, weil beide verstehen, daß ihre Sicherheit und ihr Überleben von der Verständigung mit den Nachbarn abhängt, von der Bereitschaft, sich ihnen zu öffnen, ganz besonders aber auch von dem Willen, die eigene Zivilisation hinauszutragen.
So gesehen denken Bayern wie Österreicher von Natur aus großräumig. Eine verständnislose Welt spricht gelegentlich von einem »Bayerischen Provinzialismus«. Wer die bayerische Geschichte auch nur halbwegs kennt, weiß, daß Bayern wie Österreicher die Fähigkeit haben, mehr als andere Völker über die eigenen Grenzen hinaus zu denken und Verständnis zu zeigen. Man hat dies oftmals mit Recht die »Liberalitas bavarica« genannt. Es ist das die Bereitschaft zur Toleranz. Bayerns Welt endet nicht an den weiß-blauen Grenzen. Der Kunstsinn der Wittelsbacher, die einmaligen Leistungen dieser Dynastie für die Kultur unseres Erdteiles, sind nicht zuletzt auf diese großräumige Einstellung zurückzuführen. Im Politischen wiederum hat sich dies besonders in der Nachkriegszeit erwiesen.
Diese Liberalität, die aus der Erkenntnis einer historischen übernationalen Funktion entspringt, ist nicht mit einer verwaschenen, verschwommenen Haltung oder einem falsch verstandenen Ökumenismus zu verwechseln. Im Gegenteil, es ist die Stärke des eigenen Glaubens und die feste patriotische Einstellung, die erlaubt, Toleranz zu üben. Wer seiner Sache gewiß ist, kann dem anderen entgegenkommen, ohne die eigene Substanz aufzugeben. Intoleranz ist immer Beweis der Unsicherheit und der mangelnden Kraft der eigenen Überzeugung.
Wie bereits erwähnt, hat sich Bayerns großräumiges Denken ganz besonders in der Nachkriegszeit bewährt. Es wird bei uns viel zu wenig davon gesprochen, welch unglaubliche, ja einmalige Leistung die Integrierung der Heimatvertriebenen, ganz besonders die Anerkennung der Sudetendeutschen als vierten bayerischen

Stamm, war. Es hat in den letzten vierzig Jahren viele Vertreibungen von Europäern gegeben, nicht nur die der heimatvertriebenen Deutschen nach Deutschland, sondern auch die von Millionen von Emigranten und die der Europäer aus Übersee, die nach Holland, England, Frankreich und Portugal zurückkehren mußten. Überall haben diese massiven Umsiedlungen verständliche Spannungen verursacht. Beobachtet man, wie die einzelnen Völker mit dem Problem fertigwerden konnten, so wird man erkennen müssen, daß es mit Abstand die Deutschen waren, die die Situation am besten gemeistert haben. In Deutschland wiederum war die Integration der Sudetendeutschen in Bayern beispielgebend. Wenn man immer wieder das Klischee von der bayerisch-preußischen Feindschaft zu hören bekommt, sollte man sich erinnern, daß auch für die Preußen Bayern eine neue Heimat geworden ist. Symbolisch dafür ist die Schutzherrschaft der Bayerischen Staatsregierung über die Ostpreußen. Die anderen europäischen Völker, obwohl die Zahl ihrer Heimatvertriebenen weit geringer war, haben sich mit der Integration wesentlich schwerer getan.
Gleichzeitig mit dieser Politik gegenüber den Heimatvertriebenen ist München durch die Aufnahme der nicht-deutschen Emigrationen der Länder Mittel- und Osteuropas zur heimlichen Hauptstadt der Staaten geworden, die seit dem Abkommen von Jalta unter fremder Kolonialherrschaft leben müssen. Weil Wien seine Funktion infolge seiner geographischen Lage und der Schwierigkeiten, die sich durch die Nähe der Grenze ergeben – Wien ist heute vom Westen her gesehen Endstation geworden –, nicht mehr wahrnehmen kann, hat München voll und ganz seine Aufgabe übernommen. Es ist nicht von ungefähr, daß die wichtigsten Rundfunksendungen, mit denen die Wahrheit den unterdrückten Völkern Mittel- und Osteuropas vermittelt wird, von München ausgestrahlt werden.
Gleichzeitig mit München erfüllen die beiden historischen Städte Regensburg und Passau ihre traditionelle Funktion. Die auch heute noch bestehenden Verbindungen Regensburgs nach Böhmen und Passaus in den Donauraum zeigen, wie sehr sich bewußt oder unbewußt die Geschichte in unseren Tagen wiederholt. Es ist zum Beispiel bezeichnend, daß in Passau einige der tiefschürfendsten juristischen Studien zur Lage in Mittel- und Osteuropa und nicht zuletzt

zu den Beziehungen zwischen Österreich und den Europäischen Gemeinschaften erarbeitet wurden. In Regensburg wieder wird bahnbrechende Arbeit auf dem Gebiete des Volksgruppen- und Sprachenrechts geleistet.

Somit hat Bayern aus der Erfahrung der Geschichte und den Geboten der Geographie erneut seine Rolle aus der Zeit der Türkenkriege übernommen. Es ist damit zu einem wesentlichen Element der europäischen Integration geworden. Bayern hat eine europäische Aufgabe und ist bereit, diese zu erfüllen.

So gesehen kommen in Zukunft große Aufgaben auf Bayern zu. Der Freistaat ist berufen, die Brücke nach Mittel- und Osteuropa zu werden. Es gibt allerdings heute Politiker, denen der Sinn für Geschichte fehlt, die glauben, daß das, was in Jalta vor vierzig Jahren geschaffen wurde, eine Realität sei, mit der man sich ein für alle Mal abzufinden habe. Wer die Geschichte kennt, weiß, daß Wandlung ihr Grundgesetz ist. Wer dem Heute Ewigkeitswert verleiht, dem mangelt es an Realismus. Eine gesunde Einstellung zur Entwicklung unserer Tage besteht darin, die geopolitischen und historischen Bedingungen, in denen wir leben, zu erkennen und uns auf die kommenden Ereignisse vorzubereiten. Denn eines ist sicher: Der heutige Zustand kann und wird nicht ewig währen. Die Geschichte lehrt, daß künstliche Grenzen, und Jalta hat solche geschaffen, keine Dauer haben. Die Frage ist nur, wie sie sich verschieben werden. Das allerdings hängt von der Politik und der Handlungsweise der Menschen ab.

Wer die Dinge so sieht, wie sie wirklich sind, weiß, daß eine große Krise des Sowjetblocks naht. Das hat ideologische, aber auch praktische Gründe. Der Marxismus kann auf die Dauer nicht existieren. Mit seinen inneren Widersprüchen kann er sich eine Weile als Gewaltsystem halten. Seine Idee jedoch, die menschliche Natur zu verändern, ist undurchführbar. Der Mensch ist der am wenigsten wandelbare Teil der Schöpfung. Man kann keinen »neuen Menschen« schaffen. Man kann höchstens gewisse natürliche Tendenzen mit Gewalt zurückdrängen. Das ist es, was der Marxismus mit seinem Herrschaftssystem versucht. Gewalt kann auf die Dauer nicht aufrechterhalten werden; ihre Zeit ist eine Periode der Nicht-Normalität. Die Ereignisse in Mittel- und Osteuropa haben gezeigt, daß, wenn der Druck auch nur ein wenig nachläßt, die Menschen wieder zu dem werden, was sie vorher waren. Eine totalitäre Diktatur ist wie eine Überschwemmung. Sie kann Häuser wegreißen und viel Menschenwerk zerstören. Kommt sie aber zu Ende, tritt die geographische Beschaffenheit des Landes genauso wieder zum Vorschein, wie sie früher war.

Dazu kommt eine weitere wesentliche Tatsache. Die Sowjetunion ist heute, im Zeitalter der weltweiten Dekolonisierung, das letzte große Kolonialreich auf Erden. Schon heute machen die Russen weniger als 50 Prozent der Einwohnerschaft ihres Großreiches aus. Die Lage wird sich in den nächsten Jahrzehnten infolge unterschiedlicher Geburtenraten noch wesentlich zu ihren Ungunsten verschieben. Diese Situation hat schon jetzt äußere Mächte auf den Plan gerufen, wie es der Wille der Chinesen, aber auch der des erwachenden Islam, die Sowjetunion zu dekolonisieren, beweist. Auf die Dauer ist es schwer vorstellbar, wie sich das Regime des Kreml gegen diesen Druck von innen und außen halten kann, ganz abgesehen davon, daß durch die Eroberungen im Gefolge Jaltas noch über hundert Millionen Europäer in den Hegemonialbereich der UdSSR einverleibt wurden, die, wie es die Ereignisse in Budapest, Prag, Warschau und Berlin gezeigt haben, nicht bereit sind, die Fremdherrschaft auf die Dauer zu erdulden. Betrachtet man in diesem Licht die Stellung der Sowjetunion in Mitteleuropa, wird man immer wieder an das Wort Bismarcks erinnert, man könne mit Bajonetten alles machen, nur nicht darauf sitzen.

Hier sei bemerkt, daß diese Feststellung auch die Abwegigkeit der Phrase zeigt: Es könnte so etwas wie eine »Sicherheitspartnerschaft« zwischen dem Westen und der Sowjetunion geben. Es ist ein Irrtum anzunehmen, daß sich die Potentaten im Kreml tatsächlich vor der demokratischen Welt fürchten. Ihre Unsicherheit stammt davon, daß ihre Herrschaft gegen den Willen der Völker Mitteleuropas immer auf schwachen Füßen stehen wird.

Diese Tatsachen beweisen schlüssig, daß über kurz oder lang das Sowjetreich, wie alle Gewaltreiche der Geschichte, zerfallen wird. Dies wird den Völkern, die sich gegen den Hegemonialismus auflehnen, die einmalige Chance geben, ihr Selbstbestimmungsrecht wiederzugewinnen. Natürlich ist es heute nicht möglich zu sagen, welche Form die Ereignisse annehmen werden. Wer versuchen würde, genaue Vorhersagen zu machen, wäre auf jeden Fall auf dem Prügelweg. Eine gute Politik besteht darin, das Wesentliche vom Unwesentlichen zu trennen, das heißt, bereit zu sein, die großen Linien zu sehen, aber auch flexibel genug, um die verschiedenen Möglichkeiten, die sich aus der Situation ergeben, zu ergreifen. Wer in der praktischen Politik taktisch zu starr ist, wird immer schwere Fehler begehen.

In dieser weltpolitischen Perspektive spielt Bayern eine entscheidende Rolle. Es wurde bereits gesagt, München sei heute die heimliche Hauptstadt Mittel- und Osteuropas. Bayern kann daher wesentlich zur Reintegration des Erdteiles beitragen. Es ist eine Drehscheibe Europas. Daher ist es auch keineswegs erstaunlich, daß in Bayern das Verständnis für die Europa-Politik lebendiger ist als in vielen anderen Teilen der Alten Welt. Die CSU als die führende Staatspartei Bayerns war die erste politische Partei Europas, die sich zu einem einigen Erdteil bekannte. Es war den Autoren des Programmes klar, daß hier eine geschichtliche Aufgabe auf München zukommt, die nur erfüllt werden kann, wenn sich Bayern fest in der Gemeinschaft verankert und der engstirnigen Auffassung derjenigen, für die Europa nur die EG ist, den großeuropäischen Gedanken gegenüberstellt. Es ist bezeichnend, daß der Vater des paneuropäischen Gedankens und Gründer der Paneuropa-Union, Richard von Coudenhove-Kalergi, aus dem Sudetenland mit dessen Bindungen an Bayern wie an Österreich stammt. Mit seinem paneuropäischen Programm hat er in den Formen der Gegenwart die ewige Mission Bayerns und Österreichs für Europa zum Ausdruck gebracht.

In diesem Sinne ist die Verantwortung dessen, der die höchste Stelle in Bayern bekleidet, gewaltig. Er hat nicht nur die einmalige Ehre, eine der schönsten und glorreichsten Traditionen unseres Erdteiles zu vertreten, sondern auch auf einem entscheidenden Posten zu stehen; von seinem Erfolg hängt die Zukunft unseres Erdteiles weitgehend ab. Die Stellung eines Bayerischen Ministerpräsidenten ist, so gesehen, nicht etwa der von anderen Ministerpräsidenten deutscher Staaten gleichzusetzen. Er hat gleichzeitig eine bayerische, deutsche und europäische Funktion.

In diesem Sinne sei dem Bayerischen Ministerpräsidenten anläßlich seines siebzigsten Geburtstages Kraft und Ausdauer in seiner historischen Mission gewünscht. Es sei aber auch die Hoffnung ausgesprochen, daß er sich dessen erinnern möge, daß die große Zeit Konrad Adenauers erst nach dessen 71. Geburtstag begonnen hat.

Leo Tindemans

Die einzige Hoffnung für die Europäische Union – Die Christlichen Demokraten in der EVP

Einem alten Freund mit langjährigen Erfahrungen und Verdiensten auf dem Feld nationaler und europäischer Politik hatte ich in einem Brief zum vergangenen Neujahrsfest gesagt, daß ich hoffe, die Europäische Gemeinschaft werde 1985 den entscheidenden Schritt vorwärts tun und die Europäische Union errichten, wie sie das Europäische Parlament in seinem Vertragsentwurf beschrieben hat. Ich bat ihn, in seinem Bereich sein hohes Ansehen in den Dienst dieser großen Idee zu stellen.

Ich erhielt eine überraschende Antwort. Mein Freund legte ausführlich dar, wie verärgert und enttäuscht er sei über die Stagnation der Gemeinschaft und über das Verhalten mancher Mitgliedstaaten, das oft genug von Egoismus und Krämergeist bestimmt sei. Er habe allen Anlaß zu resignieren und glaube nicht mehr daran, daß das Einigungswerk in absehbarer Zeit durch die Schaffung der Europäischen Union auf eine höhere Qualitätsstufe gehoben werden könne.

Den Hauptgrund für den mißlichen Zustand der Gemeinschaft und die mangelnde Zukunftsperspektive sehe er in der zu schnellen Erweiterung von zunächst sechs, auf neun, dann auf zehn und – sehr bald – auf zwölf Mitglieder. In den neuen Mitgliedsstaaten sei die Herausbildung eines europäischen Bewußtseins nicht hinreichend

fortgeschritten; das jedoch sei die Voraussetzung für das Eingehen engerer Bindungen.
Diese Stellungnahme hat mich insbesondere deswegen betroffen gemacht, weil ich ihren Verfasser als einen der Europäer der ersten Stunde kenne, ohne deren Engagement die Europäische Gemeinschaft gar nicht entstanden wäre. In meinem Antwortschreiben habe ich meine Gegenargumente zusammengetragen und betont, daß die Christlichen Demokraten in der Europäischen Volkspartei (EVP) entschlossen zu ihren programmatischen Aussagen stehen und überzeugt sind, daß die Europäische Union realisiert werden wird.
Wir haben uns unmißverständlich auf die »europäische« Position festgelegt; hierzu einige Zitate aus den letzten Jahren:

- »Für uns ist die Europäische Union, wie sie von den Staats- bzw. Regierungschefs des Europäischen Rats feierlich proklamiert und im Tindemans-Bericht beschrieben wurde, eine bedeutende Etappe auf dem Weg zur europäischen Einigung.
  Wir halten an dem endgültigen politischen Ziel des europäischen Einigungswerkes fest, nämlich an der Umwandlung der Europäischen Union in eine Europäische Föderation, also in einen Europäischen Bundesstaat eigener Art, so wie Robert Schuman ihn schon in seiner Erklärung vom 9. Mai 1950 verkündet hat.«
  (Politisches Programm von 6./7. März 1978)
- »Wir Christlichen Demokraten, Bürgen für ein geeintes und brüderliches Europa, wollen das europäische Einigungswerk vollenden, das unsere großen Staatsmänner Robert Schuman, Alcide De Gasperi und Konrad Adenauer begonnen haben. Wir rufen alle politischen und gesellschaftlichen Kräfte auf, unter Einsatz ihres ganzen politischen Willens hierbei mitzuwirken. Denn es gibt nur eine Antwort auf die gegenwärtige Krise: Mehr Kompetenzen, mehr Mittel und mehr Autorität für Europa!«
  (Wahlplattform vom 22./23. Februar 1979)
- »Die EVP setzt sich deshalb dafür ein, daß das Ziel des Integrationsprozesses, die Errichtung der Europäischen Föderation, mit unverminderter Kraft weiter verfolgt wird: dem Europäischen Parlament, das 270 Millionen Bürger repräsentativ vertritt, muß eine verantwortliche europäische Regierung gegenüberstehen.

Die EVP unterstützt voll die Vorschläge, die das Europäische Parlament zur Schaffung der Europäischen Union verabschiedet hat; die Verwirklichung der Europäischen Union ist der nächste wichtige Schritt auf dem Weg zur Errichtung der Vereinigten Staaten von Europa. Die EVP setzt sich deshalb entschieden für die Ratifizierung des Entwurfs eines Vertrages zur Errichtung der Europäischen Union durch die Parlamente der Mitgliedstaaten ein.«
(Aktionsprogramm der EVP für die 2. Direktwahl des Europäischen Parlaments vom 2.–4. April 1984)

– »Wir unterstreichen die Bedeutung des vom Europäischen Parlament verabschiedeten Vertragsentwurfs als Basis für alle weiteren Überlegungen und Beschlüsse zur Gründung und Ausformung der Europäischen Union.
Wir betonen die Notwendigkeit, bald irreversible Schritte in Richtung auf die Konstituierung der Europäischen Union zu unternehmen, ohne dabei auf eine Minderheit von Regierungen zu warten, die dazu noch nicht bereit sind.
Wir fordern, daß der Europäische Rat den Vorschlag des ad-hoc-Komitees (Spaak II) aufgreift, eine intergouvernementale Konferenz einzuberufen mit dem Auftrag, über die Konstituierung der Europäischen Union zu entscheiden; an dieser Konferenz sollen die Gemeinschaftsinstitutionen, insbesondere das Europäische Parlament beteiligt werden.«
(Gemeinsame Erklärung des Politischen Bureaus der EVP und der EVP-Fraktion vom 5. Dezember 1984 im Anschluß an die Sitzung des Europäischen Rats in Dublin)

Wir stehen damit in einer ungebrochenen Tradition christlich-demokratischer Politik, die Jahrzehnte zurückreicht. Die Etappen des Einigungsprozesses in den 40 Jahren seit dem Ende des Zweiten Weltkriegs haben die älteren unter den heute politisch Verantwortlichen bewußt miterlebt; viele unter ihnen haben das Werk aktiv mitgestaltet. Auch eine breitere Öffentlichkeit ist – zumindest in Umrissen – darüber informiert. Daß sich jedoch die Bestrebungen, Europa zu einigen, bis in die Jahre nach dem Ersten Weltkrieg zurückverfolgen lassen, ist kaum bekannt, und noch weniger die führende Rolle, die schon damals Christliche Demokraten gespielt haben.

Im Jahre 1919 hatte Don Luigi Sturzo den (christdemokratischen) »Partito Popolare Italiano« gegründet. Schon 1921 schlägt er einen »Mercato commune«, einen Gemeinsamen Markt für Europa vor. Seine Ziele: gemeinsame Zoll- und Handelspolitik nach außen, Abbau der Kolonialpolitik, Begrenzung und Kontrolle der Rüstung. Einer der engsten Mitarbeiter Sturzos war Alcide De Gasperi. In Paris, wohin Don Sturzo vor den Faschisten hatte flüchten müssen, finden 1925/26 zwei Kongresse »demokratischer Parteien christlicher Prägung« statt, die sich seine Ideen zu eigen machen. Dabei lernen sich Sturzo und Robert Schuman kennen.
Trotz der Erschütterungen, die die Weltwirtschaftskrise mit sich brachte, und trotz des Aufkommens von Faschismus und Nationalsozialismus lebten die auf die europäische Einigung gerichteten Ideen und Bestrebungen in den Kreisen der Christlichen Demokraten fort. Erst 1982 wurde ein Dokument wiederentdeckt, das von außerordentlicher Bedeutung ist: Die Resolution, die von den Vertretern der christlich-demokratischen Parteien aus Deutschland, Österreich, Belgien, Litauen, Polen, Tschechoslowakei, Spanien, Jugoslawien, Niederlande, Luxemburg, Frankreich und Italien bei ihrem Kongreß 1932 in Köln angenommen wurde, zu dem Konrad Adenauer als Oberbürgermeister eingeladen hatte.
In der Resolution heißt es:
»Die demokratischen Parteien christlicher Gesinnung müssen ihre Bemühungen koordinieren, um in kürzester Zeit und mit allen Mitteln das Vertrauen zu erwecken, das für friedliche Beziehungen zwischen den Nationen und den einzelnen unabdingbar ist. Der Mangel an Vertrauen in aller Welt, der die heutige Krise nur noch ausweitet und zuspitzt, muß als ein psychologischer, wirtschaftlicher und politischer Faktor betrachtet werden.
Der Kongreß schlägt den Mitgliedsparteien folgende Lösungen vor:
1. Man muß eine umfangreiche Zusammenarbeit zwischen allen europäischen Nationen bekräftigen und fördern, um auf diesem Kontinent einen Gemeinsamen Markt für die Produktion und den freien Güterverkehr und -verbrauch zu schaffen.
   Da eine vollständige Vereinigung, die das Endziel darstellt, nicht direkt und unmittelbar erreicht werden kann, muß man schrittweise Zollbarrieren, Handels- und finanzielle Hindernisse besei-

tigen, die einen regelmäßigen Güteraustausch verhindern, um so rasch wie möglich einen freien Waren-, Kapital- und Personenverkehr zu verwirklichen...

3. Die wechselseitige Entwicklung der Wirtschaft und der Politik muß im Sinne des gegenseitigen Verständnisses zu einer Prüfung und Beseitigung aller Hindernisse führen, die bislang eine politische Zusammenarbeit nicht ermöglichten.«

Unsere Phantasie reicht nicht aus, sich auszumalen, was aus Europa hätte werden können, wenn die Regierungen die vielfältigen Pläne und Vorschläge zu seiner Einigung ernsthaft verfolgt und realisiert hätten.

Statt dessen ließen sie zu, daß Nationalismus und Protektionismus sich breitmachten, daß Feindschaft, Haß und Revanchismus die Völker trennten.

In völliger Blindheit gegenüber den geschichtlich gebotenen Notwendigkeiten, in Blindheit auch gegenüber der Skrupellosigkeit eines totalitären Regimes geriet man auf den Weg, der in das Unheil eines neuen Krieges führte.

Es ist ein wahres Herrgottswunder, daß bald schon nach dem furchtbaren Völkermorden aus Trümmern und Verwüstung Segen erwuchs.

Im Februar/März 1947 treffen sich in Luzern führende Vertreter christlich-demokratischer Parteien aus Frankreich, Italien, Belgien, Luxemburg, Österreich, der Schweiz und den Niederlanden. Sie verpflichten sich auf aktive Mitarbeit bei der Neugestaltung des staatlichen, gesellschaftlichen und wirtschaftlichen Europa für ein friedliches Zusammenleben in der Achtung der menschlichen Person, der Freiheit und des sozialen Fortschritts.

Im Mai desselben Jahres findet im belgischen Chaudfontaine der Gründungskongreß der Nouvelles Equipes Internationales (NEI) statt, aus der 1965 die Europäische Union Christlicher Demokraten (EUCD) entstand.

Der Kongreß setzt eine Arbeitsgruppe ein mit dem Auftrag, Vorschläge auszuarbeiten »für die Neuordnung Europas unter Berücksichtigung der historischen Rede Winston Churchills in Zürich am 19. September 1946«.

Im Januar 1948 behandelt der II. Kongreß der NEI als Hauptthema

»Die deutsche Frage«. Zum ersten Mal sind deutsche Christdemokraten dabei. Konrad Adenauer schlägt unter anderem eine »gemeinsame Verwaltung der europäischen Grundstoffindustrien« vor. Im September 1948 fordert die NEI bei ihrem III. Kongreß in Den Haag »die Verwirklichung einer wirtschaftlichen und politischen Union des freien und demokratischen Europa«.

Die Idee eines geeinigten Europa faßt immer mehr Fuß und konkretisiert sich, bis sie schließlich, von Robert Schuman formuliert, der Öffentlichkeit vorgestellt und durchgesetzt wird.

Man erinnert sich: Am 9. Mai 1950 unterbreitete Schuman durch einen persönlichen Boten Konrad Adenauer den später nach ihm benannten Plan; Adenauer, der eine Kabinettssitzung leitete, las Plan und Begleitschreiben und gab ohne jedes Zögern sein Einverständnis. Schuman konnte am selben Tag in Paris seinen Plan verkünden, aus dem die Europäische Gemeinschaft für Kohle und Stahl (EGKS) entstand, die Urzelle der heutigen Europäischen Gemeinschaft.

(Adenauer hat den Hergang in seinen Memoiren beschrieben. Die Geschichte ist hier erwähnt, weil sie ein treffliches Beispiel für die Entscheidungskraft von Staatsmännern ist, die als Große in die Geschichte eingehen. Die heutigen Entscheidungsprozesse lassen sich kaum an diesem historischen Vorbild messen!)

Dies ist nicht der Ort, das Erlahmen des ursprünglichen Elans, Auf und Ab, Stillstand und Rückschritt der Gemeinschaft in den Jahren seitdem zu schildern. Mir liegt daran darzutun, daß es vor allem Christliche Demokraten waren, die trotz aller Enttäuschungen die Königsidee eines vereinigten Europa hochhielten. Aus der Fülle der Aktionen sollen einige wenige beispielhaft erwähnt werden.

Im Herbst 1968 findet die christlich-demokratische Fraktion im Europäischen Parlament eine Mehrheit für ihre Forderung nach »Verwirklichung einer Wirtschafts- und Währungsunion, mit der entsprechend parallel die Politische Union zu schaffen« sei.

Im Herbst 1971 und Frühjahr 1972 entwickeln und beschließen die Christlichen Demokraten einen »Vorschlag zur konstitutionellen und institutionellen Weiterentwicklung der Europäischen Gemeinschaft«. Der Kernsatz lautet: »Die Europäische Gemeinschaft braucht zum Gelingen der Wirtschafts- und Währungsunion ein einziges Entscheidungszentrum, das bindende Beschlüsse für alle Mitgliedstaaten treffen kann und das schrittweise die Merkmale einer echten Regierung haben muß. Ihr muß ein Europäisches Parlament gegenüberstehen, das mit allen Befugnissen ausgestattet werden muß, welche die demokratische Legitimation der Europäischen Gemeinschaft gewährleisten, die nach und nach in eine Politische Union zu entwickeln ist.«

Der Vorschlag geht in vollem Umfang in einen Bericht ein, der vom Europäischen Parlament am 5. Juli 1972 mit großer Mehrheit gegen Kommunisten und Gaullisten angenommen wird.

Nach der Pariser Gipfelkonferenz vom Ende Oktober 1972 beschließt das Europäische Parlament auf Betreiben der Christlich-Demokratischen Fraktion, daß es den vom Gipfel angekündigten Ausbau der Gemeinschaft zur »Europäischen Union« als die Errichtung der vom Parlament früher verlangten »Politischen Union« versteht.

Im Juli 1975 wiederholt das Europäische Parlament – wiederum unter starkem Engagement der christlich-demokratischen Fraktion – die Forderung nach Schaffung der Europäischen Union und beschreibt deren Organe: Parlament, Kammer der Staaten, Entscheidungszentrum mit den Merkmalen einer Regierung.

Ihren Willen, sich nach der 1. Direktwahl des Europäischen Parlaments noch intensiver für eine Europäische Union im Sinne einer Politischen Union einzusetzen, bekunden die christlich-demokratischen Parteien der Mitgliedstaaten der Gemeinschaft durch ihren Zusammenschluß zur Europäischen Volkspartei.

Am 29. April 1976 wird das Statut der EVP angenommen; am 8. Juli 1976 konstituiert sich die Partei, der heute zehn Mitgliedsparteien aus acht Ländern angehören.

Am 6./7. März 1978 verabschiedet der I. Kongreß der EVP das »Politische Programm«, das zur Basis der parlamentarischen Arbeit der ersten Legislaturperiode wird.

Aus der Wahl am 10. Juni 1979 geht die EVP als erste politische Kraft in der Gemeinschaft hervor. Mit 32,8 Millionen Stimmen (29,6 Prozent), die sie in sieben Mitgliedstaaten erzielt, liegt sie um 3,3 Millionen Stimmen vor den Sozialisten, obwohl diese in allen neun Mitgliedsstaaten kandidierten.

Bald stellt sich heraus, daß ohne die EVP-Fraktion und erst recht gegen sie im Europäischen Parlament nichts läuft. Das beste Beispiel bietet die Verabschiedung des »Entwurfs eines Vertrages zur Errichtung der Europäischen Union«. Die deutliche Mehrheit wurde nur deshalb erzielt, weil die EVP-Fraktion als einzige geschlossen für den Entwurf stimmte. Sie konnte das mit gutem Gewissen tun, da sie in den Beratungen alle ihre wesentlichen Vorstellungen und Forderungen durchgesetzt hatte.
Wir haben deshalb als Christliche Demokraten allen Grund, uns voll und ganz für die baldige Verwirklichung der Europäischen Union einzusetzen, die wir – so steht es in unserem »Aktionsprogramm für die 2. Wahlperiode des Europäischen Parlaments« – als den nächsten wichtigen Schritt auf dem Weg zur Errichtung der »Vereinigten Staaten von Europa« betrachten.
Hierher gehört eine kurze Betrachtung zu der Frage, wie es denn mit dem eingangs erwähnten »europäischen Bewußtsein« eigentlich steht.
Die EG-Kommission veranstaltet regelmäßig Meinungsumfragen, bei denen in den zehn Mitgliedstaaten 10000 Bürger befragt werden. Das als letztes im Dezember 1984 veröffentlichte »Eurobarometer« bietet interessante Erkenntnisse.
Es ist erfreulich, daß die regelmäßig gestellte Frage nach der Grundeinstellung zur europäischen Einigung (»Sind Sie alles in allem für oder gegen die derzeitigen Bemühungen zur Vereinigung Westeuropas?«) wiederum sehr positiv beantwortet wird.

	Dafür	Dagegen	Keine Antwort	Insgesamt
Die sechs Gründerländer	82	8	10	100
Vereinigtes Königreich	69	15	16	100
Griechenland	67	16	17	100
Irland	60	13	27	100
Dänemark	38	43	19	100
Gemeinschaft (alle Angaben in %)	77	10	13	100

Für die Gemeinschaft insgesamt ist der Anteil der zustimmenden Antworten seit 1973 ständig angestiegen; er erreichte im Herbst 1984 den bisher höchsten Stand. Die negativen Aussagen halten sich in etwa auf gleicher Höhe. Der Anteil der Unentschiedenen (keine Antwort) ging von 26 auf 13 Prozent zurück.
Eine weitere Frage lautete: »Einige sprechen von der Idee, aus den Mitgliedsländern der Europäischen Gemeinschaft die ›Vereinigten Staaten von Europa‹ zu schaffen. Damit ist eine Art politische Union gemeint, wie sie zwischen den 50 Staaten der USA besteht, oder den 10 Provinzen, die Kanada bilden. Halten Sie diese Idee, eines Tages die ›Vereinigten Staaten von Europa‹ zu schaffen, zu denen auch Ihr Land gehören würde, für eine gute Sache oder eine schlechte Sache?«
Die Ergebnisse in den Mitgliedstaaten liegen weit auseinander; sie reichen von 69 Prozent positiven Antworten in Luxemburg bis zu 12 Prozent positiven Antworten in Dänemark.

	B	DK	D	F	IRL	I	L	NL	UK	GR	EG
					(alle Angaben in %)						
Gute Sache	57	12	56	58	34	64	69	45	32	58	52
Schlechte Sache	11	55	10	18	21	11	13	25	48	15	21
Keine Antwort	32	33	34	24	45	25	18	30	20	27	27
Insgesamt	100	100	100	100	100	100	100	100	100	100	100

Es ist also keineswegs so, daß das »europäische Bewußtsein« in allen vier neuen Mitgliedstaaten gleichermaßen unterentwickelt ist, wie insbesondere das griechische Ergebnis zeigt, aber auch in Irland überwiegen die positiven Antworten deutlich. Eindeutig negativ sind die Ergebnisse in Großbritannien und in Dänemark. Zu berücksichtigen ist auch, daß mit den »Vereinigten Staaten von Europa« ein außerordentlich hoher Integrationsgrad anvisiert ist.
Sehr zum Nachdenken anregen sollten uns die Antworten auf eine andere Frage: »Unabhängig davon, ob Ihnen diese Idee gefällt oder nicht: Glauben Sie, daß es eines Tages die Vereinigten Staaten von Europa geben wird und, wenn ja, wann?«

	Zeitpunkt für die Schaffung der Vereinigten Staaten von Europa (Antwortende, die an die Verwirklichung glauben)			
	In den nächsten 15 Jahren	In 20–30 Jahren	Es wird noch mehrere Generationen dauern	Insgesamt
Belgien	50	25	25	100
Frankreich	42	32	26	100
Luxemburg	40	31	29	100
Italien	39	26	35	100
Griechenland	36	26	38	100
Irland	31	28	41	100
Deutschland	30	35	35	100
Niederlande	28	33	39	100
Ver. Königreich	26	33	41	100
Dänemark	18	32	50	100
Gemeinschaft (Alle Angaben in %)	35	31	34	100

Die Antworten scheinen denen recht zu geben, die annehmen, das europäische Bewußtsein sei noch sehr wenig ausgeprägt und stehe einer engeren Bindung entgegen.
Diese Annahme ist nur auf den ersten Blick richtig. Man hat sich nämlich zu fragen, woher denn die Skepsis stammt, die sich in den überlangen Zeiträumen manifestiert, die für die Realisierung des von einer Mehrheit für richtig gehaltenen politischen Ziels vermutet werden.
Einige bittere Feststellungen werden uns eine Antwort auf die Frage nach der verbreiteten Skepsis ermöglichen.
Der Entscheidungsprozeß in der Gemeinschaft funktioniert nicht, weil sich der Ministerrat durch die vertragswidrige Anwendung der Einstimmigkeitsregel selbst blockiert hat. Hunderte von Rechtsakten, die von der EG-Kommission entworfen und mit der Stellung-

nahme des EP versehen dem Ministerrat zugeleitet wurden, verstauben dort unerledigt in den Aktenschränken, weil die längst fällige Entscheidung ausbleibt; ein kostspieliger Leerlauf, der in vielen Bereichen, zum Beispiel in der Verkehrspolitik, den völligen Stillstand politischen Handelns bewirkt hat. Für solches Verhalten kann die Öffentlichkeit, können die europäischen Bürger kein Verständnis aufbringen.

Der vom Vertrag geforderte völlig freie Binnenmarkt existiert immer noch nicht, weil an den Grenzen zwischen den Mitgliedstaaten – trotz der Abschaffung der Zölle – zahlreiche nicht-tarifliche Hindernisse fortbestehen; von erfindungsreichen nationalen Bürokraten werden sogar neue Behinderungen ersonnen und eingeführt.

Franz Josef Strauß hat auf dem V. Kongreß der EVP im April 1984 in Rom plastisch dargestellt, welchem Papierkrieg sich ein Unternehmer ausgesetzt sieht, der beispielsweise Rinderhälften von Bayern nach Italien ausführen will.

Der Bürger hat die Aktionen der erbosten Lastwagenfahrer an den Grenzen selbst miterlebt und darunter gelitten; zumindest hat er sich vor dem Fernsehschirm die Frage gestellt, wo denn da die Europäische Gemeinschaft ist.

Die Verhandlungen über den Beitritt von Spanien und Portugal haben sich über sieben Jahre dahingeschleppt, weil bei der Festsetzung von Fangquoten in der Fischerei, bei der Öffnung des Marktes für Tomatenmark, Ölsardinen, Oliven und Wein sich nationaler Krämergeist regelrecht festgebissen hatte. Man hatte völlig vergessen, daß es zuerst und vor allem um die Aufnahme von zwei europäischen Nationen ging, die uns durch Geschichte und Kultur verbunden sind, und die sich nach Jahrzehnten autoritärer Herrschaft endlich eine demokratische Ordnung erkämpft haben.

Wie soll der Bürger das begreifen?

Ich könnte die Aufzählung solcher beschämender Tatbestände – fast beliebig – fortsetzen, will mich jedoch darauf beschränken, abschließend ein ganz besonderes Ärgernis zu erwähnen. Im Oktober 1972 hat – wie in anderem Zusammenhang schon dargelegt – die Gipfelkonferenz der Staats- beziehungsweise Regierungschefs versprochen, die Europäische Union zu errichten, und zwar bis zum Jahr 1980. Daß daraus nichts geworden ist, hat bei den Bürgern eine völlig berechtigte, maßlose Enttäuschung hervorgerufen. Sie trauen den höchsten politisch Verantwortlichen nicht mehr, die unglaubwürdig geworden sind, wenn sie bei festlichen Anlässen, in den Schlußerklärungen nach Sitzungen des Europäischen Rats und in ihren Sonntagsreden ihre europäische Gesinnung zur Schau tragen. Wundern wir uns da noch, wenn uns Eurobarometer die skeptische Einstellung der Bürger mit Zahlen belegt vorführt?! – Nicht die Bürger sind dafür zu tadeln, sondern die, die Verantwortung tragen, daß eine Fortentwicklung der Gemeinschaft unterbleibt, obwohl sie möglich und nötig ist.

Von Ortega y Gasset stammt das Wort: »Zum erstenmal spürt der Europäer, da er mit seinen politischen, wirtschaftlichen und geistigen Unternehmungen an die Grenzen seiner Nation stößt, daß seine Lebensmöglichkeiten, sein vitaler Stil in keinem Verhältnis zu der Größe des Kollektivkörpers stehen, in dem er eingeschlossen ist. Und damit hat er entdeckt, daß man Provinzler ist, wenn man Engländer, Deutscher oder Franzose ist.«

Wir haben als Zeitzeugen und aktiv Beteiligte erlebt, wie sich Denk- und Verhaltensweisen unserer Völker unverkennbar positiv in Richtung auf ein europäisches Bewußtsein gewandelt haben, obwohl die Europäische Gemeinschaft immer noch unvollkommen und ihr politischer Gehalt unterentwickelt ist. Ich sehe deshalb keinen rechten Sinn darin, bis über das Jahr 2000 hinaus auf einen positiven Prozeß europäischer Bewußtseinsbildung zu warten und erst dann die Europäische Union zu errichten.

Das Gegenteil ist richtig: Wenn wir *jetzt* der Europäischen Gemeinschaft neue, nämlich politische Inhalte geben, wenn wir die Entscheidungsverfahren verbessern, dem Parlament eine echte Mitbeteiligung an der Legislative einräumen, das heißt die Europäische Union schaffen, dann wird von diesem Werk solche Faszination ausgehen, daß Europa wieder lebendig wird in den Herzen und Hirnen der Bürger, vor allem – wie ich bei Gott hoffe – in der jungen Generation.

Ich weiß, daß nicht alle Mitgliedstaaten bereit sind, den von uns für unabdingbar gehaltenen Weg zur Europäischen Union mitzugehen. Vor allem Griechenland und Dänemark, aber auch das Vereinigte Königreich stehen – aus sehr unterschiedlichen Gründen – abseits.

In dieser Situation wäre es jedoch nach meiner Überzeugung, die von den Gremien der EVP geteilt wird, völlig falsch, das Schicksal der Gemeinschaft von denen abhängig zu machen, die ihre politische Fortentwicklung nicht (oder noch nicht) wollen.
Deshalb sollte neben dem inneren Kern der Europäischen Union, die zum Beispiel über gemeinsame Außen- und Sicherheitspolitik beschließt, die Europäische Wirtschaftsgemeinschaft in einem weiter gefaßten Kreis fortbestehen.
Die Europäische Union ist keine Utopie, sondern eine in relativ kurzer Frist zu realisierende politische Vision.
Mit Recht haben wir denen Verzagtheit und mangelnde Bereitschaft vorgeworfen, die die politische Einigung Europas als »eine Aufgabe für kommende Generationen« bezeichnen. Im Gegensatz hierzu lautet der erste Satz in der »Augsburger Erklärung« der CSU zur zweiten Direktwahl des Europäischen Parlaments: »Für die Christlich-Soziale Union ist die Einigung Europas nach wie vor ein geschichtlicher Auftrag an *unsere* Generation.«
Dieser Satz entspricht voll und ganz meiner Überzeugung, daß wir vor der Geschichte nicht das Recht haben, eine Chance zu verspielen, die sich möglicherweise nie wieder so bietet wie heute.
Ich bin sicher, daß dieser Satz auch weiterhin seinen Platz im politischen Programm von Franz Josef Strauß und in seinem Handeln haben wird.

Alois Mock

IDU: Die Freiheits-»Internationale« entsteigt ihren Kinderschuhen

Ende Juli 1985 traten in der amerikanischen Bundeshauptstadt die Parteivorsitzenden der zwanzig Mitgliedsländer der Internationalen Demokratischen Union (IDU) zu ihrem zweiten Parteiführertreffen zusammen. Damit hat der Gedanke eines Zusammenschlusses plu-

ralistischer, nicht-sozialistischer Parteien demokratischer Länder innerhalb von zwei Jahren weltumspannende Wirklichkeit erreicht. Die IDU ist endgültig ihren Kinderschuhen entstiegen.
Die IDU-Parteien haben in Washington durch zahlreiche Regierungs- und Staatschefs demonstriert, welches Gewicht die auch Freiheits-»Internationale« genannte IDU in der Weltpolitik von heute hat. Mitgliedsparteien der IDU stellen heute die Regierungschefs in den USA, in Japan, Großbritannien, der Bundesrepublik Deutschland, Kanada, Norwegen und Dänemark. Im gegenseitigen offenen und weltumspannenden Gespräch haben die IDU-Parteien in Washington unter anderen die Themen Ost-West-Beziehungen, Abrüstung und die Strategische Verteidigungsinitiative der USA, Privatisierung in der Wirtschaft, Jugendbeschäftigung sowie Probleme des Welthandels und des Protektionismus erörtert.
Diese Konferenz hat zu einer Ausweitung der IDU geführt. Parteien aus lateinamerikanischen Mehrparteiendemokratien suchten den Zugang: Ihre Mitgliedschaft ist damit Vorbote einer Ausbreitung der IDU auf dem amerikanischen Kontinent. Ziel dieser Expansion ist die Schaffung einer weiteren Regionalorganisation der IDU, der Amerikanisch Demokratischen Union (ADU). Weitere Parteien aus Südamerika, Zentralamerika, dem Mittleren und Fernen Osten sowie aus Ozeanien sind als Beobachter zum IDU-Parteiführertreffen eingeladen. Eines der Ziele dieser politischen Gesprächsreisen ist die Verbreitung der Demokratie, wie sie zuletzt von der EDU erfolgreich in El Salvador durchgeführt wurde.
In Fact Finding Missions haben Delegationen der IDU die Lage im Nahen Osten sondiert, weitere Erkundungsreisen der IDU sind für die nächste Zukunft nach dem Mittleren Osten und nach Afrika vorgesehen. Es handelt sich dabei um Missionen, die dazu dienen, sich am Ort des Geschehens eingehend über Konflikte von weltpolitischer Dimension zu informieren und dadurch auch die interne Arbeit in der IDU an Qualität zunehmen zu lassen. Die Arbeit der IDU und ihrer Teilorganisationen dient einerseits der Bestimmung gemeinsamer Positionen in wichtigen Fragen (von der Bedeutung der Hochtechnologie für die gesellschaftliche Entwicklung über die gemeinsame Position in der Frage der Ost-West-Beziehungen bis hin zur Bekämpfung der Jugendarbeitslosigkeit und einer aktiven Ver-

tretung und Unterstützung der pluralistischen parlamentarischen Demokratie, die als politisches Modell weltweit gesehen heute noch immer eine Ausnahme darstellt und vielfach bedroht ist).

Christdemokraten als Schrittmacher

Die Internationale Demokratische Union ist der Aufbruch zu weltweiter Zusammenarbeit personalistisch ausgerichteter Parteien. Der Kern dieser Organisation war die bescheidene Zusammenarbeit christlich-demokratischer Parteien nach dem Ersten Weltkrieg. In der Sozialistischen Internationale wirkte der »Internationalismus« schon 40 Jahre früher als geistiges Strukturelement und lieferte sowohl den kommunistischen als auch den sozialistischen Parteien jene Impulse, die zum Aufbau einer weltweiten Parteienformation führte. Ausschlaggebend dafür war die ideologisch bestimmte Erkenntnis von der internationalen Solidarität der Unterdrückten, die ihre Klasseninteressen nur in einer weltumspannenden gemeinsamen Aktion durchzusetzen vermögen. Die Gründung der Sozialistischen Internationale zu Beginn dieses Jahrhunderts war eine organisatorisch folgerichtig umgesetzte Konsequenz dieser ideologischen Voraussetzungen.
Im Vergleich dazu begannen die christlichen Demokraten sich erst nach 1945 im *internationalen Maßstab* zu organisieren. Es war ein Prozeß, der zwar spät eingeleitet wurde, jedoch zügig voranging und über Zwischenstadien, die es später noch kurz zu erläutern gilt, zur Gründung der IDU (Internationale Demokratische Union) im Jahr 1983 in London führte.
Die Notwendigkeit einer europäischen Organisation war schon kurz nach dem Ersten Weltkrieg erkannt worden. Es war 1921 der Gründer der »Partito Populare Italiano«, Luigi Sturzo, der nach einem Besuch bei der Bayerischen Volkspartei in München und beim Zentrum in Köln und Berlin eine europäische Organisation der christlichen Parteien befürwortete. Zum ersten Mal fand dann im Dezember 1925 in Paris ein internationaler Kongreß christlicher Volksparteien statt. Mit dem Ausbruch des Zweiten Weltkriegs fanden diese Bemühungen, die vor allem von Sturzo getragen wurden, ein rasches Ende. Der Gedanke, eine europäische und internationa-

le Organisation christlicher Demokraten zu schaffen, lebte jedoch weiter. – Sturzo ließ 1945 in London mit dem »Service d'information international democrate-chrétien« eine institutionalisierte Idee wieder aufleben, die bereits in den dreißiger Jahren zu einem internationalen Büro in Paris geführt hatte.
Parallel dazu gab es in der Schweiz einen konkreten Plan, eine engere Zusammenarbeit zwischen den christlichen Parteien Europas herbeizuführen. An den ersten Treffen (1936 in Montreux und 1947 in Luzern) nahm auch Bundesminister Felix Hurdes aus Österreich teil. Damals entstand die Idee einer neuen Organisation mit dem Namen »Nouvelles Equipes Internationales«. Bewußt wurde aus Rücksicht auf einzelne Länder im Titel kein Hinweis auf die beabsichtigte »Schwarze Internationale« gegeben. Das Entstehen dieser Gruppe wurde von den bekannten »Genfer Gesprächen« vorbereitet und begleitet, bei denen sich erstmals Robert Schuman, Konrad Adenauer und De Gasperi mit anderen führenden europäischen christlichen Politikern trafen.
Hier soll nicht die Geschichte des europäischen und späteren internationalen Zusammenschlusses christlich-demokratischer beziehungsweise Zentrums-Parteien im Detail nachgezeichnet werden. Deshalb wird mit dem Hinweis darauf, daß sich 1965 die »Nouvelles Equipes Internationales« unter der Bezeichnung EUCD (Europäische Union Christlicher Demokratien) neue Satzungen gab, die Skizzierung dieser geschichtlichen Phase abgeschlossen sein.

EDU: Kein ideologischer Einheitsblock

Der Grundstein für die bereits erwähnte weltumspannende Internationale Demokratische Union (IDU) wurde formell am 24. April 1978 im Schloß Klessheim gelegt. Damals unterschrieben die Parteiführer Margaret Thatcher, Helmut Kohl, Franz Josef Strauß, Couve de Murville sowie die Parteiführer der nicht-kollektivistischen Parteien aus Norwegen, Portugal, Dänemark, Schweden, Finnland und Österreich die »Klessheimer Deklaration«. Es ist eigentlich selbstverständlich, daß sich unter diesen bedeutenden Persönlichkeiten der Bayerische Ministerpräsident und Vorsitzende der CSU Franz Josef Strauß befand, der in seiner jahrzehntelangen politischen Tätigkeit europaweit und weltweit durch seinen dynamischen Arbeitsstil, seine konsequenten, klaren gesellschaftspolitischen Positionen, seine geschichtsbewußte Gestaltung der Politik seit langen Jahren internationale Anerkennung als Staatsmann erfahren hat.

Gemeinsam war diesen Politikern, daß sie Zentrumsparteien, konservative oder christlich-demokratische Parteien vertraten. Mit der »Klessheimer Deklaration« wurde die EDU – die Europäische Demokratische Union – geschaffen. Die Mitgliedschaft in dieser europäischen Organisation war nicht an bestimmte verbale Etikettierungen in Form bestimmter Parteienbezeichnungen gebunden, sondern orientierte sich ausschließlich an den in Klessheim festgeschriebenen Grundsätzen. Mit der Gründung der EDU war es erstmals gelungen, die Zersplitterung der bürgerlichen Parteien Europas zu überwinden, denen schon seit langem der geschlossene Block der Sozialistischen Internationale gegenüberstand.

Einigendes Band des Zusammenschlusses war die gemeinsame weltanschauliche Grundlage. Es war ein nicht-konfessioneller Zusammenschluß von Parteien.

Es sind also die gleichen ideellen Grundsätze, die diese Parteien verbinden, auch wenn es in einzelnen Bereichen unterschiedliche politische Positionen geben kann und wird.

In der Präambel der Klessheimer Erklärung heißt es unter anderem, daß der Parteien-Zusammenschluß auch »im Hinblick auf die Bedrohung der Errungenschaften der freiheitlichen und partnerschaftlichen Demokratien in Europa durch die extreme Linke und Rechte gegründet« wurde. Trotz dieser Formulierung versteht sich die EDU nicht nur als Abwehr-Organisation totalitärer Ideologien, sondern als aktiver Kämpfer im Bewußtsein ihres »gemeinsamen Erbes und ihrer gemeinsamen Einstellung zur Rolle des Menschen in der Gesellschaft, der Demokratie, der Freiheit, des Rechtsstaates und der sozialen Solidarität«. Das heißt, es vereinen sich Parteien, die ihre weltanschauliche Motivation für diese grundsätzlichen Zielsetzungen im Christentum, andere in einem positivistischen Humanismus finden. Übrigens eine Konstruktion, die auch das »Salzburger Programm« der ÖVP bestimmt.

Dort wird das Selbstverständnis der ÖVP in einem in häufigen

Fällen zitierten Punkt (2.5 des »Salzburger Programms«) so beschrieben:

»Die ÖVP sieht im Christentum die ständige Herausforderung zur Gestaltung der Welt nach den Grundsätzen der Gerechtigkeit, der Nächstenliebe, der Brüderlichkeit und des Friedens. Sie ist offen für Christen und für alle, die sich aus anderen Beweggründen zu einem humanistischen Menschenbild bekennen.«

Vorrang für die Würde der menschlichen Person

Die definitorischen Festlegungen bestimmen den Handlungsrahmen der EDU. Ihr geht es inhaltlich um die Sicherung der Würde der menschlichen Person. Auf diesen Begriff legen die genannten Parteien besonderen Wert, da er konstituierend für unsere geistige Kultur und Tradition ist. In diesem Begriff drückt sich die transzendentale Dimension menschlicher Existenz aus, in der sich Geistiges und Materielles verbindet. Gerade weil die der menschlichen Person angestammte Würde durch die politische Entwicklung nicht zuletzt in Europa gefährdet ist, ist die EDU nicht nur organisatorische Notwendigkeit, sondern vor allem politisches Signal. Denn die Würde des Menschen ist – in gebotener Kürze formuliert – von zwei Seiten bedroht: vom individualistischen Liberalismus ebenso wie vom kollektivistischen Sozialismus. – Skylla und Charybdis bedrohen die Freiheit.
Deshalb bekennen wir uns ja auch im »Salzburger Programm« der Österreichischen Volkspartei dazu, daß »das Maß der Freiheit, das wir morgen besitzen, vom Maß der Verantwortung abhängt, das wir heute zu tragen bereit sind«. Für die konkrete Politik bedeutet das, daß unter dem Aspekt der Freiheitserhaltung jeweils zu beachten ist, daß wachsende Freiheit ohne Verantwortung zum Chaos führt und daß wachsende Verantwortung ohne die Freiheit zur Mitentscheidung zur Versklavung führt.

IDU repräsentiert 150 Millionen Wähler

Vier Jahre nach Gründung der EDU als europäische Organisation wurde in Tokio eine Pazifische Demokratische Union (PDU) gegründet. Gründungsmitglieder waren die Liberaldemokraten Ja-

pans, die liberale Partei Australiens und die nationale Partei Neuseelands. Wiederum ein Jahr später, im Juli 1983, erfolgte die Gründung der IDU als einer weltweiten Dachorganisation in London. Obwohl es noch keine ADU (American Democratic Union) als Regionalorganisation gibt, ist die republikanische Partei ebenso Gründungsmitglied wie die kanadische konservativ-progressive Partei.
Nur am Rande sei vermerkt: Die Initiativen, einen europäischen und weltweiten Zusammenschluß nicht-kollektivistischer Parteien zu erreichen, waren immer wieder führend von österreichischen Politikern getragen, etwa dem früheren Bundesparteiobmann Dr. Josef Taus, der erster Vorsitzender der EDU war. Seither sind EDU und IDU unter österreichischem Vorsitz. Dies mag auch als Beitrag unserer Partei dafür gelten, das Gewicht der europäischen Christdemokraten zu stärken. Deshalb ist die ÖVP fest entschlossen, auch in Zukunft kraftvoll an der UEDC, die als engere Gruppe europäischer christlich-demokratischer Parteien noch immer besteht, mitzuarbeiten. Auch für diese Organisation hat die ÖVP immer wieder Persönlichkeiten zur Verfügung gestellt. Seinerzeit den Generalsekretär, gegenwärtig den außenpolitischen Sprecher der ÖVP. – Auch die Tatsache, daß der langjährige UN-Generalsekretär, Dr. Kurt Waldheim, daß zwei Europarats-Generalsekretäre, Dr. Toncic-Sorinj und Dr. Karasek, aus den Reihen der Österreichischen Volkspartei kamen, demonstriert auf der Ebene der internationalen Zusammenarbeit ein Ziel des immerwährend neutralen Österreichs, dessen Politiker sich besonders berufen fühlen, auf allen Ebenen die politische Zusammenarbeit zu fördern und zu stärken.
Heute repräsentiert die IDU (Internationale Demokratische Union) mit ihren Mitglieds- und Beobachterparteien rund 150 Millionen Wähler. Die weltweite Zusammenarbeit befindet sich in einem Anfangsstadium, die Praxis der Zusammenarbeit muß sich natürlich erst entwickeln. Der Dialog mit allen Parteien der Mitte wurde erfolgreich begonnen. Voraussetzung dafür waren nicht – wie erwähnt – der Parteiname, sondern die Inhalte der Programme und die konkreten politischen Aktivitäten der Parteien. Die christlich-demokratischen Grundsätze und Leitideen entwickeln dabei für die sich verbessernde Zusammenarbeit zwischen den Parteien besondere Prägekraft. Trotz dieses bereits erreichten beachtlichen Fort-

schritts soll nicht übersehen werden, daß nicht alle Parteien aufgrund ihres geschichtlichen Werdegangs über eine festgefügte weltanschauliche Substanz verfügen. Ihre Suche nach verbindlichen Werten und Normen ist nicht nur ein Beweis dafür, daß das propagierte »Ende der Ideologie« lediglich Gerede ist, sondern auch dafür, daß diese Parteien sehr aufnahmefähig sind für positive, fundierte ideologische Positionen.

Gegen Äquidistanz zu politischen Systemen

Die bisherige Arbeit in der IDU hat gezeigt, daß es in keiner Phase notwendig war, substantielle christlich-demokratische Überzeugungen aufzugeben. Im Gegenteil! In einer sehr engen Zusammenarbeit konnten Grundsatzpapiere über die Stellung der IDU-Parteien zu den Gewerkschaften oder über die Stellung der Linken ebenso wie zu den Problemkreisen der Familienpolitik oder der sozialen Marktwirtschaft erarbeitet und verabschiedet werden. – In diese internationale Programmarbeit bringen alle Parteien ihre eigenen historischen, sozialen und kulturellen Erfahrungen ein. Akzentunterschiede in der Formulierung der direkten Ziele und in den konkreten politischen Aktionen sind kein Hemmnis, eine klare Frontstellung gegen den Marxismus in allen seinen Spielarten zu beziehen. Deshalb gibt es auch für die IDU (Internationale Demokratische Union) keine Äquidistanz zu politischen Systemen mit einer demokratischen Struktur und kommunistischen Staaten beziehungsweise rechtsextremen Ländern mit einer autoritären Struktur.

In diesem Zusammenhang gewinnt die Frage essentielle Bedeutung, ob es den zentralamerikanischen Staaten möglich wird, in Freiheit und Eigenverantwortung ihre demokratischen Strukturen zu entwickeln. Oder aber, ob es Kuba gemeinsam mit anderen kommunistischen Ländern gelingt, unter Ausnützung der sozialen Not marxistische Politsysteme aufzubauen. Die Unfreiheit, bedingt durch rechtsextreme Diktaturen, würde dann nur durch neue Diktaturen kommunistischer Provenienz abgelöst. Sowohl die eine als auch die andere Entwicklung wird das Ost-West-Gleichgewicht beeinflussen.

So bedeutend die politische Entwicklung und das militärische Aufrüsten in diesem Raum die politische Strukturentscheidung in die eine oder andere Richtung beeinflussen können, so wichtig ist die langfristige Entwicklung der ökonomischen Bedingungen zur Verwirklichung sozialer Gerechtigkeit und zur Sicherung der Lebensfähigkeit der politischen Demokratie in diesem Raum.

Christdemokratische Grundsätze weltweit durchsetzen

Die Zusammenarbeit mit den konservativen und sonstigen Parteien der Mitte in Europa und in anderen Ländern der Welt wird von den in der Internationalen Demokratischen Union kooperierenden Christdemokraten als Auftrag interpretiert, die für richtig erkannten christlich-demokratischen Wertvorstellungen auch in anderen großen Volksparteien nach und nach zum Tragen zu bringen. Naturgemäß ist dies bei den europäischen Volksparteien leichter als bei den überseeischen Parteien, die aus völlig anderen Traditionen und unter unvergleichbaren sozialen Bedingungen leben. Dies gilt auch für jene Länder, in denen es in absehbarer Zeit keine christlichdemokratischen Parteien geben wird. Doch soll nicht verkannt werden, daß es eine Reihe von Parteien gibt, die gemeinsam mit der IDU ihre politischen Vorstellungen verwirklichen wollen. Unterschiedliche weltanschauliche Begründungen des politischen Handelns können nicht verdecken, daß es sich um identische Zielsetzungen handelt und somit um geeignete Voraussetzungen, die Zusammenarbeit auf regionaler und weltweiter Ebene zu festigen.
Jedenfalls ist das Engagement der neugegründeten Internationalen Demokratischen Union für politische Demokratie, für soziale Gerechtigkeit und den politischen Rechtsstaat eine Hoffnung für alle Völker, die heute noch in Unfreiheit und Unterdrückung leben.

DATEN UND NAMEN (Stand Juni 1985)

Das höchste Entscheidungsgremium der IDU ist die alle zwei Jahre stattfindende Parteiführerkonferenz, die erstmals in London 1983 abgehalten wurde. Diese Konferenz entscheidet über Fragen der Politik der IDU und über die Aufnahme von Mitgliedern. Ferner überträgt sie dem Vorsitzenden der IDU die Verantwortung für die laufende politische Tätigkeit und unterhält in London ein Exekutivsekretariat.
Vorsitzender der IDU ist Dr. Alois Mock, Bundesparteiobmann der Österreichischen Volkspartei und Präsident der EDU (Europäische Demokratische Union). Vorsitzender der PDU (Pazifisch-

Demokratische Union) ist Außenminister a. D. Brian Talboys von der National Party von Neuseeland. Er war seinerzeit stellvertretender Premierminister und Außenminister seines Landes. Die Vizepräsidenten der IDU sind: Ulf Adelsohn (Schweden), Richard v. Allen (USA), Sir John Atwill (Australien), Jacques Chirac (Frankreich), John Selwyn Gummer (Großbritannien), Susumo Nikaido (Japan), Dr. h. c. Franz Josef Strauß (Deutschland).
Die IDU und ihre zwei Regionalorganisationen haben eine Reihe von Ausschüssen ins Leben gerufen, um ihre Politik zu bestimmten Fragen zu diskutieren und abzustimmen. So erörtert das ständige außenpolitische Komitee der IDU regelmäßig die internationale politische Entwicklung. Weitere Ausschüsse sind der Lenkungsausschuß von EDU und PDU sowie die EDU-Ausschüsse für die europäische Politik, für Hochtechnologie und grenzüberschreitende Umweltprobleme.
Die Mitgliedsparteien der Internationalen Demokratischen Union sind: Liberal Party (Australien), Progressive Conservative Party (Kanada), Det Konservative Folkepartei (Dänemark), Kansallinen Kokoomus (Finnland), Rassemblement pour la République (Frankreich), Christlich Demokratische Union und Christlich-Soziale Union (Deutschland), Nea Demokratia (Griechenland), Liberal Democratic Party (Japan), National Party (Neuseeland), Høyres Hoved Organisasjon (Norwegen), Österreichische Volkspartei (Österreich), Partido do Centro Democratico Social (Portugal), Alianza Popular (Spanien), Moderata Samlingspartiet (Schweden), Conservative Party (Vereinigtes Königreich), Republican Party (USA), Democratic Rally (Zypern). Assoziierte Mitglieder der IDU sind: Partit Nazzjonalista (Malta), Europäische Demokratische Studenten, Europäische Mittelstandsunion und Junge Demokratische Union.

GRUNDSATZERKLÄRUNG DER INTERNATIONALEN DEMOKRATISCHEN UNION

Unterzeichnet am 24. Juni 1983

Die unterzeichneten Vorsitzenden politischer Parteien erklären:
IM HINBLICK AUF ihre gemeinsame Überzeugung, daß eine demokratische Gesellschaft dem einzelnen Bürger auf der ganzen Welt die besten Bedingungen für politische Freiheit, persönliche Freiheit, Gleichheit der Chancen und der wirtschaftlichen Entwicklung im Rahmen des Rechtsstaates gibt; und daher
IN DER VERPFLICHTUNG, die sozialen und politischen Werte, auf denen eine demokratische Gesellschaft aufgebaut ist, einschließlich der persönlichen Grundfreiheiten und der Menschenrechte, wie sie in der Allgemeinen Erklärung der Menschenrechte niedergelegt sind, zu fördern; insbesondere das Recht auf freie Meinungsäußerung, das Koalitionsrecht, das Recht auf freie Versammlung und auf gewaltlosen Protest; das Recht auf freie Wahlen und die Freiheit, eine tatsächliche parlamentarische Opposition zu schaffen; das Recht auf freie und unabhängige Medien; das Recht auf freie Religionsausübung, die Gleichheit vor dem Gesetz und die persönliche Entwicklung und Entfaltung des einzelnen;
IM HINBLICK AUF ihren gemeinsamen Glauben an eine offene Gesellschaft, in der die Macht breit zwischen freien Institutionen verteilt ist, die auf die Schaffung von Bedingungen ausgerichtet sind, die es jedem einzelnen ermöglichen, seine Fähigkeiten voll auszuschöpfen und seine Verpflichtungen gegenüber seinen Mitmenschen wahrzunehmen und wo die Hauptaufgabe der Regierung darin besteht, dem einzelnen zu dienen und seine Freiheit zu wahren und zu fördern, und gleichermaßen
IN BETONUNG der moralischen Verpflichtung einer freien und offenen Gesellschaft, die die Institution der Familie als grundlegende soziale und einende Kraft sowie die Verantwortung der Gesellschaft gegenüber den Schwachen und Minderbegünstigten hochhält, insbesondere durch Förderung von Selbsthilfe und Unternehmertum des einzelnen und Wahlmöglichkeit bei der Bereitstellung von Leistungen;
IM FESTEN GLAUBEN an eine Gesellschaft von Einzelbürgern, die partnerschaftlich im Dienste des Gemeinwohls zusammenarbeiten;
IM HINBLICK AUF ihre gemeinsame Überzeugung, daß politische Demokratie und privates Eigentum untrennbare Komponenten der Freiheit des einzelnen sind, und daß die soziale Marktwirtschaft am besten geeignet ist, jenes Glück und jenen materiellen Wohlstand zu erreichen, die

die legitimen Ansprüche jedes einzelnen sind, und ferner soziale Übel, wie Arbeitslosigkeit und Inflation zu meistern;
IM GLAUBEN, daß dies der wirksamste und beste Weg ist, Initiativen und Unternehmertum des einzelnen, verantwortungsvolles Wirtschaftswachstum, eine günstige Entwicklung auf dem Arbeitsmarkt, niedrige Besteuerung und ein vielfältiges Angebot für den Konsumenten zu ermöglichen;
IM HINBLICK AUF die Bedrohung durch die extreme Linke und die extreme Rechte;
IN ABLEHNUNG jedweder Form von Totalitarismus, der heute so viel Leid bringt und so viele Freiheiten einengt;
IM HINBLICK AUF die wichtigen weltweiten Aufgaben, die eine engere und wirksamere Zusammenarbeit ihrer von gemeinsamen politischen Überzeugungen getragenen Parteien notwendig und wünschenswert machen;
IN DER VERPFLICHTUNG, auf eine immer engere Zusammenarbeit aller Völker demokratischer Staaten unter Achtung des Rechts jedes einzelnen Staates auf die Wahrung seiner Identität und seiner lebenswichtigen Interessen hinzuarbeiten sowie ihren Einfluß und vor allem ihr politisches Gewicht zum größeren Nutzen der Welt, insbesondere durch eine Verstärkung des gegenseitigen Verantwortungsbewußtseins aller Staaten für eine weltweite Wirtschaftsentwicklung, geltend zu machen;
ERKLÄREN den gerechten und dauernden Frieden und die gerechte und dauernde Freiheit in der ganzen Welt zu ihrem Ziel;
sie ERKLÄREN WEITERS, dieses Ziel unter Beachtung der in vorliegender Erklärung festgelegten Grundsätze zu verfolgen; und
andere Parteien NACHDRÜCKLICH EINLADEND, sich ihnen anzuschließen,
KOMMEN SIE ÜBEREIN, in Verfolgung ihrer gemeinsamen Überzeugungen eine Arbeitsgemeinschaft zu gründen, die im folgenden »Internationale Demokratische Union« genannt wird.
(Original: Englisch)

Reimar Lüst

Weltraumforschung und -technik in europäischer Zusammenarbeit und in Partnerschaft mit den USA

Die europäische Weltraumorganisation ESA

I.

Franz Josef Strauß hat sich in seinem politischen Leben stets für die Entwicklung und Stärkung der einheitlichen Kraft Europas eingesetzt, das als gleichberechtigter Partner mit den USA zusammenarbeitet. Voraussetzung hierzu ist neben dem überzeugenden politischen Willen, den Franz Josef Strauß stets nachdrücklich demonstriert, die Fähigkeit Europas, auf allen wichtigen technischen Gebieten mit den USA konkurrieren zu können. Denn nur so ist auf Dauer eine echte Partnerschaft möglich.

Forschung und Entwicklung, sowohl in der Industrie als auch an den Hochschulen und Forschungsinstituten, spielen dabei eine wichtige Rolle. Für die zukünftige Leistungsfähigkeit der Industrie und der Wirtschaft in der Bundesrepublik sowie in Europa ist ein hoher Leistungsstand von Forschung und Entwicklung eine Voraussetzung. Franz Josef Strauß hat sich auf allen Stationen seines politischen Lebens hierfür immer wieder eingesetzt. So hat er als Bundesminister Mitte der fünfziger Jahre – zwar nicht unmittelbar für die Forschungsförderung zuständig – wichtige Impulse gegeben und unter anderem der Entwicklung der friedlichen Nutzung von Kernenergie in der Bundesrepublik den Weg geebnet. Ein sichtbares Zeichen dieser Periode ist das Garchinger Atomei.

Besonders deutlich ist sein nachhaltiger Einsatz für ein anderes wichtiges Gebiet der Technik und der Forschung in der Bundesrepublik und in Europa: der Luft- und Raumfahrt. Sie stellt ein überzeugendes Beispiel für die Notwendigkeit der Zusammenarbeit in Europa dar. Sowohl Projekte der zivilen als auch der militärischen Luftfahrt haben dies erfolgreich demonstriert.

Der Airbus hat sich in der Konkurrenz zu amerikanischen Flugzeugen auf dem Globus in vielen Ländern durchgesetzt. Auch in der Weltraumtechnik und -forschung war es möglich, durch europäische Kooperation für Europa im wissenschaftlichen und wirtschaftlichen Bereich eine autonome Stellung zu gewinnen. Gleichzeitig muß die Zusammenarbeit Europas mit den USA in gleichberechtigter Partnerschaft fortgesetzt und verstärkt werden.

Die Entwicklung der Weltraumforschung und -technik steht, nachdem in einer ersten Etappe die Autonomie Europas erzielt wurde, vor einer neuen Phase. Bis zum Ende der neunziger Jahre gilt es, diese Unabhängigkeit Europas auszubauen und zu festigen. Hierzu sind große wissenschaftliche Projekte in der Vorbereitung. Gleichzeitig muß der Anwendungsbereich der Weltraumtechnik auf eine breite wirtschaftliche Basis gestellt werden, um mit den USA und Japan weiter konkurrieren zu können. Im Bereich der bemannten Weltraumfahrt soll die Zusammenarbeit mit den USA in den kommenden zehn Jahren verstärkt, darüber hinaus aber auch die Option offengehalten werden, daß Europa auf diesem Gebiet autonom werden kann, falls dies notwendig werden sollte.

II.

Neben der europäischen Einrichtung CERN in Genf für die Erforschung der Elementarteilchen ist die Weltraumforschung das andere Gebiet, auf dem in Europa mit am längsten erfolgreich zusammengearbeitet wurde. Nach den ersten Erfolgen der Russen und der Amerikaner mit den Starts des Sputniks Ende 1957 und des Explorers zu Beginn 1958 war einer Reihe von Wissenschaftlern aus verschiedenen europäischen Staaten bewußt geworden, daß man auf diesem sowohl für die Wissenschaft als auch für die Technik wichtigen Gebiet mit den Amerikanern und Russen nur dann konkurrieren könne, wenn man sich zu europäischer Zusammenarbeit entschließt. Als Vorbild für die gemeinsame Arbeit diente für diese Wissenschaftler das damals schon existierende Institut CERN in Genf.

So wurde von zehn europäischen Regierungen 1964 die Europäische Organisation für Weltraumforschung ESRO gegründet, die auf wissenschaftlichem Gebiet tätig wurde. Sie war für die Entwicklung, den Bau und den Start wissenschaftlicher Satelliten verantwortlich. Die Entwicklung und den Bau der Satelliten übernahmen Konsortien europäischer Firmen, während die wissenschaftlichen Nutzlasten von Forschungsinstituten aus den Mitgliedstaaten der ESRO beigesteuert wurden. Die Starts erfolgten mit Hilfe amerikanischer Trägerraketen, da bis Ende der siebziger Jahre keine europäische Trägerrakete verfügbar war. Das technische Zentrum der ESRO in Noordwijk in Holland, ESTEC, hatte die Projektdurchführung zu leiten sowie die umfangreichen Tests durchzuführen, während nach dem Start dieser Satelliten die Bodenkontrolle und das Aufnehmen der Meßdaten im Operationszentrum in Deutschland stattfand. Das Hauptquartier der ESRO bekam seinen Sitz in Paris. Ein kleines Forschungsinstitut wurde in Frascati bei Rom aufgebaut.

Parallel zur ESRO, der Organisation zur wissenschaftlichen Erforschung des Weltraums, entstand eine zweite europäische Arbeitsgemeinschaft, die European Launcher Development Organisation, kurz ELDO. In ihr bemühten sich sechs Länder, eine Trägerrakete für Satelliten zu entwickeln. Ihre erste Stufe sollte aus der »Blue Streak« entstehen, einer Rakete, mit deren Bau man in England in den fünfziger Jahren schon begonnen hatte. Die zweite Stufe sollte in Frankreich, die dritte in der Bundesrepublik Deutschland entwickelt werden. Die Italiener sollten einen Testsatelliten beisteuern. Nach mehreren Fehlstarts auf einem Gelände in Australien verloren die beteiligten Regierungen das Vertrauen in das kostspielige Unternehmen. Die ELDO wurde liquidiert, ihr Restbestand mit der ESRO fusioniert.

III.

Zugleich wurde die Aufgabenstellung für die ESRO erweitert: Sie wurde auch zuständig für die Entwicklung von Anwendungssatelliten, für Nachrichten- und Wettersatelliten. Schließlich übertrug man ihr die Verantwortung für die zukünftige Entwicklung einer neuen europäischen Trägerkapazität. Die erweiterten Aufgaben spiegelten sich in einem neuen Namen wider. ESRO verschwand. Seit 1974 heißt die europäische Raumfahrtorganisation offiziell European Space Agency, kurz ESA. Sie ist der europäische Counterpart der amerikanischen NASA. Ihr erstes Programm umfaßte neben der Entwicklung von wissenschaftlichen und Anwendungssatelliten die Entwicklung des Raumlabors »Spacelab« und der »Ariane«, der neuen europäischen Trägerrakete.
Die Hauptziele der ESA sind in einer Konvention festgelegt und sie umfassen:

1. Entwicklung und Förderung der Zusammenarbeit zwischen europäischen Staaten für ausschließlich friedliche Zwecke auf den Gebieten
   - Weltraumforschung
   - Weltraumtechnologie
   - Weltraumtechnische Anwendungen.
2. Ausarbeitung und Durchführung einer langfristigen europäischen Weltraumpolitik.
3. Ausarbeitung und Durchführung eines europäischen Weltraumprogramms.
4. Ausarbeitung und Durchführung einer Industriepolitik.

Der Erfolg der europäischen Zusammenarbeit in der ESA wird durch dreizehn wissenschaftliche Satelliten, durch fünf Anwendungssatelliten, durch den Bau des Raumlabors Spacelab und sei-

nen ersten Flug mit einem deutschen Astronauten sowie durch die Starts der Ariane demonstriert. So konnten die europäischen Wissenschaftler viele neue, originelle Ideen in die Tat – das heißt in wissenschaftliche Satellitenprojekte – umsetzen. Sie konnten dabei neue Erkenntnisse über die Umgebung der Erde, den interplanetaren Raum sowie über die solar-terrestrischen Beziehungen gewinnen. Ebenso waren die Sonne, die Sterne und andere kosmische Objekte ihre vorrangigen Untersuchungsobjekte. Ein neues Gebiet der Astronomie, die Gammastrahlenastronomie, wurde von europäischen Wissenschaftlern erschlossen.
Die von der ESA entwickelten meteorologischen Satelliten helfen den Meteorologen für bessere Wetterprognosen; jeden Abend können die Fernsehzuschauer einen unmittelbaren Blick auf das »Wetter« Europas werfen. Die maritimen Satelliten der ESA stellen eine direkte Telefonverbindung zu den Schiffen auf allen Weltmeeren her. Die Kommunikationssatelliten der ESA verbinden die Länder auf dem Globus und sie senden Bilder vom Geschehen in aller Welt durch das Fernsehen. Seit kurzer Zeit verteilen sie auch neue Fernsehprogramme in verschiedene europäische Länder. So hat sich die Weltraumtechnologie nicht nur ihren Markt geschaffen, der inzwischen eine beträchtliche kommerzielle Bedeutung hat, sondern die europäische Industrie konnte auch beweisen, daß es durchaus möglich ist, einen Vorsprung der Amerikaner aufzuholen und mit ihnen gleichzuziehen. Die hier in Europa entwickelten Satelliten stellen Spitzenprodukte der Technologie dar.
Mit der Ariane ist es gelungen, die Monopolstellung der Amerikaner für den Start von Satelliten zu brechen, eine wichtige Voraussetzung, um sich auf dem bedeutenden kommerziellen Markt der Kommunikationssatelliten zu behaupten. So stellt die Ariane heute eine wirkliche Konkurrenz zu dem amerikanischen Raumtransporter dar, indem sie im Jahr 1984 die Hälfte aller kommerziellen Satelliten starten und sie alle erfolgreich in die Umlaufbahn bringen konnte.

IV.

Die ESA hat Ende 1984 eine wichtige Etappe auf dem Weg der sich selbst gesteckten Ziele erreicht. Jetzt müssen die Weichen für die nächsten 15 Jahre, bis zum Jahr 2000, richtig gestellt werden. Neben der Aufstellung des detaillierten Sachprogramms geht es dabei auch um die Weiterentwicklung Europas. Drei Fragen, die im Kern politischer Natur sind, stehen dabei im Vordergrund:

1. Erkennt man in der Förderung der Raumfahrt eine Zukunftstechnologie für Europa?
2. Wie bewertet man ein europäisches Raumfahrtprogramm als Mobilisierungsfaktor zur europäischen Integration?
3. Kann ein hochgestecktes Weltraumprojekt einen vernünftigen Beitrag zur notwendigen transatlantischen Partnerschaft leisten?

Auf einer Konferenz der für die Weltraumfragen zuständigen Minister aller Mitgliedstaaten der ESA sowie Österreichs, Norwegens und Kanadas wurde eindrucksvoll der einheitliche europäische Wille demonstriert, indem die Antwort auf die Fragen überzeugend positiv ausfiel. Es wurde ein langfristiges Programm der ESA beschlossen, das zur verstärkten Autonomie Europas auf dem Gebiet der Weltraumforschung und -technik führen soll. Diese Kompetenz wird es Europa zugleich ermöglichen, als gleichberechtigter Partner mit den USA auf den Gebieten zusammenzuarbeiten, bei denen eine solche Kooperation sinnvoll und geboten ist.

Das europäische Weltraumprogramm muß in sich ausgewogen sein. Alle Gebiete müssen mit hinreichenden Mitteln gefördert werden und in einem vernünftigen Verhältnis zueinanderstehen; die Aufwendungen für Nutzlasten, Satelliten, Trägerraketen und allgemeine Infrastruktur müssen zueinander richtige Relationen haben. Keiner dieser Bereiche darf so hohe Mittel beanspruchen, daß die übrigen zu kurz kommen. Nur wenn dies sichergestellt ist, macht es einen Sinn, sich an der amerikanischen Weltraumstation zu beteiligen.

So soll in den nächsten Jahren das wissenschaftliche Programm verstärkt werden durch eine reale Steigerung von fünf Prozent pro Jahr. Im Telekommunikationsbereich gilt es darum, die Konkurrenzfähigkeit der europäischen Industrie gegenüber der amerikanischen weiter zu verbessern und neue technologische Entwicklungen voranzutreiben. Die Wettererkundung wird mit weiterentwikkelten meteorologischen Satelliten sicher zur Präzisierung der Wettervorhersagen – vor allem im Zusammenwirken mit Großrech-

nern – führen. Damit könnten sicher nicht nur in der Landwirtschaft hohe Kosten eingespart werden.
Besondere Anstrengungen werden auf dem Gebiet der Erderkundung gemacht. Vorerst nur zu ahnen ist der Gewinn, den man aus Erderkundungssatelliten ziehen kann, aus Satelliten zur Klimaerforschung, zur Überwachung von Luft- und Meeresverschmutzung, zur Vegetationserkundung, weltweiter Einschätzung der Ernten, Beobachtung von Baumerkrankungen oder auch des Drogenpflanzenanbaus, zur geologischen Prospektierung, Kartierung und vielem mehr. Schon die Aufzählung läßt keinen Zweifel, wie wichtig die Entwicklung solcher Satelliten und ihrer Sensoren ist. Der Umweltschutz wird sicher davon sinnvoll profitieren können.
Auf all diesen Gebieten wird aber Europa nur dann wirtschaftlich konkurrenzfähig bleiben können, wenn es autonom ist, das heißt vor allem, wenn es in der Lage ist, die Satelliten mit eigenen Raketen in die gewünschten Umlaufbahnen zu bringen. Nur so kann eine marktbeherrschende Stellung der amerikanischen Industrie – und später sicher auch der japanischen Industrie – verhindert werden. So wurde in Rom von den europäischen Ministern auch folgerichtig beschlossen, die Entwicklung der Ariane-Trägerrakete mit Nachdruck fortzusetzen. Mit der geplanten Ariane 5, die moderne Kryogentriebwerke erhalten soll, werden eine Nutzlast von 4500 Kilogramm in eine geostationäre Umlaufbahn und circa 15 Tonnen in eine niedrige Umlaufbahn gebracht werden können, wobei auch der maximale Nutzlastdurchmesser auf 4,5 Meter erweitert wird, so daß man damit auch in dieser Hinsicht zum amerikanischen Raumtransporter voll konkurrenzfähig wird. Die Ariane 5 soll Mitte der neunziger Jahre zum ersten Mal starten.
Am schwierigsten war die Frage nach der Beteiligung an der amerikanischen Raumstation zu beantworten. Angesichts der nicht unbeträchtlichen Kosten dieses Unternehmens ist es verständlich, daß es nicht nur Befürworter, sondern auch vehemente Gegner gibt; und dies sowohl in Europa als auch in den USA selbst. Hier in der Bundesrepublik waren es einzelne Publizisten und Wissenschaftler, die mehr emotional als rational gegen die Raumstation argumentierten. Nur waren diese Argumente letztlich nicht sehr durchschlagend, denn von der wissenschaftlichen Seite läßt sich die Raumstation

nicht rechtfertigen; dies ist auch nicht versucht worden. Man muß nur sicherstellen, daß die Beteiligung an der Raumstation nicht zu Lasten der Förderung der Grundlagenforschung geht.
Ganz sicher stellt die Entwicklung der Raumstation eine technologische Herausforderung dar, und dies ist sicher ein nicht unwesentlicher Gesichtspunkt, wenn man über eine mögliche europäische Beteiligung zu entscheiden hat. Weiterhin wird die Existenz der Raumstation die Art und Weise, wie man den Weltraum für wissenschaftliche Zwecke sowie für die zahlreichen Anwendungsgebiete ausnutzt, erheblich beeinflussen und verändern. Wenn auch Roboter zunehmend im Weltraum an Bedeutung gewinnen werden, so wird unter anderem bei der Wartung und Reparatur komplizierter Raumobservatorien und Satelliten auf den Menschen nicht verzichtet werden können.
Schließlich hat die Frage der europäischen Beteiligung an der Raumstation eine eminent politische Bedeutung. Hier ist die Möglichkeit der Zusammenarbeit zwischen Europa und den USA auf einem zukunftsträchtigen Gebiet der Technologie gegeben, das den Vorteil bietet, friedlichen Zwecken zu dienen, und gegenüber anderen Projekten, wie zum Beispiel in der Hochenergiephysik oder der Fusionsforschung, daß man damit frei bleibt von erfahrungsgemäß sehr ärgerlichen nationalen Standortquerelen.
Das Abwägen des Für und Wider hat die Minister in Rom zu einem einstimmigen Beschluß bezüglich der Beteiligung an der amerikanischen Raumstation geführt, unter der Voraussetzung, daß eine gleichberechtigte Partnerschaft dabei möglich ist. Dies muß einen unbehinderten Technologietransfer nach beiden Seiten einschließen. Für die vorbereitende Phase wurde zwischen der NASA und ESA ein Abkommen zur Zusammenarbeit abgeschlossen, das es den Europäern ermöglichen soll, nach Vorliegen der eingehenden Studien und Kostenschätzungen gegen Ende 1986 eine endgültige Entscheidung über die Beteiligung zu fällen.

V.

Die Beschlüsse der Ministerkonferenz in Rom bedeuten auch, daß die finanziellen Aufwendungen für die Weltraumtechnik und -forschung in den nächsten fünf Jahren beinahe verdoppelt werden.

Zur Zeit beträgt das Gesamthaushaltsvolumen 970 Millionen Europäische Rechnungseinheiten (= ca. 2,2 Milliarden DM). Dieser Betrag soll in den neunziger Jahren auf etwa 1650 Millionen Rechnungseinheiten (= ca. 3,7 Milliarden DM) erhöht werden.
Die deutschen und europäischen Erfolge und die Zukunftsperspektiven auf dem Gebiet der Weltraumforschung und -technik sind beachtenswert. Trotzdem muß man sich vor Augen führen, mit welcher Vehemenz vor allem die USA sich auf diesem Sektor der Zukunftstechnologien engagieren.
Die Wirtschaftskraft Europas ist in etwa der der USA vergleichbar, wenn man die Bruttosozialprodukte von Europa und USA miteinander vergleicht. Dagegen sind die prozentualen Aufwendungen für Forschung und Entwicklung in Europa insgesamt deutlich geringer als in den USA (nur die Bundesrepublik wendet prozentual – gemessen am Bruttosozialprodukt – etwa gleich viel für Forschung und Entwicklung auf wie die USA). So fließen in den USA von staatlicher Seite wesentlich höhere Beträge in die Industrie für technologische Forschung und Entwicklung als in Europa. Auch die Aufwendungen für die Raumfahrt in den USA sind um einen Faktor acht höher als in Europa. Ziel der Europäer muß es letztlich sein, diese Lücke – nicht nur im Bereich der Raumfahrt – zu schließen. Dazu bedarf es neuer, vereinter Anstrengungen; hierzu soll auch das langfristige Programm der ESA einen Beitrag leisten.

VI.

Wissenschaftler und Ingenieure eröffnen sich in Europa neue und faszinierende Möglichkeiten, die am Horizont das Jahr 2000 im Blick haben. Zu Beginn unseres Jahrhunderts wäre es wohl vermessen gewesen, sich vorzustellen, wie selbstverständlich Wissenschaftler und Ingenieure in Europa in einem Bereich erfolgreich zusammenarbeiten, der nicht nur für die Wissenschaft, sondern auch kommerziell von großer Bedeutung ist. Daß dies trotz aller sinnvoller und notwendiger Konkurrenz in Europa möglich ist, hat die Zusammenarbeit in der European Space Agency demonstriert.
Diese sollte auch in den kommenden Jahren mit Vision und Tatkraft vorangetrieben werden. Damit wird über die Raumfahrt hinaus auch ein Beitrag zur Einigung und Einheit Europas geleistet. Auch

heute, Mitte der achtziger Jahre, gilt noch die politische Marschroute, die Robert Schuman schon 1950 mit seinem Montan-Plan für Europa vorschlug: »Europa wird nicht mit einem Schlag zustande kommen und nicht als Gesamtkonstruktion. Es wird durch konkrete Verwirklichungen entstehen, die zunächst eine praktische Solidarität schaffen.« Hierzu bedarf es der Tatkraft aller Politiker, die – wie Franz Josef Strauß – von der Zukunft Europas überzeugt sind.

Shimon Peres

Franz Josef Strauß und der Nahe Osten

Ich bin nicht ganz sicher, an welchem Punkt in seinem Leben Franz Josef Strauß den Nahen Osten entdeckte. Mein eigenes reges Interesse an Deutschland und meine spätere Bekanntschaft und Freundschaft mit Strauß gehen auf das Jahr 1957 zurück. Damals – die wichtige Rolle, die die Bundesrepublik Deutschland im westlichen Bündnis im weiteren Verlauf spielen sollte, deutete sich gerade erst an – hatte ich David Ben Gurion, unserem damaligen Ministerpräsidenten und Verteidigungsminister, vorgeschlagen, mit Strauß, dem 42jährigen deutschen Verteidigungsminister, Kontakt aufzunehmen. Zwischen Westdeutschland und Israel gab es noch keine diplomatischen Beziehungen. Bei unserem ersten Treffen in seinem Haus betonte Strauß mir gegenüber nachdrücklich seine Verpflichtung, einen Beitrag zur Wiederherstellung des damals ungleichen Waffen- und Kräfteverhältnisses im Nahen Osten zu leisten. Zweierlei Gründe waren für ihn dabei ausschlaggebend: seine Einsicht in die moralische und historische Verantwortung für die Sicherung des jüdischen Staates und seine überaus kritische Einschätzung der Lage im Nahen Osten. Man sollte nicht vergessen, daß es im Gefolge des Suez-Krieges um das Vertrauen zwischen den Vereinigten Staaten von Amerika und ihren europäischen Verbündeten nicht gerade zum besten bestellt war. Der in zyklischen Abständen wiederkehrende Drang der Europäer, sich dadurch Geltung zu verschaffen, daß sie versuchen, eine eigenständige Politik zu betreiben, setzte sich damals durch. Hinzu kam, daß Israels Stellung und Ansehen nach seinem Sieg im Sinai mehr einfallsreichen politischen Führern half, die bis dato vorherrschende Abneigung der Europäer, Israel offen zu unterstützen, zu überwinden. Strauß' Bereitschaft, Israel beizustehen und uns entschlossen seine Unterstützung zu gewähren, war in dieser Zeit außergewöhnlich und hat sich für Jahre danach fest in unserem Gedächtnis eingeprägt. Strauß hat eine bemerkenswerte Auffassungsgabe und ist ausgesprochen reaktionsschnell. Seine Definitionen sind brillant und sein Geist scheint stets neue Ideen, neue Initiativen zu zeugen. Hier haben wir einen Mann, der nie vor Herausforderungen zurückweicht, und während er im Gespräch fesselt, ist auch etwas Dramatisches in seinem Leben.

Über ein Vierteljahrhundert ist seit meinem ersten Treffen mit Strauß vergangen, und – ganz gleich, ob er im Amt war oder nicht – stets hat er sich zu seiner grundsätzlichen Einstellung und seinen Verpflichtungen gegenüber Israel und dem Nahen Osten bekannt. Die Analyse von Franz Josef Strauß der Lage im Nahen Osten stimmt deutlich mit unserer eigenen überein. Aus dieser Analyse ergab sich als eine der nach wie vor gültigen Schlußfolgerungen die Stärkung Israels auf militärischem, diplomatischem und wirtschaftlichem Gebiet und andererseits die dringende Notwendigkeit, direkte Verhandlungen zwischen den Konfliktparteien in der Region zu unterstützen mit der Hoffnung, Frieden zu schaffen.

Es ist hier vielleicht angebracht zu erläutern, was für einen Frieden Israel für sich sucht. Um dem voll gerecht zu werden, sollten wir zuerst eine Antwort auf die Schlüsselfrage geben: Was für ein Israel wollen wir?

Ich hatte wiederholt die Gelegenheit, mit Strauß über diese Vorstellungen zu sprechen. Ich bin überzeugt, daß die zionistische Bewegung bis heute von einem doppelten Traum angetrieben wird – der Rückkehr des über die ganze Welt verstreuten jüdischen Volkes in seine historische Heimat und dem Aufbau einer neuen Gesellschaft auf der Grundlage der universellen und jüdischen Ideale sozialer Gerechtigkeit.

Fast vier Jahrzehnte wiedergewonnener israelischer Unabhängig-

keit und vier große Kriege, die uns aufgezwungen wurden, haben uns gelehrt, daß unsere Sicherheit ständiger Herausforderung ausgesetzt ist. Folglich müssen wir stets in der Lage sein, Israel ohne die Hilfe fremder Truppen zu verteidigen. Unsere Politik läßt sich auch von dem doppelten Bestreben leiten, den moralischen Grundsätzen des jüdischen Erbes, nämlich nicht über ein anderes Volk zu herrschen, treu zu bleiben und gleichzeitig aber eine geographische Struktur zu bewahren, die uns sichere Grenzen gewährleistet und uns in die Lage versetzt, die Integrität und Sicherheit Israels zu verteidigen.
Unsere Politik für die achtziger Jahre ist es, alles in unseren Kräften Stehende zu tun, damit der bestehende Frieden mit Ägypten gepflegt, gestärkt und ausgeweitet und ein wirksamer Weg gefunden wird, um Jordanien und, wenn möglich, Syrien in den Verhandlungsprozeß einzubeziehen.
Auf der Suche nach einem Frieden im Nahen Osten werden wir oft mit Fragen über die Palästinenser und die Rolle der PLO konfrontiert. Wir halten an unserem Standpunkt fest, daß ein Eintreten in Verhandlungen mit der PLO nicht realistisch ist. Die PLO ist bisweilen gezwungen, ihr Public-Relations-Image in manchen Teilen der Welt zu verbessern. Trotzdem bleibt sie eine Organisation, die vielleicht für eine Zeitlang fähig ist, im Interesse ihrer Publicity und in ihren Terrorakten geschlossen aufzutreten, aber sie hat es bisher nicht vermocht, auch nur die geringste Bereitschaft zu signalisieren, daß sie sich auf eine konstruktive Verhandlungshaltung einlassen will. Arafat bringt gelegentlich seinen Wunsch nach »einer Flagge, einer Uniform und einem Gefängnis« zum Ausdruck.
Arafats Flagge zielt letztlich aber darauf ab, die Flaggen Israels und Jordaniens durch seine eigene zu ersetzen. In einem PLO-Staat auf der Westbank könnten die palästinensischen Flüchtlinge nie ansässig werden. Im offenen Raum Jordaniens wäre dies möglich. Ein PLO-Staat würde die kriegerischen Handlungen in unserer Region nicht beenden, sondern nur verlängern. Er würde einen Stützpunkt für die Fortsetzung des Kampfes und nicht für die Aussöhnung schaffen.
Inzwischen vollenden wir den Abzug unserer Truppen aus dem Libanon, wir nehmen wieder aktiv einen sinnvollen Dialog mit Ägyp-

ten auf und wir tun, was in unseren Kräften steht, um die Lebensqualität auf der Westbank und im Gaza-Streifen zu verbessern. Die Ägypter nennen dies »vertrauensbildende Maßnahmen«. Ich behaupte, daß die Verbesserung der Lebensqualität zuerst und zunächst eine menschliche und eine jüdische Verpflichtung ist. Wenn sie dazu beiträgt, eine für Verhandlungen ersprießlichere Atmosphäre zu schaffen – um so besser.
Sollte es zu direkten Verhandlungen kommen, dann könnten einige von Franz Josef Strauß' Vorstellungen hinsichtlich eines europäischen Beitrags zur Erneuerung des Nahen Ostens wieder aufgegriffen und wirksam werden.

Mohammed Hosni Mubarak

Bemühungen um die deutsch-ägyptischen Beziehungen

Es ist mir eine große Freude, anläßlich des siebzigsten Geburtstags von Herrn Ministerpräsidenten Franz Josef Strauß die Gelegenheit zu haben, seine bedeutende Persönlichkeit hervorzuheben und meine Wertschätzung zum Ausdruck zu bringen.
Wir hatten die Gelegenheit, ihn kennenzulernen, und konnten so mehrere Male intensive und tiefgehende Gespräche führen; immer waren wir von seinen umfassenden Kenntnissen, Fähigkeiten und Erfahrungen, verschiedenartige internationale Probleme zu analysieren und trotz komplizierter Gegebenheiten deren Zusammenhänge zu erfassen sowie die jeweiligen zukünftigen Entwicklungen vorauszusehen, sehr beeindruckt.
Andererseits hat Franz Josef Strauß immer sein Interesse für die Probleme der verschiedenen Völker gezeigt und sich für deren Streben nach Frieden und Fortschritt eingesetzt; hierin zeigt sich seine grundsätzlich humanitäre Haltung.
Es ist Franz Josef Strauß in seiner politischen Laufbahn gelungen,

die nationalen Interessen seines Landes und die bewußten Anliegen anderer Länder und Völker mit den damit verbundenen Herausforderungen zu vereinbaren, das heißt, Franz Josef Strauß hat es immer verstanden, Gemeinsamkeiten in nationalen und internationalen Bereichen zu sehen und zu nutzen. Ohne tiefen Einblick in die politischen Zusammenhänge und Ereignisse wäre dies eine schwere Aufgabe.

Was den Bereich der deutsch-ägyptischen Beziehungen betrifft, so war es immer das Anliegen des Bayerischen Ministerpräsidenten, diese zu vertiefen und noch weiter zu entwickeln. Seine unermüdlichen Bemühungen um Dynamik und Lebendigkeit der Beziehungen standen an vorderster Stelle. Dies kommt auch in seinen Erläuterungen über die Nahost- und Afrikapolitik der Bundesrepublik Deutschland zum Ausdruck. Franz Josef Strauß hat viel dazu beigetragen, diesen Themenbereich mit gemeinsamen Erfahrungen zu bereichern; von seinen Einsichten und Gedankengängen haben wir im Lauf der wiederholten Gespräche, die wir mit ihm geführt haben, profitieren können.

Nicht versäumen möchte ich, daß in den Gesprächen mit Strauß seine Objektivität und seine realistische Betrachtung sowie seine Vorschläge zu Problemlösungen einen nachhaltigen Eindruck bei mir hinterlassen haben. Er hat nie gezögert, ehrlich und direkt seine Meinung zu vertreten, gleichzeitig jedoch legte er größten Wert auf volles Anhören der Ansichten und Erklärungen der Gesprächspartner. Diese Tatsache hat ihm Dank und Achtung seiner Freunde sowie seiner Gegner gesichert.

In diesem Sinne und durch diese seine Haltung hat sich Franz Josef Strauß seinen Platz unter den großen Staatsmännern auf der internationalen Ebene nach dem Zweiten Weltkrieg verdient.

José Napoleón Duarte

Die Verteidigung der Demokratie – Eine Herausforderung unserer Zeit

1. Einleitung

Der Mensch wurde erschaffen, um in Gemeinschaft mit anderen Menschen zu leben, mit ihnen die Früchte der Natur als Produkt seiner Arbeit zu teilen und an den Gaben der Schöpfung teilzuhaben.
Im Verlauf der Geschichte haben sich Ideen verbreitet und Doktrinen entwickelt, die, statt Toleranz, Verständnis, Gerechtigkeit, Liebe und Mitmenschlichkeit zu fördern, Klassenkampf, Ungerechtigkeit, Schlechtigkeit, Gewalt, Haß und Terror hervorgebracht haben.
Der Mensch wird mit Rechten geboren; zu den wichtigsten gehören das Recht auf Leben und das Recht auf Freiheit. Deshalb stellen wir das Leben über den Tod und die Freiheit über jegliche Form und Ausprägung von Sklaverei.
Im Lauf der Zeit ist jedoch in Vergessenheit geraten, daß die sozialen Werte Ergebnis eines auf Ethik und Gerechtigkeit begründeten Entwicklungsprozesses sind. Vergessen wurden auch die elementarsten Prinzipien, auf denen die menschliche Würde beruht. Und dieses Vergessen brachte vielfältiges Leid über die Welt: unheilvollen Egoismus, die maßlose Gier nach Macht und Reichtum – bis hin zu Krieg und Zerstörung.
Auf dem Gebiet der Philosophie hat es Menschen gegeben, die eine verhängnisvolle Wahrheit – die marxistisch-leninistische Theorie – zu formulieren versuchten. Gemäß dieser These wird die Geschichte von unveränderlichen, ganz und gar starren Gesetzen beherrscht, die, auf ökonomischen Gegebenheiten beruhend, unfehlbar fortschreiten: vom sogenannten Urkommunismus über die Sklavenherrschaft, das Feudalsystem und den Kapitalismus, um schließlich – immer gemäß der dialektischen Fiktion – über eine

Diktatur des Proletariats in einem endgültigen Kommunismus, einer klassenlosen Gesellschaft zu münden.
Würden wir diese These akzeptieren, so hieße das in eine »defätistische Resignation« verfallen, und das darf nicht geschehen. Es ist vielmehr erforderlich, einige Aspekte zu erwägen, die uns zu Gedankengängen über die Polarisierung führen, die aufgrund unterschiedlicher Doktrinen derzeit unsere Welt beherrscht; wir müssen die historische Perspektive in Betracht ziehen, dürfen dabei aber nicht die jüngsten politischen und sozialen Ereignisse aus den Augen verlieren.
In dem Maß, in dem die ökonomische und geopolitische Doktrin an Stärke zunimmt, entwickeln sich auch polemische Ideen über die Theorie des Privateigentums und des Kollektiveigentums. Man hat versucht, der einen These Vorrang gegenüber der anderen zu verschaffen, wobei jedoch außer acht blieb, daß es zum einen in der Natur des Menschen liegt, von seinem Recht auf Privateigentum Gebrauch zu machen, um seine individuellen Bedürfnisse zu befriedigen, und daß zum anderen dem Eigentum eine soziale Funktion inhärent ist, damit – wie bereits erwähnt – die Gaben der Schöpfung der menschlichen Gesellschaft dienen können.
Es wird weiter über die Theorie Kapital – Arbeit im Zusammenhang mit den Rechten des arbeitenden Menschen diskutiert, ohne daß man bisher zu einer für die menschliche Gemeinschaft gerechten und ausgewogenen Position gelangt wäre; es wurde noch nicht genügend über den Wohlstand der Völker als eine Funktion der akkumulierten Arbeit des Menschen nachgedacht.
Man besteht auf Fragestellungen, die sich auf die repräsentative Demokratie und die totalitären Regierungen, gleich welcher Coleur, beziehen, weil von beiden Systemen starker Druck auf die Arbeit der Völker und damit auch gleichzeitig auf ihr Streben nach Frieden und Freiheit ausgeübt wird.
Der Rüstungswettlauf beunruhigt die Welt und nimmt einen breiten Raum in den Medien und bei den internationalen Gremien ein. Je mehr Wissenschaft und Technik fortschreiten, je größer die Zahl der nuklearen Sprengköpfe in Ost und West wird, desto drohender wird die Gefahr einer Vernichtung der Menschheit in einem noch nie dagewesenen Holocaust.

In den internationalen Konferenzen wird zäh an Gepflogenheiten der Geheimdiplomatie und dem offenen Ost-West-Dialog festgehalten. Es wird darüber geschrieben und diskutiert, daß nicht nur die Vereinigten Staaten, sondern auch Europa Verantwortung tragen, und daß Lateinamerika weiterhin ein vitaler Teil des Westens bleibt. In diesem Zusammenhang steht auch die Diskussion über einen Beitrag der Europäischen Gemeinschaft zur Lösung der mittelamerikanischen Krise.
Wie in früheren Epochen wird auch heute noch mancherorts die Lehre des Manchestertums verteidigt, nach der jegliche Akkumulation von Kapital den Reichen und Mächtigen gehört und die Arbeiter und Armen zu lebenslangem Elend verurteilt sind. Neben anderen hat diese These, die in den Enzykliken der Kirche verurteilt wurde, immer Ausgrenzung, Klassenkampf, Frustration erzeugt und jeden Weg zu Frieden, Fortschritt und wirklicher sozialer Gerechtigkeit bei den Völkern versperrt.

2. Ein kurzer Blick in die Geschichte

Die heutige Welt sieht sich zwei Strömungen, zwei einander ausschließenden Doktrinen gegenüber. Diese Zweiteilung trennt die Menschheit nach Ideologie, in wirtschaftlicher Hinsicht und im Streben nach Vorherrschaft.
Die deutsche Geschichte ist ein gutes Beispiel, um einige Überlegungen anzustellen. Als gegen Ende des vorigen Jahrhunderts das Deutsche Reich in Blüte stand, fanden in Rußland die revolutionären marxistischen Strömungen rasche Verbreitung.
Für die Blütezeit des deutschen Geistes und der deutschen Kultur stehen Namen wie Beethoven, Goethe und Kant, die einen großen Einfluß auf die deutsche und die europäische Kulturgeschichte ausübten. Auf dem schwierigen Gebiet der Politik litt Deutschland jedoch Mangel an herausragenden Persönlichkeiten. Deshalb waren die Begründer des Marxismus überzeugt, daß dieses Land ein fruchtbarer Boden sei, um die Voraussetzung für eine »Basis der ersten Weltrevolution« zu schaffen.
Marx und Engels selbst schrieben in ihrem Manifest von 1848, daß sich die Aufmerksamkeit der Kommunisten auf Deutschland kon-

zentriere, da dort eine bürgerliche Revolution unmittelbar bevorstehe, die sich unter den fortschrittlichsten Bedingungen der europäischen Zivilisation »...mit einem unendlich höher entwickelten Proletariat« vollziehen werde.
Die Absichten und Voraussagen der Begründer des Marxismus erlitten jedoch schon ein Jahr nach ihrer unheilvollen Ankündigung einen ernsten Rückschlag. Trotzdem wurden die Ziele des Marxismus nicht aufgegeben. 1864 gründete Marx die Erste Internationale, um seine Doktrin vor allem in Deutschland und Rußland bekanntzumachen. Später hielt Lenin an der Idee der Eroberung Deutschlands fest und erklärte sogar, er sei bereit, die russische Revolution dafür zu opfern, wenn dies nötig werde. Lenins Feststellung enthielt eine Wahrheit: Das deutsche Volk war ein Volk von Prinzipien, und es mußte gewonnen werden. Sein Kalkül ging jedoch fehl.
Nach dem Ersten Weltkrieg und der Unterzeichnung des Friedensvertrags versuchten die Marxisten, angesichts der durch die Niederlage hervorgerufenen Unzufriedenheit in Deutschland einen sowjetischen Staat zu errichten.
Ich habe diese geschichtlichen Ereignisse hier nur als Bezugspunkt und zum besseren Verständnis der deutschen Entwicklung bis zur Einführung der Demokratie angeführt. Die Erinnerung mag dazu dienen, die traurigen und dramatischen Momente, aber auch die Sternstunden des deutschen Wiederaufbaus in ihrer ganzen Dimension zu beleuchten.

3. Adenauer und der spektakuläre Wandel

Zwischen 1949 und 1953 erlebte Deutschland einen spektakulären Richtungswechsel durch die Kanzlerschaft des großen Staatsmanns und brillanten Politikers Konrad Adenauer, damals Vorsitzender der Christlich-Demokratischen Union.
England war die erste europäische Macht, die den Kriegszustand mit Deutschland für beendet erklärte. Dank seiner Persönlichkeit und großartigen Überzeugungsgabe hatte Adenauer bereits 1952 begonnen, die deutsche Souveränität wiederherzustellen. Er selbst bemerkte, der Weg zur Wiedergewinnung der Souveränität sei »eng

und gerade« und jede Abweichung könne bei den Westmächten Zweifel auslösen.
Es bestand ein allgemeiner Konsens darüber, daß die politische Entwicklung Westdeutschlands von den Westmächten mindestens zwanzig Jahre lang streng überwacht werden müsse. Adenauer gelang es in nur vier Jahren, die deutsche Souveränität wiederzuerlangen. Damals fragten sich viele, wie er dies bewerkstelligte.
Es waren seine außergewöhnlichen politischen Fähigkeiten, die ihn das Vertrauen der Besatzungsmächte gewinnen ließen, was bis 1949 kaum vorstellbar gewesen war. Frankreich wünschte zum Beispiel eine militärische Besatzung im Herzen Deutschlands. Adenauer stellte sich jedoch die – von Erfolg gekrönte – Aufgabe, Freunde zu gewinnen, um seine Demokratisierungsbestrebungen voranzutreiben. In der Innenpolitik sorgte er für Disziplin und soziale Ordnung; er räumte der Wirtschaft eine vorrangige Stellung ein und brachte es durch seine Initiativen zuwege, daß Deutschland seinen Platz unter den freien Nationen fand.
Im Umkreis Adenauers, des Initiators und Architekten der deutschen Demokratie, stehen so hervorragende und bedeutende Politiker wie Franz Josef Strauß, dem es gelungen ist, verstärkt in dieser Richtung weiterzuarbeiten; und jenes Ziel, »Freunde zu gewinnen«, brachte dem deutschen Volk Fortschritt und Erfolg auf breiter Ebene.
Der deutsche Wiederaufbau und das »Wirtschaftswunder«, eine Leistung Adenauers, seines Wirtschaftsministers Ludwig Erhard und anderer, sind bereits Teil unserer Geschichte geworden. Diese hervorragende Leistung ist beispielgebend für die demokratischen Länder der Welt, für all jene, die die Demokratie lieben, sie verteidigen und für ihr eigenes Volk wünschen.

4. Projektionen der Gegenwart

Erinnern wir uns nochmals: Die Weltgeschichte hat eine anthropologische Konnotation, denn sie ist die Geschichte des Menschen. Sie ist die Geschichte des Kampfs des Menschen zwischen Liebe und Haß, Freiheit und Terror, Achtung und Unterdrückung, Brüderlichkeit und Konfrontation.

Ich habe bereits historische Tatsachen erwähnt, die nicht übergangen werden dürfen und durch die sozialen Verhaltensweisen determiniert wurden. Sie lassen ein Streben des Menschen nach Herrschaft über seinen Mitmenschen erkennen, einen Kampf zwischen Macht und Reichtum, zwischen Elend und Hunger.
Die jüngste Geschichte der Entwicklungsländer hat deutlich gezeigt, daß wir unschuldige Opfer im weltweiten Kampf waren und sind, bei dem es um die Weltherrschaft und den Sieg einer beengenden Lebensform geht, ohne daß dabei die Größe des Opfers und die verheerenden Auswirkungen auf die Menschheit beachtet werden.
Der wachsende Terrorismus, die Vervielfachung der weltweiten Krisenherde, die Bedrohung der Existenz der Staaten und andere bereits erwähnte Faktoren sind Fragen, die zu ernster Sorge Anlaß geben und die dringende Aufmerksamkeit von uns allen, die wir die Demokratie verteidigen, erfordern. Die Menschheit befindet sich also an einem Scheideweg, an dem sofortiges Handeln ein notwendiges Erfordernis ist.

5. Moralischer und sozialer Charakter der Wirtschaft

Was die Wirtschaft angeht, so hat die besondere Sorge der Wiederherstellung ihres sozialen und moralischen Charakters zu gelten. Wenn der freie Wettbewerb auch nutzbringend sein kann und es in vielen Fällen tatsächlich ist, so darf dieses Prinzip der Wirtschaft doch nicht alleinbeherrschend sein. Es müssen daher Methoden gesucht und Maßnahmen ergriffen werden, die den Prinzipien sozialer Gerechtigkeit, des Gemeinwohls und der menschlichen Vernunft gehorchen. Man muß jedoch auch begreifen, daß sich die Leitfunktion der Wirtschaft nicht auf die sogenannte »Diktatur der Ökonomie« stützen darf.
Der Hinweis auf dieses Phänomen ist wichtig, denn die Akkumulation von Reichtum erzeugt wirtschaftliche Hegemonie, führt zur Verfügungsgewalt einer Elite über Finanzen und Kredite und fördert den Kampf um die staatliche Gewalt. Verfolgt man diese Richtung weiter, so werden die Kräfte in den Staaten in Bewegung gesetzt, und folglich kommt ein hemmungsloses Streben nach Herrschaft in Gang.

Noch in jüngerer Zeit glaubte man, das Wachstum der Marktwirtschaft weise einen beständigen und progressiven Charakter auf, denn das Schwergewicht dieser These lag auf der Vorstellung eines unzerstörbaren Gleichgewichts der Weltwirtschaft. Man glaubte, es genüge, die Kontrollmechanismen in den starken Volkswirtschaften zu betätigen, um ein System zu schaffen, das ein schnelles Wachstum der Industrieländer ermögliche; letztere wiederum würden dann über ihre Wirtschaftshilfe auch entsprechend hohe Wachstumsraten in den Ländern der Dritten Welt aufrechterhalten.
Diese These erwies sich als unzulänglich, die Krise ist nicht bewältigt. Die großen Investitionen und die Automatisierung führten zu Massenarbeitslosigkeit, Verschuldung und Zunahme der Finanzierungskosten für die Entwicklungsländer. Reichtum und Macht der Ölkonzerne wuchsen auf Kosten der Verelendung der armen Länder ins Unermeßliche. Später folgten Währungsschwäche, Staatsdefizite, Anstieg der Lebenshaltungskosten und schließlich die Inflationsspirale.
Eine wirtschaftliche Destabilisierung trat ein. Die Industrienationen brauchten den Weltmarkt und -konsum zur Erhaltung ihrer Volkswirtschaften. Dies führte zu einer Steigerung von Kosten und Konsum der weniger entwickelten Länder bis hin zur Erschöpfung ihrer Reserven. Ein regelrechter Prozeß der Zerrüttung der Entwicklungsländer kam in Gang.

6. Die Bevölkerungsexplosion

Nicht genug damit, wir müssen auch noch das Bevölkerungswachstum erwähnen, das weder ein alleiniges Problem des Südens noch des Nordens ist. Es ist ein Problem aller Länder, denn es ist bereits von den »Schrecken der Überbevölkerung« die Rede, wenn man dieses Problem auf kurze oder mittelfristige Sicht in den weniger entwickelten Ländern beobachtet.
Das Bevölkerungsproblem ist bei mehr als einer Gelegenheit erörtert worden. Es erhebt sich allerdings die Frage, ob es sich dabei um ein vorrangiges Problem handelt, verglichen zum Beispiel mit dem des Weltfriedens. In Wirklichkeit bedingen beide sich gegenseitig. Es ist auch gesagt worden, das maßlose Wachstum stelle die

schlimmste Krise der Gegenwart dar, da es die kulturellen, wirtschaftlichen und politischen Entwicklungsmöglichkeiten der ärmsten Länder hemme. Doch von welchem Blickwinkel man auch urteilt, das Bevölkerungsproblem darf sich nicht einer positiven Entwicklung in den Weg stellen. Die Größe der gestellten Aufgabe und das düstere Panorama werden erst dann wirklich deutlich, wenn man bedenkt, daß die armen und unterentwickelten Länder drei Viertel der Weltbevölkerung ausmachen.

Angesichts dieses Bevölkerungswachstums dürfen wir nicht an eine Verteilung des Elends denken, sondern allein an die Schaffung von Gesellschaften, die sich solidarischer verhalten und in denen eine bessere Verteilung des Reichtums gewährleistet ist. Bei diesen Gesellschaften sind Kooperation, Achtung und Gleichbehandlung von Menschen und Nationen keine bloßen Wunschvorstellungen. Zu berücksichtigen sind hier die Lebensqualität und die essentiellen Werte des Menschen, allen voran seine Würde. Denn wir dürfen nicht vergessen: Die neuen Generationen werden eine politische, wirtschaftliche und soziale Verantwortung erben, die sich deutlich von derjenigen früherer Generationen unterscheidet. Dies stellt im Grunde die größte Herausforderung der Gegenwart dar.

7. Europa und Lateinamerika

Angesichts der aus den Fugen geratenen Welt, in der wir leben, der Eskalation von Gewalt und Terror, unter der viele Gemeinschaften der westlichen Welt leiden, fragt sich mancher, ob Europa ein echtes Interesse an der Zukunft Lateinamerikas hat. Ich weiß, daß dieses Interesse vorhanden ist.

Unsere Völker sind der Meinung, daß Europa Lateinamerika wichtiger nehmen muß, und zwar nicht allein vom strategischen und militärischen, sondern auch vom politischen, wirtschaftlichen und sozialen Standpunkt.

Der Geist der demokratischen Öffnung gewinnt in Lateinamerika Boden; es gibt aber noch Regionen, die im Konflikt leben, unter ihnen auch Mittelamerika. Die Völker treiben Prozesse der Selbstbestimmung nach innen und außen voran, doch die sozialen Spannungen bestehen weiter. Aus all diesen Gründen hat Lateinamerika seine Hoffnung auf Europa, genauer gesagt auf seine Wirtschaftsgemeinschaft und insbesondere auf Deutschland, dem wichtigsten Verbündeten des Westens, gesetzt. Vielleicht benötigen die Völker Lateinamerikas die Hilfe Europas heute mehr denn je, um zu ihren Wurzeln und Ursprüngen zurückzufinden.

8. El Salvador

In El Salvador herrschte fünfzig Jahre lang ein Klima der Arroganz, des Egoismus und jene Anhäufung von Reichtum und Macht, die immer nur zu politischer Frustration und Ausgrenzung führen. Das Land war von Haß und Rachsucht vergiftet. 1970 trat die Gewalt immer offener zutage. Als ich 1972 zum Präsidenten der Republik gewählt wurde und die obskurantistischen Kräfte mir den Sieg entrissen, verfiel das Volk in tiefe Hoffnungslosigkeit. Ab diesem Zeitpunkt erhitzte sich das politische Klima immer mehr, bis schließlich 1979 eine aufständische Bewegung junger Militärs der Diktatur ein Ende setzte.
Ich war Opfer dieser geschichtlichen Entwicklung; ich war Soldat im Kampf für die Demokratie und werde es immer sein.
Als ich 1979 aus meinem achtjährigen Exil zurückkehrte, fand ich mein Volk in ohnmächtigem Haß, verzweifelt, fast in Agonie. Der Konflikt hatte sich verschärft. Ich wurde um Hilfe gebeten und nahm die Herausforderung an – eine der schwierigsten Entscheidungen meines Lebens. Wenn ich heute Rückschau halte, weiß ich, daß ich versucht habe, meinem Volk den Mut zu geben, in einem gemeinsamen Kampf die Werte der repräsentativen und partizipativen Demokratie zu bewahren. Ich habe mein Volk aufgefordert, gemeinsam mit mir für die Respektierung der Menschenrechte zu kämpfen. Ich habe mein Volk gebeten, gemeinsam mit mir alles zu tun, damit auf dem Wege des Dialogs Toleranz und Entspannung an die Stelle zerstörerischer Gewalt treten und in unserem Vaterland eine von Vernunft geprägte Ordnung einkehren kann.
Im Juni 1984, als ich im Auftrag des Volkes das Amt des Präsidenten der Republik El Salvador übernahm, stellte ich die Situation, in der sich die Welt, die mittelamerikanische Region und mein Land im besonderen befinden, in allgemeinen Zügen dar.

Damals erklärte ich, daß es angesichts der besonderen Gegebenheiten und Umstände, die die Lage der salvadorianischen und der mittelamerikanischen Gesellschaft kennzeichnen, dringend erforderlich sei, vernünftige und gerechte Entscheidungen zu treffen, Entscheidungen, wie sie die Geschichte von uns verlangt, und die im Vertrauen darauf basieren, was wir für unser Volk zu tun fähig sind, und nicht auf einer absurden, verantwortungslosen und unnützen Herausforderung.

Heute ist El Salvador eine junge Demokratie, und wir bemühen uns besonders um die Entwicklung und Stärkung der folgenden fünf soziopolitischen Bereiche:

1. Humanisierung des bewaffneten Konflikts, der uns von draußen aufgezwungen wurde; verstärkte Garantien für die Beachtung der Menschenrechte; weitere Bemühungen, ein zeitgemäßes, gerechtes und effizientes Rechtssystem zu schaffen.
2. Befriedung des Landes: dazu muß der extremen Linken und der extremen Rechten begreiflich gemacht werden, daß wir in El Salvador alles tun müssen, was den Frieden fördert, und alles unterlassen, was zum Krieg reizt; unser Einsatz für Frieden und soziale Gerechtigkeit muß immer wieder bekräftigt werden.
3. Demokratisierung unserer Gesellschaft und Stärkung einer von den Wählern kontrollierten Regierung; ein politisches System der »offenen Karten«, bei dem das Volk die Möglichkeit der freien Entscheidung hat; absolute Meinungsfreiheit und die Möglichkeit des Volks, die Regierung seiner Wahl zu bestimmen.
4. Gewährleistung der Beteiligung des Volks an allen Entscheidungen, von denen es betroffen ist, innerhalb eines Systems völlig freier politischer Optionen.
5. Wiederbelebung und Stärkung unserer Volkswirtschaft in harmonischer Zusammenarbeit mit den Unternehmen und den in- und ausländischen privaten Sektoren.

Ich darf mit Befriedigung darauf hinweisen, daß mir bei den befreundeten Regierungen und Ländern, um deren Verständnis, Hilfe und Kooperation ich geworben habe, Gehör geschenkt und Unterstützung für die Fortsetzung des Kampfs für Demokratie, Frieden und Gerechtigkeit zuteil wurde. Unter diesen Freunden muß ich an herausragender Stelle Deutschland erwähnen, und in Deutschland meinen Freund, den demokratischen Weltbürger Franz Josef Strauß. Wir sind umgeben von Schmerz und Tragödie, doch ebenso von Glauben, Arbeit und Hoffnung – und so denke ich, daß die Welt noch eine Zukunft hat. In El Salvador und in Lateinamerika gibt es Kräfte, die totalitäre Ideologien durchsetzen wollen. Es gibt jedoch auch eine demokratische Alternative; in meinem Land und bei Schwesternationen zeigt sich, daß sich das Volk in zunehmendem Maße all denen zuwendet, für die das Christentum und die Vernunft zugleich Quelle der Inspiration und Verhaltensnorm sind.

9. Die Alternative der christlichen Prinzipien

Bei einem politisch-historischen Überblick über die Weltlage, das Geschehen in Lateinamerika im allgemeinen und in El Salvador im besonderen wird die Suche nach Optionen deutlich, die uns im Kampf um die Erhaltung von Demokratie, Freiheit und Menschenwürde und bei der Errichtung eines dauerhaften und schöpferischen Friedens für die Menschheit helfen können. So finden wir in unserer heutigen Zeit an herausragender Stelle eine gangbare Alternative, die tief im Christentum verwurzelt ist und aus diesem seine Kraft bezieht, denn angesichts der drückenden Probleme der heutigen Welt können wir nicht tatenlose Zuschauer bleiben. Unsere Waffen sind der Glaube und die christliche Überzeugung – damit können wir die Schutzlosen verteidigen und die christlichen Tugenden der Nächstenliebe und Mitmenschlichkeit in die Tat umsetzen.
Diese auf unserer christlichen Überzeugung beruhende Alternative verleiht uns die moralische Kraft, die Nationen der Welt aufzufordern, ihre Macht und ihren Reichtum für den Frieden und gegen den Krieg, für das Leben und gegen den Tod einzusetzen. Wir alle sind aufgefordert, für die schöpferischen Aufgaben des menschlichen Geistes zu kämpfen, und nicht dafür, ihn zum Zweck der Unterdrückung und Kontrolle zu verwirren. Es ist unerläßlich, alle Willenskräfte für eine auf christlichem Geist beruhende wirtschaftliche und soziale Erneuerung zu mobilisieren.
Der weltweite Kampf für Freiheit, Gerechtigkeit und echte wirtschaftliche, soziale und politische Demokratie ist unaufschiebbar, wenn wir das Fundament für die Entwicklung der freien Völker

schaffen und wirklich für das Wohl der Menschen und nicht für ihre völlige Vernichtung kämpfen wollen.

10. Die geistigen Werte

In diesem Augenblick der Geschichte sind wir vor eine echte Herausforderung gestellt, nämlich die Errichtung der repräsentativen Demokratie. Doch die Welt muß auch gegenüber dieser Herausforderung wachsam bleiben, denn was als ideologischer Kampf, als Kampf für diese repräsentative Demokratie erscheinen kann, kann sich auch in eine Verschwörung zur Vernichtung der christlichen Zivilisation verwandeln.

Viele der Probleme, die auf Ungerechtigkeit und Mangel an Solidarität beruhen, sind Folgen der Abkehr der westlichen Zivilisation vom Christentum, an dessen Stelle der an Götzendienst grenzende Kult der Technik und Technologie getreten ist; die höheren geistigen Werte sind dabei verlorengegangen. Die Grundlagen der christlichen Zivilisation müssen gerettet werden, und dazu bedarf es eines immer selbstloseren Einsatzes.

Maritain sagt, man bedürfe, um an Freiheit und Brüderlichkeit glauben zu können, einer heroischen Inspiration und ebenso eines die Vernunft stärkenden heroischen Glaubens; die Inspiration habe Christus der Welt gebracht. Aus ihr beziehe die christliche Zivilisation ihre gestaltende Kraft. Aus all diesen Gründen ist die Verteidigung der Demokratie und aller ihrer Werte ein dringendes Anliegen, das keinen Aufschub duldet. Denken wir daran, daß die (innerste) Würde des Menschen als Geschöpf Gottes nur auf einer moralischen und christlichen Grundlage im Rahmen einer echten, gesunden und gefestigten Demokratie möglich sein kann.

Die Demokratie ist mit Sicherheit eine Herausforderung der Gegenwart – für die westliche Welt, für die armen und reichen Länder, für die Nationen der Dritten Welt und für die Industrieländer. Wir alle sind aufgerufen, gemeinsam für unsere Überzeugung und die Wahrung der geistigen Werte einzutreten, auf denen unser demokratisches Bewußtsein und unser christlicher Glaube beruhen.

Gewidmet mit besonderer Wertschätzung und Hochachtung dem herausragenden deutschen Politiker Franz Josef Strauß zu seinem 70. Geburtstag, Höhepunkt eines schaffensreichen Lebens.

Yasuhiro Nakasone

Die Überzeugung eines Politikers

Das Alter von siebzig Jahren ist, wenn man die Lebensabschnitte des Menschen sieht, das Ende der Zeit des Reifens und der Eintritt in die Zeit der Vollendung. In Japan war es einst sehr selten, daß jemand dieses Alter erreicht hat. Deshalb sprach man von »Koki«, das heißt einem seltenen und gesegneten Alter. Heute ist die durchschnittliche Lebenserwartung in Japan so angestiegen, daß es nicht mehr so selten ist, wenn jemand das Alter von siebzig Jahren erreicht. Trotzdem feiern wir immer noch »Koki«. Auch aus Ehrfurcht vor älteren und erfahrenen Menschen halten wir an diesem guten Brauch fest.

So möchte ich auch aus dieser japanischen Tradition heraus gegenüber dem Ministerpräsidenten des Freistaates Bayern, Franz Josef Strauß, meine Freude darüber zum Ausdruck bringen, daß er seinen siebzigsten Geburtstag begehen darf. Tiefe Bewegung erfaßt mich überdies, weil dieser Abschnitt im Leben des Ministerpräsidenten wie durch Zufall mit einem Abschnitt unserer Zeitgeschichte zusammenfällt, dem vierzigsten Jahr seit Ende des Krieges.

Ich habe Ministerpräsident Strauß Mitte November 1981 persönlich kennengelernt, als er als Ehrengast unseres Außenministeriums zu einem Besuch nach Japan gekommen war. Damals war ich Minister im Amt für Verwaltungsangelegenheiten. Mit dem Ministerpräsidenten analysierte ich die internationale Lage und hatte einen freundschaftlichen Meinungsaustausch über die Zukunftsaussichten. Die NATO hatte gegen die Bedrohung durch die Aufstellung der sowjetischen SS 20 gerade den Doppelbeschluß gefaßt. Es war eine Zeit, da Argumente für und wider ausgetauscht wurden und die Diskussion am Siedepunkt angekommen war. Ich erinnere mich, daß ich in der Haltung des Ministerpräsidenten, der mit Leidenschaft die Geschlossenheit des Westens forderte, die »Überzeugung« eines Politikers mit eigenen Augen sehen konnte.

Als ich gebeten wurde, einen Beitrag zur Festschrift anläßlich des siebzigsten Geburtstages des Bayerischen Ministerpräsidenten Strauß zu leisten, war dies der Anlaß, daß ich die »Überzeugung eines Politikers« als Thema wählte.

Ich glaube, daß »Überzeugung« die geistige Kraft ist, die Dinge zu erreichen, von denen man meint, sie seien richtig. Diese geistige Kraft ist eine Eigenschaft, die jeder Mensch in seinem Beruf braucht. Besonders aber meine ich, daß »Überzeugung« für uns Politiker ein unverzichtbares Element ist. Denn der Politiker, der in der parlamentarischen Demokratie, durch das Votum des Volks gewählt, sein Amt übernimmt, trägt die Verantwortung mit sich, die Versprechen des Wahlkampfes auch zu erfüllen. Ob es ihm gelingt, trotz zahlloser Schwierigkeiten seine Verpflichtung zu erfüllen, entscheidet sich an der geistigen Kraft eben dieses Politikers. Und sie nennt man »Überzeugung«.

Ein alter Politiker unseres Landes hat einmal gesagt: »Die Welt der Politik – ein Schritt weiter herrscht Finsternis.« Dieses Wort gilt sicher unverändert für die Innenpolitik wie für die Außenpolitik. In einem Zustand, in dem man nie weiß, was geschehen wird, ist das einzig Sichere, auf das sich das Volk bei einem Politiker verlassen kann, gerade diese »Überzeugung des Politikers«.

Aber auf der anderen Seite kann eine zu starke »Überzeugung«, die unter Umständen in übermäßiges Selbstvertrauen oder in Selbstgerechtigkeit umschlagen kann – vor allem wenn es sich um einen Politiker handelt –, nicht nur für ihn selbst, sondern für viele Menschen verheerenden Schaden mit sich bringen. Eben deshalb spricht Nietzsche in seiner Schrift »Menschliches, Allzumenschliches« ironisch von der Wirklichkeit, daß nämlich »Überzeugungen gefährlichere Feinde der Wahrheit seien als Lügen«.

Also muß ein Politiker ständig Selbstdisziplin üben, damit seine »Überzeugung« nicht ins genannte Übermaß hinabgleitet. Ich möchte hier über drei Punkte sprechen, die mir in den fast vierzig Jahren meines politischen Lebens als Spiegel meiner eigenen Selbstdisziplin dienten. »Sich auf die Geschichte berufen« ist der erste Punkt. Wie sehr wir uns selbst auch als rechtschaffen einschätzen mögen, der Tatsache, daß wir alle Kinder der Geschichte sind, können wir nicht entfliehen. Wenn wir die Beispiele sehen, in denen Politiker, die für ihre starke Überzeugung bekannt waren, Katastrophen heraufbeschworen, wird man erkennen, daß viele von ihnen dem großen Strom der Geschichte entgegentreten und ihn umkehren wollten.

Ministerpräsident Strauß warnt davor, sich in eine simple Abhängigkeit von der Geschichte zu begeben: »Geschichte ist kein Lehr- oder Rezeptbuch, kein Anwendungsformular für den Einzelfall, keine Anleitung für konkrete Verhaltensweisen.« Er versteht »Politik nicht als kurzfristiges Taktieren nach tagespolitischen Gegebenheiten, sondern als Auftrag, in historischen Dimensionen zu denken und zu handeln«. Wenn er gerade auf diesen Punkt hinweist, spricht er mir ganz aus dem Herzen.

Die politische Erklärung, die der diesjährige Bonner Weltwirtschaftsgipfel 40 Jahre nach Ende des Kriegs abgegeben hat, ist von den geschichtlichen Erfahrungen seit Ende des Zweiten Weltkriegs getragen. Sie schließt mit den Worten: »...verpflichten wir uns und unsere Staaten erneut zur Schaffung einer Welt, in der allen Völkern die Segnungen des Friedens, der Freiheit und Gerechtigkeit sowie der Freiheit von Unterdrückung, Furcht und Not zuteil werden, einer Welt, in der der einzelne seiner Verantwortung für sich selbst, seine Familie und seine Gemeinschaft gerecht werden kann...« Man wird sagen können, daß in dieser Erklärung für uns Politiker der freien Welt zum Ausdruck kommt, daß wir die »Geschichte« zum Prüfstein unserer Überzeugung machen sollten.

Japan hat im Wiederaufbau nach dem Zweiten Weltkrieg den Frieden zu seinem politischen Prinzip gemacht. Das ist geschehen auf der Grundlage einer fundamentalen Übereinstimmung der Bevölkerung, die in einer ehrlichen Rückbesinnung auf die Vergangenheit entstanden ist. Auch ich sehe als Politiker hier meinen Ausgangspunkt.

Der zweite Spiegel für die Selbstdisziplin eines Politikers, durch den verhindert werden soll, daß er in übermäßiges Selbstvertrauen oder in Selbstgerechtigkeit abgleitet, ist sein »Festhalten an den Grundsätzen der Menschlichkeit«. Das bedeutet, daß ein Politiker Ehrfurcht vor der Würde des Menschen und Liebe zu jedem einzelnen Menschen haben muß.

Eine Überzeugung, die diese »Menschlichkeit« ignoriert, kann im Namen eines »größtmöglichen Glücks für die größtmögliche Zahl von Menschen« die gesellschaftlich Schwachen in noch größeres Elend stoßen, wenn nicht gar zu befürchten ist, daß daraus eine Gefahr für das Überleben der Menschheit erwächst. Der wissenschaftlich-technologische Fortschritt der letzten Jahre spricht hier eine deutliche Sprache. Das heißt, Wissenschaft und Technologie wurden von Menschen vorangetrieben, die der »Überzeugung« waren, deren Entwicklung zum Guten zu nutzen. So hat beispielsweise der Fortschritt in der Kernphysik der Menschheit die wertvolle Energiequelle der Atomkraft erschlossen. Ähnlich hat der Fortschritt in den Lebensmittelwissenschaften zweifellos zu vermehrter Lebensmittelproduktion geführt oder die Möglichkeiten zur Überwindung von schweren Krankheiten wie etwa Krebs usw. aufgestoßen. Auf der anderen Seite wird damit aber auch, etwa mit den Kernwaffen, dem Menschen ein Mittel in die Hand gegeben, das in einem Krieg die Ausrottung der ganzen Menschheit möglich macht. Desgleichen ist der Weg dafür offen, daß durch künstliche Manipulationen an Genen die Gefahr besteht, die Würde menschlichen Lebens zu zerstören. Diese beiden Kerne, das heißt außen das Problem des Atoms und innen das Problem des Gens, sind nicht nur die beiden größten wissenschaftlich-technologischen Probleme unserer Tage, sie haben sich vielmehr auch zu äußerst wichtigen politischen Problemen entwickelt. Für ihre Lösung bleibt keine andere Wahl als auf den Weg der »Menschlichkeit« zurückzukehren.

Wenn man aber die Blickrichtung ändert, darf man sicher behaupten, daß die moderne Zivilisation an sich, die im Mittelpunkt dieses wissenschaftlich-technologischen Fortschritts steht, uns in eine Grenzsituation führt, in der sie uns Menschen zu einem Wiedererstehen der Menschlichkeit und zu einer Rückkehr zu den Quellen der Natur drängt.

Ministerpräsident Strauß war in seiner Laufbahn Minister für Atomfragen und Verteidigungsminister, ich selbst konnte Erfahrungen als Minister für Wissenschaft und Technologie und als Minister für Verteidigung sammeln. Wir beide hatten die schwere Verantwortung zu tragen, daß von unserem Urteil und Handeln das Überleben von Millionen und Abermillionen Menschen abhing. Beide haben wir in den Abgrund der modernen Zivilisation geblickt. Aus dieser Erfahrung heraus ist es meine feste Meinung (vielleicht wird Ministerpräsident Strauß derselben Meinung sein), daß hinter der Überzeugung eines Politikers eine auf tiefe Liebe zu den Menschen gegründete Menschlichkeit stehen muß.

Der dritte Punkt ist die »Hochschätzung der Sittlichkeit«. Viele Millionen Jahre sind vergangen, seit es auf dieser Welt die menschliche Gesellschaft gibt. In dieser Zeit gab es häufig Streit und Gegensatz und immer wieder auch unermeßliches Blutvergießen. Daß die Menschheit nicht schon als »Art« die bittere Erfahrung der Ausrottung machen mußte, liegt im Grunde genommen daran, daß die Menschen untereinander Regeln für das Bestehen ihrer Gesellschaft, das heißt Moralvorstellungen besaßen.

Immanuel Kant sagt in seiner »Kritik der praktischen Vernunft«: »Zwei Dinge erfüllen das Gemüt mit immer neuer und zunehmender Bewunderung und Ehrfurcht, je öfter und anhaltender sich das Nachdenken damit beschäftigt: der bestirnte Himmel über mir und das moralische Gesetz in mir.«

Genau dieses »moralische Gesetz in mir« ist die Kraft, die es dem Menschen ermöglichte, die menschliche Gesellschaft bis zum heutigen Tage weiterzuführen.

Der Politiker muß deshalb in Bescheidenheit sein Ohr diesem moralischen Gesetz in sich zuneigen und daraus stets Material für seine Selbstdisziplin gewinnen. Wir dürfen niemals vergessen, daß ein Übertreten dieses moralischen Gesetzes, das uns – solange wir überhaupt Menschen sein wollen – gegeben ist, und darüber hinaus ein Brechen dieses Gesetzes auch unseren Mitmenschen gegenüber, die Ursache für allen Wahnsinn dieser Welt ist.

Politik ist kein Unternehmen, das man für sich allein betreiben könnte. Vielmehr nehmen viele Menschen daran teil. In diesem Sinn sollten wir von jeder Ideologie ablassen, wonach der Zweck die Mittel heiligt. In den Mitteln und Wegen sind Menschlichkeit und Sittlichkeit unverzichtbar. Nur so auch kann die Politik das Vertrauen und die Unterstützung der Bevölkerung gewinnen, eine echte Begeisterung der Menschen entflammen und die eigentlichen Ziele der Politik erreichen.

Ich habe über drei Punkte gesprochen, die der Politiker im Hinblick auf seine eigene Überzeugung als Spiegel seiner Selbstdisziplin ansehen sollte. Keiner dieser Punkte soll die »Überzeugung« etwa

schwächen, im Gegenteil, jeder will sie mit einem tiefen Inhalt erfüllen und jeder hat die Aufgabe, sie zu stärken und zu kräftigen, ja die Politik zu einer wichtigen Sache des Volks zu machen.
Im Zusammenhang mit dem Problem der »Überzeugung eines Politikers« möchte ich auf eine teilweise zu beobachtende Tendenz eingehen, die die Politiker in die »Gruppe der Tauben« und die »Gruppe der Falken« einteilt, wobei die ersten mit dem Etikett »demokratisch« oder »fortschrittlich«, die anderen mit dem Etikett »reaktionär« oder »autoritär« versehen werden. Obwohl verständige Menschen fast durchweg wissen, daß es unsinnig ist, in unserer heutigen komplizierten Gesellschaft die Politiker auf so simple Weise zu klassifizieren, spüre ich doch gefahrvolle Symptome, daß sich eine solche Empfindung mehr und mehr durchsetzt.
Wenn man die Politiker schon klassifizieren will, so meine ich, daß es besser wäre, sie in »Politiker mit Überzeugung« und in »Politiker ohne Überzeugung« einzuteilen.
Wie beim Menschen, so existiert auch in der Familie, auch im Unternehmen, selbstverständlich auch im Staat das Rückgrat, das allem Halt gibt. Es gibt nicht wenige Beispiele dafür, daß sich dieses Rückgrat des Staates gewaltigen Herausforderungen stellen muß. Ein »Politiker mit Überzeugung« wird in einem solchen Fall mit Entschlossenheit den Kampf aufnehmen, ein »Politiker ohne Überzeugung« wird irgendeine Ausrede finden und sich wie ein Opportunist verhalten.
Ein naheliegendes Beispiel ist die oben erwähnte Aufstellung der SS 20. Es waren die Tauben, die in der Diskussion die Forderung stellten, einen Kompromiß zu schließen und sich zu vertragen. Zum Teil mögen sie dafür sogar Beifall erhalten haben. Ich möchte dagegen erneut der Haltung, die Ministerpräsident Strauß in dieser Frage eingenommen hat, meine Hochachtung erweisen. Nebenbei darf ich bei dieser Gelegenheit erwähnen, daß ich beim Weltwirtschaftsgipfel 1983 in Williamsburg die japanische Haltung klar zum Ausdruck gebracht habe, daß die Sicherheit des Westens eine unteilbare Einheit darstellt.
Seit ich im November 1982 das Amt des Ministerpräsidenten angetreten habe, ging es mir um eine »Generalabrechnung unserer Nachkriegspolitik«. Seither widme ich mich ganz dem politischen

Auftrag. Was mich dabei am stärksten beeindruckt – mag die japanische Wirtschaft eine Entwicklung erlebt haben wie auch immer –, ist die Tatsache, daß in den vierzig Jahren seit Ende des Krieges als Fundament der bürgerlichen Gesellschaft unseres Landes die allgemeine Übereinstimmung in Sachen Freiheit und Demokratie feste Wurzeln geschlagen hat.

Von diesem kraftvollen Konsens unseres Volks gestützt, habe ich die Außenpolitik als aktiven Beitrag zu Frieden und Wohlstand in der Welt mit dem »Aufbau eines internationalen ausgerichteten Staates Japan« begonnen. In der Innenpolitik soll ein auf das 21. Jahrhundert ausgerichteter »kräftiger Kultur- und Wohlfahrtsstaat entstehen«.

Wenn es sich um den Beitrag handelt, den Japan für die internationale Völkergemeinschaft leisten kann, kommt folgenden drei Punkten besonderes Gewicht zu:

1. Die Schaffung von stabilen Ost-West-Beziehungen, denen beide Seiten Vertrauen schenken können, ist heute für Frieden und Stabilität in der Welt von größter Bedeutung. Um dieses Ziel zu erreichen, hält Japan an der Geschlossenheit der freiheitlich-demokratischen Länder Japans, Europas und der Vereinigten Staaten fest, fördert aber gleichzeitig den Ost-West-Dialog mit dessen Schwerpunkt, der Rüstungskontrolle und der Abrüstung.

2. Als ein Land, das 10 Prozent des Welthandels abwickelt, steht Japan der Öffnung des eigenen Markts, der wirtschaftlichen Zusammenarbeit usw. positiv gegenüber, um so die Beibehaltung und Stärkung des freien Handelsystems und eine Aktivierung der Weltwirtschaft zu erreichen.

3. Von dem Standpunkt aus, daß »der Norden nicht in Wohlstand leben kann, wenn der Süden keinen Wohlstand hat«, bemüht sich Japan, die Entwicklungsländer auf ihrem Weg zur Selbständigkeit zu unterstützen. Zugleich streckt es seine helfende Hand aus humanitären Gesichtspunkten allen extrem armen oder von Hunger geplagten Ländern entgegen, um unabhängig davon, um welche Region es sich handelt, möglichst rasch wirksame Hilfe zu leisten.

Der größte Teil unseres Volkes stimmt mit diesen drei Punkten, die ich hier ausgeführt habe, überein. Auch meine eigene Überzeugung hat darin ihre Wurzeln.

Ich lege meine Feder mit dem Wunsch nieder, daß Franz Josef Strauß, dem verehrten Vorsitzenden der CSU und Ministerpräsidenten des Freistaats Bayern, noch ein langes Leben in Glück und Gesundheit beschieden sein möge.

Mathilde Berghofer-Weichner

Franz Josef Strauß – sein Einsatz für die Familie

In diesen Tagen wird das bisherige Lebenswerk von Franz Josef Strauß unter vielen Aspekten gewürdigt werden. Vierzig seiner siebzig Lebensjahre hat er in den Aufbau und die zeitgemäße Entwicklung unserer bayerischen Heimat, der Bundesrepublik Deutschland, Europas und des Bündnisses mit den USA eingebracht. Sicher wird in diesem Zusammenhang die Frage gestellt werden, auf welchem der Gebiete, für die er sich engagiert hat, sein Werk von besonderer Tragweite für die Zukunft sein wird. Außen-, Verteidigungs- und Wirtschaftspolitik werden gegeneinander abgewogen werden. Die meisten werden aber wohl das Gebiet außer Betracht lassen, dem er sich als Ministerpräsident in Bayern besonders zugewandt hat: die Familienpolitik.
In der Nachkriegszeit hat es bei uns kaum Forschung im Bereich der Bevölkerungswissenschaft gegeben. Auch noch heute sind manche schnell mit dem »Lebensborn« zur Hand, um jemanden, der sich eines solchen Themas anzunehmen wagt, zu verteufeln. Der katastrophale Geburtenrückgang, der um 1970 begann und dessen volle Tragweite für die Zukunft unseres Volkes lange nicht erfaßt wurde, hat uns daher völlig unvorbereitet und ohne Einsatz des wissenschaftlichen Instrumentariums getroffen, mit dem die Auswirkungen rechtzeitig vorausgesehen und auf ihre Ursachen hätten untersucht werden können.

Die Frauen in der CSU, insbesondere die Frauenunion, waren unter den ersten, die neben ideellen Impulsen zur Hebung des gesellschaftlichen Ansehens der Familie, vor allem der kinderreichen Familie, einen Katalog von notwendigen wirtschaftlichen Maßnahmen aufstellten. Er begann mit der Forderung nach der Anerkennung von Zeiten der Kindererziehung in der Rentenversicherung – da die Erziehung von Kindern auch eine volkswirtschaftliche Leistung ist – und endete bei der Forderung nach dem Erziehungsgeld. Aber es gab auch in unserer Partei Stimmen, die der wirtschaftlichen Betrachtungsweise die erste, ja einzige Priorität einräumen wollten. Viele haben uns zunächst als Utopisten verlacht. Da stellte sich jedoch zur Überraschung vieler Franz Josef Strauß mit aller Entschiedenheit auf unsere Seite und verwandelte rasch die Minderheit in eine Mehrheit.

Die Anerkennung von Erziehungszeiten ist inzwischen Gesetz geworden. Erziehungsgeld und Erziehungsurlaub werden nach unseren Vorstellungen gestaltet; der weitere zeitliche und finanzielle Ausbau ist geplant. Zusätzlich ist es gelungen, für beurlaubte Mütter auch noch in einem ausgewogenen Rahmen eine gesetzliche Arbeitsplatzgarantie vorzusehen, eine nicht unumstrittene, aber – wie ich meine – richtige Maßnahme. Dies alles wäre ohne oder gegen Franz Josef Strauß nicht durchsetzbar gewesen. Gerade sein Eintreten auch für die Arbeitsplatzgarantie zeigt, daß er die Belange der Wirtschaft als wichtiges, aber nicht als das allein wichtige Element der Gesamtpolitik ansieht.

Die Überraschung über den Einsatz von Franz Josef Strauß für die Familien beruht wohl darauf, daß er im Bewußtsein der Weltöffentlichkeit mehr als scharfer Diagnostiker der großen politischen, militärischen und wirtschaftlichen Lage bekannt und geschätzt ist. Man sagt ihm gern »globale Strategien« nach, und dies ist nicht immer freundlich gemeint. Wenn man unter »global« jedoch alle wichtigen und für das Geschehen bedeutsamen Faktoren versteht – und zwar die äußeren wie die inneren, die großen ebenso wie die scheinbar kleinen –, dann ist eine solche »globale« Betrachtungsweise das höchste Lob für einen Politiker, und Franz Josef Strauß darf sich diese Etikettierung gern gefallen lassen. So betrachtet ist es eigentlich auch ganz selbstverständlich, daß gerade er mit sei-

nem feinen politischen Gespür diese erstrangige politische Aufgabe so früh erkannt und sich ihrer mit der ihm eigenen Energie angenommen hat.
Es tut den Verdiensten von Franz Josef Strauß keinen Abbruch, wenn ich in Dankbarkeit die Vermutung äußere, daß ohne die nachdrückliche Mitwirkung seiner Frau diese neue Schwerpunktsetzung für die Familie nicht so schnell und entschieden erfolgt wäre. Ich meine sogar, daß sich in einer guten Familie der Beitrag von Mann und Frau nicht oder nicht ganz aufteilen läßt. Es wäre vielleicht der spannendste Teil einer politischen Geschichte, wenn man den Anteil der Frauen der Politiker an deren Entscheidungen und Haltungen sichtbar machen könnte.
Franz Josef Strauß sieht Familienpolitik nicht nur als bevölkerungspolitische Maßnahme oder allein unter dem Gesichtspunkt, wer denn in Zukunft unsere Renten finanzieren wird. Die Steigerung der wirtschaftlichen Leistungskraft muß Anstoß zur Stärkung und inneren Wiederherstellung der Institution Familie werden. Die Geburt eines Kindes ist schließlich auch heute noch ein »freudiges Ereignis« und nicht nur ein Negativposten im Familienbudget. Hand in Hand mit der Wiederherstellung einer angemessenen Relation der wirtschaftlichen Lage zwischen kinderlosen Familien und solchen mit Kindern muß der gesellschaftliche Stellenwert der Familie gehoben werden. Die Familienempfänge des Bayerischen Ministerpräsidenten zum Beispiel setzen dabei weithin sichtbare Zeichen. Sie zeigen einen anderen Franz Josef Strauß, als den, den die Medien erfunden haben – den wahren, wie ich meine.
Noch ist viel zu tun für unsere Familien. Die Familie wird gerne und mit Recht die »Zelle der Gesellschaft« genannt. Die Erkrankung vieler Zellen macht den ganzen Körper krank, und wenn die Mehrzahl aller Zellen krank ist, dann stirbt er ab. Die Familie ist krank in unserem Land; die Zahl der Ehescheidungen, der Schwangerschaftsabbrüche und der Ehen ohne Trauschein zeigt es. Zu ihrer Heilung müssen alle Kräfte zusammenwirken: die Kirchen, die Medien und die Politiker. In deren Hand liegt es, Hindernisse abzubauen, wirtschaftliche Beeinträchtigungen auszugleichen, Förderungshilfen anzubieten und ein familienfreundliches Klima auf allen Feldern der Gesellschaftspolitik zu schaffen. Wir sehen in der gesun-

den Familie nicht ein Ziel neben, sondern *vor* allen anderen. Familienpolitik ist Ringen um die Zukunft. Mit Franz Josef Strauß wird die CSU ihren familienpolitischen Weg weitergehen.

Jacques Chirac

Hommage an Franz Josef Strauß

Franz Josef Strauß hat nie ein Hehl aus seiner Sympathie und seiner Bewunderung für General de Gaulle gemacht.
Er liebt unser Land, das er immer wieder gerne besucht.
Wir erwidern gerne seine Zuneigung.
Sein Einsatz für die Grundfreiheiten und die Demokratie, seine Ablehnung des totalitären Kommunismus, sein Bemühen um den sozialen Fortschritt in einer freien Wirtschaft, seine Entschlossenheit, ein geeintes und solidarisches und durch den Beitrag aller Vaterländer bereichertes Europa aufzubauen, zeugen von einer Übereinstimmung mit den Grundsätzen des *Rassemblement pour la République.*
Franz Josef Strauß ist für uns – neben Konrad Adenauer – auch der Mann der deutsch-französischen Aussöhnung. Er war einer von jenen, die den Vertrag vom 23. Januar 1963 über die deutsch-französische Zusammenarbeit wohlwollend aufgenommen haben. Die Grundsätze, die in diesem Vertrag bekräftigt wurden – regelmäßige Konsultationen, Zusammenarbeit auf dem Gebiet der Verteidigung, Ausbau des Deutsch- beziehungsweise Französischunterrichts in jedem der beiden Länder, Durchführung von Jugendaustauschmaßnahmen mit dem Ziel, in beiden Ländern das Bewußtsein einer »Erbfreundschaft« zu fördern –, diese Grundsätze sind nach wie vor aktuell.
Die deutsch-französische Zusammenarbeit ist der Eckpfeiler, ohne den das europäische Einigungswerk undenkbar ist. Schon allein aus geographischen und historischen Gründen können die Schick-

sale Frankreichs, Deutschlands und Europas nicht voneinander getrennt werden. Deshalb steht jede Maßnahme, mit der die deutsch-französische Zusammenarbeit gestärkt wird, im Einklang mit der Verteidigung europäischer Interessen.

Franz Josef Strauß, der Patriot, der Europäer, ist auch Ministerpräsident des Freistaates Bayern. Er verkörpert für uns die Kontinuität der bayerisch-französischen Freundschaft, wie sie General de Gaulle in seiner berühmten Rede auf dem Odeonsplatz in München ins Gedächtnis zurückrief.

Bayern liegt uns Franzosen besonders am Herzen. Beide Länder haben gemeinsame Wurzeln: Zunächst die Präsenz der Kelten, dann des Römischen Reichs, darauf die gemeinsame Zugehörigkeit zum Reich Karls des Großen und schließlich das katholische Christentum. In neuerer Zeit wurde Bayern, vor allem dank Montgelas, von unserer Verwaltung inspiriert. Napoleon hat hier ein Königreich begründet zu einer Zeit, in der Bayern ein Verbündeter Frankreichs war. Bayern ist heute richtungweisend aufgrund seiner Leistungen und seiner außerordentlichen wirtschaftlichen Entwicklung, wobei einem wirksamen Schutz der Umwelt besondere Aufmerksamkeit entgegengebracht wird. Wie Frankreich ist Bayern ein Land der Tradition und der Innovation.

Es ist wichtig, den herausragenden politischen Beitrag von Franz Josef Strauß für die europäische Außenpolitik auf einem Gebiet zu unterstreichen, auf dem die Interessen Frankreichs und Deutschlands eng miteinander verknüpft sind.

Franz Josef Strauß ist in Deutschland einer der Politiker, der den klarsten Verstand in der schwierigen Frage der Ost-West-Beziehungen bewiesen hat. Im Wissen um die expansive Wesensart des Kommunismus ruft er die freien Völker stets zur Wachsamkeit und gemeinsamen Verteidigung unserer demokratischen Grundwerte innerhalb Europas und zusammen mit unseren amerikanischen Verbündeten auf. Während er sich in seinem Land – dies ist ein großes Verdienst – gegen die Illusion eines neutralistischen Deutschlands wendet, das seine Freiheit verlieren würde, ohne deswegen seine Einheit zu gewinnen, weist er darauf hin, daß alle Hoffnung, die Teilung Deutschlands und damit auch Europas zu überwinden, für absehbare Zeit nicht verloren ist. In einer bemerkenswerten »Rede über das eigene Land«, vor einem Jahr in München gehalten und in einem Buch veröffentlicht, hat Franz Josef Strauß erklärt: »Die deutsche und die europäische Teilung können nur im Rahmen einer dauerhaften europäischen Friedensarchitektur überwunden werden. Die Voraussetzung hierzu ist jedoch die Änderung der ideologischen und machtpolitischen Strukturen im Ostblock. Vor allem die wissenschaftlich-technische Entwicklung, an die sich das sowjetische System anpassen muß, wenn es nicht hoffnungslos gegenüber dem Westen in Rückstand geraten will, eröffnet hier noch nicht absehbare Perspektiven. Auf sie müssen wir langfristig unsere Politik abstellen.«

Diese historische Vision zeugt von einer außergewöhnlichen Weitsicht. Gestützt auf ausgezeichnete Geschichtskenntnisse, skizziert Franz Josef Strauß hier in großen Zügen die wohl wichtigste Herausforderung des ausgehenden Jahrhunderts: die Entwicklung der Ostblockstaaten angesichts der tiefgreifenden wirtschaftlichen und technischen Veränderungen in der Welt von heute. Franz Josef Strauß ist ein heimatverbundener und traditionsbewußter Mensch: Er beruft sich gern auf die Quellen des Christentums, der Antike und des Humanismus der Renaissance. Aber diese Tradition öffnet sich dem Fortschritt, weil sie die Grundfreiheiten und die Menschenwürde achtet.

Er weiß, daß – wie es einmal ein Philosoph formuliert hat – »derjenige der Mensch der Zukunft sein wird, der das längste Gedächtnis hat«. Sein politisches Denken ist geprägt vom Studium der Geschichte, und dieser historische Abstand erlaubt es ihm, die Zukunft und die langfristigen Tendenzen, die unser Schicksal bestimmen werden, mit klarem Verstand ins Auge zu fassen. Er ist damit ein Nachkomme jenes humanistischen Deutschland, dessen berühmtester Sohn, Goethe, sein fundamentales Streben in folgende zwei Wörter faßte: »Mehr Licht.«

Franz Josef Strauß ist ein Mann, der sich durch Wissen, Toleranz und eine vernunftgeleitete Politik auszeichnet. Deshalb ist seine politische Arbeit seit so vielen Jahren für Bayern, Deutschland und Europa so fruchtbar gewesen.

Diesem Freund des französischen Volkes, diesem beherzten Verteidiger der Demokratie wollen wir unsere Solidarität in seinem

Kampf für die Würde des Menschen bekunden. Denn, wie General de Gaulle sagte, »unser Kampf ist das Ringen um die Würde des Menschen. Man muß dem Menschen sich entwickeln und entfalten helfen.«

Kurt Georg Kiesinger

Glückwunsch aus Schwaben

In der Präambel der Weimarer Verfassung steht der merkwürdige Satz, das deutsche Volk habe sich »einig in seinen Stämmen« seine Verfassung gegeben. Also haben die damaligen Verfassungsväter die deutschen Stämme noch als eine politische Wirklichkeit gesehen, obwohl die ursprüngliche stammliche Gliederung des Reiches längst dem die Stammesgrenzen überwindenden Vielerlei der Landesstaaten gewichen war.

Die Besonderheiten der deutschen Stämme, die sich über viele Jahrhunderte erhalten haben, gehören zu den erstaunlichsten und erfreulichsten Realitäten Deutschlands. Mundarten, geistige und künstlerische Traditionen, gewisse charakteristische Grundzüge – vom Extrovertierten bis zum Introvertierten. Jeder, der den Lech überschreitet und die Augen und Ohren offen hält, kann solche Unterschiede feststellen. Die Bayern glauben in vielen Fällen, in ihren schwäbischen Nachbarn schwerfälligere und schwerblütigere Züge zu erkennen.

Wenn ich von Bayern spreche, dann meine ich nicht auch die Franken und die Schwaben, die in Bayern leben, sondern Angehörige des bayerischen Stammes, Ober- und Niederbayern also. Ich kenne keine köstlichere Schilderung bayerischer Wesensart, als jene Stelle in Ludwig Thomas unverwüstlichem Einakter »Erster Klasse«, wo sich ein Dialog zwischen dem norddeutschen Handlungsreisenden Stüve und dem Landtagsabgeordneten Filser und dessen Freund Gsottmaier entspinnt. Filser und Gsottmaier unterhalten sich mit lautem Gehänsel und Gelächter (»Du Spitzbua, du odrahta«). Darauf Stüve:

»Sagen Sie mal, Sie unterhalten sich famos? Was?«
Gsottmaier: »Han?«
Stüve: »Ich spreche doch selbst gut bayer'sch, aber ich habe noch nicht rausgebracht, warum Sie so lachen?«
Gsottmaier: »Weil mi halt's Leb'n g'freut.«
Menschen des bayerischen Stammes bringen ihre charakteristischen Merkmale auch in die Politik ein. Ihnen ist, mehr als anderen, die Politik nicht nur ein schwieriges Geschäft, sondern auch ein mit Vergnügen geübtes Spiel, was ihnen sprödere Naturen gelegentlich sehr zu Unrecht übelnehmen.
Als ich als frischgebackener Bundestagsabgeordneter meine erste Versammlung in München hielt, fing ich wohl etwas trocken an, bis mich zu meinem Glück die Zwischenrufe sozialdemokratischer Zuhörer in Schwung brachten. Am Schluß stellte sich ein junger Münchener strahlend vor mich hin und sagte: »So war's recht! A Leb'n muaß halt sei!«
Dieses Leben, das halt auch in der Politik sein muß, weil es zum großen politischen Spiel gehört, fehlte in keiner der ungezählten Reden, die Franz Josef Strauß, bewundert, bejubelt, zum Grimm seiner politischen Gegner, gehalten hat. Zu Tausenden strömten sie herbei, um ihn sozusagen einmal in Natur zu hören.
Er wurde der volkstümlichste und wortmächtigste Redner unseres Landes. Wie sich da bayerisch Bodenständiges und humanistisch

Strauß mit Jacques Chirac, dem Bürgermeister von Paris und Chef der französischen Gaullisten.

Hilfe und Unterstützung für die demokratischen Kräfte in Lateinamerika – Strauß mit dem Regierungschef von El Salvador, José Napoleón Duarte.

Folgende Abbildung:
Franz Josef Strauß gehört zu den in China besonders geachteten und geschätzten Pionieren der deutsch-chinesischen Beziehungen. Was an Kontakten bei der ersten Chinareise von Strauß im Januar 1975 und in einem Zusammentreffen mit Mao Tse-tung begann, hat sich bei weiteren Besuchen und Gesprächen mit der chinesischen Führung, im besonderen mit Deng Xiaoping, fortgesetzt und vertieft.

Gebildetes, listiges Parlieren und souveränes Argumentieren, scharfe Gedanken und pralle Bilder zur Synthese gestalteten!
Daß aber Franz Josef Strauß nicht nur ein großer Redner im Bundestag und bei Massenkundgebungen war und ist, sondern auch ein überlegener Debattierer im kleinen, anspruchsvollen Kreise, konnte man oft an Fernsehabenden miterleben. Bei solchen Anlässen höre ich ihn am liebsten.
Franz Josef Strauß hat viele hohe Ämter bekleidet und dabei hohe staatsmännische Begabung bewiesen. Darüber wird in dieser Festgabe vieles zu lesen sein: über seine hohe Intelligenz, sein politisches Gespür, seinen enormen Fleiß, seinen festen Willen und sein gelegentlich überschäumendes Temperament, das ihm Gewinne und Verluste eingetragen hat. Von der ersten Stunde im Bundestag an bin ich einen langen Weg mit ihm gegangen, im Grundsätzlichen fast immer einig, im Einzelnen manchmal verschieden. Ich bin ihm besonders dafür dankbar, daß er als Finanzminister der Großen Koalition das sturmgefährdete Staatsschiff in ruhigere Gewässer steuern half.
Wie stark das bayerische Stammeserbe Franz Josef Strauß geprägt hat, ist unverkennbar. Wenn einer in unserem Lande in der Politik erquickend als Homo ludens erscheint, dann ist es gewöhnlich ein Bayer. Das gilt für alle Etagen, manchmal bis zum Skurrilen hin. Franz Josef Strauß ist es auf hoher Ebene. Er mag bayerisch reden oder mit dem Gamshut erscheinen – auch sein schlimmster Gegner wird es nicht wagen können, ihn provinziell zu nennen. Heimatlich Angestammtes und weltkundige Urbanität haben den nun Siebzigjährigen durch vier Jahrzehnte seines politischen Wirkens getragen. Er hat Erfolge und Enttäuschungen, Glück und Leid wie alle Sterblichen erfahren. Noch steht er, und hoffentlich noch lange, in Saft und Kraft, und wenn man ihn fragt, warum er Politik nach seinem Gusto treibe, möge er allezeit sagen können: »Weil mi halt's Leb'n g'freut.«

Strauß mit Österreichs langjährigem Bundeskanzler Bruno Kreisky und

... mit Ägyptens Staatspräsident Hosni Mubarak.

Bruno Kreisky

Begegnungen mit Franz Josef Strauß

Ich danke, daß Herr Staatssekretär Dr. Edmund Stoiber, Leiter der Bayerischen Staatskanzlei, mich aufgefordert hat, für die Festschrift zum 70. Geburtstag des Bayerischen Ministerpräsidenten Franz Josef Strauß einen Beitrag zu verfassen.
Wie es sich für einen ordentlichen Sozialdemokraten gehört, habe ich beim Vorsitzenden der Sozialdemokratischen Partei Deutschlands, Herrn Willy Brandt, angefragt, wie er dazu stehe. Seine Antwort war: »Warum eigentlich nicht?«
Willy Brandt, mit dem ich seit genau fünfundvierzig Jahren aufs engste befreundet bin, hat sich in all den Jahren als ein Mann erwiesen, der politische Andersgesinntheit niemals zu einem Ressentiment werden ließ. Aber hier stock' ich schon, denn ich soll ja keinen Geburtstagsartikel für Willy Brandt schreiben...
Und so möchte ich mich der gar nicht leichten Aufgabe unterziehen und abermals zum Wesen und der Persönlichkeit Franz Josef Strauß einen Beitrag leisten. Das erste Mal habe ich es anläßlich der Verleihung des »Lieben Augustin« in Wien getan; das war damals nicht schwer, weil es die Große Koalition gab und die beiden großen Parteien, wie wir in Österreich sagen, »eitel Wonne und Waschtrog« waren. Helmut Schmidt mochte Strauß, und Franz Josef Strauß war voll Wertschätzung für Helmut Schmidt.
Das zweite Mal im Zusammenhang mit der Verleihung des Karl-Valentin-Ordens, wo Franz Josef Strauß die Laudatio auf mich halten sollte, aber offenbar aus Zeitmangel nur einige wenige Zeilen zu einem, fast möchte ich sagen »Pamphlet« hinzufügte, das offenbar sein Parteisekretär in Zusammenarbeit mit dem Parteisekretär der ÖVP in Wien verfaßt hatte. – Es war auch dementsprechend. Und zum dritten Mal versuche ich es nun aus Anlaß seines Geburtstages.
Es gibt zwischen uns einen – wenn ich so sagen darf – heute historischen Gegensatz. Er meinte anläßlich des Geburtstages unseres ge-

meinsamen Freundes Senator Burda, daß, wäre es bei einer Verwirklichung des Deutschland-Planes von Churchill zur Realisierung eines süddeutschen Staates gekommen, auch Österreich miteinbezogen worden wäre. Er wäre dann nicht »nur« Ministerpräsident von Bayern, sondern auch dieses neuen »Süddeutschen« Staates geworden. Seinem Selbstbewußtsein möchte ich meines entgegensetzen und der Meinung Ausdruck geben, daß das gar nicht so sicher gewesen wäre, weil ich ja damals auch schon in der Politik war und, wie ich glaube, mich allmählich geltend gemacht hätte. Vielleicht wäre ich, wenn die Wähler des Südstaates seiner müde geworden wären, drangekommen. Und wer weiß, wie die Geschichte ihren Lauf genommen hätte. Ich bin jedenfalls froh, daß es dazu nicht gekommen ist, und daß Österreich klein aber fein aus der ganzen Geschichte herausgekommen ist.
Um es gleich und von vornherein zu sagen, ich habe zu Franz Josef Strauß, so sehr mir das manche verübeln mögen, eine beträchtliche Affinität. Er ist ein Vollblutmensch und fast möchte ich sagen, ein Renaissance-Mensch, und daher macht er auch in der Politik nichts mit der »linken Hand« – so wenig er alles, was links ist, mag. Auch nicht, wenn es gilt, einen politischen Gegner fertigzumachen, und deren hat er allerdings viele. Er ist vom Typ her, und das werden viele zum Ausdruck bringen, eine Persönlichkeit, die man einfach nicht übersehen kann. Schon gar nicht in einem Bereich, in dem die Glattgestrichenheit, die Servilität so überhandgenommen hat.
Es kann doch keine Qualifikation für einen führenden Politiker sein, daß einer so ist oder sich so gibt, daß jedermann den Eindruck bekommen kann, das, was der kann, könne er auch. Diese Gefahr besteht bei Franz Josef Strauß nicht. Dazu kommt, daß er, wie ich glaube, das Zeug zum Politiker hat, wenn auch nicht im Sinne, wie es Max Weber gefordert hat. Für ihn gilt sicher ein Wort Adenauers, es sich nicht nehmen zu lassen, später klüger zu sein.
Ich habe jedenfalls während meiner Zeit als Bundeskanzler in ihm einen gutnachbarlichen Kollegen gehabt, dessen Format ich immer wieder anerkannt habe. Überflüssig, zu sagen, daß ich meistens in der Beurteilung der Lage aus selbstverständlichen politischen Gründen mit ihm nicht übereingestimmt habe. Daß unsere Beziehungen ein bißchen von den bayerisch-österreichischen Gegensät-

zen durchzogen waren, ist ein Beweis dafür, wie lebhaft Aversionen nachwirken können. Es ist ja der großdeutschen Propaganda gelungen, eine historische Tatsache total zu verschleiern und aus der Welt zu räumen, nämlich daß seinerzeit der sagenumwobene Andreas Hofer den Tiroler Freiheitskampf gegen die Bayern geführt hat. Es gelang aber auch aus Gründen des Fremdenverkehrs, diese historische Tatsache zu verdrängen und den Franzosen die Schuld an allem zu geben. Natürlich auch an der Hinrichtung des Andreas Hofer, die tatsächlich von einem französischen Militärgerichtshof beschlossen wurde, was viele französische Besetzer in den zehn Jahren nach 1945 sehr bedauert haben.

Ich verstehe noch heute nicht, warum sich die Franzosen damals so von den Bayern hereinlegen ließen, aber ich werde bei Historikern nachfragen. Übrigens – die Unfreundschaft zwischen Bayern und Österreich hat tiefere Wurzeln. Eine davon, nicht einmal die tiefste, geht zurück auf die Zeit des Prinzen Eugen und des Kurfürsten Max Emanuel Anfang des 18. Jahrhunderts, als sich die Österreicher und Briten erfolgreich gegen die französisch-bayerischen Armeen zur Wehr setzten.

Die Heirat dieser sonderbaren Elisabeth Prinzessin von Bayern mit Kaiser Franz Joseph war in Österreich sehr populär. Beide haben sich offenbar nicht so gut verstanden. Jedenfalls hat sie die österreichischen Habsburger in der verächtlichsten Weise in dem unlängst herausgegebenen Buch ihrer Verse charakterisiert und ein Sonntags-Mittagessen beim Kaiser, das die Hölle gewesen sein muß, auch als solche geschildert.

Aber zurück von diesem historischen Exkurs zu Franz Josef Strauß. Er hat vor einiger Zeit die Österreicher mit Recht sehr kritisiert – so hörte ich jedenfalls: Kohle kaufen wir im kommunistischen Polen, Gas und Öl aus Rußland, Strom beziehen wir zum Teil aus dem Ausland, und auf ein Nuklear-Kraftwerk, das schon fertig ist, verzichten wir. Dies meinte er kopfschüttelnd, damit traf er allerdings nicht die regierenden Sozialdemokraten, sondern seine eigenen Parteifreunde in Österreich.

Edouard Herriot hat einmal geschrieben, daß es furchtbar schwer sei, in der Politik Freunde zu gewinnen, am schwersten in der eigenen Partei. Manchmal stimmt das, manchmal aber gibt es signi-

fikante Ausnahmen. Ohne die Politik wäre ich wahrscheinlich Franz Josef Strauß nicht begegnet. Daß ich ihm begegnet bin, hat mich immer gefreut und tut es noch heute.
Und so zum Schluß ein tröstliches Wort zum 70er. In der Kameliendame heißt es irgendwo, und das möchte ich ihm heute bei dieser Gelegenheit zitieren: »Nur Greise altern nicht.«

Silvius Magnago

Begegnung im Alpenraum

Wer in den letzten Jahrzehnten mit Politik zu tun hatte, der mußte unweigerlich auch Franz Josef Strauß begegnen. Er war ja trotz seiner Belesenheit und seines Wissens nie der Mensch gewesen, der sich auf Kenntnisse aus zweiter Hand verließ, sondern er wollte sich seine eigene Meinung stets an Ort und Stelle, im Inland wie im Ausland, im Kontakt mit den zuständigen Politikern und Fachleuten, in der direkten Fühlungnahme mit den Institutionen und vor allem mit der Bevölkerung bilden. So hatte auch ich sowohl als Landeshauptmann wie auch als Parteiobmann die Bekanntschaft von Franz Josef Strauß gemacht, schon lange bevor er Ministerpräsident des Freistaates Bayern geworden war.
Dennoch fühlte ich vor der Sitzung der Regierungschefs der Arbeitsgemeinschaft Alpenländer am 15. Juni 1979 in München die gleiche leichte Spannung wie meine Amtskollegen aus den Bundesländern Tirol, Vorarlberg und Salzburg, aus dem Kanton Graubünden, der Provinz Trient und der Region Lombardei. Die Regierungschefs dieser Länder sowie Bayerns, die in der Arbeitsgemeinschaft Alpenländer zusammenarbeiten, um gemeinsame grenzüberschreitende Fragen zu beraten und dazu Empfehlungen zu beschließen, treffen sich jährlich einmal tournusmäßig in einem dieser Länder. 1979 war es Bayern, die Tagung fand in München statt. Es war zum ersten Mal, seit in Bayern der Wechsel des Ministerprä-

sidenten stattgefunden hatte. In fast zehnjähriger Zusammenarbeit war uns die konziliante Art des Vorgängers von Franz Josef Strauß, des Bayerischen Ministerpräsidenten Alfons Goppel vertraut geworden. Solche Kontakte und Beratungen in einer Arbeitsgemeinschaft führen ja, wie bekannt, zu einem Großteil dadurch zum Erfolg, daß die einzelnen Teilnehmer ihre Verhandlungspartner kennen und ihre Stellungnahmen annähernd vorhersehen und vorherberechnen können.

Nun sollte zum ersten Mal Ministerpräsident Franz Josef Strauß als Regierungschef Bayerns an der Sitzung der Arbeitsgemeinschaft Alpenländer teilnehmen. Ich wußte von seiner Art, sehr realistisch und wirklichkeitsnahe zu denken, und das, was er dachte, auch unumwunden auszusprechen, was manchmal als Härte erscheinen mochte. Würde er mit dieser harten Klarheit und Ehrlichkeit in der Arbeitsgemeinschaft Alpenländer, die aus verschiedenen Gründen vorsichtig und beweglich operieren mußte, anstoßen, Schwierigkeiten schaffen, oder würde uns seine Geradlinigkeit, die bei den Beratungen der Arbeitsgemeinschaft ebenso notwendig war, zusammenführen?

Seine erste Stellungsnahme in der Besprechung der Regierungschefs der Länder der Arbeitsgemeinschaft Alpenländer am 15. Juni 1979 in München bestätigte nicht nur die gerade Weiterführung der bis dahin vom Bayerischen Ministerpräsidenten Alfons Goppel in der Arbeit der Gemeinschaft verfolgten Linie, sondern auch die starke Persönlichkeit, mit der Franz Josef Strauß den Entscheidungen eine klare Prägung gab. Es ging um eine von den zuständigen Funktionären vorbereitete Entschließung über die Errichtung von Atomkraftwerken im Alpenraum. Die sachliche Entscheidung, um die es dabei ging, ist hier nicht von Bedeutung. Wesentlich schien mir die in einer kurzen, von Sachkenntnis zeugenden Rede dargelegte Stellungnahme von Ministerpräsident Franz Josef Strauß. Er lehnte es kategorisch ab, sich in solchen Fragen unkritisch dem Druck verschiedener, stark von Emotionen bestimmter sowie von vielen Medien unterstützter oder auch gemachter Meinungen zu beugen, die im Wesen nur ganz generelle Aussagen zum Inhalt hatten. Er wies darauf hin, daß die Entscheidungen auf der Grundlage von Tatsachen und klaren Erkenntnissen gefällt werden müßten,

auch wenn sie gelegentlich nicht populär seien, und er verfügte ebenso über das Wissen von den wirtschaftlichen Tatsachen wie auch über die wissenschaftlichen Kenntnisse. Das war der ganze Franz Josef Strauß. Der Weg führte nicht auseinander, sondern weiter zusammen zu einer wertvollen Arbeit in der Arbeitsgemeinschaft Alpenländer, einer fruchtbaren Arbeit für den Alpenraum.
Bei weiteren Begegnungen wurde offenbar, daß auch das kulturelle Interesse von Ministerpräsident Franz Josef Strauß über das engere bayerische Alpengebiet hinausgeht. Er pflegt enge Beziehungen zu allen Teilen Tirols und hält sich besonders gerne zu kurzer Erholung in Südtirol auf. Wiederholt begegnete ich ihm auch im Rahmen der Alpenregion der Schützen, bei deren Veranstaltungen er öfter anwesend ist. Franz Josef Strauß ist selbst Ehrenhauptmann einer Südtiroler Schützenkompanie des Unterlandes. Bei solchen Veranstaltungen zeigt er sich im persönlichen Umgang als geistreicher und humorvoller Gesellschafter. So findet Franz Josef Strauß gerade im Alpenraum das Wirkungsfeld, in dem er seine rational-klaren und modern-fortschrittlichen Ansichten mit Tradition und Heimatgefühl zu verbinden vermag, und in dem er mit Interesse das kulturelle Erbe des gesamten bajuwarischen Siedlungsraumes pflegt.

Schorsch Meier

Was ich F. J. Strauß zum 70. Geburtstag zu sagen habe

1936/37 bin ich ihm zum ersten Mal begegnet. Damals starteten wir zur Geländefahrt durch Bayerns Berge. Er als Fahrer eines Geländewagens, ich mit dem Motorrad als Mannschaft (die 3 Gußeisernen).
Der Krieg war kaum beendet, als wir bereits 1947 die ersten Rennen veranstalteten, darunter zum Beispiel »Rund um die Bavaria« oder im Dante-Stadion.

1951 wurden wir wieder international zugelassen, und von diesem Zeitpunkt an war unser Franz Josef Stauß überall dabei, ob am Nürburgring, in Hockenheim, auf der Solitude oder auf dem Salzburgring. Er ließ es sich auch nicht nehmen, den Siegern die Hand zu schütteln und im Fahrerlager mit den Mechanikern Fachgespräche zu führen.
Nachdem wir alle wie nebenbei in die Motorisierung hineingewachsen waren, hat die Liebe zum Motorsport unsere Unterhaltungen und Gespräche geprägt.
Es ist immer wieder erstaunlich, sich bei einer Veranstaltung, auf der zum Beispiel ältere Autos und Motorräder ausgestellt werden, mit Franz Josef Strauß zu unterhalten. Was der uns noch alles erzählen kann! Da sagt er zum Beispiel, daß 1928 in Daglfing die 250er Klasse der Delian aus Moosburg gewonnen hat und nicht, wie wir meinten, der Gmelch Xaver. Oder in der 350er Klasse bestimmt der Freilinger aus Obing mit der A. J. S. und die 500er der Klein Rudi. Oder der Walla aus Wien? Den neuen Bahnrekord hat bestimmt der Giggenbach auf der Bayerlein mit dem Jap-Motor gefahren.
Was uns alle immer wieder verblüfft, ist sein technisches Wissen. Lange Zeit hatten wir, um wieder ein Beispiel zu bringen, darüber debattiert, wann eigentlich Rudge den ersten Motor mit 4 Ventilen auf den Markt brachte. – Er hat's gewußt! –
Faszinierend immer wieder: die Treue unseres Franz Josef Strauß zu uns alten und auch jungen Motorsportlern! Wo er es möglich machen kann, ist er da.
Erst beim letzten Treffen, zur Motorradausstellung im Salvatorkeller, wo sein Vertreter die Begrüßungs- und Einführungsworte sprach, habe ich vorsorglich zu diesem gesagt: »Sie werden sich sehr hart tun, gerade bei uns Herrn Strauß zu vertreten, denn er versteht zu viel von unserer Branche!«

Erinnerung an unbeschwerte Urlaubstage in Südfrankreich – das Ehepaar Strauß mit Tochter Monika und Schwiegersohn Michael Hohlmeier.

Besuch des Bundespräsidenten im Freistaat Bayern – Richard von Weizsäcker und seine Frau Marianne werden von Franz Josef Strauß und Tochter Monika begrüßt.

Ich hatte das Glück, daß Franz Josef Strauß zu meinem 70. Geburtstag eine – wie immer – sehr launige Rede hielt und dabei besonders herausstellte, daß er auch noch sehr gerne Motorrad und auch noch 160–170 Kilometer fährt, aber nicht schnell, sondern weit. Allein diese Worte zeigen seinen Witz. Und darum ist es auch nicht verwunderlich, daß wir Sportler ihn immer sehr geschätzt und verehrt haben, um so mehr, als er sogar als Politiker den Humor nicht verloren hat.
Zum Schluß kann ich nur sagen, wie froh ich war, daß er sich in jungen Jahren mehr als Radrennfahrer betätigte und nicht zu uns Motorradfahrern überwechselte, denn mit seiner technischen Begabung wäre er auch ein ernsthafter Konkurrent geworden, er hätte bestimmt in seine 500 ccm nicht 52, sondern 60 PS gezaubert.

Walter Scheel

Gemeinsamkeiten und Gegensätze

Es ist mir eine Freude, mich an der Festschrift zum 70. Geburtstag von Ministerpräsident Franz Josef Strauß zu beteiligen. Wer an ihn denkt, der denkt an einen Politiker aus Leidenschaft, einen streitbaren Demokraten. Jeder kennt ihn – oder meint zumindest, ihn zu kennen, denn der Aufbau der Bundesrepublik ist ohne ihn schwer vorstellbar. Seit den frühen fünfziger Jahren im Rampenlicht stehend, hat er Höhen und Tiefen eines Politikers erlebt und dabei wie kaum ein anderer für Schlagzeilen gesorgt, Stoff für Kommentare und Karikaturen geliefert sowie Politologen, Juristen und Kabarettisten beschäftigt.
Franz Josef Strauß gegenüber indifferent zu bleiben, scheint nicht möglich. Seine Persönlichkeit fordert zur Stellungnahme heraus,

Besuch in den Vereinigten Staaten von Amerika – Marianne und Franz Josef Strauß mit Sohn Max.

man muß Partei ergreifen – für oder gegen ihn. Mit seinen oft emotionsgeladenen Vorstößen bestätigt er gleichermaßen seine Anhänger wie seine Kritiker in ihren Urteilen und Vorurteilen, wobei nicht immer auszumachen ist, auf welcher der beiden Seiten die Vorurteile überwiegen. Und so wundert es einen auch nicht, wenn sich Legenden um ihn bilden.

Bewunderern und Gegnern von Franz Josef Strauß ist der Respekt vor seiner Intelligenz und Sachkunde gemeinsam, seiner politischen Vitalität und seinem rhetorischen Talent. Und sie dürften auch darin übereinstimmen, daß er einer der markantesten Unionspolitiker der Nachkriegszeit ist. Ob in der Regierungsverantwortung oder in der Opposition, ob in Bonn oder von München aus, für Überraschungen ist er immer gut – seine Freunde in der Union wissen davon genauso ein Lied zu singen wie seine Widersacher.

Für meine Parteifreunde und mich war er nicht immer ein bequemer Partner, oft ein Gegenspieler. Wir waren mehr als einmal überrascht, wie hart er austeilen kann, daß er aber andererseits sehr dünnhäutig im Nehmen ist. Und anders als ihn das in der Öffentlichkeit vorherrschende Bild als immer vorwärts drängenden Kämpfer zeigt, habe ich ihn auch als Zauderer erlebt.

Ich kenne Franz Josef Strauß seit der zweiten Wahlperiode des Deutschen Bundestages. Mehr als zwei Jahrzehnte waren wir dort Kollegen, mehrmals in einer gemeinsamen Koalition – davon ein Jahr als Kabinettskollegen unter Konrad Adenauer –, bis sich 1966 unsere Wege trennten und zuerst ich, später er auf den Oppositionsbänken Platz nehmen mußte. Insbesondere in dieser Zeit haben wir natürlich oft die Klingen gekreuzt. Ich erinnere nur an die harten Auseinandersetzungen um die Ostverträge und den Grundlagenvertrag. Bei aller Härte dieser Auseinandersetzung soll nicht vergessen werden, welchen Anteil Franz Josef Strauß am Zustandekommen und an der Formulierung der gemeinsamen Entschließung des Deutschen Bundestages hatte. Und ich habe auch nicht vergessen, daß er nach der Entscheidung seiner Partei dann mit großem Realitätssinn die Richtung wies, natürlich in lateinisch: Pacta sunt servanda! Seit meinem Amtsantritt als Bundespräsident und nachdem er Bayerischer Ministerpräsident geworden war, hatten diese Auseinandersetzungen natürlich keine Bedeutung mehr.

Nach mehr als dreißig Jahren glaube ich, das uns Verbindende wie das uns Trennende zu kennen. Es läßt sich in einem kleinen Wortspiel zusammenfassen: Im Gegensatz zu mir, einem Liberalen, der eine Einengung dieses Begriffs (oder eine Erweiterung, wie manche meinen) – etwa durch Hinzufügung des Wortes konservativ oder den Begriff fortschrittlich – für sich nicht zulassen möchte, ist Franz Josef Strauß ein Konservativer, der sich gern als Liberaler bezeichnet. Unbestritten verkörpert er ein gut Stück der »Liberalitas bavarica«, wie ihn überhaupt dieses Land und seine Kultur, seine Geschichte und seine Tradition sowie sein Hang zur Unabhängigkeit geprägt haben. Und damit bin ich bei Gemeinsamkeiten, die uns verbinden und manchen überraschen mögen. Zurück aus dem Kriegsdienst war für uns beide die Hinwendung zur Politik die Konsequenz aus der Erkenntnis, daß sich die Schrecken der gerade überwundenen Epoche nicht wiederholen dürften.

Hierzu wollten wir aktiv beitragen. Bei den verschiedensten Anlässen haben wir darauf hingewiesen, daß wir Deutschen nicht der Geschichte entfliehen können. Die Geschichte stellt uns die Aufgabe, die wir zu lösen haben. Doch kann man seine Aufgabe nur lösen, wenn man vorher seine Lektion gelernt hat, und unsere Lektion ist unsere Geschichte. Wir müssen unsere Geschichte lernen, und wir müssen aus unserer Geschichte lernen. Was überraschen mag, bezieht sich auf die Zeit der (völlig überflüssigen) Auseinandersetzung zwischen den sogenannten Atlantikern und denen, die selbst stärker europäisch dachten, aber etwas polemisch von manchen »Gaullisten« genannt wurden. Da fand ich mich mit Franz Josef Strauß auf der gleichen Seite, übrigens beide in unseren jeweiligen Fraktionen eher in der Minderheit.

Aber es geht ja nicht nur um das Bewußtsein für die großen politischen Entwicklungen. Das Alltägliche, die Lebensumstände des einzelnen und ihre Veränderungen im Zeitablauf sind nicht minder wichtig. Aufgeschlossenheit für neue Entwicklungen und das Bewußtsein für das, was wir von den Vätern ererbt haben, eingeschlossen unser großes kulturelles Erbe, müssen einander ergänzen.

Aus all dem resultiert auch die Franz Josef Strauß und mir gemeinsame Überzeugung von der Wichtigkeit und Notwendigkeit eines

ausgewogenen Föderalismus, dessen tiefster Sinn es ist, eigenständiges und aktives Glied zu sein für das große Ganze. Einen Satz aus meiner Antrittsrede als Bundespräsident, bei dessen Formulierung mir vor allem Bayern vor Augen stand, möchte ich hier noch anfügen: »Der demokratische Wille zur Selbstbehauptung in alten gewachsenen Ordnungen darf im Bestreben nach durchaus erwünschter Rationalisierung nicht durch unnötige Übertreibungen gefährdet werden.« Hierfür steht Franz Josef Strauß, hierfür steht der Freistaat Bayern, und an dieser Stelle mag es erlaubt sein, beide gleichzusetzen.
Ich gratuliere Franz Josef Strauß sehr herzlich zum 70. Geburtstag und wünsche ihm zu Beginn des neuen Lebensjahrzehnts Glück und Gesundheit sowie Freude und Zufriedenheit.

Helmut Schmidt

Franz Josef Strauß zum 70. Geburtstag

Manches ist in den siebziger Jahren gerätselt und geschrieben worden über unser Verhältnis, über das, was den Politiker Franz Josef Strauß und mich – unausgesprochen – möglicherweise verbindet, was wir aneinander schätzen – und wo denn präzise die Unterscheidungslinien verlaufen. Wir kennen uns über dreißig Jahre, aber ausgenommen drei Jahre Großer Koalition in Bonn hat uns beide der Gang der Politik immer wieder gegeneinander gestellt, zuletzt 1980 in einem harten Kampf um die Kanzlerschaft. Es waren also meist nicht Zeiten des wohlabgewogenen Urteils über den anderen. Aber Kampf ist nicht notwendigerweise zugleich eine Verleitung zum Fehlurteil.
Franz Josef Strauß habe ich Ende der fünfziger Jahre als Verteidigungspolitiker kennen- und schätzengelernt. Sein Wissen im Detail, seine Kenntnis der Zusammenhänge, auch seine energische und rationale Art, an die Probleme heranzugehen, während viele emotional argumentierten, habe ich bewundert, unumwunden sei es zu-

gegeben. Strauß war zu der damaligen Zeit einer der ganz wenigen in Deutschland, welche die politisch-psychologische, für den Außenseiter zunächst bizarr erscheinende Logik der militärischen Abschreckungsstrategie verstanden und beherrschten. Politisch stand ich aber damals gegen ihn, weil ich befürchtete, daß die damalige Bundesregierung unter seinem Einfluß Verfügungsgewalt über atomare Waffen erlangen wollte.

Natürlich, und hier treffe ich mich mit vielen sonst sehr kritischen Beobachtern, war auch der Finanzpolitiker Strauß Gegenstand meiner Wertschätzung. Wie zuvor in die Verteidigungspolitik, so hat er sich später in den sechziger Jahren wissenshungrig und intelligent in die moderne, von John Maynard Keynes inspirierte Finanzpolitik eingearbeitet. Mit Karl Schiller bildete er in der Großen Koalition ein Team, das herausragt aus der Tradition deutscher Regierungen, in der wir immer wieder ein Auseinanderfallen in entweder Politiker oder Fachleute erleben. Mit einem Male strahlte Deutschland Modernität aus. Der Bruch kam mit der Aufwertungsdebatte 1968/69. Franz Josef Strauß dürfte heute seine damalige Ablehnung der DM-Aufwertung sachlich anders bewerten. Jedenfalls half jene Debatte den Sozialdemokraten bei der Bundestagswahl 1969, durch die das Team Schiller/Strauß endgültig obsolet wurde.

Man mag auch den Europapolitiker Strauß rühmen, der sehr früh auf die Bedeutung aufmerksam machte, welche eine enge Bindung zwischen Frankreich und Deutschland für den Fortschritt der Europäischen Integration und für Europas Eigenständigkeit im Rahmen der Atlantischen Allianz hatte – und immer noch hat und behalten wird.

Es verbindet mich mit Franz Josef Strauß – zumindest in meiner Sichtweise – aber auch ein gewisses Maß gleichlaufender Lebenserfahrung. Wir kamen beide aus dem Kriege zurück. Wir hatten – beide auch in Jugendjahren keine Nazis – geglaubt, unsere patriotische Pflicht als Soldaten erfüllen zu sollen. Wir hatten unter der Schizophrenie gelitten, daß wir durch soldatische Pflichterfüllung tatsächlich zugleich die nationalsozialistische Herrschaft verlängerten, die wir verabscheuten. Wir hatten im Kriege aber auch erfahren, was Kameradschaft und menschliche Verläßlichkeit bedeuten können.

Mir ist auch heute an einem Menschen immer noch seine Zuverlässigkeit viel wichtiger als seine etwaige Intelligenz. Voller Fragen waren wir und stürzten uns auf alle neu sich öffnenden Quellen des Wissens und der Bildung; kulturelle und geschichtliche Zusammenhänge waren uns wichtig in dem Drang, am Aufbau des Neuen teilzuhaben. Wir waren beide eher Verantwortungs- als Gesinnungsethiker im Sinne Max Webers – und wir waren sehr ungeduldig. Wir waren fleißig, einerseits detailversessen, erst am Grunde der Dinge erschöpft und zufrieden, andererseits aber voller Engagement für das Ganze, voller Interesse für die Mannigfaltigkeit der politischen Zusammenhänge und voller Ablehnung gegenüber all jener Oberflächlichkeit, die über alles generell und allgemein urteilt, ohne ein einziges Feld wirklich genau zu beherrschen.
Mit diesen wenigen Stichworten möge angedeutet sein, was uns verbindet. Aber regionale und landsmannschaftliche Einfärbung des politischen Temperaments, persönliche Veranlagung und Lebensumstände haben ganz unterschiedliche Personen geschaffen. Wenn mich heute jemand zur Person Franz Josef Strauß fragen würde, dann könnte ich genauso oder doch sehr ähnlich antworten, wie ich es vor zwanzig Jahren gegenüber Günter Gaus in einem langen Fernsehinterview getan habe. Ich habe damals zunächst seine Fähigkeiten geschildert, »... ein ungeheuer begabter Mann ... mit einer großen Palette von Fähigkeiten...« Zum Schluß habe ich hinzugefügt: »... Manchmal bin ich auf den Mann sehr zornig gewesen ... manchmal habe ich ihn für eine gefährliche Kraft gehalten; ich glaube, daß er – wenn er Fehler macht – auch in Zukunft gefährlich sein kann. Andererseits sehe ich, daß er sich bemüht, sich selbst in den Griff zu kriegen. Und ich muß gestehen, daß mir in all diesen vielen Jahren eine Antenne für den Charme geblieben ist, den er bisweilen hat.«
Ich denke, Franz Josef Strauß nimmt mir nicht über die Gebühr übel, wenn ich heute auch zitiere, was Carl Amery vor einigen Jahren in der ZEIT schrieb: »Franz Josef Strauß: Das sorgenvolle Gesicht eines mittelständischen Brauers, der weiß, daß er an ›Löwenbräu‹ oder ›Spaten‹ verkaufen muß, aber auf die Roten schimpft; die knabenhafte Vorliebe für Gymnasiastenlatein; die trotz aller Kraftsprüche wohlgerundeten Satzperioden; ja, auch die bajuwarischen

Kraftsprüche selber: all dies weist Franz Josef Strauß als politisch Aufgeregten und Aufreger alten Stils aus.«

Amerys Wort vom »alten Stil« ist wohl mißverständlich. Zwar ist der politische Stil des siebzigjährigen Strauß von demjenigen des vierzigjährigen Strauß, durch mancherlei Lebenserfahrung gereift und abgerundet, etwas verschieden; aber über alle diese dreißig Jahre ist es sein ureigener Stil, der kaum alte Vorbilder erkennen läßt. Wenn der ungenaue Ausdruck Stil denn überhaupt ausreicht, so ist nach meinem Eindruck Straußens »Stil« genauso originär, wie es der Stil Adenauers oder derjenige Schumachers war – oder Fritz Erlers oder Herbert Wehners. Das von Konrad Adenauer auf Herbert Wehner gemünzte Wort vom politischen Urgestein gilt für sie alle in vergleichbarer Weise – wenngleich Urgestein sehr verschiedener Natur und Entstehungsgeschichte. Auch Franz Josef Strauß ist politisches Urgestein.

Und »Aufreger« waren sie alle willentlich! Und sind es noch. Sie wollten und wollen Menschen aufrütteln. Die sprachlichen Mittel sind verschieden. Adenauer war zugleich langweilig, boshaft und weise. Schumacher war zugleich analytisch erleuchtend, provokativ und mitreißend. Erler war luzide, leidenschaftlich und kontrolliert zugleich. Wehner ist ein eruptiver, von ungeheurem politischen Instinkt geleiteter Redner, der zugleich hart mit sich selber ringt und dies auch durchaus nicht verbirgt. Aber ihre Zuhörer aufregen: Dies war immer auch einer der Zwecke, von denen die Rede dieser politischen Führer geleitet war. Vielleicht war das Maß an Selbstkontrolle bei Adenauer am größten, selbst seine Bosheiten waren kontrolliert – und kalkuliert. Franz Josef Strauß ist derjenige, der seinem Temperament am wenigsten Zügel anlegt. Es ist wahr – er regt auf. Er teilt zwangsläufig das Publikum in zwei Teile – die einen lehnen ihn ab, und die anderen bewundern ihn außerordentlich und bauen ihn auf.

Wer aber, wie ich selbst, zu seinen politischen Gegnern gehört, der darf über den Fehlern und Schwächen, die er bei Strauß diagnostiziert, gleichwohl eines nicht verkennen: Hier handelt einer, der ganz und gar von der Leidenschaft erfaßt ist, der res publica zu dienen.

Biographie Franz Josef Strauß

1915

6. September in München geboren

1935

5. April	Abitur am Maxgymnasium in München

1936

Beginn des Studiums der Geschichte, Klassischen Philologie und Volkswirtschaft an der Ludwig-Maximilians-Universität München

1939–1945 Kriegsjahre

1939

3. September	Einberufung zur schweren Artillerie bei Landsberg. Anschließend Verlegung an den Westwall bei Trier; Dienstgrad Rekrut

1940

Frühjahr und Herbst	Während eines sechswöchigen Urlaubs 1. Staatsexamen in den Fächern Geschichte und Klassische Philologie
1. Mai	Beförderung zum Gefreiten
	Teilnahme am Frankreichfeldzug
1. November	Beförderung zum Unteroffizier

1941

1. April	2. Staatsexamen für das Lehramt und Anstellung an einem Münchner Gymnasium als außerplanmäßiger Beamter
Februar	Überstellung zur Heeresflak. Teilnahme am Rußlandfeldzug

1942

Februar	Lehrgang an der Offiziersschule Stettin und Beförderung zum Leutnant.
	Anschließend Teilnahme an der Sommeroffensive im Raum Rostov bis Stalingrad, wo er sich beide Füße erfror. Daraufhin Überstellung zur Luftverteidigung in Dänemark, Frankreich und im Ruhrgebiet.
August	Ausbildungsoffizier und Abteilungsadjutant an der Flakschule Altenstadt bei Schongau

1943

1. April	Ernennung zum Studienrat

1944

1. Juni	Beförderung zum Oberleutnant

1945

April	Vorrücken der US-Armee in Richtung Lechtal.
27. April	Die US-Militärbehörde entläßt Strauß beim Einrücken der US-Truppen in Schongau zunächst, nimmt ihn aber kurz danach in Gewahrsam, damit er seine Erfahrungen im Ostfeldzug niederschreibt. Nach einem Monat wird er wieder entlassen.

1945–1985 Die politische Karriere

1945

Juni	Stellvertretender Landrat unter der US-Militärregierung in Schongau
November	Andreas Lang, Stadtrat F. X. Bauer und F. J. Strauß gründen einen Kreisverband der CSU in Schongau

1946

1. Juni bis 13. Jan. 1948	Jugendreferent im Bayerischen Kultusministerium
31. August	Wahl zum Landrat von Schongau durch den Kreistag
Dezember	Berufung in den Landesvorstand der CSU

1948

13. Januar	Oberregierungsrat im Bayerischen Staatsministerium des Innern
9. März	Leiter des Bayerischen Landesjugendamts
5. Juni	Wiederwahl zum Landrat von Schongau
Februar	Entsendung in das Frankfurter Wirtschaftsparlament. Strauß setzt sich für die vom parteilosen Professor Ludwig Erhard empfohlene Soziale Marktwirtschaft ein
18. Dez. bis 10. Aug. 1953	Generalsekretär der CSU

1949

1. Januar	Niederlegung des Amts als Landrat in Schongau
14. August	Bundestagsabgeordneter für den Landkreis Weilheim Oberregierungsrat im Bayerischen Staatsministerium des Innern und Leiter des Bayerischen Landesjugendamtes
7. September	Konrad Adenauer wird 1. Bundeskanzler. Bildung einer Fraktionsgemeinschaft CDU/CSU und einer CSU-Landesgruppe in Bonn
20. Sept.	Stellvertretender Vorsitzender der CSU-Landesgruppe
30. Sept. bis 6. Okt. 1953	Geschäftsführender Vorsitzender der CSU-Landesgruppe und stellvertretender Vorsitzender der CDU/CSU-Fraktion

1952

7./8. Februar	Bundestagsrede über das Problem der Wiederaufrüstung (EVG-Rede)
19. Juli bis 6. Okt. 1953	Vorsitz des Ausschusses für Fragen der Europäischen Sicherheit (vormals EVG-Ausschuß)
26. Oktober	Wahl zum stellvertretenden CSU-Vorsitzenden

1953

März/April	USA-Reise zur Information über die amerikanische Verteidigungspolitik
6. September	Wiederwahl in den Deutschen Bundestag.
20. Oktober	Bundesminister für besondere Aufgaben
6. Okt. bis 15. Okt. 1957	Vorsitzender der CSU-Landesgruppe im Bundestag

1955

20. Oktober	Bundesminister für Atomfragen

1956

16. Okt. bis 14. Dez. 1962	Bundesminister der Verteidigung

1957

4. Juni	Heirat mit Marianne Zwicknagl

1961

18. März	Vorsitzender der CSU

1963

22. Jan. bis 1. Dez. 1966	Vorsitzender der CSU-Landesgruppe im Deutschen Bundestag und stellvertretender Vorsitzender der CDU/CSU-Fraktion

1966

1. Dez. bis 20. Okt. 1969	Bundesminister der Finanzen der Großen Koalition unter Bundeskanzler Kurt Georg Kiesinger

1969

20. Okt. bis 15. Okt. 1978	Finanz- und wirtschaftspolitischer Sprecher der CDU/CSU-Bundestagsfraktion und Mitglied des CDU/CSU-Bundestagsfraktionsvorstands

1978

15. Oktober	Mitglied des Bayerischen Landtags
6. November	Bayerischer Ministerpräsident

1983

28. Okt. bis 30. Okt. 1984	Präsident des Bundesrats

Ehrendoktortitel von Franz Josef Strauß

1962 Technische Universität Cleveland
1962 Kalamazoo-College
1964 Universität Chicago
1965 Universität Detroit
1980 Universität Dallas
1983 Universität Maryland
1985 Sozialwissenschaftliche Fakultät der Ludwig-Maximilians-Universität München

Ehrenbürgerschaften

Chicago Izmir München Regensburg

Buchveröffentlichungen von Franz Josef Strauß

Entwurf für Europa, Stuttgart 1966
Bundestagsreden, herausgegeben von Leo Wagner, Bonn 1968
Herausforderung und Antwort. Ein Programm für Europa, Stuttgart 1968
Die Finanzverfassung, München/Wien 1969
Der Weg in die Finanzkrise, CDU/CSU-Bundestagsfraktion, Bonn 1972
Bundestagsreden und Zeitdokumente, Bonn 1969 und 1975
Deutschland. Deine Zukunft, Stuttgart 1975
Der Auftrag, Stuttgart 1976
Signale – Beiträge zur deutschen Politik 1969–1978, ausgewählt und eingeleitet von Wilfried Scharnagl, München 1978
Zur Lage, Stuttgart 1979
Gebote der Freiheit, München 1980
Verantwortung vor der Geschichte, Beiträge zur deutschen und internationalen Politik 1978–1985, ausgewählt, eingeleitet und herausgegeben von Wilfried Scharnagl, München 1985

Fotonachweis

Bayernkurier, München: S. 28, 73 unten; dpa, München: Titelmotiv, S. 45, 73 oben, 74 oben u. unten, 108 oben u. unten, 125 oben, 168/169, 170 unten, 211 oben u. unten, 212, 262, 295 unten, 410 oben u. unten, 459 unten, 493 oben u. unten, 567 oben u. unten, 579 unten; Firsching, München: S. 570 oben; Heinz Gebhardt, München: S. 46/47; Wilhelm Geserer, München: S. 167 unten; Foto Hubmann, Kröning: S. 579 oben; Uli Kowatsch, Nürnberg: S. 170 oben; Ulrike Krey, Dortmund: S. 409; Stefan Moses, München: Vorsatz; Neue Revue (A. Czechatz), Hamburg: S. 580; Poly-Press, Bonn: S. 26/27; Bundesbildstelle, Bonn, S. 296 unten; Winfried Rabanus, München: S. 28 oben, 73, 125 unten, 126; Foto Sessner, Dachau: S. 295 oben; Presseagentur Sven Simon, Bonn: S. 25 oben, 107, 261, 459 oben, 460, 494, 570 unten, Nachsatz; Jos. A. Slominski, Essen-Bredeney: S. 25 unten, 28 unten; Strauß-Archiv, München: S. 167 oben, 568/569; Bildagentur Werek, München: S. 48, 296 oben.

Autorenbiographien

Abs, Hermann Josef, Dr. rer. pol. h.c., geb. 1901 in Bonn. Studium der Rechtswissenschaften. Seit 1923 im Bankfach. 1938 Mitglied des Vorstands und Direktor der Auslandsabteilung der Deutschen Bank, 1957 bis 1967 deren Vorstandssprecher, 1967 bis 1976 Aufsichtsratsvorsitzender. Seit 1976 Ehrenvorsitzender der Deutschen Bank AG. Leiter der deutschen Delegation bei der Londoner Schuldenkonferenz 1951 bis 1953.

Bengtson, Hermann, Prof. Dr., geb. 1909 in Ratzeburg. Studium der Alten Geschichte, Klassischen Philologie und Orientalistik von 1930 bis 1934 in Hamburg, München und Pisa. 1935 Promotion zum Dr. phil. in München, ab 1940 Privatdozent für Alte Geschichte in Heidelberg. Die akademische Laufbahn führte ihn über Jena, Würzburg (Rektor 1959/60) und Tübingen 1966 nach München. Hier wurde er 1977 als ord. Professor emeritiert.

Berghofer-Weichner, Mathilde, Dr. jur., geb. 1931 in München. Studium der Rechtswissenschaften in München. 1957 Promotion zum Dr. jur. 1966 Regierungsdirektorin im Bayerischen Kultusministerium. Seit 1970 Mitglied des Bayerischen Landtags. Seit 1974 Staatssekretärin im Bayerischen Kultusministerium.

Blumenwitz, Dieter, Prof. Dr., geb. 1939. Ordinarius für Völkerrecht, allgemeine Staatslehre, deutsches und bayerisches Staatsrecht und politische Wissenschaften an der Universität Würzburg und völkerrechtlicher und deutschlandpolitischer Berater der Bayerischen Staatsregierung.

Carrington, Lord Peter Alexander Rupert, geb. 1919 in Aylesbury. Generalsekretär der NATO. Schulbesuch in Eton, dann Militärakademie von Sandhurst. Nach dem 2. Weltkrieg, an dem er als Berufsoffizier teilnahm, von 1945 bis 1951 Fraktionsführer der Konservativen im Oberhaus. Ab 1951 zunächst stellvertretender parlamentarischer Sekretär im Ministerium für Landwirtschaft und Fischerei, 1954 bis 1956 parlamentarischer Sekretär im Verteidigungsministerium. 1956 bis 1959 britischer Hochkommissar in Australien. 1959 bis 1963 1. Lord der Admiralität. 1970 bis 1974 Verteidigungsminister, 1974 Energieminister. 1974 bis 1979 Oppositionsführer im Oberhaus. Ab 1979 Außenminister, Rücktritt April 1982. Zum Jahresende 1983 Ernennung zum Generalsekretär der NATO.

Carstens, Karl, Prof. Dr., geb. 1914 in Bremen. Studium der Rechte und der Politischen Wissenschaften in Deutschland, Frankreich und USA. Tätigkeit als Rechtsanwalt in Bremen von 1945 bis 1949, 1952 Habilitation für Staats- und Völkerrecht, 1954 bis 1966 Tätigkeit im Auswärtigen Dienst. 1950 bis 1973 Lehrtätigkeit an der Universität Köln, seit 1960 Professor für Staats- und Völkerrecht. 1960 bis 1969 Staatssekretär im Auswärtigen Amt, dann im Verteidigungsministerium bzw. im Bundeskanzleramt. Seit 1972 Mitglied des Deutschen Bundestags (CDU), 1973 bis 1976 Fraktionsvorsitzender der CDU/CSU im Bundestag. 1976 bis 1979 Präsident des Deutschen Bundestags und von 1979 bis 1984 Bundespräsident.

Chirac, Jacques René, geb. 1932 in Paris. Studium am Institut für politische Studien in Paris, 1957 bis 1959 Besuch der nationalen Verwaltungsschule. 1968 bis 1971 Staatssekretär für Wirtschaft und Finanzen, 1971 Minister für Zusammenarbeit mit dem Parlament, 1972 Landwirtschaftsminister. 1974 bis 1976 Premierminister. 1976 Parteivorsitzender der Gaullisten, 1977 Wahl zum Bürgermeister von Paris. Seit 1979 Mitglied des Europäischen Parlaments.

Dollinger, Werner, Dr., geb. 1918 in Neustadt (Aisch). Studium der Wirtschafts- und Staatswissenschaften in Nürnberg, Frankfurt/Main und München. 1942 Promotion. Gründungsmitglied der CSU. Seit 1953 Mitglied des Deutschen Bundestags. 1957 bis 1961 stellvertretender Vorsitzender der CSU-Landesgruppe und Vorsitzender des Arbeitskreises Haushalt, Finanzen und Steuern der CDU/CSU-Fraktion. 1961 bis 1962 Vorsitzender der CSU-Landesgruppe. 1962 bis 1966 Bundesschatzminister, im November 1966 Bundesminister für wirtschaftliche Zusammenarbeit. Seit 1963 stellvertretender Vorsitzender der CSU. 1966 bis 1969 Bundesminister für das Post- und Fernmeldewesen, seit 1982 Bundesminister für Verkehr.

Duarte, José Napoleón, geb. 1926 in San Salvador, Staatspräsident von El Salvador. Bauingenieurstudium in den USA. 1960 Beteiligung an der Gründung der Christdemokratischen Partei (PDC). 1964 Bürgermeister von San Salvador. 1980 bis 1982 Staatspräsident von El Salvador. Mai 1984 erneute Wahl zum Staatspräsidenten.

Everding, August, Prof., geb. 1928 in Bottrop. Studium der Philosophie, Germanistik, Theologie und Theaterwissenschaften in Bonn und München. Nach anfänglicher Tätigkeit als Regieassistent kam er 1955 an die Münchner Kammerspiele, zunächst als Regisseur, ab 1959 als Oberspielleiter, 1960 als Schauspieldirektor und stellvertretender Intendant und ab 1963 als Intendant. 1973 bis 1977 Intendant der Hamburgischen Staatsoper, 1977 bis 1982 Intendant der Bayerischen Staatsoper. Seit der Spielzeit 1982/83 Generalintendant der Bayerischen Staatstheater.

Goppel, Alfons, Dr. h. c., geb. 1905 in Regensburg. Studium der Rechtswissenschaften in München, anschließend Tätigkeit als Rechtsanwalt in Regensburg. Seit 1934 im Staatsdienst. 1938 Amtsgerichtsrat in Aschaffenburg, ab 1946 Rechtsrat der Stadt Aschaffenburg, 1952 Bürgermeister von Aschaffenburg. 1957 Staatssekretär im Justizministerium. 1958 bis 1962 bayerischer Innenminister, 1962 bis 1978 Bayerischer Ministerpräsident. Seit 1979 Mitglied des Europäischen Parlaments.

Habsburg, Otto von, geb. 1912 in Reichenau (Niederösterreich) als ältester Sohn des letzten österreichischen Kaisers. Studium der politischen und sozialen Wissenschaften an der Universität Louvain, Belgien. 1935 Doktorat. Seit 1936 Mitglied der Paneuropa-Union, seit 1973 deren Präsident. Seit 1979 Mitglied des europäischen Parlaments für die CSU.

Hanselmann, Johannes, Dr. phil., geb. 1927 in Ehingen (Ries). Studium der Theologie an den Universitäten Erlangen, Springfield/Ohio und Connecticut. 1952 Promotion. 1953 Pfarrer in Grub b. Coburg. 1962 bis 1966 Mitglied der Landessynode. 1967 bis 1973 stellvertretender Chefredakteur des Berliner Sonntagsblatts »Die Kirche«, von 1967 bis 1973 Mitglied des Rundfunkverkündigungsteams. 1972 Berufung in die Berliner Regionalsynode. Seit 1975 Landesbischof der Evangelischen Kirche in Bayern.

Heubl, Franz, Dr. jur., geb. 1924 in München. Studium der Rechtswissenschaft an der Universität München mit Promotion. Von 1950 bis 1960 Beamter im Bayerischen Staatsministerium für Unterricht und Kultus, zuletzt als Regierungsdirektor. 1952 bis 1955 Mitglied des Münchner Stadtrats. Seit 1953 Mitglied des Bayerischen Landtags. 1958 bis 1962 Fraktionsvorsitzender im Bayerischen Landtag, seit 1970 stellvertretender Landesvorsitzender der CSU. 1960 bis 1962 Leiter der Bayerischen Staatskanzlei, 1962 bis 1978 Staatsminister für Bundesangelegenheiten und Bevollmächtigter des Freistaats Bayern beim Bund. Mitglied des Bundesrats und seit 1978 Präsident des Bayerischen Landtags.

Hillermeier, Karl, Dr. jur., geb. 1922 in Wallmersbach bei Uffenheim. Studium der Rechtswissenschaft an der Universität Erlangen. 1953 bis 1964 juristischer Staatsbeamter beim Landratsamt Uffenheim und anschließend Sachgebietsleiter bei der Regierung von Mittelfranken. Seit 1962 Mitglied des Bayerischen Landtags.1966 bis 1974 Staatssekretär im Staatsministerium für Arbeit und Sozialordnung, anschließend im Staatsministerium für Finanzen. 1974 bis 1982 Staatsminister im Staatsministerium der Justiz, seit 1982 Staatsminister des Innern. Seit 1972 Stellvertreter des Bayerischen Ministerpräsidenten. Mitglied des Landesvorstands der CSU.

Katzer, Hans, geb. 1919 in Köln. Nach kaufmännischer Ausbildung und Kriegsdienst von 1945 bis 1949 Dienststellenleiter beim Arbeitsamt Köln. Seit 1945 Mitglied der CDU und Mitbegründer der CDU-Sozialausschüsse, deren Vorsitzender er von 1963 bis 1977 war, sowie Mitglied der Gewerkschaft Öffentlicher Dienst, Transport und Verkehr. 1957 bis 1980 Mitglied des Deutschen Bundestags, seit 1960 Mitglied des Parteivorstands der CDU, seit 1969 stellv. Vorsitzender der Bundestagsfraktion. Von 1965 bis 1969 Bundesminister für Arbeit und Sozialordnung, 1979 bis 1984 Mitglied des Europäischen Parlaments.

Kiesinger, Kurt Georg, Dr. h. c., geb. 1904 in Ebingen. 1934 bis 1945 Rechtsanwalt in Berlin. 1949 bis 1958 und 1969 bis 1980 Mitglied des Deutschen Bundestags (CDU). Von 1958 bis 1966 Ministerpräsident von Baden-Württemberg und 1966 bis 1969 Bundeskanzler der Bundesrepublik Deutschland. Bundesvorsitzender der CDU von 1967 bis 1971, seitdem deren Ehrenvorsitzender.

Kissinger, Henry Alfred, geb. 1923 in Fürth. Nach der Auswanderung seiner Familie 1938 Schulbildung an der George Washington High School in New York bis 1941. Studium an der Harvard Universität. 1950 Bachelor of Arts, 1952 Master of Arts, 1954 Promotion. Von 1954 bis 1971 Mitglied des Lehrkörpers der Harvard-Universität, 1957 bis 1960 stellvertretender Direktor des Harvard Center for International Affairs. 1959 Berufung zum »associate professor« und 1962 zum ordentl. Professor. Politischer Berater für Eisenhower, Rockefeller und J. F. Kennedy. 1969 Sonderberater Präsident Nixons. 1973 bis 1977 Außenminister der Vereinigten Staaten von Amerika. 1977 Übernahme eines Lehrauftrags für internationale Diplomatie der Georgetown-Universität in Washington und mehrerer Beraterposten.

Kohl, Helmut, Dr. phil., geb. 1930 in Ludwigshafen. Studium der Rechts-, Sozial- und Staatswissenschaften sowie der Geschichte in Frankfurt/Main und Heidelberg. Seit 1947 Mitglied der CDU. 1954 stellv. Landesvorsitzender der Jungen Union Rheinland-Pfalz. 1955 Mitglied des Landesvorstands der CDU Rheinland-Pfalz. 1966 bis 1973 Landesvorsitzender der CDU von Rheinland-Pfalz. 1969 bis 1973 stellv. Bundesvorsitzender der CDU, seit 1973 Parteivorsitzender. 1969 bis 1976 Ministerpräsident von Rheinland-Pfalz. 1976 bis 1982 Vorsitzender der CDU/CSU-Bundestagsfraktion. Seit Oktober 1982 Bundeskanzler der Bundesrepublik Deutschland.

Kohlmann, Gert, Dr., geb. 1919 in Hannover. Studium der Betriebswissenschaft an der Universität München von 1948 bis 1953 mit anschließender Promotion. 1956 Eintritt in die Bundeswehr. 1970 bis 1974 Kommandeur einer Gebirgsjägerbrigade und von 1974 bis 1980 Kommandeur der 4. Jägerdivision in Regensburg.

Kraus, Andreas, Prof., Dr. phil., geb. 1922 in Erding (Obb.). Nach dem Kriegsdienst ab 1946 Studium der Klassischen Philologie und Geschichte an der Universität München. 1952 Promotion, danach Lehrtätigkeit an den Humanistischen Gymnasien St. Ottilien in Weilheim. Nach einem Studienaufenthalt von 1956 bis 1959 in Rom Habilitation 1960 für Geschichte an der Universität München. 1961 Professor für Geschichte an der Phil.-Theol. Hochschule Regensburg, 1967 bis 1977 an der Universität Regensburg, seither Lehrstuhl für Bayerische Geschichte an der Universität München. Seit 1979 1. Vorsitzender der Kommission für bayerische Landesgeschichte der Bayerischen Akademie.

Kreisky, Bruno, Dr. jur., geb. 1911 in Wien. Ab 1930 Studium der Rechtswissenschaften an der Universität Wien. 1938 bis 1945 Emigration in Schweden. 1946 bis 1951 Legationssekretär an der österreichischen Gesandtschaft in Stockholm. 1953 bis 1959 Staatssekretär im Bundeskanzleramt (Auswärtige Angelegenheiten). 1959 bis 1966 Außenminister. 1967 Parteivorsitzender der SPÖ. 1970 bis 1983 österreichischer Bundeskanzler.

Lerche, Peter, Prof. Dr., geb. 1928 in Leitmeritz/Böhmen. Studium der Philosophie, Kunstgeschichte und Rechtswissenschaften in Eichstätt und München. 1951 Preis der juristischen Fakultät der Ludwig-Maximilians-Universität München. 1955 Große Staatsprüfung. 1960 Professor für Öffentliches Recht an der FU Berlin. Seit 1965 Lehrstuhl für Öffentliches Recht an der Universität München.

Lüst, Reimar, Prof. Dr., geb. 1923 in Barmen. Nach dem Kriegsdienst Studium der Physik an den Universitäten Frankfurt und Göttingen, 1951 Promotion, 1960 Habilitation in Theoretischer Physik an der Universität München. Ab 1960 wissenschaftliches Mitglied des Max-Planck-Instituts für Physik und Astrophysik in München. Von 1963 bis 1972 Direktor des Instituts für extraterrestrische Physik am Max-Planck-Institut für Physik und Astrophysik in Garching und von 1962 bis 1964 Wissenschaftlicher Direktor der ESRO (Europäischen Organisation für Weltraumforschung). Seit 1965 Honorarprofessor an der Technischen Universität München. 1967 bis 1973 Mitglied des Beratungsausschusses für Forschungspolitik beim Bundesforschungsministerium, 1968 bis 1971 Vorsitzender der Deutschen Gesellschaft für Luft- und Raumfahrt. 1971 bis 1984 Präsident der Max-Planck-Gesellschaft. Seit 1984 Generaldirektor der Europäischen Weltraumorganisation (ESA).

Magnano, Silvius, Dr. jur., geb. 1914 in Meran. Studium der Rechtswissenschaften in Bologna, 1940 Promotion. Kriegsdienst zunächst im italienischen Heer, ab 1942 in der deutschen Wehrmacht. 1948 bis 1952 Vizebürgermeister der Stadt Bozen. 1948 Wahl in den 1. Südtiroler Landtag und Regionalrat. Seit 1960 Landeshauptmann von Südtirol. Seit 1957 Vorsitzender der Südtiroler Volkspartei (SVP).

Mann, Golo, Prof., Dr. phil., geb. 1909 in München. Studium der Philosophie an den Universitäten München, Berlin und

Heidelberg. Promotion 1932. 1933 Emigration. 1935 Lektor für Deutsche Literatur und Geschichte an der École Normale Supérieure in St. Cloud, dann an der Universität Rennes. 1937 bis 1940 Redaktion der Zeitschrift »Maß und Wert« in Zürich. Ab 1942 Lehrtätigkeit an verschiedenen Universitäten in den USA. 1960 Übernahme des neu errichteten Lehrstuhls für wissenschaftliche Politik an der Technischen Hochschule in Stuttgart. Nach der Niederlegung dieses Amts 1964 Honorarprofessor der Hochschule und Tätigkeit als freier Schriftsteller und Historiker.

Meier, Schorsch, geb. 1910 in Mühldorf am Inn. 1938 Deutscher Meister und Europameister mit BMW 500 ccm. 1939 Gewinner der Tourist Trophy auf der Isle of Man mit BMW 500 ccm und Sieger des Großen Preises von Holland und Belgien. Siebenfacher Deutscher Meister (Motorrad). 1948 Deutscher Meister für Rennwagen. 1949 Gründung der Firma Schorsch Meier – BMW-Vertretung in München.

Mock, Alois, Dr. jur., geb. 1934 in Euratsberg (Niederösterreich). Studium an den Universitäten Wien, Bologna und Brüssel. 1966 bis 1969 Kabinettchef des Bundeskanzlers. 1969 bis 1979 Bundesminister für Unterricht. 1970 Wahl in den Nationalrat. 1979 Bundesparteiobmann der Österreichischen Volkspartei. Seit 1983 Vorsitzender der Internationalen Demokratischen Union (IDU).

Möller, Alex, Prof. Dr., geb. 1903 in Dortmund. Journalistische Ausbildung. 1928 bis 1933 Mitglied des Landtags in Preußen. 1945 bis 1969 Generaldirektor der Karlsruher Lebensversicherung AG; Mitglied der Verfassunggebenden Landesversammlungen. 1946 bis 1961 Mitglied des Landtags in Württemberg-Baden später Baden-Württemberg. Von 1958 bis 1973 Mitglied des Präsidiums und des Parteivorstands der SPD, 1961 bis 1976 Mitglied des Deutschen Bundestags. 1969 bis 1971 Bundesminister der Finanzen.

Mubarak, Mohammed Hosni, geb. 1928 in Unterägypten. 1947 bis 1949 Absolvierung der ägyptischen Militärakademie, anschließend der Luftwaffenschule. 1967 Kommandeur der Luftwaffenakademie, 1969 Stabschef der Luftwaffe. 1972 Ernennung zum Oberbefehlshaber der ägyptischen Luftwaffe. 1975 bis 1982 Vizepräsident Ägyptens. 1982 Nachfolger Sadats als Staatspräsident.

Nakasone, Yasuhiro, geb. 1918 in Takasaki. Studium der Rechts- und politischen Wissenschaften in Tokio. Im Zweiten Weltkrieg Dienst bei der Marine, anschließend Rückkehr in die Innenverwaltung. Seit 1947 Mitglied im Unterhaus. 1967 bis 1974 verschiedene Ministerämter. 1974 bis 1976 Generalsekretär der Liberaldemokratischen Partei. Seit 1982 Ministerpräsident und Parteivorsitzender.

Nixdorf, Heinz, Fabrikant, geb. 1925 in Paderborn. Studium der Physik in Frankfurt/Main. Vorstandsvorsitzender der Nixdorf-Computer AG in Paderborn, geschäftsführende Tätigkeit in weiteren Computerunternehmen und Vizepräsident der Industrie- und Handelskammer Bielefeld.

Peres, Shimon, geb. 1923 in Polen. 1934 Auswanderung nach Palästina. Besuch der landwirtschaftlichen Schule in Ben Shemen bei Lod. 1948 Berufung an die Spitze der Marineabteilung im Verteidigungsministerium. 1952 stellvertretender, 1953 Generaldirektor im Verteidigungsministerium. Von 1959 bis 1965 stellvertretender Verteidigungsminister, 1969 Minister für Einwanderung und verwaltete Gebiete. 1970 bis 1974 Transport- und Postminister. 1974 Informationsminister. 1974 bis 1977 Verteidigungsminister. April bis Juni 1977 amtierender Premierminister, anschließend Oppositionsführer in der Knesset. In der im September 1984 gebildeten Regierung teilen sich Peres und Shamir das Amt des Regierungschefs.

Pertini, Alessandro, geb. 1896 in Stella bei Savona. Journalistische Ausbildung. Studium der Rechtswissenschaften und Politik. Seit 1918 Mitglied der Sozialistischen Partei. Widmete sich nach dem Krieg der Parteiarbeit, war 1946 Mitglied der Verfassunggebenden Versammlung von Genua, Florenz und Neapel und von 1945 bis 1946 sowie von 1950 bis 1952 Chefredakteur des Parteiblattes »L'Avanti«. Ab 1947 Chefredakteur der sozialistischen Zeitschrift »Il Lavoro Nuovo«. 1948 Mitglied des italienischen Senats, 1953 der Abgeordnetenkammer, dort stellvertretender Präsident von 1963 bis 1968, anschließend bis 1976 Präsident. 1978 bis 1984 italienischer Staatspräsident.

Reagan, Ronald Wilson, geb. 1911 in Tampico (Illinois). Studium der Soziologie, Wirtschaftswissenschaften und Theaterwissenschaften. Arbeit als Sportkommentator und anschließend als Filmschauspieler. 1967 bis 1975 Gouverneur von Kalifornien. 1980 zum 40. Präsidenten der Vereinigten Staaten von Amerika gewählt, 1984 Wiederwahl.

Scheel, Walter, geb. 1919 in Solingen. Ausbildung zum Bankkaufmann und Wirtschaftsberater. 1946 Eintritt in die FDP. 1950 bis 1953 Mitglied des Landtags in Nordrhein-Westfalen. 1953 bis 1974 Mitglied des Deutschen Bundestags. 1961 bis 1966 Bundesminister für wirtschaftliche Zusammenarbeit. 1967 bis 1969 Vizepräsident des Deutschen Bundestags. 1968 bis 1974 Bundesvorsitzender der FDP. 1969 bis 1974 Bundesminister des Auswärtigen und Stellvertreter des Bundeskanzlers. 1974 bis 1979 Bundespräsident.

Schiller, Karl, Prof., Dr. rer. pol., Dipl.-Volksw., geb. 1911 in Breslau. Studium der Nationalökonomie an den Universitäten Kiel, Frankfurt/Main, Berlin und Heidelberg mit Diplom. 1935 Promotion. 1939 Habilitation für Nationalökonomie. 1947 bis 1972 ordentlicher Professor für Volkswirtschaftslehre und Direktor des Instituts für Außenhandel und Überseewirtschaft der Universität Hamburg, 1948 bis 1953 Senator für Wirtschaft und Verkehr in Hamburg, gleichzeitig Mitglied des Bundesrats. Von 1961 bis 1965 war er Senator für Wirtschaft in Berlin, gleichzeitig Mitglied des Bundesrats. 1965 bis 1972 Mitglied des Deutschen Bundestags und 1964 bis 1972 Mitglied des Parteivorstandes, 1966 bis 1972 des Präsidiums der SPD. 1966 bis 1972 Bundesminister für Wirtschaft, ab 1971 gleichzeitig Bundesminister der Finanzen. Seit 1947 Mitglied des Wissenschaftlichen Beirats beim Bundesministerium für Wirtschaft und seit 1976 Mitglied des Ford European Advisory Council.

Schmidt, Helmut, geb. 1918 in Hamburg. Studium der Staatswissenschaft und Volkswirtschaft an der Universität Hamburg, Diplom-Volkswirt. Seit 1946 Mitglied der SPD. 1949 bis 1953 Referent und Abteilungsleiter des Amts für Verkehr in der Hamburgischen Behörde für Wirtschaft und Verkehr. Mitglied des Deutschen Bundestags von 1953 bis 1962 und seit 1965. 1957 bis 1961 Mitglied des Fraktionsvorstandes der SPD im Deutschen Bundestag und seit 1958 Mitglied des Bundesvorstandes der SPD. 1961 bis 1965 Senator für Inneres der Stadt Hamburg, 1967 bis 1969 Fraktionsvorsitzender der SPD-Bundestagsfraktion. Von 1969 bis 1972 Bundesminister der Verteidigung, 1972 Bundesminister für Wirtschaft und Finanzen, 1972 bis 1974 Finanzminister. Von 1974 bis 1982 Bundeskanzler der Bundesrepublik Deutschland.

Senghor, Léopold Sédar, geb. 1906 in Joal (Senegal). Studium der Philosophie in Paris. Gymnasiallehrer in Tours, Paris und Dakar. 1948 bis 1958 als Professor an der École Nationale de la France d'Outremer. 1946 bis 1958 Abgeordneter in der Französischen Nationalversammlung für Senegal. 1960 bis 1980 Staatspräsident und 1962 bis 1970 Ministerpräsident der Republik Senegal. Lyrikveröffentlichungen. 1968 Friedenspreis des Deutschen Buchhandels.

Siemens, Peter von, Dr. rer. pol., geb. 1911 in Berlin. Studium der Wirtschafts- und Sozialwissenschaften, anschließend Tätigkeit in der Siemens & Halske AG. 1934 Wechsel zu den Siemens-Schukkertwerken AG in Erlangen, 1957 Generalbevollmächtigter, 1959 stellvertretendes Vorstandsmitglied der Gesellschaft. 1971 bis 1981 Aufsichtsratsvorsitzender der Siemens AG Berlin/München, heute Ehrenpräsident.

Späth, Lothar, Dr. h. c., geb. 1937 in Sigmaringen. Ausbildung im Verwaltungsdienst. Seit 1968 Mitglied des Landtags von Baden-Württemberg, von 1972 bis 1978 Vorsitzender der CDU-Landtagsfraktion, 1978 Innenminister. Seit 1978 Ministerpräsident von Baden-Württemberg, seit 1979 Landesvorsitzender der CDU. Seit 1984 Präsident des Deutschen Bundesrats.

Spindler, Max, Prof., Dr. phil., geb. 1894 in Birnbaum/Oberfranken. Studium von Geschichte, Deutsch und Französisch in München und Bonn, 1923 Staatsexamen für das Höhere Lehramt, 1926 Promotion, 1930 Habilitation an der Universität München. 1946 bis 1959 Lehrstuhl für Bayerische Geschichte an der Universität München, gleichzeitig 1. Vorsitzender der Kommission für bayerische Landesgeschichte und Mitglied der Historischen Kommission bei der Bayerischen Akademie der Wissenschaften.

Steinbuch, Karl W., Prof., Dr. Ing., geb. 1917 in Stuttgart. Studium der Physik in Stuttgart und Berlin, 1944 Promotion. Zunächst freiberuflich als Physiker tätig, anschließend Mitarbeiter eines Unternehmens der Nachrichtentechnik. Seit 1958 Professor in Karlsruhe und Leiter des dortigen Instituts für Nachrichtenverarbeitung und Nachrichtenübertragung.

Strauß, Maria, geb. 1907 in München. Schwester von Franz Josef Strauß. Besuch der Riemerschmid-Handelsschule. Kaufmännische Angestellte. 1946 bis 1969 Leiterin der Finanzbuchhaltung der Gemeinnützigen Aktien-Gesellschaft für Angestellten-Heimstätten, Zweigniederlassung München.

Stücklen, Richard, geb. 1916 in Heideck. Handwerkslehre und Ingenieurstudium. Gründungsmitglied der CSU und der Jungen Union in Bayern. Seit 1949 Mitglied des Deutschen Bundestags. Mitglied des Präsidiums der CSU. 1953 bis 1957 und 1967 bis 1976 stellv. Vorsitzender der CDU/CSU-Fraktion. 1957 bis 1966 Bundesminister für das Post- und Fernmeldewesen, 1966 bis 1976 Vorsitzender der CSU-Landesgruppe im Bundestag und stellv. Fraktionsvorsitzender der CDU/CSU, 1976 bis 1979 und seit März 1983 Vizepräsident, 1979 bis 1983 Präsident des Deutschen Bundestags.

Stürmer, Michael, Prof. Dr., geb. 1938 in Kassel. Studium in London, Berlin und Marburg. 1966 bis 1971 wissenschaftlicher Assistent an der Wirtschaftshochschule in Mannheim und an der Technischen Hochschule in Darmstadt. 1971 Habilitation an der TH Darmstadt, seit 1973 Professor an der Universität Erlangen für Neuere und Neueste Geschichte, Sozial- und Verfassungsgeschichte.

Gastprofessuren in Harvard, Princeton, Paris und Toronto.

Thatcher, Margaret Hilda, geb. 1925 in Grantham/Lincolnshire. Studium der Chemie und Rechtswissenschaften. Seit 1959 Unterhausabgeordnete. 1970 bis 1974 Ministerin für Erziehung und Wissenschaft. 1975 bis 1979 Führerin der konservativen Opposition im Unterhaus. Seit 1979 als erste Frau britische Premierministerin.

Tindemans, Leo, Dr., geb. 1922 in Zwijndrecht bei Antwerpen. Studium der Wirtschafts-, Sozial- und Konsulatswissenschaften in Gent. Seit 1961 Abgeordneter. 1965 bis 1976 Bürgermeister von Edegem. 1968 bis 1971 flämischer Minister für Gemeinschaftsangelegenheiten, 1972/73 Landwirtschaftsminister, 1973/74 stellv. Ministerpräsident und Haushaltsminister. 1974 bis 1978 Ministerpräsident. 1976 bis 1985 Präsident der Europäischen Volkspartei (EVP), seit 1985 Ehrenpräsident. 1978 bis 1981 Präsident der Christlich-Sozialen Partei (CVP). Seit 1981 Außenminister von Belgien.

Tucher, Leonore von, geb. 1916 in München. Verlagsbuchhändlerin. 1939 bis 1968 Verlagstätigkeit. Seit 1969 Vizepräsidentin des Bayerischen Roten Kreuzes und Vorsitzende des Kuratoriums der Leonore-von-Tucher-Stiftung. Seit 1981 Mitglied des Bayerischen Senats.

Vogel, Kurt, Dr., geb. 1888. Studium der Mathematik und Physik. 1911 Prüfung für das Lehramt. 1920 bis 1954 Schuldienst. Lehrer von Franz Josef Strauß am Maxgymnasium. 1940 Universitätsprofessor in München.

Weizsäcker, Richard Frhr. von, Dr. jur., geb. 1920 in Stuttgart. Studium der Geschichte und Rechtswissenschaften in Oxford, Grenoble und Göttingen. Zunächst Tätigkeit als Rechtsanwalt. 1964 bis 1970 Präsident des Deutschen Evangelischen Kirchentags, seit 1969 Mitglied des Rats der Evangelischen Kirche Deutschlands. 1969 bis 1981 Mitglied des Deutschen Bundestags. 1972 bis 1979 stellvertretender Fraktionsvorsitzender der CDU im Bundestag. 1979 bis 1981 Vizepräsident des Deutschen Bundestags. 1981 bis 1984 Regierender Bürgermeister von Berlin. Seit 1984 Bundespräsident.

Wetter, Friedrich, Prof., Dr. theol., geb. 1928 in Landau/Pfalz. Nach dem Kriegsdienst Studium der Philosophie an der Hochschule St. Georgen in Frankfurt/Main. Fortsetzung der Studien ab 1948 an der Päpstlichen Universität Gregoriana in Rom, danach Aufnahme in das Collegium Germanicum et Hungaricum. 1953 in Rom zum Priester geweiht. 1956 Promotion an der Gregoriana in Rom. Ab 1961 weitere Studien in München. Nach Habilitation Tätigkeit als Privatdozent an der Theologischen Fakultät der Universität München. 1962 bis 1968 Professor für Fundamentaltheologie an der Philosophisch-Theologischen Hochschule in Eichstätt. 1968 Bischof von Speyer. 1974 Berufung zum Mitglied der römischen Bischofssynode. Seit 1982 Erzbischof der Erzdiözese München-Freising. 1985 Berufung zum Kardinal.

Zimmermann, Friedrich, Dr. jur., geb. 1925 in München. Studium der Rechtswissenschaften und Volkswirtschaft an der Universität München. Seit 1948 Mitglied der CSU. Von 1956 bis 1965 Generalsekretär der CSU. Seit 1957 Mitglied des Deutschen Bundestags, seit 1961 Mitglied des Vorstands der CDU/CSU-Bundestagsfraktion. 1965 bis 1972 Vorsitzender des Verteidigungsausschusses, 1976 bis 1982 Vorsitzender der CSU-Landesgruppe in Bonn und 1. stellvertretender Vorsitzender der CDU/CSU-Fraktion. Seit Oktober 1982 Bundesminister des Innern.

Personenverzeichnis

Kursive Ziffern beziehen sich auf Bildunterschriften.

Abs, Hermann Josef 351–370; *109*
Acheson, Dean 429, 430, 437
Acton of Aldenham, John Dalberg Baron 283
Adams, John 280
Adelsohn, Ulf 525
Adenauer, Konrad 35, 68, 84, 93, 160, 266, 298, 319, 323, 328, 332, 334–336, 352, 355, 356, 368, 412, 466, 467, 504, 505, 507, 509, 519, 543, 562, 573, 582, 587; *Vorsatz*
Allen, Richard von 525
Alt, Franz 393
Amery, Carl 586, 587
Aquin, Thomas von 131, 254
Aristoteles 121, 254, 537
Aron, Raymond 283
Atwill, John 525
Aubin, Hermann 192
Auer, Erhard 286
Augustinus 120–122, 137
Bach, Johann Sebastian 24
Barzel, Rainer *24*
Bassermann, Ernst 287
Bachof, Otto 184
Bebel, August 286
Beethoven, Ludwig van 542
Beitz, Berthold *109*
Ben Gurion, David 535
Bengtson, Hermann 58–62
Berghofer-Weichner, Mathilde 559–562; *210*
Bernard, Karl 362
Bethmann Hollweg, Moritz August von 288
Beust, Friedrich Ferdinand Graf von 481–483
Bidault, Georges 320
Bismarck, Otto von 17, 20, 158, 281, 284, 285–287, 294, 307, 314, 316, 318, 482, 484, 485, 489, 502
Blank, Theodor 76
Blücher, Franz 364
Blumenwitz, Dieter 163, 197–208
Böhm, Franz 374
Boisot, Marcel 34
Bonhoeffer, Dietrich 29
Bracher, Karl Dietrich 280, 299
Brandenburg-Ansbach, Alexander Markgraf von 280
Brandt, Willy 77, 87, 88, 96, 97, 222, 223, 268, 269, 572
Braun, Otto 286
Brecht, Bertolt 387
Breschnew, Leonid Iljitsch 302; *492*
Brüning, Heinrich 320
Buol-Schauenstein, Karl Ferdinand Graf 481
Burda, Franz 573
Burke, Edmund 254, 282, 283, 298, 463
Canaris, Wilhelm 29
Carrington, Peter Alexander Baron of 466–475; *492*
Carstens, Karl 253–277, 444; *265*
Castlereagh, Robert Stewart 309
Celibidache, Sergiu 230
Chamberlain, Houston Stewart 23
Chirac, Jacques 525, 562–565; *566*
Chruschtschow, Nikita Sergejewitsch 448
Churchill, Winston 32, 239, 251, 283, 427, 461, 573
Cicero 120, 254
Coudenhove-Kalergi, Richard von 503
Couve de Murville, Maurice 519
Dahlmann, Friedrich Christoph 311
Daladier, Edouard 23
Dalwigk, Carl Friedrich Reinhard 482, 487
Demosthenes 461
Deng Xiaoping *566*
Diderot, Denis 281
Diem, Hermann 143
Disraeli, Benjamin 283, 285
Doeberl, Michael 187, 195
Dohnanyi, Hans von 29
Dollinger, Werner 99–102; *210*
Domingo, Placido 231
Dschingis-Khan 476
Duarte, José Napoleón 540–551; *566*
Einstein, Albert 249
Ebeling, Gerhard 146
Ebert, Friedrich 286
Ehard, Hans 69, 159, 198
Ehrenburg, Ilja 30
Elisabeth, Prinzessin von Bayern 574
Elisabeth II., Königin von Großbritannien 266

Elliot of Harwood, Lady 457
Engels, Friedrich 542
Erhard, Ludwig 68, 72, 92, 100, 104, 298, 330, 332, 335, 355, 357, 363, 377, 395, 398, 544; *24*
Erler, Fritz 587
Everding, August 230–247
Eugen, Prinz von Savoyen-Carignan 574
Eyermann, Erich 181
Favre, Jules 285
Feuerbach, Anselm von 171
Fischer, Ernst 455
Fontane, Theodor 291
Franklin, Benjamin 429
Frantz, Constantin 480
Franz Joseph I., Kaiser v. Österreich und König v. Ungarn 574
Friedrich II., der Große, König v. Preußen 281
Friedrich III., der Weise, Kurfürst v. Sachsen 144
Frings, Theodor 192
Frobenius, Leo 115, 118, 119
Gall, Lothar 285
Gasperi, Alice de 505, 507, 519
Gaulle, Charles de 266, 430, 562, 563, 565
Gaus, Günter 586
Gehlen, Arnold 390
Genscher, Hans-Dietrich *297*
Gladstone, William Ewart 285
Glemp, Josef *125*
Goebbels, Joseph 30
Goerdeler, Carl Friedrich 293
Görres, Joseph 284
Goethe, Johann Wolfgang von 24, 247, 542, 564
Goppel, Alfons 71, 149–165, 406, 576; *166*
Goppel, Gertrud *166*
Grey, Sir Edward 17
Griéger, Paul 118, 119
Grillparzer, Franz 19, 24, 291
Gummer, John Selwyn 525
Gutenberg, Johannes 383
Habermann, Max 105
Habsburg, Otto von 491–504
Hall, Peter 231
Hamilton, Alexander 280
Hanselmann, Johannes 131–148
Hardenberg, Karl August Fürst von 287
Hayek, Friedrich von 372, 377
Heck, Bruno 269
Heeren, Adolf Hermann Ludwig 310
Hegel, Georg Wilhelm Friedrich 179, 302, 303
Heisenberg, Werner 58, 226
Hennis, Wilhelm 269, 299
Herodot 253
Herriot, Edouard 574
Heubl, Franz 67–79; *49, 210*
Heuss, Theodor 150, 288, 299, 334
Hillermeier, Karl 165–187; *171*
Hillgruber, Andreas 29
Hindenburg, Paul von 58
Hitler, Adolf 15, 22, 23, 30, 31, 36, 50, 56, 57–59, 292, 293, 299
Hobbes, Thomas 122, 130
Höcherl, Hermann *166*
Hoegner, Wilhelm 159, 198, 286, 402
Hölderlin, Friedrich 115
Hofer, Andreas 574
Hofmannsthal, Hugo von 291
Hohlmeier, Monika *44, 294, 578, 581*
Hoover, Herbert 428
Horlacher, Michael 83
Hundhammer, Alois 68, 83
Hurdes, Felix 519
Jacobs, Hans Haimar 60
Jäger, Richard 151
Jaspers, Karl 249
Jefferson, Thomas 280
Jörg, Edmund 477
Johannes Paul II., Papst 420; *126*
Johnson, Harry 382
Joseph I. von Portugal 280
Joseph II., Kaiser von Österreich 280
Jünger, Ernst 291, 292
Jung, Edgar 292
Kaiser, Jakob 104
Kaltenbrunner, Klaus 299
Kant, Immanuel 29, 542, 556
Karl IV., Römischer König, König von Böhmen und Burgund 497
Karl der Große, König der Franken und Langobarden, Römischer Kaiser 563
Karl Friedrich, Markgraf von Bayern 280
Karl Theodor, Kurfürst von Bayern 280
Katharina die Große, Kaiserin von Rußland 281
Katzer, Hans 102–115
Kennedy, John F. 266
Kepler, Johannes 57
Kiesinger, Kurt Georg 96, 97, 565–571; *24, 106, 109*
Kirkpatrick, Ivone 352
Kissinger, Henry 285, 301, 426–444; *411*
Kistner, Peter 223
Kötzschke, Rudolph 192
Kohl, Helmut 135, 408–425, 519; *297, 408*
Kohlmann, Gert 62–66
Kopernikus, Nikolaus 57
Kraus, Andreas 475–490

Kraus, Karl 234
Kreisky, Bruno 572–575; *571*
Kreittmayr, Wiguläus Frhr. von 166, 176
Künneth, Walter 138, 146
Lasso, Orlando di 155
Laufer, Heinz 150, 152
Leber, Julius 293
Leibniz, Gottfried Wilhelm Frhr. von 29
Lenin, Wladimir Iljitsch 457, 543
Lerche, Peter 151, 161, 338–350
Leuschner, Wilhelm 104
Lewin, Rahel 286
Lichtenberg, Georg Christoph 383
Liebermann, Rolf 230
Lincoln, Abraham 254
Locke, John 254
Loewenberg, Gerhard 288
Loewenich, Walther von 147
Ludendorff, Erich 288, 290
Ludwig I., König von Bayern 403, 480, 483
Lübbe, Gustav 299
Lüst, Reimar 526–535
Luther, Martin 136–142, 143, 144, 402
Machiavelli, Niccolò 173
Magnago, Silvius 575–577
Maistre, Joseph de 283
Mallinkrodt, Hermann 150
Mann, Golo 278–306; *294*
Manteuffel, Otto Theodor von 285
Mao Tse-tung *566*
Maritain, Jacques 551
Marshall, George Catlett (Marshall-Plan) 326, 330, 351, 353, 363–367, 436, 437
Marwitz, Ludwig von der 286, 287
Marx, Karl 128, 304, 312, 314, 542, 543
Matthöfer, Hans Hermann 389
Max I. Joseph, König von Bayern 166
Maximilian II. Joseph, König von Bayern 482, 488
Maximilian III., Kurfürst 280
Maynard Keynes, John 585
Meier, Schorsch 577–581
Menzel, Walter 160
Metternich, Klemens Wenzel Graf von 478, 479
Mitterrand, François 496
Mock, Alois 516–526
Möller, Alex 75, 96–99
Mohl, Robert von 179
Molotow, Wjatscheslaw M. 24, 436
Moltke, Helmuth James Graf von 293
Mommsen, Theodor 60
Montesquieu, Charles de Secondat 173, 177, 254
Montez, Lola 171
Montfort, Simon de 456
Montgelas, Maximilian Joseph de Garnerin Graf von 166, 174, 563
Morgenthau, Henry 351, 491
Mozart, Wolfgang Amadeus 24, 244
Mubarak, Mohammed Hosni 538–539; *571*
Müller, Adam 287
Müller, Josef 68, 69, 83, 95, 100
Müller, Manfred 394
Münzer, Thomas 144
Mussolini, Benito 18
Nakasone, Yasuhiro 552–559
Napoleon I., Kaiser von Frankreich 306, 309, 316, 476, 563
Napoleon III., Kaiser von Frankreich 485
Naumann, Friedrich 93, 288
Neubauer, Franz 177
Newton, Isaac 57
Nietzsche, Friedrich 553
Nikaido, Susumo 525
Nixdorf, Heinz 222–229
Noelle-Neumann, Elisabeth 393
Nölting, Ernst 104
Noske, Gustav 286
Novalis (Georg Philipp Friedrich Frhr. von Hardenberg) 115
Oldenburg-Januschau, Elard von 281
Orff, Carl 245
Ortega y Gasset, José 515
Orwell, George 386–388, 394
Oster, Hans 29
Otto, Walter 59–61
Peel, Robert 283
Peres, Shimon 535–538; *125*
Pertini, Alessandro 29, 444–456; *458*
Pfeiffer, Rudolf 59
Pfordten, Ludwig Frhr. von der 481, 482, 484, 485, 487
Philipp II., König von Makedonien 461
Pitt, William 400
Pius XI., Papst 149
Planck, Max 58
Plato 254
Pufendorf, Samuel Frhr. von 254
Pujol, Jordi 496
Radbruch, Gustav 172
Raffalt, Reinhard 163
Radowitz, Joseph Maria von 313
Ranke, Leopold von 321
Rapacki, Adam (Rapacki-Plan) 336
Rathenau, Walther 320
Rauschning, Hermann 293

Reagan, Ronald W. 11–13, 416; *24*
Rehm, Albert 59
Reuter, Ernst 16
Rhodes, Cecil 19
Riezler, Sigmund von 187, 195
Rockefeller, John D. 151, 153
Roepke, Wilhelm 298
Roider, Jackl *166*
Roosevelt, Franklin 301, 427
Rothfels, Hans 62
Rousseau, Jean-Jacques 254
Russell, John Earl of 283
Sadat, Anwar el *411*
Schäfer, Friedrich *109*
Schäffer, Fritz 68, 83, 355
Scheel, Walter 88, 581–584
Scheidemann, Philipp 286
Schellenberg, Ernst 114
Schieder, Theodor 281
Schiller, Friedrich 24
Schiller, Karl 97, 114, 370–383, 585; *109*
Schleyer, Hanns Martin 266
Schmidt, Helmut 572, 584–587; *297*
Schmücker, Kurt *109*
Schnebel, Michael 61
Schniewind, Otto 362
Scholl, Sophie und Hans 29, 61
Schumacher, Kurt 587
Schuman, Robert 429, 505, 507, 509, 519, 535
Schwartz, Eduard 59
Schweitzer, Albert 249
Seidel, Hanns 69, 71, 72, 84
Semmerling, Anton Ritter von 480
Semmler, Johannes 100
Seneca, Lucius Annaeus 254
Senghor, Léopold Sédar 115–120
Severing, Carl 286
Seydel, Max von 173
Sforza, Carlo Graf 453
Shakespeare, William 244
Siemens, Peter von 208–221
Smith, Adam 458
Sontheimer, Kurt 299
Spaemann, Robert 299
Späth, Lothar 75, 398–408
Spalatin, Georg 142
Spengler, Oswald 291
Spindler, Max 187–197
Spinoza, Baruch de 254
Stalin, Jossif W. 23, 31, 32, 433
Stegerwald, Adam 104
Steinbach, Franz 192
Sternberger, Dolf 299
Steinbuch, Karl 383–398
Stieff, Hellmuth 29
Stoiber, Edmund 572; *171*
Strauß, Franz Georg *44, 125*
Strauß, Franz Josef (Vater) 42, 44, 49, 50, 51
Strauß, Maria 42–51
Strauß, Marianne *44, 166*
Strauß, Max *44*
Strauß, Monika →Hohlmeier, Monika
Strauß, Walburga (Mutter) 42, 51
Strauss, Richard 245
Stresemann, Gustav 320
Stroux, Johannes 59
Stücklen, Richard 72, 80–96
Stürmer, Michael 306–323
Sturzo, Luigi 507, 518, 519
Talboys, Brian 525
Tandler, Gerold *171*
Taus, Josef 522
Tennyson, Alfred Lord 457
Thatcher, Margaret Hilda 456–466, 519; *461*
Thielicke, Helmut 266
Thoma, Ludwig 407, 565
Thukydides 475
Tindemans, Leo 504–516; *495*
Tödt, Eduard 143
Toscana, Leopold von 280
Trogus, Pompejus 60
Truman, Harry S. 31, 32, 321, 427, 437
Tucher, Leonore von 52–54
Tucholsky, Kurt 234
Uhland, Ludwig 284, 291
Ule, Carl Hermann 184
Unertl, Franz Xaver *166*
Vergil 165
Vinci, Leonardo da 246
Vocke, Wilhelm 355, 362
Vogel, Kurt 54–58
Voltaire 299
Waigel, Theo *210*
Wagner, Richard 244
Wagner, Wieland 239
Waldheim, Kurt 522
Weber, Adolf 59
Weber, Max 288, 476, 573, 586
Wehner, Herbert 587
Weizsäcker, Marianne von *581*
Weizsäcker, Richard von 248–252; *260, 581*
Westarp, Kuno Graf 288
Westenrieder, Lorenz von 195
Wetter, Friedrich Karl 120–133; *125*
Weyl, Hermann 56
Wilhelm II., deutscher Kaiser und König von Preußen 42, 287
Wilson, Woodrow 56, 301, 427
Zellinger, Johannes 49, 50
Zhao Ziyang *458*
Zimmermann, Friedrich 323–338; *210, 297*